ALTFRANZÖSISCHE BIBLIOTHEK

FÜNFZEHNTER BAND.

ALISCANS

MIT BERÜCKSICHTIGUNG

VON

WOLFRAMS VON ESCHENBACH WILLEHALM

KRITISCH HERAUSGEGEBEN

VON

GUSTAV ROLIN.

LEIPZIG
O. R. REISLAND
1897.

☞ Band XV der Altfr. Bibliothek ist bereits im Jahre 1894 als Separatwerk erschienen und wird jetzt der Altfr. Bibliothek zu billigerem Preise eingereiht. Die Abgabe zu kleinerem Preise beschränkt sich auf die Abnehmer der Altfr. Bibliothek.

ALTFRANZÖSISCHE
BIBLIOTHEK

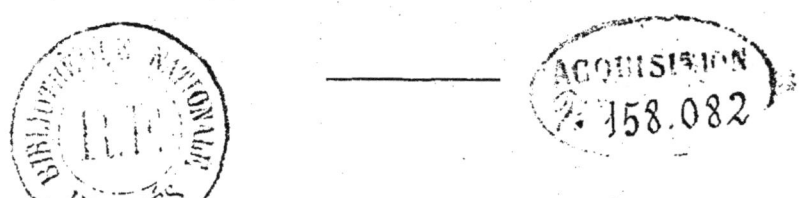

FÜNFZEHNTER BAND

ALISCANS

HERAUSGEGEBEN

VON

GUSTAV ROLIN.

LEIPZIG
O. R. REISLAND
1897.

15.

Aliscans,

Publié

par G. Rolin,

avec une étude sur le «Willehalm» de Wolfram
d'Eschenbach.

LEIPZIG
O. R. REISLAND
1897.

ALISCANS

MIT BERÜCKSICHTIGUNG

VON

WOLFRAMS VON ESCHENBACH WILLEHALM

KRITISCH HERAUSGEGEBEN

VON

GUSTAV ROLIN.

LEIPZIG
O. R. REISLAND

Nach den Arbeiten eines *Jonckbloet*, der sich durch seine gründliche Gelehrsamkeit und streng historische Kritik ein grofses Verdienst sowohl um die Erforschung der Sage vom Heiligen Wilhelm, als auch um die Kenntnis der von der Geste Guillaume übrig gebliebenen Dichtungen im allgemeinen und des Heldenepos Aliscans im besonderen erworben hat, wird es kühn erscheinen, dafs ich eine neue Ausgabe jenes nach dem Rolandsliede wichtigsten Denkmales der altfranzösischen Litteratur unternommen habe, umsomehr als man das einschlägige Material durch die Werke des holländischen Gelehrten und die Ausgabe *Guessard's* als erschöpfend gesammelt betrachtete. Allein es galt die edle Gestalt Wilhelms von der Entstellung, die sie durch Zu- und Umdichtung in späteren Jahrhunderten erfuhr, zu befreien, und gleichzeitig auf den schöpferischen Dichtergeist und die künstlerische Darstellungsgabe des gröfsten deutschen Minnesingers einige, wenn auch schwache Streiflichter fallen zu lassen. Dies war die wichtigste Aufgabe, die ich mir vorgesetzt.

Selbstverständlich war es hierzu notwendig, das gesamte zum Teil bisher unbekannte handschriftliche Material zur Konstitution des Textes heranzuziehen. Da ich jedoch die Überzeugung gewann, dafs die ursprüngliche

Fassung des Gedichtes nordfranzösischen (pikardischen) Ursprungs war, so folgte ich in der Ausgabe, was die Sprache betrifft, der Berner Handschrift, wodurch ich der Dialektologie und der historischen Phonetik einen besseren Dienst zu leisten vermeine, als wenn ich einen, nach abstrakten Prinzipien hergestellten, *idealen* Text vorlegen würde.

Der löblichen Gesellschaft zur Förderung deutscher Wissenschaft, Kunst und Litteratur in Böhmen, die mir behufs Veröffentlichung meiner Arbeit eine namhafte Unterstützung gewährte, sei mein bester Dank ausgedrückt.

Durch sachkundigen Rat und freundliche Überlassung dreier wichtiger Manuskriptabschriften hat mich mein hochverehrter Lehrer Prof. Dr. Julius *Cornu* zu aufrichtigstem Danke verpflichtet.

Prag, Januar 1894.

Gustav Rolin.

EINLEITUNG.

I. Wolframs von Eschenbach Willehalm und seine altfranzösische Vorlage.

Das zweite grofse Ritterepos des bedeutendsten mittelhochdeutschen Minnesingers, der »*Willehalm*«, ist kein Fragment, sondern ein vollendetes Meisterwerk, und zwar eine, die Färbung des feinen, ausgebildeten Rittertums des XIII. Jahrhundertes tragende, freie Umgestaltung der altfranzösischen Chanson de Geste »*Aliscans*«.

Die Schätzung unseres Dichters ist bis heute eine einseitige und unvollständige geblieben; der Willehalm wird, obzwar er, was das Formelle, die scharfe und feine Charakteristik der Figuren, die epische Klarheit und Einfachheit des Ganzen betrifft, viel höher steht als die anderen Werke Wolframs, von den Gelehrten äufserst stiefmütterlich behandelt; beim Parzival aber bleibt, in Ermangelung des französischen Originals, doch immer der Zweifel bestehen, in welcher Weise der Dichter den überlieferten Stoff bearbeitet hat, welches Verdienst ihm bei dieser Behandlung zuzusprechen ist, kurz, wieviel er von der Pracht und Herrlichkeit seines Werkes an seinen Vorgänger abgeben mufs, und wieviel davon ihm eigentümlich zugehört.

Aber selbst bei Willehalm, dessen fremde Vorlage uns glücklicherweise erhalten ist, hat man es bisher unterlassen, auf eine genauere, ästhetische Würdigung der Dichtung einzugehen, zumal die meisten Litterarhistoriker und Fachgelehrten, wie Lachmann, Gervinus, Koberstein, Simrock, Holland, es nicht als ein vollendetes Gedicht, sondern als ein Fragment betrachteten.

Und hätte man auch das Heldengedicht für ein abgeschlossenes Ganze gehalten, so hätte man doch nicht beurteilen können, was der Dichter dem französischen Vorbilde verdankt und was an der Darstellungsweise, an dem Inhalte, überhaupt an der dichterischen Konzeption ihm gebührt; bei der oberflächlichen Vergleichung von Wolframs Willehalm mit den beiden französischen Ausgaben (*Jonckbloet* und *Guessard*) gewann man ja sogleich die Überzeugung, dafs die Fassung des Epos, wie sie uns in Aliscans vorliegt, dem deutschen Gedichte nicht entspricht, und dafs die Vorlage, die Wolfram entweder bearbeitet oder übersetzt oder welcher er nachgedichtet hat, bisher nicht hat aufgefunden werden können.

San-Marte dürfte der Erste gewesen sein, der sich der allgemeinen Ansicht, dafs Wolfram selbst das Gedicht unvollendet gelassen habe, nicht anschlofs und derselben entgegentrat[1]. Diese seine Vermutung (es kann nur von einer solchen, nicht aber von einer begründeten Behauptung die Rede sein) hat sich durch die vorliegende kritische Ausgabe des Heldengedichtes bewahrheitet.

Von nun an wird eine Vergleichung des grofsen mittelhochdeutschen Dichters mit seinem französischen Vorgänger nicht mehr vergeblich und unfruchtbar sein, da leicht nachzuweisen ist, dafs die Fassung, wie sie uns in der kritischen Ausgabe vorliegt, der Vorlage, welche Landgraf Hermann Wolfram zur Bearbeitung übergeben hat, sehr nahe kommt. Es wird jetzt ein Leichtes sein, den Dichter in seiner Werkstatt zu belauschen; man wird seinen ausgebildeten Geschmack nach der Art beurteilen können, wie er den ziemlich rohen Block des Stoffes künstlerisch bearbeitet und sinnig zu einem neuen Meisterwerk umgeschaffen hat. Gar vieles, Gutes und Schlechtes, was man dem deutschen Dichter zuschrieb, wird auf Rechnung der ursprünglichen Fassung zu setzen sein.

Es wird durch die vorliegende Ausgabe deutlich bezeugt, dafs Wolfram von Eschenbach keine sklavische Übersetzung einer französischen Dichtung gegeben hat, sondern dafs er überall frei und selbständig mit seiner eigenen

---

[1] Leben und Dichten Wolframs von Eschenbach, 1841.

Schaffenskraft hervortritt, dem ganzen Stoffe den Stempel seines eigenen Genius aufprägend.

Abgesehen von den beiden Stellen, wo Gyburg die Zinnen Oranges mit bewaffneten toten Männern besetzt und wo Wilhelm dem Könige Matribleiz die Erlaubnis erteilt, die Toten auf dem Blutfelde aufzulesen und in ihre Heimat zur Bestattung abzuführen, giebt es in Wolframs Gedicht unseres Wissens keine Episode, zu der sich im französischen Epos nicht der Ansatz wiederfinden ließe.

Die Schilderung der höfischen Sitten, des Adels der Gesinnung[1]), selbst bei den Sarazenen, wird mit vollem Recht als Wolframs besonderes Eigentum betrachtet; was die prachtvolle Kleidung und die Zier der Rüstungen betrifft, so stehen die Schilderungen derselben in Aliscans denen bei Wolfram in keiner Beziehung nach[2]).

Im Willehalm kämpfen die Ritter eher um Frauenminne[3]) als aus Christenpflicht; im älteren Aliscans hingegen kämpft der Getaufte nur zum Schutze des Kreuzes: so denkt der sterbende Vivian nur an das künftige Leben, an die Sünden, die er begangen zu haben fürchtet, an Wilhelms Gemahlin, die ihm eine zweite Mutter gewesen. Erst in den jüngeren Redaktionen gewinnt die Frauenminne die Oberhand und fängt an, das religiöse Gefühl zu verdrängen; dabei verfahren die Umarbeiter oft mit einer unleugbaren, meistens unbewußten Meisterschaft: durch ein einziges Wort wird häufig der Sinn umgeändert[4]).

Der Marienkultus, der im Süden doch so hoch gehalten wird, erscheint in Aliscans nicht viel ausgedehnter als in Willehalm; mit der Verwandlung zahlreicher Reime

---

[1]) Vgl. die ständige Redensart: Nen ot plus fier de ci en Balesgues und Tibaus li biaus armes. Einen wirklich rührenden Zug sarazenischen Edelmuts finden wir *Var.* 6392 *M* (Seite 92).

[2]) Vgl. die Schilderung der Rüstung Arofles und Desrames'.

[3]) Nicht so *W* 69,3—4: und der mir werlîche hant in sîme dienste gap bekant und 199,23: dem gelouben unt dem toufe. — Vgl. *R* (= unsere Ausgabe) 1605—6 u. Var., wo der Übergang von der älteren Anschauung zur jüngeren deutlich hervortritt; auch hier kämpft Wilhelm um Frauendank (hôhen lôn hânt werdiu wîp) und nicht aus Christenpflicht.

[4]) Vgl. *R* 1962 Anm.

in Assonanzen kommen die Namen Deus, Crist öfter zum Vorschein.

Zu den im achten und neunten Buche enthaltenen Beschreibungen und Schilderungen von Kämpfen zwischen einzelnen Christen und Sarazenen, die, weit entfernt, überflüssig oder langweilig zu sein, dem Ganzen ein höchst bewegtes Leben verleihen, finden wir hinreichende Ansätze im altfranzösischen Gedichte. Nach einigen sehr seltenen Spuren[1]) zu schliefsen, war Wolframs Vorlage bei ihren Schilderungen nicht so wenig specialisierend, nicht so kurz und knapp gehalten als das auf uns gekommene, entstellte Wilhelmslied. Etliche jener schönen Bilder des achten und neunten Buches, oder besser nur abgeblafste Schatten derselben, tauchen hie und da auf, arg verunstaltet, sehr oft von der ursprünglichen Stelle weit weg versetzt[2]). An dieser Entstellung der Erzählung ist neben der Umwandlung der Assonanzen in Reime[3]) nur die Einführung der Gestalt Rennewarts und sein unaufhörlich wachsendes Ansehen Schuld; auf diesen wurden die Thaten der meisten Helden übertragen und demgemäfs modifiziert.

Nach der Meinung fast aller Kritiker besteht der bedeutendste Unterschied zwischen Wolframs Willehalm und dem altfranzösischen Aliscans darin, dafs der deutsche Minnesänger die Rennewartsepisoden abkürzte und den Schlufs derselben kurzweg fallen liefs.

Dieser Vorwurf ist meines Erachtens unbegründet, trotzdem er schon von den *Merkerîchen* des XIII. Jahrhundertes gemacht worden ist. Weder Ulrich von Türheim noch Ulrich von dem Türlîn hätten zu ergänzen gebraucht. Nach Einsicht in die vorliegende Ausgabe würde es unbegreiflich erscheinen, wenn sich dennoch

---

[1]) Vgl. Var. zu 4164, 6507.
[2]) Nach *W.* u. *Al.* tötet Wilhelm Pynel, den Sohn Kâtor's, und den amazzûr; dagegen ersticht Terramêr Myle, einen Neffen des Markgrafen (cf. *R* 39, wo Milon gemeint ist). Diese letzte Episode ist in *Al.* in den zweiten Teil des Epos (CVII) geraten.
[3]) In Assonanz stehende Wörter, insbesondere Eigennamen mufsten sehr oft entfallen; in welchen Reim hätte man Gorant de Gange (*W* 351,15), Mylon de Nevers (413,18) bringen können, sobald die *inversion* aufser Gebrauch kam?

jemand einfallen liefse, Wolframs Gedicht als ein Fragment anzusehen.

Ebensowenig begründet ist der erst in der Neuzeit, und zwar von deutschen und von französischen Gelehrten (*Gautier*, Epopées) gegen Wolfram erhobene Tadel, dafs er den mit besonderer Liebe gezeichneten Rennewart, der im französischen Wilhelmsliede ein roher Knecht, ein gefräfsiger Riesenflegel, ein plumper Schlagetot ist, während er ihn zu einem edlen Charakter stempelt, am Schlusse ganz fallen läfst, ohne dem Leser mitzuteilen, ob er etwa gefangen, oder tot, oder sonstwo geblieben ist. Das gegenseitige Verhältnis des jungen Helden und Alicens, der schönen Königstochter, so bemerken die Kritiker Wolframs, San-Marte, Lachmann und andere, die still in dem Recken aufkeimende Liebesglut, die ihn zu ihrem Minnesöldner erhebt, sein Verhalten zu Kyburg, in der er die geliebte Schwester ahnt, seine Treue gegen Wilhelm und seine Tapferkeit im Schlachtgewühl erwecken allerdings solches Interesse für ihn, dafs wir mit Recht sein Verschwinden beklagen. Und so müssen wir es bedauern, so folgert man weiter, dafs der Dichter nicht wenigstens in kurzen Worten auch Rennewarts Glück in der Verbindung mit Alicen angedeutet hat. Indes habe der Dichter wohl gefühlt, dafs er beim Schlusse seines Werkes Rennewart nicht mit gänzlichem Stillschweigen übergehen könne: deshalb gelte er für verschollen, so dafs ihm Wilhelm jene lange innige Trauerrede am Schlusse des Epos widmet.

Man ging noch viel weiter: man stellte die Behauptung auf, dafs Wolfram, als er am Schlusse seines Epos Willehalms letzte, edle Worte diktiert hatte, selbst ins Grab gesunken sei. Warum? weil der Schlufs des Gedichtes fehle! — Allein dieser so vielbesprochene Schlufs fehlt keineswegs, und man thut sehr schlecht daran, aus diesem Umstande auf den Tod Wolframs zu schliefsen. Hatte doch Wolfram eine der ältesten Fassungen zur Vorlage! Um dies zu erhärten, soll auf einige besonders wichtige Punkte hingewiesen werden.

Wolfram liefs in seiner Dichtung es nicht zur Verbindung Rennewarts mit Alicen kommen, weil das französische Gedicht diese Heirat nicht kannte und der höfische

Minnesänger sich niemals hätte einfallen lassen, die Vermählung der Tochter eines Königs von Frankreich mit einem, wenn auch noch so starken Küchenjungen für möglich zu erachten. Nach der venezianer Handschrift heiratet er Hermengardens Nichte, die tugendhafte Hermentrut.

Der deutsche Dichter läfst es im Dunkel, ob Rennewart tot oder gefangen sei, weil ihn die Handschrift von Boulogne-sur-Mer als gefangen erscheinen läfst (nach diesem Kodex wird er befreit und zum Könige von Spanien erklärt).

Im Willehalm kommt es nicht zur Taufe Rennewarts, weil seine Vorlage hiervon nichts enthielt. Entsprach es etwa den Sitten des Mittelalters, den Heiden die Taufe zu verweigern? Daher mufs dieser Zug bei Wolfram, wo Rennewart sich aus allen Kräften dagegen wehrt, das Christentum anzunehmen, als besonders gelungen betrachtet werden.

Die langweilige, abgeschmackte und überflüssige Baudusepisode, der Kampf dieses sarazenischen Königs gegen unseren jungen Riesen und seine schliefsliche Bekehrung zum Christentum, werden bei Wolfram nicht erwähnt, weil alle französischen Handschriften, die von Boulogne-sur-Mer ausgenommen, hier einen Toten auferstehen lassen, und einen bereits Gefallenen wieder lebendig ins Gefecht führen.

Es bleiben somit von der *Geste Rainouard* nur drei Episoden übrig: der Kampf Rennewarts mit Margot von Bocident und dessen Tod, die Befreiung der gefangenen Reichsgrafen durch den heldenmütigen Küchenjungen und endlich der Kampf Aucebiers und dessen Tod, mit welchem, nach der Handschrift von Boulogne-sur-Mer, die zweite grofse Schlacht bei Aliscans schliefst. Die Niederlage der Sarazenen ist eine vollständige.

Aus unserem Texte erfahren wir, dafs Margot in der ersten Schlacht bei Aliscans, die wir gern *la bataille des Archans* genannt wissen möchten, gefallen ist. Wäre dies auch nicht der Fall, so haben wir an anderer Stelle deutlich nachgewiesen (und zwar wiederum nach der Handschrift von Boulogne-sur-Mer), dafs die Margotepisode ursprünglich Wilhelm, nicht Rennewart betraf.

Was die Befreiung der gefangenen Pfalzgrafen anbelangt, so erhellt aus unserer in einem der folgenden Kapitel durchgeführten Argumentation, daſs diese Episode eine viel spätere, aus der ursprünglichen Fassung zu streichende Zuthat darstellt.

Somit bleibt aus der Rennewartsgeste nur die groſse Aucebierepisode unangreifbar bestehen. Alle französischen Handschriften enthalten sie übereinstimmend.

Da dieser Kampf an und für sich den Rahmen einer Geste nicht ausfüllen kann, so wird man annehmen müssen, daſs es sich im ursprünglichen nur die Niederlage Wilhelms umfassenden Gedichte um den Zweikampf des Markgrafen mit dem Führer des heidnischen Heeres handelte, mit dessen Tode die für die Christen sehr ungünstige Schlacht abschloſs¹).

Bei Wolfram wird Halzebier von Wilhelms Neffen getötet, und das Epos endet mit unbedeutenden Kämpfen einzelner Fürsten gegeneinander, als deren Mittelpunkt man die Purrelsepisode ansehen kann. Diese Darstellung Wolframs weist auf die älteste Fassung, die Versionen der französischen Handschriften zeigen aber eine logischer gestaltete Glättung in der Abfolge der Ereignisse. Im ersten Teile des Liedes erachtet es der Markgraf als seine heiligste Pflicht, seinen Neffen Vivian an dem zu rächen, der ihn getötet; und der, welcher dem Jüngling den Todesstoſs versetzt hat, ist nicht Purrel, sondern Halzebier. Auſserdem ist bekannt und bezeugt, daſs die Jongleurs, wenn sie die Neugierde des ermüdeten Publikums wieder rege machen wollten, den Ereignissen vorgriffen und die Hauptzüge der in der Folge zu schildernden interessanten und wichtigen Episoden im Vorhinein aufzählten²); der Name Halzebier wird dabei immer, der Name Purrel³) niemals angeführt.

---

¹) Vgl. das Kapitel: *Der historische Hintergrund des Epos.*

²) Solche Stellen sind für die Kritik äuſserst wichtig; die Zuthaten wuchsen, die Umarbeiter fügten eine Episode nach der andern hinzu, unterlieſsen es aber, diese Interpolationen an den betreffenden Stellen und bei den entsprechenden Aufzählungen zu verzeichnen.

³) Die ganze Fassung der Borrelepisode in Aliscans spricht entschieden gegen das hohe Alter derselben. Seine vierzehn Söhne werden von Rennewart erschlagen (CXXIII) und dennoch befinden

Übrigens darf es bei den die Eigennamen betreffenden, nur allzu zahlreichen Abweichungen der französischen Handschriften nicht befremden, dafs Wolfram sich nicht streng an die Namen bindet und mit denselben ziemlich willkürlich verfährt.

Die Fassung des Gedichtes, die Wolframs Werke zu Grunde liegt, ist also eine stark aufgelöste, dem Wesen nach zu den ältesten gehörende Redaktion des Epos; es liegt gar kein Grund vor, das Gedicht des deutschen Minnesängers als ein Amalgam verschiedener Reminiscenzen aus einzelnen Zweigen der Geste Guillaume zu betrachten. Allen Stoff[1]) hat er einzig und allein aus einer älteren Fassung Aliscans' geschöpft.

In den französischen Gedichten bleiben die Kampfgenossen Vivians und Wilhelms sozusagen unthätig, um den Ruhm Rennewarts ja nicht zu verringern; dem stolzen, ritterlichen Aucebier fällt nur die traurige Aufgabe zu, dem tödlich verwundeten Jüngling den Rest zu geben. Bei Wolfram gehören zweifellos die zu reduzierenden und zu vereinfachenden Schlachtepisoden und Zweikämpfe zu dem ältesten Substrat des Epos, so dafs man bei Herstellung des Textes mit Unrecht Wolfram von Eschenbach zur Seite schieben würde. Er vor allen, insbesondere die bei ihm so zahlreich vorkommenden, hie und da in den einzelnen Handschriften, vorzüglich in der venezianer auftauchenden Eigennamen, die man zu leicht als entstellte Monstra hinzustellen geneigt ist, werden dem Kritiker bei Aufstellung ursprünglicher Assonanzen[2]) einen sicheren Schlufs gestatten.

Am nächsten stehen Wolfram die ältesten Redaktionen Aliscans' in den Handschriften von Venedig, Boulogne-sur-Mer, London; die Schilderung der Befreiung der Pfalzgrafen (415 dô R... bis dâ manegen) und an-

---

sich einige derselben unter denen, die dem furchtbaren Blutbade entkommen (*Var.* 6004).

[1]) Da aller Stoff auf die Vorlage zurückgeht, so ist doch mit der gröfsten Wahrscheinlichkeit anzunehmen, dafs auch die Modifikationen der Orléansepisode, Kyburgens Kriegslist und die Totenbestattung dem französischen Original entnommen sind.

[2]) Auf Schritt und Tritt begegnet man den Assonanzen: batisies, paiens, ciel; Suntîn, Lumpîn, Tenabrî, Semblî, Muntespîr (34); Tenabruns, Azagouc, Nugruns (392).

dere Stellen stimmen mit der londoner Fassung vollständig überein.

Man erlaube uns am Schlusse, Lachmanns Worte einigermafsen zu ändern und zu behaupten: dafs, da wir jetzt Wolframs französisches Original oder wenigstens eine demselben sehr nahe stehende Fassung nachweisen können, man mit Zuversicht hoffen darf, bei näherer Kenntnis desselben, die Einheit des Willehalm wiederzufinden, wie sie in Wolframs Seele sich gebildet hatte.

Es ist nicht unsere Absicht, auf das Verhältnis Wolframs zu seiner Vorlage näher einzugehen; wir begnügen uns damit, etliche in der deutschen und in der französischen Dichtung übereinstimmende Stellen zu verzeichnen, wobei wir natürlich die Resultate der Arbeiten der Fachgelehrten als bekannt voraussetzen.

I. BUCH. Der Anfang des Epos bei Wolfram entspricht der ältesten Redaktion des Gedichtes (*R* XV Anm. 6): Der Markgraf erscheint auf dem Schlachtfelde, ursprünglich von seinen Rittern, in den jüngeren Fassungen von seinen Brüdern und Neffen umringt. Mit seinen Bogenschützen[1]) tritt ihm zuerst Halzebier entgegen (*W.* 17—18), mit dessen Tode das Epos in Aliscans schliefst. Als das ursprüngliche Gedicht die Gestalt Vivians aufnahm, mufste dieser junge Held notwendig die Schlacht einleiten; Wilhelm trat in den Hintergrund[2]). — Das Eingangsgebet und die Widmung des Werkes ist als besonderes Eigentum des Dichters anzuerkennen; Ansätze zu einigen Stellen desselben sind in verschiedenen in *Al.* enthaltenen Gebeten zu finden; vgl. *Var.* Seite 99 oben und *a* 7074 sqq. — 3-4 (Lob Wilhelms) = *R* 4361 sqq. und XXI — 5,4 swer werdekeit wil minnen sqq. = *Var.* nach 4579 — 6,10 Viele Wendungen und fertige Redensarten sind dem *Al.* entnommen: iur starken lîbe, iur schœne jugent = *R* 790, der clâre süeze B. (6,24) = *R* 202; der heidenschefte wünne (8,22) = *R* 445; des lobes rîche (12,10) =

---

[1]) Den arciers von *M* entsprechend (*Var.* 114). *W.* erlaubt uns also den Schlufs zu ziehen, dafs Haucebier mit seinen arciers und Gorhant mit seinen vaciers (IV) im ursprünglichen Epos gegen Wilhelm, nicht gegen Vivian gekämpft haben (*W.* 20,17).

[2]) Einflufs des Rolandsliedes?

li aloses; die wârn geflohten in einander sêre (19,7) = La ot d espees molt grant carpenterie — 7,28 dar umbe unschuldic volc erstarp = *R* 1735 Tante io vente est por (*a par*) moi afinee; 7,22 ich wæne ez wiget ungelîch und die ganze Stelle geht auf mißverstandenes Trop par me poise und Se il i muert . . . zurück — 9,1—6 = erste *Al.*-Strophe — 10,1—20 = *a* 1535 sqq., *a* 1771 sqq. etc.; 10,27—9 Anticipation der Arofelepisode — 12,27 sqq. = *a* 5679 sqq. — 13,5 sqq. Wir beweisen an andrer Stelle, daß der Anfang unseres Gedichtes in der Laisse II oder eher XV liegt — 14,22 = *R* 4294; 14,25 = *R* 1746; 14,30 = A mal eur fu ie de mere nee — 15,22 der arme und der rîche, die minren und die mêrren = *R* 442 — 21 = *R* II — 19,11 lac dâ manec hundert tôt; *W.* übertreibt viel seltener als *Al.*, der in diesem Falle aus Hunderten Tausende und Abertausende macht; in der Beziehung stimmt *W* mit *C* überein. 22,1—4 = *R* 287; 22—24 = *R* 247—55 (wo nach *W* zu lesen wäre: En mi sa voie encontra Naupatri, Cel qui tenoit Oraste Gentesin; En sa main tient un bon espiel fraisnin [23,22]) — 25,10 Sansôn, des geslehtes von Blavî, der mit Witschart die gebruoder von Blavî genannt werden, kämpft bei *W* mit bei Aliscans; in *Al.* ist er bloß ein Diener am Hofe (LXIV) — 26,25 sqq. Escalibôn von Sers (*K*) = Li Esclavons de Seres (cf. die alte Aussprache von *Jerez*) — 27,1 wîzer denne ein swan; *cf.* Escaimans li gris (*a* 5245); bezieht es sich aber auf die Haare, dann cf. den öfters vorkommenden Halbvers qui les ceveus ot blans; 27—28 = *R* XIII, XVII, XXXIII; 28,1—2 = *a* 5022—3; 28,9—15 = Schluß von XIV und *R* 4819 sqq.; tödlich verwundet erschlägt Vivian in *Al.* sieben Könige nacheinander; viel natürlicher, läßt sie *W* an den Kämpfen teilnehmen; Fauseberc ist eine ältere Form von Haucebier (!); was den Turpîun betrifft, dessen Land Falturmîê hieß, vgl. *Var.* 471, wo *WLC* übereinstimmen; Turkant, der lant hiez Turkânye, vgl. *ibid. C* turbant durconie oder un turc dorcanie; künec Arficlant ist uns rois africans? — 29,13—5 = *R* 381—2 — 32, 9

Die XCII und CXXXXVI aufgezählten Brüder Rennewarts waren ursprünglich wie in *W.*, so auch in *Al.*, Arofles sîns bruoder kint¹); diese künege von über mer (d'outre mer) nahmen alle an den Kämpfen gegen *Wilhelm* teil und fielen; um sie zu rächen, sucht Arofel den Markgrafen auf, der ihm schliefslich den Kopf abschlägt (daher 30,16 er lag ouch in ir dienste tôt); mit der Zeit wuchs deren Zahl auf fünfzehn, die Vivian alle nacheinander niederschlägt. (!) — 31,23 sqq. sîne helfær heten niht vermiten, beidiu geslagen und gesniten ûf ir wâpenlîchiu kleit was Kristes tôt ist ohne Zweifel Wolframs Eigentum; hat ihn aber die in *Al.* so oft vorkommende Redensart de Sainte Crois se seigne nicht mit zu dieser Bemerkung verlockt? — 32 = *Var.* 4403 sqq. — 33 = XVII; cf. *Var.* 490, woraus erhellt, dafs *W.* der *a*-Handschrift ziemlich ferne steht; nach *W.* wäre *R* 517—8 zu lesen: Iosues, C. de M., le fil M.; 33,15 Talimôn und Rubûâl; cf. *R* 617 und *Var.* 598, dann *R* 557—34. Die Aufzählung jener Länder ist nur teilweise in unserem Gedicht erhalten; cf. Gorgatans, Montespir (cf. *Var.* Seite 122), Puigcerdans (span. Puigcerdá, bei *W.* Poy) — 35 = IV, CXVI; 35,15 der dôn von ir munde gal sam die leithunde oder als ein kelber muoter lüet; der Ausdruck Vaciers und Paien glatissent et uslent con caignon (*R* 4615 der venezianer Handschrift) veranlafsten diese Bemerkung — 36 = XLII (*R* 1340), CIII (*R* 4176, 4179); Tesereiz von Collône ist das frz. Desrees d Argolaigne; die von Sottrs (*K*) und *de* Latriseten = Et cil de Sutre et cil de vers Larise; cf. *Var.* 1755 sqq.; 36,24 Poydwîz, Ankî = Baudus, Aiquin — 37,25 sqq.; cf. *Var.* 819 sqq.; immer unverendet ist sîn helfe wider sie die im getrûwent als die: Qui a a lui son coraie torne Il se recort (*B* le recoit) de bone volente — 38 Amplification der Verse *R* 663—6 und 1127 El puis, besser Es mains d'Infier iras o Belzebut — 39 = II mit Reminiscenzen aus XXIII, XXV, XXVI (*R* 443 Nen oi

---

¹) Wobei Walegrape natürlich fehlt.

crier nostre enseigne Francor) — 40 Gemeinplätze in afz. Epen (cf. Schlufs von IX, *R* 4259—60; *R* 56; *a* 5679 sqq.; *R* 71—4); besonders wichtig ist hier die *T*-Lesart von *R* 419, die mit *W.* übereinstimmt; wir glauben, dafs wir die, sich im Parzival wieder findende, prächtige Fiction (Wolframs Eigentum) von dem Löwen, der durch sein Gebrüll die tot zur Welt gebrachten Jungen zum Leben weckt, einer ähnlichen Verwechslung zu verdanken haben, wie die ist, welche wir *R* 771 Anm. verzeichnet haben: **Nies, onc li hons ne fu si conbatans** und **Nes lions onques ne fu si c.**; wenigstens dürfte dieser Umstand zur Entstehung derselben beigetragen haben — 41 = IV, VI mit Reminiscenzen an *R* 819—20; 41,5 **von den sölh stimme wart vernomen, es möhte biben des meres wâc**: Tout font la mer en Aliscans trambler und *Var.* 5681; 41,20 **werlîchen kom geriten der phallenzgrâve Bertram da er den sûwern dôn vernam** = *R* 134 sqq. und *R* 230—2; 41,23 **er wolde wider wenden: wan er vorhte, ez solde schenden al die Franzoyse**; cf. den Schlufs von *a* V und *R* 133 und 216; 41,14 **als ob in fuorte ein wint** = com li vens al ore. — 42 = VII, VIII; die Zahl neun ist unbedingt die ursprüngliche; in *Al.* sind zahlreiche Helden, deren Namen genannt werden, unthätig; so **Sanson, Elimans, Joserans, Guinemans** etc. — 43 = IX, besonders *a* 237 sqq., 245 sqq.; *R* 4941—2; cf. die Redensarten **donner le treu** und 43,10 **die Franzoys uns gebent zol**; 43,29—30 **sîn ses hât kûme ein esse nuo**: es wurde als ein echt originaldeutscher Zug unseres Dichters erwähnt (wie er auch in seinem *Parzival* hervortritt), dafs er an manchen Stellen seiner Werke auf das Würfelspiel hinweist; es wäre zu verwundern gewesen, wenn die frz. *Chansons*, da die vielen dabei gebräuchlichen Redewendungen und Bezeichnungen der französischen Sprache entnommen sind, nicht die geringste Andeutung davon enthielten; das Spiel war bei den Franzosen sehr verbreitet; *R* 3550 Anm. (**Rois Desrames a iete ambes as**) und *Var.* Seite 100 Zeile 7 von oben, ebenso *Var.* 6974—82 *L* enthalten die entsprechenden wolframschen Redensarten — 44 = IX;

Stellen älterer Fassung; cf. *R* 41 sqq.; *R* 4190 und verschiedene Stellen von *Al.*; 44,13 von salsen suppierren sich Tybalt muose vierren von sînem wîbe und alle ir kint, die hie durh rehte râche sint: *R* 1107 Ne mangerai ne nen aurai beu; 44,28 ê si von Jêsus kêre, ich sols ûf einer hürde ê sehen, diu fiuric sî: *R* 2718, 3964; 44,21 êrt die got und darnâch mich; über die Verbindung Gottes mit einer Person vgl. die Redensart Se Dex ne fust et Rainouars li bers; über die Verbindung Gottes mit einer Sache vgl. *R* 1206 sqq. und Anm.; 44,30 daz muoz geschehen und ähnliche Zusätze am Schlusse des 30. Verses deuten auf den *vers orphelin* der *a*-Redaktion — 45 = II (*R* 29) und VIII, XI; sogar Feirefîz Anschevîn (45,15) und bâruc Ahkerin dürften dem frz. Gedichte entnommen sein, ohne Reminiscenzen aus anderen Epen darzustellen; cf. *R* 1370; bâruc von Bagdad ist das frz. li baron de Baudas (*a* 4221) — 46 = XIII, *R* 975 und Reminiscenz an das Signalement Rennewarts; 46,17 Libilûn Arofels swester sun entstand aus mifsverstandenem Fiert.I. neveu Aeroufle (besser roi Ar.) le blon; le blon, le blon, libilon (mit dem ausgeprägten Gleitlaute) ward für einen Eigennamen gehalten; *m*, mit der Lesart F. A., le neveu le blon, erlaubt den Schlufs, dafs *Libilûn* vielleicht die ursprüngliche Lesart ist, aus der A. li blons (l) entstanden ist; cf. *Var.* 346 und Var. zu *op* 255,25 (Librun); dieser Vers deutet auf die Verwandtschaft von *W*, *a*, *m* — 47 = XII und Schlufs von XIII; in *W.* wie in *Al.*, sind Huon und Hunaus mit einander verwechselt (*a* 321, 5350 u. *Var.*) — 48 (Lob Vivians); vgl. *R* 751, 769 sqq.; 48,4 Statt dieser tief religiösen Trauerrede hat *Al.* eine Aufzählung von Heiligen, deren Namen sich in der Chronik des Turpin wiederfinden; 48,23 unz im der tôt nam sîne jugent: *R* 240, besonders Anm., Lesart *d* — 49 = XIV; 49,3—5 niht der sêle veige ... unkreftic ...: Dex penst de l ame que li cors est fenis; 49,5—6 unkreftic von dem plâne gein einer funtâne. ander boume und albernach ...: *M* 395 (Joste la mer par desoç un pendant [cf. *Var.*, wodurch die Verwandtschaft von

W mit *M* nachgewiesen wird] Desous .1. arbre ki...;
cf. *Var.* 1895); was das Erscheinen des Cherub's betrifft,
vgl. *Var.* 404—11 und Schluſs XII, besonders aber die
Anm. zu *R* 428; in *W.* wünscht Vivian vor seinem Tode
den Markgrafen zu sehen, um zu wissen, »ob ich ie
zuht gein im gebrach, ob mir sölch untât ge-
schach;« in *Al.* verlangt er diese Gnade, um zu er-
fahren, ob er seinen Eid, niemals vor dem Feinde zu
fliehen, gebrochen habe (*R* 875); an dieser Stelle ist *W.*
jünger als die frz. Vorlage; dagegen stimmen die Worte
des Engels in beiden Gedichten überein; Wilhelm soll
seinen Neffen, nicht aber Vivian seinen Onkel sehen, was,
genau betrachtet, für den Sterbenden kein Trost ist (vgl.
Anm. zu *R* 428); nach *ABMmLdCT* (auſser *a*) muſs der
Jüngling sterben, ohne den Trost zu haben, seinen Oheim
noch einmal in diesem Leben zu sehen (Mais nel
verras, si auras dolor grant [modern tant ta d.
sera g.]): nach *W.* sieht Wilhelm seinen Neffen, wobei
dahingestellt bleibt, ob Vivian den Markgrafen gesehen hat
(49,24—6); 49,27 = Ne li dist plus, ainz se torne
fuiant — 50 = XV; 50,11 Munschoy der crye
was geswigen: Nen oi crier nostre enseigne
Francor; 50,18 in bluote unde in sweize suten
die helde von der hitze starc: Le cors ot taint
de sanc et de suor (*R* 25); 50,20 in eime stoube
er sich verbarc: *R* 634—5; 50,23 selb fünfzehende
der markîs reit: *R* 455 — 51 Amplification ver-
schiedener Reminiscenzen; 51,2—3 freude und hôher
muot, ir beidiu sîget mir ze tal: cf. *Var.* 799 u.
besonders Francois avalent [= *ze tal*] mes il....;
51,5 sint mîne mâge tôt belegen.... dar zuo
mîn ellenthafte man: De mon lignage ai perdue
la flor (*R* 445); 51,14 die er tet ze Runzevâle:
Onc tel bataille nen ot en Rainceval... *R* 578;
51,20 ey G. süeziu künigin; auch in *Al.* wird sie
Königin genannt; cf. *R* 3783; 51,30 sît Abel starp
durh bruoders nît: desque Dex fist Adam oder
des le tens Eseie (*Var.* 3012) — 52 Stellenweise in
XVI; jünger ist die Auffassung, nach welcher nicht Wilhelm
seinen Kampfgenossen, sondern diese dem Markgrafen
raten, die Flucht zu ergreifen; 52,6—7 in wârn diu

strîtes muoder mit swerten alze wît gesniten
geht auf ein mifsverstandenes Cil ont les cors et
[corset gelesen] colpes et navres (cf. *R* 456) zurück —
53 stimmt stellenweise mit XVI; die Modifikation der
vorhergehenden Strophe erheischt die der 53.; auf Rat
seiner Kampfgenossen ergreift Willehalm die Flucht:
nâch sîner manne râte gein Oransche drâte
bî dem her allez hin: Droit vers Orange ont
leur voie aqueillie; Wolfram's eigene schöne Fiktion:
bî liehter sunne gâben regen und âne wolken-
lîchen wint sîn ougen entspringt der Redensart
L'aigue dou cuer li est as ious montee (*aigue*
hat schon im Afz. den Nebensinn von *Regen*); 53,22 rois
Poufameiz von Ingulîe ist R. Baufumes (*R* 463)
d'Urgarie oder d'Urgalie (*R* 490 u. *Var.* 466; *ingalie*
der Handschriften *op*, bildet die Übergangsstufe zu *ingulie*);
53,24 alrêrst dô komen von dem mere: Qui
donc a primes ierent issu des nes (cf. *R* 461;
dieser V. scheint die Verwandtschaft von *W* mit *a* aus-
zuschliefsen) — 54: Stellenweise in XVI; 54,12—3 mit
scharfen swerten herten muosen rûmer houwen
und 54,20 sqq. als durch die dicken mûre brichet
der bickel und zimberman den zwickel bliwet...:
a 463; 54,24 Schoyûs sîn swert: *R* 492; nach
54,24—6 findet Poufameiz durch die Joyeuse den Tod,
ein Beweis, dafs für *W* Baufumes (*a* 450) und .I.
paiens d'Urgalie (*a* 466) identisch waren; in *Al.*
stirbt Baufumes nicht und erscheint Laisse XXXIII wieder
— 55: Stellenweise in XVI (*R* 507); die Schilderung des
Schmuckes an der Rüstung Baufumes' ist der des pracht-
voll geschmückten Heeres dieses Königs in *Al.* (*Var.*
450 sqq.) entnommen — 56: Stellenweise in XVI (*R*
494—6) u. XX (616 sqq.); 56,3—5 Arfiklant von
Turkânîe und Turkant, die gebruoder beide =
arfulant (*M*; ja nicht africant!) d urconie (*C*)
und turbant (*LC*; cf. Wolframs Handschriften *lopv*:
turbanye); vgl. *Var.* 471; 56,14 sîn ors durch
manne bluot gewett: *R* 4623: Li sans des cors
sort outre le talon und *R* 724; 56,18 bei Boctân
hatten wir zuerst an eine aus Bocident (cf. Mss. *op*
Talmon aus Talimon) zusammengezogene Form ge-

dacht; das Wort findet sich aber *Var.* 5447 *m* unter der Form boidan (*l.* bocdan) wieder; 56,19—21 Turpîuon von Falturmîê ist Li turs Pin oder Pinel de Valturnie; cf. *Var.* 471—57: XX (*R* 623 sqq.); in *Al.* erobert W. das Rofs Marcepiere, mufs es aber, von den Sarazenen gedrängt, wieder laufen lassen; in *W* wird Marschibeiz von W. durch einen Stofs hinter dem Bug erstochen, damit es die Heiden nicht in ihre Gewalt bekommen; diese letzte Episode ist eine Reminiscenz aus der XLVI. Laisse (hindern büegen: a lues le col cope, *R* 1464—70). — — —

In *Al.* wechselt Cordres mit Cordes (*Corduba*; bei *W.* übliche Form) ab. Par devers Cordes a li quens regarde; hier ist *Cordes* der Name eines Hügels bei Aliscans.

Wolframs Nöupatris, der Vivian tödlich verwundet, ist das provenzalische N'aupatris; cf. *R* 247.

II. BUCH. 58,15—20 = *R* 530—1; 58,22—3 = *R* 600; 58,28: qui puis ne vit ne cousines ne meres — 59,10—1: Qui plus est blance que n est noif sor gelee? für Wolfram hiefs also *Baucant: im brûn gevar* (*R* 4532) — 60,1: plomees, haces, maces, arciers etc.; 60,9: *R* 1812; 60,11 sande: *R* 1735; 60,15 linde (jedenfalls dem für den Norden unmöglichen olivier vorzuziehen): *Var.* 1895; vgl. jedoch *Var.* 1423—5, W. 127,2 u. *la Pinede* bei *Les Saintes-Maries* — 61,13: *R* 351; 61,27: *a* 7249—51; 61,29: *R* 864 — 62,11—4: Verbindung der Begriffe iusqu a la mer salee u. *R* 807; 62,21—2: *a* 1838—9; 62,26, 29: *R* 803, 820; der Kopf des schlafenden Kindes liegt auf Gyburgens Brust — 63,16, 17, 22: alte Assonanzen Thasmê, Ganfassâsche, escarlate — 64,28 diu zaller zît ist niuwe = *Var.* 753 *ML* qi tot ior est n.; *m* q. tous tans ertn. — 65,11—3: *R* 839 — 66,18—20: cf. *Var.* nach 819, Vers 4—7 — 67,15 dem Begriffe enfes und den Rennewartsepisoden entnommen; 67,24—6: *a* 1838—9 — 68,24: *a* 7099 — 70,3—5: *R* 586—8; 70,25: *R* 564 — 72,13 vome gebirge (= *Alpines*) unz an daz mer (= *Rhône*) — 74 Mattahel, Matrabel, Urabel (nicht Orribles?) = Mirabel, ein mit Maraidiaus (*Var.* 4395, 6367) verwandtes Wort; Goriax = frz. Gloriax; Haukanus für Hauquan, Hauquin (*R* 4743); Hangans zusammengezogen aus Anguerans; Cursaus = Corsaus; Bûr, dessen Sohn Bûrez, Buurez, Buherez heifst (Patronym.; *Var.* 490); Corsublê ist Corsubles oder Cornuble von *m* u. *o*; Corsudê ist Corsus mit de (vor dem Ländernamen!) verbunden; Haste ist ein zusammengezogenes Ariste; Embrons ist *MLC* gemein; Akarîn kommt *R* 1370 vor. (vgl. *Var.* 490, 1014 sqq., 1150 [Seite 23]); Tampastê von Tabrastên = Tempestes d'Abraste; Frabel: *Var.* 5447 (Fanuel) — 76,11 Tenebruns von Liwes Nugruns, besser nach *p* Leuns: T. de Leon; Nugruns: Pré Noiron (*Liues, Lieues N.*); cf. *Var.* 346; 76,13 das urspr. dreisilbige Arofel ist viersilbig geworden, nachdem Rois A. ohne Artikel nicht mehr üblich war (*aer.* aus *ar.* durch den Einflufs des *r*) — 77,19: *Var.* 6642 — 78,10—1: *R* 382 — 79: *R* 1238 Anm. — 80 Es ist ein Zug hohen Altertums, dafs Arofel dem Markgrafen goldene Berge verspricht, um sein Leben zu retten (so in *W.*); viel jünger ist die Auffassung, nach der der Heide alles opfern will, um sein Rofs zurückzubekommen (so in *Al.*) — 81 Volatîn, Volarin, Valantin [= *Vaillantif!*], Volatile, Volatise u. Naymers Florentin dürften identisch sein — 82,10—11 geht entweder auf die übliche Abkürzung von sans frain oder auf mifsverstandenes Por ce le fait que il ne prenge fin zurück — 84,15 mit bogen und mit slingen; diesem Volke dürfte auch Walegrape angehören, der, nach *d*, so schlechte *las estrias* verfertigt — 85,22—4: cf. *Var.* 1493 *L*, besonders den von *d* nach 921 eingeschalteten Vers — 88,17 ob treviers oder trevirs, miers oder mirs, beide Formen sprechen für eine nordfrz. Vorlage; Wolfram erlaubt W. nicht, mit einem Heiden zu kämpfen, ohne dafs er ihn töte oder tödlich verwunde; darum verlegt er die Baudusepisode (XLVI) mit vollem Recht; 88,22—3 Puzzât wird von den Feinden nicht getötet (*Var.* 1470 *C*) — 89,4 ein alter kapelân stimmt mit *MmLdCTAB* überein, wo das Alter des Kaplans (*clerc*) nicht angegeben wird; in *a* ist er noch nicht zehn Jahre alt; 89,26 ein einziges Mal wird in *Al.* zur List gegriffen, *R* 4864—90,7 al eine: *R* 1712 — 93 Hûwes von Meilanz (Melianz *lx* wie *M*, dreisilbig) und Hûnas von Sanctes, vgl. *R* 8; 93,18: *R* 158 und *Var.*, wo timoniers den Nebensinn von gonfanoniers hat; 93,24 der blanke Kybalîn: Et Guielins qui les cheveus ot blans (*MmLdC*, *ABa* ausgeschlossen!) — 94,13: Orcoise, cf. *Var.* 5702 — 95,1—2: *R* 3354—5 — 96,9 Baldac und Bagdad entsprechen dem frz. Baudas; 96,30: *R* 1855 — 97—8: *a* 1776 sqq. und *Var.* 490; 98,1, 6 Morgant, Margoanz: *R* 374; 98,13 Amîs u. Kordeiz = Amis de Cordes (*a* 1431); 98,15: *a* 489 u. 1781; 98,21—2: *Var.* 1432 (estramarin); 98,18—9: vgl. die Episode der *Couards* — 102,21: l aigue dou cuer.

Wir sehen, daſs Wolfram nicht nur die Zahl, sondern auch die Namen der heidnischen Fürsten beibehalten hat. Was die Esmeresepisode und die bei *W.* vorkommenden Modifikationen derselben betrifft, so stimmen sie mit der berner Handschrift überein. Wenn Wolfram 77,24—6 sagt: ein swert der künec Pantanor gap dem künege Salatrê: der gab z dem künege Antikotê, so wird man ihn nicht der Unwissenheit zeihen müssen, da er sich ja nur nach seiner Vorlage richtete (*Jblt*, II, 222; *mLC* haben le roi (und nicht li rois), was dem alten Stil entspricht). Ebensowenig glauben wir an ein Miſsverständnis 69,12—16, wo lign alôê steht; die ursprüngliche Dichtung wird sicher ligne alôê oder leigne alôê enthalten haben, da W. sonst holtz a. gesagt hätte (cf. rois Terramêr, markîs, conte Willehalm). Jedenfalls wäre der Fehler leicht erklärlich, da die gute Lesart Parmi ses angeles fu mis e (W. hatte vielleicht in der Vorlage ê, en) aloes ist; noch mit gröſserem Unrecht behauptet man, daſs dem deutschen Dichter bei Termes und Larkant ein Miſsgriff begegnet sei[1]).

Der Schluſs des zweiten Buches bestätigt unsere Auffassung von der Episode der Pfalzgrafen. Wilhelm wuſste nichts von der Gefangennahme seiner Neffen (102,7; *R*

---

[1]) Termes ist eine südfranz. Ortschaft (*W.* 28,28; Handschrift *K* entspricht, was die Eigennamen betrifft. der ältesten Fassung); was den Larkant anbelangt, siehe das Kapitel: *Li Arcans und Aliscans*.

1804); es ist auch ein Zug jüngeren Alters, dafs Gyburg ihren männlichen Mut nicht so stark hervortreten läfst als in *Al.* (hier stimmt *W* mit *C* überein; cf. *R* 2535 Anm.). Was die ergreifende Liebesscene betrifft (100—3), vgl. *R* 1962.

III. BUCH. — 106—12 Die Rüstungen der Heiden behufs Belagerung der Stadt fehlen im Französischen nicht; cf. *R* 3357 sqq.; 108: XXXVII—XXXVIII; 109,6: cf. den nach *Var.* 3921 eingeschalteten Vers von *M*; 109,24—9: *a* 4032 sqq. u. *a* 1125; 111,10—11: *R* 3360; 111,26—8: *R* 2325; 111,15—25 Diese Verse entspringen der Absicht des Dichters, die Verteidigung Oranges durch eine so geringe Schar von Rittern glaublich zu machen; 112 Aus demselben Grunde wurde die Orléansepisode von Wolfram modificiert, der wohl wufste, dafs man die Strecke von Orange nach Laon nicht ohne »herbergerie prendre« zurücklegen konnte (cf. 126,2—3); er pafste diese Episode der des franc-bourgeois Guimart an; die Schilderung des Markgrafen[1]) und dessen Vorsatz, bis zu seiner Rückkehr elend zu leben, bewog den Dichter, Wilhelm »*zem jâmer sich pflihten*« zu lassen: so entstand die Episode vom Winkelgäfschen — 113 Was den von W. nicht entrichteten Zoll betrifft, so dürfte die ganze Stelle der beim Anhalten von Menschen (*R* 4841) üblichen Redensart *donez m en le treu* ihr Entstehen verdanken — 114,18, 25: *R* 2024 Anm. — 117,17: *Var.* 2174 *M* — 118: *R* 2058 Anm.; hier steht *W*, *C* am nächsten — 120,19 Wilhelm spricht nicht von Gefangenen, die er ja tot (*R* 1804) wähnte — 121,4—7: *R* 1825 sqq. — 124,19 Widerspruch; W. hat von Gefangenen keine Erwähnung gemacht (cf. 120,19) — 127,6 (niht . . .): Warum? vielleicht dô was sîn vel nâch râme var, bart und hâr verworren gar, was aber einer Stelle entnommen ist (*R* 2541—4), die der Dichter tadelt (125,20—2) — 128,8: *R* 4101; 128,20—2: *R* 2544; 128,14—5: *R* 4353 — 130 Die meisten Modifikationen fufsen auf der Absicht des Dichters, die königliche Würde zu wahren: darum 130,9 gegenüber *R* 2350—3; 130,17 sqq., 19 koufman stand sicher statt des Freibürgers in Wolframs

---

[1]) *R* 2541 sqq.

Vorlage pikardischen Ursprungs (in Nordfrankreich blühte ja zu Wolframs Zeiten und früher schon der kaufmännische Stand) — 134,9: *a* 4460; 134,23: *R* 1803 (*urteillîch* = *verhängnisvoll?*) — 136,10 al den wîn trunk der mac ze Bôtzen sîn: der Wein von Botzen wird gewifs den Deutschen bekannter gewesen sein (er wird öfters erwähnt) als den Franzosen; dennoch glauben wir, dafs in der Vorlage *en bottes* oder *boutes* (der in den Fässern überhaupt steckt) stand, und dafs die Lesart *l* die beste ist — 137,15: *R* 2826; 137,27—30: *R* 2148—9 — 140,15: *R* 2541—141,7: *R* 2324; 141,11 sqq.: *Var.* 2873 sqq.; 141,21 Man hat behauptet, dafs die Anspielung auf die Insel *Palaker* im Lebermeere mehr alter deutscher Sage angehöre als französischer Überlieferung; wir sehen darin das in den *Chansons* übliche Wort *palagre, palatre* (vgl. *Var.* 2876 u. *R* 2663 Anm.) — 142,5: *R* 1519—20; 142,17 = *a* 4642 — 146,8, 9 = *R* 2465; 146,18 statt *Bertram* lies *Arnalt* — 147,7 sqq. = *R* 2571—3 u. Anm. — 148 Wolfram ergreift für den König Partei, weil es sein Zartgefühl verletzt, dafs W. die Königin als solche, und überhaupt als Frau nicht schont, obgleich ihr Gemahl geneigt ist, seine Wünsche zu erfüllen — 150, besonders 150,15 stimmt mit *C* überein (*R* 2525) — 151,13: *R* 4294; 151,16 nach den frz. Handschriften wäre zu lesen g. oder s. v. (cf. 151,29) — 152,1: *a* 2714; 152,6, 7: *R* 760; 152,11 sqq.: *R* 2523; 152,27: *R* 2824 — 153,14—5 an sînem manlîchem sinne was doch diu kiusche zuht betrogen erklärt alle Modifikationen dieser Episode; 153,18 nach einer älteren Lesart (*R* 2576) war nicht Tybalt, sondern mancher Hausknecht ihr Liebhaber gewesen — 154,11 stimmt mit *MmdCAB* überein; cf. *Var.* 2858 — 155,27: *R* 2642; 155,30: *R* 2672 Anm.; stimmt mit *L* überein — 157,21: *a* 2940 — 158,10 sqq. wahrer Grund des Haders — 160,19 Schêrîns ist Garins, Gerins; Pantali = Pont Erlie (cf. *R* 2745) — 161,2: *Var.* 2714; stimmt mit allen Handschriften aufser *a* überein; 161,17—21: *R* 2535 Anm. —

IV. BUCH. 162,22: *R* 3550 Anm. — 163,15—30: *R* 2749 u. *Var.* 2962 — 167,27: *R* 4501—168,6, 7: *R* 858—60—169,9 Wolfram setzt *Bertram* statt *Naymer*, den er »bis jetzt« mit *Naymeri* verwechselt (wie *M*) —

171—2 Ursprüngliche Fassung der Gespräche von Wilhelms Brüdern, die, in *Al.*, auf *R* 2814—34 u. 3330—3 reduciert sind; 172,25: *Var.* 4153—176,4: *R* 3072; 176,22: *a* 1777—178,5 vergiftet von den Leichen der Gefallenen; 178,11 sqq.: *R* 3340 sqq. — 182,24 sqq.: *Var.* 805 sqq. — 185,18—9: *a* 3083—189,1 Die Lesart von *K* ist vorzuziehen *(li hardis bacelers, bers)*; 189,21—4 cf. *Var.* 4879—191,2—9 u. 193,16 sqq. viel besser; cf. *Var.* 3206 *C* (die Heiden wurden ja zur Taufe gezwungen); 191,22—3 bessere Absicht als *R* 2946; 191,25 sqq. ältere Lesart; sie handelt so, um ihrem Oheim zu gefallen (viel jünger *a* 3868); 192,2 (**mit grôzer zuht**): Ansatz dazu *Var.* 3330 u. XCII; 192,6 sqq.: *a* 5077—8, *R* 1322 u. 1940; 192,14 (*Var.*) lies **Bien sois venuz** (weder **Bien est se venez** noch **Bien ca venez**); 193,11 sein ganzes Thun und Lassen in *Al.* beweist, dafs dieser Vers der urspr. Fassung entnommen ist; 193,25: *R* 2581 Anm. Schlufs; 193,26 sqq.: cf. dagegen *R* 3305—194,9 sqq. urspr. Fassung (vgl. *R* 3619 Anm.) — 195,23 besser als die geschmacklose Episode der Laisse CXXXII — 196,2 der Margot- u. Borrelepisode entnommen; 196,3: *R* 347; 196,4: *R* 2548; 196,21 statt **fraisnin** u. **sapin**; 196,29—30 spricht für **cirer** statt **arer** (*R* 3021) — 197,10—1 **aucubes et brehanz** (*R* 3443 sqq.) — 198,8: *R* 2823; 198,20 sqq. Wolfram beseitigt das Rohe der Rennewartsepisoden (vgl. die Schmiedeepisode *Var.* Seite 55—6) — 199,1: *R* 3290; 199,28 sqq. analoge Scene *R* 3939 sqq. — 200,30 deutet auf *R* 4005 Anm. — 201,5 sqq.: *R* 3130 sqq.; 201,23: *a* 3156; 201,27 dieser Umstand (und nicht seine Vergefslichkeit) war der Grund, warum er die Stange zu Hause liess (*R* 3619 Anm.) — 203,14: *R* 2543—207,19 stolz; cf. die in *A* nach 677 eingeschalteten Verse — 210,28—30 vgl. *Var.* S. 126 Z. 27 *M* u. den Zunamen **Alemans** und **Renier d Aix** *Var.* 6004—212,18: *a* 2556; 212,29—30 anders gemeint als 178,5—213,13 sqq. Nach der ursprüng. Fassung ist der Kufs Alicens zwecklos und somit zu streichen.

Wir sehen, dafs der Dichter sich weder am Anfang, noch in der Mitte seines Epos von seinem Vorbilde entfernt; gegen das Ende wird er mit seinem Vorgänger vollständig übereinstimmen; wie *W*, so trachtet auch *C* den Jüngling aus der Sphäre des Rohen und Gemeinen zu erheben.

V. BUCH. 215—223 Dem Zartgefühl des Dichters entsprungene Episode; Ansatz dazu CLVIII, XXXVII, XXXVIII; übrigens sind es Argumente, welche die Heiden gewöhnlich gegen die Christen anwendeten (219,2—3); 220,14 sqq.: *a* 5076—8; 222,27 also nach les Arcans (*R* 3358) — 226,4: *R* 665—229,1—2 diese Verse schliefsen die *Couards*episode aus — 232,26 sicher das frz. poncel de clee (*R* 4039), eine von den *Frères pontifes* gebaute Holzbrücke (*pont de charpente*) — 238,8—9: *R* 3491—240,10: *R* 4697; 240,26 (Giselbert) vgl. in *Al*. Guimart neben Guinemert — 250,17: *R* 149—251,21—2: *R* 3354—5 — 253,8: *R* 1736 u. *Var*. 1835 — 254,28: Desrees de Larise — 255,12 cf. *Var*. 351 — 257,12: *R* 4053 — 258,3—4 im allgemeinen Sinne gefafst, nicht etwa die Neffen W.; 258,26: *R* 346 — 259,6 sqq. von *Dante* u. *Ariosto* besungen — 265,2—5 spricht für die Lesart *a* des Verses *R* 3713 — 266,12 Zu dieser Episode finden wir einen Ansatz in der Schonung, mit der W. den Esmere behandelt (*R* 1060) — 268,25 sqq. Anticipation der *Couards*episode.

Die Anrede Wilhelms an sein Heer, als er das brennende Orange erblickt (224,6), ist in *Al*. auf den Vers 3365 reduciert.

VI. BUCH. 270,1: *R* 3600, 3650 — 274,3 cf. *R* 2782—3; in *R* 3624, 3636 ist demnach Naymeris mit Naymer (überall aufser in *M*) verwechselt worden — 275,24—6: *R* 1510 — 278,14 sqq. sprechen für die *a*-Lesart von *R* 3713 — 283,14: *R* 3783; 283 das Zartgefühl erlaubt unserm Dichter nicht, Rennewart seinen Bruder oder seinen Lehrer töten zu lassen — 284 In dieser Alicenepisode steht *W* der Handschrift *M* am nächsten; der Minnesänger kann nicht zugeben, dafs die Königstochter den Küchenjungen liebe; deshalb läfst er ihn Alicen heimlich seine hohe Herkunft verraten (284,25) — 285,18 deutet nicht notwendig auf eine Heirat; unter den Interpretationen von 285,19—20 ist auch die möglich, dafs Alicens Liebe, die ihren Minnesöldner ins Schlachtgetümmel trieb, ihn dadurch von der Schmach reinigte, dafs er kämpfend den Heldentod fand (vgl. den

Schluſs von *W*) — 286,18: *R* 3733 — 288,24 cf. *R* 1755 — 289 *W* stimmt mit *R* überein — 294: *a* 5077 (cf. *Var*. Seite 131 unten: T. d Escler) — 297 älteste Fassung: die Helden kämpfen ze wern den touf und unser ê; hier kommt der wahre Charakter der Sarazenen zum Vorschein — 298,5 sqq. cf. *R* 2857 Anm.; 298,6—7 ti per (*T*); 298,11: *R* 2464 — 300—6 Spuren ähnlich abwechselnder Gespräche LXXIII; 302,11 cf. 232,26 (vgl. 323,13 u. Var.; vielleicht *Petit-Point*?); 303: *a* 8378; 304,11: *R* 4822 — 310,21: einziges Mal *R* 433 — 306—10 diese zärtlichen Worte Kyburgens entspringen der Pietät des Dichters — 312,16 analoge Scene *R* 3885; vgl. dagegen *R* 3906.

VII. BUCH. 314,20 sqq. stimmt mit unseren Lesarten überein; cf. *R* 3131; 314,24: *R* 2173 — 315 spricht dafür, daſs R. zerstreut, nicht aber vergeſslich war; cf. *R* 3619 Anm. — 318,13 zwei verschiedene Episoden verwechselt (LXXVII u. XCVII); cf. *R* 3129 — 320,24 aus dieser Stelle, ebenso wie aus vielen anderen in *W*. u. *Al*. fühlt man heraus, daſs selbst die zweite Aliscansschlacht ursprünglich einen für die Christen ungünstigen Ausgang hatte (cf. *W*. 388, 389 [*R* 3556], 392,20, 400, 423,28, 424,8, besonders V. 405,2, der sehr überraschend erscheint: warum? die Heiden siegen auf der ganzen Linie und erleiden gleichzeitig eine Niederlage!) — 324,13: *R* 4038 — 328,26: *R* 4297; 328,23 nach einigen Handschriften lassen sich auch in *Al*. die sieben Scharen auf fünf reducieren — 329,11: *Var*. 4931 — 330,23 Flucht der Nordfranzosen bei Villedaigne? — 336,8 sehs richtiger als fümf — 340 cf. *Var*. 7521, 7563, 7774 sqq.; 340,22 zehn entspricht einigen der frz. Handschriften — 341 Halzebier übernimmt die Führung der Heere der gefallenen Fürsten (samt der Aufgabe, sie zu rächen); mit dem Tode dieses Führers muſs das Epos schlieſsen — 342,13 wie stimmt dies mit 297,15? — 344,1 der künec von Balîe Sinagûn entstand aus miſsverstandenem La tierce esciele a Sinagon ballie *R* 4220 — 346,22 u. 347,8 Poydjus von Friende ist Baudus d Oriende (cf. en oriende, welches 347,8 *t* nuriende gab; vgl. 349,21 u. *Var*. 5489 — 348,2: *a* 5153; 348,23 Scandinâvîa = Escambie — 349,27:

R 4275; Yanfûse, Ethnîse, Valpinose standen ursprünglich in Assonanz — 350,12 Poydwîz von Raabs: Baudus d'Arabe, d'Arage oder eher *de Rames*, *a* 5080; 350,15 nicht Tenebre, eher Danebur; 350,16 de Leon (cf. Var. *op*); Noiron — 351,5: *a* 4394, 5082, 6366; 351,12: *Var.* 5080; 351,16—7 geht auf ein mifsverstandenes il ert vestu de vair (vert) zurück; 351,23 von speren .... krach = carpenterie — 353,1: *R* 4215 (de Salonique? cf. Var. *op*) — 339—353 diese auf eine alte Fassung zurückgehenden Strophen sind in *Al.* auf die CV. Laisse reduciert worden; 353,24: *Var.* 4394; von Ormalereiz (*maus reis?*) Putegân etwa Or vient Malrez o cele pute gant (gent); vielleicht auch Pute cagne, *R* 4172; 353,30: *R* 34 — 356,9—10 Grôhier von Nomadjentesîn = Gohier; Tient une terre qui nom ad Gentesîn (das bekannte Oraste-Gentesîn); die beste Lesart ist die von *o*; 356,10—11 Auquidant, daraus volksetym. Malquidas, *Var.* 5004; Imanzîe, vielleicht das frz. (*C*) de formasie, de fort Masie, de Masie, *Var.* 5091; 356,15 nicht Joserans (Var. *lopt*, *R* 1746), sondern der Gattungsname iazerans (442,8); 356,19 Samirant (*L amirant?*) von Boytendroyt = Samuant [*u* = *ir*] de Botentrot (*Var.* 5447 u. *R* 4719); 356,20—21 eine Reduktion dieser zwei Verse sehen wir in dem in *L* nach 5002 eingeschobenen Verse; 356,30 Var. *lt*: pelpyunt (pourpoint) ist der Schilderung der Kleidung entnommen — 357,1: *R* 1370; 357,2 ein tärkîs: *R* 4186. — 358,14 lies mit *lt* ganilun, ganelon; eher Kanlîûn (*can* u. *leon?*), Kalion (*l*), Kanion, Kaneon, Caenon *R* 4737; 358,15 der pflege mit iu Kanlîûn der künec von Lanzesardîn [auch im *Parzival*]. daz ist der eltste sun mîn: Caenon de mes fis li ainsnes li ardis; 358,24: *R* 4517; also uns rois nubians, Borriaus; 358,27 die von Cordes oder Cordres u. Poitou; 358,28 der frz. Climoris — 359,1 die Vorlage Wolframs hatte also neben rois emperere auch rois amirans; Bêâterr: Belleterre, eher Béziers, Biau cler, Beaucaire [*Bêâ-* = *Beau-*]; 359,5 Land des aupatris; 359,8: *a* 5447; 359,10: *a* 5489; 359,11 in

Al. Gadres, Gades?; 359,20: Haropîns kommt in *Al.* unter der Form Harpin, Arpin, Hurupe (*M*) vor — 360,6: Cernubles li amirafles (cf. *R* 4172 Anm.); 360,9 rois Kalopeiz: Devant les autres a li rois galope; 360,13 sqq.: *R* 4663 — 361,20 A icel ior que la dolor fu grant; 361,28: *a* 5190.

Die Einteilung der Scharen in beiden Heeren stimmt in beiden Dichtungen genau überein; vgl. die *Var.*

VIII. BUCH. Bei dieser Partie des wolframschen Gedichtes ist es schwer, mit dem französischen Original eine Parallele zu ziehen; hier scheint sich der Dichter mit der gröſsten Freiheit und Selbständigkeit zu bewegen. Dennoch sind in *Al.* zu diesen vielen Massen- u. Einzel-Gefechten genügende Ansätze leicht zu finden.

363: kânach ist das in *M* öfters vorkommende tanoc, canoc (*Var.* 5447); cf. Giborc in *M* neben tiborga — 365,1: *R* 4909 — 367,15 sqq. des riches schar spielt die Hauptrolle in der zweiten Schlacht bei Aliscans, ebenso wie die *Couards* in *Al.* (Befreiung der Gefangenen) — 368,7: cf. *R* 4931; 368,22 sqq.: *R* 4796 sqq. — 375,14: *R* 4176 (B. li g.) — 380,21—3 Keine Spur davon in *Al.* — 381,19: Alipantin *a* 5153 — 386,1: *Var.* 5768 u. besonders 5848; 386,10 vielleicht d outre Pont: jenseits des pontischen Meeres, etwa d'outre la mer betee entsprechend; 386,20: *R* 4665 — 387,3 stimmt mit den frz. Handschriften überein; cf. *Var.* 489; 387,19,23: *Var.* 490 — 389,19 con li vens (foudres) al (contre) ore; 389,24—5 cf. *R* 4204—5 — 392,28—9: *R* 530—1 — 393,8: *R* 4930 — 395,7: *R* 4661; 395,22 sqq.: *R* 82 sqq. — 396,2: *a* 5681; 396,6 cf. 361,30; 396,22 Dusque a Ais ne vorrai arester, ständige Drohung Desrames' und Rennewarts — 397,28 sqq. cf. *R* 4788 — 398,16—7: *R* 4267 — 399,24—30 Umschreibung des frz. Paien glatissent et ullent con gaignon (*R* 4615) — 400,15—22: *a* 5679—82 — 401,14 nune dorfte der künec von Tandarnas und der pôver schêtîs niht für gâhen durch ir prîs: Naymers li caitis war bis nach *Saint-Marc de Venise* (lies *entre les Sarrasins*) gegangen, um Ruhm zu gewinnen; 401,23 Darum zerschmetterten die Christen die Fahne Terramêrs: *R* 4931.

Auf Wilhelms Fahne war ein (*goldener*) Stern im *blauen* Felde (*W* 328,9, 364,4); in *Aliscans* wird nur erwähnt, daſs der Markgraf die *blaue* und *goldene* Farbe im Schilde führte.

IX. BUCH. Wie im achten Buche, so hält sich auch hier Wolfram ziemlich unabhängig von seiner Vorlage — 403,16 cf. 400,15—408,2 cf. das rolandsche: Il a la barbe blanche et tout flouri le chief; 408,13—4: *R* 1619; 408,17 Vers lui s en vient poignant de randonee; 408,19 l elme qui fu a or floris (*R* 253) — 411,16 erlaubt *R* 4293 zu korrigieren: Guion occist qui ert de Biauvoisis; Oukîn (nicht Auquin, *R* 4743?) ist Aiquin — 413,27—8 An dieser Stelle stimmt *W* mit *d* überein; cf. *Var.* 5447: Fanuel, Fabur et Salbuant (lies Fal.) — 414,1 cf. neben *a* 5489 auch *Var.* 6003; 414,21 *Rennewart*, nicht *Monioie*, hätten die Scharen rufen sollen; Wolfram will aber die Gefangenen durch den ihnen gut bekannten Schlachtruf die nahe Stunde der Befreiung erfahren lassen; 414,25 daz herzeichen wol vernam in einer sentîne = En la santine aval parfondement (*Var.* 5403 *L*) — 415 Die Schilderung des Kampfes Rennewarts mit den die gefangenen Reichsgrafen überwachenden Nubiern (die von Nubîant) stimmt mit der londoner Handschrift *vollständig* überein (cf. 415,5—10 und *R* 4431—41) — 416,3 Was in *Al.* von den Gefangenen gesagt wird, bezieht Wolfram mit vollem Recht auf die Hüter: Rennewart konnte doch nicht die Absicht haben, einen der Gefangenen zu töten *(Ja l eust mort)*, da er ja mit dem Vorhaben gekommen war, dieselben zu befreien; in *Al.* liegt offenbar ein Widerspruch vor, der beweist, daſs die Episode interpoliert ist (*a* 5366); 416,10 Hûwes; cf. *R* 8 Anm.; 416,28 Rennwart wol schutte sînen ast: Son tinel tint .i. petit la branle, *R* 4583 — 417,9 sô vil daz wir geriten = Or faites tant que soiemes montet, *R* 4563; 417,28 Esserê ist das frz. Estele oder Estifle, *R* 4586 — 418,15: Que volontiers en son service va, *R* 3300 — 420,3: la meslee; 420,22 sqq. diese Stelle ist dramatischer, nicht aber älter als die entsprechende in *Al.* (*R* 4283, 4375); Lignmaredî dürfte der Name des Pferdes eines Führers, Halzebiers oder Baudus', gewesen sein; demnach wäre zu korrigieren (*R* 4375): Lignmardi [*lt*] trueve, le oder cel Baduc l Arabi und (*R* 4283) Bien fu armes et sist en Lignmardi, oder, nach *L Var.* 5151, dou lign a Maredi; 420 dieser Kampf scheint demjenigen *Bertrans* gegen *Leykin* oder *Leyqin* (*M* 5642) zu entsprechen; Leyquin ist mit Baudus' Vater Aiquin verwechselt worden — 423,2 Balesgues (mit *g* assimiliertem *s* [*stg*] und eingeschobenem, deutlichem *svarabhakti* [*stig*]), Balaguer (de la ces gues, Var. *n*); 423,3 (Var.) cf. *Var.* 5153; 423,1: *R* 1034 (frz. Aristes, an den Ortsnamen angeglichen) — 425,28 *grün*, weil von einer Schlange (*R* 4673); 425,30 stimmt teilweise mit *d*, teilweise mit *LV* (cf. *Var.* 5997) überein — 426,11 cf. *Var.* 5999 — 427,9 Was die Söhne Borrels betrifft, vgl. *Var.* 6800 *Md*; 427,23 sqq. das Gegenteil in *Al.*: Borrels Söhne müssen sehen, wie ihr Vater getötet wird — 428,14 Die den frz. Handschriften entsprechende Lesart ist nicht Palprimes, sondern Malprimes (*mt*); 428,21 Gion de Monsorel richtiger als *Var.* 6003 u. 6019; 428,22—3 Remôn ûz Daniu den barûn ist ohne Zweifel Raimond d'Anjou; 428,26 Girant ûz Purdel, ein dem Reime angepafstes, assonierendes Girard; 428,27 *Anjou* brachte *Poitou* mit sich; 428,29 Hûc von Lunzel ist entweder *R* 4767 oder *a* 6018 entnommen — 429,25 Wie in *Al.* (*Var.* Seite 87, Zeile 18) durch den weggeworfenen Hammer *Margots* ein Heide getötet wird, so wird auch bei Wolfram ein Ritter durch ein abgebrochenes Stück der Stange erschlagen (*Var.* 6741); 429,28 *l* entspricht unserem Texte; lies also Lîûn ze Munlêûn — 431,12: *Var.* 6005 *C*; 431,21 sqq. grofse Analogie mit dem Schlufs der Baudusepisode (CLXXV); 432,6 sqq.: *R* 4793 sqq.; 432,22—3 cf. *R* 4907; 432,26 cf. *R* 4909 (*Giboe* ist nach einigen Handschriften der Name eines von Rennewarts Brüdern, den er in seiner zarten Jugend deswegen getötet hat, weil er ihm beim Spiele seinen Ball weggenommen hatte) — 434,14: *R* 1160 — 436,4 gegen Orange zu; 436,8: *a* 582 — 437,11—12 Provins u. Salins — 438,28 Prûanz, Iseret, Marjadox sind *R* 4933—4 aufgezählt; die anderen sind die entstellten

Namen des Verses *a* 6366, *Jblt* IV, 260 — 442,5: *R* 4743; 442,22—3: que ne lor lut parler; 442,27 Malaquin kommt in *Al.* unter derselben Form vor — 443,17 sqq.: *Var.* 6800 u. *R* 4933; 443,22 sweiz unde bluot: *R* 25 Anm. — 444,28: *R* 1449 — 446,19—30: *a* 7956—81 — 450,15—16: *a* 1057—61; 450,23 gewöhnliche Drohung Terramêrs u. Rennewarts — 452,15—18 scheint der Ausgangspunkt zu der Episode zu sein, in welcher W. seinen Retter vergifst und sich den schwärzesten Undank zu Schulden kommen läfst — 453,1 iouvente belle; 453,10 sqq. steht im Einklang mit der Erzählung in *Al.*, nicht aber in *W.* — 458,22—3: *R* 4917; cf. besonders *Var.* Seite 97 unten und Seite 99 Zeile 26; sehr wichtig ist die *Var.* Seite 97 eingeschobene Laisse, da aus derselben erhellt, dafs Wolframs Fassung älter ist als die frz. Redaktionen (um den Widerspruch zu beseitigen, sah sich *C* genötigt, den Vers Ensi le cuide, mais il i a falu einzuschalten).

Nicht nur was den Inhalt, sondern auch was die Sprache betrifft, steht Wolframs Willehalm den Handschriften von Boulogne-sur-Mer und Venedig am nächsten. Seine Vorlage war in pikardischer Mundart geschrieben *(Arras)*: ehkurneis, eskeliere, Ehmereiz, Matribleiz (in *m* giebt freies *a*, nicht *e*, sondern *ei*); Witschart, Gwigrimanz (= Guinemans) wie in *M*, Wigdolin (= Guielin); Balye, Orense, Oranse, Orans wie in *M* baylie, balye statt baillie, orençe [regelmäfsig *ç* für *g*]; überall ältere Formen wie in *mM*: Tybalt, Arnalt, Halzebier, Kyblin = Gybelins = Guielins.

Von den Handschriften des Willehalm stehen *op*, besonders *o*, der Handschrift von Boulogne-sur-Mer, *K* der Handschrift von Venedig (!), *mn* der Handschrift der Nat.-Bibl. 2494 am nächsten.

II. Der historische Hintergrund des Epos.

Zuvörderst drängt sich die Frage auf, was für einen historischen Hintergrund das eigentliche Wilhelmslied haben mag. In der That liefert uns die Geschichte genügende Anhaltspunkte für die Erklärung des ursprünglichen Gedichtes, das nur die Niederlage Wilhelms besang. — Es steht fest, dafs im Jahre 788 Hesham, ein Nachfolger Abdal-rahmans I. im Emirat von Cordoba, das Algihad, d. h. den Krieg gegen die Feinde des Korans, verkündete, und es drangen wirklich im Jahre 793 die Sarazenen in Frankreich ein und verbrannten Narbonne. Karl der Grofse führte zu jener Zeit Krieg an den Ufern der Donau; sein Sohn Ludwig, der spätere Ludwig der Fromme, damals König von Aquitanien, weilte mit den besten Truppen in Italien [1]). Nun stellte sich Wilhelm, der den Titel eines Herzogs von Toulouse und Aquitanien führte und dem die Aufrechterhaltung der Ordnung in jenen Gegenden und der Schutz derselben gegen die Einfälle der Sarazenen aus Spanien oblag, den Ungläubigen entgegen. Es kam zu einer blutigen Schlacht an den Ufern des Flusses Orbieux (Oliveius), bei der zwischen Carcassonne und Narbonne liegenden, Villedaigne genannten Ortschaft. In seiner Ungeduld wartete der Markgraf den Angriff des Feindes nicht ab, sondern eröffnete selbst den Kampf, wurde aber nach furchtbaren Verlusten zurückgeworfen, worauf die »comites Francorum« [2]) sich zur Flucht wandten. Wilhelm, dessen Heldenmut in diesem Treffen ans Wunderbare grenzte, hielt mit einer kleinen Schar tapfer stand und tötete einen der Führer des heidnischen Heeres. Als er aber die meisten der Seinigen gefangen oder tot sah, bahnte er sich mitten durch die Reihen der Sarazenen einen Weg nach Toulouse. Dieser von den Feinden so schwer errungene Sieg, der allgemein eher als eine Niederlage für die Ungläubigen betrachtet wurde, veranlafste die Araber, die Pyrenäen zu überschreiten, ohne dafs sie das Glück der Waffen vorher nochmals versucht hätten [3]).

---

[1]) Daher vielleicht der Zweifel Wilhelms im Epos *Aliscans*, wo sich etwa der König von Frankreich befinde, in *Senlis*, *Saint-Denis*, *Paris* oder *Monlaon*.

[2]) Nämlich das zum Schutze jener Gegenden gegen die Sarazenen von Karl dem Grofsen abgesandte kriegstüchtige nordfranzösische Heer.

[3]) *Dom Vaissette*, Histoire générale du Languedoc I, 453 sqq. — *M. Reinaud*, Les Invasions des Sarrasins en

Faſst man nun die wenigen Strophen, die nach einer kritischen Prüfung des Rennewartepos von demselben übrig bleiben, mit dem eigentlichen Wilhelmsliede zu einem einheitlichen Heldengedichte zusammen, bezieht man weiter auf die Hauptfigur [1]) des Epos (den Markgrafen Wilhelm) die mit der Zeit verschiedenen Personen (im *Cov. V.* und *Aliscans* den Helden Vivian und Rennewart) zugeschriebenen Thaten, betrachtet man endlich den Umstand, daſs diese für die Christen so verhängnisvolle Schlacht, die doch mit dem Abzug der Sarazenen schlieſst, eine Niederlage ist, der aber doch der Sieg [2]) folgt, so lassen sich die ältesten der Episoden alle leicht auf dieses historische Substrat zurückführen: auch in unserem Gedicht greift Vivian [3]) die Feinde zuerst an [4]); auch im Epos Aliscans waren Ritter aus Nordfrankreich Wilhelm zu Hülfe herbeigeeilt, die dann zuerst die Flucht ergriffen [5]); auch im Wilhelmslied bleibt der Markgraf [6]) mit einer kleinen Schar der Seinigen [7]) mitten im Schlachtgewühl ohne zu weichen; auch hier ergreift unser Held die Flucht, erst als er alle seine Kampfgenossen tot auf dem Platze sieht; noch mehr, wie bei Villedaigne, so auch im Epos schlieſst die mit dem Siege der Christen gekrönte Schlacht mit dem Tode des sarazenischen Oberbefehlshabers (Aucebier) [8]); und endlich siegen, wie in der Geschichte, so auch in Aliscans, die Christen, von denen eine Anzahl gefallen ist und die zweifellos überall im Nachteile sind [9]), infolge des unerklärlichen Rückzugs des heidnischen Heeres. Sogar die im Gedichte vorliegende Schilderung, wie Orange

France, 104 — Chronik der Abtei zu Moissac, bei *Dom Bouquet*, Recueil des Historiens des Gaules V, 74 — Chron. brev. Sti Galli, ibid., 360 — Annales Einsidlenses, ad ann. 793 bei *Pertz*, Mon. Germ. Hist. V, 139a.

[1]) Wie es ursprünglich auch der Fall war.
[2]) Der Abzug der Sarazenen.
[3]) Ursprünglich *Wilhelm*.
[4]) *Cov. V.* 86.
[5]) Die sogenannten *couards*; cf. *Willehalm*, 454, 1—3.
[6]) Nach den Handschriften *Vivian*.
[7]) Mit seinen Neffen.
[8]) Ein Umstand, der neben der Unbedeutsamkeit des Namens *Villedaigne* mit dazu beitrug, diese Schlacht mit dem 712 von den Christen bei *Poitiers* errungenen Siege in Beziehung zu bringen.
[9]) Sie werden von der Übermacht der Feinde erdrückt.

belagert und teilweise zerstört wird, liefse sich aus dem Brande und der Verwüstung Narbonnes erklären.

Schwer ist es aber, andere Fragen zu lösen: zunächst, wie so der Schauplatz des Kampfes nach Aliscans oder den Arcans verlegt, weiter, wie Wilhelm, der 812 gestorben, mit Karl des Grofsen Nachfolger, Ludwig dem Frommen, in Beziehung gebracht wurde; endlich, auf welchen Ursprung die Einschiebung der Gestalt Rennewarts zurückzuführen ist. Diese drei Hauptmomente unseres Epos lassen sich nur aus der Verschmelzung chronologisch verschiedener historischer Begebenheiten erklären, die man mit der Zeit dem heiligen Wilhelm zuschrieb. Die Tradition hat hier analoge Situationen und Thaten einander genähert, dieselben verschmolzen und deren Hauptzüge kombiniert.

I. Im Jahre 721 brechen die Araber unter Alsamah in Frankreich ein, verbrennen Narbonne und dringen bis nach Toulouse vor. Odo, ein Herzog von Aquitanien[1]), begegnet ihnen, und, wie bei Villedaigne, gelingt es nach hartnäckigem Kampfe den Christen, den Feldherrn der Gegner zu töten und hiedurch die Entscheidung zu ihren Gunsten herbeizuführen. Wie 788, so besetzten auch damals die Araber Narbonne und zogen sich dann unter Abd-al-rahmans Führung nach Spanien zurück.

Im Jahre 724 nehmen die Ungläubigen Carcassonne und das der Stadt Arles und den Gefilden von Aliscans so nahe liegende Nîmes ein und verwüsten ganz Südfrankreich.

Einige Zeit danach, im Jahre 730, sammelt Abd-alrahman Scharen von Kriegern, die aus Arabien und Afrika[2]) zusammengeströmt waren, und überzieht Südfrankreich mit Krieg.

Etwa zur selben Zeit versuchen die im Languedoc stehenden sarazenischen Truppen, die Stadt Arles einzunehmen, stofsen aber bei den Bewohnern auf tapferen Widerstand. An den Ufern der Rhône, so berichtet im XIII. Jahrhundert der Erzbischof von Toledo, Rodrigo Jimenez, wurde eine blutige Schlacht geliefert, in welcher

---

[1]) Ebenso wie *Wilhelm*.
[2]) *Arabis* et *Africans*.

eine große Zahl von Christen den Tod fand. Viele der
Leichen trugen die reißenden Fluten des Stromes davon[1]),
die anderen wurden in den südlich von Arles liegenden,
Aliscans (Elysii Campi) genannten Gefilden begraben, wo
auch die Helden von Roncevaux ruhten.

Gleichzeitig ward an den Ufern der Dordogne ge-
kämpft. Von den Sarazenen unter Abd-al-rahmans Führung
war Bordeaux geplündert und vernichtet worden. An dem
erwähnten Flusse suchte später der Merovinger Odo den
Ungläubigen entgegenzutreten, wurde aber geschlagen und
sah sich gezwungen, bei dem Herzoge der Franken, ob-
zwar dieser nicht gerade sein Freund war, Hülfe zu
suchen. Bei Poitiers stieß Karl Martell auf das heidnische
Heer. Es entspann sich ein Kampf, der am ersten Tage
unentschieden blieb, am zweiten aber, als der Führer des
sarazenischen Heeres Abd-al-rahman selbst gefallen war,
mit dem Siege der Christen endigte. Dreimalhundert-
tausend Ungläubige, so berichten die Chronisten, blieben
auf der Wahlstatt; nur wenigen gelang es, über Narbonne
nach Spanien zu entrinnen. Die Araber behielten nur
Septimanien, d. h. den Landstrich zwischen der Rhône
und den Pyrenäen. Nach dieser Schlacht, die in der
Tradition als eine der größten und der blutigsten des
Mittelalters fortlebte, leistete Otto Karl Martell den Eid
des Gehorsams. Darauf bemächtigte sich Karl des Rhône-
thales, griff 736 die Sarazenen in Septimanien an und
zerstörte die Arenen und die Mauern von Nîmes und die
Städte Maguelone und Agde; 739 gelang es ihm auch
endlich Marseille und Arles einzunehmen.

Wir sehen, daß seit dem Anfange des achten Jahr-
hunderts die Schlachtfelder von den Pyrenäen dem Rhône-
fluß immer näher gerückt werden, so daß in der ersten
Hälfte des neunten Jahrhunderts, zur Zeit, da die ersten
Lieder über die Heldenthaten Wilhelms entstanden, Arles,
das damals noch eine Hafenstadt, einen für die heidnischen
Heere Andalusiens immer sehr günstigen Landungsplatz
bot, öfter als irgend eine andere Stadt von den Sarazenen
heimgesucht ward; so in den Jahren 734, 840, 848, 869.

---

[1]) *Willehalm*, 436,15: *dâ wart man und ors gewett in dem
wazzer Larkant.*

Diese späteren Schlachten an den Ufern der Rhône dürften alle einen für die Christen ungünstigen Ausgang genommen haben, da sie nur von den Arabern erwähnt werden, während die christlichen Geschichtschreiber dieselben entweder zusammenfassen oder einfach mit Stillschweigen übergehen.

Bedenkt man aufserdem, dafs die Umgebung von Arles, wo die *Colonia Iulia Paterna* lag, sehr reich an altheidnischen Grabmälern war, dafs die Aliscans genannte Totenstätte neben den Leichenfeldern von Bordeaux im frühen Mittelalter die bekannteste war[1], so wird es uns nicht Wunder nehmen, wenn die Dichter der ersten Lieder über die Thaten Wilhelms, die, aus der ausgezeichneten Lokalkenntnis zu schliefsen, aus jener Gegend stammten und ohne Zweifel provenzalischen Ursprungs waren, alle im achten und in der ersten Hälfte des neunten Jahrhunderts gelieferten Kämpfe in eine einzige grofse Schlacht zusammenfafsten, welche sie nach Aliscans verlegten.

Im Geiste der späteren Umarbeiter löste sich aus der Gesamtheit der historischen Ereignisse jener früheren Zeit nur die Vorstellung eines auf eine Niederlage folgenden Sieges ab, so zwar, dafs sie die Chronologie der Niederlagen der Christen und des Sieges bei Poitiers umstürzend, erst auf die ungünstigen Kämpfe bei Narbonne, Toulouse, an der Dordogne, bei Arles, bei Villedaigne, den glänzenden Sieg des Jahres 712 (Poitiers) folgen liefsen.

Unter dem Einflusse der Erinnerung an diese gewaltige Schlacht, in welcher nach den historischen Berichten am ersten Tage die Christen im Nachteile waren, während am zweiten der Sieg durch den Tod Abd-alrahmans (ganz so wie in unserem Gedichte durch den Tod Aucebiers[2]) zu ihren Gunsten entschieden ward, schied sich allmählich das erste, nur die Ereignisse bei Villedaigne besingende Lied in zwei verschiedene Teile. Von diesen behandelte der eine die Niederlage, der zweite den schliefslichen Sieg des Markgrafen.

II. Die Gestalt Karl Martells verschwand völlig, die

---

[1] Man dachte sich dort die in den Sarazenenschlachten gefallenen Christen begraben.

[2] Vielleicht der Name des Oberbefehlshabers der Sarazenen bei *Villedaigne*.

mögliche Verwechslung mit seinem gleichnamigen Enkel, der ohnehin schon eine der Hauptfiguren des Seitenstücks zum Wilhelmsliede, der Chanson de Roland, war, machte sein Erscheinen unmöglich.

Das Aliscansepos konnte und durfte nicht mit dem Tode Desrames' (Abd-al-rahmans), sondern nur mit dem Aucebiers[1]), schliefsen, erstens, weil es den Ereignissen bei Villedaigne höchst wahrscheilich entsprach (dieser Teil gehört ja zum ältesten Substrat des Gedichtes), ferner, weil Desrames unmöglich gleichzeitig als der Vertreter des siegreichen und des geschlagenen Heidentums erscheinen konnte, und schliefslich, weil man ihn zur Fortsetzung der Geste, zur Chanson Loquiferne, brauchte.

Die Reise Wilhelms nach dem Norden und die Hülfeleistung des Königs von Frankreich, ebenso wie die wilden Scenen am Hofe zu Laon, die übrigens in den damaligen Sitten begründet waren, liefsen sich einzig und allein aus den schlechten Beziehungen, die zwischen dem Herzoge von Aquitanien Odo und Karl Martell bestanden, erklären.

III. Was die Gestalt und die Thaten Rennewarts betrifft, so ist es unmöglich, dieselben auf irgend eine historische Grundlage zurückzuführen. Eines aber erscheint sicher:

In den folgenden Jahrhunderten erschienen die grofsen Ereignisse des achten und neunten Jahrhundertes immer gewaltiger; immer übermenschlicher gestalteten sich in der Vorstellung der Nachkommen die Anstrengungen, welche die Christen jener Zeiten gemacht hatten, um ihren Glauben und die abendländische Civilisation gegenüber dem Ansturm des vordringenden Islams zu verteidigen. Kein Wunder, dafs sich allmählich die Gestalt des besiegten Wilhelm von der des siegreichen abzulösen begann: er erschien nach den erlittenen Niederlagen der Gröfse der Aufgabe nicht mehr gewachsen und ward schliefslich

---

[1]) Übrigens war Vivian von Aucebier getötet worden, und die zweite Schlacht bei Aliscans, die nur ein Akt der Vergeltung war, dazu bestimmt, den Jüngling zu rächen, konnte nur mit dem Falle desjenigen schliefsen, der ihm den Tod gegeben hatte; cf. Var. 6678: *Viviens fu par lui mors et tués*.

durch die Gestalt eines mit übermenschlicher Kraft ausgestatteten Jünglings ersetzt[1].

Ferner ist es sehr wahrscheinlich, daſs der Beiname des Siegers bei Poitiers nicht ohne Einfluſs auf die Gestaltung des Rennewartsepos geblieben ist[2].

Den richtigen Fingerzeig scheint uns der Umstand zu geben, daſs der berühmte Ritter die letzten Tage seines Lebens weit von der Welt, in der Stille eines einsamen Klosters[3] zubrachte; in einer öden, wilden Berggegend hatte er es selbst gegründet, und dort widmete er sich den Arbeiten auf dem Felde und in der Küche, trug Wasser und Holz herbei. Dies hat, wie wir meinen, in der Vorstellung der Umarbeiter des Epos die Gestalt Rennewarts entstehen lassen. Der heilige Ardon, ein Zeitgenosse Wilhelms und ein Schüler des heiligen Benedikt, des ersten Abtes des Klosters zu Aniane bei Montpellier, der um 823—824 starb, hinterlieſs im sechsten Kapitel seiner Lebensbeschreibung des heiligen Benedikt ein wichtiges Dokument über den Markgrafen Wilhelm, besonders über sein Leben im Kloster zu Gellone[4]. Er nennt ihn »Guillelmus comes, qui in aula imperatoris prae cunctis erat clarior« und rühmt »summum quem iam animo[5] perceperat honorem«. Er fährt fort: Tantae autem deinceps humilitatis fuit, ut rarus aut nullus ex monachis ita flecti posset, dum obviare contigeret, ut ab eo humilitate non vinceretur[6]. Vidimus eum saepe sedentem asinum suum, flasconem vini in stratorio deferre, eumque super inse-

---

[1] Oder konnte die Macht der Sarazenen nur durch sich selbst gebrochen werden?

[2] Da Wilhelm im zweiten Teile des Epos in den Hintergrund tritt und in jeder Beziehung dem Rennewart nachsteht, der gerechten Grund hat, den Heiligen des schwärzesten Undanks zu zeihen, so kann man in dem Rennewartepos keineswegs nur eine komische, possenhafte Nebenepisode sehen, dazu bestimmt, die Zuhörer gegenüber dem Ernste der Situation zu zerstreuen und zu belustigen.

[3] Zu Gellone, 45 km. nordwestlich von Montpellier, im heutigen Arrondissement Lodève.

[4] *Acta Sanct. Februarii* II, 615 b.

[5] Besser wäre die Variante omnino.

[6] Dies erinnert doch an den demütigen, von jedermann verspotteten, geduldigen Rennewart.

dentem, calicem in terga humeris vehentem, nostri monasterii fratribus tempore messis ad refocillandam sitim eorum occurrere. In pistrino¹), nisi occupatio aliqua prepediret, aut egritudo tardaret, propriis operabatur manibus. Coquinam vice sua complebat, in habitu summae humilitatis assumpserat formam.

Mit der Zeit fiel der Gegensatz zwischen dem ehemals so stolzen und ruhmvollen Markgrafen und dem später so demütigen Mönch immer mehr auf, derart, dafs im XI. Jahrhunderte ein Klosterbruder zu Gellone, der ebenfalls das Leben des Heiligen schrieb, ausrufen konnte: Ecce enim dominus Wilhelmus, de consule cocus, de duce magno inquilinus efficitur²)!

Kein Wunder, dafs, wie die Schlacht bei Villedaigne sich in zwei Kämpfe aufgelöst hatte, ebenso auch die Gestalt Wilhelms sich allmählich in zwei verschiedene Persönlichkeiten teilte, von denen die eine einen Teil der Thaten der anderen übernahm.

Von den ritterlichen Thaten unseres Heiligen wissen wir so gut wie nichts. Ein Geschichtschreiber, der uns die Biographie seines Zeitgenossen Ludwig des Frommen hinterliefs und sich *Astronomus* nannte, teilt uns mit, dafs Wilhelm, wegen seiner Klugheit und Weisheit 787 von Karl dem Grofsen als Herzog *(dux)* von Toulouse und Aquitanien zum Schutze dieses Landes eingesetzt wurde. Er soll das Vertrauen seines Herrn derart gewonnen haben, dafs er die hohe Ehrenstelle eines *»primus signifer«* gewann³).

Aus dem lateinischen Gedichte des Ermoldus Nigellus⁴) über Ludwig den Frommen (aus der Zeit um 826), worin etliche Verse dem Markgrafen gewidmet sind⁵), erfahren

---

¹) Cf. *Aliscans*, a 3348, a 4589—90.
²) *Acta Sanct. Maii* VI, 813 a.
³) Car douce France doi jo par droit garder Et en bataille l'oriflanbe porter. *Aliscans*, a 2555—6.
⁴) *Dom Bouquet*, Recueil des Historiens des Gaules VI; *Pertz*, Mon. Germ. Hist. II. Die Angaben Bouquets stimmen mit dem Aliscansepos eher überein als die Varianten von Pertz; *cf.* *Alisc.* V, 3307 (nach *Jblt*).
⁵) Vers 137: Dux Tolosana Wilhelmus ab urbe; Vers 160: Dux bone, pro meritis semper habebis honos.

wir, daß auf den Rat Wilhelms Ludwig, König von Aquitanien, 801 einen Feldzug nach Spanien unternahm, wobei er einen Teil seines Heeres Wilhelm zuwies, der am meisten zur Eroberung Barcelonas beitrug. Aus einigen Stellen dieses Gedichtes können wir schließen, daß schon im ersten Viertel des IX. Jahrhunderts kleinere epische Gedichte über unseren Heiligen vorgetragen wurden. Die späteren Biographen schöpfen schon aus den verbreiteten Chansons de Geste, wie z. B. einer, der etwa gegen Ende des XI. Jahrhunderts gelebt hat [1]). Wir erfahren von ihm, daß Wilhelm ein Sohn des Grafen Theodoric und der Gräfin Alda gewesen ist; außerdem sagt er: Quae mundi fuerunt gesta, videlicet fortia, ad terrenam dignitatem atque ad secularem militiam pertinentia, quamvis inclita ac relatu digna in memoria aeterna, nos tamen silentio praeterire decrevimus, gestis tantum spiritualibus ex parte recitandis calamum applicantes. Quae enim regna et quae provinciae, quae gentes, quae urbes, Willelmi ducis potentiam non loquantur, virtutem animi, corporis vires, gloriosos belli studio et frequentia triumphos? Qui chori iuvenum, qui conventus populorum, praecipue militum ac nobilium virorum, quae vigilae Sanctorum, dulce non resonant, et modulatis vocibus decantant, qualis et quantus fuerit, quam gloriose sub Carlo glorioso militavit, quam fortiter quamque gloriose barbaros domuit et expugnavit; quanta ab eis pertulit *(Wilhelmslied),* quanta intulit *(Rennewartepos);* ac demum de cunctis regni Francorum finibus crebro victos et refugas perturbavit et expulit? Haec enim omnia et multiplex vitae eius historia adhuc ubique pene terrarum notissima habetur. Ebensowenig wie die anderen Biographen bespricht Orderic Vital, ein Mönch der Abtei Saint-Evroul in der Normandie (der Ende des XII. Jahrhunderts schrieb), die kriegerischen Thaten des

---

[1]) Annal. Benedict. II, 369. Acta Sanct. Ord. Bened. sec. IV, parte prima.

Heiligen¹). Er erzählt uns, daſs nach dem Jahre 1066 am Hofe Wilhelms von der Normandie ein Mönch Namens Gerold lebte, der, um den allzu weltlichen Sinn der Ritter zu bekämpfen, dieselben aneiferte, dem guten Beispiele der Helden des alten Testaments und des christlichen Mittelalters zu folgen: »**Addebat etiam de sancto athleta Guillelmo, qui post longam militiam abrenunciavit seculo et sub monachili regula gloriose militavit Domino ... Nunc quia de S. Guillelmo nobis incidit mentio, libet vitam eius breviter hic inserere. Novi quod ipsa raro invenitur in hac provincia, et nonnullis placebit de tali viro relatio veridica. Vulgo canitur a joculatoribus de illo cantilena, sed jure praeferenda est relatio authentica, quae a studiosis lectoribus reverenter lecta est in communi Fratrum audientia.**«

Dies ist alles, was wir von Wilhelms weltlichen Thaten und klösterlichem Leben wissen²).

III. *Aliscans-sur-Mer*.

Vor Jahrhunderten war Arles eine Seestadt, die durch ihre Lage mit Venedig und Alexandrien eine gewisse Ähnlichkeit hatte. Unter den Mauern floſs die Rhône dahin, sonst war die Stadt mit schiffbaren Teichen oder Seen umgeben, die sie mit dem Golfe du Lion in direkte Verbindung setzten. In römischer Zeit bespülten die Meereswogen sogar die Mauern der Stadt Beaucaire und den Fuſs der Montagnette nördlich von Tarascon. Die alte Stadt Arles (*ar-lath*, kelt., feuchtes Feld) lag somit auf der nordöstlichen Spitze jener sumpfigen, ungesunden, aber fruchtbaren Camargue-Insel, die bei den Römern als

---

In der Einleitung beziehen sich die citierten Stellen auf die *Guessard*'sche Ausgabe; von nun an fällt der Buchstabe *a* weg.

[1] In seiner Historia ecclesiastica apud *Duchesne*, Historiae Normannorum Scriptores, pag. 598.

[2] Näheres darüber in *Jonckbloet*, Guillaume d'Orange, II (La Haye 1854).

horrea ac cellaria totius militiae romanae in Gallien galt. Das Niveau der Stadt und ihrer Umgebung liegt und lag immer tiefer als das der Rhône; die gewaltigen Dämme, die das heutige Land schützen, waren nur spärlich vorhanden[1], am Anfang unserer Ära bestanden sie überhaupt gar nicht. Wer vom Festlande kommend sein Auge von den ragenden Zinnen Arelates aus nach dem Süden oder dem Südwesten wandte, blickte zur Linken auf die rauschenden Wellen des reifsenden Hauptstromes (Rhône d'Arles), zur Rechten auf die ruhig dahingleitenden Fluten des Rhône-Armes (Rhône de Saint-Gilles), südöstlich auf eine nasse Ebene, deren weicher Boden mit Pfützen und Sümpfen[2] bedeckt war; zwei davon verdienten wegen ihrer grofsen Wassermenge[3] den Namen Teich oder See. Jenseits der Camargue-Insel sah man die Türme des einsamen Klosters Les Saintes-Maries und hinter demselben das weite Meer. Stiegen die Fluten im Golfe du Lion, so füllten sich die Teiche, die Sümpfe schwollen an, und das salzige Wasser erreichte die Hügel, die noch heute die Grabstätten der *Elysii Campi* (Aliscans) umgeben; und da östlich der grofse Arm der Rhône beinahe das ganze Jahr aus den Ufern getreten war, so war von jener Seite die Stadt von einem wirklichen inneren Meere bespült und somit jede Möglichkeit ausgeschlossen, dafs auf jener Ebene, südlich von den Alpilles, die Sarazenen ihr Lager hätten aufschlagen können[4]. Die Dörfer

---

[1] Das im *Covenanz Vivian* vorkommende muraille kann sich nur auf einen dieser zur Zeit Wilhelms von Oranien schon bestehenden Dämme beziehen; cf. *Willehalm* 59,24: bî maneger steinwende und 404,24.

[2] *Will.* 326,26: in der hitz bî disem muore und 436,11; *Var.* Seite 103, Zeile 20: Tant en abat covert sont li palu.

[3] An den westlichen dieser Teiche, den der Petit-Rhône näher liegenden, zog sich der tödlich verwundete Vivian zurück, die Ankunft Wilhelms erwartend: Vient en l' Arcant soz un arbre roont Sor un estanc o daigue avoit foison *Aliscans* 390.—391; *Will.* 41,26: do gehôrt der kurtoyse Munschoy creiieren in den *rivieren* und sah ouch Viviansen streben nâch tôde.

[4] So scheint es gemeint bei *Will.* 319,10—5: zwischen dem gebirge und dem mer bî Larkant lac Terramêr, der kreftige von arde hêr und von sîner hôhen rîchheit ûf

Castelet, Pierre-Feu, Trébouille, Mont-d'Argent [1]), der in den Denkmälern so wichtige Berg Cordes, der Montmajour, waren Inseln. Diese, ebenso wie die Ebene von Aliscans, und die mehr oder weniger einander naheliegenden Landzungen waren mit kleineren Fichtenwäldern, Wiesen [2]), Weiden, Schilf bedeckt [3]).

Unter allen Flüssen Galliens war die Rhône am schwierigsten zu übersetzen. Wenn das Wasser nur im geringsten anschwoll, war ein Übergang mit der gröfsten Gefahr verbunden. Oft ergeben sich Veränderungen des Flufsbettes, insbesondere in der Nähe von Arles, welche die Unsicherheit der Verbindungen noch steigern. Was Titus Livius von der Druentia sagt, gilt auch von der Rhône. Daher die Episode des Aliscansliedes, in der Wilhelm von Oranien es vorzieht, im Kampfe gegen die Sarazenen heldenmütig zu unterliegen, als in den trüben, reifsenden Fluten der Rhône einen schmachvollen Tod zu finden [4]). — Die Rhône, wie die Durance, führten eine Unmasse von Baumstämmen, Steinen, Felsblöcken, Sand, Schlamm und anderen $\delta\tilde{\omega}\varrho\alpha\ \tau o\tilde{v}\ \pi o\tau\alpha\mu o\tilde{v}$ mit, durch deren Anschwemmung der ganzen Gegend südlich der Alpilles ein eigentümliches Gepräge verliehen ward. Rechts von der von Arles nach Orange führenden *Via Aurelia* ziehen sich von Osten nach Westen wie ein mächtiger Damm die rauhen, zechsteinartigen, felsigen [5]) Alpines;

Alischanz dem velde breit sîne kraft man mohte erkennen.

[1]) Äufserlich ist dieser Name doch ähnlicher dem Worte *Archant* als *Argence* in Arles, aus dem man das dunkle Wort herleitet.

[2]) *Will.* 392,27: ûf Alitschanz dem anger.

[3]) Daher in *Al.* 1424 Desoz l'Arcant, delez un pin ombrin; 1468 Baudus lencauce parmi une jonciere; 544 Vers l'Arcant torne par un petit boscal; das häufige Vorkommen von *osiere, jonciere, bruiere, pre verdoiant*, 4201, 586, 597.

[4]) *Al. d* 580—584; en t. estance = „in so misslicher Lage, da ich unter den Sarazenen sterben kann." Wir können uns nicht für den Druentia-Arm erklären, der sich Arles gegenüber in die Teiche und dann in die Rhône ergofs. Wäre es der Fall, so hätte Wilhelm auf der alten *Ernaginum* (St-Gabriel) — *Glanum* (St-Rémy)-Strafse vor den Sarazenen nach den Alpines eine Zuflucht gesucht. Da die Scenen leicht eingeschoben und verschoben werden, glauben wir, dafs W. das Alicansfeld noch nicht verlassen hat.

[5]) *Al.* 1470: Baucant encloent au pui d'une rociere;

die südlich liegende Ebene ist, wenn nicht mit Wasser bedeckt, in ein weites Feld von kalkartigem Gestein verwandelt, das der Sage nach der wutentbrannte Herkules von den Alpenhöhen herab in die Ebene geschmettert haben soll. Es sind die nordwestlichen Ausläufer der Crau-Ebene. Das ganze Erdreich war und ist von engen, bei trockenem Wetter mit weißem, kalkhaltigem Staub überzogenen Straßen durchschnitten, der, beim geringsten Wind in riesigen Wolken zum Himmel aufsteigend[1]), die Aussicht in die Ferne benimmt. Der trostlos einsamen Gegend verleihen einen belebenden Ton nur die spärlichen Wiesen, die hie und da die von der Überschwemmung nicht heimgesuchten Inseln bedecken. — So erklärt man sich Verse, in denen Worte wie *pre, praiere, braiere* (= Sumpf), *estree, carriere, sablon, sabloniere, podriere*[2]), *nubliere, larris, marois, marcois, costiere*[3]) vorkommen. Durch diese öde und wüste Gegend mußte Wilhelm von Oranien auf seinem Renner Volatile, von Tausenden von Sarazenen verfolgt, notwendig seinen Weg nehmen, um von Aliscans nach Orange zu gelangen[4]). Der Anblick dieses verlassenen Landstriches erweckte in der Vorstellung der Christen das Bild eines in weiter Entfernung, am Ufer des Lebermeeres oder am Rande des *palagre*[5]), einem riesenhaften Sarazenen gehörenden Landes: Onc en sa terre nen ot linge ne lange, Nen i croist bles, nus hom nen i gaaigne, Nen i sort aigue, nus oisiaus nen i cante *Al.* 1402 sqq.

Cov. V. 726—728: ... est cist hom forsenez, Qui cuide a force ceste presse sevrer Et a la roche ces paienz reculer.

[1]) Cf. *Will.* 443,6—7 und *Al.* 611—613.
[2]) Cf. Ortsnamen wie *Graveson* (= sablonnière), *Rognonas* (fettes Land), etc.
[3]) In Versen wie 614: D'une montaigne puie une costiere, hat das schlecht verstandene *costière* später *montaigne* nach sich gezogen. *Costière* ist eine Mittelstufe zwischen Sumpf und Wiese; das Niveau des Ortes ist zu hoch, um mit einem Morast identifiziert zu werden, liegt aber zu tief, um bestellbar zu sein; cf. *Al.* 6862: Molt par s en va grant pas la sabloniere, Les la marine, droit selonc la riviere (d: costiere).
[4]) Cf. *Al.* 1385.
[5]) In den Texten als entstelltes *baratrum*, Hölle, zu betrachten; cf. Formen wie *palatre*, etc.

Somit erscheint der übliche Ausdruck *Aliscans-sur-Mer* vollständig begründet; die Stadt lag zu Wilhelms Zeiten am Meeresufer, es war eine Hafenstadt. Neue Ausgrabungen haben zahlreiche Gräber[1]), Knochen, verschiedene Waffen an den Tag gebracht; die meisten Überreste aus jener Zeit wurden auf den südöstlich von der Stadt gelegenen Hügeln gefunden, welche das vorzeiten *Elysii Campi* genannte Gefilde (heutzutage der Bahnhof der Paris—Lyon—Méditerranée-Bahn) umgeben. Die Grabstätten dehnten sich noch weiter südlich über die Hügel, bis nach dem noch heute so genannten *Saint-Honorat des Alyscamps*[2]).

Sich den Mauern der Stadt zu nähern war nur auf kleinen Schiffen, die weniger als 1.20 *m* Tiefgang hatten, möglich; die inneren Seen konnten nur mit den (aus lateinischen Schriftstellern wohl bekannten) *naves utriculariae* befahren werden[3]). Dafür aber konnten die leichteren Meerfahrzeuge nicht nur in die Sümpfe von Arles, Montmajour und Baux[4]), sondern auch die Rhône hinauf, bis zu der Durance und tief in diesen Fluſs hineinfahren[5]), was der Gegend das Gepräge einer Seelandschaft verlieh.

IV. *Li Arcans und Aliscans.*

Im zehnten Jahrhunderte besaſs die Stadt Arles einen doppelten Fluſshafen, nebst einem Teich- oder besser See-

---

[1]) Cf. *Will.* 357,25, 386,6—7, 394,22.

[2]) Cf. besonders *Var.* Seite 115 Zeile 26.

[3]) Cf. *R* 4428—9. Die Form und Gröſse der verschiedenen, sehr beweglichen Fahrzeuge der Sarazenen ist noch nicht ganz klargestellt; cf. 14—15: Car tant en ist des nes e des calans E des dromons e des escois corans...; *Var.* 5342: Lor nes pechoie e lor bas (= *bacs*) a quasses.

[4]) Cf. *Al.* 6500: Ja nen ires a Trece ni a Bax (Bern: a treskes ne a baus). *Baux* war eine in die kalkartigen Felsen eingehauene Stadt, 18 *km* nordöstlich von Arles, südlich von den Alpines, die heute nur von herumziehenden Bettlern und Zigeunern bewohnt ist. Dem Rennewartepos entnommene Verse beweisen gar nichts für den Schauplatz der viel älteren Aliscans- oder Arcantschlacht.

[5]) Höchstwahrscheinlich bis nach *Orange*; cf. *Var.* Seite 122 Vers 7506: Se a Orange venoient mes *a naie*.

hafen, der nach Süden hin geöffnet war. Die längs der beiden Rhône-Ufer liegenden Teiche waren durch enge, schiffbare Arme oder Durchfahrten mit einander verbunden[1]), über die man selbst reitend leicht setzen konnte.

Diese grofsen Vorzüge, deren Wichtigkeit dem constantinischen Arelate den Titel einer *Gallula Roma* verliehen, waren mit einem argen Nachteil verbunden. Infolge der reifsenden Strömung des Flusses werden dessen Mündungen durch eine Art von Sandbänken gesperrt, die Vauban zu dem Ausspruche veranlafst haben: »*Les embouchures du Rhône sont et seront toujours incorrigibles*«; an diesen Stellen gleiten die Wellen des Flusses langsamer dahin, und der Strom kann nun Gestein, Sand und Schlamm absetzen, so dafs das Ufer jedes Jahr tiefer und weiter ins Meer greift[2]). Um zu den Häfen zu gelangen, mufste man den Weg durch das jenerzeit viel wasserreichere Grau-de-Galejon einschlagen; für die Ein- oder Ausschiffung eines grofsen Heeres waren die Häfen von Arles unbrauchbar.

In der Nähe lag das an der Stelle des alten Heraclea aufgebaute Städtchen *Saint-Gilles*. Heute tief in das Innere des Landes gerückt, erhob es sich vor Jahrhunderten stolz am Ufer eines ungeheuren, sehr wasserreichen Sees, zu dessen tiefer, prächtiger Reede die gröfsten Seefahrzeuge leichten Zugang fanden. Die Handelsschiffe Venedigs, Genuas, Tyrus' und Alexandriens ankerten unter den Mauern der altehrwürdigen Abtei desselben Namens, von deren einstigem Glanz gar keine Spur geblieben ist. Hier und nicht in Arles legte der Papst Gelasius II. im Jahre 1118 an; hier und nicht in Arles landete Innocenz II. im Jahre 1130; die englische Flotte, die im Jahre 1191 dem König Richard ins heilige Land nachfuhr, legte in

---

[1]) Diese seichte, aber doch schiffbare, zwei Teiche verbindende Durchfahrt, die eine Art von Furt bildete, hiefs *gué*; cf. das häufige Vorkommen des Wortes in *Aliscans*: Nen i avoit ne pasage ne guet Ou nen eust .M. cevaliers armes, 646—647; vgl. auch *Will.* 54,10 und 58,10.

[2]) In einigen Jahrhunderten wird Arles so tief in das Innere des Landes gerückt sein, dafs niemand mehr daran glauben wird, dafs es je ein Seehafen gewesen.

Saint-Gilles an, dagegen streifte sie nur den Hafen von Arles[1]); dort schiffte sich ein Teil der Kreuzfahrer ein, dort auch pflegten sich Jahrhunderte früher die zum heiligen Grabe pilgernden Christen zu versammeln — und dies war auch der Hafen, wo die Tausende und Abertausende von Sarazenen gelandet waren, denen sich der heldenmütige Vivian entgegensetzte. Das Städtchen lag auf dem südlichen Ende einer sich nach Norden hinziehenden Kette von Diluviumhügeln, an deren östlichem Fuſse seit hundert Jahren behufs Trockenlegung ein mächtiger Kanal gebaut ist; die Vorstellung einer an sich geringen Anhöhe brachte im Geiste des Dichters die des Gegensatzes hervor, den Begriff eines Thales, obzwar an jenen Orten von wirklichen Thälern heutzutage ebensowenig wie in jener Vorzeit die Rede sein kann. Auf diese Bodenbeschaffenheit wird man die zahlreichen Stellen beziehen müssen, wo Wilhelm oder Vivian **Voit des paiens tos les vaus arases E les grans plains e les puis arestes**, *Al.* 644—645. Der Boden war feucht und weich; grünende Wiesen wechselten mit Teichen ab; und jenes Gras der umliegenden Wiesen, so ging die Sage unter den zum heiligen Grab pilgernden und nach dem Hafen von Saint-Gilles gelangten Frommen, werde ewig blutbefleckt bleiben, zur bleibenden Erinnerung an jene Heldenzeit, wo man sein Leben für das Ideal der Christen zu opfern wuſste. Tausende von Sarazenen und ein kleiner Haufe von Getauften, an deren Spitze der heldenmütige jugendliche Vivian stand, fanden da den Tod: **Ainz puis cele heure que Ihesus Criz fu nez Ne fu tiex chaples ne tiex mortalitez Com fu ce ior en Aleschanz sus mer**[2]): **Du sanc des**

---

[1]) *Roger de Howeden*, Annal. p. poster., ad ann. 1191.

[2]) Man wird die später zu einer Redensart gewordene Verbindung *en Aleschans sor mer* in *en ces Archans sor mer* verwandeln müssen. Die Manuskripte bieten die Variante *St-Jaque* (cf. die alte Kapelle *St-Jakob* u. *St-Philipp* auf den *Alyscamps*). Bei dieser Gelegenheit können wir nicht umhin, an den Passus des Rolandsliedes (Oxf. 2092—2098) zu erinnern: **Tels. IIII. cenz i troevet entur lui, Alquanz nafrez, alquanz parmi ferut; Si out dicels ki les chefs unt perdut. Codit la geste e cil ki el camp fut: Li ber sainz Gilie, por qui deus fait vertuz, E fist la chartre el muster de loum. Ki tant ne set nel ad prod**

cors est tous vermaus li prez¹). Encor le
voient li pelerin assez Qui a Saint Gile ont
lor cheminz tornez (Schluſs des *Cov. V.* in der lon-
doner Handschrift).

In der Vorstellung des Dichters lag Saint-Gilles an
einem viel gefährlicheren Orte als Arles; den oben an-
geführten Umständen gemäſs und vermöge seiner Lage
war das Städtchen Spanien, dem Lande der Sarazenen,
näher gerückt, wo der Sohn Garins d'Anseune²) sieben
volle Jahre gekämpft hatte (Set anz tuz pleins ad
ested en espaigne *Rol.* Oxf. 2 — Il sont entre
en Espaigne la Grant ... Set anz toz pleinz
la si fet Viviens *Cov. V.* 62, 69); nie hatte der un-
erschrockene Jüngling, das edle Vorbild Rolands, wie
Bertrand das des Olivier war, die Feinde Christi an
Orten aufgesucht, deren Sicherheit ihm ein Pfand für die
Rettung gewesen wäre. Er wollte ihnen dort begegnen,
wo er in seiner Kühnheit sich der gröſsten Gefahr aus-
gesetzt wähnte; gleich bei ihrer Landung muſsten sie auf
den Widerstand des Vielgefürchteten stoſsen; nicht wie
der vorsichtige und kluge Wilhelm auf den Aliscansgefilden,
sondern im Hafen selbst, wo er, durch den Fluſsarm von
den Seinigen getrennt, einem sicheren Tode entgegensah,
erwartete er die Ankunft der Ungläubigen. Dem Grund-
satz seines Onkels³), es wäre ratsam, wenn keine Aussicht
auf Sieg bestünde, die Flucht zu ergreifen, setzte Vivian
das Prinzip entgegen, man solle vor dem Tode nicht
zurückschrecken und dem Feinde gegenüber keinen Fuſs
breit zurückweichen; cf. *Cov. V.* 86—87: Droit en
l'Archant se loge sur la mer Paien nel porent
sofrir ne endurer; 166: Droit en l'Archant lor
menrai itel geste. Je mehr der Kämpfende sich von
Orange und Arles entfernte, um so mehr wuchs, in der

---

entendut. Hier ist Saint-Gilles nicht an seinem Orte, wohl aber
in unserem Texte. — Man beachte die bei *Jonckbloet* (II. Teil) an-
geführten *Saint-Gilles*-Stellen, die samt und sonders auf die unsrige
als ihren Ausgangspunkt zurückzuführen sind, und die Aufschlüsse,
die uns dieser Gelehrte darüber giebt; cf. Variante *C* zu *a* 7573 und
d zu *AB* 7551.

¹) Cf. *Will.* 439,5, 452,14.
²) Ursprünglich Wilhelm gemeint.
³) *Will.* 207,10: die fluht ich dô für sterben kôs.

Vorstellung des Dichters, die Gefahr für ihn[1]); der Rückzug war sehr schwer[2]), fast unmöglich: im Falle einer Niederlage konnte man sich darauf gefaſst machen, daſs die in den Häfen von Arles gelandeten Hilfstruppen den Christen den Rückweg abschneiden würden, wie es auch wirklich dem fliehenden Wilhelm in Aliscans geschehen ist: *Al.* 535—536 Droit vers Orange est guencis tot un val; Par devers destre[3]) li sailli Brodoals. Von den Arcans aus muſste man die von Pfützen und Sümpfen aufgeweichte Ebene durchreiten, über die Rhône de Saint-Gilles an der immer knapp an ihrer Mündung befindlichen Furt setzen, um über die Aliscansinsel die Rhône d'Arles und die nach Orange führende *estrée* (*via Aurelia*) zu erreichen. Von Aliscans aus betrachtet waren *li Arcant* mehr eine durch den kleinen Rhônearm und das Meer vom Festlande getrennte Insel: *Cov. V.* 277—278 Biau Sire Dex, de Vivien pensez, Qui en l'Archant fu logiez et entrez; zu Gunsten unserer Deutung sprechen noch Halbverse wie: enz en l'Archant, dedenz l'Archant *Cov. V.* 1056; Granz fu la noise en l'Archant, sur la mer *Cov. V.* 701; Quant en l'Archant nes'en va sur la mer *Cov. V.* 1241[4]). — Je mehr sich die Rhône ihrer Mündung nähert, um so schwächer wird, wie schon erwähnt, der Strom; nur die langsam dahingleitenden Fluten gestatten es, das

---

[1]) Wird dem Markgrafen der Rückzug abgeschnitten, und muſs er in entgegengesetzter Richtung fliehen, so gerät er immer in die *Arcans*, zum Meeresstrand; vgl. *Will.* 56,1—2 und 222,27, wo das deutsche *gein der habe* dem frz. *en l'Arcant* (*R* 3358) entspricht. So auch im zweiten Teile des Gedichtes, an der Stelle, wo Rennewart die Heiden aus *Aliscans* nach den *Arcans* verdrängt; cf. 398,22, 404,2, besonders 438,11—3.

[2]) Warum denn? dâ hete si Larkant von genomn, manec enger furt, den si ritn (423,12—3). Übrigens geht es aus dem ganzen Gedichte hervor, daſs *li Arcans* der von Arles entfernteste, äuſserste Teil von *Aliscans* waren; cf. *Var.* 6441.

[3]) Diese adverbialen Redensarten beweisen nichts: *par devers* datiert aus späteren Zeiten; in den meisten Fällen wird *par devers destre* zu *de vers senestre* umzuändern sein, um so mehr als die übertragene Bedeutung von *senestre* diese Modifikation erheischt. Im *Cov. V.* 129 ist *devers l'Archant* notwendig zu *vers Aliscans* zu korrigieren.

[4]) *Archant* und *sor la mer*, in beiden Versen, koordiniert; etwa: auf das Meer, dorthin auf das Archant.

Meerwasser von dem Flufswasser zu unterscheiden. An
dem leisen Rauschen der Wellen erkennt Vivian, dafs er
seinen Eid gebrochen. Allein, mit einer kleinen Schar
Helden, hatte der junge Neffe Wilhelms den Horden der
Sarazenen tapferen Widerstand geleistet; aus fünfzehn
Wunden flofs ihm das Blut hernieder auf das grüne Gras,
als ihm Haucebier den Todesstofs versetzt. Zu schwach,
die Zügel zu führen, wird er aufs Geratewohl von seinem
Renner durch das Schlachtgewühl getragen, bis er endlich
aufserhalb des Kampfplatzes zur Rhône de Saint-Gilles
gelangt: dies war ihm ein sicheres Zeichen, dafs er das
Gelübde, das er vor Gott und Wilhelm abgelegt hatte,
nicht erfüllt habe; im Eifer des Kampfes hatte er nicht
bemerkt, dafs die Schlacht näher zu Aliscans gerückt
war: Nen ot foi dune lance le grant Quant
devant lui voit une aigue bruiant: Donc sot il
bien passe ot covenant; Vers Damedieu vait
sa colpe clamant: Dex, moie colpe que io ai
forfait tant! Ne foi mais en trestot mon vivant
Al. 85 sqq. Wie glücklich wäre er gestorben, wenn er
das Bewufstsein gehabt hätte, nicht einmal im Tode den
Feinden gewichen zu sein! Einzig und allein dieser ver-
meintliche Schandfleck an seinem tadellosen, tugendhaften
Leben beschäftigt seinen Geist in den letzten Augenblicken
des Daseins[1]).

Unter solchen Umständen wird es uns nicht wunder-
nehmen, dafs li *Arcans* schliefslich die die Gegend und
das Schlachtfeld umgebenden Gewässer, insbesondere aber
die dasselbe von *Aliscans* trennende Rhône de Saint-
Gilles bezeichnet hat; cf. Moult fierement chevau-
chent lez l'Archant ... Tantist la mer et
arriere (= die Rhône) et avant (= das Meer) *Cov. V.*
1515—1517; Vivians est en l'eve[2]) del Arcant

---

[1]) In diesen Scenen steht Vivian viel höher als Roland.

[2]) Sehr deutlich geschrieben; *en l'alue* und *en l'aluef* (Hand-
schrift *alues*, *s* = *f* verschrieben) der Arsenalhandschrift geht un-
bestreitbar auf eine schlecht gelesene und mifsverstandene Form des
altfr. *aiue* (*l* statt *i*), *eve*, zurück; obzwar man zugeben mufs, dafs
eine Stelle der Histoire génér. du Languedoc des *Dom Vais-
sette*, II 619 a, es erlaubt, die Leseart *allodium* als zulässig zu er-
klären. Die Version *leve* wird wieder auf die Variante der vene-
tianer Handschrift *en loue* ohne Artikel (*in luta*, im Schlamme)

Al., *Manuskript der Par. Nat.-Bibl.* 2494, v. 61; ebenso *Will.*: gein dem wazzer Larkant von dem velde Alyschans wart der fürste Vivîans gehurt in diu rivier 40,20—23; ouch hete mangen ahganc¹) Larkant, daz snellîchen flôz 41,1—2; dâ hete si Larkant von genomn, manec enger furt, den si ritn 423,12—13; etlîche fluhen ouch in daz muor. dâ wart man und ors gewett in dem wazzer Larkant! 436,11, 14—15, dann 58,11, besonders 398,25 etc. — Allmählich, besonders infolge des Reimzwanges, wurde *Arcant* mit *Aliscans* verwechselt, so z. B. gleich in dem zweiten Verse des Aliscansliedes, wo es in allen Manuskripten heifst: A icel iorn que la dolor fu grans E la bataille orrible en Aliscans! *orrible* mit verbundenem *e* wäre das einzige Beispiel im ganzen Gedicht. Der Vers geht auf einen älteren mit halber Assonanz: E la bataille orrible en l'Arcant, und dieser, nach der venetianer Handschrift zu schliefsen, auf ein ursprüngliches: A icel iorn que la dolor fu grant O la bataille fu faite en ces Arcans, zurück²). Zu diesen Umständen gesellte sich noch der, dafs *Aliscans*, als die weitere, von den Sarazenen mehr heimgesuchte Gegend, später als das eigentliche grofse Schlachtfeld Südfrankreichs (als ein zweites Roncevaux) betrachtet wurde, von dem ein Teil den Namen *li Arcans* führte; cf. v. 1848, wo Wilhelm auf Gyburgens Frage, wo denn seine tapferen Scharen geblieben, antwortet: Dame, dist il, mort sont en

---

zurückgehen, falls man nicht an das germ. *Aue* denken kann. In seiner Vorlage hatte Wolfram bald *en l'eve de l Arcant*, bald *en l aigue de l Arcant*; deswegen finden wir in *Will.* neben *wazzer Larkant*, oft genug *furt Larkant* (für *laigue* lasen sowohl die Franzosen als der Minnesinger *legue, le gue, le guê*); cf. 42,26, 404,4, 436,25 etc. — Da *Var.* 61 M die Präposition *del* wiederholt (*del del A.*), so wäre es doch nicht zu kühn, an das deut. *halde* zu denken (*Will.* 319,8), also Vivians est en l aude de l Arcant.

¹) Nicht der Anfang des Deltas, sondern die Teiche und Seen, die mit der Rhône in Verbindung stehen, sind da gemeint. Mit Unrecht wurde Wolfram der Unwissenheit geziehen.

²) Übrigens ist die so sehr gelobte und gerühmte erste Strophe späteren Datums; sie ist den Stellen entnommen, wo Wilhelm sich über seine Niederlage und den Tod der Seinigen beklagt; cf. *Al.* 1840—1880.

Aliscans. (Punkt!) Devers la mer, par deles les Arcans[1]) Trovames Turs, Sarrasins e Persans ... und 5681, wo es heifst: Tout font l'Arcant e Aliscans trambler (Manuskript des Arsenals und der Nat.-Bibl. 1449), En la marine barges e nes voler; Tot font l'Archant e la terre trambler (Manuskript der Nat.-Bibl. 2494); Tot font l'Archant en Aleschans trembler (Manuskripte der Nat.-Bibl. 774, 368); Tot font l'Archant en Aleschans trobler[2]), A la marine barges e nes croller (Manuskript von Boulogne-sur-Mer); Tous en tentist li Archanz e la mer, E la marine, les barges e les nes (Manuskript von London). Die Stelle gehört zwar nicht zu den ältesten, es ist aber leicht zu erkennen, dafs die boulogner Handschrift die bessere Lesart bietet: Die Luft wird derart durch den Schall der Schlachtdrommeten erschüttert, dafs die Gewässer auf und um (das im weiteren Sinne gedachte) Aliscans trübe werden. Die ursprüngliche Lesart beider Verse wird von der londoner Handschrift geboten[3]).

Aus den verschiedensten, teils ursprünglichen, teils durch Vergleichung der Manuskripte korrigierten Stellen geht deutlich hervor, dafs *li Arcans, l'Arcamp, li Arcamp, les Arcans* ein Teil der *Aliscans* war[4]). Es war das

---

[1]) Nach den bestakkreditierten Handschriften von *Venedig* und *Paris* 2494. Der erste dieser Verse war, verschieden umgestaltet, der Schlufsvers mehrerer, vielleicht dreier, verschieden assonierender Strophen.

[2]) Guessard las *trambler*, obzwar das Manuskript sehr, sehr deutlich *trobler* ohne Strich giebt; an eine dialektische Modifikation des *em* ist nicht zu denken. Die Handschriften von Venedig und Bern haben den Vers nicht.

[3]) Das Richtige zu treffen, mufs man die Meinungen Jonckbloets und Guessards umkehren.

[4]) Es war der bequemste Landungsplatz; cf. *Var.* 3991: A lor nes font en l Arcant retornee (lies *Et a l ... retornerent*). Von *Aliscans (Arles)* aus betrachtet, lagen natürlich die *Arcans* zur Rechten des Zuschauers; cf. *Will.* 50,28—30. *Arcans* könnte wohl als die vulgäre Form von *Aliscans (alikan, alkan, arkan)* betrachtet werden (so die Meinung *W. Försters* und *Guessards*); warum würde aber dann im Volksmunde nicht *Arcans* neben *Aliscans* fortgelebt haben? Die Bewohner von *Arles* und Umgebung kennen nur *Alyscamps*, das sie *alikan* aussprechen. — Am Schlusse machen wir auf die Übereinstimmung des Ortsnamens *Port Aylie* (*Aïle, Var.* 2959

Schlachtfeld Vivians[1]), wie Aliscans das Wilhelms war;
li Arcamp waren die Stätten der Niederlage, des Todes [2]),
li Aliscamp der Ort des glänzenden, schwer erfochtenen
Sieges, die Stätte der Rache [3]).

V. Die Orléansepisode.

Dem Gedichte nach wäre der Markgraf Wilhelm von
Oranien nach seiner schrecklichen Niederlage so ratlos
gewesen, dafs er erst auf den dringenden Rat seiner Ge-
mahlin sich dazu entschlossen hätte, er, der über jeden
Tadel Erhabene, seine gefangenen Kampfgenossen zu be-
freien und um Hilfe zum König von Frankreich zu eilen.
Er hinterläfst seine vielgeliebte Gyburg in Orange, das
zu jeder Stunde in Gefahr schwebt, von den es belagern-
den Sarazenen eingenommen zu werden. Dank der
Rüstung des von ihm erschlagenen Arofle gelingt es Wil-
helm, ohne erkannt zu werden, das feindliche Lager zu
passieren. Jeder seiner Gedanken ist seiner Gattin ge-
widmet, sie allein trägt er im Herzen! Ce li est vis
dou repairier trop targe *Al.* 2077; an fünfzehn
Stellen ist sein Körper verwundet; mit grofser Anstrengung

M) mit der in der Chronik des Turpin üblichen Form des Wortes
Aliscans: *Ayli campi*, aufmerksam. — Hätten wir das Gedicht *Alis-
cans* oder *Arcans* betiteln sollen? Wir haben es vorgezogen, an die
Spitze unseres Epos den Satz zu setzen, mit dem das Wilhelmslied
in der Boulogner-Handschrift eingeleitet wird und der den Ursprung
unseres Gedichtes erraten läfst.

[1]) Ursprünglich aber Wilhelms; selbst eine ehrenvolle Nieder-
lage wollte die Nachwelt nicht auf dem Heiligen lasten lassen.

[2]) Kelt. *ar*, Tod, *archent*, Sarg; *Aliscans* hat das Suffix be-
einflufst. In *Arcans* fühlte man noch dessen Bedeutung heraus; da-
her die ausnahmslose Anwendung des Artikels. *Aliscans* kommt
meistens in Verbindung mit *de*, *en* ohne Artikel, vor; im ganzen *Cov.
V.* finden wir nur *en Aliscans* 273, 315, 327, 1059, 1111, 1168,
1452, 1603; *d'Aliscans* 1182; *par Aliscans* 1446. So auch im
Aliscansliede, in den Strophen, die sich auf Vivian beziehen.

[3]) Für die mittelalterliche Geographie cf. die ausgezeichneten
Werke von *Ch. Lenthéric*: Les Villes mortes du golfe de
Lyon (ouvr. couronné par l'Académie française), Paris, Plon, 1889,
und Le Rhône, Histoire d'un fleuve, 2 Bde. Paris, Plon,
1892.

nur kann er den schweren Schild Aroftes tragen: Molt li greva au col sa pesans targe *ibid.* 2072, — und siehe da! anstatt den kürzeren Weg durch das Rhône-, Saône- und Seine-Thal[1]) nach Paris, wo er den König wähnte, oder nach Laon einzuschlagen, begiebt er sich zuerst nach Orléans, um sein mit arabischem Blut beflecktes Schwert in christliches, unschuldiges Blut zu tauchen, um mit seinem Bruder Hernalt eine Lanze zu brechen, um nicht seiner türkischen Rüstung halber[2]), sondern wegen seiner körperlichen Größe verspottet zu werden und seinen so lange mitgeschleppten Schild in einer Abtei bei Paris aufzubewahren. Diese Hernaltscene ist eine der späteren, die ihre Entstehung dem Umstande verdankt, daſs man zur Zeit der Naymeri-Episoden die Notwendigkeit fühlte, den Vater Wilhelms durch jemanden, also hier durch dessen Bruder, von der Not seines Sohnes zu verständigen. Wie es die Verse 2131—2132 andeuten: Car gens de borc sont de grant aatie Nen a mesure puis que est estormie, dürfte die Episode zur Zeit des Erwachens des dritten Standes[3]) eingeschoben worden sein[4]). Übrigens war Hernalt nicht einmal in Orléans, sondern, wie wir aus den ältesten *Laisses* des *Cov. V.* ersehen können, in Orange und machte an des Markgrafen Seite die Schlacht bei Aliscans mit[5]); auſserdem ist in den besten Manuskripten der Stil dieser Epi-

---

[1]) Die beste kommerzielle Verbindung in jener Zeit; die Geschichte weist keinen Grund auf, warum er diese Gegenden gemieden hätte.

[2]) Wolfram erkennt den Widerspruch und zeiht den Verfasser der Unwissenheit (125).

[3]) und der Emancipation der »*Communes*« (*Will.* 113.13) unter Ludwig dem Dicken.

[4]) Der Schluſsvers der LVII. Strophe: Vient a Orliens, Loire passe a navie findet sich nicht in *a*; 2494 hat les rues p. a n.; die Handschrift von Bern lors repasse a n.; die von Boulogne: loirre, so daſs loire höchst wahrscheinlich auf ein in einem der Champagne, Lothringen und der Picardie angrenzenden Dialekt (= Handschrift der Nat.-Bibl. 2494) schlecht verstandenes *lores* oder *l'oirre* zurückgeht und man die LVII. Strophe mit der LXII. mittels des Verses: Vient a Laon, par les rues cevalcet verbinden muſs.

[5]) So auch in *Will.*

sode verschieden von dem des übrigen Gedichtes; er ist viel lebhafter, einer späteren Periode entsprechend[1]).

Nach der Handschrift von Venedig trennen sich auf der Orléans—Etampes-Strafse die beiden Brüder; Wilhelm begiebt sich nach Laon, Hernalt eilt nach Narbonne zu Naymeri, begegnet aber seinen Eltern schon in *Saint-Saine en Brie*, nach der boulogner Handschrift in *Saint-Avignon en Brie* (!); diese Lesart ist falsch, jene richtig: sie zeigt uns, da in der *Brie* von einem *Saint-Seine* niemals die Rede sein kann[2]), den Weg, den der Markgraf von Orange nach Laon eingeschlagen hatte: es ist der kürzeste (an ihn dachte ich, bevor ich von der venediger Handschrift Kenntnis hatte), die Handelsstrafse durch das Rhône-, Saône- und Seine-Thal[3]). In das Tille-Thal (Abzweigung des Saône-Thales gegen Paris oder das Seine-Thal zu) angekommen, legt er in der dort 534 von einem vermeintlichen *Sequanus*[4]) gegründeten Abtei seinen schweren Schild nieder und fährt *a delivre* gegen die Hauptstadt zu. Bei der Einschiebung der Orléans-Episode brauchte der Graf seinen Schild wieder, Saint-Seine wurde der Naymeri-Episode überlassen, die Abtei selbst des *-ie*-Reimes wegen nach Brie versetzt, wo ein Ort dieses Namens nie vorhanden gewesen ist. Man wird korrigieren müssen: Ains que Hernals venist a Saint Saïne Encontra il Naymeri e s'amie. Denselben Weg beabsichtigt später Rennewart einzuschlagen, um sich an dem König zu rächen: Tresqu'a Saint Seigne[5]) ni vodra arester (Nat.-Bibl. 2494 und berner Handschrift, add. ad v. 7521).

---

[1]) In *L* ist der Stil dem der Bourgeois angepafst, die Wiederholung des Wortes *sire* absichtlich; cf. die Sprache des Bourgeois *Guimart* nach der Ankunft Wilhelms in Laon.

[2]) Für Wolfram lag das Kloster in *Brie*, wie man es aus 125,4—5 erschliefsen kann.

[3]) *Will.* 105, 28—30: unverzagt er marcte unde sach eine strâze dier rek ande, gein der Franzoyser lande.

[4]) Selbst von den kirchlichen Autoritäten sind die Angaben über das Leben dieses Heiligen als zweifelhaft hingestellt worden. Wir glauben gar nicht an die Etym. *Sequanus*, die ihr Entstehen der dortigen Seinequelle verdankt; man dächte eher an eine Form wie *Saginius*; *Saine* ist die ältere Form des späteren *Seine*.

[5]) Die Handschrift von Bern schreibt *saisogne*, *Saxonia*, hat also Saint-Seine nicht gekannt. — Die Orléansepisode brachte notwendig die Verse 3931—2 mit sich.

VI. Wilhelms Kampfgenossen.

Gleich bei der ersten Lektüre mufs dem, der das Gedicht mit Aufmerksamkeit liest, auffallen, wie es denn möglich war, dafs der Markgraf, der an der Schlacht auf den Arcans nicht teilgenommen hatte, die Gefangennahme der sieben oder acht Neffen erfahren könnte. Der sterbende Vivian, der, selbst in der uns erhaltenen Form des Epos kaum die Kraft hat, seine Beichte abzulegen, teilt seinem Oheim das Unglück seiner Kampfgenossen nicht mit. Aufserdem ist es gegen den Geist, der aus den ältesten Strophen spricht, dafs der tapfere Bertrand, dieser zweite oder besser erste Olivier, trotz seiner stolzen Erklärung: Ne vos faurai tant com soie vivans; Tant com el poing puisse tenir le brant Vos serai gie, se Deu plaist, bons garans *Al.* 203— 205, die Schmach der Gefangenschaft dem Heldentode vorzieht. Wolfram von Eschenbach, oder besser der Umarbeiter der seinem Werke zu Grunde liegenden Fassung, erkannte, dafs in den betreffenden Episoden ein Widersinn vorliegt. Darum liefs er Gyburg bei einer während der Belagerung Oranges mit Haucebier gepflogenen Unterhandlung von diesem Sarazenenhäuptling erfahren, wer von den Getauften dem Tode entgangen war: 258,15— —16, 23—26: ich vrâgete, wer die möhten wesen, daz der getouften wære genesen ... ez ist Gaudiers und Gaudîn, Hûes und Gybalîn, Berhtram und Gêrhart, Hûnas und Witschart[1]).

In allen französischen Handschriften stellt Gyburg dreimal an Wilhelm die Frage, ob die sieben Jünglinge, die sie so sehr geliebt und denen sie eine zweite Mutter gewesen, noch am Leben seien; die erste Antwort Wilhelms lautet: Ma compaignie est tote a mort livree. En Aliscans la fu desbaretee; Nul nen i a nen ait teste colpee 1826—1828, die zweite: Dame, dist il, mort sont en Aliscans 1849, die dritte: Nenil voir, dame, aincois est cascuns vis 1888. In dem letzten und wichtigsten dieser Verse haben die besten

---

[1]) Vgl. besonders 259,23—25.

Manuskripte, das des Arsenals und das von Boulogne, einen Fehler: **a i n s e. c. v.**, was schon sehr verdächtig erscheint. Aufserdem giebt es noch zwei Stellen, die beweisen, dafs alle Kampfgefährten Wilhelms gefallen waren, oder wenigstens, dafs er sie für tot hielt. Zunächst V. 1330, wo Arofle Wilhelm die Auslieferung der Gefangenen verspricht: **Et vous meismes quitement raveres Caus que prisons tenomes a nos nes**, aber Guillelmes cuide que die falsete und schlägt ihm den Kopf ab; weiters Vv. 1902—1912, wo Gyburg Wilhelm rät, zu Ludwig um Hülfe zu eilen: **Sire Guillelme, dist Guibors la gentis, Ne soies mie vilains ne esbahis, Envers paiens recreans ne matis; Nen aves terre entre Orliens ne Paris, Aincois manes entre les Sarrasins. Ja en Orenge nen esteres jors vint, Je cuit Tibaus le ravera saisi. Mais ce nen iert dusquau di dou juis, Quant ti neveu sont vif, ice desist**[1]), **Et encore as et parens et amis; Mande secors au fort roi Loei** ... Der zweit- und drittletzte Vers wurden für einen Vordersatz zu dem als Nachsatz betrachteten viertletzten oder letzten Vers gehalten; man verstand die Stelle so: »Das wird aber niemals geschehen, da deine Neffen, wie du eben sagtest, leben[2]) und du noch Verwandte und Freunde hast.« Anlafs zu dieser falschen Interpretation gab das mifsverstandene Bindewort *Et*, das ursprünglich im Nachsatze *so doch* hiefs; man wird also den viertletzten sinnlosen Vers weglassen und die übrigen folgendermafsen lesen: **Quant ti neveu sont mort, ico desist, Et encore as et parens et amis; Mande secors au fort roi Loei!** »Wenn deine Neffen tot, so hast du doch noch Verwandte und Freunde ...«[3]). Der Markgraf konnte somit die Gefangennahme seiner Neffen nicht erfahren, weil, wie im Rolandsliede Karl der Grofse an der Leiche Rolands, so auch in

---

[1]) Eine Lüge, er hat ja gesagt, dafs sie tot seien.

[2]) Gefangene hätten ihm in der Schlacht grofse Dienste geleistet!?

[3]) Die berner Handschrift hat *mort*, was natürlich den Sinn stört, obzwar es die ursprüngliche Lesart ist. Zur Bestätigung unserer Meinung vgl. auch *Will.* 460,1—4.

Aliscans der Marquis Wilhelm nur an der Leiche des in der Blüte seines Alters gefallenen Jünglings seine jammervollen Klagen ausstofsen kann[1]. Das dramatische Interesse verlangt es; dafür sprechen auch alle Manuskripte, unter denen drei eine viel gröfsere Wichtigkeit haben als die Arsenalhandschrift: Das sterbende Auge des Kindes sieht die nebelhafte Gestalt des Cherubs und vernimmt die Stimme des Engels: Guillelmes vient par Aliscans poignant; Mais nel verras, savra dolor molt grant ... Ne li dist plus .... 404 sqq., was schon im *Cov. V.* 1211—1212 angedeutet ist: Nel verra mes en trestout son ae Si serra si de la mort aprieses (Bern). Wie Roland in Roncevaux, starb Vivian auf den Arcans verlassen von der Welt, weit von den Geliebten, ohne seinem zweiten Vater Wilhelm das letzte Lebewohl gesagt zu haben, als echter Krieger des Gekreuzigten seinen einzigen Trost in Gott erschauend[2].

Zwölf an der Zahl waren der Helden, die da den Tod fanden; unter ihnen ein zweiter Turpin, der auf die Sarazenen tapfer eingehauen hatte, *li arcevesques Foukiers;* wie bei Roncevaux, so gab's auch hier eine lange Reihe Zweikämpfe: *Vivian* streitet gegen 24 Häuptlinge, *Girard* gegen *Margariz*, *Bertrand* gegen *Joce de Pudele*, *Gautier* gegen *Ayon*, *Gaudin* gegen *Macabrun*, etc. ... alle fand Wilhelm leblos hingestreckt auf der Wahlstatt[3].

---

[1] Ein religiöses Bedenken hat Vivian wieder aufleben lassen; der Jüngling durfte nicht sterben, ohne gebeichtet und das Abendmahl genommen zu haben.

[2] Vgl. *Var.* 3009—10 *MAB.* — Selbst Rennewart scheint nicht gewufst zu haben, dafs die Reichsgrafen gefangen; sonst hätte er doch nicht die Absicht gehabt, den gefangenen *Bertrand* zu töten; *Var.* 5367 sqq.

[3] Vgl. die Einzelkämpfe bei *Will.* — Hernaut war nicht in Orléans, sondern in Orange, cf. *Cov. V.* 883. Willehalm wäre eine Übergangsstufe von der ursprünglichen Redaktion zu der, die bis auf uns gekommen ist; bei Wolfram wächst die Zahl auf 15 (7 tot, 8 gefangen): ez sint ähte mîner mâge gevangen, die ûf die wâge mit mir riten als ir triwe gebôt: mir lâgn ouch siben fürsten tôt der hœhsten vome rîche ... 297, 23—27. — Wir sind überzeugt, dafs die Erinnerungen an Christus und die Apostel eine Rolle bei der Gestaltung dieses Epos gespielt haben, können aber den Phantastereien *Saltzmanns*, Der hist.-mythol.

VII. *Rennewart nach den Handschriften.*

Die Kritik wird bei der Feststellung des Verhältnisses zwischen den Manuskripten grofsen Schwierigkeiten begegnen, weil der erste Teil des Epos, der den Kern der Geste Wilhelms ausmacht, und ursprünglich seine Niederlage und wundersame Rettung schilderte, aus einer viel älteren Epoche herrührt als der zweite, den Rennewart betreffende Teil[1]), der selbst nur allmählich, im Laufe zweier oder dreier Jahrhunderte zu der Entwicklung, wie wir sie in einigen Handschriften vorfinden, gelangt ist. Gestützt auf die geschichtliche Überlieferung war das Rolandslied nicht den fabelhaften Umgestaltungen ausgesetzt wie ein Heldengedicht, das die Thaten eines Heiligen schilderte, welcher in der Geschichte keinen so wichtigen Platz einnahm wie Karl der Grofse, demgemäfs auch der Einbildungskraft reichlichen Stoff bot. Die ruhmreichen, aber erfolglosen Versuche des Heiligen, Nordspanien zu befreien, wurden in Beziehung zu einander gebracht, der spätere als eine Unternehmung hingestellt, um die frühere Niederlage zu rächen; schliefslich wurde der Schauplatz der Handlung in eine von den Sarazenen oft heimgesuchte, an Spuren alter Civilisation, besonders an Grabstätten[2]) reiche Gegend verschoben. Mit der Zeit fühlte man die Notwendigkeit, den Mut des Heiligen mit einem glänzenden Siege zu belohnen. Wie gewöhnlich sollte die Schlacht mit einer glorreichen Niederlage enden, und man ersann einen **deus ex machina**: in der Gestalt eines Riesen erscheint am Schlufs auf der Wahlstatt ein Engel, der dem Helden zu dem oft von Gott erbetenen

---

Hintergrund und das System der Sage im Cyklus des Guillaume d'Orange, Königsberg i. P., 1890, nicht beipflichten; une plaie ... de delez heifst nicht eine Wunde an der Seite (Brust), sondern eine Wunde neben *(delez)* der Nase. Nach demselben Gelehrten wären die Glocken in Aliscans nicht erwähnt *(bancloche, clochier!)*, etc.

[1]) Ein schönes Bild sarazenischen Edelmuts und Tapferkeit, wie sie Wolfram so wunderbar zu malen wufste.

[2]) Nicht nur auf den Elysii Campi, sondern auch südlich und westlich von der ehemaligen *Colonia Iulia Paterna* (Faubourg de Trinquetailles) findet man *sepulcra*.

Siege verhilft und verschwindet (die älteste, Wolframs Epos zu Grunde liegende Fassung)¹). Allmählich nahm der Riese eine menschliche Gestalt an, man ersann (wie oft) eine Flucht aus dem väterlichen Hause, brachte ihn nach Laon, wo bei der wachsenden Macht der französischen Könige Wilhelm notwendig Hülfe suchen mufste, und, nach der später erfundenen Genealogie des Markgrafen, liefs man Rennewart die Nichte Naymeris und Hermengarts, Hermentrut, heiraten (älteste Fassung der Handschrift von Venedig)²). Bald darauf, aber gleichzeitig wurden die Episoden *Agrapart-Walegrape* einerseits, *Baudus* anderseits eingeschoben, wobei die Umarbeiter nicht bemerkten, dafs sie diesen vom Tode auferstehen liefsen³). Rennewart mufste sich nicht nur gegen die gewöhnlichen, sondern gegen alle möglichen Waffen, wie riesige Haken (*Agrap.* und *Wal.*), Stangen und Balken (*Baudus*) unverwundbar erweisen, und, obgleich er selbst vom Christentum nichts wissen wollte (Willehalm), seine früheren Glaubensgenossen zur Bekehrung zwingen (*Baudus*) — alles Gründe, denen die am spätesten eingeschobenen Episoden *Grisharts* und *Flohartens* (die mit der Sense kämpft) ihre Entstehung verdanken. Später durfte selbst bei einem übernatürlichen Helfer die Niederlage der Christen keine vollständige bleiben: es erstanden die im Grabe schlafenden Pfalzgrafen, sie wurden zu Gefangenen gemacht, damit Rennewart dem Heiligen einen weiteren Dienst, die Befreiung derselben, leisten könnte. Immer mehr wuchs Rennewarts Ansehen, Wilhelm trat in den Hintergrund, bis man schliefslich den Tadellosen der Undankbarkeit zieh und das Christentum nur durch Rennewart befreien liefs⁴). Da genügte die bescheidene

---

¹) War es nicht die Absicht des Dichters, zu schildern, wie die grofse sarazenische Macht nur durch einen Sarazenen gebrochen werden konnte?

²) C est aaliz o il na qe ensigner Qe renoard rova puis a moler Mes looys no vost pas otrier... u. *Var.* 3875 *M*.

³) Cf. CVIII. Strophe und *Will.* 411,28. — Vielleicht haben wir es hier mit Paronymen zu thun; cf. *Will.*: *Poydjus* u. *Poydwiz*. *Agrapart* und *Walegrape* sind dieselben Namen.

⁴) Durch Entfernung jüngerer Interpolationen gewinnt die Gestalt Wilhelms in demselben Mafse als die Rennewarts verliert; vgl. *R* 4616 sqq. — Es ist interessant zu sehen, wie die Episoden

Hermentrut nicht mehr, es mufste ihm ein Königskind[1]), die Tochter des Königs von Frankreich, Alis, zu teil werden[2]).

VIII. Das Handschriftenverhältnis.

Die Beziehungen der Manuskripte, die bis zum ersten Auftreten Rennewarts übereinstimmen, lassen sich für den ersten Teil mehr nach Formvarianten feststellen. Das Verhältnis derselben im zweiten Teile, der mit V. 3146 Ens el palais fu Guillelmes li ber anfängt, stimmt natürlich mit dem des ersten nicht zusammen. Das Vorkommen der Baudusepisode ohne die Heiratsscene einerseits, der Walegrapeepisode mit der Heirats- und ohne die Baudusscene anderseits macht die Annahme des Zusammenfliefsens zweier Handschriftengruppen notwendig.

M: Venedig — *f:* Boulogne[3]) — *L:* London — *a:* Arsenal[4]) — *V:* Nat.-Bibl. 24369 — *B:* Nat.-Bibl. 368

---

entstehen. Sobald der *solidus* von seinem ursprünglichen Werte gesunken war, schien der von Rennewart dem Schmied für das Beschlagen der Stange gezahlte Betrag von *fünf (cinq) sols* zu gering; einige Manuskripte schrieben *hundert (cent) sols*, andere liefsen einen Streit entstehen, indem der Riese dem Schmied Werkstatt und Gerät zertrümmert und ihn nach Aliscans mitnimmt; so im Manuskript 1448, Boul. und Bern. Die berner Handschrift ist noch insofern interessant, als sie zeigt, wie die Umarbeiter es anfingen, aus einer Strophe mehrere zu schmieden; ebenso wichtig ist sie wegen der älteren Gestalt der Nebenepisoden.

[1]) Mit vollem Recht zweifelt Wolfram daran; cf. *Will.* 213,13.

[2]) Der Stil des Rennewartepos ist äufserst primitiv; das Phrasenhafte nimmt unglaublich zu. Endlose Tiraden auf *-é, -er, -ier, -ant*, wo die Verskunst in der ewigen Verbindung eines Infinitivs der ersten (oder zweiten) Conj. oder eines Part. praes. mit den Verben *aller, se prendre, commencer*, besteht, verleiden jedermann die Lust, das Epos zu Ende zu lesen; der Geduldigste mufs notwendig einen unerträglichen Ekel vor der Lektüre dieses *Meisterwerks* der afz. Litteratur bekommen. — Die Fugen des Wilhelmsliedes und des Rennewartepos treten in unserer Ausgabe so deutlich hervor, dafs es ein Leichtes sein wird, das letztere gänzlich zu entfernen. Was von dem zweiten Teile des Aliscans übrig bleibt, kann aber nicht mehr den Rahmen eines Heldengedichtes ausfüllen, was notwendig zu dem Schlusse führt, dafs das ursprüngliche Epos nur die Niederlage Wilhelms besang und mit dem Verse R 1794 schlofs.

[3]) Sonst durch *m* bezeichnet.

[4]) Guessard hätte *L* oder *V* heranziehen sollen, um die in *a* vorkommenden Lücken zu füllen; er hat *b* zu Hülfe genommen.

— *C:* Bern — *A:* Nat.-Bibl. 774 — *d:* Nat.-Bibl. 2494 — *e:* Nat.-Bibl. 1448 — *T:* Trivulziana — *b:* Nat.-Bibl. 1449 — *P:* Cheltenhamer Handschrift.

I. Wilhelmslied[1]).

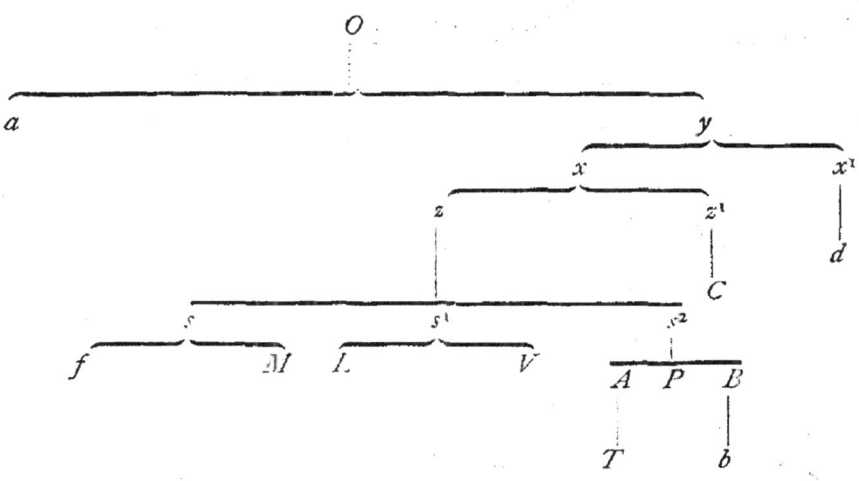

[1]) In Anbetracht dessen, dafs die, die einzelnen Handschriften verbindenden, für uns leider verloren gegangenen Mittelglieder äufserst zahlreich sind, ist es sehr schwer, fast unmöglich, für den ersten Teil des Epos die Beziehungen der Manuskripte unangreifbar festzustellen; kaum freut man sich, die lange gesuchten Fäden in der Hand zu halten, so entschlüpfen uns dieselben. Das obige Schema, welches wir weit entfernt sind, für unantastbar zu halten, hat sich aus einer genauen Vergleichung der nur allzu zahlreichen Varianten ergeben, wobei wir nur die, für die Kritik wichtigsten Handschriften berücksichtigt haben. — Es steht aber fest, dafs, abgesehen von *a*, alle Handschriften starke Interpolationen durchgemacht haben; *d* wurde zweimal, *C* dreimal, die andern Manuskripte wenigstens viermal interpoliert. Trotz dieser zahlreichen Zuthaten ist der Text in *f* (= *m*), dann in *M*, *a*, *L*, *B*, *A* am besten erhalten. — Die berner Handschrift ist mit der gröfsten Vorsicht zu handhaben; viele jüngere Zuthaten fehlen in derselben, was natürlich auf eine ältere Redaktion deutet; viele Stellen aber wurden von dem letzten Schreiber, der sich von seinem feineren Geschmack leiten liefs, fallen gelassen. — Wir verweisen, was das Handschriftenverhältnis betrifft, noch auf *Einleitung*, Seite XXXII, LIX, Anm. 3, *Varianten*, Seite 15, 22, und besonders Seite 90.

II. Rennewartepos.

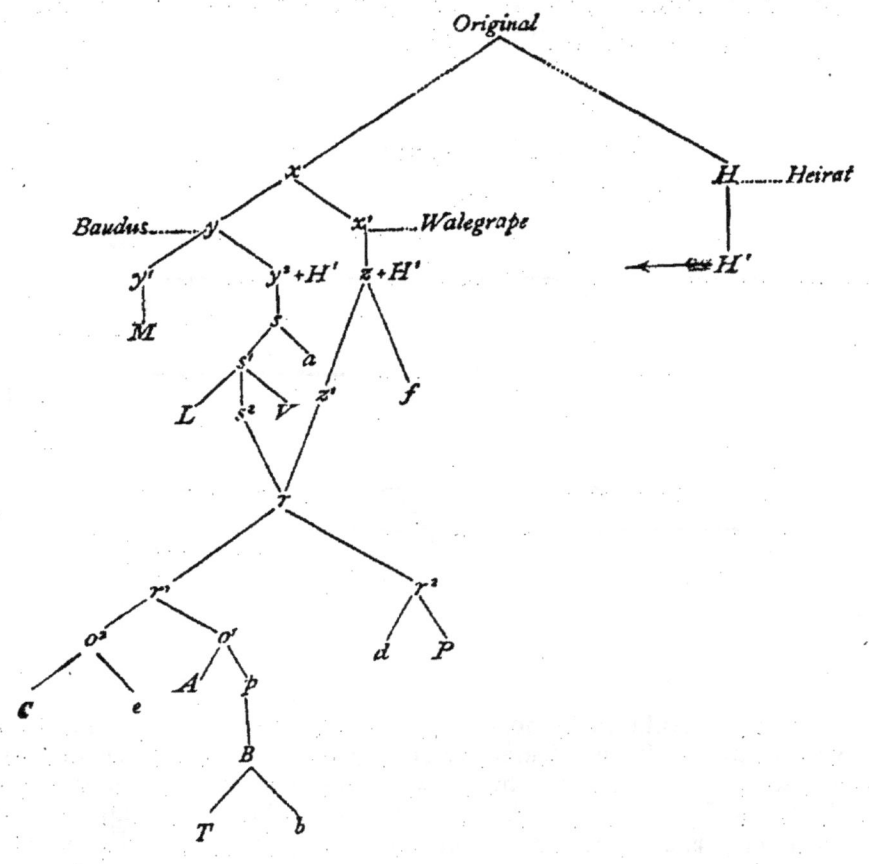

IX. Der vers orphelin.

Es ist bekannt, daſs der kurze Vers nicht erlaubt, auf das Alter einer Handschrift einen Schluſs zu ziehen; wäre es der Fall, so wären manche Teile der Geste Guillaume am besten in der londoner Handschrift erhalten[1]). Es ist leicht zu erkennen, daſs in einigen

---

[1]) Ein Prachtexemplar; zehnsilbig mit dem *vers tronqué*: *Gir. de Viane* (6950 v.), *Aym. de Narb.* (5080), *Siège de N.* (3560), *Guib. d'And.* (2360), *Mort d'Ay.* (4000); — zehnsilbig ohne den *v. t.*: *Les Enf. G.* (4300), *Cour. Lo.* (2860), *Répart. des fiefs* (950), *Charroi* (640), *Prise d'O.* (1950), *Enf. V.* (3280), *Cov. V.* (1900), *Alis.* (8000), *Loqui.* und *Mon. R.* (8820), *Mon. G.* (6770); abwechselnd Zehnsilbner mit Zwölfsilbnern ohne *v. t.*: *Foulque de C.* (18000), die

Manuskripten der *vers orphelin* zu einem Zehnsilbner vervollständigt ward; z. B. *d* 4148: Or croist Guillelme sa force o le cort nes, dem kurzen Vers von *a*: Or croist G. force entsprechend; dies beweist aber nur die Verwandtschaft des ersten Teiles von *d* und *a*. Die andern Handschriften haben den kurzen Vers nicht, und dadurch ist der Sinn besser abgeschlossen als in *a*, wo derselbe meist eine überflüssige Zuthat ist, oft nur ein bedeutungsloses Umstandswort; cf. vv. 60, 94, 113, 194, 2448, 153 (der den vv. 154—155 entnommen ist: Atant es vos le fort roi Haucebier, Si ot des paiens .XX. mile *(sic!)*; ursprünglich Atant es vos le fort roi Haucebier, En sa compaigne sont .X. millie paien; As nos feront un dolorous marciet), 216 (Mains Sarrasins perdi iluec son tans, Ki Dieu ne voloit croire, für: Qui puis ne vit ne feme ne enfant), 439 (Tant com je soie en vie neben 435 Tant com je vive; cf. 1839), 887 (ein Unsinn; lies demorer Molt ot grant peine ains que l'eust levet; De droit ahan ot le front tressuet), 1083 (nach *bonte* Punkt und Schluſs), 2595 (ein treffliches Beispiel: S'Aymeris puet, bien sera secourus Li sires de Narbone, giebt keinen Sinn). Wo eine Schwierigkeit obwaltete, liefs der Umarbeiter den kurzen Vers mit der Laisse reimen: 584, 1483, 2735, 4209, 5167; oft liefs er die alte Assonanz stehen: *relevee-demenerent*, 4040; manchmal schliefst der kurze Vers sogar mit männlichem Reim (3430; lies *luí*, nicht mehr *lüi*). — Im Rennewartepos ist es ein Jammer um den *vers tronqué*.

X. *I Nerbonesi.*

Wie gegen Wolfram's *Willehalm*, so erhebt *L. Gautier* in seinen Epopées françaises (IV, 470, 476—477) auch gegen den Verfasser der *Nerbonesi* den unbegründeten

---

als Übergangsstufe zu den ältesten (!) reinen, den Zehnsilbnern zu Grunde liegenden Alexandrinern von *Garin de Montglane* (12700) und von *Siège de Barbastre* (7700), beide mit dem *v. t.*, zu betrachten sind. — Die Vorlage Wolframs dürfte den *vers tronqué* enthalten haben; cf. den Schluſs einiger Strophen in *Will.*; z. B. 225,30.

Tadel, er habe das altfranzösische Gedicht ausgebeutet und geschmacklos entstellt. Keineswegs, denn sowohl die Nerbonesi als die Prosaversion der Handschrift Nat.-Bibl. 1497 in einigen Einzelheiten, gehen auf eine der ältesten Redaktionen des Wilhelmsliedes zurück. Wie in der älteren Fassung, so tritt auch in den *Nerbonesi* die Gestalt Rennewarts, eines Sohnes des Königs *de Rames* (ursprüngliche Form des Namens *Desramés*, dessen Accent des Reimes wegen verschoben wurde; cf. die Varianten zur Laisse CV, Vers 5080) in den Hintergrund, auch hier finden alle Kampfgenossen Wilhelms den Tod, auch hier tötet der Markgraf selbst den König Baudus. Kurz, bei genauer Prüfung der *Isola*'schen Ausgabe der *Nerbonesi*, ja sogar bei einfacher Vergleichung der Inhaltsangabe derselben bei *Gautier* mit dem kritischen Texte von Aliscans, gewinnt man die Überzeugung, daſs der genannte Gelehrte sich einer gewissen Voreingenommenheit gegen fremde Redaktionen unseres Gedichtes nicht hat erwehren können.

XI. Sprache.

Eine Untersuchung der Tiraden zeigt sofort, daſs sowohl das eigentliche Wilhelmslied, als auch das Rennewartepos pikardischen Ursprungs sind: das Erscheinen von -*ie* für franz. *iée*, die im Reime stehenden Pronominalformen *mi, ti, si*, die ebenfalls durch den Reim bestätigten Verbalformen *cair (M qeir), veir*, die durch die Silbenzahl der Verse nachweisbaren Part. perf. *vu, aperçu, reconnu* (943, 2201; die Handschriften erlauben kaum zu korrigieren) und Pron. poss. *nos, vos*, die 2. Fut. auf -*ois*, die 1. Plur. auf -*omes*, die äuſserst seltene Mischung von *an* und *en*[1]), das häufige Vorkommen von im Norden ge-

---

[1]) *tans* (216), *encens* (724), *hardemens* (730), *espant* (5757) sind die einzigen Ausnahmen, denen wir begegnet sind. Unser Versuch, sie zu entfernen, ist uns sicher miſsglückt. — Die londoner Handschrift läſst an manchen Stellen nas. *an*, mit reinem *a* reimen oder assonieren. Dieser Zug, der auf die Nachlässigkeit des Schreibers und nicht auf hohes Alter zurückzuführen ist, verleitete uns dazu, zwei oder drei Lesarten zu erschlieſsen, welche der Leser als gestrichen betrachten wird; so Seite 1 Anm. 3, etc.

feierten Heiligen (*St-Vaast* [Vedastus], *St-Firmin* [Kirche zu Amiens], etc.) und von nordfranzösischen Städten (*Arras*), das Lob des *Vermandois*, sichern jene Bestimmung völlig. — Aufserdem sind die meisten Handschriften pikardisch, oder führen zahlreiche Spuren dieser Mundart.

Gegen das Nordfranzösische sprechen 1. Assonanzen wie *cuiriee-baniere*, *saigniee-maisiere*, *asaiee* (im Sinne von assiégée, nicht von assaillie; *Var.* 3999) im *ee*-Reim, 2. die grofse Zahl von Varianten an den Stellen, wo sie frz. *iée* entspricht, 3. die Gestalt mancher Eigennamen. Diese an und für sich geringfügigen Argumente dürften bei einem Gedichte, von dessen ursprünglicher Fassung so gut wie gar nichts auf uns gekommen ist, nicht ohne Bedeutung sein.

Das ursprünglich in Alexandrinern[1]) verfafste Gedicht aber war provençalisch; hiefür sprechen folgende Gründe: 1) Die in *M* ständigen Formen sind *Naymeris* und *Naymer* (der Name seines Sohnes), und in Will. *Naupatris*[2]) (*aupatris* als Eigenname betrachtet[3])); das provençalische Präfix (*n*, *en*) ist bei der Herstellung des Textes not-wendig; 2) die einzig in Assonanz vorkommende Form *Vivians*; 3) die in festen Redensarten allein auftretende, durch alle Manuskripte belegte Form *aigue*, die, mifsverstanden, in *le gué* verwandelt wurde; 4) der ganze Bau des Verses und die Syntax; 5) zahlreiche Fehler können nur auf einen provençalischen Text zurückgeführt werden; 6) der in allen Texten ohne Ausnahme vorkommende Reim *e* mit *ie*; 7) die Strophe Vv. 534—562 ist beim ersten Anblick als eine ursprünglich provençalische zu erkennen, ebenso die von einigen Manuskripten nach der CXLIX. und CLVI. Strophe eingeschobenen Laisses; 8) eine Menge provençalischer, in den Handschriften, besonders

---

[1]) Die wichtigsten Ereignisse werden in Alexandrinern zusammengefafst; wollte man sie sammeln, so hätte man deren eine hübsche Anzahl; cf. Schlufs von *M.* — Die Eigennamen bei Wolfram sprechen ebenfalls für den Alexandriner.

[2]) Cf. jedoch *Will.* 359,5.

[3]) Cf. noch *Et* Rainouars statt *En* R., *R* 4419, 4436; dann Querez Guillaume et Bernart *en* Buevon (B., den Sohn des Herrn B.), *AB* 5602; Norindes neben Orindes und Morindes, *Var.* 5489.

in *M* vorkommender Wörter, die dem kein französisches Wort verstehenden Kopisten der venetianer Handschrift mit Unrecht zugeschrieben oder als italienisch erklärt wurden: *estagner* (= *arrêter*), *paians*, *espinar* (s.), *correu* (p. p.), *aresteu* (p. p.), *bagne*, *Tiborga* (*Guibourg*), *Wigdolin* (= *Guielin*), *bruizer*, *vas* (= *enas*), *camper* (= *kämpfen*), *fogir*, plqpft. *fora fort* (= *foret*), *noit*, *en* und *ne* (*inde*), *vengi vengui* (= *venui*), *veign vaint* (= *venio* etc.), *jejuner*; *lay*, *aensi*, *landrier* (= *landraire*), *arreverser*, *atuer* (cf. *assommer*, *amater*), *choiser* (*coisar*), *roire*, *foltet* (s.); 9) die ausgezeichnete Lokalkenntnis des Südens (*Baux*, *Pierrelee* = *Pierrelatte* [Novem Craris]), die Unkenntnis des Nordens (*Avignon* und *Saint-Seine* in *Brie*, *Vermandois* reicht bis nach *Guissant*); 10) die Verpflanzung der südlichen Vegetation nach dem Norden (*pin ombrin* 1424 = *pin parasol*; die Korkeiche in einigen Manuskripten, der ewige *olivier* oder in ständigen Redensarten *rain d'olivier*; der Olivenbaum reicht nur bis Valence); 11) das seltene Vorkommen der Heiligen des Nordens (*Sct Michael* kommt nur einmal vor), dagegen aber der eifrige Cultus des heiligen Lazarus (cf. *St-Lazare* am Fuße der Aliscans-Hügel noch heute; des Reimes wegen wurde der Name zu *St-Malou de Bretagne* umgewandelt; cf. *R* 602) und der Jungfrau Maria (cf. *Les Saintes-Maries*); 12) die Verwandlung der nordfranzösischen Hilfstruppen in eine Horde von Feiglingen (*couars*), die Bezeichnung Nordfrankreichs als eine *terre estragne*, *estragne contree* Var. 1973, und die Episode der *Burgunder* Var. 4824, u. a.[1]) — Dieses Epos ging dann ins Centralfranzösische über, um später ins Nordfranzösische übertragen und in diesen für den Reim so günstigen Dialekten in ein reimendes Gedicht verwandelt zu werden. Die Arsenal- und boulogner Handschrift dürften, was die Sprache betrifft, der ursprünglichen pikardischen Fassung am verwandtesten sein.

---

[1]) *Bertran de Borns Tor Miranda* ist nicht *Turris admirabilis* (*Jölt* II, 188), sondern der volksetymologisch erklärte Name *Turc Morinde* (*Al.* 5489, *Will.* 414,1), wobei man *conquerer* im alten Sinne *besiegen* fassen muß. — Nicht alle zwölf Gründe sind stichhaltig; jemand, der Südfrankreich durchreist hat, hätte sich wohl in vollem Maße die Kenntnis der Örtlichkeit erwerben können; so auch n° 6.

Druckfehler.

Vers   12 streiche Anm. 3.
Vers 475 lies: a la t. s. (?)
Vers 598 lies: Valsoteño oder Valsoteña.
Vers 2050 lies: hom si grant nesgarda?

Ensi come
plente de cevaliers
se conbatent ensanble.

I

A icel iour que la dolors fu grans
U la batalle fu faite en Aliscans!
Li quens Guillaumes i soufri grant ahan;
Bien i feri li palasins Bertrans,
5 Gaudins li bruns[1] et Guicars li vallans,
Et Guielins li preus et Guinemans,
Gerars de Blaves, Gautiers li Toulosans,
Hunaus de Saintes et Fouciers de Melans.[2]
Sor tous les autres le fist mius Vivians:
10 En .XXX. lius fu rous ses iaserans;
L escut ot frait et ses hiaumes luisans
En contre terre li fu aval pendans;[3]
.VII. plaies ot par ambe .II. les flans,
De la menor morust uns amirans.
15 Molt a ocis des Turs et des Persans;
Mais ne li vaut le monte d un besant:
Car tant en ist des nes et des calans,
Et des dromons et des escois corans,
Ainc tant n en vit nus hom tant fust vivans.
20 D escus et d armes fu covers li Arcans.[4]
Grans fu la noise des cuvers mescreans,
Et fiers li caples et li estors pesans:
Desor la terre corut a rui li sans.   (G 1—18.)

[1] bruns geht auf prus zurück und wurde durch den Reim herbeigeführt; cf. *Covenans Vivian* 1622. [2] Hues de M.? Cf. *Guessard* 213. Infolge des Reimzwanges verschwanden die Namen dreier Helden, die im ursprünglichen Gedicht eine wichtige Rolle spielten: Elimans, Hernaus und, ein zweiter Turpin, der Erzbischof Fouciers. [3] Zu erschliefsende ursprüngliche Lesart: Son escu ot et son vert hiaume frait, Qui contre terre ius li pent par les las. [4] Cf. *G.* 1840—80.

II

Li quens Guillaumes vait poignant par l estor;
25 Ses brans est tains de sanc et de cruor.[1]
En mi la voie encontra l aumacor;
Tel li douna par mi son elme a flor,
Ens en son cors mist le branc de color.[2]
A priest rocist Pinel, le fil Cador.
30 Li quens i fiert a force et a bandon;
Mais tant i a de la gent paienor,
Sou siel n a home cui n en presist paor.
A tant es vos Desrame lor[3] signor
Sor le brehegne qui li ceurt de randon.
35 Cil sont o lui d Inde l empereor:[4]
C est une gens qui viers Deu n a amor;[5]
Uns espius portent par molt ruiste fieror.
Le ior ont mort maint gentil vavasor[6]
Et dan Guillaume le fil de sa sorour.
40 En la grant priese prent Desrames son tor.[7]
Avoi, escrie, tuit mores a dolor!
Hui i perdra Guillaumes sa baudor;[8]
Ia de ses homes nen istra .I. del ior!
Li quens l oi, molt en ot grant iror;
45 Il voit molt bien qu il en a le pior.
Sovent reclaime Ihesum le Creator
Que il li soit et aide et secors. (G 19—39.)

III

Li quens Guillaumes voit ses homes morir;
Forment li poise quant nes puet garantir.[9]
50 Vivien quert, mais ne le puet veir;
Quant ne le trueve, le sens quide marir.[10]

---

[1] Der Körper ist tains de sanc et de suor; das Schwert ist tains de sanc et de cruor; cf. G. 421. [2] a l orie pon? [3] M hat son, welches dem prov. Original besser entspricht. [4] Die Scharen des indischen Kaisers; ungewohnte syntaktische Verbindung. Vielleicht O l. s. li ... — Artikel vor em p. wegen d Inde. [5] Ursprünglich: q. D. nen ama onc. [6] Lies m. gent fil v. Im folgenden Verse wird man lesen müssen: Et d. G. Vivian, son nevolt. [7] = son retorn; cf. CovV. 556, 1731. [8] son renon? [9] Lies: F. li p. ne les p. g. [10] d: de duel cuide morir; ursprünglich etwa: Q. ne le t., Dex, con dolans devint!

Par mautelent va .I. paien ferir;
Iusqu es espaules li fist le fier sentir.¹
A dont s aunent li paien Sarrasin;
55 Tous Aliscans en veisies covrir.
Tel noise mainent, la terre font fremir.
Hardiement vont les nos envair.
La veisies fier estor esbaudir,
Tante anste fraindre et tant escu croisir,
60 Et tant auberc ronpre et desartir,
Tant piet, tant puig, tante teste tolir,
L un mort sor l autre trebucier et cair:
Plus de .X.M. en veisies gesir;
De does liues en oist on le cri . . .
65 Qui dont veist auner Sarrasins
U Viviens se conbat par air
Deviers l Arcant . . .; mes pries est del morir.²
Parmi ses plaies voit ses boiaus iscir. (40—60.)

IV

Vivijens est en l oue del Arcant,³
70 U se conbat as paiens mescreans.
Soie bouiele li vait del cors caiant,
Par ambes pars le vait ens reboutant;
Pus prist l ensegne de son espiel trencant,
Parmi les flans s en vait fort estragnant.⁴
75 Dont se rafice desus son auferant;
Entre paiens se vait adementant;⁵
Au branc d acier les va molt damagant:
Li plus hardis va devant lui fuiant.
Droit viers la mer les encauce ferant
80 Quant d un val sort la mesnie Gorhant;
Une gens est de molt diviers samblant:

---

[1] d: Jusques es pies. [2] morir ursp. Subjekt. Die letzten vier Verse sind später hinzugefügt worden; der 64. Vers schliefst die Laisse. Die ersten drei Strophen *Aliscans'* sind dem *CovV.* entlehnt, mit dessen Schlufs die 4. *Aliscans*strophe zusammenhängt; nicht ohne Grund fehlt in *C* der dritte Vers der ersten Laisse: Li quens Guillaumes i sofri grant ahan. [3] Sieh *Einleitung*. [4] Die Lesarten von *Md*: estaignant erlauben uns, die prov. Form estanhar als die ursprüngliche zu erklären: Er hält sein Eingeweide zurück, indem er sich die durchgebohrten Seiten mit dem Fahnentuche verbindet. [5] *C*: adominant, das auf adementant zurückgeht.

Tout sont cornu deriere et devant,
Et cescuns porte une mace pesant
Toute de plonc et de fier el tenant;
85 De teus plomees vont lor bestes cacant.
.X.M. sont li vacier souduiant.
Tant durement vont entr aus glatisant
Que la marine en va toute tonant.[1]
Quant Viviens voit la gent Tiervagant
90 De tel facon et de si fait samblant,
Et ot la noise que il vont demenant,[2]
Se il s esmaie ne me vois mervillant.
Ariere torne le col[3] de l auferant.
Nen ot fui d une lance le grant[4]
95 Quant devant lui voit .I. aigue corant:[5]
Dont sot il bien pase ot convenant.
Li gentius hom s arestut maintenant;
Viers Dameldeu vait sa coupe clamant:
Deu, moie coupe, que iou ai forfait[6] tant!
100 Ne fui mes entrestout mon vivant;
Ia comperont paien por seul itant!
Viers les vaciers torne esporonant;
Entr aus se fiert, sacies a esciant,
Com fait li faus entre cawes volant.
105 Ore le gart li pere tous pusans!
Car il est pries de sa mort aprocant.[7]

(G 61—94.)

V

Viviens torne, que mes ne vot fuir,
Viers les vaciers, cui Dex pust maleir!
As premiers cos les a si departis,
110 Iusqu es cerveles lor fist le fier sentir.
Icil des maces le fierent par air;
Parmi l auberc li font le sanc salir.

---

[1] Diese letzten vier Verse fehlen in *d*; die Worte tenant und tonant haben den Abschreiber dieselben überspringen lassen. [2] Nach *C*: que vont entraus menant. [3] Ein Wort, das man bald durch cief, bald durch teste ersetzt hat. [4] Den Raum, die Entfernung, die uns eine Lanze oder ein Spiefs gewähren (granter) kann. [5] *V*: bruisant, ein reifsendes Wasser, auf welche Lesart bruiant zurückzuführen ist. [6] forfait des *d* hat soufert des *C* nach sich gezogen. [7] Cf. *G*. 101.

Dex penst del conte, que pres est del morir!
Mes Deu ne plest qu encor doie fenir
115 Iusque Guillaumes iert a lui sepolir,
Qu en Aliscans se conbat par air.[1]
Es vos Bertran, cui Dex pust beneir![2]
D une compagne ot fet .C. Turs partir.
L escu li orent estroe et croisi,
120 Et le auberc derout et desarti;
Tous fu oscies[3] ses brans de cos ferir.
Li quens Bertrans sot molt bien escrimir:
Quant les vaciers voit a torbes venir,
Viers aus s en torne li bons quens palasins.

(G 95—113.)

VI

125 Li quens Bertrans voit venir maint vacier
De la mesnie Gorhant, le roi paien:[4]
En .IIII. flotes fuscent bien .X. millier.
Tout sont cornu et noir com avresier.
Li quens Bertrans ne les a aproismies;
130 Nen est mervelle se en est esmaies;
Que tant maufe molt font a resonier:
Onc itel gent ne vit nus hom sociel.
Si com il dut ariere repairier
Vivien voit en mi os caploier,
135 U il escrie: Monioie, cevalier!
Oncles Guillaumes, car me venes aidier!
He, Bertran sire, com mortel encombrier!
Dame Guiborc, ne me veres entier;
Pries est ma fins, nen i voi recovrier.
140 Bertrans l entent, le sens cuide cangier;
Deu en apiele, le verai iusticier:[5]
Viviens sire, ore fac que lanier
Quant ne vos vois entre paiens aidier;
Mius voel morir ne soies ostagies!
145 Le destrier broce, s a l escu embraciet.

[1] Ou se conbat entre les Sarrasins? [2] le conte palasin?
[3] Die Handschrift von Venedig bietet die bessere Form esciez. [4] Cf. V. 80. [5] a loi dun home fier des *a* ist unzulässig; besser wäre a loi de baceler oder de cevalier, cf. G. 3810.

Qui li veist ces vaciers detrencier,
L un mort sor l autre vierser et trebucier,
Bien le deuist aloser et prisier
Si con fesist¹ Rolant et Olivier.
150 Par tel air li quens Bertrans i fiert
Que molt tos a la priese claroiet.
Vivien voit, si le keurt enbracier;
Trestout senglant li veisies baisier.
Dex, con grant duel li fist li timoniers!
155 Li quens Bertrans li voit le sanc raier
De does² pars contreval viers l estrier;
S il ot dolor,³ ne fait a mervillier.
Viviens sire, ce dist, li timoniers,⁴
Pour amor Deu, le glorious del Ciel,
160 Quar vos ales sor cel estant coucier,
De sous cel tertre, sous cel arbre folliet!⁵
Grant sont vos plaies, ne finent de sainnier.
Ie remanrai por vos escorgaitier.
Viviens l ot, ne puet le cief drecier;
165 .III. fois se pasme sor le col del destrier;
Ia alast ius ne fuscent li estrier.
A tant es vos le fort roi Haucebier;
En sa conpagne sont .X. mille paien:
As nos feront .I. dolerous marciet. (G 114—153.)

VII

170 Li quens Bertrans voit Haucebier venir;
En sa conpagne sont cevalier bien mil.
Dex, dist li quens, vrais rois del pareis,
Car nous secor, si toi soit⁶ a plesir!
Viviens sire,⁷ ia vous verai morir

---

¹ *T*: Si con en fist...; auf diese mifsverstandene Lesart gehen die der andern Handschriften zurück. ² Nachdem diese Form einsilbig geworden war, wurde sie durch quatre oder quinze ersetzt. In vielen Fällen wurden Lückenbüfser eingeschoben, wie granz, lons, &c; z. B. de .II. granz lieues. ³ *C*: hisdour, elegant, aber falsch. ⁴ Vocativ. ⁵ *C*: D. c. t. que la voi bauloier, bietet einen neuen Gedanken; man müfste aber an Stelle von tertre arbre setzen. ⁶ Optativ: Möge es dir so gefallen. ⁷ Nies Vivians ist den Stellen entnommen, wo sich Wilhelm an seinen Neffen wendet. *Md*: Cosin Vivian, wo dies letztere Wort zweisilbig ist. Diese verschiedenen Lesarten rühren von dem ursprünglichen Alexandriner: Chiers cosins Vivians... her.

175 Et moi meismes ne porai garantir!
Viviens l ot, de pite en fremist;
Dist dan Bertran: Or del ferir,[1] cousins!
Car bien vees, nen avomes loisir;
Paiens feromes tant con soiemes vif!
180 Ia de cest ior ne me veres iscir;
Garisies vous, nen a que mort en mi.
Mes ains que muire voel paiens asentir.
Bertrans l entent, Dex, si dolans devint!
A icest mot resont ale ferir;
185 Tiestes et bras font de cors departir,
Et ces cervieles encontremont boulir:
Cui il consiewent tous est de la mort fis.
Paien les voient, molt sont espaouri;
De loig lor lancent lor espius par air.
190 Desous Bertran ont son ceval ocis;
Plus de .L. le voloient saisir,
Quant Viviens lor vet des mains tolir.
Mais grant dolor li covint a soufrir:
Parmi ses plaies voit ses boiaus iscir.
195 Li gentius hom fu molt de grant air;
Millor vasal ne puet nus hom veir:[2]
Par droite force fist paiens resortir
Plus d une lance et ariere fuir.
Viviens a un boin destrier saisi,
200 Dont le paien ot abatu souvin;
Bertran le tent, par grant amor li dist:
Garisies vous, sire, biaus dous cousins!
Vees les tertres covers de Sarrasins;
Se a .I. cop en ociions dis,
205 Ancois seroit .I. mois tous acomplis
Que fuscent mort li cuvert de put lin.[3]
Las! que ne voi mon cier oncle venir,
La fiere brace cui Dex pust beneir!
Se il est mors nen escaperons vif;
210 Car nen est hom qui nos pust garantir
Fors Dameldeu, qui tout a a ballir.

---

[1] Lies höchst wahrscheinlich: D. B.: Or, d. b. faire, c.
[2] 193—196 hemmen die Handlung; *d* allein läfst sie weg. [3] Schlufs der Laisse; von den Handschriften *MdC* läfst jede einige der folgenden Verse weg.

Bertrans l entent, d ire faite rougist;
Ne puet muer de pite ne suspirt. (G 154—194.)

VIII

Viviens sire, ca dit li quens Bertrans,
215 Se ie vous lais et ie vous sui fallans,
Honte en aurai et repervier [1] molt grant.
Non aures, dist li enfes Viviens;
Queres mon oncle la ius en Aliscans;
Pour Deu li dites que ie par vous li mant
220 El grant estor m estoise soucorans!
Non ferai, voir, ca dit li quens Bertrans;
Ne vous faurai tant con soie vivans;
Tant com el puig puise tenir le brant
Vous serai ge, se Deu plest, boins garans.
225 A icest mot s en vont andui ferant:
As paiens trencent tiestes et bras et flans,
Mainte ciervele espandent par les cans.
Paien les voient, s en sont espoentant;
Hurlent et braient, oi sont par l Arcant.
230 A cel esfroi, que il vont demenant
Et que paien les vont si angosant,
Es vous .VI. contes a esporons brocant:
Lor cousin erent de la tiere des Frans:
Gaudins li preus et Guicars li vallans, [2]
235 Et Guielins, qui les ceviaus ot blans,
Li quens Gerars del Commarcis li frans,
Gautiers de Termes et Hues de Melans. [3]
Bien se connurent as ensegnes errans. [4]
Dont renovelent un estor molt pesant;
240 Mains gentius hom perdi iluec son tans,
Qui puis ne vit ne fenme ne enfant. [5]

(G 195—217.)

[1] *Mm*: et angosse. [2] *T* bietet einen Alexandriner mit der dem *CovV.* eigenen Form des Wortes Guichars: Liuns fu Guichardez, li proz e li vaillanz. [3] In *M* ist das Wort immer dreisilbig: Mielans. [4] Nach *m*; alle andern Handschriften haben as e. crians. Wir ziehen die Lesart des *m* vor: Sie erkennen einander nach den flatternden Fahnen. [5] Die zwei Schlufsverse: Mains gentis hom perdi iluec son ans (*ABMTmL*; *d*: i perdent lor jovante) Qui plus ne vit ne fame ne enfans (*AB*; *d*: Qui puiz ne virent) sind späteren Datums; tans (tempus) kann, in unserem Gedicht, nicht in einer a-Assonanz stehen.

IX

Li estors fu mervillous et hastis;
Coragous sont li conte palasin:
Ne se fauront por tant que soient vif.
245 Mais Vivien tien ie au plus hardi:
Que por paiens onques ne vot fuir.
Devant les autres a veu l aupatri,
Qui molt¹ l avoit navre et mal balli
Par mi le cors de son espiel forbi;
250 Ce fu la plaie qui onc plus li malfist.
Mais Viviens ne l a pas mescoisi:
Tel li douna del branc au pon d or fin
En son son elme, qui iert a or floris,
De ci as dens le fendi et parti,
255 En mi l Arcant l abati mort souvin.
Dient li conte: Dex, quel vasal a ci!
Garis le, Sire, par la toie merci!
Dont se restraignent paien Deu anemi.
Dist li uns l autre: Mal somes escarni:
260 Li vif diable ont cestui resorti,²
Quar ne fu mors des tres ier miedi.³
Tant mal ont fet li enfant Naymeri!
Guillaumes a le roi Tiebaut houni,
Quant de sa fenme au gent cors signoril
265 Et de sa tiere trestout le dessaisi.
Se cil gloton nos escapent ensi
Molt nos aura Mahomet enai;
Trop lor aurons lor orguel consenti.
Mais ains le viespre, que li iors soit seris,
270 Se tenra molt Guillaumes a houni,
Et a mauvais, a recreant falli.
Bertrans l entent, hautement respondi:
Voir, dist li quens, vous i aves menti!⁴
A icel mot les vait il envair;
275 Si les requert com morteus anemis:
Cui il consuit ne puet de mort garir.

¹ le ior ist unzulässig; cf. V. 261. ² revesti: die Seele mit Fleisch bekleidet; Lesart des *B*, die revesqui entstehen liefs. ³ Q. il fu m. t. i. a. m.? cf. *ConV*. 1539, 1651—52. ⁴ Lies 272—3: V., d. B., v. i a. m.

Dont veisies fier estor esbaudir,
Tant fort escu estroer et partir,
Tant elme fraindre, tant auberc desartir.
280 Tant Sarrasin afiner et morir,
Qui puis ne vit ne espose ne fil ....
Crient et braient cil paien maleit,[1]
Li nostre crient l ensegne saint Denis:[2]
Monioie Dex! hautement a haus cris.
285 Tel noise mainent li cuvert de put lin,
De does liues les peuist on oir.
Cele bataille ont li no desconfi.
Mais iusqu a poi seront grain et mari,
Se Dex n en pense, qui onques ne menti.[3]

(G 218—256.)

X

290 Grans fu la noise, li cris et la huee.
Icele esciele fu bien desbaretee
Quant rois Aroufles lor sort d une valee
A tout dis mille d une gent desfaee.
Si le confonde Marie Vierge Mere!
295 La gens fuians est o lui recovree;
Ia i aura dolerouse mellee:
Ains n acointerent li no pior iornee ...
Quar a tiel gent auront poi de duree.
Sor les .VII. contes est lor force tornee;
300 Lancent lor lances et fausars a volee.
N i a celui n ait la targe fausee,
L auberc ronpu et la car entamee;
Cil se desfendent comme gens aduree:
Cescuns tenoit el puig destre l espee;
305 As paiens copent les pis et les corees,[4]
Et maint en font cair la boielee.
De cou cui caut? nen i auront duree;
Que des paiens est trop grans l aunee.[5]
Mainte saiete lor ont traite et bersee.

---

[1] Cil p. b. l ensegne Apolin? [2] 283—4: Et li no c. Monioie s. D. oder Loei. [3] Die letzten zwei Verse sind für die älteste Fassung zu streichen. [4] *M*: colee. [5] *M*: la nuee.

310 Es roi Aroufle¹ poignant de randonee.
Tint une hace trencant et aceree;
Vint a Guicart, tele li a dounee,
Que par deriere a sa targe copee
Et son ceval tres parmi l eskinee.
315 Guicars cai a destre en mi l estree,
Et li cevaus sor lui geule baee.² (G 257—291.)

XI

Quant rois Aroufles ot Guicart abatu,
Mervillous fu³ et de molt grant vertu.
Guicart saisist par l auberc c ot vestu,
320 Ausi le lieve com un rain de sehu
Desour le col de l auferrant crenu;
Par droite force li a son branc tolu.
Icil s escrie: Bertran sire, u ies tu?
Oncles Guillaumes, ore m aves perdu!
325 Bertrans l entent, Dex! si dolans en fu!
Tout li .VII. conte i sont poignant venu;
Li trois enfierent le paien en l escu —
Mal soit de cel qui l avoit remolu —
Sovent refiert cescuns dou branc molu
330 Parmi son iaume, mes n enpire .I. festu.
Li autre quatre ont fier estor meu;
Ocis i fuscent⁴ .L. mescreu:
De cou que caut, quant ne sont secoru?
Que de paiens est tous li cans vestus.
335 Molt grans damages est as nos avenus:
Que tuit ensamble sont pris et retenu
Fors Vivien, qui a mort fu ferus
De lor espius amont par mi le bu
Mais ne ciet mie, qu il ne plaist a Ihesu:

---

¹ Oder, nach *T:* Es vos A. Arofles kann nur dreisilbig sein.
² *dCT* lassen etliche von diesen letzten Versen weg. Die letzten sechs Verse der Guessardschen Ausgabe sind nur ein Strophenversuch. Der Umarbeiter wollte die ursprüngliche, assonierende Laisse auf ee reimen lassen; da ihm aber die Umwandlung zu schwer schien, ließ er die ee-Reime stehen und wählte die viel leichteren u-Reime. ³ = wurde und nicht war (franz. devint). ⁴ = etwa fünfzig; gewöhnlich furent.

340 Ains que il muire sera molt cier vendus.
Dex, quel damage! si hardis hom ne fu.¹

(G 292—317.)

XII

En Aliscans ot mervillous hustin.
Bertran ont pris li paien Sarrasin,
Gaudin le preu et Guicart le hardi,
345 Et Guielin, Gerart del Commarcis;
O aus Gautier et Huon i ont pris.
Les puins lor ont ferm loie d uns seins.
Dist Viviens: Bertran, sire cousin,
Or vous en mainent paien Deu anemi.
350 Las! hui perdra Guillaumes tout son lin.
Dex! por quoi vif quant li cors est fenis!
Sous le hauberc ai iteus plaies vint,
De la menor morust uns fors roncis.
Mais par l apostle que querent pelerin,
355 Pusque je voi que ne vous puis garir,²
N en mouvront mie ensi li Sarrasin;
Ains lor ferai del brant l acier sentir.
Nen ot escu, seul auberc doblentin
Et son vert hiaume au bon cercle d or fin;
360 Mais tout li orent descercle Arabi.³
Lores reclaime le baron saint Denis
Que le maintiegne⁴ viers la gent Apolin
Tant que i viegne Guillaumes li marcis.

(G 318—342.)

¹ Ursprünglich: Hom plus hardiz onques nen fu de lui.
² Cf. G. 314—315; voisin und ami sind sinnesverwandt. Puis que je voi que Deu ai a voisin oder a ami geht auf die ältere Lesart P. que je v. que pres sui de morir oder de fenir zurück. ³ T allein läfst mit Recht diesen Vers weg. ⁴ Dieses Zeitwort steht in allen Handschriften in der Einzahl, beweist also, dafs es sich ursprünglich um einen einzigen Heiligen handelte. Die Abschreiber oder Umarbeiter haben aus saint Denis s. Denin, Donin, Domin gemacht. In der uns in den erhaltenen Handschriften vorliegenden Fassung ist die Rede um die Heiligen Paul, Peter, Andreas und die Heilige Dionysia (Denise), die am 15. Mai gefeiert werden. Die Verwirrung, die in den Handschriften vorkommt, rührt von der Aufzählung der zwölf Heiligen her, die in Gallien besonders geehrt wurden: St-Maximin, St-Isidore, St-Martial, St-Front, St-Flour, St-Trophyme, St-Eutrope, St-Ursin, St-Julien, St-Denis, St-Martin, St-Michel.

XIII

Quant Viviens ot fine s orison,
365 Dont fu plus fiers que lupars ne lions.
L espee traite suit paiens a bandon;
Fiert .I. neveu Aroufle de Leon:[1]
Escus ne brogne ne li fist garison,
Tout le porfent entre ci qu el menton,
370 Iambes levees l abat mort el sablon.
Outre, dist il, cuvers, Dex mal te doint!
Apries rocist son frere Clarion
Et Agolafre et le fier Glorion
Et Fausabre, Morgant[2] et Rubion,
375 Et tant des autres, dire ne le savons.
Turs ne Piersans nen a viers lui tenson:
Plus le redoutent qu aloe esmerlion.
Tant en ocist n est[3] se mervelle non.
De cou cui caut? trop i a des felons.
380 Es Aucebier d outre Carfanaon;
Paiens tant fel nen est en tout le mont:
En paienime par tout en parloit on.
Plus avoit force que .XIIII. esclavon.
Plaist vos oir auques de sa facon?
385 Demie lance ot de lonc a poon[4]
Et une toise ot par flans environ;
Espaules lees, trestous plains del caon;
Les bras fournis, s en sont quare li poing.
Demi pie ot entre les cius del front;
390 La tieste ot grose et des ceviaus fuison;
Les ious ot rouges com enbrases carbon.
Une karee[5] portast molt bien de plonc.
Fors Renouart ne nasquit si fors hom,
Qui pus l ocist, si con dist la cancon.[6]
395 Dist Haucebiers: Car laisies cel gloton!

---

[1] *M*: A. li baron; alle andern Handschriften weisen mehr oder weniger entstellte Eigennamen auf. Wir glauben, es handelt sich hier um Leon in Spanien; *d*: de lion; *C*: d'erlion; cf. *Jonckbloet*, I, 392, V. 6740 und *G.* 7042: et Cordres et Leon. [2] = Margot; folglich ist die Margotepisode eine spätere Interpolation. [3] que sen m. on? [4] *T*: au penon; lonc stand in Assonanz. [5] *T*: clailee. [6] Diese zwei Verse sind wegzulassen.

La soie force ne vaut mes un bouton;
Se n en avoie reprovier de Mahon
Ia l averoie¹ atue d un baston.
En sa main tint d une lance un trancon;
400 Par tel air en gieta le baron,²
Par mi les malles del auberc fremillon
Li enbati entre foie et poumon:³
Viviens ciet u il vosist u non.
Dist Haucebiers: De cesti pes avons!
405 En Aliscans Guillaume querre alons;
Se il est pris en⁴ prison le menrons
Et trametrons Tiebaut o ses nevos:
Vengison prenge a son plesir de lor!⁵
Lores s en tornent brocant a esporon;
410 Vivien laisent gisant sor le sablon.
Li bers se drece quant vient de pamison;
Devant lui voit son bon destrier gascon,
A molt grant poine li monte en l arcon;
Vient en l Arcant⁶ sous un arbre reont,
415 Sor .I. estanc, u d aigue avoit fuison;
La descendi, si dist une orison:
Que Dameldex de luil arme pardoint.

(G 343—393.)

XIV

Viviens est sous l arbre en Aliscans,
Iouste le mer, par deiouste l Arcant,⁶

---

¹ *T*: Ja vos auroie; vos als Dativus ethicus, wobei das Objekt weggelassen wird: ich hätte ihn euch schon getötet.
² *m:* a jete. ³ Das Wort Et in *Guessard* 378 beweist, daſs ein Vers übersprungen worden ist; man wird etwa lesen: Tot des ronpi son hauberc fremillon Et tresperca desous son auqueton, Et tres par mi (oder Si que p.) son vermeil siglaton Li embati... ⁴ = *inde*. ⁵ Eine spätere Lesart, die den Ausgangspunkt zu den Versionen anderer Handschriften bildet, ist die folgende: En A... E a nos nes en menrons les prisons; Lor anemi Tiebaut les trametrons; A son comant en prenge vengison. Die Handschriften, die noch E de Guill., que li envoierons hinzufügen, haben den ersten dieser Verse miſsverstanden, der bedeutet: Laſst uns nach Aliscans ziehen und Wilhelm gefangen nehmen... ⁶ *T*: Vint a larchant; folglich war für *T* wie für *d* und *Wolfram* Arcans ein Fluſs.

420 A la fontaine dont li dois sort bruiant.[1]
Li oel li torblent, la color va muant;
Del cors li raie et foite[2] li clers sans.
Viers Dameldeu vait son gaige tendant,
Et doucement de vrai cuer reclamant:[3]
425 Dex, dist il, Sire, vrais pere raiemant![4]
Par toi est toute creature vivant;
La toie force ne vait mie fallant;
Secor mon oncle, se toi vient a commant![5]

(G 394—417.)

XV

En Aliscans orent Franc grant dolor.[6]
430 Li quens Guillaumes tint le brant de coulor.
Tant ot feru sor la gent paienor,
Le cors ot taint de sanc et de suor.
De .X.M. homes as armes pogneors,
Qu en Aliscans ot menes en l estor,
435 Nen ot que .XV.; cil nen ont mais vigor;
Car navre sont a mort tuit li plusior.
Li quens Guillaumes lor a dit par amor:
Por Deu, signor, le maigne Creator,
Tant con vivons maintenons bien l estor!
440 Li cuers me dist nen istrons de cest ior;
Que tuit sont mort mi cevalier millor:
Ne puis veir les grans ne les menors;
Nen oi crier nostre ensegne Francor.
Mors est Bertrans, dont ai au cuer dolor.
445 De mon lignaie ai perdue[7] la flor.
Ore sai bien que aurai le pior

---

[1] Zahlreich waren die kleinen Bäche, die nach einem kurzen Lauf im Schlamm oder im Sand verschwanden. [2] *V*: fege. [3] Man könnte lesen: Damedeu vait de vrai cuer reclamant; Por ses pecies li porofre le guant. [4] Nach *Mm*. Die Handschriften weisen rois amans auf. [5] Alle Handschriften, ausgenommen *a*, weisen hier ein langes Gebet auf, in dem Vivian von Gott die Gnade erfleht, den Onkel noch einmal in diesem Leben sehen zu können; es erscheint ihm der Erzengel, der ihm sagt: ... Guillaumes vient poignant; Mais nel verras, si aura dolor grant, ein Beweis, dafs Wilhelm seinen Neffen nicht mehr am Leben gefunden hat. Somit wäre die Scene vom Abendmahl und Tode Vivians späteren Datums. [6] Anfang des alten Gedichtes. [7] *T*: ai hui perdu la flor.

De la batalle; mais, par saint Sauveor!
Ia nen auront honte mi ancisor,
N en canteront en mal cil iougleor,
450 Que en ma vie perde tiere plain dor,
Ne le conperent li felon traitor.[1] (G 418—439.)

XVI

Li quens Guillaumes ot molt la car hardie,
Et Dameldex li estoit en aie.
Des cevaliers, dont ot mene dis mille
455 En sa conpagne, nen i ot mais que .XV.
Cil sont navre, molt ert corte lor vie.
Mais tant ferirent en lor connestablie,
Une batalle de Turs ont desconfie.
Adont cuiderent aler a garantie,
460 Quant a senestre lor sort grans gens haie,
Qui de lor nes ierent isu a primes.[2]
Dis mille estoient de batalle rengie;
Rois Baufumes les caele et guie.
La veisies tante lance fraisnine,
465 Tante baniere de soie d Aumarie,
Et tant vert helme, qui luist et reflanbie;
Tant i sonerent cor et grele et buisine,
Tuit li Arcant en Aliscans formiscent:
La noise ot on d une liue et demie.
470 Dex les confonde, li fius sainte Marie!
Li quens Guillaumes les coisist et avise;
Dont ot tel duel, cuida esragier d ire.
Deu reclama, qui tout le mont iustise:
Ore sai bien nen ai guaires a vivre!
475 A icest mot a et targe saisie
Par les enarmes et pres de lui sacie;
Tint une lance u l ensegne flanbie.
Dist a ses homes: Nen i ait coardie!
Vees les voies de Sarrasins ioncies.
480 Se ceste gent aviiens resortie

---

[1] Dieser, den Handschriften *VL* entnommene Vers ist für den Sinn notwendig: Man wird in Zukunft nicht erzählen, dafs ich einen Zoll breit Landes verloren habe, ohne dafs ihn die Sarazenen teuer gezahlt hätten. [2] Nach *m*: Q. donc a p. sont i. des navies.

Et par de la saisi cele marine,
Iamais de nous n en auroient ballie.
A icest mot a l ensegne baisie,
Le ceval broce, s a la regne lasquie;
485 Et tuit li .XV. cescuns »Monioie« crient.
La des paiens fu grans la desepline:
Mains Sarrasins les tiestes i tolirent;
Sor aus calengent et lor mors et lor vies.
Li quens Guillaumes son espiel i enplie
490 En un paien qui tenoit Orcanie;
Arme de cors a iluec departie.
Pus trait l espee, qui d or est enheudie,
Et est Ioiouse, u durement se fie;
Tout en porfent un Turc iusqu en l oie.
495 Pus ra ocis Arpin de Valermie,
Et bien .C. autres, qui ne braient ne crient.
Bien fiert li quens,[1] cui mautalens aigrie;
Au branc d acier laidement les castie.
Paien le voient, li un les autres dient:
500 Cis vis diables malement nos martire;
Qui l atendra nen aura garantie
Que a l espee maintenant ne l ocie.
En fuies tornent et la place gerpiscent;
Li plus hardi estre nen i vosisent.[2]
505 Guillaumes outre[3] plus d une grant traine,
Tos par mi aus pase outre a delivre.
Mais tuit si home sont mort a grant hascie;[4]
Ains que euisent lonc ale une arcie,
Tout piece a piece lor car fu dehecie.
510 Mort sont tuit ore fors le conte nobile
Et fors les .VII. que li Sarrasin tindrent.
Ore nen a Guillaumes mais aie
Fors Dameldeu, le fil Sainte Marie. (G 440—484.)

XVII

Si con Guillaumes ot Sarrasins outres,[5]
515 Droit viers Orenge a son cemin torne.

---

[1] *T*: li dus. [2] *Mm*: Li p. h. volsist e. en paienime (ursp. Alex.). [3] = überholte er sie, liefs er sie hinter sich; *d*: G. passe. [4] *M*: escie = *excadita*, Blutbad. [5] *M*: ostez.

Bien s en cuida aler a sauvete
Quant devant lui li salirent Escler,
Cil de Mautiste, li fil Matusale;
Avoec aus fu Corsus et Buheres[1],
520 Li fius Tiebaut, d Odierne Esmeres.
.X.M. estoient[2] as vers hiaumes gesmes,
As hanstes roides, as confanons fremes,
As nueves targes, as destriers abrieves;
Tout maintenant ierent iscu des nes.
525 Dex, dist Guillaumes, qui en crois fus penes,
Quels .C. diable[3] en ont tant amenes?
Ie, quic des Turs est li mons[4] esfondres;
Car ne voi tertre nen en soiet rases,
Plains ne marine nen en soiet conbles.[5]
530 Mar des putains tant en ont caeles!
Pis des gloutons qui les ont engenres!
Biaus Sire Dex, de ma vie penses![6]
Dame Guiborc, iamais ne me veres.
Cevaus[7], fait il, molt pers estre lases;
535 Se vos fuscies .IIII. iors seiornes,
Si me refuse as Sarrasins melles.
Ore voi bien aidier ne me poes;
Si m ait Dex, plaidies nen en seres.
Qui toute ior molt bien servi m aves:
540 Petit fu hui ne fuscies galopes;[8]
De vo siervice vos renc mercit et gre.
Se vos peuise a Orenge mener,
Nen i seist siele ains .I. mois pase;
Ne mangisies orge ne fust vanes;
545 Ne buvisies s a vaisel non dolet;
Le ior fuscies fois does conrees.
Baucans l oi, si a froncie des nes,[9]
La tieste esceut, si a des pies hoe;
Reprent s alaine, si est bien recovres;
550 Il hennist cler con se fust lues getes

---

[1] Vielleicht eine einzige, nach spanischer Weise mit zwei Namen bezeichnete Person. [2] Lies ierent (*passim*), wenn die Elision des Schlufsvocals des vorhergehenden Wortes unzulässig. [3] Ms.(=Handschrift O): diables. [4] mundus. [5] d: Ne p. ne marche que toz ne soit. [6] M: de ma (moie) ame p., beste Lesart. [7] Ms.: chevaus (einziges Mal). [8] M läfst G. 512 weg; coreuz ist die provenz. Form corregut. [9] = Nüstern.

Fors de l estable et de novel fieres.
Guillaumes voit que est resvertues;
Ne fust si lies por .XIIII. cites.¹ (G 485—533.)

XVIII

Li quens Guillaumes senti fier² son ceval.
555 Droit viers Orenge est gencis tout le val³;
Au dos l encaucent .M. Sarrasin couart.
Par devant destre li sali Brodoval,
O lui .X.M. de la gent creminal;
Nen a celui nen ait lance poignal
560 A rice ensegne de pale de cendal.
Guillaume tolent et les puis et les vaus:⁴
Ia en Orenge onc mes ne retorra.⁵
Quant voit li quens que n en puet faire al,
Viers l Arcant torne les .I. petit boscal⁶,
565 Par .I. cemin deles .I. espinar.
Paien l encaucent et font grant batestal.
Dex, dist Guillaumes, biaus pere esperital⁷,
Qui de la Virgene nasquistes sans traval,
Et qui soufristes por nous paine mortal,
570 De let Infier brisastes le portal,
Caus en ostastes qui pus nen orent mal;
Tuit sont en glore, en vie permanal:—
Si con c est voirs, aidies vostre vasal;
Encore voie Guiborc au cuer loial,
575 Et Loeys, l enpereor roial,
Et Naymeri, mon pere natural,
Et mes ciers freres, ma mere Ermengart.
Onc tel bataille nen ot en Rainsceval,
Se Dex me sauve et g is de cest iornal,
580 Con ie ferai ains le nativital⁸
Sor cele gent, cui Dex otroit grant mal.⁹
(G 534—562.)

¹ Dem Verse, der in *d* auf diesen folgt, könnte man den vers orphelin entnehmen: Damedeu en aore. ² ferm? ³ = das Rhônethal. ⁴ Ursprünglich: et les puis et les plains. ⁵ Nach *L*; nach andern Handschriften: Devers O. nen a pas bon estal. ⁶ Nach *Bd*; nach den andern Handschriften: desoz .I. grant roscal. ⁷ Lies immer nur: pere esp., ohne biaus, ohne *Elision*. ⁸ Ursprünglich stand hier das prov. Wort nativitat; *T*: ainz le jor de Noal, ebenfalls provenzalisch. ⁹ Die ganze Laisse hat ein provenz. Gepräge.

XIX

Li quens Guillaumes torna viers la montegne;[1]
Mil Sarrasin le siewent et l encaucent:
Nen i a cel nen ait pignon de pale.
585 Tuit ens el cors a ferir le menacent.
Dex, dist li quens, saint Malo de Bretegne!
En Aliscans ai fait male bargagne;
Nen iert mes iors que mes cuers ne s en plegne.[2]
Ici m encaucent tel .M. paien estrange[3];
590 De moi ocire cou lor est vis trop targent.
D aus voi couvrir et les puis et les plaines:
S entr aus m enbac fait aurai male ovragne;
Nen i vauroit ma force une castegne,
Tant en i a; li cors Deu les soufregne!
595 Se ie de la puis avoir cele marce
Et cis cevaus desous moi ne mahegne,
Bien m en irai parmi le Val Soutegne;
Que ie sai bien qu il vient de Buriane.[4]
Dex! ie nen ai de cevaliers conpagne,
600 Ne sai u alle ne quel part ie remegne;
Quar nen a pries[5] en mer calant ne barge.
Mais se Deu plaist et le baron saint Ladre,
Mius voel morir entre paiens d Espagne
Qu en cele mer noiase en tel estance[6].
(G 563—584.)

XX

605 Li quens Guillaumes est retornes ariere
Tout contreval parmi une bruiere.
Rous ot les las de l iaume de Baguiere;[7]
Sa targe ert frainte, nen ot plain doit[8] d entiere.

---

[1] Cf. die XLII. und CIII. Laisse, mit denen diese eine grofse Ähnlichkeit hat; M läfst sie weg. [2] Jedenfalls dem Verse Jamais n ert jur que ne plur nen en plaigne (*Rolandslied*, Oxf. 2915) vorzuziehen. [3] Ursprünglich neue, denselben Gegenstand behandelnde Laisse. [4] *Valsotaña, Borriana*. Subject *Baudus*, dessen Episode dieser Vers entnommen ist und sich hieher verirrt hat. [5] = priest, *prêt*. [6] = In so mifslicher Lage, da ich unter den Sarazenen sterben kann; d: atainche, welches, in der Mundart der Handschrift, eine dem französischen étang entsprechende Form sein kann. [7] richtige und seltene Form des Wortes Baiwiere. [8] Ms.: doi.

Li quens Guillaumes a levee la ciere
610 Et voit paiens venir par la cariere
Plus de .X.M., qui portoient banieres
U counisances u pignons u croupieres.
Li boins Guillaumes a dit parole fiere:
Foi que ie doi Guiborc, cui tant ai ciere,
615 Mius voel morir que un cop nen i fiere!
Devant les autres parmi une ionciere
Vient Telamons[1] poignant sor Marcepiere;
Guillaume escrie: Nen i gares, treciere!
Ancui mores a ma lance pleniere.
620 Dex, dist li quens, nen a mestier proiere.
Il li trestorne en mi une braiere.[2]
Li paiens faut, car li solaus li grieve.[3]
Et li marcis le fiert en tel maniere,
Aubers ne hiaumes ne vaut une espaniere,
625 Ne li escus le rai[4] d une foukiere:
Ausi le fent, com fust .I. fouiere.
Li paiens ciet, si gerpi l estriviere.
Li quens Guillaumes a pasee l ordriere;
Tout maintenant a saisi Marcepiere.
630 Mais tant l enpriesent cele gent aversiere,
Que il li tolent en mi une bruiere.
Le conte encaucent de les une riviere
A esporon toute une cabloniere;
En la campagne font lever tel poriere,
635 Guillaume perdent, tant par est grans la nievele.
Li quens s entorne une estroite cariere;[5]
D une montegne puie une costiere:[6]
Molt i euist a faire une levriere.
Quant li quens ot puie la rociere[7]
640 Voit des paiens tante conpagne fiere;

---

[1] Telamon und Danebor, zwei phonetische Typen eines und desselben Wortes. [2] von *brai* abgeleitet; nach *d*: perriere. [3] daraus crieve, dann esmiere. [4] *M*: lo raç für ray, *radius*; rain d une f. wäre schwächer. [5] *T*: iauchiere. [6] Das Wort costiere wird das Wort montaigne nach sich gezogen haben; vgl. *Einleitung*. [7] Ältere Lesart etwa: Q. li c. ot la costiere puiee, dann Q. li c. ot puiee la c. und schliefslich, um die Eintönigkeit zu vermeiden, Q. li c. ot puie la rochiere.

Deu reclama et le baron saint Piere
Que le gariscent de la gent pautoniere.
(G 585—618.)

XXI

Li quens Guillaumes fu molt de grant air.[1]
Molt par fu sages, car molt sot bien ferir,
645 Et au besoig et cacier et guencir:[2]
Cou est proece, ce dist, de lui garir;
Mauvais torners fait maint home morir.[3]
Pus que voit hom que ne puet avenir[4]
Et que sa force ne se puet resbaudir,
650 Se plus demeure por fol se puet tenir,
Quant por un cop en va requellir cinq.
Bien puis vos dire de voir et sans mentir:
Onc ne pot nus d armes tel fes soufrir
Com fist Guillaumes: Dex le pust beneir!
655 Molt se pena toustans de Lui servir
Et de Sa Loi essaucier et tenir;
Nen ot I. ior viers paiens de loisir.
Caus que tenoit ne faisoit pas languir;
Mais a droiture armes de cors partir.
660 Ne les faisoit en sa prison gesir;[5]
Nen en fist un a raencon venir.
Por tant ne l porent onc Sarrasin cierir;
Mais nostre Sire si li vot bien merir,
Que Il son angele a sa mort li tramist;
665 Et si est sains; car Dex le beneist,
Et la soie arme asist en pareis. (G 619—642.)

XXII

Ore est Guillaumes en son le mont montes;
Voit des paiens les grans vaus arases,[6]
Et les grans plains et les puis arestes:

---

[1] In der uns vorliegenden Fassung würde sich diese Laisse viel besser am Anfang des Liedes ausnehmen. Sie hat hier zum Zweck, die Flucht Wilhelms zu rechtfertigen. [2] Cf. *CovV.* 32 *sqq.* [3] *M* hat tornier (= tornoier); *TC*: torners; *L*: atendre. Also nicht tournoi (= *m*), sondern torners: unzeitgemäfses Zurückkehren ins Gefecht. [4] *d*: amandrir (= frz. *amender!*). [5] Cf. *CovV.* 66 *sqq*; 82 *sqq*. [6] Ms.: enrases.

670 Tous li pais en est isi puples,
Nen i a voie ne pasage ne gue
U nen euist .M. Sarrasins armes,
Tout por Guillaume que ne fust escapes.
Or li ait li rois de maieste!
675 Mal ert ballis se il est atrapes.
Dex, dist li quens, par vostre grant bonte,
Qui ains mais vit tant diable maufe,
Que por un home fuscent tant asamble!
Sainte Marie, prenge vos ent pites!
680 Biaus Sire Dex et car me soucores!
Lores descent Guillaumes au cort nes;
Son ceval frote les flans et les costes
Enpries la colle[1] par molt grant amiste.
Et dist li quens: Baucant, quel le feres?
685 Molt voi vos flans sanglens et tressues.
Nen est mervelle se vos estes lases;
Que trop par estes travillies et penes.
Se me recrois a ma fin sui ales.
Baucans l oi, si l entendi ases,
690 Drece l orelle, si a froncie des nes,
Esceut[2] la tieste, si est resvertues.
Quant voit li quens que est resvigores,
Isnelement est es arcons montes.
Li ber Guillaumes fu sages et menbres;[3]
695 Tout un vaucel est viers l Arcant tornes,
Tout belement, nen est pas desrees:
Baucans ne fu ne poins ne galopes.
Encontreval pent ses hiaumes iesmes;
Li lac sont rout, si les a renoes.
700 Ses escus est en .XXX. lius troes,
De toutes pars frains et esclaceles;[4]
Ses blans haubers derous et desafres.
En .XV. lius fu ens el cors navres;
Desous l auberc li est li sans betes.

[1] Nach *L = couille*; die andern Handschriften: Apres lacole oder lapele. [2] *d*: crole. [3] In allen Handschriften erhaltener Stropheneingang. Dieser Vers hängt eng mit dem Verse 568 zusammen; was dazwischen liegt, sind spätere Interpolationen, wie es die Auslassungen in *M* beweisen. [4] Diminutiv von esclacier.

705 En son cief est ses hiaumes enbares,[1]
Ses brans d acier sollies et mallentes.
Toute la brace et les puins a enfles:[2]
Bien pert a lui en estor a este.[3]
Une bruine et uns vens est leves;
710 De la pouriere est li tans oscures.
Li quens Guillaumes nen ot sa volente:
En l Arcant fu,[4] courecies et ires.
Des mors paiens vit l Arcant areste;[5]
L escut coisi Vivien l alose;
715 Bien le counut, forment s est dementes.
Par deviers destre[6] a li ber regarde;
Vivien voit gesir desor un gue,
Desous un arbre et follu et rame.[7]
Parmi le cors ot .XV. plaies tes,
720 De la menor morust uns amires.
Si ot les bras et les flans decopes.
Voi le li quens, molt en est abosmes:
Le ceval broce comme home forsenes;
Parmi les mors est cele part ales.
725 Devant l enfant est li quens arestes;
Ne pot mot dire tant par fu adoles.
                        (G 643—692.)

XXIII

Li quens Guillaumes ot molt son cuer dolant;[8]
Molt fu iries et plains de mautalent.
Vivien voit gesir sor un estanc,[9]
730 Desous un arbre follu et verdoiant,
A la fontaine dont li dois sort bruiant.
Li quens Guillaumes vint cele part poignant;
Par grant dolor a regarde l enfant
La u il gist desor l erbe en l Arcant,

---

[1] In Anbetracht des Widerspruchs, der zwischen diesem Verse und den Versen 698—699 vorliegt, ist es ratsam, diese letzteren Verse wegzulassen, die übrigens nur eine Reminiscenz der V. G. 1876—1877 sind. [2] Cf. prov. brassa und G. 1608; besser wäre Tote la b. et les pies (von den Steigbügeln) a e. [3] Cf. G. 1607. [4] = befand er sich plötzlich, unerwartet. [5] Hier ist Arcans ein Flufs. [6] wertlose Angaben; lies: Devers senestre, ein Wort, das die Abschreiber vermeiden. [7] MC: qui e. f. r., wahrscheinlich für f. remes. [8] Diese Laisse bildete ursprünglich mit der folgenden eine einzige Tirade. [9] C: desor l Arcant; cf. Anm. 5.

735 Ses mains croisies desor son pis devant.
Le cors ot taint et le hauberc de sanc
Et le viaire sous l iaume flanboiant.
Soie cerviele li gist es ious devant.
Encoste lui avoit coucie son branc;
740 Son cief avoit torne viers Oriant.¹
D eures en autres vait sa coupe batant
Et en son cuer Dameldeu reclamant
Que ses mesfes li soiet pardounant²
Et mercit ait de lui a son commant.
745 Li mors l angose, molt le va destraignant.³
Cou est mervelle coment a dure tant:
Nen a en lui force ne tant ne quant.
Dex, dist Guillaumes, com ai le cuer dolant!
Receut ai un damage molt grant,
750 Dont me dorai en trestout mon vivant.
Nies Viviens, de vostre hardement⁴
Ne fu nus hom pus que Dex fist Adam,
Qui vos vausist de proece aparant!
Or vos ont mort Sarrasin et Persan.
755 Tiere, car crieve, si me va engloutant,
Et si recoif cest caitif, las, dolant!
Dame Guiborc, mar m ires atendant;
Ia en Orenge nen irai repairant.
Li ber Guillaumes va tenrement plorant
760 Et ses .II. puins si forment detorgant,
Que sor la car en vet li cuirs rompant
Et ius des ongles degoute li clers sans.

(G 693—721.)

XXIV

Li quens Guillaumes fu iries et dolans⁵
Pour Vivien, que il voit la gisant.
765 Plus souef fraire que mire ne encens.⁶

---

¹ Ursprünglich: vers les paians (wie *Vivians*; cf. die analoge Episode im Rolandslied). ² *MALT*: Que si mesfait li soient (sic!) pardonant; obgleich das part. praes. act. manchmal das part. perf. pass. vertritt, so sind wir doch der Meinung, daſs die Lesart li soiet p. (= siat) oder nach m: soit a li p. vorzuziehen ist. ³ Ms.: destagnant. ⁴ onc de v. bobant? ⁵ Ursprünglich nach *L*: Li q. G. forment se demena Por V..., welcher Vers die zwei Strophen verband. ⁶ que ne fait garingal?

Sor la poitrine tenoit ses mains croisans;
Li sans li saut de does pars des flans:
Parmi son cors ot .XV. plaies grans.
Nies Viviens, dist Guillaumes li frans,
770 Mar fu vos cors, que si tos est falians!
Nies, onc li bras ne fu si conquerans![1]
Nen estiies estous ne sorquerans,
Ne sor vos pers[2] orgillous ne prisans;
Ains estiies dous et humelians,
775 Et sour paiens hardis et combatans.
Onc ne doutastes ne rois ne amirans.
Plus aves mort Sarrasins et Persans
Que onc ne fist hom nes de mere itant.[3]
Nies, tant mar fustes, onc ne fustes fuians,[4]
780 Ne por paiens un seul pie reculans!
Or vous voi ci mort deles cest estanc.[5]
Las! que ne vig tant com il ert vivans;
Del pain que i ai fust acumenians,[6]
Del vrai cors Deu fust poruec connisans;
785 A tous iors mais en fusce plus ioians.
Dex, recoif s arme par ton digne commant!
Qu en Ton sierviche est mors en Aliscans.

(G 722—749.)

XXV + XXVI

Li quens Guillaumes son grant duel renovele;[7]
Tenrement pleure sa main a sa masiele.[8]
790 Nies Viviens, mar fu, iovente bele,
Ta grans proece, qui tous tans te cadele!
Plus hardis hom qui onc montast en sele![9]
Quant t adoubai en mon pales a Termes,
Por toie amor en dounai ie .C. elmes,
795 Et .C. espees et .C. targes noveles.
Ahi! Guiborc, contese damoisele!
Quant vos saures ceste novele pesme,

---

[1] Die erschlossene Lesart Nes lions onques ne fu si combatans scheint uns besser zu sein. [2] *M*: pres. [3] Cf. *G.* 4109.
[4] Dein Vorsatz, niemals vor dem Feinde zu fliehen, hat dir Unglück gebracht. [5] ces estans entspräche der Lage des Ortes. [6] Cf. *CovV.* 1565—1568. [7] Die XXV. und XXVI. Laisse bilden nur eine einzige Tirade; *mT* vereinigen beide, *B* läfst die zweite weg; cf. *CovV* 1845—1860. [8] mamele *(M)* wäre vorzuziehen. [9] Vocativ.

Molt seres cuite de bollant estincele;¹
Se ne vos part li cuers sous la mamele,
800 Garans vos ert la Virgene pucele,
Sainte Marie, cui pecaor apelent.
Ceste dolor pores retraire a certes;²
Que tante nuit dormi sor vos mameles.³
Li quens Guillaumes por la dolor cancele;
805 L enfant enbrace souef sous les asieles,
Totes sanglentes li baise les masieles,
Et puis la bouce, qui douce est com canele.
As does mains, que tint sor la forcele,
La vie sent qui ou cors li flaiele . . .
810 Viviens sire, parles a moi, caiele!

(G 750—777.)

XXVII

Guillaumes pleure, ne se puet saouler.
Parmi les flans tint l enfant acole;
Molt doucement le prist a regreter:
Hai, biaus nies, de vostre grant bonte!
815 Ta grant proece, que Dex t avoit doune,
Ton vaselaie et ta nobilete
Iamais nus hom ne peuist aconter.
Ie vous nori doucement et souef
O ma mouller, qui tant vous ot ame:
820 .VII. ans tous plains geus a ses costes.⁴
Quant iou a Termes vous oc armes doune —
Por vostre amor i furent adoube
.C. cevalier et d armes conree —⁵
En covenant⁶ euis a Damelde
825 Que ne fuiroies en batalle canpel
Por Sarrasin plaine lance d este:
Mien entient bien l aves avere;
Vos sairemens nen est mie fauses.
He, douce France, con caies en viute!

---

¹ Por soe amor en plorerez .C. lermes; cf. *CovV.*,
Jonckb. I, Seite 179, Verse 587—640. ² d: ne tanres a flavelle
³ Handschrift: maite nuit. dC: sor vos maiselles. ⁴ m: a
mon ostel. ⁵ Diese zwei Verse sind späteren Datums. ⁶ Et a
covent nach d wäre vorzuziehen, falls man die zwei vorhergehenden
Verse behalten wollte.

830 Biaus nies, ore ierent paien desmesure
Quant il seront de vous tuit delivre;[1]
Encore auront Orenge ma cite,
Toute ma tiere et de lonc et de le:
Iamais par home n en seront trestorne.
835 Li cuens se pasme tant a son duel mene;
Quant se redrece, s a l enfant regarde,
Qui un molt poi avoit le cief crole.
Si l enbraca, pus li a demande:
Biaus nies, vis tu en sainte carite?[2]
840 Avoies tu pain beneit use
Au diemence, que priestre euist sacre?
Dist Viviens: Ie n en ai pas gouste;
Ore sai bien que Dex m a visite.[3] (G 778—821.)

XXVIII

En s aumosniere mist Guillaumes sa main;
845 Si en traist fores de son beneit pain,
Qui fu sainnies sor l autel saint Germain.
Nies, dist Guillaumes, tant te fai iou certain,
De tes pecies verais confies remain.[4]
Ie sui tes oncles, nen i as plus procain
850 Fors Dameldeu, nostre pere le saint;
En liu de lui[5] ier ore tes parains,

---

[1] Besser (nach *d*): Q. de vo cors ierent t. d.; die andern Handschriften haben: Q. de moi sont et de vos d. — Es liegt nicht in dem Charakter eines Glaubensstreiters, sich derart der Verzweiflung hinzugeben; deshalb hätten wir es vorgezogen, die vereinzelten Lesarten der *C*-Handschrift in den Text aufzunehmen, nach denen der Markgraf an der Leiche Vivian's den Sarazenen mit einem Kampf auf Leben und Tod droht: Or seront mal Sarr. ostele, Ne lor faurai de guerre en mon ae. Die Richtigkeit unserer Behauptung geht noch aus Lesarten hervor, die von den Herausgebern als widersprechend betrachtet werden; z. B. *a* 799: Ne partenront mais plein pie direte. Ebensowenig liegt es in Wilhelms Demut, sich selber als die einzige Stütze der Kirche anzusehen; deswegen haben wir die in *MmLABCT* vorkommenden Zusätze als Interpolationen weggelassen. [2] = hast du das heilige Abendmahl genommen? [3] Visite war ursprünglich das Schlufswort einer kurzen, auf obige Frage folgenden Antwort, etwa: Non gie, biaus oncles, Dex ne ma visite, ich habe das Abendmahl nicht genommen. [4] *C*: te confese aparmain. — Donnes m'en doncques et soies a ce dernier mien jour mon chapelain (*Prosa-Version*, Nat. Bibl. 1497). [5] = dou plus procain.

A cest batesme moi auras capelain.
Dist Viviens: Oncles, molt ai grant fain
Que vous mon cief metes en vostre sain.
855 En l onor Deu me dounes de cest pain!
Pus me morai or endroit aparmain.
Las! dist Guillaumes, com dolorous reclain!
De mon lignaie ai perdu le boin grain;
Poi i a mes fores palle et estrain.[1]
860 Ahi, Orenge, com ore estes alain![2]
Nen aures mes secors de castelain.
Guiborc roine, Dex nous ait en sa main!
(G 822—840.)

XXIX

Guillaumes pleure, ne se puet saouler.[3]
Vivien fist en son giron cliner,
865 Molt doucement le prist a acoler;
Sor sa poitrine mist son cief reposer.[4]
Lores li enfes se prent a confieser:
Tout li gehist, ne laisa que conter
De quan que pot savoir ne ramembrer.
870 Dist Viviens: Molt par sui trespenses . . .
Au ior que primes duc ie armes porter
A Deu vouai, que l oirent mi per,
Que ne fuiroie por Turc ne por Escler
Lonc une lance, a tant le poc esmer:
875 Ie crieg mon veu ne l aie trespase.
Nies, dist Guillaumes, ne vous estuet douter.[5]
A icest mot li fist le pain paser
En l ounor Deu et le col avaler.[6]
Le suen talon fist son oncle coper,[7]
880 Por que ne vot son veu euist pase.
Pus bat sa coupe, si laise le parler,

---

[1] Dieser Vers ist eine spätere Interpolation; die meisten Handschriften lassen ihn weg. [2] von alamer, germ. *lama*, *lahm*, beraubt eines seiner Glieder, geschwächt; *L*: en lain; *AC*: en vain. [3] *M*: atenir. [4] im ursprünglichen Sinne genommen. [5] Nach *Md*. [6] Ist weder a le c. noch o le c., sondern, wie in gambe aterrer, ein reiner Accusativ. Die Lesart des *C*, die die älteste zu sein scheint, zeigt uns den Weg, den die Analogie etwa eingeschlagen hat: A i. m. li fait le col passer En lonor D. et le pain avaler. — Lies En le non D. *(passim)*. [7] Die vorhergehenden neun Verse hemmen die Handlung und verursachen ein Anakoluth.

Mais que Guiborc li rouva saluer.
Li oel li torblent et prendent a meller.[1]
Le gentil conte a pris a regarder;
885 Que li voloit de son cief encliner.[2]
L arme s en va, plus ne pot demorer;
En paradis le fist Dex osteler,
Avoec ses angles metre et aloer.
Voi le Guillaumes, commence a plorer;
890 Ore set bien nen i a recover.
L enfant couca en un escu boucler,[3]
Que il voit bien ne l en pora porter;
D autres escus l a bien acouvete.
Si com il du en son ceval monter,
895 Li cuers li faut, si li covint pasmer.
Quant se redrece, si se prist a blasmer:
Par Deu, Guillaumes, on vos soloit loer
Et par la tiere fierebrace clamer.
Mais or me tieg por recreant prove,
900 Quant celui lais qu en deuise porter;
Si le feise en Orenge entierer,
A mon pooir le feise ounorer.
Molt me deuise ancois laisier grever,
Et le mien cors et plaier et navrer.
905 Dont ceurt L enfant fors des escus oster,
Isnelement est en Baucant montes;
Molt ot grant paine ains que l euist leve:
De droit aham ot le front tressue. (G 841—887.)

XXX

Li quens Guillaumes monta sans destorbier;
910 Vivien lieve el col de son destrier.
Si s en cuida ariere repairier;
Mais ains aura un mortel encombrier:
Quar il ne trueve ne voie ne sentier
Ne soit covers de la gent l avresier.

---

[1] commencent a m.?; meller im Sinne des franz. se figer; erstarren, brechen, vom Auge eines Sterbenden gesagt. [2] Vivian blickt auf seinen Onkel, dem er mit einem Kopfnicken oder mit einem Blick das letzte Lebewohl sagen will; acliner von AB wäre vorzuziehen. Nach den meisten Handschriften wäre Qui le voloit souavet encliner die aufzunehmende Lesart. [3] Cf. Vers 358.

915 Quant il coisirent le marcis au vis fier
Iouste l Arcant, u devoit essancier,[1]
Seure li ceurent plus de .IIII.M.
Dex, dist Guillaumes, ore puis enragier!
Le ceval broce des esporons d ormier,
920 Ariere torne, sous l arbre l a couciet;
Si le couvri d un escut de quartier,
A son col pent[2] un autre d or vregie,
Que voit gesir en l Arcant estraier.
Pus commenca a faire un dol plenier:
925 Biaus nies, dist il, molt vos avoie cier.
Se ie vos lais, nus n en doit mervillier,
N en doi avoir honte ne reprovier;
Quar nen est hom qui t osast manoier.
Atant s en torne, si l a de Deu saignie.[3]
930 Et Turc li vienent, cui Dex doinst encombrier!
Dex, dist li quens, de vos ai grant mestier;
Secoures, Sire, le vostre cevalier!
Dont esporone par dales un rocier;
Paien li crient: N en ires, pautonier.
935 Li quens se taist, nen a soig de plaidier;
De fuir pense et cil de lui cacier.
Li solaus baise, si prent a anuitier;
A l avespree si prent a espessier.
Li Sarrasin font les cemins gaitier,
940 Et les destrois et les grans plains pleniers:
Ne pasera li marcis au vis fier,
Se ne se viut faire tout detrancier.
A l enfant est ariere repairies:[4]
La nuit le gaite tant que fu esclairiet.[5]

(G 888—929.)

---

[1] *M*: asaiçer; *ABVT*: assaiver, assaivier, essever.
[2] von pendre und nicht von prendre. [3] Vers späteren Datums.
Nach *M*: si comence a buchier (buchier, und nicht huchier, ein von *vox* abgeleitetes Wort südlichen Ursprungs): die Heiden herausfordern. [4] Nach *d*; nach den andern Handschriften: A Vivian est detries r. — Vielleicht steht die in Assonanz oder Reim vorkommende Form arrier für detries. [5] Nach *M*: La n. le g. li marcis au cocier. Diesem Verse könnte man den vers tronqué entnehmen: Tote la nuit le gaite oder Ne labandona mie.

XXXI

945 Li quens Guillaumes sous l arbre retorna.
Toute la nuit a son neveu villa
Iusqu au demain, que li iors esclaira.
Li quens remonte quant li aube creva;
A Dameldeu son neveu coumanda.
950 Au departir molt tenrement plora;
Sovente fois ariere regarda.
La nuit s acoie et la lune leva.
A l aiorner un petit espessa;
Li aube crieve et li iors esclaira.
955 Li quens Guillaumes a esporons s en va;
En son un val .XV. rois encontra.[1]
Molt bien s afice,[2] parmi aus en ira;
Ne tant ne quant li quens ne s esmaia:
Les .XV. rois molt petit redouta.[3] (G 930—973.)

XXXII

960 Li quens Guillaumes fu molt de grant air.
Il voit molt bien nen a mestier fuir;
Car de paiens voit le tiere couvrir.
Dex, dist Guillaumes, qui te laisas cloufir[4]
En sainte Crois et por nous tous morir,[5]
965 Si voirement com ce vosis soufrir,
Si me defent hui cest ior de perir.
Baucant, dist il, s or me pues avancir,
Molt te quic bien cest sierviche merir;
Mais a ces .XV. m estuet ains escremir.[6]

(G 974—1007.)

---

[1] Eher: E si encontre .XV. rois en un val. [2] *T*: Tres bien af. [3] Nach *MmdC* abgekürzte Laisse. Der vers tronqué wäre: Si en passera oltre. [4] Unter dem Einflusse von ferir, clouferir (cloufrir in *L*) entstandene Nebenform von cloufire. [5] = töten. [6] Nach *MmdC* auf das richtige Maſs zurückgeführte Tirade. Den Vers G. 994 wird man lesen müssen: Quar par mi els men estuet a issir. *T*, das auf dieselbe Fassung zurückgeht wie *b*, weist denselben Fehler auf, den der Abschreiber dadurch zu verbessern versuchte, daſs er schrieb: Car par le mien ... Vers tronqué: Jhesus le puist secorre.

XXXIII

970 Li quens Guillaumes a Baucant galope.
Li .XV. roi sont parti et sevre:
Li .VIII. li vienent et li .VII. sont remes.
Cil qui Guillaume ont premier encontre,
C est Matamars et li rois Wastebles,
975 Et Agians et li vius Tenpestes,
Et Baufumes — cil iert nies Desrame —
Et Aenrans et ses fius Aenres;[1]
Li uitmes fu li fors rois Cadroes.
Tuit cil ferirent Guillaume au cort nes;
980 Tout son escu li ont fraint et troe,
En .IIII. lius ont son auberc fause,
Et ens el cors lui plaie et navre.
Mais del baron nen ont mie atiere,
Ne de la siele del ceval remue:
985 Nient plus se fust en une tor fremes.[2]
Li quens Guillaumes ot le cuer aire;
De plain esles a un roi asene,
Iambes levees l abat mort et creve.
La lance au fier a a lui atire,[3]
990 Reprent son cors, s a un autre aioste:
L escu li perce, l auberc li a fause,
Parmi le cors a fier et fust pase,
Mort le trebuce del ceval seiorne.
La lance brise, qui molt a poi dure.
995 Li quens Guillaumes a Monioie escrie,
Sainte Marie, aies de moi pite!
Biaus Sire Dex, maine me a sauvete
Iusqu a Orenge, l amirable cite!
A icest mot a le ceval hurte;
1000 Pus trait l espee au pon d or noiele;[4]
Par mautelent va ferir Tempeste
Amont sor l iaume, qu il ot a or gesme:
Pieres et flors en a ius avale,
Iusqu ens el pis li est li brans ales;

---

[1] Spanische Patronymica. [2] Nach *m*; nach den andern: Ne que il fussent oder Ne plus que fussent a .I. tor hurte. [3] Bis zum Schluſs dieser Laisse folgen wir den Handschriften *MLABCT*. [4] *C*: ioiouse dou senestre coste.

1005 Del boin ceval l abat mort cravente.¹
.I. autre roi a lues le cief cope.
Li quins² li vient a son branc entese;
Li quens le voit, s a premerains gete:
La tieste o l iaume li a del bu sevre
1010 Si souavet, nen a brait ne crie.
Li quens Guillaumes a autre cop leve;
Le siste roi a de ferir haste:
Parmi son hiaume l a molt bien avise,³ —
Dex l amoit bien qui son cop a guie —
1015 Iusqu es espaules li est li brans coles.⁴
Outre s en pase, Baucant a galope.
Le sieme roi a li quens encontre:
Si durement l a del escu hurte,
A poi le col ne li a desnoe;⁵
1020 Andoi li oel li sont del cief vole,
Del boin ceval l a ius mort cravente.⁶
Ains que caist a son escu conbre;
Par les enarmes li a del col oste:
Ne le rendist por .M. mars d or pese;
1025 Le sien geta, celui a encole.⁷
Lores s en torne poignant parmi un pre,
Le branc ou puig vermel ensanglente.
Li uitmes rois fu si espoentes,
Ne l atendist por .I. roiaute:
1030 En fuies torne, tout a le sanc mue.
Bien s en alast li quens a sauvete,
Quant li .VII. roi se resont escrie:
Li uns Corsubles, li autres Carboncles,
Li tiers Oribles et li quars Aristes,
1035 Li quins Ebrons, li sistes Iosues;
Le sieme apelent d Odierne Esmere.
Cil ont entr aus Guillaume atrape.⁸
Tuit l ont feru en son escu boucler;
A poi ne l ont a tierre adente.

---

¹ *L*: Mort le trebuche del cheval afile (asile?). ² Die Verwirrung wurde durch den ähnlichen Klang der Wörter quinz und quens (vor dem Hauptwort) verursacht. ³ Im Sinne von viser (zielen). ⁴ Cf. Vers G.6773. ⁵ *M*: desloe; cf. G.7145. ⁶ *T*: labati tot paume. ⁷ Gewöhnlich: acole. ⁸ Abgekürzt nach *d*. Guillelme atrape, später dan G. a.

1040 Mais Dameldex a le baron tense.
Li dui deriere ont le baucant navre:
Li uns en crope, li autres ou coste,
Grans mervelle est que ne l ont atue.
Li quens lor fait le branc d acier prive.
1045 Molt ruistement a li marcis canpe;[1]
Toute sa force a ou bras aiouste;[2]
De bien ferir a le cuer avive:
Cui il ataint a plain cop entese,
Mar querra mire, que tos est mecines:
1050 Ne li vaut arme vallant un tros pele.[3]
Les .XV. rois a si mal atorne,
Que ne li sont que .III. vif escape;[4]
.XII. en a mors par sa ruiste fierte,
Conbatus s est .I. ior tout aiorne,
1055 Plus de .C. Turs a mors au branc letre:
Mains hom le trueve ens en l autorite,[5]
Ains ne fu hom qui plus fist a loer.
(G 1008—1083.)

XXXIV

En cel estor l a Guillaumes bien fait.
Li rois Oribles a esporons s en vait,
1060 Et Esmeres o lui fuit tout un trait:[6]
De tos aler sont lor ceval enrait.[7]
Quant voit Guillaumes ne les ataindra mais,[8]
Si s en retorne et tint le branc nu trait.
La mercit Deu, belement li estait,[9]
1065 Quant .XV. roi ne li ont rien forfait.
Bien s en alast a Orenge entresait,
Quant devant lui salirent .II. agait;
.II. rois i ot, qui sont de mal estrait:
Cou est Aroufles et Danebrons qui brait.
1070 Ou mont nen ot onc rois u tant mal ait.

---

[1] Nach *M*; die andern Handschriften weisen chaple auf.
[2] *C*: aboute; *T*: a au brant esprouve. [3] Geschälter Kohlstrunk.
[4] *M*: escampe. [5] Wofern man Mais am Versanfang nicht im Sinne von Auch nehmen will. [6] Lies vielleicht a eslais. [7] *M*: estait; *C*: estrait für estrac (des Reimes wegen): erschöpft, mager; vielleicht ist an estanc zu denken. [8] Ursprünglich: que ne les ataindra. [9] *T* verrät die Weise, auf welche die Kopisten Reime schmiedeten: b. li estoit fet. *Ms.*: tret, estet, estret, plet, eset etc.

Dex, dist Guillaumes, com ore a ci mal plait!
Nen est mervelle se ore me deshait...
Se por .II. fui, icou sera molt lait;
A tousiors mais iert a mon oir retrait.
1075 Dex me pardoinst quant que li ai mesfait;
Mius voel morir mes cors ne s i esait.[1]
Baucant, dist il, molt le m aves bien fait;
De moi servir vos voi tousiors entait,[2]
Et encore iestes, la mercit Deu, de hait.[3]
1080 Ci voi venir .II. rois tout un garait;
Ne puet fallir grant estor nen i ait.
(G 1084—1098.)

XXXV

Quant li dui roi ont Guillaume veu,
Bien le counurent, seure li sont couru;
Guillaume apelent, si l ont ariesteu:
1085 Glous orgillous, ore estes conseus!
Molt vous avons cacie et porseu;
Ia de[4] nul home ne seres secourus;
Ne vous garra li vostre rois[5] Iesus,
Que ne perdes le cief desor le bu.
1090 Mains gentius rois as mors et confondus:
Ore t en iert li guerredons rendus.
Voir, dist Guillaumes, onc teus honte ne fu!
Poi prisera mon paiens mes escus[6]
S ensanble a moi conbates anbedui;
1095 Non pas ensanble, mais par son cors cescuns:[7]
S ensi le faites a pris vos ert tenu.
Laisie me aler, ne vos ai rien tolu;
Et se vos ai de noient irascu,
Droit en ferai de ma main nu a nu,
1100 Soit a Ioiouse[8] u en ewe u en fu:

[1] Nach *L*: que je ne mi essai. [2] *M*: entrait, *intractus*, hingerissen. [3] Nach *BT*: m. D. forz et raiz (oder raz, *rabidus*); nach *m*: Deu mercit, en bon h. [4] *T*: por. [5] *MBTd*: deus. [6] *M*: Poi priseront paien mais mon escu. [7] *m*: m. c. par son bu; *L*: c. par son (lies soi?) mu; *MT*: mais chacun par soi un, zulässige Lesart, die nu, mu, bu hervorgebracht hat. [8] Obgleich Soit a juise die gewöhnliche Redensart ist, ziehen wir die Lesart der venetianer Handschrift vor, da wir nicht annehmen können, dafs Wilhelm den Kampf mit den Heiden meiden wollte.

Qu en Aliscans ai plus de vos perdu.
Dist Danebrons: Ne vos dot .I. festu.
Mon frere as mort le roi Marcepelu,
Et mil paiens as par ton cors vencus;
1105 Icis damages nen iert ia mais rendus.
Mais si moie arme ait de Mahom salu,
Ne mangerai ne nen aurai beu,[1]
Tres que ie t aie u mort u recreu,
Et par la geule a un arbre pendu.
1110 Dont point et broce son auferrant crenu,
Guillaume fiert devant en son escu,
Desous la boucle li a fraint et fendu,
Et son auberc desmallie et ronpu;
Les son coste a mis l espiel molu.
1115 Dex le gari, en car ne l a feru;
Que se l euist a plain cop conseu,
Parmi le cors l espiel senti euist.
Li quens Guillaumes entoise le branc nu;
Par tel air a le paien feru
1120 En son le hiaume, qui ert a or batus,
Tout li trenca ausi com un sehu:
Ne vaut la coife .I. viel warat de glui,
Que la cervele nen ait ius espandu.
Glous, dist Guillaumes, ore aves trop vescu!
1125 Ton sairement as molt bien atendu;
Lonc ton siervice as guerredon eu:
El puis d Infier iras o Belsebut.

(G 1099—1143.)

XXXVI

Quant rois Aroufles voit Danebron morir,
Tel duel en a, le sens cuide marir.[2]
1130 Dist a Guillaume: Ne poes mais fuir;
Tous l ors[3] del mont ne vous poroit garir.[4]
Or te covient cest roit espiel sentir,
Dont iou ai fait maint crestiien fenir.
Ia en Orenge ne poras mais vertir

---

[1] Ursprünglich: Nen averai (C) ne m. ne b. [2] T: le s. c. perir, lies ses sens c. p. (p. = sich verwirren)? [3] Keine Handschrift weist li ors d. m. auf. [4] *Ma*; die andern Codices: ne vous puet garantir.

1135 A la putain cui iou doi tant hair,
　　　Qui mon neveu Tiebaut a fet honir
　　　Por seul ton cors et del pais iscir
　　　Outre la mer et Orenge gerpir.
　　　Par Mahomet, mar li vosis tolir!
1140 Se del forfait ne vos fac repentir,
　　　Iamais ne pusse roiaume maintenir.
　　　Mais se ton deu voloies relenquir,
　　　Et Mahomet aorer et siervir . . .¹
　　　Dex, dist Guillaumes, que porai devenir?
1145 De grant fierte voi icest Sarrasin;
　　　Onc de son cors ne poc mais nul veir:
　　　Se est armes n a garde d anemi.
　　　Et de m espee ai tant l acier croisi,
　　　Mon ceval voi del cors le sanc iscir:
1150 Bien senc sous moi molt est pres de cair;
　　　Et des paiens voi la tiere couvrir.
　　　Aide, Dex, qui te laisas cloufir!
　　　Ore voi bien que pres sui de morir;
　　　Secor moi, Sire, que ore en ai mestir.
　　　　　　　　　　　　　　　(G 1144—1167.)

XXXVII (G 1168—1210).²

XXXVIII

1155 Dist rois Aroufles: Guillaumes, ore entent!
　　　Ie me conbat a toi par tel couvent:
　　　Crestiente qu ele ne vaut noient;
　　　Et le batesme i³ met ge ensement:
　　　Qui en son cief le met a tort le prent;
1160 Ne li vaut plus ne⁴ uns trespas de vent.
　　　Totes vo messes ne li Deu⁵ sacrement,

---

¹ Se im optativen Sinne; sonst könnte man den unterbrochenen Satz so erklären, dafs Wilhelm den Sarazenen nicht aussprechen läfst, ihm in die Rede fällt, weil er in seinen Worten einen dem christlichen Glauben angethanen Schimpf sieht. Einige Handschriften ergänzen diesen Satz durch den Vers: Encor porroies bien soudement (solida mente) garir (MmT). ² Fehlt in M; eine auf den leichten é-Reim gebaute, den Inhalt der folgenden Laisse wiederholende Tirade. ³ = en couvent. ⁴ ne im Sinne von nes: Nicht einmal. Diese doppelte Verneinung hat den Sinn: Sogar der leiseste Windhauch hat mehr Wert für ihn als die Taufe. ⁵ Ms.: dieu.

> Ne cele loi que tienent vostre gent,
> Nen est droiture, ains est soduiement;
> Itel creance vint par encantement.
1165 Dex est la sus en son son firmament;
> Ci ius nen a de terre plain arpent;
> Ains est la sus; a son commandement[1]
> Ci est Mahom et quant qu a lui apent.
> Icil li[2] done et l orage et le vent,
1170 Le fruit des arbres, le vin et le forment:
> Lui doit on croire et faire son talent.
> Glous, dist Guillaumes, de tot cou vos desment!
> Li quens s abaise, contre terre[3] s estent;
> Voit une lance, de sor ceval le prent.
1175 Dont s entreviennent ambedui fierement;
> Mais li cevaus Guillaume fu molt lens,
> Li paien vis[4] con cariaus qui destent.
> Andui se fierent molt angosseusement,
> Que li uns l autre d aus a tierre estent;
1180 Nen i a cel nen ait le cors sanglent.[5]

(G 1211—1240.)

XXXIX

> Li quens Guillaumes au Sarrasin iosta:[6]
> Lor escut percent, cescuns aubers[7] fausa,
> Et ens el cors li uns l autre navra,
> Si que li sans en contreval coula.
1185 Par tel air li uns l autre bouta,[8]
> Lor caingles ronpent, cescuns poitraus lasqua;
> Iambes levees Guillaumes souvina,
> Et rois Aroufles versa de l autre part.
> Cescuns des hiaumes ens el sablon fica,[9]
1190 Si que li cercles et li nasaus brisa,
> Et par lor bouces li sans vermaus raia.

[1] Das später ungewohnte enjambement hat an dieser Stelle die Verwirrung verursacht. [2] Icil = Gott; li: Mahom. Nur diese Lesart erklärt völlig den zweiten der folgenden Verse. [3] vers la terre ist unzulässig. [4] Das des Heiden war frisch und behend = vistes. [5] Diese Strophe wurde nach L auf die richtige Zahl der Verse zurückgeführt. [6] Eine im franz. Original ursprünglich auf e-e assonierende Laisse (josterent, levees etc.). [7] escut, aubers sind hier Subjekte. [8] M weist boicha auf, mundartlicher, aus germ. butze gebildeter Typus, der noch in der Argotsprache unter der Form bocher, bochon fortlebt. [9] Im Sinne von se ficha.

Onc des destriers nus ne se remua.[1]
Li roi Aroufle[2] henni et braidouna;
Siele ot ou dos u fort sorcaingle a:
1195 Qui bien s i tint, onc nen en descoca.
Li Sarrasins premerains se leva.
Grans fu et fors, mes onc Deu nen ama.
Il se herice et con senglers fronca.
Traite a l espee et l escu enbraca;
1200 Son cop entoise, viers le conte s en va.
Or le gart Cil qui le mont estora.[3]
Si con Guillaumes contremont se dreca,
Parmi son iaume[4] li paiens l asena:
Quant que atainst, contreval escoula.
1205 Li brans d acier un poi escolorga;
Mors fust li quens, mais fors del cief torna,
Et nostre Sires, qui son home tensa.[5]
Dex, dist Guillaumes, quel espee ci a;
Fors Durendal souciel millor nen a.
1210 Dist rois Aroufles: Dans glous, ore i para
De vostre deu comment vous aidera;
Vostre proece iusqu a poi vous faura.
Isnelement autre cop recouvra.
Ia referist, mes li quens se hasta;
1215 Del branc d acier ruiste cop li dona
Parmi son hiaume, qui luist et verdoia;
Tant par fu durs que point nen esgruna.
Li cos gencist, par viertu avala,
Tout son escu devant escantela;
1220 Le Sarrasin maisement asena.
Voi le Guillaumes, grant mautelent en a;
Lui et s espee durement laidenga:
Par Deu, Ioiouse, droit ot qui vos blasma;
Quant Karlemagnes a Ais vos me douna,
1225 Voiant Francois, si forment vos loa:

[1] Nach *dC* gebildet: Onques d. .I. sous n'an remua.
[2] Das des Königs A. [3] *instaurare* und nicht *staurare*; *M*, das diese Lesart aufweist, hat ostera, durch Metathese aus estora entstanden. [4] Überall zu lesen: En son (*in summo*) son h. [5] Dieses Anacoluth ist nicht ungewöhnlich; wir würden jedoch vorziehen: Ne fust li Sire, qui s. h. t., Morz f. li c.; mais lespee t. oder eher Se li bons branz nen i escolorgast, M. f. li c.; m. f. dou ch. t., Et n. S. le suen home t.

«Nen iert si boine fors seule Durendal.«
Maudehait ait iamais vous prisera,[1]
Ne tenra ciere a nul ior que vivra.
A poi a tiere li quens ne le geta.
1230 Dist li paiens: Mauvaisement ouvras.
Qui fist t espee mauvaise le foria.
Il tint la soie, qui luist et flanboia;
Par grant viertu contremont le hauca.
Ia l en ferist, mais li quens recouvra;
1235 Par tel air le branc li envoia,
Que tout l escu frainst et esquartela,
Et l un des pans del auberc li copa:
Quant que atainst de la car li tranca.[2]
Plus d une toise li paiens cancela.
1240 Voi le Guillaumes, Dameldeu en loa;
Lui et sa mere forment en mercia.

(G 1241—1295.)

XL

Li quens Guillaumes a le paien veu,
Qui tint l espee enbracie son escu;
Molt le vit grant et hisdeus et corsu:
1245 De lui fu graindres le cief o l iaume agu.
Forment redoute son branc d acier molu.
Li ber reclaime le digne non Iesu.
Il tint Ioiouse, qui Karlemagne fu;
Par tel air a le paien feru
1250 Deviers senestre[3] entre col et escu:
L auberc li trance, le clavain a ronpu;
Par grant viertu est li brans descendus,
Toute le cuise li desevra dou bu;
Enpaint le bien, enviers l a abatu.
1255 Glous, dist Guillaumes, fol plet aves meu.

---

[1] So nach allen Handschriften. Die Verbesserung zu M. a. qui mais v. p. ist nicht unerlässlich. [2] Nach *M* handelt es sich an dieser Stelle um einen doppelten Kampf; in dem ersten wird Arofle ein Stück Fleisch vom Körper abgehauen, in dem zweiten verliert er einen Schenkel. Nach den andern Handschriften verliert er zuerst ein Bein, kämpft trotz seiner schrecklichen Wunde wieder, bis ihm das zweite Bein von Wilhelm abgehauen wird. Wir glauben, daſs es sich ursprünglich um ein einziges, in mehreren Tiraden geschildertes Ereignis handelte. [3] *Ms.:* semestre (lies seniestre?).

Ore est falie la vostre grans vertus.
Qui ki gaaing vous i aves perdu.
Faites escace de sap u de sehu.
Des ore mes iert bien aperceu
1260 Que ci aves Guillaume couneu.
Lores saisist le bon destrier crenu;
Li quens i monte par l estrier d or batu.
Trois fois l eslaise parmi le pre herbu,
Et li destriers li randone menu:
1265 Ne s i tenist cievrous ne ciers ramus:[1]
Nen a mes garde de paiens mescreus.
Atant s en torne, le Turc lait estendu.
Dist rois Aroufles: Guillaumes, u vas tu?
Parole a moi si toie arme ait salu.
(G 1296—1320.)

XLI

1270 Dist rois Aroufles: Guillaumes, entendes!
Parole a moi, gentius quens ounores!
Ie voi molt bien que ie sui afoles;
Ne ia de ci ne serai mes leves,
Se ie ne sui ent en tiere portes:[2]
1275 Que perdu ai le quise a tout le les.
Mais, por Mahom, mon ceval me rendes!
Molt cierement iert viers vos racates:
De l or d Arage sera trois fois peses;
Et vous meismes quitement[3] raveres
1280 Caus que prisons tenomes en nos nes.
Guillaumes cuide que die fausete,
Por lui trair soit ensi apenses;
Dist au paien: De folie parles;
Ne le rendisse pour .XIIII. cites:
1285 Ains m en irai et vos i remanres.

---

[1] Ms.: cievroel. Weder der Hirsch noch das Reh könnte es mit ihm aufnehmen; franz. ne pourrait y (à la course) tenir. Man wird die Stelle, wo die Schnelligkeit des Pferdes geschildert wird, folgendermafsen lesen müssen: Plus tost s'auroit une eve trespasse Que ne lauroit uns poissons tresnoe, (nach M) und Plus amble tost cuns oisiaus empenes Ne voleroit, tant par fust acesmes. [2] En terre wurde später zu en la terre, dial. en le tierre, daraus en litiere. [3] Umstandswort.

Ot le li Turs, a poi nen est dreves;
A haute vois s est li fel escries:
Ahi, Guillaumes, com fait ceval aves!
Par Mahomet le millor enmenes
1290 Qui onques fust veus ne esgardes.
Molt par ceurt tos et si amble souef,
Hom qui sus siet ne puet iestre lases,
En pui, en tiertre, ne en val enconbres.
Onques por corre ne pot iestre greves;
1295 Ne onc ne fu ne sainnies ne feres:
Ongles a dures plus que aciers tenpres.
Ha Volatile, tant ior vous ai garde;[1]
De vos me poise plus que de moi ases.
Quar le me rent, Guillaumes au cort nes!
1300 Bien l aves fait, or le me ramenes!
Ie t en ferai toutes tes volentes.
Glous, dist Guillaumes, ie cuic vos me gabes.
Par saint Denise, quant de moi partires,
Moi ne autrui mes nen escarnires.
1305 Isnelement est viers lui retornes;
Et li paiens s est de dolor pasmes:
Nen est mervelle, quar a mort est navres.
De sor ceval est li quens aclines,
Le branc d acier li a descaint dou les:
1310 De lui meisme li a le cief cope.
Ore est li quens auques aseures.
Del boin ceval a tos iambe atiere;[2]
Si prist les armes au paien desfae:
Hastivement s en est li quens armes.
1315 Celui resamble quant il fu adoubes.
Vient a Baucant[3], qui molt estoit lases;
Le frain li oste, la siele et le poitrel;
Por cou le fait li frans cuens ounores
Que ne soit pris de paiens ne d Esclers:
1320 Et mius corra et mius iert abrieves.
Lores s en torne, soi commande a De;

---

[1] *m* hat ame statt garde und zwar aus mesies oder maisie korrigiert; dieses Wort geht auf das Adj. mais zurück, also; *gequält, geplagt;* m, wie alle Aliscans-Handschriften, vermengt die e-Reime mit den ie-Reimen. [2] *T*: D. b. ch. estoit iambes aterres (sic); die andern Handschriften: est tost jambe aterrez, eine des Reimes wegen eingeführte Wendung. [3] *Ms.*: a u b.

Griiois parole, bien en fu latimes;
Sarrasinois resavoit il ases.¹
Dex le conduie par la soie pite,
1325 Que il en puist aler a sauvete. (G 1321—1384.)

XLII

Vai s ent Guillaumes parmi la tierre estragne,
Et² est trestoute et valee et montagne;
Uriane est, cui toute onor soufragne:
Onc nen i ot un iornel de gaagne,
1330 Mais puis et roces et pieres de cartagne.³
En Aliscans a perdu sa conpagne,
Et ses neveus, dont li dius li engragne,⁴
Cui prisons tienent li Sarrasin d Espagne
Desous l Arcant, en mer, en une bagne.⁵
1335 Vai s ent Guillaumes poignant les la montagne;⁶
Baucans le suit, qui molt durement l aime.⁷
Si com Guillaumes entra en une plaine,
Encontre a uns Turs de Borriane,
Caus de Palerne et caus de Puliane.
1340 Si les conduist Desrees de Quintane,
Baudus li fel⁸ a la ciere grifagne;
Nen est si fel iusqu as pors⁹ d Alemagne:
Onc en sa tiere nen ot linge ne lange;¹⁰
Nen i croist bles, nus hom nen i gaagne;
1345 Nen i sort ewe, nus oisiaus nen i cante.
Ceval ot boin et en sa lance ensegne,
Et Desrees en sa lance une flaine.¹¹
Guillaume querent, dont il ont grant engagne;¹²

---

¹ Eine, Girard betreffende, analoge Episode findet sich *CovV.* 843 *sqq* wieder. ² Qui est? ³ calcaire? Dieses mifsverstandene Wort (Übergangsstufe von calcaria zu chauchiere) ist zu calcaigne, caltaigne, cartaigne, aus dem man ein Eigenwort gebildet hat, entstellt worden. ⁴ Obzwar die von germ. gram und lat. grandis abgeleiteten Verba zulässig sind, hatten wir zuerst an das lat. *ingraviat* engraige gedacht. Dont ist objektiv. ⁵ *T*: en une pleingne. ⁶ Ursprünglich war dieser Vers der Eingang einer neuen Strophe. ⁷ *M*: se hagne für sahane. ⁸ Wir ziehen vor: O lui B. a la c. g. ⁹ = Engpässe. ¹⁰ Cf. *CovV.* 1619 — 1620. *T* hat: ne vin ne beingne (lies baie?). ¹¹ Nach *M*; Handschrift: faine. ¹² Derselbe Stamm wie das spanische gana (tengo ganas). — *C* schreibt bald agne bald egne.

Quant il le voient, li uns l autre l ensegne:
1350 Qui est icil qui va cele canpagne?
Armes a rices et de molt ciere ouvragne;
Alons en contre sans longe demoragne!

(G 1385—1409.)

XLIII

Dist Desrees: Baudus, li fius Aiquin,[1]
Vois tu celui aval icel cemin?
1355 Uns sors baucans le suit tot son train;
As armes samble Arofle, mon cousin.
Ie cuic mort a Guillaume le marcis:[2]
Bien recounois le sor baucant rufin,
Qui suit Aroufle eslaisies a tel brin.[3]
1360 Et dist Baudus: Par mon deu Apolin,[4]
Au cevaucier samble mal Arabi.
Dont esporonent andui li Sarrasin;
Guillaume vienent devant les .I. sapin.
Li quens parole a aus en lor latin:
1365 Iou ai laisie le roi Alipantin[5]
Desous l Arcant, sous .I. arbre flori;[6]
La trouveres Guillaume mort souvin:
Ie l ai ocis a mon branc acerin,[7]
La le desarment de l auberc doublentin.
1370 Ore m en vois, s en menrai Acarin,
Et Danebron et son frere Cain,
Et Haucebier, le frere Estormarin;
En Orenge ier ains que soit ensieri:
Bien i pores herbregier le matin.
1375 Lores va outre et tint le cief enclin.
Bien s en alast Guillaumes li marcis;
Mais li paien ont veu son hermin
Et ses .II. cauces,[8] qui furent de sanguin.
Par icou virent nen estoit lor amis.

---

[1] Dem Dativ: D. D. Baudus, le fil A. vorzuziehen. [2] le conte palasin einiger Handschriften ist ein Titel, der den Neffen des Markgrafen, besonders Bertrand, gebührt. [3] *M*: a t. fin. [4] *T* erlaubt zu corr.: par mon cief, cier ami. [5] *T*: alipatrin; lies: le roi et laupatri, der auch getötet worden war. [6] Sonst: deles un pui sapin. [7] Nach *L*: Au b. d a. lai je mort et occis. [8] Lies: o. v. sous l h. Ses does c.

1380 Avoi! escrient ensamble, a un brin,
Par Mahomet, n en ires mie ensi!
Ne vous i vaut baras un romesin;
Ahi, Guillaumes, fel traitres mastin,
Tant vous saves de vois die et d engin!

(G 1410—1442.)

XLIV

1385 Li Sarrasin sont de pute maniere:
Marcis Guillaume esgaitent par deriere:
Voient l iermine, qui pent[1] viers l estriviere;
De soie cauce iert route la lasniere,
Icele d or, dont la malle iert dobliere;[2]
1390 Sor l esporon iert reboursee ariere:
La cauce[3] roge pert, qui nen iert legiere.
Voient Baucant, qui le suit la poriere:
Lores bien sevent cou[4] est cuens brace fiere.
Avoi! escrient, fel traitres boisiere!
1395 Ne le gares a pui ne a riviere.
O le Guillaumes, si dist parole fiere:
Par Deu, gloton de mauvaise maniere,
Ne vous pris tous une viel camboriere;[5]
Mais se Deu plest et mon signor saint Piere,
1400 De l un de vous ferai ie une biere.
Point Volatile, qui plus ceurt de levriere,
Fiert Desreet devant a l encontriere:
Parmi le cuer li mist lance pleniere,
Mort le trebuce tres enmi la praiere.
1405 Ains que li rois ait gerpi l estriviere,
Saisist Guillaumes la lance o la baniere:
Plus tos s en torne c aloe menuiere.
Baudus l encauce parmi une ionkiere,
Et bien .X.M. de la gent avresiere.
1410 Baucant encloent au piet d une rociere;

---

[1] *L*: pert. [2] Es ist möglich, daſs das Eigenschaftswort ormier, ormiere bestanden hat; d. la m. ert dormiere ist die Lesart der bestacreditierten Handschriften. [3] *T*: La hante r., qui nestoit pas entiere und läſst den vorhergehenden Vers weg. [4] icou, icel ist überall einzuführen: icou e. b. f. [5] *M*: carboniere.

Tout le detrencent¹ cele gent pautoniere,
Et le marcis ont navre en la ciere.²
(G 1443—1472.)

XLV

Vait s ent Guillaumes poignant sor Volatile;
Et si l encauce rois Baudus d Aumarie,
1415 Uns Sarrasins de molt grant aatie:
Nen est si fel iusqu a la mer de Frise;
Dex le maudie et li cors saint Denise!
Avoec lui ot³ paiens de mainte guise:
Caus de Palerne et caus de Valaquie,
1420 Et caus de Pierse et caus de Monfelise,
Et caus de Sutre et caus deviers Larise.
Devant les autres le suit tot a delivre
Baudus li fel, cui Dameldex maudie!
En son destrier, qui li ceurt de ravine;⁴
1425 Des esporons les costes li escire.⁵
Et cil s en vet qui a a garantie
Le Roi de Glore, qui tout le mont iustice⁶.
(G 1473— 1483.)

XLVI

Vai s ent Guillaumes, li marcis au cort nes,
Sor Volatile, qui tant fait a amer.⁷
1430 Tuit sont si home ocis et decope,
Et si neveu tuit .VII. enprisone.
Apries le conte sont paien aroute;

---

¹ *m*: Tant le destraignent, welches die älteste Lesart sein dürfte. Wilhelm wird in der ursprünglichen Fassung seinen treuen Leidensgefährten nach Orange gebracht haben; da aber in der Folge nicht mehr von ihm die Rede war, so haben die Umarbeiter, um dieses Stillschweigen zu erklären, den Baucent an dieser Stelle von den Sarazenen töten lassen. Falls man die Lesart von *m* vorzieht, so wird man E durch Que ersetzen müssen. ² Später hinzugefügter Vers. ³ = Es gab. ⁴ *M*: saint (= *sans*) fatise; der Abschreiber ersetzt jede Endung durch die, welche ihm für den Reim pafst. Wir hatten an feintise, im Sinne von Faulheit (cf. franz. feignant), und an faillie gedacht, erklärten uns aber für fatine, aus dem das Wort fatinier gebildet ist. ⁵ *M*: atise, *T*: entise, aus encire (*C*) korrigiert. Das in den Handschriften vorkommende inciser ist nicht älter als der *Roman de la Rose*. ⁶ Ursp. Ord.: 1, 12 (S. bon d.), 13, 10, 3, 11, 4, 6 etc. ⁷ *d*: son destrier sascome, welches, in der Orthographie der Mundart, für sor come steht.

Par puis, par tiertres ont point et galope.
Mais li marcis a tant esporone,
1435 Une grant liue a les paiens outre.
Dont li est vis que soit a sauvete.
Tout belement a son ceval mene;
Le sien baucant[1] a forment regrete.
Li quens s estait sous un arbre rame
1440 Por son ceval tant qu il ait estale;
Mais ains qu il ait son estal porfine,
Voit des paiens la tiere araser.
Devant les autres un arpent mesore
Venoit Baudus, li fel, li desrees,
1445 La lance droite, le confanon freme.
A haute vois a Guillaume escrie:[2]
Sire Guillaumes, on vous a tant loe
Que nen iert hom de la vostre bonte:
Tornes viers moi tant que aiomes iouste!
1450 Dex, dist Guillaumes, par la vostre pite,
Cis glous leciere[3] m a hui tant ranpone!
La soie cauce m a durement greve;
Mais par mon cief cier sera conpare.
Viers le paien a son ceval torne;
1455 Pus laise corre le frain abandone.
Et li paiens ne l a pas refuse.
De plain es les se sont entrecontre;
Lor escus ont percie et estroe,
Mais des haubers nen ont malle fause.
1460 Les lances brisent, li fust en sont quase;
Plus d .I. toise sont li trancon vole.
Li ber Guillaumes a le paien hurte,
Iambes levees l a ius acravente;
Pus tent le main, s a le ceval combre:
1465 Mien entient ia l en euist mene,
Mais Sarrasin li sont pries del coste
Plus de .XL., de ferir apreste.
Voi le Guillaumes, tout le sanc a mue.
Il trait l espee au pon d or noele;[4]
1470 Au boin ceval a lues[5] le col cope.

---

[1] Einige Handschriften bieten: l e s o r b. [2] Immer zu corrigieren: a G u i l l a u m e c r i e. [3] Lies: Icil l. [4] *M*: esmere. [5] *T*: l e c statt i l u e c oder l u e s.

Au tor¹ francois a .II. Turs desmontes.
Poignant s en torne, nen i est demores;
Droit viers Orenge a son cemin torne.
Si le conduie Ihesus a sauvete! (G 1484—1548.)

XLVII

1475 Va s ent Guillaumes, li marcis au vis fier,
A esporon, nen a soig de targier.
Paien l encaucent plus de .XXX.M.;
Mais li marcis siet en si boin destrier,
Se ne li ciet, ne les prise un denier.
1480 Does grans liues dou trait au peonier²
A trespase cele gent l avresier;
En un val entre, si puia un rocier,³
Et voit d Orenge les tors et les clokiers,
Et Gloriete, son boin pales plenier,
1485 Les murs d araine, qu il ot fet batillier.
Dex, dist li quens, qui tous as a ballier,
A con grant ioie m en isci ie l autrier!⁴
Pus ai perdu tant⁵ vallant cevalier,
U nen aurai mes nul ior recovier.
1490 Ahi, Guiborc, france saive mollier!
Quant vous saures cest mortel encombrier
De mes neveus, que tant avies ciers,
Ie cuic li dius vous fera esragier.
Li quens se pasme sor le col del destrier;
1495 Ia alast ius ne fuscent li estrier.
Lores s en torne poignant tout un sentier;
Iusqu a Orenge nen ot riegne sacie.
Vient a la porte, s apela le portier:
Oevre la porte, lai ius le pont glacier!

---

¹ *M* bietet c or; *m*: trait. ² Nach *L*: les a il esloignez, älteste Lesart; der unvollständige Reim hat die Lesart von *T*: .II. liues grans (die spätere Einsilbigkeit der Zahl hat die Umstellung der Elemente mit sich gebracht) a passe aversiers erheischt; um den reinen Reim zu erhalten, haben die Umarbeiter schliefslich die uns vorliegende Lesart eingeführt. — *m*: de terre a puier. ³ Der Dichter fafst die ganze Reise in zwei Versen zusammen: val = das Rhônethal; les rochiers = die felsigen Alpinen. ⁴ *C*: ie vinc ici l'a. ⁵ *T* weist die beste Lesart auf: .I. v. ch., womit Vivian gemeint ist.

1500 Haste toi, frere, molt en ai grant mestier.
Quant li portiers l a oi si coitier,
Sor la tornele est ales apuier;
Ne counut mie del marcis au vis fier,
Ne desous lui de l auferrant corsier,
1505 Ne de l ensegne, que il vit bauloier,
Ne del vert hiaume, ne l escut de quartier:
Cuida que fust de la gent l avresier,
Qui les vousist trair et engignier.
Si¹ dist Guillaume: Ariere vous traies!
1510 Que par saint Iakeme, a cui ie voel priier,
Se un seul piet vous voi plus aprocier,
Tel vous donrai sor cel iaume vergiet,
Que del ceval vous ferai trebucier.
Guillaumes doit de l Arcant repairier.
1515 Ales vous ent, traitre losengier!
Cuidies vous ore que soiemes berqiers?
Et dist li quens: Amis, nen esmaier!²
Ie sui Guillaumes, ne te le quier noier,³
Qui en l Arcant ala son duel vengier
1520 Pour Vivien secourre et aidier;
Receut ai un mortel enconbrier:
Mort sont mi home, nen i a recovier;
Ne ie meismes nen ai le cors entier.⁴
Li portiers l ot, prist soi a mervillier;
1525 Aie, Dex, dist il; si s est sainnies.⁵

(G 1549—1596.)

XLVIII

Li quens Guillaumes s est durement hastes;
Dist au portier: Amis, la porte ouvres!
Ie sui Guillaumes, ia mar le mescreres.
Dist li portiers: Un petit vous soufres.
1530 De la tornele est errant avales;
En Gloriete est el pales entres,
Vient a Guiborc, en haut li a crie:
Gente contese, por Deu, or del haster!

---

¹ Si, dist. G.? ² Alle Handschriften: ne tesmaier, unzulässig; übrigens war ursprünglich das Verbum esmaier intransitiv. Man könnte auch lesen: Car (Or) ne toi e. ³ M: ne tel quier anoier. ⁴ Ursprünglicher Sinn. ⁵ Nach T.

Defores a .I. cevalier arme
1535 En un ceval, ainc ne fu veus tes;
D armes paienes a son cors adoube.
Molt par est grans en son ceval armes.
Si dist que est Guillaumes au cort nes;
Venes i dame, por Deu, si le veres.
1540 O le Guibors, s en a le sanc mue.
Ele descent dou pales principel,
Vient as batalles amont sor les foses,
Dist a Guillaume: Vasal, que demandes?
Li quens respont: Dame, le porte ouvres
1545 Isnelement et le pont m avales!
Et dist Guibors: Vasal, nen entreres!
Nen ai o moi home de mere ne
Fors cest portier et un clerc ordene,
Et un enfant, nen a .XV. ans pases,
1550 Entre nous dames,[1] qui cuers avons ires
Por lor maris, que mesire a menes
En Aliscans sour paiens desfaes.
Nen i ert porte ne guices desfremes
Iusque Guillaumes iert ariere tornes,
1555 Li gentius quens, qui de moi est ames.
O le Guillaumes, viers tierre est clines;
De pitie pleure li marcis ounores:
L eve li ceurt fil a fil lonc le nes.
Guiborc apele, quant fu amont leves:
1560 Ce sui ge, dame, ia mar en douteres;
Ie sui Guillaumes, ia mar le mescreres.
Et dist Guibors: Sarrasins, vous mentes!
Par saint Denis, qui est mes avoes,
Ancois verai vostre cief desarme
1565 Que oevre porte, si me garisce Dex!

(G 1597—1644.)

IL

Li quens Guillaumes se hasta de l entrer;[2]
Nen est mirvelle, forment se doit doter:
Que pries lui ot le cemin freteler
De cele gent qui Deu ne puet amer.

---

[1] = und wir Damen. [2] Bildet mit L eine Laisse.

1570 France contese, dist Guillaumes li ber,
Trop longement me faites demourer:
Vees ces tiertres de Sarrasins raser;
Se il m ategnent a mort serai livres.
Voir, dist Guibors, bien oi a vo parler
1575 Que mal deves Guillaume resambler;
Onc ne le vi por Turs espoente.
Mais par saint Piere, cui ie voel aourer,
Nen i iert porte ne guices desfremes
Tant que iou voie vostre cief desarme;
1580 Que plusior home se resamblent ases.[1]
O le li quens, let le ventalle aler,
Pus haut leva le vert hiaume geme.
Si con Guibors le prist a reviser,
Parmi les cans vit .C. paiens errer.
1585 Deviers Toulete venoient por praer.
Corsus d Averse les ot de l ost sevres;
Li amiraus les avoit fet mander;
Par aus faisoit Desrame presenter
Trente caitis, qui tuit sont baceler,
1590 Et trente dames o les viaires clers.
De grans seins les orent tous loies.[2]
Paien les batent, cui Dex pust mal douner!
De grans corgies, que orent fet nouer;[3]
Parmi la car[4] lor font le sanc voler.
1595 Dame Guibors les a ois crier
Et hautement Dameldeu reclamer;
Dist a Guillaume: Ore pus bien prouver
Que se fuscies dans Guillaumes li ber,
La fiere brace, cui on siut tant louer,
1600 Ne laisisies paiens vos gens mener.
Dex, dist li quens, or me viuc esprever!
Ia ne lairoie por la tieste coper
Que devant li nen alasce[5] ioster.
Por soie amor bien me doi gou garder;[6]
1605 Por la loy Deu essaucier et monter

[1] Nach *M*: le s. del parler, wo le neutrum und sembler im ursprünglichen Sinne genommen ist. [2] *Sic*, neben noes, serres. [3] Mit Knoten versehen. [4] *M*: chiere. [5] Nach *C*; die andern Handschriften: ne voise ore j. [6] Ursprünglicher Sinn; Lesart des *M*.

Doi ge mon cors travillier et pener.¹
L iaume relace, si lait ceval aler,
Tant con il puet desous lui randouner;
Et vet paiens ferir et encontrer:
1610 Le premerain a l escu estroe,
Et son hauberc derout et desafre;
Parmi le cors fist fier et fust paser;
A autre part a fet l ensegne outrer:
Iambes levees l a mort acravente.
1615 Pus traist l espee au pon d or noiele:
Un Sarrasin fist la tieste voler;
L autre porfent iusqu el neu del baudre;²
Et puis le tierc a il mort reverse.
Le quart feri que ne li lut parler.
1620 Paien le voient, molt sont espoente;
Li un les autres le prisent a conter:
C est rois Arofles, li oncles Cadroe,
Qui vient d Orenge exillier et gaster;³
Corecies est, molt l avomes ire,
1625 Quant nos ne somes en Aliscans sor mer.
Ie quic molt cier nos fera conparer.
En fuies tornent por les vies sauver;
Tous les prisons ont cois laisies ester.
Li ber Guillaumes revet a aus capler,
1630 Et cil le fuient qui vorent demourer.⁴
Voi le Guibors, commence a plorer;
A haute vois commence a crier:
Venes ent, sire, ore poes entrer.
O le Guillaumes, si prent a retorner,
1635 Viers les prisons commence a galoper;
L un apries l autre a tous descaienes;
Pus les commande viers Orenge a aler.⁵

(G 1645—1719.)

¹ Die Interpunktion ist wichtig; denn, nach Guessard, hebt Wilhelm den christlichen Glauben aus Liebe zu seiner Frau, ein Zug, der der Epoche Wolfram von Eschenbachs gut passen würde.
² *d*: el glandeler; *C*: el sor ler (= soulier); *M*: canteler; *m*: iambeler, alles Versuche, die Assonanz zu meiden. ³ *M*: preer; *MdC*: Qui v. O. e. e g. ⁴ Lesart des *T*, die wir der der andern Handschriften: nen osent contre ester, vorziehen. Selbst die tapfersten, die hätten bleiben wollen, ergreifen die Flucht. ⁵ Vers tronqué: Mais entrer nen i porent. Nach *L* bildet diese Tirade mit der folgenden eine einzige Laisse.

L

Et quant il ot les prisons delivres
Et viers Orenge les ot acemines,
1640 Apries paiens est ariere tornes;
Tos¹ les atainst li destriers abrieves.
Li quens tint trait le branc d acier letre:
A .IIII. cos en a .VI. craventes.
A vois paiene lor a crie li ber:
1645 Fil a putains, les cevaus me laires!
Si les aura mes oncles² Desrames.
Cescuns sera en la cartre getes
Por la batalle dont li estes fause.³
Paien s escrient: Par Mahon, nostre de,
1650 Arofles sire, faites vo volonte.
A pie descendent, es les vous desmontes;
Desor ceval nen est .I. seus remes.
Li dui les deus⁴ sont par les puins noe;
De tous ne furent que .IIII. delivre:
1655 Cil ont les autres devant aus aherdes,⁵
Et les cevaus et cacies et menes;
Droit a Orenge le cemin ont torne.
Dex, dist Guibors, est Guillaumes faes,
Qui par son cors a tant enprisone?
1660 Grant pitie fait⁶ quant s en est enconbres.
Sainte Marie et car le soucores!
De paiens voi tous les tertres rases;
Lase, dolante, caitive, que ferai?
Se il i muert, c ert par ma folete.⁷
1665 Avoi, escrie, sire, car en venes!⁸
Ahi, Guillaumes, frans marcis hounores,
Por Deu amor, qui en crois fu penes,
Laisies ces Turs, trop les aves menes;
A vis diables soient tuit commande!

---

¹ Tous = Alle; tos = bald. ² T: mes freres. ³ C: d; fali li aves. ⁴ Nach einigen Handschriften zu schliefsen: Et dui et dui s. ⁵ von deut. hërda: wie eine Viehherde vor sich treiben. ⁶ T: Grant pechie fas qui ne soit e. ⁷ Nach M: co ert par ma folte. (Hdschft foleç; cf. prov. foldat). Die schönste, dem Sinne nach richtigste, aber alleinstehende Lesart ist die von C: feautes; die Treue Gyburgens hat ihn der Gefahr ausgesetzt. ⁸ C: retornes.

1670 Vees venir Sarrasins et Esclers,
Qui tuit vous veulent ocire et afoler.
Es vous le conte venu a cel fose;
Devant la porte s est li ber arestes
O sa grant proie, que il avoit ases:[1]
1675 .XV. somiers de viande ot troses.
Tous les paiens a ensamble tangles
Devant la porte entre el et le gue:
La les a tous ocis et desmenbres.
De co fist il que sages, que menbres,[2]
1680 Que il nen est en noreture entres.[3]
Dont fu la porte et li huis desfremes,
Et li grans pons erranment avales.
Li quens i entre dolans et abosmes,
Et li caitif, cui ot desprisones,
1685 Et li harnois des paiens desfaes,
Et la viande, li vins et li clares.
Pus ont le pont en contremont leve,
Et la grant porte et le huis rebare;
A grans caines ont les portaus fremes.
1690 Ains que Guillaumes euist iambe atiere,[4]
Vit des paiens trestous les cans puples,
Les murs d Orenge trestous avirones.

(G 1720—1791.)

LI

Ore ont paien Orenge avironee;
La tierre ont arse et environ gastee.
1695 Guillaumes a sa tieste desarmee.
Dame Guibors li a descaint l espee;
Apries li traist sa grant brogne safree.
Sous le hauberc li fu la car troee,
En .XV. lius plaie et entamee:
1700 Toute la brace avoit ensanglentee.
L eve dou cuer li est as[5] ious montee,
Aval la face li est caude colee.
Voit le Guibors,[6] s a la coulor muee;

---

[1] Nach *L*; besser als: dont il a. a. [2] q. s. e m.? [3] *T*: Qu'en n. nen a il nul lesse. Nach unserer Lesart (*Md*): Er hat es nicht übernommen, die Gefangenen zu nähren. [4] *M*: fust; *d*: eust. [5] Nach *T*: es iex. [6] Nach *MdT* hätte Gyburg, und nicht der Markgraf, Thränen vergossen. Übrigens hängt der Vers 1703 eng mit Vers 1700 zusammen, und die zwischen denselben liegenden Verse sind der Laisse LVI, G 1982—1984 entnommen.

Sire, dist ele, ie sui vostre iuree,
1705 A la Deu loi loiaument espousee;
Por vous sui iou crestiiene clamee,[1]
Et en sains fons batisie et levee,
D ole et de cresme en Lui rengeneree:
Ne me doit iestre ma parole veee.
1710 Mais d une cose quic iou estre asotee[2]
Que ie vous ai la porte desfremee:
Se euscies ma conpegne amenee,
Conte Bertran a la ciere menbree,
Guicart l enfant, qui bien fiert de l espee,
1715 Et Guielin, Gaudin de Pierelee,
Et Vivien, dont me sui dessevree,[3]
Et le barnaie de la tierre sauvee,
Cil iougleor fuscent a l asamblee,
Mainte viele i euist atenpree,
1720 Entor lui fust grant ioie demenee . . .
Nen iest[4] Guillaumes, toute en sui esfreee.[5]
Dex, dist li quens, sainte Virge ounoree,
Quant qu ele dist est verites provee;
A grant dolor ert mes ma vie usee.

[1] Dieser Vers ist nach *AdT* wegzulassen. [2] Lesart der besten Handschriften; Guessard hat Unrecht, *a* zu korrigieren; er vergifst, dafs die Handschriften, die espoentee aufweisen, den folgenden Vers nicht haben, der eine notwendige Ergänzung von asotee ist: Eines macht mich glauben, dafs ich Unrecht hatte, dir zu öffnen, dafs ich mich dadurch als unerfahren (dumm) erwies, der Umstand nämlich, dafs, wenn du deine Genossen mitgebracht hättest . . . [3] = von dem ich mich mit Schmerzen trennte. [4] Im Laufe der Rede und unter dem Einflusse der Erinnerung an die glücklichen Stunden, die sie an Wilhelms Seite genossen hat, gewinnt Gyburg allmählich die Überzeugung, dafs der stolze Markgraf und dieser mit Blut und Staub bedeckte, vor den Sarazenen fliehende Ritter, der demütig an die Thüre klopft, zwei verschiedene Wesen sind, und zwar derart, dafs sie zum Schlufs von ihrem Gatten als von einer abwesenden Person spricht. Die letzten Worte sagt sie zu sich selbst: Nen est G., er ist es nicht! Alle dramatische Wirkung verschwindet, sobald wir in den Versen *a* 1812, 1820, 1821 die Lesarten der andern Handschriften einführen; hier ist *a* allen andern Manuskripten vorzuziehen. — Die Lesart von *a*: Si eussiez vo compagne amenee geht, wie es *T* andeutet, auf Eussiez vous ma c. a., nämlich die ich Ihnen anvertraut hatte, wie Vivian, zurück. — So auch Vers 1726 spricht Wilhelm von sich selber wie von einer abwesenden Person. [5] Die Handschriften schreiben immer nur ée für eée, wie pic. íe für iée.

1725 France contese, nen a mestier celee:
Soie conpagne est toute a mort livree;
En Aliscans, la fu desbaretee;
Nen i a nul n ait la teste copee.
Afuis¹ sui, ne pui avoir duree;
1730 Turc m ont cacie bien pries d une iornee.
Ot le Guibors, de dolor ciet pasmee;
Quant se redrece, adont s est dementee:
Ahi, dist ele, lase, maleuree,
Ore pus dire molt sui acaitivee;
1735 Tante iovente est por moi afinee.
A con fort² eure fui ie de mere nee!
Sainte Marie, Virge Dameldeu Mere,
Car fusce iou et morte et enterree!
Ma grant dolor nen iert mes oubliee.
1740 Adont i ot mainte larme plouree.

(G 1792—1839.)

LII

Molt fu li dius en Orenge pesans:
Pleure Guibors, des autres ne sai quans.
Sire, dist ele, u est remes Bertrans,
Et Guielins et Guicars li vallans,
1745 Gaudins, Gerars, li povres Guinemans,
Gautiers de Termes, li boins ber Ioserans,
Et Viviens, li hardis conbatans,
Cui ie nori o moi plus de .VII. ans,
Et li barnages de la tierre des Frans,
1750 Que vous ballai quant en fustes tornans?
Rendes les moi sains et saus et ioians!³
Dame, dist il, mort sont en Aliscans . . .;
Deviers⁴ la mer, par deviers les Arcans,
Trouvaumes Turs, Sarrasins et Persans,⁵
1755 Caus de Palerne et tous les Gorgatans,⁶
Et caus de Sutre et tous les Agoulans,

---

¹ *aufugio afugio.* — Perfectum in *C*, gewöhnlich: p o c. ² *L:* De confaite h.; einige Handschriften haben aus con fort den Konjunktiv von conforter gebildet: Dex confort ore ... ³ Ursprünglich: trestous e sains e saus? ⁴ *m:* Dedens(!). ⁵ *ABCT* schieben ein: Les Indians oder Medians (*Medina* oder *Medien*) e les Sarragoncans (*Zaragoza*). ⁶ Nach *L:* qui tant nous firent mal.

Les Micenaus¹ et tous les Africans,²
Caus de Mautiste, les fius Matusalant;
Bouriaus³ i fu o ses .XIIII. enfans,
1760 Et Desrames et Haucebiers li grans:
S i ot bien .XXX. que rois que amirans
A tout .C. .M. de la gent mescreant.
Nous i ferimes a nos acerins brans.
Molt le fist bien li palasins Bertrans,
1765 Gerars mes nies, de Commarcis li frans,
Guicars li preus, Gaudins et Elimans;⁴
Mais sor tous autres le fist mius Vivians:
Quar onc ne fu por Sarrasins fuians.
Mais des paiens fu la plentes si grans,⁵
1770 Contre nous⁶ .IIII. i ot .XXX. Persans.
Mort sont mi home, nen est nus escapans;⁷
Et ie meismes navres parmi les flans.
Tant i estui sans mencogne disant,
En .XXX. lius fu rous mes iaserans.
1775 Ne moi blasmer, se i sui afuians!
Non fac iou, sire, Ihesus vous soit garans.⁸
(G 1840—1880.)

LIII

Grans fu li dious ou pales signori:
Les gentius dames pleurent por lor maris,
Et les puceles regretent lor amis.
1780 Li dious enforce, et li plors et li cris.
Dist dan⁹ Guibors: Est dont¹⁰ Bertrans ocis,
Gaudins li bruns, Guicars et Guielins?¹¹
Nenil voir, dame, ains sont encore vif;
En unes nes les tienent paien pris.
1785 Mais mors i est Viviens li hardis.
Anccis i vig que il fust defenis;

---

¹ d: Montenois; T: Mintenax; was die in Aliscans vorkommenden Eigennamen betrifft, stimmen dieselben sehr oft mit denen des Rolandsliedes überein. ² Nach einigen Handschriften: Moreans (Morea?). ³ = Borrel. ⁴ T nennt ihn: alignans. ⁵ Nach C abgekürzt. ⁶ Personalpronomen. ⁷ T: ni a nul eschapans. ⁸ Diese Laisse, in der sich Wilhelm allzusehr mitteilsam erweist, war ursprünglich noch kürzer denn wie sie uns in C vorliegt. ⁹ Lesart von M; seltene, aber richtige Form des Wortes *domina*, wenn es sich auf ein Hauptwort stützt. ¹⁰ M: dan. ¹¹ Nach MC abgekürzt.

Bien fu confies, la Dameldeu merci,
Comugnies de saint pain beneit.
Sor un estan le laisai hui matin;
1790 Salus vous mande, ne voel estre trais.
Et dist Guibors: Dameldex Ihesucris,
Recoif soie¹ arme en ton saint pareis!
Molt ai grant duel quant si tos est fenis.
L eve des ious li ceurt aval le vis;²
1795 Pus a parle a loi d empereis:
Sire Guillaumes, dist Guibors la gentis,
Nen iestre mie vilains ne esbahis,
Ne viers paiens ore toi alentir!
Nen aves tiere entre Orliens ne Paris,³
1800 Ancois manes entre les Sarrasins.
Ia en Orenge nen esteres iours vint
Ie quic Tiebaus la ravera saisi.
Mais ce nen iert iusqu au di dou iuis
Quant ti neveu sont vif, icou desist,⁴
1805 Et encore as et parens et amis;
Mande secors en France, a Saint Denis,⁵
A ton serorge,⁶ le fort roi Loey!
Si i venra tes peres Naymeris;
En sa conpegne amenra tous ses fis⁷
1810 Et son lignaie, qui est poesteis.⁸
Dex, dist Guillaumes, qui en crois fustes mis,
Fu onques dame tant eust sages dis!
Or m en consaut Dex et Sains Esperis!⁹

(G 1881—1921.)

---

¹ Notwendige, überall einzuführende Form des unbetonten Pronomens. ² Dieser Vers ist nach *T* wegzulassen. ³ = zwischen P. und O. ⁴ Siehe *Einleitung*: Um nicht in der Folge willkürlich ändern zu müssen, behalten wir hier die fehlerhafte Lesart, lassen jedoch die Verse, die sich auf die Befreiung der Neffen beziehen, von deren Gefangennahme Wilhelm nichts wissen konnte, weg: die nordfranzösische Armee ist gekommen, Orange, und nicht Wilhelms Neffen zu befreien. ⁵ Man wird richtiger diese beiden Verse zu: M. s. au f. r. L. zusammenziehen. ⁶ Älteste Lesart: A ton seignor (*m*). ⁷ Lies: aura ses fius tous cinq. ⁸ Ursprünglich: e de ceval. mil. ⁹ Nach *M* von conseiller; alle andern Handschriften: consout (von consoler), und haben an Stelle von Sains Esperis, der allein Rat erteilt, Jesus Cris gesetzt. Ursprünglich stand wahrscheinlich: Or me c. li Deu S. E.

LIV

      Dame Guibors son parler ne detrie;
1815 Guillaume dist baset a vois serie:
      Sire Guillaumes, ne vous esmaier mie!
      Ales en France por secors et aie![1]
      Quant le saura Hermengars de Pavie,
      La vostre mere, cui[2] Ihesus beneie!
1820 Et Naymeris a la barbe florie,
      Tos manderont por la cevalerie
      Et par la tiere la rice baronie;[3]
      Ta fiere geste, qui tant a signorie,
      Secoura toi en la tiere haie.[4]
1825 Dex, dist Guillaumes, dame sainte Marie,
      Par tante fois aurai lor ost banie,
      La gent de France penee et travillie,
      Ia nen orront[5] mesage qui lor die
      Que ma conpagne soit si[6] morte et hounie.
1830 Dame Guibors, bele suer, douce amie,
      Ceste parole nen iert en France oie
      Par mesagier c on ne tiegne a folie;
      Ia ne mouvra por cou cevalerie.
      Se nen i vois ne me vaut une alie;
1835 Nen iert ceste oevre autrement acornplie.
      Mais nen iroie por tout l or de Pavie;
      Mauvais seroie et plains de couardie,
      Se en Orenge vous avoie gerpie.
                          (G 1922—1945.)

LV

      Sire Guillaumes, dist Guibors en plorant,
1840 Ales ent, dus, en France la vallant
      Querre secors a Loey le Franc;
      Ie remanrai en Orenge la Grant,
      A nous les dames, dont il a caiens tant.
      Cescune aura le hauberc iaserant,
1845 Et en son cief le vert hiaume luisant,

---

[1] *T*: s. querre e aie. [2] Handschrift hat meistens qui. [3] = E p. la t. por la r. b. [4] *C*: contre la gent haie. Terre haie: sarazenisches Land; t. sauvee: Südfrankreich; Land Wilhelms; t. louee, asasee, honoree etc.: Nordfrankreich. — Lies: T. s. [5] Nach *M*: orront (Hdschft auront). [6] = auf diese (schmähliche) Weise.

Et au coste aura caint le boin branc,
Au col l escu, en puig l espiel trencant;
Si sont caiens cevalier ne sai quant,
Que rescousistes a la gent mescreant:
1850 Desor[1] ces murs monteront la devant;
Bien desfendrons[2] se Turc sont asalant.
Ie iere armee a loi de conbatant:
Par saint Denis, cui ie trai a garant,
Nen a paien, Sarrasin ne Piersan,
1855 Se ie l ataig d une piere ruant,
Ne li coviegne widier son auferrant.
O le Guillaumes, si s en va en broncant;
Par grant amor se vont entre baisant;
Li uns por l autre va de pitie plorant.
1860 Tant va Guibors Guillaume de priant,
En France ira, ce li a covenant,
Por le soucors, dont molt sont desirant.
(G 1946—1968.)

LVI

Sire Guillaumes, dist Guibours la senee,
Ore en iras en France la loee;
1865 Ci me lairas dolante et esgaree
Dedens Orenge enclose et ensieree
Entre tel gent dont ne sui pas amee.
Et tu iras en la tierre hounoree;
Mainte pucele i veras couloree,
1870 Et mainte dame par noblece acesmee;
Ie sai tres bien tos m auras oubliee:
Lues i sera toie amors asenee:[3]
Ariere dos iere mise et botee.
Que querries en iceste contree?
1875 Vous i aves tante poine enduree,
Tant fain, tant soit[4] et tante consiree!
O le Guillaumes, s a Guiborc regardee;
L eve dou cuer li est as ious montee;[5]

---

[1] Wie die meisten Handschriften, so vermengt auch C desus und desous. — En son? [2] Die meisten Handschriften beziehen defendront auf cevaliers. [3] Im ursprünglichen Sinne gefafst. [4] sic. [5] Nach C abgekürzt. Die Verse G 1983—1984 sind unzulässig: Wilhelm hatte ja seine Rüstung abgenommen.

Souavet l a baisie et acolee.
1880 Dist li quens: Dame, nen estre trespensee!
Tenes ma foi, ia vous iert afiee:
Que nen aurai cemise remuee,
Braie ne cauce,¹ ne ma tieste lavee;
Ne mangerai de car ne de pevree,²
1885 Ne buvrai vin ne espece coulee
A maserin ne a coupe doree
Se eve non, icele m iert privee;
Ne mangerai fouace buratee
Fores gros pain,³ u la palle ert trovee;
1890 Ne ne girai⁴ sor kioute enplumee,
Ne nen aurai sor moi gordine ouvree,
Fors le suaire⁵ de ma sele afeutree,
Et itel reube con ent aurai portee;
Nen iert ma bouce a autre adesee,
1895 S iert de la vostre baisie et acolee.⁶
Adont i ot mainte larme ploree.
Sor Volatile fu la siele posee
Et li frains mis, la tiestiere noee;
Toute ot la crope de fier acouvetee;
1900 Bien ont arme le col et l escinee;
Fort l ont estraint d une sorcaingle lee:
Sous le pales li tint on en l estree.
Li quens s arma sans nule demoree:⁷
En son dos a une brogne getee,
1905 Cele au paien cui ocist en la pree;⁸
Pus lace l iaume sor la coife bendee
A .XXX. las d une soie⁹ ietee;
Li Aroufle est des puis de Valfondee,
Cui dans Guillaumes ot la tieste copee.
1910 Dame Guibors li a cainte l espee.
Li clers Estievenes a sa targe aportee,
Qui estoit d or et d asur couloree;
Li quens la prist, s a la guige acolee.

¹ Das heifst: Nen aurai ne cemise ne cauce ne braie remuee; lavee bezieht sich nur auf teste. ² T: penree (sic). ³ C: Se le gros non... ⁴ Zukunft von gésir. ⁵ Die beste Lesart ist die von Am: Fores le fuerre de... ⁶ Cf. den Bedeutungswechsel bei embrasser. ⁷ Neue Laisse. ⁸ M: en la prere; d: en la privee. ⁹ T: saie.

        Puis s en avale de la sale marbree;
1915 Vient au perron sous l olive ramee.
        Toute sa gens[1] est apries lui[2] alee.
        Monte ou ceval a la crope tuilee;
        Puis prist l espiel u l ensegne est fremee.
        Dont fu Guibors dolante et esploree:
1920 Sire, dist ele, vous m aves espousee,
        A la loy Deu beneie et sacree;
        Si con tu ses que ie t ai foi portee,
        Remenbre toi de ceste lase nee!
        Molt doucement l a li quens confortee,
1925 Et sa mesnie a Deu recommandee;
        De Guiborc prie[3] qu ele soit bien gardee
        Et la cite viers Sarrasins tensee.
        Dont fu la porte ouverte et desfremee.
        Li quens s en ist .I. poi ains l aiornee;
1930 Apries lui ont la porte resieree.
        Li quens cevauce belement, a celee.
        Devant le ior espoise la nuee;
        Si con li aube parut et fu crevee,
        Voit des paiens une conpegne armee.
1935 Li quens Guillaumes a la route escivee:
        A destre torne parmi une valee.
        Cil li demandent a molt grant anelee:
        Qui estes vous? gardes nen ait celee!
        Li quens respont, s a la langue tornee,
1940 En sarrasin sa raison a muee:
        C est rois Aroufles des puis de Valfondee;
        Entor Orenge vois cercant[4] la contree
        Que ne s en isce Guillaumes a enblee.
        Quant paien l oent, si li font enclinee.
1945 Atant s en tornent, nen i font devisee.
        Entre .II. mons, ens en une valee,
        A bien li quens sa voie aceminee.[5]
                    (G 1969—2066.)

---

[1] Handschrift: gent *(passim)*. [2] Nach *M*: apres el. [3] *T*: penssent. [4] = um die Gegend herum reiten, um sie zu überwachen. [5] Später hinzugetretene Verse.

LVII

 Vai sent Guillaumes, li marcis fiere brace,
 En Volatile, son boin ceval d Arage.¹
1950 Sovent regrete Guiborc au cler viaire:
 L eve dou cuer li a mollie la face.
 La soie targe molt au col le travalle.²
 Li quens cevauce, cui Dex croise barnaie!³
 Forment escive icele gent couarde.
1955 Tant va li quens par plains et par boscage⁴
 Que une nuit ne prist il herbegage:
 Ce li est vis li demorers li targe.
 Nen arestut a port ne a pasage
 Por nul let tans, por vent ne por orage;
1960 Vient a Orliens, Loire pase a naie.⁵
      (G 2067—2080.)

LVIII

 Vait s ent Guillaumes, cui Dex soit en aie!
 Onc une nuit⁶ ne prist herbegerie;
 Vient a Orliens, Loire pase a navire;
 Puis remonta el destrier de Surie.
1965 Boriois le voient, li un les autres dient:
 Et u va cis armes sans conpagnie?
 Dirai vous ore d un maufe de la vile,
 Qui s en va tos courant par aramie
 La u savoit le castelain, lor sire;
1970 Vint a lui droit, si li commence a dire:
 Sire, fait il, ci s en va a delivre

---

¹ = Arabia. *T:* le bon destrier darquaie. ² Cf. *a* 2103. ³ Ursprünglich etwa: Sor oder En Volatile quens G. chevauche. ⁴ Ursprünglich: e par puiz e par plaines; durch Verbindung von *M* und *a* bekommt man: par bois e par boscage. ⁵ = *nāvia*, Schiff. Ursprünglich vielleicht: L. en navire passe; cf. Vers 1963. ⁶ Ainz c'une n. geht auf ein mit stark artikuliertem c ausgesprochenes Onc une n. zurück. Ainz qu'une nuit ... erklärt die Stelle aus *Wolfram von Eschenbach's* Willehalm (II, 99), wo der Markgraf, von Aliscans zurückgekehrt, an Gyburgens Herzen sanft entschläft, bis ihre Thränen ihn erwecken. So auch in der Berner Handschrift: Ainz qu'une nuit ne prist herbergerie Avoec Guiborc e s'espouse et s'amie.

.I. hom armes, mais ne savons quest, sire;[1]
Parmi la vile a sa voie aquellie.
Si ne sot nus dont vient, de quel partie,
1975 Ne u s en va, sacies le bien, biaus sire.
Quant cil l entent, ne se delaie mie;
Apries Guillaume point parmi la caucie;
Si li demande par molt grant estoutie:
Vasal, qui estes, ne moi celer vous mie![2]
1980 Armes[3] aves nostre cite cercie;
Ne sai se[4] estes robere u espie.
Mais par la foi que doi sainte Marie,
Et sainte Crois, que on aeure et prie,[5]
Se nen aves molt boine avouerie,
1985 N en partires, s iert torne a folie.
Et il dist voir, si que l orres bien dire;
A lui meisme ne demorra il mie.
Dont point avant, s a la targe saisie,
Et enviers lui par tel air tirie,
1990 A poi dou col ne li a esragie.
Glous, dist Guillaumes, li cors Deu te maudie!
A molt grant tort isi[6] me contralies.
Laise ma targe, si feras cortoisie;
Molt l ai portee, li cors m en afloibie.
1995 Cevaliers sui, si faites vilonnie.
Ore nen ai cure de gaberie.
Li castelains fu plains de felonie:
Quant plus li quens enviers lui s umelie,
Tant li dist plus orguel et estoutie.
2000 Dex, dist Guillaumes, qui tout as en ballie,
De .C.M. Turs[7] m aves sauvet la vie,
Et uns seus hom me laidist et concie!

---

[1] qu i s t? Es wäre leicht zu korrigieren: n e s. q u i e. s. oder m a i s ne savomes qui est; diese Eigentümlichkeit aber, ebenso wie die Wiederholung des Wortes sire, gehört dem Styl des Freibürgers; cf. 2039 *sqq* und die Worte des Bürgers Guimard. [2] = Verhehle mir nicht, wer du bist. [3] *C*: A nuit. Bedeutet diese Redensart: gestern abends, so sind die Lesarten aller Handschriften (aufser *M*): Ainc c'une nuit ne p. h., richtig und lassen eine Lücke vermuten. In *Willehalm* verbringt der Markgraf die Nacht in einem schlechten Gasthaus, in einer entlegenen Gasse. [4] Nach *T*: cestes = qu'estes, also quoi e. [5] *M*: q. hom ore e p., besser. [6] *T*: certes; *M*: ores. [7] *C*: Contre .C. turs ist vorzuziehen.

Aliscans. 5

Traite a l espee, u li ors reflanbie,
Le castelain en fiert deles l orille;
2005 L espee glace de ci que en l escine,
Mort le trebuce. Li boriois s estormiscent,
As armes ceurent; la bancloce est bondie.
Guillaumes torne devant une abeie.[1]
Mainte saiete ont a lui escocie,[2]
2010 En son hauberc et en l escu ficie
Et el ceval; mes ot a garantie
La coverture, qui li fist boin siervice.[3]
Dex, dist li quens, sainte Marie Virge,
Hui en cest ior me soies en aie!
2015 Ore voi bien que montee est folie.
Ia i morai plus tos qu en paienime.
Se les desporc ne m espargneront mie;
Car gens de borc est de grant aatie:[4]
Nen a mesure pus que est en ruie.
2020 A icest mot lor fet une envaie;
Au branc d acier les trence et esmie.
La n ot mestier Guillaumes couardie:
Li boriois fuient, s ont la vile gerpie,
Droit viers le pont ont lor voie envaie.[5]
2025 Encontre ont molt grant cevalerie;
De Loey iert sevree et partie.
Ernaus estoit en cele cevaucie,
Cil de Gieronde, qui tant ot baronie;
Frere ert Guillaume a la ciere hardie:
2030 Si les porta Hermengars de Pavie,
La france dame, cui Ihesus beneie!
(G 2081—2144.)

[1] Besser wäre: **poignant viers l abeie** (*C*), nämlich von Saint-Seine. [2] *m*; die andern Handschriften haben: **descochie**. [3] Nach *m*; nach den andern Handschriften: **dont la maille est treslie**. Man merkt leicht, wie, trotz der Assonanz, der Styl dieser Episode verjüngt ist. Siehe *Einleitung*. [4] **haine**? [5] Im ursprünglichen Sinne gefafst. Hernaud, von Paris oder Laon zurückkehrend, hatte nicht die *Loire*-Brücke zu passieren; es ist sicher die Brücke, oder eher, nach *C*, das Thor der Stadt gemeint. Die deutlichste Lesart wäre: ... **guerpie. De vers le p., ou lor v. envahirent, Enc** ... Jedenfalls würde sich die Hernaudepisode besser an den Ufern der Gironde ausnehmen, wo Hernaud dem aus Spanien zurückkehrenden Bruder Hilfe geleistet hätte.

LIX

  Grans fu la noise et li cris enforca.
  Li quens Guillaumes durement s aira;
  Ne¹ des boriois un seul nen espargna:
2035 Plus de .L. au branc i detrenca.
  Es vos Ernaut, qui en Orliens entra;
  Grant conpagnie de cevaliers mena.
  La gent d Orliens entor lui s auna;
  A haute vois crient: Sire Hernaus,
2040 Sire, font il, malement nos esta;
  Uns cevaliers, qui ceste part pasa,
  Le castelain, biaus sire, ocis nos a,
  Et des boriois tant que conte n i a,
  Por seul itant que il li demanda
2045 Por coi armes par ici cevauca.²
  Dont a parle li boins cuens dans Ernaus;
  Si lor demande: Saves, quel part il va?
  Oil, biaus sire, viers Paris s adreca,
  Le grant cemin viers Estanpes torna
2050 En un ceval. si grant nen esgardai.³
  Ernaus l entent, ses armes demanda:
  L auberc vesti et l iaume relaca,
  Prist un escu, une lance enpugna,
  Ensemble o lui .X. cevaliers mena,
2055 D Orliens isci, a esporons s en va,
  Demie liue ses conpagnons pasa;
  Guillaume atainst, qui souef cevauca.
  Par Deu, vasal, malement vous ira . . .⁴
  Quant li quens l ot, viers lui s en retorna —
2060 Tint une lance, que un boriois hapa —
  Point Volatile, le regne li lasqua.
  Ernaus, ses frere, viers lui esporona.
  Tant con randonent desous aus li ceval⁵

---

¹ Statt nes = ne ipse. ² T: trepassa. ³ Das Subjekt ist einer derjenigen, an welche sich Hernaud gewendet hat; alle Handschriften weisen: onc si grant nesgarda, ohne Subjekt, auf. ⁴ C; also ohne vom Markgrafen eine Erklärung zu verlangen, greift Hernaud denselben an. Nach den andern Handschriften fordert H. seinen Bruder, vor das königliche Gericht zu erscheinen, eine Einladung, auf die Wilhelm mit einem Lanzenstofs antwortet. ⁵ Die Lesarten der Handschriften sind unzulässig; bezieht man diesen Vers auf den vorhergehenden, so fehlt der Übergang zum folgenden Verse.

Vont soi ferir, ne s espargnerent pas;
2065 Lor lances fragnent et la plus fors quasa.[1]
Li quens Guillaumes son frere si hurta
Que del destrier aval le trebuca;
Voit le li cuens, si le contralia:
Par Deu, vasal, molt petit vous ama,
2070 Qui a Guillaume iouster vous envoia,
Celui d Orenge, qui onc repos nen a;
Ia li marcis plus ne vous toucera.
Son ceval prist et si li ramena.
Ernaus le voit, tous li sans li mua;
2075 Au grant corsage et as ious[2] l avisa;
De son cier frere forment se mervilla:
Il sali sus, par l estrief l enbraca,
Plus de .VII. fois la ianbe li baisa.
Voi le Guillaumes, des ious del cief plora;
2080 De ce c ot fait forment li enuia;
Mais son cier frere recouneu nen a.
Son ceval prist et si li presenta;
Montes, dist il, ne demorer, vasal!
(G 2145—2204.)

LX

Quant Ernaus ot Guillaume couneu,
2085 Lores fu[3] lies, onques mais si ne fu.
Il li escrie: Biaus frere, dont viens tu?
Ie sui Ernaus que tu as abatu;
Molt par sui lies quant ton cop ai sentu:
Ore sai bien que molt as grant viertu.
2090 Li quens descent del boin destrier crenu;
Cescuns osta del cief son iaume agu.
Ernaus le baise et sovent et menu:
Les ious, la face et le col et le bu;
Devant sa bouce fist Guillaumes escu:
2095 Onques Ernaus ne touca nu a nu.
Li cevalier i sunt poignant venu;

---

[1] Die Handschriften bieten brisent, das sicher auf ein schlecht gehörtes prisent (M) zurückgeht: Sie versuchen ihre Lanzen, und selbst die stärkere bricht. [2] T: aus euz; die andern Handschriften bieten ausnahmslos die schlechtere Lesart: au vis. [3] T: Adonc fu l.

Guillaume voient, ne l ont pas couneu;
Quant le counurent, cescuns li rent salu.
Communaument sont a piet descendu;
2100 Fores la voie,¹ en mi un pre herbu,
La sont asis sous un arbre fuellu.
Li quens Guillaumes lor a amenteu²
Le grant damage que il a receu
En Aliscans, u la batalle fu: . . .
2105 Mort sont mi home, mon avoir ai perdu;
Bertran ont pris li glouton mescreu,
Gaudin le preu et Guicart le menbru,³
Et Guielin del Commarcis, son dru,
Vivien mort, dont molt sui irascus.⁴
2110 Devant Orenge sont a siege venu.
Nen i laisai iovene⁵ ne kenu,
Fores la gaite et un clerc asolu;
Trente⁶ caitif sont avuec remasu,
Que ie rescous as paiens mescreus;
2115 Tant par sont fueble, nen ont point de viertu.
Cescune dame a le hauberc vestu,
L espee cainte et lacie l iaume agu,
La lance el puig et a son col l escu.⁷
Poi ont viande, vin et forment molu;
2120 Se a cort terme nen i sont secouru,
Prise ert Orenge, arse et bruie en fu.
Ernaus l entent, tout a le sanc meu;
D une liuee nen a mot respondu.
(G 2205—2246.)

LXI

Quant voit Guillaumes Ernaus ne respont mie,
2125 Ne puet muer en plorant ne li die,

---

¹ *T*: Dehors Orliens. ² Die Lesart coneu (*amT*), oder besser açoneu, im Sinne von: bekannt machen, wäre zulässig. ³ eher le cenu, welches, schlecht gelesen, die Lesart retenu entstehen liefs. ⁴ Noch eine Stelle, die beweist, dafs Wilhelm seine Neffen tot wähnte; man wird lesen: Bertran ont mort . . . Et Vivien, dont . . . Die Abkürzung des Wortes Vivian (V) wurde für einen Fünfer (.V.) gehalten, was natürlich die Einschiebung der näheren Bestimmung des autres erheischte, und so entstand die Lesart: E .V. des autres d. m. s. i. ⁵ Für unsern Text immer und notwendig dreisilbig. ⁶ *T*: Quinze. ⁷ Überflüssige Wiederholung; diese Verse fehlen teilweise in *T*.

Par grant amor et doucement li prie:
Dites, biaus frere, feres me vous aie?
O ie¹ voir, sire, ie ne vous faurai mie
Tant con iou ai ens en mon cuer la vie.²
2130 Dist quens Guillaumes: Ne vous atargier mie
Faites savoir Hermengart de Pavie,
La nostre mere, cui Ihesus beneie!
Et Naymeri a la barbe flourie,
Que me soucorent viers la gent paienie.
2135 A Loey irai, a Saint Denise,³
Proierai lui por Deu, le fil Marie,
Que me soucore a sa grant ost banie,
U il me baut de sa cevalerie,
De caus de France de rice baronie:
2140 Mais ie crien molt que il ne m escondie.⁴
Et dist Ernaus: Ne vous esmaier mie!
A Monloon, la fort cite garnie,⁵
La doit tenir⁶ une feste ioie.
Voir i aura molte bacelerie:
2145 De Vermendois i doit faire partie.⁷
Mes pere i ert a molt gente mesnie.⁸
Ales i, sire, ne sai que plus vous die.
Or et argent et destriers de Surie⁹
Vous ballerai et gente conpegnie.
2150 Li quens Guillaumes doucement l en mercie;
Nen ent mena vallisant une alie.
Ernaut baisa, mais la bouce a gencie;
Plorant departent en mi la praierie.

---

¹ *sic* in *C*. ² *M*: s a i e, wahrscheinlich s e ï n e, s e i n e, mit dem Reim angepafster Endung. ³ Die Lesart ist notwendig. Wilhelm wähnte den König zu Paris oder zu Saint-Denis; sein Bruder teilt ihm mit, dafs er in Monloon weilt. ⁴ Die meisten unter diesen zehn Versen sind der LIV. Tirade entnommen; in *C* fehlen sie alle. ⁵ *C*: d e d e n s l a t o r a n t i e. ⁶ *C*: S i d o i t a v o i r (= es dürfte dort geben). ⁷ Der in einigen Handschriften hinzugefügte Vers: A s e s b a r o n s e n d o n r a l a b a i l l i e, beweist, dafs die Königin von Frankreich sich dieses Lehen weder aneignen wollte noch konnte, und dafs ursprünglich der Streit aus ándern Ursachen entstanden sein dürfte (cf. *Wolfram von Eschenbach* III, 145); übrigens weichen die auf die Grafschaft Vermandois bezüglichen Stellen in den einzelnen Handschriften von einander ab, und in *C* fehlen sie gänzlich. ⁸ Nach *T*: o b e l e c o m p a g n i e. ⁹ *C*: e t p a i l e s d e R o u s i e.

Ains que Ernaus viegne a Saint Seine,[1]
2155 Enconterra Naymeri et s amie.
Li quens Guillaumes a sa voie aquellie;
Iusqu a Estanpes nen a regne sacie.
La nuit i iut et prist herbegerie;
Puis remonta el destrier de Surie.
2160 Sa targe mist a une renderie;[2]
Ains que retort ert arse et brasoie;[3]
Car feus i prist, si destruist l abeie.
(G 2247—2281.)

LXII

Li quens Guillaumes pensa de l esploitier:
Son hiaume torse et son hauberc doublier.
2165 Tant a li quens son bon ceval coitie,
Un diemence devant le droit mangier,
Si con la gens iscoient del moustier,
Entre en Loon[4] Guillaumes au vis fier;
Parmi la rue coummence a cevaucier.
2170 Bien sanbloit home qui venist d ostoier.[5]
Molt le gaberent paien et pautonier
Por le ceval que virent si plenier;
Dist li uns l autre: Bien sanble landoier;[6]
Onc mais nus hom ne vit si grant somier;
2175 Deable l ont isi haut encrucie.[7]
Voi con est grans, con sanble berruier!
Li quens se taist, nen a soig de tencier;
Outre s en pase, ne veut nul araisnier.
Devant la sale avoit un olivier;
2180 La descendi de son courant destrier.
Si garnement nen estoient entier,

[1] a Orliens la ville ist unmöglich; *m:* a St-Avignon en Brie; vgl. *Einleitung.* Übrigens sind diese Verse aus andern Episoden hergeraten; Vers 2156 hängt eng mit Vers 2150 (C) zusammen. [2] *m:* templerie. Besser wäre a la (= bekannte) renduerie. [3] *M:* braisie. [4] Lies: En L. e. [5] qui eust ostoie? [6] *M:* landier, ein von kelt. *landâ, landicare, landicarius* abgeleitetes Wort. Möglich ist auch, dafs das Wort mit andier, landier, welches auf *ambitare* zurückgeht, in Beziehung steht. Wenn *M* (dessen Vorlage übrigens vom Copisten schlecht abgeschrieben wurde) landrier böte, hätten wir das Wort mit prov. landraire identifiziert. Die Handschriften weisen lanier oder aversier auf. [7] *L:* D. lont issi h. e.

Ains sont derout et devant et derier.
Cainte ot l espee dont li pons iert d or mier;
Francois le¹ voient, nen ot que courocier;
2185 Mais nen a cel ne le laist estraier.
Sus el pales le va uns mes noncier²
Que fores est venus uns cevaliers;
Ains ne vit hom nul isi grant sor pies:
Se fust armes bien sanblast soudoier.
2190 Ie cuic que viegne por France calongier.
Mais nen a prince qui a lui s ost drecier;
Ses grans corsaies fet molt a resognier.
Loeys l ot, prist soi a mervillier;
De Deu de Gloire s est li boins rois segnes;
2195 De ce que ot a la tieste enbronciet.
Sus as fenestres vont Francois apoier
Por esgarder le marcis au vis fier.
(G 2282—2316.)

LXIII

Li quens Guillaumes descendi au perron;
Nen i trova escuier ne garcon
2200 Qui li tenist son destrier aragon;
Li ber l atace a l olivier reont.
Cil qui le voient en sont en grant freor;
Plus le redoutent qu aloe esmerlion.
Roi Loey ou pales le dist on
2205 Que la ius est descendus au perron
Uns escuiers, bien resamble baron;
De son samblant onc ne vit³ nul ou mont:
Grant a le cors, le vis et le menton,
Le regart fier ases plus d un heron;
2210 Cainte a l espee dont a or est li pons.⁴
Amene a un destrier aragon;
Magre a le tieste, si a gros le crepon;
Bien ataindroit⁵ a l olivier en son.
Molt a boin frain, d or i a molt mangon.
2215 Uns hiaumes pent devant a son arcon,
Deriere a tors son hauberc fremillon;

---

¹ = lespee; besser als wenn man le auf Wilhelm bezieht.
² Besser wäre: Ou p. a uns messages noncie. ³ Subjekt: on;
lies vielleicht: vi. ⁴ poins? eine Form, die a allein bietet. C:
au senestre gieron. ⁵ L: avenroit.

Nen a entor forrel ne ganbeson;
Blance est la malle ases plus d auqueton,
Et s en i a de rouges con carbon.
2220 Molt par sont grant andoi si esporon;
Plus a li broce de .X. pans¹ environ.
Si a viestu .I. mauves siglaton,
Et par deseure un hermin pelicon.
Haut a le nes et sore le menton;²
2225 Gros a les bras,³ le pis quare en son;⁴
Anple viaire et de ceviaus fuison:⁵
A grant mervelle resamble bien prodom.
Francois l entendent, molt sont en grant freor;
Nen i ot cel ne baisast le menton.⁶
2230 Dist Loeys: Car m i ales, Sanson;
Pus i venes noncier soie raison.
Bien enqueres qui il est, quoi et dont;
Teus puet il iestre mauvisin i aurons.

(G 2317—2355.)

LXIV

Dist Loeis: Sanses, car m i ales;
2235 Mais gardes bien caiens ne l amenes
Tant que sacies de quel tierre il est nes:
Teus puet il estre, ie vous di par verte,
Mar le veimes en cest pais entrer.
Sire, dist Sanses, si con vous commandes.
2240 Il s en torna, s avala les degres,
Vint a Guillaume sous⁷ l olivier rame;
Ne le connut, mes il l a salue;
Pus li demande: Sire, dont estes nes,
Com aves non, dites que vous queres?

---

¹ Die bestaccreditierten Handschriften bieten ponz, also: environ de .X. ponz (*punctum?*). Wir bemerken nebenbei, dafs Wilhelm, bevor er Orange verliefs, die Rüstung Arofle's wieder angelegt hat; dieselben Waffen hat er in Monlaon, wogegen von denselben in der Orléansepisode gar nicht die Rede ist; sie fallen nicht einmal den Bürgern auf. In diesem Umstand sehen wir einen neuen Beweis dafür, dafs die Orléansepisode eine spätere Interpolation ist. ² Nach *m*: et le viaire sorn (mit geschl. o: und düster das Gesicht). ³ Grosse la brace (?) e graisles a les poins? ⁴ li poing q. en sont? cf. 388. ⁵ C allein läfst diese zwei dem Signalement Rennewart's entnommenen Verse weg. ⁶ le menton nen enbronst? ⁷ Ms.: sor.

2245 Voir, dist li quens, aparmain le sares;
Ne doit en France mes nons estre celes:
Ie ai a non Guillaumes au cort nes;[1]
Si vieg d Orenge, durement sui lases.
Vostre merci, cest ceval me tenes
2250 Tant que iou aie a Loei parle.
Sire, dist Sanses, un petit vous soufres;
G irai la sus el pales principel;
Au roi sera mes mesaies contes:
Ca m envoia, ia mar en douteres.
2255 Et dist Guillaumes: Amis, car vos hastes!
Dites le roi, ia mar li celeres,
Que ie sui ci povres et esgares.
Ore verai se onc me fu prives:
Contre moi viegne o son rice barne!
2260 A la besoigne est amis esprouves;[2]
S adonc li faut nen a plus seurte.
Sire, dist Sanses, ie li dirai ases;
Mon voel feroit li rois vos volentes.[3]
Et il s en torne, el pales est montes;
2265 Si dist au roi: Sire, vous ne saves,
Cou est Guillaumes, qui tant est redoutes;
Par moi vous mande encontre lui ales.[4]
Loeys l ot, viers tiere est clines;
Dist a Sanson: Ales, si vous sees!
2270 Que ia par moi ne sera revides.
As vis deables s est[5] ses cors commandes:
Tant nous aura travillie et pene!
Cou nen est hom, ains est uns vis maufes.
Maudehait ait ens el col et el nes
2275 Cui ce est bel que ca est arives.

---

[1] Nach *C*: G. sui, ainsi sui ie nomes. [2] *L*: espirez.
[3] Besser wäre nach *T*: Loeis vostre gre. *T*: Nevoil f.. (*sic*).
[4] Hat Wilhelm das Recht zu verlangen, dafs ihm der König mit seinem ganzen Hofe entgegenkomme? Gewifs nicht; nicht einmal in jenen frühen Zeiten, wo die königliche Macht noch unbedeutend war. Der Vers 2259, der ursprünglich fehlte, wurde dem Verse 2267 entnommen, dessen richtige Lesart sich in *C* wiederfindet: Que doit ce (= Was soll es bedeuten, dafs ...), sire, contre lui nen ales? Molt mesmerveil quant desconu laves.
[5] Und nicht soit, wie alle Handschriften aufser *M*: Er hat sich dem Teufel verschrieben.

Li rois se siet maris et abosmes.¹
Cil cevalier avalent les degres
Cui li quens ot maint noble don doune:
Les piaus de martre, les hermins engoles,
2280 L or et l argent, les deniers monees,
Les palefrois, les destriers seiornes.
Quant il le virent qui² iert si desrames,
Mauvaisement fu entr aus salues:³
Ensi va d oume qui ciet en povrete.
2285 Dist quens Guillaumes: Signor, grant tort aves.
Ie vous ai molt et siervis et ames,⁴
Maint bel avoir par tante fois doune.
Tous iors nen est .I. hom bien apriestes
De grans dons faire ne ades presenter.
2290 S or ne vous doins, ne doi iestre blasmes;
Quar en l Arcant fui tous desbaretes:
Mort sont mi home, nen a nul escape;
Viviiens est ocis, li aloses,
Et iou meismes sui en .VII. lius navres;
2295 Ne sai qu en mente, fuiant m en sui tornes.
Entor Orenge a .C. mille Esclers;
Asise l a li fors rois Desrames;
Iusqu a un an a le siege iure.
Dame Guibors, qui tant vous a ames,
2300 Par moi vous mande que vous le soucores.
Quar nous aidies, signor, grant bien feres.⁵
Quant cil l oirent, mot nen i ont sone;
Guillaume laisent, es les vous retornes:
Li gentius quens est estraiers remes.
2305 Ancui saura Guillaumes au cort nes
Com povres hom est de rice apeles,
Se est avant u ariere boutes;
De cou si dist li vilains verite:
Qui le sien pert caus est en viute.⁶

(G 2356—2448.)

¹ *C* läfst diese sechs Verse weg; diese Handschrift entfernt die Verse, die irgend eine, sogar die geringste dem Helden zugefügte Beschimpfung enthalten. ² Nach *TC*. ³ Ursprünglich: M. lont e. salue. ⁴ *C*: noris et aleves. ⁵ *M*; die andern Handschriften haben: Por Deu, baron, pregne vos ent pite; Secorez nos, grant aumosne ferez, ein Ton, der sich mit dem stolzen Charakter Wilhelms schwer vereinigen läfst. ⁶ Den vers tronqué (*G* 2448) wird man lesen müssen: Ico est s. d.

LXV

2310 Ore est Guillaumes tous seus sous l olivier;
Tuit le gerpisent et laisent estraier;
Nen i remest siergans ne cevaliers:
Ancui saura Guillaumes au vis fier
Com povres hom puet a rice plaidier.
2315 Dex, dist li quens, qui tout poes iustisier,
Com par est vius cui il covient priier.
Se ie portasce ne argent ne or mier,
Cil m ounorascent et me tenisent cier;
Receus fusse el pales tous premiers.
2320 Por cou que voient que d aie ai mestier,
Me tienent un et autre pautounier;[1]
Nes establer ne voelent mon destrier.
Li quens s asist, nen ot en lui qu irier;
Sor ses genous a mis son branc d acier;
2325 Sovente fois pense a sa mollier.
Ens ou pales rentrent li cevalier;
Rois Loeys les prent a aresnier:
U est Guillaumes, li marcis au vis fier,
Qui tant nos fet pener et travillier?
2330 Remes est, sire, tous seus sous l olivier.
Loeys prist un baston d aliier;
A la fenestre est ales apoier,
Et voit Guillaume plorer et larmoier;
Il l apela, si le prist a hucier:
2335 Sire Guillaumes, ales vous herbregier!
Vostre ceval faites bien aaisier,
Pus revenes a ma cort a mangier!
Trop povrement venes acourtoier.[2]
Dont nen[3] aves garcon ne escuier,
2340 Qui vos siervist[4] a vostre descaucier?
Dex, dist li quens, ore puis erragier,
Quant cil se poinne de moi contraloier,
Qui me deuist aloser et proisier,
Et sor tous homes amer et tenir cier!
2345 Mais par Celui qui le mont doit iugier,

[1] *T*; die andern Handschriften haben: Me t. vil com a. p. — Sie halten mich und jeden Landstreicher für gleichwertig. — Lies Moi. [2] a c.? [3] Donne? Sie haben doch... [4] *T*: venist, steht in keiner Beziehung den Lesarten anderer Handschriften nach.

Se ie me puis en cel castel ficier,
Ia ne venra ains de main anuitiers,[1]
Que li aurai la teste rouegniet,
Et maint des autres en aurai fait iriet.
2350 Mar m i moustrerent ne orguel ne dangier!
Lores commence les ious a roellier,
Les dens a croistre[2] et la teste a locier;
De mautalent prist soi a baallier.[3]

(G 2449—2495.)

LXVI

Ore est Guillaumes sous l olivier rame.
2355 Nen ot o lui conpagnon amene,
Qui li ostast ses esporons dores,
Ne son ceval li vousist estaler.[4]
Uns frans boriois, Guimart l oi nomer,[5]
O lui l en maine, si l a bien ostele,
2360 Et son ceval ricement estable;
A haute table l a fet la nuit souper.
Mais quens Guillaumes nen a de vin gouste,[6]
Ne de pain blanc une mie adese;[7]
Gros pain de soile[8] fist a table aporter,
2365 Celui mangue, si but euwe ases.
Li frans boriois li prist a demander:
Sire Guillaumes, gentius quens hounores,
Si biau mangier et por quoi refuses?
Se vous desplest, ie ferai amender.
2370 Nenil voir, sire, ains fet molt a loer;
Mais en Orenge, quant iou en dui torner,
Plevi ma dame, Guiborc o le vis cler,
N en gousteroie, cou li ai afie,
Desque seroie ariere retornes:
2375 Vostre[9] merci, ne vous en doit peser.

---

[1] *M*: verrai ... lanuitier. [2] *d*: L. d. a traindre. ‚Die Zähne zusammenbeifsen' giebt einen guten Sinn; doch sehen wir im Worte traindre eine Nebenform von *tremere* (statt triembre, unter dem Einflufs der anlautenden Dentalen): mit den Zähnen knirschen: grincer les oder des dents. [3] schluchzen. [4] *L*; die Handschrift weist osteler auf. [5] Ursprünglich: Guinemers est nomez. [6] Man mufs immer lesen: M. quens Guill ... ohne Artikel, eine Verbindung, die die Copisten nicht mehr zuliefsen und durch andre Wendungen ersetzten. [7] Dieser Vers erlaubt uns, den vorhergehenden, zu: Li cuens nen a de vin gote goste zu korrigieren. [8] = *secale*. [9] Ms.: Voster.

O le li ostes, ne li vint mie a gre;
A cele fois laisa atant ester.
Apries mangier ont les napes oste,
Au gentil conte ont son lit atorne;
2380 Mais nen i est li quens coucier ales:
Viers sa mollier ne se vot pariurer.
Fresque ierbe et ionc fist Guillaumes porter
En une cambre, si s i est adose;[1]
Sor sa suaire se va coucier li ber;
2385 Nen ot la nuit gordine ne sandel.
Toute la nuit ne fina de penser,
Iusqu au demain que il fu aiorne.
Li quens Guillaumes se hasta dou lever;
Son hauberc viest, si a caint le branc cler.
2390 U, dist li ostes, deves ent vous aler?
Voir, dist Guillaumes, bien le vous doi conter:
I irai la sus a Loey parler
Por le soucors querre et demander.
Mais par Celui qui en Crois fu penes,
2395 Teus le me puet escondire et veer,
Et ma parole et ma raison blasmer,
Et viers le roi m aide desloer,
Molt cierement li ferai comparer;[2]

---

[1] adoser, im ursprünglichen Sinne gefaſst: Um der Versuchung zu entgehen, legt sich der Markgraf in einem Nebenzimmer, wo kein Bett steht, nieder; setzt sich auf Gras und Schilf, mit dem Rücken gegen die Mauer: so bleibt er seinem Eide treu.   [2] Der Vers G 2549 hängt eng mit dem vorhergehenden: Li rois i doit Blancheflor coroner, Vostre soror, qui mout vos doit amer; Vermendois doit en doaire doner ... zusammen, und stimmt vollständig mit G 2266 überein. Diese Stelle ist insofern wichtig, als sie die von Guessard (Seite 78 seiner Einleitung) angeführten Argumente umstöſst. Nichts beweist in der LXX. Laisse, daſs die Grafschaft Vermandois damals hätte der Königin zuerkannt werden sollen (MmLdC haben Vers G 2550: V. d. a un conte d.). Übrigens, daſs Philipp-August erst 1183 (und nicht 1185) die Grafschaften Vermendois und Valois einverleibt hat, ist für unser Gedicht von keiner Bedeutung, da diese zwei Provinzen sich seit jeher in den Händen der nächsten Verwandten des Königs befanden: so, z. B. gehörten diese Länder unter Ludwig VI., einem Bruder Philipp des I. Der König allein hatte das Recht, dieselben wem er wollte, zuzuerkennen, und nur so erklärt es sich, daſs an dieser Stelle die Franzosen wünschen, daſs diese Grafschaften als Ersatz für das verlorene Orange dem Markgrafen zu teil werden.

Et se naient me voelent contre ester,
2400 Por quoi viers aus me facent airer,
Le roi de France cui ie tout desmenbrer,[1]
Et la corone fores del cief oster.
Quant li boriois l oi ensi parler,
De la paour commenca a trambler.
2405 Marcis Guillaumes ne vot plus demorer;
De l ostel ist, si s en prist a aler
Viers le pales plus fiers que uns senglers.
Ains que retort fera le roi irer.

(G 2496—2565.)

LXVII

Li quens Guillaumes est de l ostel iscus.
2410 Sous son bliaut ot le hauberc vestu,
Et tint le branc sous son mantel repu.
Sus el pales est li marcis venus;
Nen i ot huis qui devees li fust.
Ens en la sale vint li quens irascus;
2415 Molt i trova princes, contes et dus,
Et cevaliers, iovenes et quenus,[2]
Et gentes dames viestues de bofu,
De dras de soie, de pale a or batu.
Li quens Guillaumes i fu bien couneus;
2420 Mais malement fu entr aus receus,
Por cou que iert si povrement vestus.
Nen i ot un qui li desist salu,
Nes la roine, qui l a tres bien veu,
Qui esaucier et amer le deuist.[3]
2425 De tout en tout i fu mescouneus.
Voi le Guillaumes, molt en fu israscus;
Por un petit seure lor est corus.
Desour un banc ala seoir tous mus.
Ains que li quens se fust d iluec meus,
2430 Es Naymeri au peron descendu;
En sa conpagne avoit .VII.XX. escus.
Franc estormisent, es les vous salis sus.
Ci croist la force Guillaume et sa vertus.

(G 2566—2595.)

---

[1] C: desparsouner. [2] BT: E ch. e chaus e chevelus, eine in jeder Beziehung vorzuziehende Lesart. [3] Cf. G 2549.

LXVIII

  Au perron est descendus Naymeris
2435 Et Iermengars, la contese gentis;
  Avoec li¹ ot les .IIII. de ses fis:
  Ernaut le preu, Bovon de Commarcis,
  Guibiert le roi et Bernart le flori.
  Mes nen i est Naymers li caitis:
2440 En Espagne est, entre les Sarrasins;
  Nen a repos ne par nuit ne par di.
  Ains que li quens fust el pales votis,
  Li vint encontre ses genres Loeys
  O la roine au gent cors signoril.
2445 Molt fu li quens et baisies et iois.
  En faudestuet ont Naymeri asis,
  Deiouste lui le boin roi Loey;
  Et la contese sist les l empereis.
  Li cevalier ont les sieges porpris
2450 Aval la sale, nen i quisent tapis.
  Souef i flaire et la rose et li lis;
  Li encens est en escensies² espris.
  Cil iougleor ont lor estrumens pris.
  Grans gens estoit el palais seignoril.
2455 Molt i avoit et de vair et de gris.
  Mais ains le viespre, que iors eust falli,
  Aura paor trestous li plus hardis:
  Quar dans Guillaumes, au cort nes li marcis,
  Tous seus se siet courecies et maris,
2460 Tristes et fiers et tous mautalentis.³
  Dex, dist li quens, ore sui trop tapis,⁴
  Quant ie voi ci mon pere Naymeri,
  Ma france mere, qui souef me nori,
  Que ne vi mais .VII. an sont acompli.
2465 Trop ai soufiert, molt sui vius et hounis;⁵
  Se ne me venge iou esragerai vis.
  A icest mot est li quens sus salis,

---

¹ Masculinum; lui ist selten in *C*. ² = encensiers. ³ *M* läfst diese drei Verse mit allem Recht weg. ⁴ = Ich habe zu lange gezögert, ihnen meine Meinung (die Vers 2476 *sqq* folgt) zu sagen. ⁵ *Cm* erlauben, den Vers De que (= De ce que) soufri t. s. h. e v., aufzustellen.

Ains de s espee nen a le puig¹ gerpi;
Enmi la sale vint devant Loey:
2470 Ihesus de Glore, li rois de paradis,
Saut mon cier pere, ma mere la gentil,
Et tous mes freres et mes autres amis,
Et si confonge cest mauvais roi fali,
Et ma seror, la putain, la mautris,
2475 Par cui ie sui si viument requellis,
Et en sa cort iabes et escarnis.
Quant descendi sous l olivier flori,
De tous ses hommes nen ot grant ne petit
Qui Volatile, mon destrier, me tenist.
2480 Nen iert mes pere, cui les lui voi seir,
Ia li fesise el pis mon branc sentir.
O le li rois, li sans li a formi;²
Et la roine vosist iestre a Paris.
Dient Francois: Guillaumes est maris;
2485 Mar le veimes entrer en cest pais.
(G 2596—2657.)

LXIX

Quant Hermengars a veu son enfant³
Et Naymeris, molt en furent ioiant;
Del faudestuet salirent maintenant,
Guillaume enbracent deriere et devant;
2490 Si autre frere le vont molt acolant;
Baisier le voelent, mais il lor va tornant
La soie bouce de la lor esciuant.
Par le pales s en vont enbaudisant.
Li quens Guillaumes va son pere contant
2495 Le grant damage que ot en Aliscans,⁴
Que li ont fait Sarrasin et Persant;
Et tout ensi con il s en vint fuiant,
De tous ses homes ne remest .I. vivans,
Et Viviien laisa mort en l Arcant,
2500 A la fontaine dont li dois sort bruiant.

¹ In diesem Verse berühren sich die Begriffe poing und poignée; cf. *ABT*: ne fu li poins guenchis. ² = fremi; *T* hat die bessere Lesart: li s. li a failli (Handschrift li est faillis); die andern Manuskripte: li sans li est fois. ³ Lies: Q. lor e. virent dame H. ⁴ *m*: ca recheu en larchant.

»En cest pais venoie por garant
A Loei, cest mauves recreant;
Mais ie voi bien que cuers li va fallant.«
Loeys l ot, si s en va enbroncant;
2505 Dont vosist estre a Hui u a Dinant.
Et Francois furent tuit coi et mu taisant;
Li uns le va l autre souef disant:
Quels vis diables poroit soufrir itant?
Nen i alerent tant cevalier vallant,
2510 Onques en France fussent puis repairant.
Par Deu, dans rois,[1] dirent li soduiant,
Mar acointas Guillaume et son bubant;
Dahait Orenge, as maufes le commanc![2]
Si voist mendis ci qu au port de Wuisant![3]
2515 Par le pales vont entr aus murmellant;
Nen i a nul tant soit preus ne vallans
Por lui aidier osast paser avant:
Tuit furent mu, li petit et li grant.
Por Bertran pleure dans Bernars de Brubant,
2520 Et Bueves pleure por Girart son enfant.
Dame Ermengars fu droit en son estant,
A sa vois clere se va haut escriant:
Par Deu, Francois, tuit estes recreant;
Naymeris sire, or te va cuers fallant.
2525 Dont va li cuers Naymeri engroisant;[4]
Li quens respont maitenant en oiant:
Biaus fius Guillaumes, ne te va esmaiant!
Encor ai iou un tresor isi grant,
Ne le trairoient[5] .II. buef en trainant;
2530 Tout le donrai, ne remanra besans,
A soudoiers qui erent conbatant;
Et iou meismes i serai bien ferant.
Por quoi se g ai le poil quenu ferant,[6]
Si ai le cuer et haitie et ioiant;

---

[1] Die Ritter, mit einander sprechend, wenden sich bei diesen Worten indirekt an den König. [2] Phonetisch: Komanč (tsch).
[3] Auf diese Lesart sind möglicherweise die auf das Vermandois bezüglichen Verse zurückzuführen. [4] Naymeri steht hier im Dativ; vgl. G. 2733 und CovV. 626; was die folgende Scene betrifft vgl. CovV. 1132—1135. [5] Im Sinne von: tragen (span. traer, llevar).
[6] für ferrant.

2535 Si aiderai, se Deu plest, mon enfant.¹
Ermengars l ot, souef en va riant,
Et de pite en son cuer souspirant,
Et tuit si fil de lor ious larmoiant.
(G 2658—2735.)

LXX

Or fu Guillaumes en la sale pavee.
2540 Sous son mantel tint estrainte² l espee.
Sa vesteure fu route et depanee,³
Cemise et braies avoit il deslavees.
De caines ot la barbe entremellee;
Et si avoit la teste hurepee,
2545 Amples narilles, nes haut, ciere levee,
Gresles les puins⁴ et la brace quaree;
Lonc ot le cors et la poitrine lee,
Les pies votis et les iambes molees;⁵
Entre .II. ious ot molt large l entree,
2550 Plus d une paume i avoit figuree.⁶
Sa seror a fierement regardee,
Qui d or avoit la teste acouvetee;
Les le roi sist, qui l avoit esposee.
Li quens l esgarde par molt grant airee,
2555 Des grenons guigne, s a la teste crolee,⁷
En haut parole en la sale doree:
Loeys sire, ci a male sodee!
Quant a Paris fu la cors asamblee,
Que Karlemaine ot vie trespasee,
2560 Vil te tenoient tuit cil de la contree;
De toi fust France toute desiretee,⁸
Ia la corone ne fust a toi dounee,⁹
Quant ie soufri por toi si grant mellee,

---

¹ Beinahe alle Handschriften legen diese Worte Hermengarden in den Mund und lassen die greise Mutter Wilhelm's dieselbe stolze und martialische Rede halten wie die junge, kampflustige Gyburg (LV, 1844—1856). ² estraite nach C. ³ M: e deceree. ⁴ E granz forz poins ist eine Reminiscenz des Signalements Rennewarts; vgl. aufserdem Laisse LXIII, Vers 2224 sqq. ⁵ m: melee. ⁶ Hauptwort. ⁷ M: acolee. ⁸ Die Lesart am scheint uns vorzuziehen: De lui t... De coi f... = Sie besafsen von ihm (Karl dem Grofsen) eine genügende Macht, oder genügende Mittel, ihn (Ludwig) zu enterben. ⁹ Ursprünglich (T): ne te fust otraee.

Que maugre aus¹ fu en ton cief posee
2565 La grant corone, qui d or est esmeree:
Tant me doterent n osa estre veee.²
Mauvaisement la m aves hui mostree.³
Voir, dist li rois, verites est provee;
Or vous en iert l ounor guerredounee;
2570 Aparmain iert l amendise doblee ...⁴
Blanceflors l ot, si est haut escriee:
Voire, dist ele, s iere desiretee?!
Ore ont diable fait iceste acordee.⁵
Guillaumes l ot, si l en a regardee:
2575 Tais toi, dist il, pute lise provee!⁶
Ne doit mais estre ta parole ascoutee.
Quant tu mangues⁷ ta car et ta pevree,
Et bois ton vin a ta coupe doree,
Cleres poisons a espices coulees⁸
2580 Iouste le feu, pries de ta ceminee,
Tant que tu ies rostie et escaufee,⁹
Et de luxure esprise et alumee ...
Quant Loeis vous a si atornee,

---

¹ Einige Handschriften: m. lor... ² Ms.: vee; l. vielleicht: veer ne me l oserent; vgl. G. 3106. ³ = Diese Krone, die du mir allein zu verdanken hast, die ich auf dein Haupt gesetzt habe, die hast du mir schlecht gezeigt; jedenfalls besser als die Lesart: Mauvaise amor men aves hui m. ⁴ Die Handschrift C fügt: E Vermendois (= la comté de V.) vos sera ia donee hinzu, Dieser Vers und der von *MmLdCT*: Que toute France vous ert abandonee sind spätere Interpolationen, die zum Zweck haben, den unterbrochenen Satz zu ergänzen. In ihrer Habsucht errät Blancefleur die Absicht Ludwigs und erlaubt ihm nicht, dieselbe zu äufsern (vgl. Vers 2398, Anmerkung); durch diesen schlechten Willen seiner Schwester fühlt sich Wilhelm gekränkt. Die analoge Scene in Wolfram's *Willehalm* geht folglich auf eine ältere Fassung zurück, als die ist, welche bis an uns gekommen ist. ⁵ Wir vermuten die Lesart: ... se ier d., Auront d. ... ⁶ Alle Handschriften, aufser *m*, schieben folgende spätere Verse ein: Tiebauz d'Arabe vos a assoignantee E maint garcon com putain defolee. ⁷ Handschrift: mangus. ⁸ Die Handschriften fügen den der LVI. Laisse entlehnten Vers hinzu: Mangiez fouaces .IIII. fois butelees (eine Form, die für die übliche Etymologie des Wortes bluter spricht). ⁹ Will man den Vers La glotonie (dem Worte glouton nachgebildet, und nicht vom it. *ghiottornia* abgeleitet) vous a tost alumee beibehalten, so mufs man denselben als einen eingeschobenen, nebenbei ausgesprochenen Satz betrachten: du bist ja ohnehin sehr geil. G. 2785 wird man lesen müssen: Q. lecherie ...

Que does fois vous a sous lui foulee ...
2585 Petit vous caut que on viegne l amblee;
Dont ne vous menbre de noif ne de gelee,
Des grans batalles ne des piemes¹ iornees
Que nous soufrons en estrange contree,
Ens en Orenge viers la gent mausenee ...
2590 Mauvaise feme, orde lise provee,
Molt aves hui ma parole blasmee
Et viers le roi m aide desloee;²
Li vif diable vous ont encouronee!
Pasa avant, del cief li a ostee
2595 Voiant Francois et a tiere getee;
Isnelement a mis main a l espee,
Parmi les treces l a li marcis cobree:
Ia li euist la teste ius copee,
Quant Hermengars li a des puins ostee;
2600 Guillaume enbrace et le guant et l espee.
Et la roine en fuit escievelee,
Toute marie, bien resamble dervee;
Ens en sa cambre s en est corant entree,
De la paor ciet a tiere pasmee;
2605 Sa bele fille l en a sus relevee,
Aelis³ est, la sage et la senee,
Une pucele, plus est blance que fee:
Les ious ot vers, la face couloree;
Nen ot plus bele iusqu a la mer salee.
2610 Dame, dist ele, u fustes vous alee?
A grant mervelle vous voi espoentee.
Par foi, ma fille, ie duc iestre afolee:
Guillaumes est en iceste contree;
Ie le trouvai o Naymeri, mon pere,
2615 Et Hermengart, la moie france mere;
S ele ne fust, ie fusce desmenbree:
Li quens Guillaumes m euist mal atornee.
Au roi avoit aie demandee;
Por seul itant que ie li euc veee,
2620 Me dut avoir or la teste copee.⁴

¹ statt: pesmes. ² *M*: desflouee bietet einen guten Sinn; *T*: E vers le roi mellee e destornee. ³ In der ältesten Redaktion war Alis zwei-, Arofles dreisilbig. ⁴ Ursprünglich (*T*): rooingniee.

Gardes, ma fille, la cambre soit fremee,
A la grant bare apoie et seree;[1]
Que, s il i entre, a honte[2] sui livree.
Dist Aelis: Trop par fustes osee
2625 Quant viers mon oncle desistes ranpronee,
Le millor home qui onc cainsist espee.
Par son cors estes roine couronee
De toute France et dame avouee;[3]
En ceste ounor vous a il alevee.
2630 S aves dit cose que a lui[4] desagree,
Li vif maufe vous i orent portee.
Dist la roine: Fille, molt ies senee;
Bien soit de l eure[5] que tu fus onques nee.
Cou que tu dis est verites provee:
2635 Par lui sui iou essaucie et montee,
Roine et dame de la tiere loee.[6]
Dex m otroit ore la soie destinee[7]
Que viers mon frere peuise iestre acordee.
Atant s asiet la roine esploree,
2640 Sovent se claime lase, mal aeuree;
Et Aelis est forment trespensee.
De la cambre ist toute desafublee,
La rose samble en mai la matinee:[8]
Ele est plus blance que n est nois sor gelee;[9]
2645 En douce France, tant con est longe et lee,
Dame tant bele ne fu onc esgardee,
Mien entient non ou siecle trovee.
Viestue fu d une porpre roee,
Sa crigne crespe a fin or galonnee.
2650 Le paset va, s a la ciere enclinee.
Grant noise oi en la sale pavee;
Francois disoient coiement a celee:[10]

---

[1] C: Et .. enpointe et bien s. [2] = schmachvoller Tod.
[3] d: enpereris clamee (cf. *rois-emperere*). [4] C: au quen. [5] d:
Bien [soit] de celle que ... [6] = von Frankreich; par la t. l.
ist unzulässig. [7] Alle Handschriften, aufser a, bieten icele oder
itele; der Sinn der Lesart a ist: Gott gönne mir sein Schicksal,
das Schicksal, das sein ist, ihm gehört, das Er allein den Menschen
senden kann. [8] d: par la ramee; L: a la rousee. [9] m: que
n. sor la g., was statt de n. s. la g. steht. Die beste Lesart wäre:
E. e. p. b. q. nen nois sor ramee. [10] Grant noise ...
coiement: Widerspruch; einige Handschriften weisen: entreus a
recelee auf.

La roine a Guillaumes vergondee;
Se li leuist, ia l euist afolee;¹
2655 Mauvaisement l a Loeis tensee;
Cier dut avoir Orenge conparee!
A maleur fust ele onques fondee!
Voi del diable con a la tieste lee!²
Ains que la cors soit anuit³ desevree
2660 Iert cele espee, que tient, cier conparee,
Et de no sanc⁴ vermelle ensanglentee.
Quar pleuist Deu, qui fist ciel et rosee,
Que il fust ore outre la mer betee;⁵
Lores fust France del maufe desconbree!
2665 Atant es vous la pucele senee;
Toute li cors est sor lui⁶ reversee.
Francois le voient, cescuns l a saluee;
Quens Naymeris l a en ses bras conbree,
Et si .IIII. oncle l ont forment acolee.
2670 Por la pucele fu la sale acovee.⁷
Dame Hermengars, la contese ounoree,
As pies Guillaume devant lui est alee;⁸

---

¹ *d* bietet marie; *M*: mariee, das die ursprüngliche Lesart ist: mariee ist das part. perf. eines Verbums: mareier. ² Ursprünglich (*M*): Or del d. c. a la t. hicie (Handschrift icee, dem Reime adaptiert): nicht etwa hissee, hoch, sondern hiciee, erhitzt; eine Lesart, die den Vers G. 2868 erklärt, wo gesagt wird, dafs der böse Geist in den Körper Wilhelms getreten ist. ³ = heute abends; sonst: encui. ⁴ *m*: chars; einige Handschriften: cors = Leichen. ⁵ Man wird in G. 2875—2876 die Anhäufung von Synonymen dadurch vermeiden, dafs man palagre nicht als ein dem lat. pelagus, sondern dem lat. baratrum entsprechendes Wort betrachten wird; cf. *M*: palatre; oder in der Hölle, die sich am Grunde des salzigen Meeres befindet. ⁶ li und lui wechseln in unserm Texte ab. ⁷ = Der ganze Hof hat sich wieder gesetzt. *C*: acovee; *M*: aqoee, prov. Form desselben Wortes; acovee wurde des Reimes wegen eingeführt, die ursprüngliche Fassung wies acoisee oder acoisiee auf (*d*). ⁸ In allen Handschriften, aufser *L*, ist es Hermengart, die vor Wilhelm niederkniet. Wir sind der Ansicht, dafs diese Tirade und die folgende ursprünglich dieselbe Episode wiedergaben, aus welcher sich später zwei verschiedene Episoden entwickelten. Warum würde auch Hermengart, die sich soeben ihrem Sohne in die Arme geworfen hat, um die Königin vor dem Tode zu retten, erst das Erscheinen der königlichen Tochter abwarten, um von Wilhelm Gnade für ihre eigene Tochter zu erflehen? Die Lesart *L* wäre somit vorzuziehen.

Por la roine li a mercit criee.
Li quens s abaise, si l a amont levee;
2675 Mere, dist il, buer fuscies onques nee!
Par la grant foi que ie vous ai portee,
Ia ne venra encuinuit[1] l avespree
S aurai dou roi abatu la posnee.[2]

(G 2736—2893.)

LXXI

Or fu Guillaumes en la sale voltie.
2680 De mautelent ot la face rougie.
Il tint l espee toute nue sacie,
Parmi le heut l avoit ferm enpugnie;
Ases parole, ne trueve qui desdie:
Il font que sage quant ne le contredient;
2685 Car teus peuist esmovoir la folie[3]
Cui il fendist del branc iusqu en l oie;
Nen a si cointe, qui tant ait baronnie
Qui sa parole ne sa raison desdie:
Nes tuit si frere .I. mot nen i tentirent.
2690 Rois Loeys tint la ciere enbroncie;
Toute la sale fu coie et sierie,
Con s on euist la mese commencie.
Li quens[4] Guillaumes demaine grant ruistie.
Atant es vos la pucele ensignie;
2695 Vestue fu d un pale d Aumarie,
Les ious ot vers, la face coulorie:
Nen ot tant bele de ci qu en paienime.
Del parage ert de la geste enforcie,
De le plus fiere qui onques fust en vie.
2700 La damoisiele fu molt bien afaitie:[5]
Vint a Guillaume, nen i quist conpagnie;
Devant lui s est la bele agenollie,

---

[1] Heute abends; nox im Sinne von abend; durch Dissimilation encoinuit, enconuit, enquenuit. [2] Nach *M*: Si a. dou fol r. a. la p. *(Alex.)*. In Anbetracht des schrecklichen Zornes des Markgrafen, wird es uns nicht wundern, wenn er, selbst in Gegenwart der Tochter des Königs, gegen denselben Drohungen ausstöfst; auch mufs Alis zweimal ihren Onkel flehentlich bitten, um für ihre Mutter Gnade zu erlangen (cf. Vers 2704 und 2723). [3] Ms.: folee.
[4] Ms.: quen. [5] *L*: et bele et deugie.

Le pie li a et la brace enbracie:
Merci, biaus oncles, por Deu, le fil Marie!
2705 Voi ci mon cors, fai ent ta commandie!
Se il te plaist, la teste aie trencie,
U ie soie arse, a une fais¹ bruie;
De toute France, se toi plest, exillie,
U li miens cors soit mis a lecerie;
2710 Ne quer avoir vallisant une allie,
Ains m en irai coume povre mendie . . .
Mais qu a mon pere soit l acorde² otroie³
Et Blanceflor, qui por vous est marie;
Iamais nul ior, certes, ne sera lie.
2715 Quant vous desdist,⁴ molt fist grant derverie.
Pardounes lui, oncles, ceste foie!⁵
Se tant est ose⁶ que ia mais vous desdie,
Ardoir me faites en caude pois boulie.⁷
O le Guillaumes, li cuers li atenrie,
2720 Si li a dit belement, sans faintise:
Ma bele niece, Ihesus vous beneie!
Leves vous ent, trop estes travillie.
Non ferai voir, mius voel estre enfouie
Ains que li arme me soit dou cors partie,⁸
2725 Que ie me lief⁹ iusque m iert otriie
Li acordance et vostre ire apaie.
Dame Hermengars molt doucement li prie:
Biaus fius Guillaumes, por Deu, le fil Marie,
Ne fere au roi en sa cort vilonie!
2730 Et Naymeris,¹⁰ ses peres, le castie:
Biaus fius Guillaumes, laise ester l estoutie!
Ta volentes sera toute aconplie.
Voit le li rois, enviers lui s umelie:
Voire voir, sire, tout a ta commandie.
2735 Guillaumes ot que li bons rois l afie,¹¹

---

¹ *facem*, von *fax*; also: ich sei langsam verbrannt; ursprünglich. *C*: u en aiwe ncie. ² *M*: la pais. ³ Ms.: otriee. ⁴ *m*: De ce quel (= que elle) dist . . . ⁵ Ms.: biaus o. c. fie. ⁶ *m*: chose. ⁷ *T*; sonst: en chaudiere b.; die Stelle: en calde aigue wird mifsverstanden worden sein. ⁸ = ich ziehe es vor, bei lebendigem Leibe begraben zu werden als . . . ⁹ Handschrift: lieve. ¹⁰ Lies: En Ay.? ¹¹ Der Copist der Handschrift *T* erlaubt dem König nicht, sich zu demütigen und läfst diese drei Verse weg.

Si s abaisa, la pucele a drecie,
Sa volente boinement li otrie;
La damoisiele doucement l en mercie.
Ore est en lui s ire molt refroidie¹
2740 Et sa raison durement² adoucie.
Ens en son fuere a l espee mucie;
Ernaut la tent et cil l a estoie.
Molt en fu lie Hermengars de Pavie;
Si envoia molt tos por la roine
2745 .II. cevaliers, qui sont de Pont Erlie;³
Si i ala li dus de Normandie,⁴
Ensamble o lui Garins de la Gastine.
Cil l amenerent en la sale votie;
Et ele i vint, mes molt fu esmaie.
2750 Li quens Guillaumes l a par la main saisie;
Pus li a dit: Bele suer, douce amie,
Forment me poise que vous ai laidengie
Mes si va d oume cui mautelens aiguille;⁵
Molt a tos dit et fait grant estoutie.
2755 Voiant atous⁶ ent ferai amendise.
Sire, dist ele, nen en sui esmarie;
Nen i aura honte ne vilonie:
Mes freres estes, molt en sui repentie.
Se i ai dit cose dont m aies en haie,
2760 I en souferai, se vous plest, tel hascie,⁷
De cest palais m en irai despollie
De vesteure, nu cief et sans cemise,
Iusqu au mostier saint Vincant l abeie.
Dont s agenolle, enviers lui s umelie,
2765 Le piet li a et la iambe enbracie.
Li quens Guillaumes l en a amont drecie,
Ens en la face l a .IIII. fois baisie.
He Dex, con est la bele esleecie.⁸
Acorde est faite, cui qu ent poist ne qui rie.⁹

¹ Vom deutschen *fridu*, also: besänftigt; zu corr.: O. e. en l. r. sa ire. ² druement? ³ *M*: de port ayle. ⁴ Einige Handschriften haben: de Hongerie. ⁵ Der Lesart aguise vorzuziehen. ⁶ später durch trestoz ersetzt. ⁷ Ursprünglich haschiere, Busse? ⁸ Die Mss. bieten die Lesart: la b. Aelis lie; *d*: la b. alcesie. ⁹ Nach den meisten Handschriften: e lire apaie; nach *M*: e Ire reparie, mit der Personifikation des Zornes: die Fehde ist in ihre Höhle zurückgezogen. *C* schiebt ein: Por son cier oncle qu

2770 Grant ioie mainent et signor et mesnies.
Li rois commande sa table soit drecie,
Cele qui est a fin or entallie.
Cou a Guillaumes conquis par s estoutie:
Ensi va d oume qui orgillous castie;
2775 Nen en gora se bien ne le mestrise.

(G 2894—2991.)

LXXII

Grans fu la ioie sus el palais plenier.
Li rois a fet sa grant table drecier,
Cele ki est ouvree a eskiekier.
L eve ont cornee a .I. cor menuier;
2780 Quant ont lave cil baron cevalier
Aval ces tables assieent[1] au mangier.
Naymeris sist deioste sa mollier
Au mestre dois, en l estace premier;
Li emperere qui France a a ballier,
2785 Sist apres lui,[2] — molt le dut essaucier, —
Et la roine a son flanc senestier;
Et li marcis Guillaumes au vis fier[3]
Sist o ses freres, cui aime et tient ciers;
Les lui sa niece qui molt fist a prisier,
2790 Aelis est, u nen ot qu ensignier.[4]
.C. damoisiel i furent boutillier
Et autretant siervirent au mangier.
De rices mes ne covient a plaidier.

(G 2992—3035.)

LXXIII

Grans fu li cors en la sale a Loon.
2795 Molt ot as tables oisiaus et venison.

a son ire apaie; son geht auf soe (unter dem Einfluſs des Masculinums son) zurück. [1] Ms.: assient. [2] Im ursprünglichen Sinne gefaſst. L: empres. [3] C: bracefier, zulässige Lesart (cf. ormier adj., fem. ormiere). [4] dCL: ... la bele au cors legier. — Vom Verse 2750 angefangen, wird das ursprüngliche *Wilhelms*lied stark mit *Rennewart*episoden versetzt. Einige Abschreiber, wie z. B. der der Trivulziana, die das folgende als ein besonderes Epos aufgefaſst haben, machen aus dem Schluſs der LXXII. Strophe eine neue Laisse, zu der sie die passende Miniatur hätten hinzufügen sollen.

Quiqui mengast la car ne le poiscon,
Onques Guillaumes n en pasa le menton;
Ains menga torte¹ et but euwe a fuison.
Li quens Guillaumes mist le roi a raison:
2800 C as en penser,² Loeys, fius Carlon?
Soucoras moi viers la geste Mahon?
Ia deuist iestre li os a Caalons.³
Dist Loeis: Et nous en parlerons,
Et le matin savoir le vous lairons.
2805 Guillaumes l ot, si tainst comme carbon:
Comment diable, dist il, si plaiderons?
Est cou or fable del corf et del mouton?⁴
Ore voi bien moi tenes a bricon.

¹ *d*: Mainja pain noir ... ² Einige Mss.: Que pensez vos? dist il le f. Ch. (Dativ); lies en pensé? ³ *CL*: a Carlion, a Charlion; andre: a Carrion, das sicher die ursprüngliche Lesart ist. ⁴ *M*: del tor e del nuiton; *L*: coc... luiton; *m*: cor... moton; *d*: coc... mouton; *Tab*: tor... mouton. Cor, coc, tor, gehen auf die alte, mifsverstandene Form: corf, corvus, zurück. Siehe *L. Hervieux*, Les Fabulistes latins, tome II: Phèdre et ses anciens imitateurs, Seite 141 (LV: *Ovis et Cornix*) und 473 (XXXI: *De Ove et Corvo*).

Corvus carnem sitiens, stans super Bidentem,
Eam rostro laniat nil contradicentem.
Voce cum humili tetigit sic mentem:
Num canis hoc sineret? Quid laudis adire tacentem?
Senem doces, retulit, et edoctum satis.
Semper innocentiae ingero me gratis.
Pugna non indigeo; parco sed armatis,
Et canibus parco cunctisque nocere paratis.

Moralitas

Corvo quaedam similis gens est scelerata;
Solum non nocentibus nocere parata.
Resistentes affugit, ut Lupus ad prata;
Militis arma tamen gerit haec gens heu! simulata.

Vergleiche daselbst Seite 224, XI. — Wenn Wilhelm, in seinem Zorne, den König bedroht, fällt der Hochmut des letzteren, und er wird demütig und nachgiebig; so wie der Rabe vor dem wütenden Hunde. Sieht aber der König, dafs die Gefahr vorbei, dafs der Zorn geschwunden und der Markgraf wieder freundlich und sanft geworden, so wächst wieder der Hochmut des Königs; er vergifst das Versprechen und verspottet Wilhelm; so auch der tückische Rabe gegen das geduldige, schweigsame Schaf.

Il s abaisa, si a pris un baston,
2810 Et dist au roi: Vostre fief¹ vous rendons!
N en tenrai² mais vallant un esporon,
Ne vostre amis ne serai ne vostre hom;
Et si venres³ u vous voellies u non.
Ernaus se drece, cil qui le poil ot ros,⁴
2815 Dist a Guillaume: Nen aies marison!
Li rois dira son talent et son bon;
Retien ton fief et nous tuit⁵ t aiderons,
Iou et mi⁶ frere ensamble o toi irons.
Dist Naymeris: Certes, ce ferons mon!⁷
2820 A no povoir tuit aidier⁸ li devons;
Bien deuist iestre France soie a bandon:
Senescaus est, s en a le confanon;
Aidier li doivent⁸ par droit et par raison,⁹
Et qui li vee s en prenge vengison.¹⁰
2825 Ia par manaie nen aura l on bricon.
Trop est mes fius a escarnir haus hom.
Mais par l apostle c on quert en pre Noiron,
Se n en avoient mi oir retraicion,
Des plus haus princes de France le roion,
2830 Feroie metre¹¹ .VII.XX. en ma prison:
Teus est or sire qui sambleroit guiton.¹²
Plaisier doit on orgillous et felon.
Loeys l ot, si dreca le menton;
Ia parlera tout a lor graieson.¹³

(G 3036—3091.)

LXXIV

2835 Quant Loeys ot Naymeri parler,
Riens que il voelle ne li ose veer;
Quar il le crient seure son bien grever.

---

¹ *M*: Nostre foi nos rendons: Nimm dein Wort eines Königs, eines Suzeräns, ich nehme das meinige, eines Vasallen, zurück. ² Ms.: tenra. ³ Ms.: venries. ⁴ Die Mss.: qui ros ot le grenon oder le menton. ⁵ Ms. hat meistens den Nom. Pl. Masc. tot, tout. ⁶ Ms.: mes. ⁷ Den Pleonasm zu vermeiden könnte man lesen: c. f. nos. ⁸ Besser: A n. p. a. li d. — Si li aiudent... ⁹ Diese Lesart von *m* läfst uns vermuten: p. d. et p. amor. ¹⁰ *M*: gagneson. ¹¹ Ms.: mettre. ¹² *AT*; das stimmlose t, wofern es nicht, durch Angleichung, dem Nom. guitz entnommen ist, spricht dafür, dafs dies Wort mit guider gar nichts gemein hat. ¹³ abgeleitet von greer.

Guillaume esgarde, si commence a plorer.
Le vis li voit esprendre et alumer;
2840 Se ot paor nen estuet demander;
Que son lignaie voit entor lui ester.
Le cief enbronce, si commence a penser;
Tel paor ot nen osa mot soner.
Voi le Guillaumes, le sens quida derver,[1]
2845 Par mautelent le prist a apeler:
Loeis sire, dist Guillaumes li ber,
Quant on te vot en fin desireter,
Fores de France et cacier et geter,
Ie vous retinc,[2] si vous fis couroner,
2850 Et a mon pere te fis ma suer douner;[3]
Plus hautement ne te peuc marier.[4]
Quant tu veis que ie t oc fait monter,
Par droite force la corone porter,
Tu me vosis France quite clamer
2855 Et la moitie outre en outre douner;
Mais ie ne voc enviers toi meserrer.
Tu me iuras, que l oirent mi per,[5]
Se en Orenge m en aloie meller,
Ne me fauroies se pooies durer:
2860 Ore vous voi enviers moi pariurer.
Rois Loeys a la coulor mue,
Par grant amor commenca a parler:
Sire Guillaumes, molt faites a loer;
Por vostre amor ferai iou m ost[6] mander,
2865 De part ma tierre venir et asambler;
.C.M. oumes pores o vous[7] mener.
Nen i puis mie iceste fois aler;
Grant mestier ai de ma tierre garder.
Et dist Guillaumes:[8] Ce fait a mercier;
2870 Bien saurai l ost et conduire et mener.
Li rois de France ne vot plus demorer,

---

[1] *M*: ia se c. d., das den Ausgangspunkt bildet, von dem aus man zu den Recensarten: le s. c. d. und du s. c. d. gelangt ist.
[2] Ms.: retint et fesis (!). [3] *M*: Et m. p.; ursprünglich: Et f. m. p. toi m. seror d. [4] Dieser Satz klingt besser im Munde des stolzen Wilhelms als das demütige: P. h. ne la sot m. [5] *T*: ti p. [6] Ursprünglich: f. moie ost (oder ma o.) m. [7] *d*: o il.
[8] Überall zu corr.: Dist dans G. oder D. cuens G.

Ses os a fait semonre et auner,[1]
Desous Laon venir et atraver.
La veisies maint pavillon fremer,
2875 Tentes et tres et aucubes lever,
Ces feus esprandre, ces quisines fumer,
Ces venisons a ces vales porter,
Et ces estives et ces graisles souner;
A grant mervelle sont biel a ascouter.

[1] Ursprünglich: n e n i a d e m o r e Ses os a il se m o n s et a u n e etc. . .

2880 Ens ou palais fu Guillaumes li ber.¹
Aval la sale commence a esgarder;
De la quisine voit Rainouart torner,²
Nus pies, en langes, nen ot caucie sorlers.
Li mestres keus l ot cele nuit touse,
2885 A la palete³ noirci et mascere.⁴
Cil escuier le prendent a gaber,
De grans troncons⁵ l aquellent a ruer.
Dist Rainouars: Car me laisies ester!
U par la foi que ie doi Deu porter,
2890 Lequel que⁶ soit le ferai conparer;
Sui ie or fous cui on doie asoter?
Quant Francois l oent, si prendent a douter.
Li quens Guillaumes va le roi demander:
Sire, dist il, qui est cis bacelers,
2895 Que ie voi la deiouste cel piler?
.I. grant mairien li vi ore porter.
Dist Loeis: Ie l acatai sour mer
A marceans, .C. mars i ai doune.
Ensamble o moi l en ai ca amene.
2900 Por la grandor ne le poc onc amer.
En ma quisine l ai pus fait converser;
Autre mestier ne li voc⁷ onc douner.

---

¹ Dieser Vers erinnert an den Anfang des zweiten Teiles des *Poema del Cid*: En Valencia fue el Cid Con todos los sus vasallos. ² C: En la c .. ester. ³ Ms.: paiole. ⁴ Lies: mascure. Diese zwei Verse sind der LXXV. Strophe entnommen und somit wegzulassen. ⁵ Strünke, besonders Kohlstrünke; bessere Form als trognons. ⁶ Die meisten Mss.: Au q. q. s. ⁷ Ms.: voel.

.IIII. muis d eve li ai veu torser
En .I. tinel, et a son col porter:
2905 Nen a nul home de sa force sous De.
(G 3092—3209.)

LXXV Guillaumes a Rainouart regarde:
Molt le voit grant et corsu et quare;¹
Tous est nus pies, nen a caucie sorlers,
De la cuisine sont si drap cifone;²
2910 Le vis ot taint et tout descoulore:³
Li mestres keus l avoit la nuit touse,
A la palete noirci et carboncle.⁴
Li escuier l ont enpaint⁵ et boute,
De grans troncons⁶ et feru et frape.
2915 Dist Rainouars: Ore ai trop endure;
Se plus i suefre dont aie maudehe.
Par saint Denis, mar m i aves gabe;
Molt cierement sera ia conpare.
Parmi les flans en a .IIII. coubre,
2920 Si durement l un sor l autre gete,
A poi es cors ne sont li cuer creve.
.II. en sesist, ia les euist tues,
Quant Loeis a Francois escrie:
Or tos, dist il, cacies fors cel maufe!
2925 Rainouars l ot, qui le roi⁷ a doute,
En la quisine en est fuiant tornes;
Apries lui a l uis clos et refreme.
A la masiere⁸ a son tinel coubre,
Dont mainte selle⁹ ot a son col porte.
2930 Molt durement a Rainouars iure,
Se il i vienent tuit seront afronte.
Guillaumes a Loei demande
Quels hom il ert et u il fu trouves.
Li rois respont que il l ot acate

---

¹ *M. le v. g. et fort et bacelert* ² *M:* cisõe (*tisoné, brûlé au tison* oder *cisore?*). ³ *dCL:* camoise, die ursprüngliche Lesart; hat mit afr. camoissier nichts gemein, sondern geht eher auf prov. camois zurück; somit: mit Blut unterlaufen. ⁴ Nach *M*; cf. *Godefroy*, Dictionnaire unter *charbonclee*. ⁵ Anderswo enpoint. Nach *M:* lui o. p... lui f. et f. ⁶ *C:* turcas. ⁷ *C:* qui le cuer a doute, also: *der ein furchtsames Herz hat* (cf. osé); würde auf Rainouard schlecht passen. ⁸ *m:* maisie. ⁹ *m* (soile). *T:* m. iale; *C:* maint seel.

2935 A marceans, .C. mars en fist peser.
»Itant me disent fius ert a un Escler.
Ensamble o moi l en fis ca amener.
Sovent m a dit et maintes fois rouve
Que le fesisce batisier et lever.
2940 En ma quisine la maint tous asotes.
Autant maniue con .II. vilain barbe.
Ie[1] ne garc l eure que nous ait atues.«
Guillaumes l ot, s en a un ris gete:
Loeis, sire, par la vostre bonte,
2945 Dounes le moi, si vous en saurai gre;
Ie li donrai a mengier a plente.
Et dist li rois: A vostre volente.
Li quens Guillaumes l en[2] a molt mercie;
Ne fust si lies por une grant cite.
2950 Rainouars a son tinel regarde;
Forment li poise quant il est enfumes;
Par mautelent l a a tiere flate
Tant roidement que par mi est froes,
En does pars ronpus et troncones.
2955 Molt durement a Rainouars iure
.I. en fera plus grant et plus quare;
Sel gardera toustans en son ae.
Bien a .VII. ans que l a en desirer.
              (G 3210—3301.)

LXXVI Rois Loeis ne se vot oublier:
2960 Bries a fait faire, letres[3] et saieler;
De part sa tiere a fait ses os mander,
Desous Loon venir et asambler.
En la quisine siet Rainouars li ber.
Aval Loon ot ces gresles souner
2965 Et en la sale ces cevaliers riber;[4]
Soventes fois ot Guillaume noumer,
Que l ost de France doit en l Arcant mener.
Des ious dou cief commence a plorer,
Par soi meisme se prent a dementer:
2970 He! las, dist il, con devroie derver:

---

[1] Ia? [2] *M*: lui a m. m. Es ist schwer, fast unmöglich, in den Rennewartsepisoden, die späteren Datums sind, die älteren Sprachformen einzuführen. [3] Ms.: lettres. [4] In dieser Bedeutung kann das Wort riber (= spielen) unmöglich auf hrîba zurückgehen.

En autrui regne sui iou caitis clames,
Et en ma tiere deuisse iestre hounores,
.C.M. homes deuisse en ost mener,[1]
Rois d Espagne iestre et corones porter.
2975 Ore m estuet la quisine garder,
Et le feu faire et la car escumer:
Onc fius de roi ne fu si aviles.
Maudehait[2] ait tel vie a demener!
Mius voel morir que icou endurer.
2980 Quant il oi li os devoit errer,
Devant Guillaume en est venus ester:
Sire, dist il, laisie me o vous aler!
Si aiderai[3] le harnas a garder;
Molt saurai bien un mangier conreer;
2985 Et se cou vient[4] a ruistes cos douner
Piour de moi i pories mener.
Et dist Guillaumes: Amis, laisies ester!
Ne pories les grans fais endurer,
Les nuis viller, les lons iors ieuner.
2990 En la quisine as apris le caufer,
Sovent mangier et ces mustiaus[5] toster,
Et les bouees des caudieres humer.[6]
Se de tout cou t estevoit consirer
Ia .I. seul mois ne veroies paser.
2995 Dist Rainouars: Or me laisies ester!
Sire Guillaumes, ie me voel esprouver;
Trop longement m ai laisie asoter.
Se le congie me volies douner,
Sacies irai, cui qu en doie peser,

---

[1] Vergleiche den Schluſs des Gedichtes. Mit der Erfüllung dieses Wunsches schlieſst Aliscans. [2] Maudehait als Hauptwort betrachtet, etwa: Der Teufel soll so ein Leben führen. Cf. G. 2179. [3] *M* bietet überall ältere Formen: Saverai bien ...; jejuner etc. — Aiderai ist in *M* viersilbig. [4] se cou vient dürfte auf ein schlecht gelesenes se convient zurückgehen. C: Et s a cou v. [5] T: et ces morsiax cuter; C: trumiaus. [6] In dem Verse, den einige Handschriften aufweisen: Le pain repondre e le matin dismer, bietet *m* die sehr deutliche Lesart dismer; m wäre unter dem Einflusse der vorhergehenden Dental und durch Angleichung an déjeuner, zu n geworden. *Körtings* Behauptung, das Etymon decimare wäre nur eine etymologische Kuriosität, ist nicht begründet. Die Zeit, zu der man zu speisen (dîner) pflegt, spricht für diese Ableitung (decima hora = vier Uhr Nachm.).

3000 En la bataille, en Aliscans sor mer.
　　　Nen aurai arme fores seul mon tinel;
　　　Si m en veres tant Sarrasin tuer,
　　　Ne les pores veir ne esgarder.
　　　O le Guillaumes, si l en a acole.¹
3005 Pus li otroie le congie de l aler;
　　　Et Rainouars l en prist a miercier.
　　　D iluec s en torne, nen i est demores;
　　　Le sien afaire ne mist en oublier:
　　　De grant barnage s est li ber porpenses,
3010 Dont puis morurent .M. Sarrasin Escler.
　　　En un gardin va un sapin coper;
　　　Molt par ert gros, nen ot el mont² son per,
　　　Et si ert drois, nen ot que amener.³
　　　Nen ot que lui au tinel escapler.
3015 A .VII. costieres le fist molt bien doler.
　　　Does grans toises i puet on mesurer.
　　　Un grant feu fist por les costes usler.
　　　Vient a .I. fevre, si le fist bien fierer,
　　　Et a grans bendes⁴ tout entor viroler;
3020 Ens el tenant le fist bien roonder;
　　　Por le glacier le fist molt bien arer,⁵
　　　Ne li peuist fores des mains coler,
　　　Ne au ferir les grans cos esciver.
　　　Quant il l ot fait bien lier et bender,
3025 .V. sos avoit, icaus li a dounes.
　　　Dedens la forge⁶ ne vot mais seiourner;
　　　Son tinel prist, mist soi ou retorner.
　　　Tuit cil se segnent qui li voient porter.
　　　　　　　　　　　　　　(G 3302—3430.)
LXXVII Quant Rainouars ot fiere son tinel,
　3030. Prist l a son col, si s en est retornes.

---

¹ Warum könnte Wilhelm dem Rennewart, dessen ausgezeichnete Eigenschaften er soeben entdeckt und dessen Tapferkeit er erkannt hat, durch Umarmung seine Sympathie und Freundschaft nicht bezeigen? Die andern Lesarten sind unzulässig. ² C: el monde n a s. p. ³ Eine dialekt. Form des Verbums amender, insofern es keine Ableitung von minus ist (cf. auch amenee). ⁴ d: Et .II. (= A does) b. ⁵ Um zu verhindern, daſs die Keule aus der Hand entweicht, dürfte das Schmieren derselben nicht ratsam sein. Die meisten Handschriften weisen cirer auf; d: caver. ⁶ M: farueche; C: fanarque, für favarque, favraque, fávreque = fabrica.

Tuit cil se segnent cui il a encontres;
Nen a .I. seul ne soit espoentes.
Ens ou pales est Rainouars entres;
Son tinel porte, qui est de fier bendes:
3035 Voirement est Rainouars au tinel.
Onc pus cis nons ne li fu remues.
Dient Francois: Rainouars est derves;
Sainte Marie, u fu teus fus troves?
Qui l atendra en bataille campel
3040 S il est atains de cest baston quare,
Molt par iert durs se nen a cors froe.
Fuions nos ent! ia nos aura tues.
Ains mais ne fu fais [1] si desmesures.
Dist Rainouars: Venes moi ranproner!?
3045 Tant vous pri ge que vous ne me gabes;
Que par mon cief tos seroit conpere.
Ie ne sui mie encore a vous remes;
Ne le voroie[2] por l or d une cite.
Lores l acole, si le baisa ases;
3050 Pus en apiele Guillaume au cort nes:
Sire Guillaumes, a moi en entendes;
De vous siervir sui tous entalentes.
El a en moi que[3] vous nen esperes.
Alons nous ent, que trop i demores;
3055 Gentius quens sire, et car vous en venes!
Dedens Orenges iestes molt desires.
Voir, dist Guillaumes, vous dites verite.
Or gart cescuns de main soit atornes,
Et de l errer garnis et conrees.
3060 Francois respondent: Si con vous commandes.
Par toute l ost en est li bans ales.
Dont veisies ces haubers desfourer;[4]
En ces hiaumieres ont ces hiaumes poses,
Et des espees acesmes les baudres;
3065 Lacent pignons, escus[5] ont enarmes,[6]
Lor cevaus ont torcies et abuvres;

---

[1] *m*; die anderen Handschriften: fous. [2] = Ne voroie estre remes a vous ... [3] Im Vers G. 3465 scheint *M* zu bieten: De t. E. vos cuit rendre le feu (= fief). [4] *mC*: enforrer; sonst roeler: *rubellare* oder *rutilare* = glänzen. In *C* einsilbig (roler). [5] *M*: cischuns est e. [6] *T*: repanez.

Fuere et avaine¹ lor dounent a plante.
La fist Guillaumes que frans et hounores,²
Quant dant Guimart et ses fius fist mander
3070 Et sa mollier, u molt avoit bonte.
Le sien ostage li a guerredoune;
Que .CC. mars li a la nuit dounes,
Et .II. destriers et .II. muls afeutres,³
Et bons bliaus et mantiaus engoules.
3075 Dist li boriois: Sire, mercit et gret.
Voir, dist Guillaumes, de moi iestes ames.
Grans fu la ioie el pales principel;⁴
Bien sont siervi de vin et de clare.
Cele nuit fu Rainouars enivres;
3080 En la quisine se iut tous enverses.
De coste lui fu ses tineus enbles;
.IIII. escuier des mius enparentes
Ont lor roncis au tinel ateles,
En une estable l ont mis et traine.
3085 Et par desus de fiens acouvete.
Mais mar le fisent, cier sera conpare
La cors depart, si vont a lor ostes.
Devant le ior, ains que parust clartes,
S esmut li os environ de tous les.
3090 Metent lor seles, s ont lor harnois torses,
En cevaus montent corans et abrieves.
Li escuier vont en mance aresnet.⁵

¹ *M*: Per ventre et vene, für Provende et voine; *mC*: Fain. ² Ursprünglich wurde Guimard, oder, nach *L*, Guinemers, einfach beschenkt; später liefs man den Bürger zum Schmaus einladen, und fügte die Beschreibung des prächtigen und reichen Gelages hinzu (cf. G. 3032 et *sqq.*). Die Dankbarkeit verlangt, dafs der Beschenkte dem Wohlthäter seine Dienste anbiete; daher der nach 3075 eingeschobene Vers: Dieus me doint vie tant que vous serve assez. Später hätten die Copisten den Guimard sicher wie den Schmied nach Aliscans ziehen lassen. ³ aufgeschirrt. ⁴ Einige Handschriften fangen hier eine neue Laisse an (*T* z. B.). Die Strophenanfänge der interpolirten, assonirenden Redaction sind leicht zu erkennen: Enz ou palais fu mout granz la clarte (G. 3480) — La fist G. que frans e honorez (3068) — Granz fu la joie ou palais principel. — Granz fu la noise desouz Laon es prez (cf. 3103 und G. 3528)... etc. ⁵ = Halten die Pferde am Zügel zur linken Seite (*M*: mäte für mäce); *m*: en ont molt agreignies, mit ausgestrichenem erstem *g*; vielleicht agreier?

La veiscies tant bon escu boucler,
Et tant vert hiaume et tant hauberc safre,
3095 Et tant pignon en ces lances freme
A claus d argent et a fresiaus ouvres,
Et tant espiel trencant et afile,
Tante baniere, tant confanon leve,
Et tante glave et tant branc acere,
3100 Et tant destrier baucant et pumele.
Cornent buisines, si ont gresles sounes,
Ces cors d airain[1] ont hautement cornes.
Grans fu la noise desous Loon es pres.[2]
Li os s aroute, es les[3] acemines:
3105 Quens Naymeris, li vius kenus barbes,
O Ermengart, de cui fu molt ames,
Et Loeis o Guillaume au cort nes
Et la roine, u molt avoit biaute;
Et Aelis les convoia ases.[4]
3110 En la quisine est Rainouars remes;
Les cors oi, si saut sus esfrees.
De la grant haste par fu si trespenses
Que li tineus i fu tous oublies.
Apries l ost est tous descaus aroutes.
3115 Tous premerains vint courant a un gue;
Molt par l a bien et cercie et tente,[5]
De si au ventre[6] est ens en l eve entres.
L eve fu froide et il ert escaufes;
Dont primes fu Rainouars deiougles.
3120 De son tinel s est adont ramenbres.
Lores fait duel onques mais ne fist tel:
Detort ses puins, ses dras a depanes,[7]
Sovent se claime caitis, mal eures;
Ariere torne, dolans et abosmes.
3125 Voi le Guillaumes, viers lui a galope;
Pus li demande: Vasal, u en ales?
Rainouars frere, ie me savoie ases

---

[1] *m*: Des c.; *T* weist die interessante Form: darainne auf.
[2] *T* fängt eine neue Laisse an. [3] Ms.: e les... [4] Diese Aufzählung ist (nach *m*) auf: Rois Loeys les convoia ases zu reducieren. [5] *d*: tansez. [6] *T*: col. [7] Die Mss. haben: ses ceviaus a tires; man hat wahrscheinlich vergessen, dafs er geschoren war (tosé).

Tos series recreans¹ et mates.
Non² sui voir, sire, ia mar le cuideres;
3130 Mais que i avoie mon baston oublie.
Se ie le lais³ petit vaut mes barnes.
Et dist Guillaumes: Por icou nen ires;⁴
I envoierai poruec, se vous voules,
Mon escuier, que voi ci aprieste.
3135 Dist Rainouars: Sire, vous non feres!
Ia por teus .IIII. ne seroit⁵ remues,
Mien entient⁶ ariere remenes.
Et dist Guillaumes: Amis, dont vos hastes!
Ne me mouvrai tant que vous revenres.
3140 Dist Rainouars: Dex vous en sace gret.
(G 3431—3596.)

LXXVIII (G 3597—3660), LXXIX (G 3661—3706), LXXX (G 3707—3722).⁷

LXXXI

Por son tinel retorna Rainouars.
Iusqu a Loon en vint plus que le pas;
En la quisine courecies s aresta,
Son tinel quert, mais ne le trova pas.
3145 Quant ne le trueve, forment se claime las,
Ses ceviaus ront et decire ses dras.⁸
Li escuier en demainent grant gab.
Dist Rainouars l un d aus: Tu le m enblas!
Rent le moi tos u ia le conperas.
3150 Et cil en iure saint Pol et saint Tumas⁹
Nen en a mie, pus en sorrit¹⁰ en bas;
Et li .III. autre li ruent de torcas.¹¹
Dist Rainouars: Vous en fetes vo gab;
Fil a putain, mauvais laron Iudas,
3155 Vous iestes tuit de la gent Goulias.

---

¹ C: recreus. ² C: Nous. ³ T: Se i remaint. ⁴ T: por ce nen i irez. ⁵ M: fort für foret, prov. fora. ⁶ Im Sinne: geschweige denn. ⁷ Diese drei Strophen sind, allen Handschriften gemäfs, wegzulassen. ⁸ Ses cheveus tire oder ront ist unzulässig; auszubessern nach Vers 3122. ⁹ In Nordfrankreich sehr häufig vorkommende Namen Thomas, Nicolas, Vaas (*Vedastus*), Pol. ¹⁰ C: sortit. ¹¹ M: troncas.

Mais par la foi que doi saint Nicolas,
Mius vous venist que fusies a Damas,
U en Arabe, qui est de Cayphas,[1]
En la prison Corsut de Belinas.
3160 Il les saisist[2] tous .IIII. par les dras,
Si les demaine coume soris fait cas;
Les .III. enrue contre tiere a un fais[3]
Si durement pries nen ont menbres quas.
Li quars s escrie: Mierci, por saint Lienart!
3165 Rainouars sire, ton tinel raveras;
I irai poruec et tu si[4] m atendras.
Tais, glous, dist il, ne le remueras;[5]
Mais, par mon cief, avoec moi en venras,
Et cil .III. autre, nen a mestier baras:
3170 La u il est or en droit me menras;
U, se cou non, de male mort moras,
De pior mort que ne fist Caifas,[6]
Cui desmenbra Califes de Baudas.
Desor son col les giete con uns sas,
3175 Et si lor doune sovent grans hatiplas;
Vient a l estable, ses rua a un tas.[7]
Cil arreversent le fien et le marcas,[8]
Le tinel truevent, qui ert acovetas;[9]
Mais nel meussent qui lor dounast Baudas.[10]
(G 3723—3762.)

LXXXII

3180 Rainouars voit le fien arreverser.[11]
A haute vois se prist a escrier:
Fil a putain, trop me fetes ester!
Ales moi lues mon tinel aporter!

---

[1] = In sarazenischem Land, das vom Kalifat abhängt. [2] *C:* Il lais saisi... [3] *MABTdC:* flat. [4] Wir reproducieren treu die Orthographie der Handschrift *C.* Lies ci. [5] *m:* ia mar ten revenras; l. vielleicht: ne revenroies mais. [6] Die Handschriften, ausgenommen *ABT*, schieben nach diesem Vers ein: Cui desmembra Califes de Baudas, wobei califes und agolafre identisch sind (*C:* Calafes). Die beste Lesart dürfte sein: E se ce non, morir te ferai ja De p..., Qui d. calife de B. [7] *d:* vas, prov. Form. [8] *MABL:* merdas; *T:* mendas. [9] *d:* poigas (bedeckt mit Pech). [10] Die nördlichen Handschriften, besonders *M:* Aras. [11] Prov. Form.

Esploities vous, penes vous dou haster!
3185 Se ne le faites molt cier le conperes.
Par cel Signor qui le mont a sauve,
Se un petit me faites airer,
Ia ne pora li uns l autre gaber
A mes .II. puins ne vous voise estranler.
3190 Le tinel prisent, que[1] le cuident lever,
Mais ne le porent entr aus tous remuer;
Entre lor dens prisent a runeter:[2]
Maleois soit qui cest fust doit porter!
Rainouart hucent: Ca venes, rices ber!
3195 Icil i ceurt qui en ot desirer;[3]
Ausi le lieve com un rain d olivier.[4]
De l estable ist, pense de retorner.
Li mestres ceus li vint devant ester,
Molt laidement le prist a apeler:
3200 Musars, dist il, u deves vous aler?
Mius vous venist les hastes a torner
Qu en autrui tieres mesaise[5] endurer.
Ore te voel sor les ious commander
Que cel tinel voises tos decoper;
3205 Si en ferai nostre feu alumer,
Et nos paieles de cel fier racesmer,
Et nos grasaus en ferai reparer;
U se cou non, ia te ferai fuster.
Fius a putain, on te devroit tuer;
3210 Toi et ton fust puist Dex acraventer!
Nen as que faire en Aliscans sor mer.
Quant Rainouars s oi bastart clamer,
Et par contraire si viument ranproner,
Et son tinel laidir et devorer,[6]
3215 Lieve son fust a loi de baceler

---

[1] *T*: qui (= qu il). [2] *M*: runeter; *C*: runer; *d*: mumeter; *T*: mormoler. Guessard hat seinen Text schlecht gelesen; es steht in der Handschrift *a*: runeter, dim. von runer und nicht rimeter. [3] Wahrscheinlich: qui la molt desirre. [4] Alle Handschriften stimmen überein; corr.: A. le l. com ce fust nouviaus nes; cf. 3731. [5] *M*: malesse = *malitiae* = intempéries = Unbilden des Wetters (*ital.*?). [6] Lesart sämtlicher Handschriften, ausgenommen *AB*, die conchier bieten, und *L*, das aviller aufweist. *C* allein meidet die groben, das Gefühl verletzenden Ausdrücke.

Par tel air que tout le¹ fist trambler;
Del bout devant va son mestre hurter,
Si que les ious li fist del cief voler,
Et la cervele espandre et couler;
3220 Devant ses pies l a mort acravente.
Tais, glous, dist il, laise ton ranproner!
Nen ai que faire de quisine garder;
Ains aiderai Orable au vis cler
Et dant Guillaume sa tiere a aquiter.
3225 Molt grant folie vous en fist hui parler;
Mius vous venist taisir et coiester.²
Lores s en torne, s aquelli son errer.
Li escuier sont en destriers monte,
Apries Guillaume pensent d esporoner;
3230 De Rainouart se vont a lui clamer,
Qui les vot ore a Monloon tuer.
Dist quens Guillaumes: Si le laisies ester!
Ne le deves escarnir ne gaber:
De fol et d ivre se³ fait il bon garder.⁴
3235 Ne le ferai por icou retorner.
Encontre lui commence a galoper;
Et Rainouars li a haut escrie:
Sire Guillaumes, voules vous behorder?
Vien, si asaie con ie sai bien ioster.
3240 Non ferai, frere, mais penses de l errer!
Cil⁵ fus vous poise, ferai le vous porter.
Nenil voir, sire, ne vous en ruis penser.
Qui le veist et salir et treper,
Et son tinel ruire⁶ et venteler,
3245 Gieter amont, recoivre et lever,
De grant deduit li peuist ramenbrer.
Dont le commence toute l os a huer.
Li quens Guillaumes s en prent a airer,
Saint Iuliien commence a iurer,
3250 Se ne les frape Rainouars del tinel,
Iouste le feu ne serra a souper.

---

¹ le bezieht sich auf tot, und nicht auf queus; cf. span. todo me lo ha dicho. ² *sic* für cois e. ³ Lies soi. ⁴ bon als Attribut zum Akkusativ garder. ⁵ = Se li f. p.? ⁶ Ist vielleicht die nordfranz. Form des prov. roire: vor Liebe beifsen (neben [de]rore; die meisten Mss. weisen ruer, baisier auf).

La fille au¹ roi le prist a esgarder,
Ens en son cuer forment a enamer;
Dist a sa mere: Vees biel baceler!
3255 Ie ne quit mie en un ost ait son per;
Molt li avient cis tineus a porter.
A Deu de Glore le pusse commander!
Nel verai mes, tant m en doit plus peser;
Mal² fet mes peres quant il laie aler.
3260 Dist la roine: Fille, laisies ester!
Ne le ruis³ mes en ces⁴ pais entrer;
Voist la u voelle, n en quer⁵ oir parler.
Mais pus vint ci,⁶ si con ores conter,
A si grant gent, on ne les pot esmer.
3265 Le fille au roi n ot a feme ne a per;⁷
Li quens Guillaumes li vot faire espouser,
Il la quida bien a lui marier;
Mais Loeis ne le pot endurer.⁸
Dame Ermengars li fist pus hounorer
3270 Sa bele niece, Ermentrut au vis cler.⁹
(G 3763—3881.)

LXXXIII

Biaus fu li iors et li solaus¹⁰ leva.
Li quens Guillaumes devant l ost cevauca,
Et Rainouars molt pries de lui esta.

---

[1] Der Stil der Rennewartsepisoden ist viel jünger als der des eigentlichen Wilhelmsliedes. Hier wird etwa: La bele Alis gestanden haben. [2] Ms.: Malt f. [3] Meistens für ursprüngliches quier (m). [4] = cest (tos = tost). [5] Das ursprüngliche, südfranzösische querer (wollen) wird in den Handschriften meistens durch cuidier oder rover ersetzt. [6] ci, wohin? nach Laon? dann wäre das Lied in Nordfrankreich gesungen worden. [7] Etwa: Nen ot a f. Aelis ne a p. [8] Ein Vers, der unter der Form: M. L. ne li vot otrier, sich in der LXXII-Strophe (G. 3003 et sqq.) in den meisten Handschriften wiederfindet, und beweist, dafs die andern Handschriften, was die Aelisepisode betrifft, viel jünger sind als M. [9] = E. veranstaltete, dafs R. ihre Nichte E. dadurch beehrte, dafs er sie heiratete. Lesart von M. Die Handschrift weist ēimentrut auf, also erimentrut, mit dem svarabahti nach provenzalischer Weise. M fügt hinzu: E puis li fist corone dor porter E el palais de Cordes coroner De tote Espagne la fist dame clamer; durch diese Verse stimmt M mit m überein, wo mit denselben Versen das Aliscansepos schliefst. [10] d: la chaudous statt chaudour; ebenso m.

Son tinel porte, que il forment ama;
3275 Solliet le voit, durement l en pesa;
Ceurt a une eve, belement le lava;
Trait sa gonele,¹ cointement l esua;
Ne le revest, en l eve² le rua.
Toute li os maintenant le hua.
3280 O le Guillaumes, voire molt l en pesa;
A sa vois clere hautement lor cria:
Certes, dist il, il vous castiera!
S il en fiert un, ia mar s en clamera;
Mau dehait ait qui ia droit l en fera.
3285 Dient Francois: Com³ mauvais ban ci a,
Quant a un fol abandones nous a,
A un diable qui nous afolera.
Maleois soit li rois qui li douna!
O le Guillaumes, Rainouart apiela;
3290 Une gonele de biset li douna;
Molt estoit lee, plus d une grant toise a.
Pus li commande qui riens li forfera
Se n en prent droit iamais ne l amera.
Rainouars iure que les mestriera
3295 A son tinel et si les dontera,
Tous li plus cointes sa volente fera.
Li quens Guillaumes ensi li otria.
Li fille au roi Aelis l acena,
Et Rainouars maintenant i ala;
3300 Que volentiers en son service va.⁴
Rainouars sire, fait ele, entendes ca!
En nostre cort aves estet pieca;
Mais ore voi mes oncles t ent menra.
Se i ai fait cose qui onques t anuiast,
3305 Mierci t en cri. — A itant l acola,
Et Rainouars de tout li pardouna.
Atant s en torne, de li se desevra;
Mais tout son cuer par amor li laisa.
Les gresles⁵ sounent et li os s arouta;

¹ Gleichbedeutend mit cote (*ABTd*) und cotele (*mCL*). ² Ursprünglich en la aygue (*M*); das prov. Wort wurde mit der Zeit mifsverstanden und mit le gué verwechselt. ³ *M* hat die Form: quant m. b. ci a. ⁴ Lies: Li f. au r. a. R., Qui v. en s. s. v. ⁵ Die andern Handschriften: li grailles.

3310 A droite nuene toute se herbega.
Par l abeie Guillaumes s en rala,
Mais de sa targe mie nen i trova;
Que l abeie estoit arse pieca.¹
Por le refaire .C. livres i douna;
3315 Rois Loeis cuinquante en i laisa,
Et Naymeris .XL. en presenta:
Por dant Guillaume l abeie estevra.²
Tant va li os qu a Orliens se trava;³
Defors⁴ la vile et dedens ostela.
3320 Li quens Guillaumes as boriois amenda
Del castelain que il ocis lor a,
Et des boriois si con drois l esgarda.
Rois Loeys plus ne le convoia;
De lui parti, a Deu le commanda.
3325 Quens Naymeris a Nierbone s en va,
Ensamble o lui maine dame Ermengart.
Si .IIII. fil cescuns s en repaira;
Au departir Guillaumes les baisa⁵
Ens en la face, mais la bouce esciva;
3330 Et cescuns frere bien li aseura
Atant de gent con il avoir pora,⁶
Es vaus d Orenge a lui rasamblera.
Verte ont dit, onc nus ne l en fausa.

(G 3882—3967.)

LXXXIV

Li quens Guillaumes a sa voie hastee,
3335 Droit viers Orenge a l ost aceminee.
Tant ont erre⁷ cescuns iors lor iornees,
Onc por oraie nen ont fet demoree,
Nen aresturent por noif ne por gelee,

---

¹ *M*: Qen l a. fu arse e breça (*bregar, bruizar?*). P. le service... beste Lesart. ² Die Mss. haben (r)estora (cf. V. 3314); *B* allein weist auf: estovra = wird gedeihen. ³ Die Handschriften: trova oder s'atrava; *T* allein: se trava. ⁴ Überall zu korr.: Fores la v. ⁵ Dafs sie sich in Orléans trennen, beweist, dafs Wilhelm den Weg durch das Rhônethal einschlägt. ⁶ Nach *m*: Com (= prov. con, lat. *cum*) tant de g. que il avoir porra Apres en lost demanoir les sivra, Es v... ⁷ *m*: haste, besser.

Des vaus d Orenge coisent une fumee;[1]
3340 Voient la tiere que paien ont gastee,
Et la cite que ont arse et brulee:[2]
Asali orent icele matinee.
Au grant palais de la sale pavee
Estoit Guibors, s ot la brogne endosee,
3345 Le hiaume el cief[3] et au coste l espee;
Nen i ot dame ne fust le ior armee
Sus as batalles de la grant tor quaree.
Li cevalier ont la porte gardee.
Li asaus grans et grans fu la mellee;
3350 Les dames ont mainte piere getee,
Mains Sarrasins ont les testes quasees,
Qui gisent mort, souvin, geules baees,[4]
Qui pus ne virent ne cousines ne meres.[5]
Li tors d Orenge est en tel liu fremee,
3355 Ne crient asaut une pume paree.
Paiene gens font soner la menee;
D Orenge.[6] iscirent, s ont la vile alumee;
A lor nes font en l Arcant retornee[7]
Por faire engiens, dont la tors soit versee,
3360 Et grans carcloies,[8] de fier tapes fierees,
Dont pust la piere iestre esquartelee,
Et la grans tors par tiere craventee.
Rois Desrames a sa barbe iuree
Que Guibors iert a cevaus trainee.
3365 Or tos as armes, france gent[9] onoree![10]
Un graile soune,[11] li os s est adoubee.
Li quens Guillaumes a ventalle fremee,

---

[1] la fumee ist unzulässig; *d* verbessert den Vers: choisent, von choiser, dem prov. coisar, *kiusan* entsprechend. [2] *M* hat die V. 3313 angeführte Form. [3] *C*: Liaume laciet... [4] *M* weist die ursprüngliche Redensart auf: galbe gaee, mit blutbedeckter Brust (eigentlich oberem Teil des Wammses); insofern man nicht gaves oder goles korrigieren will: mit aus dem Munde strömendem Blut (da sie ja durch Steinblöcke totgeschlagen werden). [5] Diese fünf Verse sind ein seltener Überrest der alten Episode der Belagerung Orange's. [6] *d*: Des tres... [7] Nach *d*: En Aliscans sen est li oz tornee; *m*: A lor maisons. [8] *M*: cardages, lies carclages für carcloies; *d*: chacoies. [9] gens ist äufserst selten in *C*; gewöhnlich gent. [10] An Wilhelms Stelle ergreift der Jongleur das Wort und stöfst den Schlachtruf aus. [11] Wilhelm.

Saut en destrier, en la siele doree;
Au flanc senestre li siet la boine espee;
3370 L escut au col, l orie flanbe levee,
Vient a Orenge poignant de randonee.
Et Rainouars tient la pierce quaree;
A pies le siut a molt grant alenee.
Li os s espant¹ aval cele contree.
3375 Dame Guibors fu en la tor montee,
Deviers senestre a la ciere tornee;
Voit tante ensegne viers le ciel ventelee,²
Et tant vert hiaume, tante targe roee.³
Cil boin destrier ont grant friente⁴ menee;
3380 Sounent cil gresle a molt grant alenee;⁵
Des armes est la tiere estincelee:
Rengie cevaucent a bataille ordenee.⁶
Dame Guibors en est espoentee;
Cuida que fuscent de la gent mes erree,
3385 Qui ia se fust de l Arcant retornee.
La gentius dame s est forment dementee;
Sainte Marie a sovent regretee:⁷
Ahi! Guillaumes, com m aves oubliee!
Ore sai bien a mort ere tornee.⁸
3390 Ne veras mes ta mollier espousee;⁹
Por vostre amor m iert la teste copee,
Et ma cars arse et la poure ventee;
U ie serai en la mer afondee
Une grant piere entor le col noee:
3395 Comment que prenge ne quic estre escapee
Que ie ne soie a dolor lapidee.
A ice mot ciet a tiere pasmee;
Li clers Estievenes l en a sus relevee.
Lores i ot mainte larme ploree.

(G 3968—4040.)

---

¹ *C*: s en pant. ² Nach *T*: E t. e. v. vers ciel v. ³ *T*: bandee; in manchen Handschriften, besonders bei *T*, wechselt tant im ersten Halbvers mit maint im zweiten ab. ⁴ *M*: freire, ist vielleicht das prov. freior; *d*: Li grant ost a gete si grant frientee. ⁵ *T*: airee. ⁶ *LBT*: nommee = berühmt (cf. span. *nombrado*). ⁷ Ursprünglicher Sinn. ⁸ *C*: ca mors est remuee = Der Tod ist hierher eingekehrt. ⁹ *C*: Ia n iere mes vostre femme e.

LXXXV

3400 Dame Guibors se drece en estant;
A son bliaut va ses ious essuant,[1]
Et voit Guillaume venir en l auferrant,
Et Rainouart a son tinel corant;
Devant le pont sont andoi arestant.
3405 La gentius dame se va espoentant
Por Rainouart, cui ele vit si grant;
Nen i a nul ne s en voist esmaiant.
Par foi, dist ele, ia nen aurons garant:[2]
Diables est qui tient icel piercant.
3410 Li quens Guillaumes sist en son auferrant;[3]
Si s arestut a la porte devant,
Et voit Orenge qui entor va ardant;
Li quens en pleure et va molt larmoiant.
A la fenestre vit Guiborc le vallant,
3415 Qui se devoit armer d un iaserant.
Li quens Guillaumes l apela en noant:[4]
France contese, ne soies mais doutant!
Ie sui Guillaumes, que as desire tant;
Ouvres la porte, receves vostre aidant!
3420 Dame Guibors li respont maintenant:
Sire, dist ele, ostes l iaume luisant!
Ie me criem mout[5] de la gent mescreant;
Si voel veir ton vis et ton samblant;
Car plusior home se vont molt ravisant,
3425 Et de parler sont maint home samblant.
Guillaumes va l iaume et la coife ostant.
Dame Guibors l esgarde par devant;
Voit sor le nes la boce aparissant,
Que li ot fait Isores[6] a son branc.
3430 Dex, dist Guibors, trop me vois delaiant!
Vient a la porte isnelement corant;
Tost l a ouverte, le pont va abaisant.
Li quens i entre de pitie larmoiant,
Et Rainouars son tinel trainant.

---

[1] m: essielant, dessillant. [2] Man wird die Lückenbüfser wie onc, ja, mais, mar, etc. entfernen, indem man die älteren Formen auf -omes, die belegt sind, einführt. [3] Die Anfangsverse der ursprünglichen Laisses sind leicht zu erkennen. [4] nüere. [5] sonst molt. [6] m: dant corsaut; C: codroes.

Aliscans.

3435 Li cuens descent, Guiborc va enbracant.
Dame, tenes le vostre covenant!¹
Lores la baise .XX. fois en un tenant,²
Et ele lui molt tenrement plorant.
Guillaumes mande li os se voist logant,
3440 Et il si fisent; tuit se vont desarmant.
En la cite et fores li auquant
Molt belement s alerent herbegant.
La veiscies maint tref et maint brehant,³
Et mainte⁴ aucube de pale escarimant.⁵
3445 De la viande orent a remanant,
Qui ert venue apries aus cariant.

(G 4041—4093.)

LXXXVI

Li quens Guillaumes est ou palais montes;
Il et Guibors s entr amerent ases.⁶
Ses cevaus fu en 1 estable menes;
3450 A mangier ot quant il fu abuvres.
En la quisine est Rainouars entres;
Ou plus biel liu mist son tinel poser.
Dame Guibors le regarde ases:
Molt le voit iovene, grant et fier con sengler;
3455 Grenons li point selonc le sien ae.
Sire, dist ele, qui est cil bacelers,
Qui a son col porte cel fust quare?
Ie cuic que est de molt haut parente;
Ne sai se est batisies ne leves.⁷
3460 Nenil, ma dame, nen est crestienes.
A Monloon fu d Espagne menes
.VII. ans a plains, et en quisine a mes
Si petis enfes que tous est asotes;⁸
Mes gardes le, si con fere deves.

---

¹ *T*: D., dist il, tenu vos ai coven(an)t. ² *M*: estant.
³ *m*: herbant. ⁴ Ms.: maint. ⁵ *d*: acariant. ⁶ sasieent
lez a lez ist dem Verse 3469 entlehnt. ⁷ *MB*: lavez; *levé des
fonts* ist dem *lavé du péché originel* nicht vorzuziehen. ⁸ Schlecht
verstanden hat diese Lesart den Vers: Petit en faut, oder, wie *C*
zeigt: Petit s en faut que tous n est a., entstehen lassen. Läfst
man den vorhergehenden Vers wegfallen, so gestaltet sich diese
Lesart zu der folgenden: A M. fu d E. m. Si petis enfes que
t. e. a.; so *B*. Übrigens ist der V. 3462 andern Stellen entlehnt.

3465 Sire, dist ele, a vostre volente.
En Gloriete est Guillaumes montes.
Nen est encore li mangiers apriestes;
A la fenestre s est ales aseter,[1]
Les lui Guibors, de cui il fu ames.
3470 Par deviers Termes[2] a li quens regarde;
De cevaliers voit .IIII.M.[3] armes,
As hanstes roides, as confanons fremes,
As boines targes, as pignons de cendel.
Iernaus i ert, li preus, li aloses,
3475 Cius de Gieronde, qui tant fist a douter.
Dame Guibors, dist li quens ounores,
Vees Ernaut et son rice barne;
Demain sera Bertrans desprisones.[4]
Sire, dist ele, ce veres vous ases
3480 Con Vivien, vo neveu, vengeres.
Ains que Guibors euist ses dis fines
I crut la force Guillaume au cort nes.[5]

(G 4094—4148.)

LXXXVII

En tendementres[6] que sont li tref basti,
Guillaumes garde parmi un pui autif,[7]
3485 Et voit Buevon, celui de Commarcis;
En sa conpagne .II.M. fierviestis,[8]
As hanstes roides, as confanons treslis,
As nueves armes, as diestriers arabis.[9]
D autre part vient ses pere Naymeris,
3490 O lui .III. mille,[10] as vers hiaumes brunis,
Des Nierbonois au coraie hardi.

---

[1] *C:* aceuster. [2] Einige Handschriften: P. d. destre.
[3] *L:* .IIII.XX., was richtig ist; cf. Vers a 4153. [4] Dieser Vers ist, selbstverständlich, wegzulassen. [5] Bevor G. ausgesprochen hatte, schlossen sich Hernaud's Scharen denen Wilhelms an, so daſs dadurch seine Macht wuchs. Später fühlte man nicht mehr den Zusammenhang und schob den Vers: Sont descendu desoz Orenge ou pre, ein. — Die ursprüngliche Form Guillelme konnte das e nicht elidieren; später gestaltete sich die Redensart zu: dan G. au c. n. [6] *in tempore dum interim.* Man könnte auch an eine Kombination mit *in tanto* denken; cf. *Alexis,* 67. [7] *m:* pre flori.
[8] Ursprünglich: de chevaliers bien mil. [9] *C:* braidis, eine Form, die sich am besten empfiehlt. [10] Ursprünglich, nach *T:* O .IIII.C. as v. h. b.

Li ber Guillaumes les a avant coisis;[1]
Dame Guiborc les mostra, le gentil:
Vees, contese, la amont cel lairis,
3495 Une conpagne molt grant as pignons bis?
Cou est mes pere, Naymeris li floris,
Et d autre part Bueves de Commarcis,
Cui prisons tienent paien an .II. ses fis
Avoec Bertran, dont mes cuers est maris;
3500 Mais se Deu plest, qui en Crois mort soufri,[2]
Nous les raurons ains de main miedi.
Dex, dist Guibors, ie vous en cri mierci.
Guillaume enbrace, le conte signoril;
Les ious[3] li baise et la bouce et le vis.
3505 Et cil descendent sous Orenge ou lairis;
Tendent lor loges et lor tres ont bastis.
Or croist la force Guillaume le marcis.
Mais iusqu a poi sera plus esbaudis,
Quant venus iert Naymers li caitis;
3510 Onques nen orent paien viers lui loisir.[4]
(G 4149—4180.)

LXXXVIII

En tendementres que cil vont herbegant,
Que vont roncis et cevaus establant,
Guillaumes garde sor destre en .I. pendant;
S i voit venir dant Bernart de Brubant,
3515 En sa conpagne maint cevalier vallant:
Il sont .III.C.; cescuns a iaserant,
Et boin escu et vert hiaume luisant,
Et desous lui boin destrier auferrant,
Et boine espee a son senestre flanc.
3520 Dame Guibors, dist li quens en riant,
Vees Bernart u il vient cevaucant;
Bien le comois a cel destrier baucant,
De tous les autres a le soucors[5] plus grant;
Cou est li pere au palasin Bertran.
3525 Mar i entrerent Sarrasin et Piersan!
Cier lor quer vendre la[6] mort dant Vivian!
O le Guibors, de pitie va plorant:

---

[1] *M:* conoysis. [2] *M:* qi en crois fu mis. [3] *m:* Le neis.
[4] *Mm:* norent a lui roys (reis). [5] le sien c.? [6] *C:* lor m.

Ihesus, fait ele, vous en soiet garans!
Li quens Bernars est descendus atant
3530 Desous Orenge en .I. pre verdoiant;
Si cevalier furent tuit descendant,
Et escuier et corier et siergant;
De lor tres tendre se vont forment hastant.
Or vait Guillaume molt grans forse croisant.
3535 Se Sarrasin ne s en tornent fuiant,
Mar virent onc la mort dant Vivian!

(G 4181—4209.)

LXXXIX

Que que Francois tendent lor tres a las [1]
Et lient cordes, ficent pescons punas, [2]
Li quens Guillaumes a regarde en bas
3540 De Gloriete, son palais principas,
Les le montegne, deviers Costantinas,
Et voit Guibiert, qui rois iert d Andrenas; [3]
De cevaliers amaine molt grant tas:
.V.M. furent as armes et as dars,
3545 As confanons et as bons cevaus cras. [4]
Guillaumes tint Guiborc entre ses bras:
Dame, dist il, li os nen est a gab;
Mais par le cors au baron saint Tumas!
Mar i entrerent li laron de Baudas: [5]
3550 Rois Desrames, li oncles Matamart, [6]
Et Haucebiers et li rois Goulias,
Baudus li fel, Aikins et Atanas,
Butors [7] d Averse, qui samble Satanas.

---

[1] Ursprünglich Entendementres con F. t. l. — Quoique gleichbedeutend mit quantque (T) = während. [2] prov. *paisso*, it. *passone*. [3] *M*: de Dinas (für de Dinant); *d*: de Donmas. [4] cevaus urspr. in Assonanz. [5] *M*: li paien baüfdas, richtige Lesart. [6] Stünde *C* mit der Lesart Rois D. a iete ambes as nicht allein da, so betrachteten wir sie als die beste und älteste Version; sie kommt in Wolfram von Eschenbach vor und würde den Vers a 4193 erklären. Die dann 3549—50 vorzuziehende Lesart wäre: Mar i juerent li laron de B.; Rois D. a jete ambes as! [7] *M*: Buroys, für Buraus, Borrel; somit wären hier alle sarazenischen Häuptlinge aufgezählt, die in den späteren Kämpfen eine Rolle spielen. Walegrape, Crucados, Agrapart, Grishart, Flohart fehlen bei allen in alten Strophen enthaltenen Aufzählungen; ein Beweis, daſs diese geschmacklosen Episoden späteren Datums sind. — *L*: B. d'A. qui meine tel harnas.

Li quens devise, mais ensi nen ira:
3555 Que il ne set del tres cruel trespas
Que souferont ains que viegne li mars:
Quar tant i vint de la geste Iudas,
Couvert en furent et li mont et li val.
Nen i ot Franc ne se tenist por mat,
3560 Se ne par fust li tineus Rainouart.[1]

(G 4210—4231.)

XC

Li quens Guillaumes se prist a regarder,
Et voit venir le caitif Naymer,
A tout .VII.XX., a tant les pot esmer,
De cevaliers, qui tuit sont baceler.
3565 Desconfis orent paiens deviers la mer,
Une grant route qui venoit de praer;
Nen i laisierent un seul a decoper.
Molt grant eskec[2] en faisoit amener,
Cevaus et armes en faisoit adester,
3570 Et de viande .CC. soumiers torses,
Et .C. caitis, cui ot desprisones.
Gentius contese, dist Guillaumes li ber,
Voi la u vient le caitif Naymer,[3]
L oume del mont, por voir le pus iurer,
3575 Que Sarrasin pueent plus[4] redouter;
Contre celui me convient il aler,
Deseure[5] tous siervir et ounorer:
Quar onc paiens ne laisa reposer.
En Volatile va Guillaumes monter,
3580 Si esporone encontre Naymer;[6]

---

[1] Oder au t. Rainouars. Die zwei letzten Verse sind eine spätere Interpolation. Wir konnten nicht umhin, die Verse 3555—6, die C eigen sind und nur der Assonanz wegen von den Copisten weggelassen wurden, einzuschieben. Wenn man bedenkt, dafs diese Handschrift die Zahl der Verse niemals zu vergröfsern, sondern immer zu verringern sucht, so wird man in denselben einen Überrest des alten Gedichtes sehen, und durch den Schlufs dieser Strophe, die zu den ursprünglichen gehört, die Überzeugung gewinnen, *dafs auf die Niederlage Vivians eine neue Niederlage Wilhelms folgte;* cf. V. 4387.
[2] *m*: eschef. [3] Nicht etwa li caitis Naymers; N. ist Objekt zu Voi. [4] Superlativ; so immer nach dem Verbum; cf. spanisch.
[5] Ältere Form (*M*), die wir beibehalten. Die älteste Gestalt des Verses ist: Lui sore toz s. e h. [6] Fehlt in C; Vers späteren Datums.

Brace levee va son frere acoler.
Dedens Orenge le vot o lui mener
En Gloriete, son palais principel;
Mais Naymers ne vot pas¹ creanter:
3585 Fores les murs fist sa gent osteler.
Quens Naymeris fist ses fius aiouster;
Grant ioie i ot quant vint a l asambler.²
Guillaumes dist: Uns dons vos voel rouver,³
O moi mangies cest premerain disner.
3590 Il li otroient, ne li osent veer;
Mais a grant force maniue Naymers.
En Gloriete fist on l eve corner;
Cil cevalier⁴ vont ensamble laver.
Dame Guibors ne se vot oublier,
3595 Naymeri va la touaile porter,
Et a ses fius por aus mius hounorer.
De hautes viespres asieent⁵ a souper.
De la quisine ist Rainnoars li ber;⁶
Son tinel porte, ne le vot oublier,
3600 A un piler s est ales adosser,
Sor son tinel se prist a acouter,⁷
Por le barnage veir et esgarder.⁸
Naymers prist Guillaume a demander:⁹
Frere, dist il, ne me deves celer
3605 Quels hom est cou que ie voi la ester,
Cil grans, cil gros, cil fournis, cil quares,
En cele sale, deiouste cel piler?
Un grant mairien li vi al col lever;¹⁰
Dont est il nes et u a converse?
3610 Est il paiens, Sarrasins u Esclers?
Qui l amena ca en icest regne?
Vous fu¹¹ dounes u vint par acater?
Est cou diables qui nous voelle encanter?

---

¹ = *Schritt*, an dieser Stelle. ² Korr.: quant furent asamble. ³ *M* bietet hier die wenig bekannte Form: roier. ⁴ In der Abkürzung immer chr. ⁵ Ms.: asient. ⁶ Ursprünglich neue Laisse. ⁷ Ms.: ascouter; *AB*: acovrer; *m*: s e. asis adosses ... s est ales couveter; besser. ⁸ Dieser Vers verbindet sich sehr passend und unmittelbar mit 3598; die Verse 3599—3601 sind andern Episoden entnommen. ⁹ Korr.: N. a G. demande. ¹⁰ Im Sinne des span. llevar, tragen; *MC*: porter. ¹¹ *L* weist, nach prov. Weise, den gestützten Artikel auf: Vos fuil donez ...?

O le Guillaumes, s en a .I. ris gete;
3615 Dist a son frere: Ains est .I. bacelers;
A Monloon le m a li rois doune.
Mais trop par quert en quisine caufer,[1]
Et le feu faire et la car escumer;
Caus qui s en gabent li voi tous asoter.[2]
3620 Naymers l ot, si l a fait apieler:
Frere, dist il, venes, si[3] vous sees!
Et Rainouars ne se fist pas bouter:
Volentiers, sire, pus que vous vient en gre.
Les Naymer va seir a soper,
3625 Deriere lui[4] mist son tinel poser.
Cil damoisiel s asamblent por enbler;[5]
Li ber les vit, si les a apieles:
Signor, dist il, laisie mon fust ester;
Car par la foi que ie doi Deu porter,[6]
3630 Nen a si cointe ne de haut parente,
Se ie li voi tenir ne adeser,
Que ne li face malement conparer.
Cil cevalier l aquellent a gaber,[7]
Et de fort vin souvent a abuvrer;
3635 Tant l en dounerent que tout l ont enivre.
(G 4232—4302.)

XCI

Les Naymer va Rainouars seir,
Deriere lui mist son tinel iesir.
Mangier li fist Naymers a loisir
Et a grans trais le fort vin transgloutir;
3640 Tant l en dounerent que tout l ont estordi.

---

[1] *BT* verbinden diesen Vers unmittelbar mit V. 3615. m: a chier. [2] Synonym von afoler; etwa Jemanden der Dummheit zeihen, ihm beweisen, dafs er sich getäuscht, ihn deshalb strafen; cf. das franz. embêter in seiner Entwickelung. Nie hat Rennewart einen Beweis seiner Dummheit gegeben; diese falschen Vorstellungen von dem Geisteszustand des Jünglings hat man nur der unrichtigen Auffassung des Wortes assoter zu verdanken. Er war ebensowenig dumm als vergefslich. [3] ci? eher ca. [4] Die Mehrzahl der Handschriften bietet: Derrier son dos (Detries s. d.?); cf. noch 1873 und 3637. [5] Guessard hat unrecht zu korr.: por *l'embler*. [6] *T*: que je doi dieu du ciel, wichtig, da dieser Vers, neben dem Charakter der ganzen Strophe, zeigt, welche etwa die ursprüngliche Assonanz dieser Laisse gewesen sein mag. [7] Nach *m*: soi c. por g.

Apries mangier font touailes quellir.
Rainouart prisent entr aus a escarnir;[1]
Cil escuier le prendent a laidir,
De grans troncons et geter et ferir.[2]
3645 Et Rainouars a son tinel saisi,
A does[3] mains le lieve par air.
Quant cil le voient si forment aati,
De toutes pars aquellent a fuir,
Et Rainouars n en puet nul consievir;
3650 Si fiert un marbre que il le fist croisir
Et les esclas par la sale galir.
Dist Naymers: Cis vous fera sortir![4]
Quels vis diables peuist a lui garir?
Frere Guillaumes, cestui deves cierir;
3655 Faites l o nous en Aliscans venir:
Se as paiens se voloit asentir,[5]
A cel tinel en feroit maint morir.
Dist Rainouars: Par foi, molt le desir;
Et moi[6] et aus metes ou covenir.[7]
(G 4303—4326.)

XCII

3660 Grans fu la ioie el pales principel.[8]
Quant ont mangie et beu a plente,
Les napes traient sergant et baceler,
Et cescuns est fors des tables pases.[9]
Mais Rainouars est forment enivres;
3665 En haut parole, de tous fu ascoutes:
Oes, signor, que[10] ie vous voel mostrer!

---

[1] a e. C. e. et forment a l.? Besser wäre: R. misent e. a. por e. (*M*). [2] Wir brauchten zwei Verba derselben Konstruktion; das betreffende Zeitwort wird uns von *B* geboten: gater, das mit geter verwechselt wurde und auf ahd. gait, Bock (gater, stofsen) zurückgeht. [3] *d*: Et si le lieve a does par air; für a does mains, wo dieselbe Syncope des Hauptwortes vorkommt wie im modernfranzösischen *à quatre* (sc. pattes). [4] Synon. von salir (*md*). [5] L: estourmir. [6] Ms.: Moit et paiens. [7] *M*: E mult ioious me tegn d ou vos venir; wir glauben eher an de v. ou vos venrez, nämlich *in die Schlacht*, als an de v. o (= mit) vos. [8] Einige Handschriften: seignorez; *m*: seignouril, der vorhergehenden Assonanz entnommen. [9] Lies: Fores d. t. en e. c. p [10] que = *ce que* = wie unter dem Schlag meiner Stange eine Marmorsäule in die Luft springt. V'es wäre vorzuziehen.

Ie vous pri tous que me laisies ester;
U par Celui qui en Crois fu penes,
Auquel que soit sera cier conpare.
3670 A icel mot a son tinel leve [1]
Par mautelent, que bien samble maufe;
Cil ne le voit n en soit espoentes.
Tel tempest maine sans mencogne conter, [2]
Li plus hardis est en fuies tornes.
3675 N en consiut nul; dont fu il molt ires.
Et Rainouars lait le cop avaler;
Si fiert un marbre [3] que par mi l a froe,
En .II. moities rout et esquartele,
Que li esclat sont par la sale ale.
3680 Dist Rainouars: Signor, car demores
Ie vous ferai nouviaus motes canter;
Se vous euist [4] ataint cis fus quares
Ia vous euist putement estrines.
Sire Guillaumes, por Deu, dist Naymers,
3685 A vo pooir, dous frere, l ounores;
De quant que viut faites sa volente:
Nen a tel home en la crestiente.
Se il fust ore batisies et leves,
Miudres en fust et plus fermes ases.
3690 Sire Guillaumes, avoec nous l ent menes,
Se il vous plaist, en Aliscans sor mer;
Car ie croi bien qu il se vuelle esprover.
Se as paiens puet iestre aioustes, [5]
A son tinel l en veres .M. tuer.
3695 Dist Rainouars: Vous dites verite;
Se Dex me doune que g i soie asambles, [6]
Tant m en veres abatre et craventer,
Tous li plus cointes en sera esgares:
Mort sont paien si que bien le veres.

[1] Rennewart hebt die Stange, nicht etwa weil er von den Knappen verspottet wurde, sondern weil er betrunken ist und seine Kraft zeigen will. [2] Neben: sacies par verite. [3] *B:* arbre; *C:* ambre, in der vorhergehenden Laisse fust. Wir glauben, dafs die Scene, in der Küchenfetzen oder Kohlstrünke vorkommen, allmählig von aufsen, vom Hofe vielleicht, in den prächtigen Saal des Markgrafen übertragen wurde, und somit, dafs die Lesart: arbre die natürliche und einzig richtige ist. [4] Ursprünglich, nach *MC:* Se ore vous eust ... [5] Nach *M:* Se as p. pooiet acoster. [6] *C:* se gi sui ateles, vereinigt, verbunden, handgemein mit.

3700 Naymeris l ot, s en a .I. ris gete;
Nen a Francois[1] n en ait ris et gabe:
Mais ains que voient le tierc ior[2] trespaser,
Ne tenront mie Rainouart en viute;
Ains iert sor tous et cremus et doutes.
3705 Cil cevalier qui sont d autres regnes,
Plus tos que porent avalent les degres.[3]
Li auquant sont ens ou borc ostele;
Tuit nen i porent, sans mencogne conter,
Que tant i a de la gent naturel!
3710 Dans Naymeris ot son lit apreste
En une cambre u molt avoit biaute;
Et dans Guillaumes, li marcis hounores,
Toute nuit fu de Guiborc tastounes.[4]
Ore dirai de Rainouart le ber,
3715 Con se demaine li gentius bacelers.[5]
Tous li barnages est ales reposer;
Car molt estoient travillie et pene.
Et Rainouars ne s est mie oublies;
En la quisine est li ber osteles.
3720 La s endormi, car ert molt enivres;
Iouste le feu se iut tous enverses,
Pance souvine, bien resamble maufe;
Encoste lui a son tinel pose,
Son cief mist seure quant besie l ot ases.
3725 Li mestres keus i fist que fos proves
Qui les grenons li a au feu usles,
A un tison espris et alumes.
Quant Rainouars sent que est escaudes,
Grant angose a, si saut sus abosmes;
3730 Le keu saisist droit parmi les costes,
Ausi le lieve con se fust nouviel[6] nes,
El feu le gete, qui est grans enbrases,
Que de carbons l a tout acovete:

---

[1] Besser wäre: Nen i a Franc. [2] *M*: .IIII. moys, empfehlenswerter. [3] Nach *M*: coillent a avaler. [4] Nach den Mss. pflegt Guibors den Naymeri (älteste Lesart); wofern man das Verbum tastoner nicht im Sinne von: liebkosen, sorgfältig pflegen, auffassen will, muſs man es durch visiter, nach *L*, ersetzen; die von *C* gebotene Lesart scheint besser zu sein. *M*: E t. n. fu de G. tastez.
[5] Die zwei Verse sind wegzulassen. [6] *L*: errant.

En petit d eure fu tous ars et brusles.[1]
3735 Dist Rainouars: Ci en droit vous sees![2]
Cuidiies vous ne fuse tant oses
Ne vous toucase por Guillaume au cort nes,
Ne por les autres, qui sont de France ne?
Voir, si fesise, se fuscies amires!
3740 En[3] est mes peres li fors rois Desrames,
Qui desous lui en a .XX. corones,
Et .C. milliers que Piersans que Esclers?
S est mes serorges[4] Tiebaus, li biaus armes,
Li miudres hom qui puist iestre troves.
3745 Atant se taist, si s est coucier ales
Deles le feu; s a ses trumiaus caufes.
Qui li veist et rostir et toster
A grant mervelle le peuist esgarder!
Ains que del ior aparust li clartes
3750 Mande Guillaumes li mangiers soit hastes;
Dient li keu: Molt est mal asenes;
Rainouars a no mestre escaude;[5]
Que des ier soir l a ens el feu rue:
Tres mie nuit puet iestre ars et ules.
3755 Tant con o nous soit caiens cil maufes,
Ne gardons l eure que nos ait afrontes.
Od le Guillaumes, si l en pesa ases;
Dist a Guiborc: Dame, car m i ales,
En cele cambre o vous le m en menes.
(G 4327—4441.)

XCIII

3760 Dame Guibors s en va en la quisine,
Rainouart trueve gisant pance souvine;
Son tinel ot coucie desous l escine,[6]
Que il amoit plus que valles mescine.[7]
Dame Guibors fu molt de france orine;

---

[1] *M* bietet die prov. Form: bruizer, bruzier, brusier neben bruser; besser wäre für den Sinn: fu a. e graaillie (nach *T*). [2] *C*: geses. [3] Lat.: an, annon? Lies: Donne (*MC*)? [4] *MdLT*: cosins; *m*: oncles. [5] R. a nostre m. e.? [6] Diese Strophe folgt unmittelbar auf den Vers 3724. Die dazwischen liegende geschmacklose Episode vom verbrannten Koch ist folglich eine spätere Interpolation. — sous soie e.? [7] Einige Handschriften: que inferm medicine. — Q. il l a.?

3765 Les lui s asist, belement l endoctrine:
Venes ent, frere, en ma cambre perine;
Ie vous donrai une pelice ermine,
Et un mantel orle de sebeline;[1]
Si me dires auques de vo couvine.
3770 Rainouars l ot, enviers Guiborc s acline,
Si li respont par molt boine cuerine:
Volentiers voir, contese palasine;
Cil pautonier sont de molt pute orine!
Ie ne garc l eure qu en face desepline.
3775 Ens en sa cambre l en maine la roine,
Et Rainouars son tinel en traine;
Andoi se sont asis sous la gordine.
Li solaus luist laiens par la verine.
Guibors fu sage de la loi sarrasine:
3780 Rainouars frere, dist ele, ore adevine
Se onc euis suer, frere ne cousine?
Oil, dist il, la enviers la marine
Un frere ai roi et une suer roine:[2]
Nen ot si sage iusqu as pors de Lutise;[3]
3785 Si est plus bele, di le par aatie,
Que fame nule, ducoise ne marcise.[4]
Guibors l entent, son cief viers tiere encline;
Son mantel oevre de pale d Aumarie,
Si l en afuble; car ses cuers adevine
3790 Que c est ses frere, mes n en fet nule sine.[5]
Et Rainouars coile, ne li viut dire
Que est sa suer, tant qu ait a desepline
En Aliscans la gent paiene mise.
Atant se taisent et lor raisons definent.
(G 4442—4476.)

[1] *M*: dorle [de] s. (de o. s.?) [2] *C*: Sont roi mi frere et ma seror roine (Ms.: boine); was richtig wäre, da er mehrere königliche Brüder hat. Sonst könnte man lesen: ... : i ai enviers la marine Un frere a roi, une suer a roine (nach *m*). [3] *M*: dusqa port de misine; *L*: Venice; *m*: tabrie; *T*: tabrine. [4] *M*: Si est plus blance qe nest flors en espine; *T*: que fee ne sereinne (*sic*). [5] *M*: m. nen fçit nul ensigne; sine dial. = signe, richtige Form des Wortes: *signia, insignia*.

XCIV

3795 Li quens Guillaumes fist haster son mangier.
Li iors fu biaus, si prist a esclairier.
Dont se leverent par l ost li cevalier,
Et un et autre sergant et escuier.
La mese oirent li plusior au mostier.[1]
3800 En Gloriete fu Guibors au vis fier;
Rainouart prist forment a losengier,
Molt belement le prist a aresnier:
Amis, dont estes ne me deves noier.
Dame, dist il, ne le quer acointier
3805 Iusqu a cele eure que iere repairies
De la bataille et de l estor plenier;
Que, se Deu plest, le verai iusticier,
Ie i vorai a Guillaume aidier.
O le la dame, le cuer en ot haitie:
3810 Un escrin va molt tos des vierillier;
Si en trait fores un blanc hauberc doblier
Et une espee, dont li pons est[2] d ormier.
Amis, dist ele, Dex te gart d enconbrier!
Caint ceste espee a ton flanc senestrier;
3815 Mestier t aura se bien t en ses aidier.
Rainouars prist le branc forbi d acier,
Trait l a defuere,[3] pus l a ens restoiet;
Dist: »Nen est preus«[4], trop li sambla legiers.
Dame, dist il, ceste ne m a mestier;
3820 De teus .XL. ne donroie un denier.
Par saint Denis, a cui ie doi proier,
Pus que tenrai a .II. poins mon levier,
Nen a paien tant orgillous ne fier,
Se ie l ataig nel face trebucier;
3825 Se nen oci et lui et le destrier,
Iamais Guillaumes ne me doinst a mangier.[5]
O le Guibors, si le ceurt enbracier;
De Deu de Glore le commence a sainnier.

(G 4477—4538.)

---

[1] Diese fünf Verse sind interpoliert; cf. a 4646 et sqq. [2] C: qui le puig ot d... [3] Adverbielle Redensart. [4] M: pruz.
[5] Liest man Et nen ocie, so lautet die Stelle: Wenn ich ihn erreiche und ihn, samt dem Pferde, nicht töte, so möge mir W. nie was zu essen geben. M: Ia mar G. me dora a m. (besser).

XCV

Dame Guibors fist forment a loer.
3830 Rainouart vit tres devant li ester;
Molt le vit grant et gent et baceler;
En toute France ne trouvast on son per.[1]
Li cuers li dist, si le prent a penser,
Cis est ses freres, mais nel viut demander;
3835 Pities l en prist, si commence a plorer.
Dist Rainouars: Dame, laisies ester!
Par cele foi que ie doi Deu porter,
Ne vous estuet de Guillaume douter
Tant con entiers puist mes tineus durer.
3840 Amis, dist ele, Ihesus te puist sauver!
Hons nus, sans armes, puet molt petit durer;[2]
Pus que ce vient en estour au capler,
De povre arme le puet on afoler.
Ore vous voel par amors commander
3845 Que me soufres vo cors a adouber;[3]
A tous tans mes vous vorai mius amer.
Dist Rainouars: Ne le vous quier veer.
Guibors li va le hauberc endoser;
Molt par fu grans, en l ost nen ot son per:
3850 En laor pueent bien doi home entrer;
Quariaus ne lance n en puet malle fauser.[4]
Desous la cote li fist si enfourer[5]
Que on de fores ne puet malle mirer.
Cainst lui l espee a son senestre les;
3855 Fiers ne aciers ne li puet contr ester.
D un lac de soie a le heut afreme
A l escaberge[6] por le branc mius aler.
Pus le commence molt bien a doctriner,
Que se veoiet le sien tinel quaser,
3860 Au branc d acier poroiet recovrer;
Mais ce gart bien nel mece en oublier![7]

---

[1] *M*: Na grant a grant en t. le mont son per. [2] Es kann ihm geschehen, dass er molt petit dure, dass er bald umgebracht wird; *m*: ne puet longues d.; *L*: ne p. gayres d. [3] *M*: Qe vos lasez vostre c. a. (ursprünglich). [4] *T*: oster. [5] *L*: enformer, das wir vorziehen würden, wenn die Handschrift mit dieser Lesart nicht allein dastünde. [6] estamberge ist die Form von *M*. [7] *m*: mie nel oublier, bessere Lesart.

Quant Rainouars se senti si armes,
Plus se fist fels que lions ne senglers.
Dame, dist il, or me laisies aler.
3865 Voir, dist Guibors, bien fait a creanter.
Lores li ceurt la porte desfremer;
Parmi la sale va Rainouars aler.[1]
De son mestier ne se viut oublier,
Viers la quisine commence a errer,
3870 L espee cainte va les hastes torner;
Son tinel drece les lui a .I. piler.
Ernaus le mostre son frere Naymer:[2]
A grant mervelle fait cis hom a douter!
Quels vis diables peuist a lui durer?
3875 Mal samble home qui car doie escumer;
Bien li avient cele espee a porter.
Voir, dist Guillaumes, on se vint hui clamer
Qu il arst le keu er soir apries souper.
Biaus fu li iors et li solaus leves.[3]
3880 En Gloriete fist on l aighe corner;
Cevalier vont communaument laver.
Adont asieent[4] li demaine et li per
Aval ces tables, que voloient disner.
Et Rainouars s en va au feu caufer
3885 En la quisine caint le branc d acier cler;
Bien resambloit forestier por enbler,[5]
Qui ait sa bice prise por acorer.
Quant li keu voient venir le baceler,
En fuies tornent, nen osent demorer;
3890 El plus hardi nen avoit que esfreer;
D el[6] ont paor que de lor dras enbler;
Mal de celui qui plus i ost ester!
Tout le foier li ont fait delivrer.[7]

(G 4539—4615.)

---

[1] Im ursprünglichen Sinne gefafst. [2] Die Form Naymer korrigiert sämtliche Verse, in denen sie vorkömmt. [3] Ursprünglich neue Strophe. [4] Tm: Dont (Lors) sarengierent. [5] L: alaler, was auf die Form ambler hindeutet; m: f. p. berser, beste. [6] = Etwas anderes. [7] L fügt hinzu: Or oez dont que a fet le danzel Tous seuz remest li gentis bachelers.

XCVI

En la quisine fu tous seus Rainouars.
3895 Ases i trueve et grues et mallars,
Et venisons, poiscons, saumons et bars;
Il en a pris a mangier des plus cras,
Et si huma de savors plain un bac.¹
Le col d un cinne a pris, qui estoit fars
3900 D oes et de poivre et de pieces de car.
Son tinel tint sous son senestre bras;
De la quisine en ist plus que le pas²
Por le savoir se de l errer sont quas.³
Plus estait fiers que lions ne lupars.
3905 Vient a la table, nen i fist que couars,
Devant Guillaume asist le mes en bas.⁴
Francois le voient, si en mainent lor gab,
De .XV. pars li tendent lor hanas;
Boire li font a fuison et a ras.
3910 Enmi la sale, qui fu fete a compas,
Mist son tinel quant de boire fu las.
De la table iscent Naymers et Bernars,⁵
Ernaus li rous et Guibiers d Andrenas;
Au tinel vienent, s i essaient lor bras;
3915 Mais nel meuisent qui lor dounast .C. mars.
A une main le saisist Rainouars;
Icil le lieve ausi con .I. favat.
Dient li autre: Cis est uns satanas.
Bien ait il⁶ ore qui tante force a!
3920 Se il bien viut, tout le mont conquera.

(G 4616—4645.)

XCVII

Li quens Guillaumes se leva dou mangier.
L ost commenca molt tos a deslogier;
En Aliscans s en vora repairier.

---

¹ *M*: dos en as (= hanaps); sonst vas, prov. Form, die auf mißverstandenes bac (*Körting*, Lat.-Rom. Wört. 970, 975), plur. bas, zurückzuführen ist. ² Für en esle pas. ³ = gewohnt an, vorbereitet, bereit zu. ⁴ *C*: .I. m. en b.; *T*: a terre em bas; *M*: de terre en bas; *m*: le neis en b. *T* erlaubt, die Stelle so zu deuten, daß Rennewart sich beim Tische auf den Boden setzte; worüber die Franzosen spotten. ⁵ *L*: De t. ist. *M*: bertrans. ⁶ Im Sinne von lateinischem ille, von französischem celui.

Aliscans. 9

Dont veiscies ces gens aparellier,
3925 Lor sieles metre et torser lor soumiers.
Au tinel ceurent cil baron cevalier;
Mes nel meuisent por l or de Monpeslier.[1]
Li ber Guillaumes s i ala essaier,
Iusqu a son pis ne le pot plus haucier.
3930 Dist Rainouars: Vous irai iou aidier!
Pase avant,[2] caint ot le branc d acier;
Qui li veist le tinel sus drecier,
De l une main en l autre paumoier![3]
Si le manoie com aloe espreviers.
3935 Voir, dist Guillaumes, bien deves pain mangier;
Bien ait la brace qui porte tel levier!
Dont fet son cor souner et grélloier;
Li os s atorne sans point de delaier.[4]
Dame Guibors s est alee apoier
3940 En Gloriete, ens el pales plenier.[5]
En la canpegne voit les conrois rengier,[6]
Tante baniere onder et banoier,[7]
Et tant vert hiaume luisir et flanboier.
De Deu de Glore les commence a sainnier.
3945 Mais Rainouart ont maufe engigniet:[8]
Por la grant haste[9] oublia son levier;
Onc de Guillaume ne se vot eslongier.
Si con ce vint a un tiertre puier,
Li quens l esgarde, si l en a aresniet:
3950 Rainouars frere, u est vostre leviers?
Voles vos dont vostre tinel laisier?
Rainouars l ot, nen ot que couroucier
Qui li veist ses ceviaus detirier,[10]
Por son tinel plorer et larmoier,
3955 L un puig en l autre et ferir et mallier!
Dist a Guillaume:[11] Ne m aves gaires cier
Quant mon tinel me laises oublijer.

[1] *M*: mon pusler. [2] Nach *C*: Il saut avant. [3] *m*: puignoier von *pugnus*. [4] *T*: demorer. [5] *C*: principier. [6] *T*: monter, im besonderen mod. Sinne. [7] *C*: contremont baulijer. [8] *m*: enguignier. [9] *C*: ioie ... *C* ains de G ... wäre vorzuziehen. [10] Da er geschoren war, ist die *C*-Lesart: ses drapiaus depecier, jedenfalls vorzuziehen. [11] Jedenfalls zu korrigieren: D. dant G. Die Redensart dans Guillaumes oder quens G. ohne Artikel beseitigt zahlreiche Lückenbüfser.

Et dist li quens: Ne vous tant gramoier!
Manderai pruec¹ .I. cest mien escuier.
3960 Il i envoie Guion, le fil Foucier.
Guiborc trova, la contese au vis fier,²
Qui del tinel faisoit .I. duel plenier.
Dame, dist Guis, on m a ca envoiet
Por cel tinel; feus l euist graalliet!
3965 Au tinel vint, qui gisoit el gravier.
Dist la contese: Je vous irai aidier.
El saut avant, soi prist a rebracier;
Mais entr aus .II. ne le porent ballier.
Une carete ont fait aparellier;
3970 Apries Guillaume l ent ont fait envoier,
Qui avoit fait tote l ost atargier.
En Rainouart nen ot qu eslaiecier
De son tinel quant le vit repairier;
Encontre va le trait d un arc manier:
3975 De la carete le courut erragier
Si roidement que tout fist trebucier.
Quant il le tint si s en fist baus et fiers;
Apries Guillaume s en va tous eslaisies.
Nus pies estait, onc ne se vot caucier.³
3980 Tuit qui⁴ le voient soi prendent a sainnier.
De molt grant eure fist on l ost enlogier⁵
Iouste .I. marcois, par dales .I. vergier.
Isnelement font lor paisons⁶ ficier.
Quant ont soupe, pries fu de l anuitier.
3985 En la quisine va Rainouars coucier,
Iouste le feu, deles un grant brasier;
De son tinel a fait son orillier.
(G 4646—4753.)

XCVIII

Les le vergier fu li os atravee,
Iouste .I. marcois, en une grant valee.
3990 Li quens Ernaus l a cele nuit gardee
A sa conpagne de si a l aiournee.

---

¹ Nach L: Mandrai poruec... ²M: cler. ³C: n. ot cauce ne caucier. ⁴ Sic ML. ⁵ M: enloier, das einen klaren Sinn bietet, dem Zeitworte enlogier aber doch nicht vorzuziehen ist. ⁶ Cf. V. 3538 (pescons).

Devant le ior fist corner la menee;
Francois s aprestent de la tiere hounoree.
La veisies tante brogne endosee,
3995 Laciet tant iaume et cainte tante espee;
Tant bo:n destrier a la crupe truilee,
Et tante ensigne contremont ventelee.
Siere cevaucent quant li aube est crevee,
Par grans troupiaus et par grans asamb:ees.
4000 Biaus fu li iors, la matinee clere:
Li solaus luist, qui abat la rosee;
En haut s escrie l aloete en la pree.
Des armes est la tiere estincelee.
Rainouars dort au feu pance levee;
4005 Ains fu¹ la loge desus lui enbrasee
Qu il se meuist² de les la ceminee.
Il sali sus quant senti la fumee.
Lores voit bien li os s en est alee;
Il ceurt apries coume beste faee.
4010 Ia fust ales plus d une grant liuee
Quant ses tineus li revint enpensee.
Poruec racort par molt grant airee;
Dou feu le trait, nen ot coste enarsee,
Fors que cescune fu .I. petit aslee:
4015 Ore est plus durs d enclune³ retenpree.⁴
Apries l ost ceurt a molt grant alenee.
Un val avalent, et un tiertre monterent;⁵
Aliscans voient et toute la contree,
Et de paiens si grant ost aunee
4020 Que does liues en est tiere puplee.
De nostre gent i ot molt esfreee.⁶
Li quens Guillaumes voit l ost espoentee.
Des couars sot le cuer et la pensee;
Fiere raison lor a dite et mostree:
4025 Signor, vous iestes molt pries de la mellee,

---

¹ *m:* fust; beste Lesart: Das Zimmer hätte eher gebrannt, als dafs er aufgewacht wäre; 4007 fällt dann weg. In Wirklichkeit war von Feuer keine Rede. ² *M:* Que il veylast, *vigilare,* selten im Sinne von: *aufwachen.* ³ *m:* glavie, weiblich. ⁴ Dieser Vers ist der Ausgangspunkt der ganzen Episode. ⁵ Das Subjekt zu avaler ist li os und nicht Rainouars; ein Beweis, dafs diese Rainouarts-episode eingeschoben ist. Übrigens verbindet sich der V. 4017 am natürlichsten mit dem V. 4003. ⁶ *MTC:* desfree.

De tel bataille qui molt ert aduree;
Bien l estovra maintenir a iornee.
Qui couardise a en son cuer boutee
Voist ent a tiere¹ sans nule demoree;
4030 Congie li doins, voist s ent en sa contree.
Cele parole as couars molt agree;
Des hardis ont la bataille sevree.
Plus de .X.M. ariere retornerent.
Mal soit de l eure que itel gent fu nee!
4035 Molt s en vont tos a grant esporonee;
Mais il auront ancui male soudee.
Rainouars a cele gent encontree
A .I. destroit d une route cavee,
Devant une eve, a un poncel de clee.²
4040 Cuida que fuscent de la gent meseree
Qui de l estor fust fuie a enblee.³
Dont cuida bien avoir borse trovee.
(G 4754—4809.)

XCIX

Rainouars a les couars encontres
Devant une ewe, a un poncel paser.
4045 Dist Rainouars: U deves vous aler?
Ie cuidoie ore que vous fuscies Escler
U Sarrasin, cui onc ne peuc amer;
U ires vous? molt vous voi esfrees.
Icil li dient: En France souiorner;
4050 Li quens Guillaumes nos a congiet doune.
Vien t ent o nous, molt par⁴ feras que ber;
Nous te ferons cel grant tinel porter.
Dist Rainouars: D el vous covient parler;
Iel vous ferai cierement conparer.
4055 Le tinel lieve, devant aus⁵ vint ester,
Par mi les tiestes lor⁶ va grans cos douner;
Plus de .L. en fist mors craventer,
Et fors des tiestes les cierveles voler.
A hautes vois commencent a crier:

---

¹ Man vergleiche in der Einleitung die Lage der Gegend, wo Vivians (= Wilhelm) die Schlacht geliefert. ² Aus *klada* mit *cladus* zusammenhängend. ³ *M*: se fust por mal sevree. ⁴ *m*: m. le f. ⁵ *C*: l o r, zum erstenmal; ebenso *M*. ⁶ *m*: les.

4060 Rainouars, sire, o toi irons capler
En la batalle, en Aliscans sor mer;
Ne te faurons tant con puisons durer.
Dist Rainouars: Ore vous oi parler;
Nes de roi sui,[1] si doi bien commander.
4065 Par droite force si[2] les fist retorner
De si en l ost ne vorent arester.
Et Rainouars ne se vot oublier;
Vient a Guillaume, .I. don li va rover,
Que les couars li lest en l ost mener:
4070 Cescuns ferra hardis coume senglers
Voelle u non sa prouesce mostrer.[3]
Voir, dist Guillaumes, bien le voel creanter!
Les couars fist Rainouars aiouster,
Defors les autres rengier et ordener.
4075 Par l ost commencent les couars a gaber;
Dist Rainouars: Laisies ma gent ester!
Se vous me faites enviers vous airer,
Lequel que soit le ferai conparer.
Quant Francois oent Rainouart si parler,
4080 De la paor commencent a tranbler.[4]
Li quens Guillaumes fist sa gent ordener,
Et ses batalles rengier et deviser;
Molt belement fist ses conrois iouster.
Autresi fisent li Sarrasin Escler;
4085 Qu il ne se vorent de noient devorer,
Car bien se porent d ambes pars remirer.[5]
(G 4810—4902.)

C

Sa gent ordone Guillaumes li marcis;
Et ses batalles[6] fist toutes par devis.
Rainouars ot les mauvais, les falis;
4090 Mais nen ot pus si preus ne si hardis.
.X.M. furent, tant en i ot ellis;
Nen i a nul ne soit amanevis.

---

[1] Cf. G. 4883. T: Toz (= toltus von tollere?). [2] si = auf so eine Weise, derart, so scharf. [3] Jeder wird tapfer dreinschlagen, ob er jetzt seinen Muth zeigen will oder nicht; er wird jedenfalls zum Kampf gezwungen werden. [4] Ms.: trabler. [5] T: remuer. [6] Lies: Soes b. a faites p. d.

   Avoec Guillaume fu li quens Naymeris;
   En lor esciele .X.M. fierviesti.¹
4095 La tierce guie Bueves de Commarcis;
   .V.M.² furent as blans haubers trelis,
   As boines armes, as boins cevaus de pris.
   La quarte maine Naymers li caitis;
   .VII.XX. estoient, tuit cevalier hardi.
4100 Nen ot escu ne fust frais ne croisis;
   Lor hauberc sont de roil tout espris,
   Lor³ hiaume quas, lor branc ne sont forbi;
   Ains iert cescuns de sanc bete noircis.
   La quinte escele⁴ ot Bernars li floris,
4105 Cil de Brubant, qui tant fu signoris;
   Pere iert Bertran,⁵ le conte palasin,
   Cui paien tienent ens en .I. calant pris.
   Mais se Dex sauve Rainouart le gentil
   Et son tinel, qui est de sap masis,
4110 Il le garra et traira de peril.⁶
           (G 4903—4931.)

CI

   L escele siste Guillaumes commanda
   Ernaut le rous, qui bien le guiera,
   Cel de Gieronde, qui fu ses senescals;
   .V.M. furent qui commande Ernals.
4115 La sieme escele Guillaumes reballa
   Guibiert, son frere, qui rois iert d Andrenas.⁷
   Ha, Dex! quels freres! con cescuns se prova!⁸
   La nuvele⁹ ciet et li tans esclaira;
   Li iors fu biaus et souvent¹⁰ escaufa.
4120 Contre la raie¹¹ mains hiaumes flanboia.
   Li .I. cevaus por l autre henit a.
   Sounent cil cor et deca et dela;
   Does grans liues l oie en alast.

---

¹ Lies: ot de chrs mil. ² C: .VII.XX. Die Zahlen waren ursprünglich sehr gering. ³ Ms.: Lors. ⁴ sic. ⁵ Als Apposition (M): Pere B. ⁶ Verse späteren Datums. ⁷ Cf. V. 3542. ⁸ T: Ha D. quel frere ch. se prouvera. ⁹ T: La mule. ¹⁰ C: et li calors (= solaus) leva. ¹¹ Von einer Form radia; cf. Körting, Lat.-rom. Wört. sub voce radix. C: Contre le tans; M: C. le iorn (= Tageslicht); ABT: roie, dialekt. Form des Wortes raie.

Li quens Guillaumes premerains cevauca
4125 En Volatile, dont li paiens viersa;
Dist a ses homes: Baron, ore i parra
Qui icest ior Vivien vengera,
Et sour paiens hardiement fera.[1]
Lies pora estre qui le los en aura. —
4130 Qui que[2] i fiere, si l aura Rainouars.
(G 4932—4955.)

CII

Biaus fu li iors et li solaus luist clers.
Rois Desrames est iscus de son tref,
Ensamble o lui .XV. roi[3] corone.
De viers Orenge a li rois regarde,
4135 Et voit Frencois rengies et aioustes.
Luisent cil elme a ces ciercles dores,
Et ces ensegnes de pale de cendel;
Voit ces banieres et ces escus listes,
Et ces espius et ces haubers safres:
4140 De l or des armes esclaire li regnes.
Mervelle soi quant les a ravises;
Quel pueent estre? trop en est trespenses.[4]
Es un mesage courant tout abrieve;[5]
Par mi le cors est ferus et navres.
4145 Tant a couru son destrier sor come[6]
Li sans li raie d ambes .II. les costes.
Devant le roi a molt[7] haut' escrie:
Par Mahomet, sire, or del haster!
Vees Guillaume, le marcis au cort nes,
4150 Qui a son pere et ses freres mandes;
Avoec lui[8] a le sien fier parente.
De caus de France i a tant asambles
Hui n en auroie les millors acontes.
Desrames l ot, molt en est aires,
4155 De mautelent est tains et enbrases;
Les ious rcelle, s a les sorcius leves,
Estraint les dens, s a la tieste[9] crole.
Nus ne puet dire com est grans sa fiertes;

---

[1] = ferra. [2] L: Qui qui. [3] Ms.: rois. [4] M: esmaieç.
[5] Cf. ConV. 1530. [6] M: sois começ; d: sascomez. [7] Ms.: moult. [8] Nach m: soi. [9] md: grenons.

Cil ne le voit n en soit espoentes.
4160 Avoi, escrie, paien,[1] car vous armes!
Dont fu li cors a l estendart sounes;
Paiens ne l ot n en soit tous esfrees.
En petit d eure en i ot tant armes
Nel peuist dire nus sages clers letres.
4165 Bien vous os dire et si est verites:
Si grant empire[2] ne vit hom qui soit nes
Com ot le ior en Aliscans sor mer.
D aus est estrais Rainouars au tinel.
(G 4956—4996.)

CIII

Desrames s arme, qui mautelens engregne:
4170 Ses cauces furent de mervillouse ovragne;
Li malle en fu del plus fin or d Espegne.[3]
Ses esporons li cauce Pute cagne,[4]
Uns Sarrasins qui Dameldeu nen aime.
Pus viest l auberc qui fu le roi d Arage;
4175 Qui l a el dos ne garde que mahegne.[5]
L iaume li lacent en la teste grifegne[6]
A .XXX. las, nen a nul nen estragne.
.VII. rois i ot a noer la ventalle.
L espee aporte Marades de Quintane;
4180 Li rois le caint, qui nul home n adegne.[7]
Pus est montes en l aufage brehegne;
Nen ot itel de si en Oriane:[8]

---

[1] Ms.: paiens. [2] M: Si granz paiens. [3] Ursprünglich etwa: Rois Desramez par grant mautalant sarme:
Molt bien ouvrees furent les soes cauces;
Molt par sont rices, de fin or est la malle...
[4] L: Ses e. li ferme (l. vest) uns amoraigne (= amurafle).
[5] Ursprünglich: de morir nen a garde, oder eher: nen agarde colp darme. [6] L: .I. hiaume lace qui fu faiz en Espaigne; lies: Pus en la t. lelme safre li lacent. [7] d: que nul h. nandoigne; Ca: n'adaigne; m: que nul home na daigne; T: ne deigne; L: qui maint home en mehaigne; M: qui mille homme non (= en) dagne (damne?). Nach einem in d enthaltenen Verse wäre die Lesart: qui m. h. en mate nicht unmöglich. Nach M: Maufoes de Q.; m: Malaquin. [8] Ms.: Oriene. Höchstwahrscheinlich: en toute douce France.

Ne recreuist a pui ne a pasage;[1]
Plus tos aloit qu en mer calans ne glace.[2]
4185 L estrief li tient li rois de Borriane;[3]
L escut li tent li amiraus d Espegne[4]
Par les enarmes d un molt tres rice pale.[5]
Espiel ot roit et ensegne molt large;
Point son destrier, voiant paiens s eslaise.
4190 Avoi, escrie, cevaucies ma conpegne!
Se truis[6] Guillaume ne en pui ne en plegne,
Recreans soie s a .I. cop nel mehegne!
Nen acointa onc si male bragagne.[7]
Lieve sa main, de par Mahom se saine;
4195 Pus commanda monter sa gent demaine.
(G 4997—5018.)

CIV

Quant paien oent le commant Derrame[8]
Communaument se sont tuit adoube.
Grant fu la noise quant il furent arme.
Li aumacor[9] sont parti et sevre,
4200 Et Desrames a sa gent ordene:
.I. conroi a Aucibier commande;
.X.M. furent quant furent aune.
En Aucebier par ot si grant fierte
Que ne feri home de mere ne
4205 Cui nen euist au premier cop tue.
A grant mervelle ot son cors atorne;
De doubles armes iert li paiens armes,[10]
Et si portoit itel espiel quare
Dont la lemiele ot .I. espan de le.

---

[1] m: a mont ne a montaigne. Wir dächten eher an: ne en mont ne en aigue; zu der Zeit rühmte man gern die Geschicklichkeit der Pferde beim Schwimmen; cf. *Jonckbloet* II, 254, Zeilen 6—7. [2] m: quen m. c. ne haigne; dieses letzte Wort ist auf eine radierte Stelle geschrieben. T: Plus cort par tertres qu autre cheval par pleingne. Lies: P. cort par aigue. [3] Die Handschriften: de goriaigne. [4] T, deutlich geschrieben: Et larcarois li a. d E. (= den Köcher? *arc turcois?*). [5] Lies: L escu li tent par les rices enarmes. [6] Ms.: truit. [7] = bargaine. [8] sic, zum ersten Mal; cf. *Wolframs* Terramêr. [9] Ms.: Liaume a cor. [10] Cf. a 6671—8.

4210 Le ior euist maint des nos lapide;
Mais Rainouars l asouma au tinel.
A cel cop furent paien desbarete.¹
(G 5019—5068.)

CV

L autre batalle² a Desrames rengie
De .XX.M. des paiens de Sorie;
4215 Si le commande Ector de Salorie:
Nen ot tant fier iusqu a l eve de lie.
De nostre gent fesist grant desepline;
Mais Rainouars, qui les mauvais castie,
Li pecoia le vis iusqu en l oie.³
4220 La tierce esciele a Sinagon ballie;
.XX. mille ot en sa connestablie.
Rois Desrames la quarte esciele guie.⁴
Tiebaus d Arage guie l esciele quinte;
Cil ot .X.M. de caus de viers Piersie.
4225 Et Aenres maine l esciele siste;⁵
Cil ot .XX.M. de caus de Bougerie.
Uns flaiaus portent, dont li greve est masice;
Toute est de cuevre et longe .I. bracie;
A grans caines est el heut atacie.
4230 La sieme escele fist Baudus d Aumarie;
En sa conpegne ot Sarrasins .XX. mille.⁶
Aquins, ses peres, a l uitisme drecie;
Il ot .XX.M. de caus de viers Larise.⁷

---

¹ So in allen Handschriften; und in der That schliefst Aliscans mit der Niederlage und dem Tode Haucebiers. ² = Die zweite Schar. ³ *l.* orille. Die Episode, die ursprünglich irgend einen Kampf Wilhelms oder der Pfalzgrafen geschildert haben wird, fehlt in Aliscans. ⁴ *T* hat an dieser Stelle zwei ursprüngliche Alexandriner: .XX. millie p. ot en esconestablie Maudut (eine und dieselbe Form wie *Baudus*) de Ramames la quinte eschiele guie. Am Anfang der folgenden Strophe handelt es sich nicht um eine neue Schar; es ist vielmehr von derselben vierten Abteilung die Rede, die der König Desramez befehligt (.C.M. Mann) und in der sich Margos als Untergeordneter (.XX.M. Mann) befindet. Das Mifsverständnis der Stelle hat die Weglassung der vierten Schar (*ABTa*) herbeigeführt. ⁵ Die spätere Verwechslung von siste, sesme, sisme, setme ist mit an der Verwirrung, die in allen Handschriften diese Stelle kennzeichnet, Schuld (cf. *m*: sisime für franz. sixième). ⁶ Nach *C*; cf. V. 171. ⁷ Cf. V. 1421.

La nueme fist Boriaus o sa mesnie;
4235 .XIIII.¹ fius ot de grant baronnie,
Tuit iovene home² plain de cevalerie.
Cars ont plus noires que nen est pois bolie.
.XIIII.M.³ ont en lor cevaucie.
(G 5069—5096.)

CVI

Quant Desrames ot sa gent ordenee
4240 La siue esciele a molt bien devisee;
.C.M. furent, tuit ont tiestes armees.
S i ot .XX.M. de noire gent barbee;
Uns rois les guie, Margos de Valsegree.⁴
Icil ne porte ne lance ne espee,
4245 Mais un flaiel, d or fin estoit⁵ la greve.⁶
De nostre gent fesist grant lapidee;
Mais Rainouars a la brace quaree
L esmia⁷ tout de si en la coree.
Grant fu la noise de la gent desfaee;
4250 Tant i sounerent de cors a la menee
Iusqu a .V. liues en est li vois alee.
Paien⁸ cevaucent sans longe demoree.
Grant fu la frainte,⁹ la pouriere est levee.
La u li nostre gent paiene encontrerent
4255 Nen ot parole dite ne devisee;
Tant con ceval ceurent de randonee
Se vont ferir sans nule demoree.
A l encontrer fu molt grant la criee:
Del fouleis est la tiere crolee,
4260 Del froiseis rebondist la valee.
La veiscies tante lance froee,
Tant hiaume frait, tante brogne fausee,
Et tante targe piercie et estroee;
Tant pie, tant puig, tante teste copee,
4265 Tant Sarrasin gesir geule baee,

---

¹ Quinze in Asson. ². Ms.: iovenes hommes. ³ Jeder Sohn befehligt eine Schar von tausend Heiden (M). ⁴ m: Val serree (= segree oder *Val serrado?*). ⁵ en est? ⁶ Nach ·C; das was der Dichter anderswo la mace nennt, der *schwere* Teil des Dreschflegels (cf. a.5535—6 und *Godefroy, Dictionnaire*, 1 *greve*). ⁷ C: L esmouti. ⁸ Ms.: Paiens (und öfters). ⁹ friente?

Cui par le cors saut fors la bouelee.
En Aliscans est l erbe ensanglentee:
De mors[1] paiens est la tiere ariestee.
Prouesce i ont conquestee li frere;
4270 Cescuns i a soie ensegne escriee.
La ot mainte ame fores de cors sevree.
La gent Aikin i fu desbaretee;
Ferant les mainent plus d une abalestree.
Nen euist mes cele esciele duree
4275 Ne fust ses fius Baudus de Val Penee;[2]
Cil a son pere et sa gent retornee.
Dont recommence li cris et la huee;
Espesement vienent a la mellee.
Del sanc des cors fu tierre ensanglentee.[3]

(G 5097—5147.)

CVII

4280 En Aliscans fu mervillous hustis.
Es vos poignant Baudus, le fil Aikin;
En sa compagne .X.M. Sarrasin.[4]
Bien fu armes desor Orguaquain;[5]
Plus tos l emporte tot le sablon perin[6]
4285 Que faus ne vole ne ostoirs montardis.
Guion d Auvergne encontre el cemin,
Grant cop li doune en son escu votis;[7]
Si li[8] pecoie sous la boucle d or fin,
Tout li deront le hauberc doublentin;[9]
4290 Par mi le cors li mist l espiel fraisnin,
Tant com tint l anste l abati mort sovin.
L espiel traist fores o le pignon sanguin,
.I. cevalier ra mort de Biauvoisis;
Milon rocist, qui nies iert le marcis.[10]
4295 Ains que li fus fesist falle ne fin
En ocist .V. li cuvers de pud lin.
Quant Naymers a coisi le mastin

---

[1] Sollte man nicht lieber co rs setzen? cf. 4279.   [2] = Fichtenthal. *T*: balant de valfondee.   [3] *T*: fu la t. litee (oder *listee*).
[4] Vielleicht: De S. en sa c. mil; cf. V. 171.   [5] Cf. V. 4375.   [6] Nicht porrin.   [7] Nach *C*; die Handschrift weist votin auf.   [8] = ihm ihn; der Accusativ le ist weggefallen.   [9] Korrigiere treslis: E li d. t. le h. t.   [10] Cf. *Willehalm*, 14, 22.

Des esperons a brocie Florentin;
Par ire faite trait le boin branc forbi.
4300 Quant li paiens le voit poignant venir [1]
Viers lui se torne, que ne vot onc fuir. [2]

(G 5148—5167.)

CVIII

Quant Naymers a coisi [3] l avresier
Qui de nos gens fait itel destorbier,
Point Florentin des esperons d or mier,
4305 Par ire faite a trait [4] le branc d acier.
Baudus l atent, qui le corage ot fier;
Viers lui restorne son auferrant destrier.
Li uns ne vot l autre mie espargner; [5]
As brans forbis soi vont entr acointier:
4310 Tous les escus ont frains et debrisies,
Et des vers hiaumes esmies les quartiers.
En Naymer ot molt boin cevalier; [6]
Dou branc forbi se sot molt bien aidier:
Bauduc feri par mi l iaume vergiet,
4315 Pieres et flors en fist ius trebucier;
Ne fust la coife del blanc auberc doblier,
Iamais Bauduc n euist oume mestier. [7]
L espee avale par l escu de quartier,
La guige trance, qui fu d un orfrois cier,
4320 Escu et brac fist voler ou sentier.
Quant li paiens se sent si damoier,
Que de son brac ne se puet mais aidier,
En fuies torne, nen ot en lui qu irier;
En la grant priese de Turs se va ficier. [8]
4325 Et [6] Naymers ne fine de cacier
Iusque l ataint devant le tref Gorhier:
Le cief li tout a tout l iaume vergiet.
Cure nen ot dou ceval manoier,

---

[1] *L*: venir aclin. [2] *L*: prendre fin. [3] *M*: senti; da diese Handschrift nie das Wort coisir vermeidet, so glauben wir, dafs diese Lesart die ursprüngliche sein könnte: sentir = sehen, durch das Gesicht wahrnehmen. [4] Lies: P. i. frient e trait? [5] *l.* l a. esparagner. [6] *M*: E'nAy. est... En A. ne fine. [7] Korrigiere: Nen e. m. B. h. m. [8] Einige Handschriften: plongier (*T*: pungier).

Que paiens voit entor lui a milliers.[1]
4330 Dex penst dou conte, li tous puisans dou Ciel![2]
Que ie[3] ne voi comment pust repairier.
(G 5168—5198.)

CIX

Quant Naymers ot le paien ocis
L espee traite est ariere guencis;
Mais enclos l ont .X.M. fierviesti,
4335 Qui desous lui ocient Florentin.[4]
Quant Naymers se sent a terre mis
Isnelement est en pies resalis;
L escut enbrace con cevaliers gentis,
Bien se desfent[5] de son boin branc forbi.
4340 Mais ie ne voi comment il pust garir,
Se Dex n en pense, qui en Crois vot morir.[6]
Ne fust Nierbone que cria a haut cri,
Mors fust[7] li quens entre les Sarrasins;
Ia mais ariere li ber ne revertist.
4345 Mais li siens pere a l ensegne oi;
Nierbone escrie o ses fius signoris.
Mien entient, la fust Naymers pris[8]
Quant cil i vinrent sacies les brans forbis.
Sour Naymer fu grans li fouleis,
4350 Et des espees rustes li capleis.
Ore est li pere ensamble o ses .V. fis:
Ausi aquellent les paiens Sarrasins[9]
Com fait li leus familleus les brebis.
Mais trop i ot des cuvers maleis:
4355 Contre un des nos en i ot des lor vint.
A grant mescief i estait Naymeris.
Es vos Guillaume, au cort nes le marcis,
En Volatile, qui fu a l antecrist;[10]
En la grant priese a ses freres coisis,

---

[1] *m*: .III. milliers. [2] *M*: qi tot a a garder. [3] *T*: Car il ne v. [4] Es ist höchst wahrscheinlich, daſs verschiedene Episoden, in denen vom Rosse Naymers die Rede war, verschwunden sind. *L* weist cheval auf; der Vers lautete dann: Qui d. lui font son ceval morir. [5] Ms.: desfend. [6] Cf. V. 968. [7] *C*: Mort fu. [8] Laſs den V. weg und l. Icil i v. [9] Die meisten Handschriften haben die Lesart: De S. ont fait si grant labis, welche Form ohne Zweifel auf li bris des Venediger Textes zurückgeht. [10] Lies: El auferant Aroufle l Arabi.

4360 Ensamble o aus Naymer le caitif.
Li quens Guillaumes fu cevaliers[1] hardis,
Vistes[2] et fors et bien amanevis:
De son lignage ot il sor tous le pris;
Cui il ataint tous est de la mort fis.
4365 Au branc d acier fist les Turs departir;
Hauce Ioiouse, dont li pons est d or fin;[3]
.I. paien fiert, si l abat mort sovin.
Pus fiert un autre, sire iert de Monbrandis;
Mort le trebuce, pus a outre[4] guenci.
4370 Le tierc encontre Guillaumes li marcis,
Ou col l ataint, la tieste li toli.
Pus fiert le quart, pus le quint, pus le sist;
Tiestes et bras fait voler ou lairis.
Au tref Gorhier les maine desconfis;
4375 Orguaquain trueve, le destrier arabi.[5]
Li quens Guillaumes par le resne le prist,
Celui le tent[6] cui il doit plus[7] cierir.
Et Naymers est es arcons salis;
N en descendist pour .C. mars d or masis.
4380 Cil de Palerne ont les espius brandis;
Rois Sinagons en ert caiaus et guis.[8]
.X.M. furent li cuvert malei.
Deviers l Arcant ont lor voie aquelli.
La commenca molt grans li fereis;
4385 Tant boin escut i veiscies croisir,
Et tant hauberc ronpre et desartir.
Molt par i ot des nostres mal ballis;
Mais Sarrasin orent iluec le pis.[9]

(G 5199—5268.)

CX

En Aliscans fu molt grans la batalle.
4390 Rois Sinagons formant nos gens travalle:

---

[1] Ms.: chevaliers. [2] Wird in der Assonanz unter der Form viz gestanden haben. [3] treslis nach der Handschrift *m*. [4] Manchmal oute. [5] Lies etwa: En l Arcant vient, trueve Orguaquain; cf. V. 4283. *M*: Guacrant. [6] tent ist die Lesart von *a*; so wird man auch *a* 2194 lesen müssen. [7] Superlativ; cf. V. 3577. [8] Woraus *a* Escaimans li gris entstanden ist. *L*: e li sien autresi. *T* weist hier eine eigentümliche Form auf: e don (spanisch?) Claudas e Guis. [9] Lies: M. le pior o. li S. (cf. V. 45).

Traite a l espee qui cler luist et mius talle;
Qui il consiut nel puet garantir arme
Que nel porfende de si en la coralle.¹
Rainouars voit la cose anoualle²;
4395 Or ne se prise vallant une mealle
S a son tinel la priese ne paralle.
Mais molt se crient que li estors ne falle.

(G 5269—5277.)

CXI

Li estors fu pleniers et adures;
En .CC. lius³ oiscies cors souner.
4400 Rainouars a les mauvais apieles;
Baron, dist il, or soies acierte:
Li premerains qui en fuie ert tornes
De cest baston sera estrumeles.
A tant s entorne, s a paiens escries,
4405 O sa gent s est a aus melles li ber;
Le tinel lieve, qui iert gros et quares,
A .IIII. cos en a .X. craventes,
Et a .IIII. autres autant escerveles;
Si les abat com faus fait erbe ou pre.
4410 Paien le voient, s en sont espoente;
Ausi le fuient com li vens a l ore.
Et li couart se sont bien esprove:
As boins espius en ont .M. mors getes;
Et pus ont trais les bons brans aceres,
4415 Paiens detrencent les flans et les costes.
Si com il vont ont paiens craventes.
Des abatus est li cans aroutes:⁴
Desconfis ont Sarrasins et Esclers.
Et Rainouars les a devant guies;
4420 Ains ne fina tant que vint a lor nes;
Sacies de voir, ne s i est oublies:
Vit un batiel qui estoit arives;
.X. Sarrasins avoit laiens entres.
Quant les coisi Rainouars li membres
4425 Cele part est venus tous abrieves;

---

¹ Lies: ens en lentraigne. ² celui qui fiert et frape (nach *L*). ³ En does liues (*M*)? ⁴ *M*: etanchez, im urspr. Sinne, versperrt. Beste Lesart: oscures, schwarz von Toten.

Ens en la mer apoia son tinel,
Prist son escuil,[1] molt s est bien aboutes,
Saut ou batiel, en mi liu est entres.
Se li batiaus fust en parfonde mer
4430 Tous les paiens euist ens afondres.
Quant il fu ens, s a son tinel leve;
Au premier cop a .III. paiens tues;
Par sus le bort sont en l eve vierse.
A l autre cop en a .IIII. asenes,
4435 Qui a un cief dou bort en sont ale;[2]
Et Rainouars les a si estrienes
Ens ou batiel les a mors envierses;
Pus les saisi Rainouars au tinel,
Dedens la mer les a tantos rues.
4440 Li autre .III. sont si espoente[3]
A iointes mains li ont merci crie.
Fil a putain, dist Rainouars li ber,
Se a la nef errant ne me menes
Droit la u iest Bertrans emprisounes
4445 Et tuit li autre, que tient rois Desrames,
Tantos seres et mort et afole.
Quant l entendirent, si li ont escrie:
Nous ferons, sire, la vostre volentet;
A tant se sont a la tiere esquipe.[4]
4450 En .I. calant dont li mas ert quares[5]
Ert dans Bertrans, li quens, emprisones,
Et Guielins, Guicars li aloses,
Gaudins li bruns, Girars li biaus armes,
Gautiers de Termes, li preus et li senes,
4455 Hunaus de Saintes,[6] li vallans bacelers.
Quant Rainouars fu venus a la nef
Ses .III. paiens cui ot fait gouverner,[7]
Tous .III. lanca ens en parfonde mer.
Son batiel a atacie a la nef,

---

[1] d: escois; m: esquil; T: escueil. Dem Sinne nach: *Anlauf*. [2] Korrigiere: erent a.: die sich an ein Ende des Schiffes, auf den Vorderteil oder Hinterteil desselben geflüchtet hatten; nicht etwa: mit einem Schlag kopfüber von R. ins Meer geschleudert wurden. [3] Handschrift: si sont e. [4] Ursprünglicher Sinn. Diese acht Verse sind als spätere Interpolation zu streichen. [5] T: d. li bort sont quassez. [6] Hues? cf. V. 8 u. 346. [7] Handschrift L: qui lorent gouverne.

4460 Pus entra ens Rainouars li membres.
.L. Turs a la dedens trouves,
Qui la gardoient tous les emprisones.
Et Rainouars[1] si lor a escrie:
Fil a putain, fait il, par ci venres!
4465 Quant cil le voient si ont saisi tines,
Fus et leviers li ont as mains rues.
Mais Rainouars les a petit doutes;
A son tinel les a si confieses,
Le plus halagre[2] a si mal atorne
4470 Tout a le cors et les membres froes.
Sour .I. cloier[3] est Rainouars montes;
Bertran i trueve, qui ert encaienes,
Et d unes buies par les pies enfieres;
Estroitement avoit les puins noes,
4475 Et si avoit ans .II. les ious bendes.
Devant Bertran s est arestes li bers;
Si li demande: Amis, dont estes nes?
Estes Francois, Sarrasins u Esclers?
Par foi, biaus[4] sire, ia en ores verte:
4480 De France, nies Guillaume au cort nes;
Paien m ont pris .IIII. mois a pases.
A grant mesaise sui[5] estrains et quases;
Tant a ieune que de fain sui enfles.[6]
En Borriane[7] nous doivent ent mener;
4485 Iluec seromes en cartre avale.
Des que i iermes mis ne emprisone,
Nen ent istrons nul ior de nostre ae;
Nen aurons mes soucors d oume carnel,
Ains i morons a duel et a viute.
4490 Dex penst des ames, que li cors sont ale!
Gentil home esmes, aies de nous pite!
Dist Rainouars: Ia seras delivres[8]
Tout por Guillaume, dont tu t ies avoues.

(G 5278—5380.)

---

[1] Lies: *En* R. wie *N*aymers; so 4419, 4436, &c. [2] *T*: haligres. [3] *C*: col vier. [4] Ms.: biau s. [5] Ms.: suis. [6] = es giebt so viele Fasten; cf. V. 2989; immer dreisilbig. [7] *M*: aiete, vulgäre Form des Wortes Égypte. [8] Cf. V. 4511, Anm.

CXII

    Quant Rainouars oi parler Bertran
4495 Que il iert nies Guillaume le vallant,
    Isnelement en est pases avant,
    Fores dou col li oste le carcant,
    Et les broions[1] des buies va brisant;
    Tres son dos va ses .II. mains desloiant
4500 A ses .II. puins les caines rompant;
    Et ses biaus ious dou cief va desbendant.[2]
    Li palasins est salis en estant;
    Devant lui voit armes a son commant:
    Isnelement vesti un iaserant,
4505 Qu a une estace vit devant lui pendant;
    Pus a lacie un vert elme luisant
    Et erraument a saisi .I. bon branc.
    Dist Rainouars: Bien est aparissant
    Que estrais[3] estes de la geste vallant.
4510 Respont Bertrans: Fait m aves amor grant;
    Se ore estoient delivre li enfant[4]
    Qui les cel mast sont en prison dolant,
    Ne vous harroie nul ior de mon vivant.[5]
    Rainouars l ot, si i ceurt maintenant;
4515 Les enfans trueve molt tenrement plorant;
    Li un les autres s aloient dementant.
    La les gardoient .XIIII. Nubiant;
    Dex les maudie, li pere raiemant!
    A grans corgies les vont souvent batant[6]
4520 Que de lor cars raie ius li clers sans.
    Voit le li bers, nes ala aresnant:
    Le tinel lieve contre mont en haucant;
    Au premier cop ocist les .V. devant,
    Et au retraire .V. ausi en boutant;
4525 En la mer va les autres fondeflant.[7]

---

[1] *M*: botons. [2] Et de son c. les i. va d.? [3] Ms.: estrait. [4] Ein neuer Beweis, daſs Rennewart nicht wuſste, daſs die Neffen Wilhelms gefangen waren. [5] Fehlt in *C*: bevor Bertrans ausgesprochen hatte, eilte Rennewart, die Gefangenen zu befreien; cf. *M* zu V. a 5428, wo der Nachsatz ebenfalls fehlt. [6] Vergleiche dieselbe Scene V. 1593—4. [7] *M*: estruant; *d*: antreflotant; *C*: afrondrant; *m*: balloant.

Dist Rainouars: Baig aves avenant;
S i fuscent ore tuit li oir Tervagant!
Les enfans va molt tos desprisonant,
Trestous ensamble les mist fors des carcans.
4530 Dist Bertrans: Sire, s euscions auferrans ...[1]
Dist Rainouars: Ia n aures uns courans,
Et tuit li autre, sors u bais u baucans;
Entendementres, armes vous, biel enfant.
Atant es vous .I. paien apoignant;
4535 Dans Rainouars le fiert en trespasant
Amont sor[2] l iaume, qui a or fu luisans,
Iusqu en la siele le va tout esmiant,
Tout abati devant lui el pendant.
Voir, dist Bertrans, se si[3] ales ferant[4]
4540 Ia nen auromes mais par vous auferrans.
Dist Rainouars: Car vous soufres atant!
Ia n aures uns mervillous et corans.
Re fiert un autre sor son iaume luisant;
Ensi com foudres va li tineus bruiant,
4545 De ci en tiere va tout acraventant.
Dex, dist Bertrans, trop me vois delaiant!
Ia nen aurai pour coi vois atendant;
A teus cos Saisnes ne durroit ne gaians.
Dist Rainouars: Molt me va anoiant
4550 Que plus me vont paiens adamagant.[5]
Sire Bertran, nen aler gramiant!
Li tineus poise, si est li fus molt grans;
Quant ai mon cop entese en haucant
Par tel ravine vient aval descendant
4555 Que ne le puis retenir tant ne quant.[6]

---

[1] Optativ? cf. V. 4513. [2] Ursprünglich: En son son h.
[3] s ensi nach C. [4] C: ferrant. [5] Es thut mir leid, dafs meine Schläge den Sarazenen mehr schaden, als ich es wünschte. Die Lesart des a ist unverständlich, weil der der Klarheit der ganzen Stelle unentbehrliche, vorhergehende Vers (4548) in dieser Handschrift weggefallen ist. — Die Schwierigkeit, die Gewalt des geführten Schlages zu verringern und den brausenden Tinel aufzuhalten, über die sich Rennewart so sehr beklagt, wird am deutlichsten durch die isolierte Lesart von d gekennzeichnet: Que trop me vont mi cop a demorant. [6] C: Ne le tenroie por lor de Belleem. —

Dist Bertrans: Sire, si feres en boutant;[1]
Ains nen iront vo cop amenuisant.
Dist Rainouars: Ore vois aperdant;[2]
Des or iront mi cop tuit a doutant.[3]
                    (G 5381—5479.)

CXIII

4560 Rainouars sire, quant nous as delivre
De la prison as Sarrasins Esclers,
Tant aves fait que nous somes arme,
Or faites tant que soiemes monte.[4]
Li quens Guillaumes quant saura la verte
4565 Que nous aves isi desprisones,
Sacies de voir, vous en saura[5] boin gre.
Dist Rainouars: Volentiers, en non De;
Ia n aures uns a vostre volentet.
Son tinel prent, si l a ammont leve,
4570 Par en son l iaume a .I. Turc asene,
Iusqu en la siele l a tout esquartele
Et le ceval a par mi troncone.
Voir, dist Bertrans, ore sai de verte,
Rainouars sire, quelli nous as en he;
4575 Par toi nen iermes garanti ne tense:
Tos aves ore oublie le bouter.
Dist Rainouars: Nel fac mie de gre.
Sire Bertrans, car l euisse amembre!
Le boutement nen ai acostume:
4580 Qui cou oublie que nen a ause,
Par droit esgart doit iestre pardounes.
Ore ferai con l aves devise.
Son tinel tint, un petit l a branle;
Desous l asiele[6] a le gresle siere,[7]

---

[1] Futur des Verbs faire, nicht ferir: So wird es Ihnen gelingen; Sie werden die Stange zurückhalten können, wenn Sie den Feind mit derselben stofsen; sonst werden Ihre Schläge nie schwächer werden. [2] C: or m irai apendant: ich werde mich schon befleissigen. [3] Auf diese Weise werden meine Schläge einen zweifelhaften Erfolg haben; werden zweifelhaft sein. Die einfachste, den Handschriften ABT entsprechende Lesart wäre: Des ore irai mais (= magis, mehr) mes cous adoucant. [4] Ist auch die Lesart der a-Handschrift, die Guessard mit Unrecht korrigiert. [5] C: saurai. [6] Sous soie a.? [7] C: a le bout virole.

4585 Et par devant a le plus gros torne.
A tant es vous l amiral Estifle;
.I. crestien nos avoit mort ietet.
Ains qu il euist son vair ceval torne
L ot Rainouars si dou tinel boute
4590 Sous le coste li a le cuer creve,
Plus d une lance l abati ens el pre;
L auferrant prist, Bertran l a presente.
Dist Rainouars: Vient icis vous a gre?
Oil voir, sire, mius l ain d une cite.
4595 Bertrans monta, qui molt l ot desire;
Pus prist l escut au Sarrasin boucle,[1]
Et son espiel, qui le fier ot quare.
A .I. païen a maintenant iouste;
L escu li perce, le clavain a fause,
4600 Mort le trebuce; s a le ceval conbre,
A son cousin Girart[2] l a amene.
Encore en sont li .V. a pie remes;
Mais Rainouars ne les a oublie:
.I. paien boute si que l a esfondre;
4605 L autre fiert si que l a mort cravente;
A l autre bout en a trois atiere.
Les cevaus prisent, qui furent pumele.
Ore sont tuit li .VII. cousin monte.
Ore saront[3] Sarrasin et Escler
4610 S il ont entr aus ne force ne bonte.
Dont laisent corre, s ont paiens escrie;
Plus d une arcie les ont arecule.

(G 5480—5578.)

CXIV

Li estors est et fiers et mervillos.[4]
Sounent cil gresle, molt en sont grant li son.[5]
4615 Paien glatiscent et ullent con cagnon:[6]
Et Rainouars[7] escrie a haut ton:
Or del bien faire, gentil fil vavasor!

---

[1] Estifle lamire? [2] C: germain. [3] Ms.: Or s. ia.
[4] Nach d: Fel fu li chaples e granz (pesanz?) fu li estors.
Merveillous findet sich in m am Anfang der CXVIII. Strophe
wieder. [5] Cf. die Verse a 5615—7. [6] Statt gaignon, bestätigt also
die übliche Etymologie des Wortes. [7] Cf. V. 4463.

Querons Guillaume et Bernart et Buevon!
Ses aviens ci pries a conpagnons,
4620 Mar douterons ne Turc ne Esclavon.
A tant se fierent en l estor a bandon;[1]
Tant en abatent, n est se mervelle non:[2]
Li sans des cors sort[3] outre le talon.
Dist Rainouars: Si fet cop me sont bon;
4625 Ia li bouters nen i ara fuison.
Se a .I. cop oci un Turc felon,[4]
Ne priseroie mon tinel .I. bouton;
Mais .III. au moins a .I. cop est raison,[5]
U .IV. u .V., quant nous esforcerons.
4630 Bertrans l oi, si a dit a Guion:
Aves oi Rainouart le baron?
Ains si fier mot ne dist mais ne .I. hom;
Dex le garise, qui vint a pasion![6]
Querons[7] Guillaume, et si le soucorons!
4635 A tant s entornent brocant a esporon;
Paien les fuient com aloe faucon.
(G 5579—5621.)

CXV

Biaus fu li iors et li solaus vint clers.
Bertrans li quens laise ceval aler,
.I. Sarrasin fet devant lui verser.
4640 Li .VII. cousin resont ale iouster:
.VII. noirs paiens i ont mors craventes.
Tant vont Guillaume querant[7] li baceler
Que le trouverent la amont sor la mer;
Bien le counurent as ruistes cos douner.
4645 Li quens Bertrans le prist a escrier:
Oncles Guillaumes, ci vos vient aiuer[8]
Qui onc ne pot de vos servir laser.
Iou sui Bertrans, qui molt me voel pener
Por vostre amor as Sarrasins grever.

---

[1] A icel mot se f. en l estor? [2] que sen m. on? [3] d: est (= ist); m: siert. [4] Eher: Se ne tuasse au cop qu un Turc felon (M). [5] cou e. pro (= genug)? [6] Andere Lesart: que nous ne le pierdons (cf. den Schluſs von *Wolfram von Eschenbach's* Willehalm). [7] Handschrift: Querrons; querrant. [8] aiuder als avider gelesen, brachte natürlich die Lesart revider oder revuider mit sich.

4650 Tous nous a fait, sire, desprisouner [1]
Uns au tinel, qui tant fait a loer;
Ie l oi, oncles, Rainouart apieler.
Et dist Guillaumes: Ihesus le pust sauver!
Biau nies Bertran, nen est lius de parler;
4655 Vees paiens tous Aliscans [2] pupler;
Li vif diable en ont tant asamble!
(G 5622—5690.)

CXVI

Grant fu la noise de la paiene gent;
Contre .I. des nos i a bien des lor cent.
Es vous .I. roi, Margot de [3] Bocidant.
4660 Lais fu li Turs, si ot molt lait carpent. [4]
Nen ot destrier, ains cevauce iument.
Plus tos ceurt l ewe [5] que quariaus ne destent.
Toute ert couverte d un pale d Orient,
Blanc comme noif, trecie menuement;
4665 Par mi le blanc pert li noirs [6] gentement;
Tous ses esclos en ralume et resplent. [7]
Mil escaletes [8] i sounent doucement;
Cou est avis ce fust encantement.
Un flaiel porte, la mace ert d or piument,
4670 Et tous li mances en estoit ensement;
Et la caine dont la batiere [9] pent,
Plain puig iert grose et close [10] fermement.
Si ert envos [11] d une pel de serpent,
Qui plus ert dure d acier ne fierement;
4675 S en est enclos, ne crient arme noient.
Entre Francois se met ireement;
Tant en ocist [12] com lui vient a talent.
Dex, dist Guillaumes, pere omnipotent,

---

[1] Trestous (oder Tous .VII.) n. a, s., desprisones. [2] Aliscans ist also auch eine Mehrzahl. [3] m: e b.; span. y, zur Verbindung zweier dieselbe Person bezeichnender Namen. [4] *carpentum*: Gerüst, Gerippe, Gestalt. [5] equa, Stute; vergleiche daneben den Vers 1265. Ms.: quarel. *T*: ne vole oisel volant. [6] *M*: li roys (das Netz); besser. [7] Lies: Si en r. s. e. et r. [8] Ms.: escalettes. [9] *C*: l abatoire; *MT*: la baniere. [10] *M*: dochee, *ductiata* im Sinne von *entwickeln, breiter machen, schmieden*. [11] *involutus — involsus*. [12] Ms.: ocit.

   Com cis diables nos malle¹ malement!
4680 Se il vit longes de nous ert finemens.
   Le destrier broce, si li vint erraument,
   Del branc d acier le feri durement
   En son son hiaume, mais ne li vaut noient;
   Car ne crient arme plus que trespas de vent.
4685 Glos, dist Margos, ta mors est en present:
   Ia de ton deu nen auras tensement.
   Le flaiel lieve, encontremont l estent;
   Li quens le fuit de tiere plain arpent.
   Nen est mervelle se a cop ne l atent;
4690 Que li flaiaus poise un mui de forment
   A la mesure le viel roi Arestent.
   Guillaume alast requerir malement
   Quant Rainouars i vint souduiement;
   Le conte voit mener molt laidement,
4695 Cui li diables asaut si cruelment;
   De duel mora² se n en prent vengement.
   Esta! escrie, fel traitre pulent!
   Mar l encaucastes, par le cors saint Vincent!
   Le tinel lieve par molt fier mautelent,
4700 De l enteser³ ot tout le cors sulent:⁴
   Margot feri si angosousement
   Le hiaume froise que desous l os li fent,⁵
   Et la cervele trestoute li espant.⁶
   Li cos fu rois, par grant viertu descent;
4705 Tout craventa et lui et la iument.
   Dist Rainouars: Ore as tu ton couvent.
   Molt fait que fos qui contre moi se prent.
   Voir, dist Guillaumes, si fet cop me sont ient.
   Rainouars, sire, .C. mercis vous en rent;
4710 Que mort m euist par le mien entient.
   Dist Rainouars: Venes seurement!
   Ne le garra ne frere ne parens;
   Mes cousins ert Margos de Bocident.⁷
       (G 5691—5776.)

¹ *T*; mit Bezug auf seinen Flegel. Alle Handschriften: meine.
² Ms.: morai. ³ le Artikel und nicht Fürwort! ⁴ *sudolentus* (?).
⁵ Nach *M*: qui est dos dolifent. ⁶ So in allen Handschriften, ohne Ausnahme. ⁷ Diese Laisse war ursprünglich viel einfacher; Wilhelm, qui par son cors a .XV. rois matez (Verse 1051 und

CXVII

 Quant Sarrasin voient morir Margot
4715 Plus de .VII.C. i vienent a esclot;
 Cescuns portoit glave u gaverlot.[1]
 Entor Guillaume veiscies grant asaut.
 Mais Rainouars au tinel les desclot;
 Molt a ocis paiens de Botentrot.[2]
4720 Mais[3] ne le doivent Francois tenir pour sot;
 Que grant mestier a son pooir lor ot.
 Mar virent onques Sarrasin son conplot;
 Plus de .X.M. le ior en ieta mors.
 Mal samble home qui onc escumast pot.
(G 5777—5790.)

CXVIII + CXIX + CXX

4725 Par la bataille va Guillaumes li ber
 L espee traite, qui trance et luist cler;[4]
 Cui il consiut nen a soig de canter.
 Fiert .I. paien, le cief li fist voler;
 L autre fendi iusqu as dens maiselers.[5]
4730 Le tierc a fet a tiere craventer,
 Et le quart fist ius del ceval vierser.
 Le quint fendi iusqu au neu del baudre.[6]

---

a 1079 *sqq.*), ergriff nicht die Flucht vor dem Sarazenen, um Rennewart die Gelegenheit zu verschaffen, an Margot seine Kraft zu erproben. Die Strophe schlofs mit V. 4684, auf welchen die in *C* erhaltenen zwei Verse folgten: Margos le voit, si saira forment Guencist ariere tos et isnelement. Mit diesem Schlufs war der in *m* erhaltene Anfang der CXVII. Strophe: Quant Sarrasin voient *venir* Margot, eng verbunden. Wir bemerken noch, dafs in der folgenden Laisse Wilhelm, und nicht Rennewart, von den Sarazenen angegriffen wird (V. 4717).

[1] Einige Handschriften schieben nach diesem V.: Hache dacier ou grant mace portoit (*d*: por tot) ein. — Wir haben es hier mit einer assonierenden *au*, *o*-Laisse zu thun; man vergleiche die Varianten Morgaus, Morgans, Margot. — Wir erfuhren an anderer Stelle, dafs *Margot* schon längst den Tod gefunden hatte. [2] An dieser Stelle kann das Wort de botren tot (*d*), de bout en trot (*B*), de bout entrot (*T*), welches auch im Rolandsliede vorkommt, kaum als ein geographischer Name aufgefafst werden. [3] = Nicht mehr. [4] *M*: qe ben trenche dacier. [5] Richtige Form des Adj. *maxillaris*, auf die maiselier zurückgeht. [6] *M*: braier.

Monioie escrie, si r est ales capler.
A tant es vous le caitif Naymer.
4735 A .I. paien va maintenant iouster:
Tant con cevaus puet desous lui aler[1]
Fiert Caenon desour l escut boucler,
Desous la bocle li[2] a fraint et troue,
Le bon[3] hauberc derout et desafre;
4740 Par mi le cors fist fier et fust paser,
Plaine sa lance l abat mort cravente.[4]
Et de cel poindre[5] si r est ales urter
Un roi paien, Aukin[6] l oi noumer;
Desour la bocle li a l escut quase,
4745 Le blanc hauberc derout et descloce,[7]
Le cuer del ventre li fist par mi crever:
Devant Guillaume l a mort acravente.
Sa lance brise, qui ne puet plus durer;
Et Naymeris[8] trait le branc d acier cler,
4750 Paiens detrance a grans cos come ber.
(G 5791—5986.)

CXXI

Li estors fu et mervillous et fel.[9]
A l estandart sonent paien l apel;
Sovent i sonent gresles et menuiels.
Grant sont li caple par mont et par vaucel.
4755 Par la bataille es vous poignant Bourel,
.I. Sarrasin, nes fu de Mirabel;
En sa conpegne ot .XIIII. caiels:
Tuit sont si fil, adoube de novel,
Noir coume more. Si portent uns flaiels;
4760 Tuit sont de cuevre et ouvre a cisel.
Onques nen orent lances o penoncels.
Boriel, lor pere, portoit .I. grant martel
De fin acier, bien ouvre a noiels.
Brogne ne viest ne hauberc a clavel;

---

[1] Lies: sous lui randouner. [2] = le li ... [3] Lies: Et le h. [4] *M:* senc parler. [5] De cele empointe? [6] Ms.: Auchin; unser Aiquin, Baudus' Vater. [7] *sic;* lies: descocle? [8] Cuens Naymers oder Dans N. oder E N. (prov. En, N, Herr) zu korrigieren. [9] *C:* Fiers fu li cris, miravillous et bel.

4765 D une lutime iert envos en la pel.¹
Et si avoit en son cief .I. capel
Qui estoit fais de cuir de lioncel:
Ne crient cop d arme vallisant .I. coutel.
Par Aliscans fait dolerous masiel;
4770 Courant en vont devant lui li ruisel
Del sanc des mors, qu il ocist par revel.
Rainouart trueve par dessus .I. tertriel;
Tel li douna li paiens dou martel
Que li ronpi et vousure et capel.
4775 Pus l apiela: Fil a putain bediel!
Rainouars l ot, ne l en fu mie bel;
Tel li douna detres el haterel
Fores del test li espant le cervel,
Mort le trebuce devant .I. sapinel.
4780 Dist Rainouars: Tien² toi tout coit, Bouriel!
Vous me veistes ia molt petit tousel;³
Couneut t ai com li leus fait l agnel.⁴
S or ne se gardent vo fil de mon cembel⁵
De mon tinel lor moustrerai l anel.
4785 Ore ses tu que cou nen est fusels.

(G 5987—6022.)

CXXII — CLX

En Aliscans fu la batalle fiere.
Le ior i fist Rainouars mainte biere:
A son tinel fist des Turs tel maisiere⁶
Que sor la tiere ceurt li sans a riviere.
4790 Paien le fuient et avant et ariere;
Mais tant i a de la gent avresiere
Une traitie mainent les os ariere.⁷

---

¹ *T*: lutune; *d*: noitu. ² Ms.: Tient. ³ Cf. *a* 5837.
⁴ Ms.: l agne. ⁵ Ms.: cebel. *d*: garde voz fiz . . . li m. . .
ältere Lesart: Rennewart stöfst diese Drohung aus, ohne zu wissen,
ob Borrel Söhne hat; später hat man die Stelle mifsverstanden, zuerst
fünfzehn, dann, als die ursprünglichen Alexandriner in Zehnsilbner
verwandelt wurden, vierzehn Söhne dem Sarazenen gegeben, die
Rennewart notwendig töten mufste: so entstanden die Strophen CXXII
und CXXIII. ⁶ maisele? — maisiere = *rempart de funérailles*
(Corneille). ⁷ Urspr.: Que l. os m. a. u. traitiee.

Sinagons vient poignant une bruiere,
En sa conpagne gens de mainte maniere:
4795 Cil de Palerne sont tuit de sa baniere.[1]
Bien fu armes desor Paselevriere,
Qui d un pale ot couvert col et croupiere;[2]
Plus tos l enporte tres par mi la ionciere
Que faus ne cace aloe menuiere.
4800 Dant Bertran fiert devant a l encontriere,
Par mi l escut li met reste[3] pleniere
Que .C. des malles del hauberc li deciere;
Ens el coste li fait itel saigniere[4]
Que nen iert sains d une semaine entiere.
4805 Sa lance brise, qui nen ert pas d osiere.
Dex le gari[5] et li vrais cors saint Piere,[6]
Que dans Bertrans ne gerpi estriviere.
Li quens fiert lui devant par mi la ciere
Del branc d acier, qui fu fais a Guiere;
4810 De la ventalle li desront la ioiere,[7]
Toute la face li fendi par deriere.
Qui[8] lor leuist, batalle i euist fiere;
Mais trop i ot et solel et poriere:
Li uns ne vit l autre por la nubliere.[9]
4815 Dist Rainouars: Sainte Marie ciere,[10]
Tenes l estor tant que ases i fiere.[11]
 (G 6023—6649.) (*Jonckbloet* 6291—6319.)

CLXI — CLXVI

En Aliscans fu li estors mortes.
Paien s alient, si ont les cors sounes.
Or del bien faire, signor, dist Desrames,

---

[1] Er übernimmt das Kommando an Stelle des toten Baudus.
[2] Die Handschriften lassen nur folgende Lesarten zu: Qui c. ot (ert) cief et c. et c. oder C. de fer cief et c. et c. Plus t. l e. ... [3] *M*: teste; die Handschriften *VdL*: lance. [4] *saigniee?*
[5] *M*: D. lagari (= *l'a.*). [6] Nach *d*: e [li] ber cors s. P.; *M*: el (= e li) verais c. s. P. [7] *M*: cuiriee; *d*: coliere.
[8] Statt des üblichen S e. [9] Nach einigen Handschriften zu schliefsen: Luns ne vit lautre, tant par fu grant la nievele.
[10] Vierge? *M*: mere. [11] *M*: laseç i f. Dieser Vers wurde später zu etwa vierzig Strophen geschmacklosen Inhalts entwickelt.

4820 Que a cest poindre fuir les ent veres.¹
Nen i a Franc ne soit forment lases;
Contre .I. des lor en avons .XX. armes.²
Or del ferir, si les desbaretes!
Ia mais en France ne seront retorne.
4825 Es vous paiens de tout revigoures;
Molt ont nos gens laidis et devoures
Que de lor sanc coururent grant li gue.
Rainouars est de la priese sevres
Defors les autres .I. arpent mesure.
4830 Sor son tinel s est .I. poi reposes,
Un petitet s est li ber acoutes;³
Deviers l Arcant ot ses ious retornes:
Voit .I. conroi venir de Turs armes,
Qui dont a primes ierent iscu de nes.⁴
4835 Des Sarrasins fu molt grans la plentes.
Rois Aucebiers les a devant guies.
Onc plus fiers hom ne fu de mere nes;
Molt par iert fel et de grant cruaute.
Dist Rainouars: Sarrasins, dont venes?
4840 Estes iluec! dites que vous voles?
Ie garc l Arcant, le treu m en dounes!
Se vius bataille, ia mar avant ires;
Encontre toi en sui tous apriestes.
Vien toi⁵ conbatre a moi en icel pre!
4845 Dist Aucebiers: Tais, fos estrumeles!
Par moi nen iert hom a piet adeses.
Tui drap ne valent .I. denier mounee;
Sambles ribaut, qui en fors soit entres;
Tant i as sis que tous ies enfumes;
4850 Bien sambles fos,⁶ se tu estoies res.
Dist Rainouars: Ore me ranprones?
A vous que tient⁷ se ai dras depanes,
Et se mes cies est noirs et hurepes?
Li cuers nen est en hermin engoule,
4855 Ains est el ventre la u Dex l a plante.

---

¹ Es geschah das Gegenteil; die Hagarenen flohen und die Schlacht schlofs bei diesem letzten Angriff mit dem Siege der Christen. ² Cf. V. 4355. ³ *M*: Un petit s est li b. acoetez.
⁴ Cf. G. 6050—1 und 6669 *sqq.* ⁵ *M*: V. te c. ⁶ *M*: sot.
⁷ Besser, nach *M*: A v. q. taint (*tangit*).

Fos qui por dras tient home en viute:¹
Tes est prodom qui ciet en povrete.
Rices mauvais ne vaut .I. al pele;
Qui que le prise par moi nen iert loes.
4860 Se ie sui povres Dex me donra plente.
Dist Aucebiers: Va ta voie, derves!
Ie t ociroie, mais feroie viute.
Ensegne moi Guillaume au cort nes.
Dist Rainouars: Ore ens fu mors ietes;
4865 En Aliscans l a ocis Aenres. ²
Forment m en poise, que molt iert mes prives.
Dist Aucebiers: Molt est grans vostre des!³
Por soie amor seras ia atues,
De cest espiel par mi le cors boutes.
4870 Dist Rainouars: Se Deu plest, non feres!
Ne feres mie isi con devises!
El a en moi que vous nen esperes.
A icel mot a le tinel leve,
Fiert Aucebier sor son elme iesme;
4875 Ne l enpira .I. denier mounee;
Encontremont est li tineus voles.
Dist Rainouars: Ore sui asotes;
Nen a en moi ne force ne bonte.
Se mius ne fier recreans sui clames.
4880 Par grant viertu a le tinel leve.
De bien ferir fu molt entalentes;
Tant fort s afice le cors a tresue.
Li tineus bruit con foudre contre ore;
Fiert Aucebier sor son elme dore,
4885 Desor⁴ le cief li a esquartele,
Et Aucebier a tout esciervele:
Iusqu en la siele l a fendu⁵ et froe.
A icest cop fu brisies li tines;
Icis damages nen iert mais restores.

¹ Narr derjenige, der... ² *M*: agentez. *M* allein erklärt diese, in allen Handschriften so dunkle Stelle. Durch diese wohl verzeihliche Lüge zwingt Rennewart seinen stolzen und edlen Gegner, mit ihm zu kämpfen. Cf. V. 1367. — ens = *en l Arcant*, im Gegenteil zum allgemeinen Begriff *Aliscans*. ³ Eher deus (acc. duel) als Dex (Deus); in *C* gewöhnlich dius. Also soie amor = Liebe zu Wilhelm. ⁴ Desous (Adverb)? ⁵ *T*: fondu, zermalmt, wäre vorzuziehen.

4890 Paien aceurent, le fust voient quase;
Ore bien cuident tout avoir conqueste.
Plus de .XX.M. des cuvers desfaes
Li ceurent sus as boins brans aceres,
Et as fausars et as dars enpenes;
4895 De toutes pars fu li ber enconbres:
Paien li vienent environ de tos les.
Icil i fiert qui ne les a ames.
Au puig que ot mervillous et quare,
A Sarrasins molt ruistes cos dounes;
4900 Cui il ataint molt est mal osteles.
Plus de .XIIII. en a mors atues,
Et autretant[1] maumis et esfrontes.
Mais de paiens fu trop grant la plentes.
La fust idont[2] Rainouars desmenbres
4905 Quant a l espee s est ahurtes li ber.
Trait la defuere, si geta grant clarte;
Fiert Goulias, qui tenoit Balaguer:
Tout le porfent iusqu au neu del baudre.
A autre cop r a ocis Giboe;
4910 Anbe .II. sont par les flans[3] troncone.
Dist Rainouars: Ceste arme entre souef;
Bien soit de l ame qui la cainst a mon les!
A icest cop a Rainouars crie:
Sire Guillaumes, et car me soucores!
4915 Li quens oi les mos que ot cries;
Monioie escrie, cevalier, ca venes!
Rainouars est des paiens atrapes,[4]
Ses tineus est brisies tous et quases;
Mal sui ballis se i est afoles.
4920 A ces paroles en est avant ales;
Tout son lignage a apries lui route:
Et Naymeri[5] et son grant parente,
Et le barnage, qui tant fu aloses.
La veiscies un estor criminel:
4925 A lor espees ont paiens decopes;
Plus de .X.M. en sont acravente.
A icest poindre ont Turs desbaretes.[6]

[1] m: autres tant.   [2] Idonc (M) wie itel, itant, &c.
[3] C: bus.   [4] Schlufs von *Wolfram von Eschenbach's* Willehalm.
[5] = En A.   [6] m: A ceste enpointe.

La veiscies tant Sarrasin navre,
Mort et ocis, et tant esbouiele
4930 Encontre tiere a cevaus defouler.
Li estandars fu par mi lui¹ copes.
A esporon s en fui Desrames,
En sa conpagne Bruians et Ysores,
Et Meradus et li rois Cosdroes,
4935 Et bien .X.M. que Piersan que Escler.
Mal soit de cel qui s en est escapes,
Se il nen est u plaies u navres.
Des mors i a .VI.C. mille remes.
Rois Desrames s est en haut escries:
4940 Mahomet Sire, soucorre nem poes.²
Ahi! Guillaume,³ fel cuvert au cort nes,
De tant franc Turc m aves desirete!
A tant entrerent es calans et es nes,
Lor mas drecierent, viers Pierse⁴ ont sigle;
4945 Espagne⁵ laisent Guillaume au cort nes.⁶
Nostre Francois sont ariere torne;
Tant ont conquis avoir et ricete
Tuit li plus povre seront rice clame.
Guillaumes a Rainouart apele,
4950 Et Naymeri et Bernart l alose,
Et Naymer et tout l autre barne;
Signor, dist il, quel consel nous donres
Por Rainouart, qui si par est loes?
Par ma foi, oncles, dist Bertrans li senes,
4955 Dant Rainouart toute Espagne donres.

---

¹ *sic* statt liu. ² Lies: aidier ne me p.? ³ Der Fluch Desrames' trifft den wahren Urheber seiner Niederlage, den Markgrafen, und somit erscheint Wilhelm und nicht Rennewart als Sieger bei Aliscans. ⁴ Cordres? ⁵ Es handelte sich ursprünglich um eine in Spanien gewonnene Schlacht. — Die venezianer Handschrift betitelt das Gedicht: Die Schlacht bei Alicante. — Hier könnte Espagne die von den Sarazenen besetzten südfranzösischen Provinzen bezeichnen. ⁶ Hier fängt in der Boulogner Handschrift die *Chanson Loquiferne*.

    En Loquiferne sen vont paien clamer
    A Loquiferne, le fort roi corone,
    Que cuens Guillaumes les a desbaretes,
    E que paien sont mort e afole,
    (Que Rainouars les a tous craventes.)

Dist Naymeris: Bien paroles tu, bers;
Bien doit rois iestre de la crestiente.
Trestuit li Franc ont lor consel doune
Que il sera rois d Espagne clames.
4960 Et il si fu li gentius bacelers;
Cent mille homes puet ore en ost mener.[1]

(G 6650—6812.[2])

DEO GRATIAS AMEN.

---

[1] Dies war sein innigster Wunsch gewesen (cf. V. 2973—4); mit der Erfüllung desselben schliefst der zweite Teil *Aliscans'*, das *Rennewartsepos*. [2] Besser: 6821.

Varianten.

Auf den folgenden Seiten geben wir eine genaue Vergleichungstabelle der sechs wichtigsten Handschriften des Wilhelmsgedichtes: *Venedig, Boulogne-sur-Mer, London, Pariser Nat.-Bibl.* 2494, *Bern* und der *Mailänder Trivulziana*. Die von *Jonckbloet* und *Guessard* in ihre Ausgaben aufgenommenen Varianten sind so kärglich, ungenau und wertlos, dafs wir nicht umhin konnten, in die Vergleichungstabelle das Manuscript Nat.-Bibl. 2494 heranzuziehen und der zweitwichtigsten Handschrift, der Boulogner, eine besondere Aufmerksamkeit zu widmen.

Die Arbeit wäre eine leichtere und einfachere gewesen, wenn wir die verschiedenen Handschriften mit den von *J. A. Jonckbloet* veröffentlichten *A-B*-Manuscripten verglichen hätten, und zwar deswegen, weil im eigentlichen Wilhelmsliede, d. h. in den ersten vierundsiebenzig Laisses, alle sechs Handschriften, was die Zahl der Verse betrifft, mit *A* und *B* übereinstimmen; um aber die Unterschiede und Verwandtschaft der einzelnen Manuscripte zu einander besser hervortreten zu lassen, haben wir es vorgezogen, die von Guessard und Montaiglon veröffentlichte, zu den besseren gehörende *Arsenal*handschrift zur Vergleichung heranzuziehen und dabei auf die Übereinstimmung der einzelnen Lesarten mit *A* oder *B* oder *V* einfach zu verweisen.

Steht z. B.: 25 *MmL* (a baudor) *dCT = B* 30, so wird man wissen, dafs der 25. Vers der *Guessard-Montaiglon*'schen Ausgabe (der Handschrift des Arsenals) in sämtlichen sechs Handschriften mit dem 30. Vers der *B*-Redaktion (*Jonckbloet*, I, 216) übereinstimmt, dafs *L* aber statt *vigor*, *baudor* aufweist.

I. — 2 *M* fu faite en a.; Et *f. d**) — 3 *f. C* — 5 *M* G. lo vailanç; *m* Richars li Normans; *C s.**) *B* 6 — 6 *f. d* — 7 *M* Hernauç de S. Heues de Mielanç; *d* Forques li vaillanz — 8 *M* i feri; *m* le fist miex — *n.**) 9 *s. MTdC B* 11—12 (*C* caians; *M s. nur den ersten)* — 10 *MmTd* (p. ambedeus) *C* (es costes et es f.) = *B* 13 — 11 *dC* (alemanz) *T = B* 14 — 12 *m* ont; *d*' Tant an i ot — 13 — 16 *d* Trop i an a [de cuverz *oder* de felons mescreanz *oder* qui issent des charlanz]; 13 *L* la monte dun b.; *T* M. ne li monte; 14 *M* (Quar) *m* (Car t. en i. des n. e de sor nes corans,

---

*) *f.* = *fehlt in; s.* = *schiebt ein; n.* = *nach; Alex.* = *Alexandriner.*

Alex.) *LCT* (Car) = *B* 17; 15 *f. L*; 16 *MCT* = *B* 19; *L s.* Diex les confonde li peres rois amans — 17 *L* (delmes) *d* (*n.* 18) fu — 18 *M* d. f. seduanç; *m C* des cuivers m.; *L* d. paiens mes- creus; *T* d. cuiverz souduians; *d f.*; *MmL* (*alle* corut) *CT s. B* 22 23; *d s.* A lasanbler i ot estor [pesant *oder* moult grant]. II — 19 *M* corant — 20 *d* est (= *C*) . . . de c[ruor] — 21 *ML* la v.; *C* vavasor — 22 *L* Tel cop li done; *C* desor — 23 *d M* (li m. son b.) *CT* = *B* 28; *d* Quan [en] son cors; *L* Que flors et pierres en abat de colour Et desquel piz mist le b. par vigour Mort le trebuche devant lui sans demour — 24 *MLT* = *B* 29; *C* capor — 25 *MmL* (a baudour) *dCT* = *B* 30; *m* (Qui il ataint de la mort a paor) *L* (na) *s. V* 31 — 26 *MLd* a — 27 *M f.*; *m C* cui nen presist p.; *L s.* Dex les confonde par la soie doucour — 28 *M* son s.; *T* de France l. s. — 29 *Mm* a g. v.; *L* q. li c. de randor; *d* de g. v[igor]; *C* de g. roidor; *T* = *B* 35 — 30 *M* Cil s. a l.; *mLC* = *B* 36; *d* t[uit li] meill[or]; *M* (Cil de p. e cil de straenor) *m* (Cil de p. e cil estraigneor) *L* (Cil de p. e cil dinde maiour) *d* (Et de P. li atranient au) *T* (estraenor) *s. B* 37 — 31 *MT* = *B* 38; *L* Ce sont tel g.; *C* a d. na a.; *L s.* Armes avoient de diversse color — *mC* (vigor) portent; *L* (tranchans come rasour) *T* Et espiez portent — 33 *M* (a m. m. fil de v.) *m* (a m. m. riche v.) *L* (ot m.) *dC* (m. fil de v.) *T* = *B* 40 — 34 *MmLdCT* = *B* 41 — 35 *M* (a f . . . cor) *m* (a) *L* (fet desramez son t.) *d* (a) *C* (a . . . cor) *T* = *B* 42 — 36 *MLC* A v. e.; *mT* = *B* 43 — 37 *MmL* (Hui i) *dC* (Quar hui p . . . baudor) *T* = *B* 44 — 38 *M* nisira dicest ior; *d f.* — 39 *M* lentend m. en a g. cor (iror?); *L* Guill. lot . . . irour; *MmL* (son c.) *dCT s. B* 47— 48; *L hat noch* Quil li soit et aide et secours *und d* [Que le] secort par sa sainte dousor. III — 40 *T* = *B* 49 — *M* (len) *mL* (puet) *dT* (Souvant . . . peut) = *B* 50; *C* qu'il; *L s.* Par lestor vait et chapler et ferir — 42 *L* pot — 43 *LC* (Que) *T* = *B* 52; *d* de duel cuide morir — 44 *m* sor paiens — 45 *MLCT* (fist) = *B* 54; *m* li f . . . lachier s.; *d* Jusquez espiez (= as piez) . . . branc — 46 *M* (ferir) *mLCT* = *B* 55; *d* anveir; *L s.* Et qui la fust bien les oist glatir — 47 *M* (Totes les a.) *L* (Et) les archans; *C* Dont — 48 *ML* (bondir) *dCT* = *B* 57 — 49 *M* nos genç e. — 51 *d* fraites; *M* fendre . . . froisir — 52 *m* desarcir; *d* derot et — 53 *Md* T. poing t. p. — 54 *MC* et morir — 55 *M* (chair) *T* = *B* 64; *L* mourir; *L s.* Que duns que dautres i veissiez fenir Tel noise font ce porroie plevir; *d s.* Qui nen avoient anz el cors que morir [?] a la noisse e lator rabaudir — 56 *ML* Le cri; *dC* (Le cri). II.; *L s.* Qui dont veist sarr. aunjr — 57 *L* Ou V.; *T* = *B* 66 — 58 *MmL* (fenir) *CT* = *B* 67 — 59 *md* (Par ces granz p.) saillir — 60 *f. überall; L s.* Dex en ait lame quand iert au departir. IV — 61 *M* en lue del a.; *d* en leve; *mLC* (fu) *T* (ou m.) = *B* 69; *L s.* Ou se combat a paiens mescreant Diex quel domage quil nest longes vivant Ainz tiex ne fust des le tans moysant — 62 *M* (sa) *m* (sa) *L* (Que sa) *T* (sa) = *B* 70; *C* Tout li b. li vont d. — 63 *M f*; *L* (Par ambes) *C* (Dambes. II.) pars — 64 *MT* = *B* 72; *d* s'ans.; *C* tantos de maintenant — 65 *M* (ses f. se v . . . estagnant) *m* (fort) *LT* = *B* 73; *d* san ala estaignant; *C* P. le cors s'en aloit res. — 66· *MmLd* (le) *CT* = *B* 74 — 67 *M* Entre ses mains se vait a deu

ietant; *m* (sen) *L* (a demetant) *d* (et gainmantant) *C* (adominant) *T*
(se vent) = *B* 75; *d s.* Li gantis cuens tint el poin le [bon branc]
Pour voir vos di cuil va comsuant Ja nen aura de nul [arme] garant
— 68 *M* en vait molt occiant; *L*(si) *C*(si) *T* = *B* 75 — 69 *M* vers
l. f.; *d* Tous li plus cointes — 70 *M* amene; *m* encache; *LC*
(Jusqua la m.) batant; *d* a; *T* Envers la m. — 71 *L* Adont li vienent;
d la m. augoulant; *CT* = *B* 79 — 72 *M* (de m. fere s.) *mLdCT*
= *B* 80 — 73 *MmLd*(Il) *C* (Dont, *lies* Tuit) *T* (derrie *für* detries)
= *B* 81 — 74 *L* Et ch. porte — 75 *ML* e de fer ensement; *d* T.
est de f. et de p. bien tenant; *C* T. de f. et de p.; *T* e de f.
aucenant *(sic)* — 76—79 f. *d* (*wegen* tenant *und* tonant); 76 *ML*
De ces p.; *C* bastons; 77 *M* (estoient li arcierç souduiant) *mL*
(estoient li cuivert sod.) *C* (est. li c. s.) *T* = *B* 85; 78 *L* Tant d.;
79 *MC* tranblant; *L* en aloit resonant; *T* = *B* 87 — 80 *M* gorant;
LT = *B* 88; *d* Et — 81 *mLdCT* = *B* 89 — 82 *M* E voit; *C*
quil v. entr aus m.; *d f.* — 83 *Ld* Se il sesm.; *MCT* = *B* 91 — 84 *M* lo col;
mLdCT = *B* 92 — 85—88 *C f.*; 85 *d f.*; *L* dune l. le grant; 86 *M* (voit)
mT = *B* 94; *d* vit; 88 *ML* Li g. hom saresta m.; *T* = *B* 96 — 89 *d f.*;
Mm (batant) *L* (A d ... batant) *CT* = *B* 97 — 90 *Mm* (ferant) *L* (ala
s. p. croisant) *C* (A) *T* = *B* 98 — 91 *M* tint ie ci foi t.; *LT* =
B 99; *d* forfait; *C* que ie lai soufert t.; *C s*. Or sai ie bien pase ai
convenant *(cf.* 87); *Mm* (Ainc mais [i]tant nen vi, Alex.) *L* (Que
mez ne fis) *dCT s. B* 100 — 92 *M* (Jal) *Ld* (Jel) *CT* = *B* 101 — 93 *M*
V. un archier; *L* retorne; *d* torne — 94 = *B* 103 *in M* (sa) *m* (des
armes) *d* (dou conte sa ...) *C* (sa) *T* (sa); *L hat* Entriaus se fiert
sachiez a esciant Com fait faucons entre cave volant Or le gart Diex
le pere tout puissant Car il est pres de sa mort a. V — 95 *M* qi
ne v. m. f.; *L* qui plus ne volt f.; *C* vot; *T* V. tremie (treuve?) ...
vout — 96 *M* (archier) *mLdCT* = *B* 105; *L s*. Cui il consiut bien
le puis averir Ne doit aler a mire por garir — 97 *MLdC* (Au p.)
= *B* 106 — 98 *L* Que les cerv. lor fet des chies saillir; *T* = *B* 107
— 99 *M* = *B* 108; *T* Icil le f. — 100 *MmdT* = *B* 109; *LC*
(en f.) boulir; *Mm* (P. son e.) *d* (desor) *C* (Et par son i. la c. iscir)
T s. B 110 — 101 *M* (molt e. p.) *m* (del) *L* (du prince ... fenir)
dCT (D. prant) = *B* 111 — 102 *Mm* M. D. ne p.; *L* (morir) *d*
(plot ... si tost doust) *CT* M. ne li plaist — 103 *M* (a sepelir) *C*
(i soit au s.) *T* = *B* 113; *m* sera el sevelir; *L* soit a lens.; *d* vaigne
ans. — 104 *MmLd* (Ou en l'A.) *CT* = *B* 114 — 105 *d* [Li]cuens
B. — 106 *Md* (a) *T* = *B* 116; *LC* partir — 107 *M* (orent torer e
froisir) *L* (orent) *d C* (orent) = *B* 117 — 108 *MmL* (le h.) *d* (derot)
C (le h.) *T* = 118 — 109 *M* (eschiez) *C* (oscies) de c. f.; *m* T. ses
b. e. sanglens; *d* est changies; *LT f.*; *MmLC* (de m. g. a.) *T s.*
119 — 110 *M* (civaus) *d* a foison; *m* (voit) *C* (voit) *T* = *A* 120;
L f. — 111 *MLdCT f.*; *in m* = Vers els sen torne li bons quens
par air — 112 *MT* = 122; *m* que els nosa iehir; *L* v. aus prist
a g.; *C* set; *überall n*. 113 — 113 *Mm* (Forment les d. *beide*) *CT*
= 121; *Ld f.* — VI — 114 *M* archier; *L* tant; *T* = *B* 123 —
115 *M* (gorier) *L* (Gohier) *d* (Gaifier) *C* (Gorhier) au sarasin G.; *mT*
(guefier) au riche r. g.; *M* (fussent b.. x. m.) *m* (. x. m.) *L* (d.*)

---

*) *d.* = *detto*.

d (d.) CT s. 125 — 116 *L* e devant e derrier — 117 *M* (nen nosa) *L* (nes o.) *d (d.)* aprochier; *m* nes osa; *C* ne losa; *T* ne lose — 118 *L* mentir ne vos en quier — 119 *M* Q. t. malfe sont bien a r.; *m* Que t. mal font m. font a r.; *d* tel; *T* = *B* 129; *L s.* Onques tel gent ne vit nus hons souz ciel — 120 *L* Et quant il d.; *C* Si coume d. — 121 *T* = *A* 131 — 122 *LT* = 132 — 124 *MmLdCT* = 134 — 125 *C* Oncles Guill. — 126 *M* mort ni voil n. r.; *C* ne le quier anoier — 127 *M* nō sen cuita cancer; *C* bien cuida erragier — 128 *M* (lo verai justicier) *m (d.) LC* Dieu reclama le pere droiturier; *T f.*; *d* Dieu an apelle le veraz usticier — 129 *MmLd* (or f. je q. l.) *C* (je f. tr. q. l.) *T* = 139 — 130 *M* (enstagner) *mdC* (Que ... castoier) *T* = 140; *L* a ce besoing — 131 *M f.*; *m* (que ne vos voise vengier) *LdCT* = 141 — 132 *M* son d.; *C* va lescu embracier — 133 *d* sarazins; *C* haubers — 135 *M* len d.; *mL* et loer; *C* Molt — 137 *L* fet toute a.; *d* tost a.; *C* a fait a c. — 138 *M* Bien vaut chascuns; *m* Ni revenist; *C* Rien ni vosist; *T* = 146; *steht überall vor* V. 136—139 *MmLdC* V. voit; *T* = 149 — 140 *MmLdCT* = 150; *L s.* Diex com grant duel li fist li timoniers — 141 *M* (voit) *m (d.) d (d.) C* (le) *T* = 151; *L* Que il li voit par tout le s. r. — 142 *M* (Tot c. contre t. g.) *m* (Enc. vers la t. g.) Tot contreval contre terre glacier; *L* (vers lestrier) *d (d.* par les.) *C* (De. IIII. p. c. viers les.) *T* = 152 — 143 *Mm* (ne men doit) *L* (nen estuet) *d* (ne fait a) *T* = 153; *C* Sil ot hisdour ne men doi m. — 144 *Mm* (V. sire) *L (d.) d* (Bert. li fiers) *C* (c'a dit) *T* (V. sire) = 154; *MmLdCT s.* 155 (*L* P. lamor D.). — 145 *MmL* (sus) *dCT* (soz) = 156 — 146 *M* q. la v.; *Ld* q. l. v. verdoier; *C* D. c. tertre q. la v. bauloier; *mT f.*; — 147 *MmLdT* = *B* 158; *C* Od vos irai — 148 *MmL* (cessent) *d* (nos) *CT* (n. 146) = 157 — 149 *MT* = 159; *LC* le c.; *d* pot — 150 *Mm* (. III.) *LdCT* = 160 — 151 *Md C* = 161; *T fehlt* — 153 *M* (. X . M .) *m* (. XXX . M .) *L* (sarr. X . M .) *d* (. X . M .) *C (d.) T* = 163; *L s.* Diex les maudie, li glorieux du ciel Car as nos firent un dolereus marchie; *d* Dex dit B. qui tot as a jugier Secorez Sire le vostre chevalier — VII — 154 *MT* = 164 — 155 *M* (s. civalier . X . M .) *T* = 165; *m* s. bien . LX . M .; *L* (s. de p.) *d* (s. p. bien) s. de p. . X . M. — 156 *MdCT* = 166 — 157 *M* si t. soit a p.; *L* (nous) *C (d.) T* = 167; *d* moi — 158 *M* Cosin V.; *Ld* te — 161 *MmCT* = 171; *d* vous navez nus l.; *L* D. a B. Cousins or du ferir Car bien veez nous navons n. l. — 162 *MmLdT* = 172 — 164 *M* (G. moy) *L* (en m. na) *dC* (en mi) *T* = 174; *L s.* Bertrans lentend Diex si dolans devint! — 165 *M* (asentir) *m* (assaillir) *d* (enveir) Mais encor voil sarrasins a.; *LCT f.* — 166 *L* Apres ce mot; *d* vont sarazin — 167 *T* de c. — 168 *m* saillir; *L s.* Cui il consiuent tous est prez de morir; *d* Si com il vont font sarazin foir — 169 *M* P. ne v. (*Ms.**) P. en v.); *d* Ni a paiens; *C* nes; *L* P. les voient molt sont espoouri — 170 *M* (les e.) *mL(d.)dCT* = 180 — 171 *MmLd* (destrier) *CT* = 181 — 172 *M* (len voloient) *m* (LX) *d* (lan aloient) *T* = 182; *L* . L.; *C* P. d'aus . LX . l'en veisies s. — 173 *M* (lor v. de lor t.) *mLd* (de paienz *für* de mainz) *CT* = 183 — 174 *M* (convient s.)

---
*) *Ms., Mss. = Handschrift, Handschriften.*

mL (len c.) *d* (convient) *C* (sentir) *T* = 184 — 175—177 *d f.*; 175 *L* voit le sanc hors i.; *T* = 185; 176 *M* (g. hom) *mL(d.)CT* (de m. g. a.) = 186; 177 *MmLT* = 187; *C* ne peuisies v. — 178 *M* (Por *und passim*) *m* (P. fine f.) *LdT* = 188; *C* font p. departir — 179 *M* en a. f.; *L* d'un arpent; *d f.* — 180—183 = *A* 190—2 *in M* (cival; D. fait un p. de partir; B. lentend qui e. en d.) *mL* (morir; B. le baille quen fu en grant d.) *d* (B. lantant quan est en g. d.) *C* (.I. p.; B. le voit qu en ert en g. d.) *T* (B. le tant) — 184 *M* cair (!); *L* Sire cousins p.; *L s.* Car je sui prez de ma vie fenir Bertrans i monte sanz querre autre loisir Dist V. B. biaus dous cousins — 185—186 = 194—197 *in M* (feises; Ancois v. tot conplir) *m* (en faisiez .c. m.; Ancois verrez) *L* (tout le tertre c.; en faisiez; Ancois verriez) *d* (faites; Aincois seroit ... acompli) *C* (fesies .c. finir; Ancois v.; soient) *T* (en fesion) — 187—191 *d f.*; 187 *M* L. come v.; *T* = 198; *LC Ts.* 199; 188 *LT f.*; *C* ainc; 189 *MT* = 200; *L* il n. c. fenir; *C* pries soumes de m. — 190 *M* Q. nest mais qui...; *L* Il nest — 192 *M* qe nestoit en desir; *d* san a fet — 193 *L* (ne sen puet) *dT* = 204; *MC f.* — 194 *MmLdCT f.* — VIII — 195 *MmLdC* (ca dit) *T* = 205 — 196 *m* et je vous sui fallans; *L* et je soie f.; *d* et je en suiez; *CT* (men) et jen soie f. — 197 *dT* = 207; *Mm* et angoisse; *C* et r. molt grant — 198 *MmLCT* = 208; *d* sire d. lanfes V. — 199 *M* (lais = la jus) *m* (la ius) *C* (la val) *T* = 209; *L* Q. m. o. la aval en ces chans; *d* lai ius an cel archan — 200 *MmdC* (conquerans) *T* = 210; *L f.*; 201—2 *d f.*; 201 *M* (qil mestoit s.) *T* (qui nos) = 211; *C* Pour deu li pri; 202 *M* (N. f. voir) *m* (N. f. sire) *L* (d.) ce dist li q. B.; *C* sire; *T* = A 212; *M* (N. v. f. tant con soie vivanç) *m* (d.) *L* (N. v. f. ce seroit pechiez granz, *n.* 203) *d* (N. v. faudroie por les membres tranchanz) *s.*: Ne vos faudrai tant con soie vivanz *und n. diesem, samt T, den V.* A 213 (*ML* Ne t. c. s. e. si aidanç; *m* Ne t. que s.; *C* Ja t. c. s.) — 203 *M* tenir; *L* T. c. je puisse es mains tenir le brant; *d* me dura li nuz b.; *C* Et que me p. el p.; *T f.* — 204—5 *d f.*; 204 *Mm* (bien aidans) *L (d.) CT* = 214; *L s.* Mes alons tost ferir as mescreans Si i vendons e nous e nos amans; 205 *M* as m.; *L* A ice mot sen vont andeus ferant; *T* = 215 — 206 *m* les testes e les f.; *LCT* = 216; *d* Il lor traincherent; *M* (T. e mainz ... ces ch.) *L* (T. e piez ... p. les ch.) *d* (an larchant) *C* (p. les ch.) *T s.* 217 — 207 *M* (nes) *L* (P. les voient sen s. e.) *d* (ne soit e.) *C (d.)* ne s. espeontans; *T* = 218; *d s.* Li plus hardiz va davant lui fuant; *L s.* Hurlent et braient ois sont par larchant A cel effroi que il vont demenant E que pa. les vont si angoissant — 208 *M* = 219; *L* a esperon — 209 *LT f.* (*im prov. Gedicht, mit allem Recht*); *dC* irent — 210 *M f.*; *m* (li p. e li sachans) *L (d.) dCT* (weist den ursprünglichen Alex. auf: Li u. fu Guichardez [*Form des Conv. V.*]) = 221; *MmLdC s.* E Guielins qui les cheveus ot blans — 211 *M* (heues de meleanç) *mL* (G. li b. qui molt est redoutans E huelins, li hardiz combatans) *dC* (pruns) *T* (li quens de m.) = B 222 — 212 *M* (Del C. G. le tolosanç) *mLdC* (del c.) *T* = 223 — 213 *MmLdCT f.*; *L s.* Quant les percut li palazins bertrans E Viviens li gentils e li frans — 214 *Mm* (B. le c. ... errans) *L* (B. les c.) *d* (conoisent) *CT* = 224 — 215 *LCT* = 225; *d* recommance li;

M f. — 216 *M* (p. i qi s. t.) *mLCT* = 226; *d* i perdent lor iovant — 217 *M f.; m* (puis) *L (d.) d* (puis virent) *C* (puis) *T* (puis) = 227 — IX — 218 *M* la noise — 219 *M* coraios e ardi; *m* par verte le vous di *(sic)*; *LdC* (Pries s. li c.) *T* e p. e a. — 220 *md* (p. t. com s. v.) por tant que s. v.; *CT* = 230 (C T. c. luns vive naura lautres f.) — *n.* 221 *s. m* (A. cune f. p. p. ne f.) *L* (Qui p. paor nule f. ne f.) *d* (Ainz) *C* (A. p. paor cune f.) *T den in A n.* 231 *e. V.* — 222 *M* (ocis) *m* (lampatri) *L* (occis *d.*) *T* = 232; *d* veu — 223 *M* Qi molt lavoit — 224 *CT f.* — 225 *M* qe ainc plus le malfi; *C* qui le p. li n.; *dT* qui onc p. li nuisi *(sic A 234)* — 226 *d* Et — 227 *T* = 236 — 228 *M* (Parmi) *L* (d. qui fu a or b.) *d* (d. ... floriz) *C* quil ot a or bruni; *T f.; L s.* Que flours e pierres tout jus en abati — 229 *M* Des ci as dens = *m* (Desi ques) = *L* (E jusques d. le f.); *T* = 237 — 230 *MmLdC* dou destrier arabi; *T f.* — 231 *Md* q. chevalier a ci — 232 *MmL* (diex) *C (d.) T* = 239; *d f.* — 233 *L* sesterent (= s'esturent) a.; *M* Donc se restragent paien Deu enemi; *C* a haut cri; *T* = 240 — 234 *M* E dient tuit; *L* nous s. e.; *C* nos s. malbali; *d f.* — 235 *M* maufe; *mLdT* = 242; *C* requelli — 236 *M* Qar ne fu m. des ier a m.; *m* Quil ne morut tres miedi *(sic)*; *L* Quant il ne lorent tue des hier midi; *d* Qui paiens lorent tres ier mort au medi; *C* Quant il nest m. de tres ier miedi; *T* = 243 — 237 *M* (Maint .... Nay.) *m (d.) L* (Tant ... li parent) *d* (Maint) *C* (d. ... la mesnie) *T* = 244 — 238 *M* teubut — 239 *m* Q. d. O. sa moillier; *L* Q. il O.; *d* Quant il Orainge par force li t. Et d. Orauble au gent cors seigneri — 240 *M* (la trestot d.) *dCT* = 247; *L* du tout le deserti — 241 *ML* (cil) *T* = 248 — 242 *M* M. nos en aura macomet *[und passim]* enai; *m* M. devons estre de Mahom enhai Trop devons estre de Mahom malei; *L* Bien ... hay; *T* Bien devrions e. de Mahom honni — 243 *M* aurons; *C* acompli — 244 *M* la noit ... avespri; *m* que li iors s. seri; *L* aseri; *d* ainz que s. aseri; *CT* = 251 — 245 *M* Se t.; *mLdCT* = 252 — 246 *M* (r. a f.) *m* (E por m. r. e f.) *L (d.) d* (pour r.) *CT* (E por m. r. e f.) = 253 — 247 *M* v. nõ a. m.; *L* d. li quens; *d* Lor; *L s.* Fil a putain mauvez couart failli Ainz que pris soie sera moult chier meri A ice mot les va il envair — 248 *ML* Lors les requiert com mortiex enemis; *m* (com m. a.) *C* (Dont) *T* = 255; *d f.; L s.* Cui il consiut ne puet de mort garir; *ausserdem s.* 256 *Mm* (La ... esbaudir) *L* (Dont ... d.) *d* (Lor ... l. e. esbaudi) *T* (esbaudir) — 249—250 *C f.; M* (detrençe et partir) *m* (et troer et p.) *T* (e t. e croissir) = 257; *Ld* Tant hanste fraindre e t. escu croissir — 250 *M* T. aume frait derot e departir; *m* desartir; *d* Et t. haubert derot et dessartir; *T* (dessartir) = 263; *m s.* Tant Sarr. afiner e morir; *L* Tant pie t. poing tante teste tolir Lun mort sus lautre trebuchier e cheir — 251 *M* (t. hue et t. c.) *m* (T. duel dem.) *T* = 259; *dC* (fouleic) et .I. tel fereis; *L* Crient et braient cil pa. malei Li nostre crient lenseigne St Denis Monioie diex hautement a haus criz — 252 *MmdCT f.; L* Tuit mainent noise e tel tempesteis — 253 *Mm* = *B* 260; *Ld* (Que dune l. an oit on) De .II. grans lieues en ooit on les cris; *C* les puet on bien oir; *T* = *A* 260 — 254 *M* (o. françois d.) *C* Ceste; *T* les noz — 255 *M* gries esmari; *m* grantment m.; *T* reseront tuit m.; *d f.* — 256 *MLdCT* = 263; *m* qui

onques ne menti; *L s.* Or entendez sil vous plest. 1. petit — X —
257 *L* li c. la n. et la h.; *d* li hus et la criee — 253 *M* J. ienç i fu
mol isbaretee; *m* (molt) *LdCT* = 265 — 259 *M* Q. li Arioftes
(*A.' s Leute*) li sorç; *m* saut; *C* lor vint une valee; *L* Atant es vous
. 1. turc de randonnee Cest Aerofles des puis de valfondee — 260
M (A toç) *L* (de la g.) *d* (*d.*) *C* (*d.*) *T* = 267 — 261 *M* (sont a
l.) *L* (fu o) *d CT* (recouvree) = 268 — 262 *d* iornee — 263 *L* si
fort; *d* si f. pressee; *C* francois si f. ietee; *T* = A 270 — 264 *M*
nauront; *d* La nostre g. ni auront ja d.; *C* a ces g. — 265 *M* la
f.; *d* Sus les . VII. [contes est] la f.; *LCT f.* — 266 *M* les l.;
mLCT f. — 267 *m* sa t. effondree; *L* sa t.; *d* sa . . . troee; *C*
copee — 268 *M* enramee; *md* la ch. ensanglentee; *C* sanglentee; *L*
f. — 269 *m* (et entamee) *L* (*d.*) *C*(*d.*) *T* = 274; *d* XII . . . et parsie
et troee; *M f.* — 270 *m* aduree; *L* Il . . . desirree — 271 *M* (sa
spee tote nue) *T* = 276; *mLC* tenoit; *d* tenoit . . . traite — 272
M (colee) *d* (et m. c.) *T* = 277; *m* m. pie m. c.; *L* les pis et les
corees; *C* A maint p. c. m. c. — 273 *m* E m . . . saillir; *T* trainer
(*cf. A* 278); *LdC f.* — 274 *M* De ci qi c.; *mLCT* = 279; *d* cui
— 275 *M* Qe des p. fu molt g. la nuee; *L* Car trop i a de la gent
desfaee; *d* fu molt g. lasamblee; *T* = B 280 — 276 *L* (lor) =
281; *d* [i *oder* lor ont] t. et gitee; *C* M. s. orent; *T* i o. — 277 *M*
(As ariofle) *L* (*d.*) *d CT* = 282; *M s.* Un roy pain de molt grant
renomee Not si felon usqa la mer batee — 278 *MT* = 283; *mC*
(T. u. h. a . II . m. a.) *T.* en sa main u. h. a.; *L* Tint u. h. tren-
chant et a.; *d f.* — 279 *MmLT* = 284 — 280 *m* calpee — 281
m Et le ch. colpa; *L* Et le ch. trencha; *C* Mais le; *T* = 286 —
282—283 *d f.;* 282 *M* (chinee = *clinee*) *mT* = B 287; *C* Jusqu
en la t.; 283 *MmL* (en est en terre) *C* (est la dedens e.) *T* = 288
— 284 *M* a dextre; *d* traves; *C* entiers (enviers?); *T f.* — 285
M f.; m (li ch.) *d* sor; *L* li ch. sanz (*sic*) lui; *C* Et li c. cai g. b.;
T (enmi lestree) = A 290 — 286 *mLdT* = 291; *C f.* — 287 *M*
(e noires sil a b. q.) *Ld* (fiers et la b. ot q.) *CT* = 292 — 288 *M*
(Not si f. i. a la m. s.) *d* salee; *C* f. arme — 289 *d* de *für* fiel —
290 *M* de pui deu la fondee; *m* (des pons de G.) *L* (Anabert des
p.) *C* (des p.) *T* = 295; *d* derpui gole vaulee — 291 *M* [La fu])
LCT = 296; *md f.* — XI — 292 *MmLdCT* = 297 — 293 *M*
M.. estoit fiers e grande sa v.; *m* Mervilleus fu e de molt grant v.;
L Qui a merveilles estoit de g. v.; *d* M. par fu forz et de molt[e]
v.; *C* Fors fu et fiers et de grande v.; *T* = 298 — 294 *MmLdCT*
(a laub.) = 299 — 295 *MmLd* (Haut le leva) *C* (Ansi) *T* = 300 —
297 *Md f.; m* F. vive f.; *C* le b. — 298 *M* E g. cria biaus oncle o
ies tu; *mL* (Il escria) *d* (E cil escrie) *CT* (s. B. on es tu) = 303; *M s.*
Secoreç moy sire peres yhu Qar ci men porte li home belçebu Ja ni
serai por home seccoru — 299 *M* maureç; *C* Sire G.; *M s.* A mon
lignagne tal dalmage no fu A voi (*älteste Form des Rolandschen
aoi, die später mit* A vois (Ad vocem) *verwechselt wurde*) Giell.
ont vos (*Ms.* nos) tur recreu Tas dit le turch ia taurai confondu Ou
tot tue por mon grand deu cheu (= Cahu) A tant sen va le paien
mescreu Guicard en porte qi de plorer las fu E li paiens len porte
a gran vertu A force droite li a son brand tolu E si se scrie bretanç
sire o ies tu O. Giell. or maves vos perdu — 300 *M* [des si d. n̄

f.) *mLC* (tant d.) *T* (ne f.) = 305 — 301 *MT* = *B* 306; *L* . v . conte; *d* . IIII.; *C* . VII. — 302 *Mm* (envienent) *T* = 307 — 303 *M* qil avoit r.; *m* (cel) *L* (cel qui point la r.) *T* (cil) = 308; *d* l'an; *C* de cou que il laient meu — 304 *MmL* (le fierent) *d* (d.) *C* (Ch. le f. s.) *T* = 309 — 305 *L* Desus s. — 306 si *in a zu streichen;* *M* . . . meu; *m* tenu; *L* . II.; *d* . IIII.; *T* = 311 — 307 *m* fussent; *C* i ont — 308 *Md f.; m* (la s.) *LT* = 313 — 309 *d* i sont; *C* Que de p. est; *T* = 314 — 310 *MmLdCT* = 315 — 311 *MmLdC* (Que) *T* = 316 — 312 *C* qui a m. fu f. — 313 *M* (De lor e. n. p. lescu) *m* (De l. e. el cors p. le b.) *L* (d.) *d* (De . xv . e. d.) *C* (De . v . e. amont) *T* = 318 — 314 *L* M. ne ch. pas . . . plot; *d* cheut; *C* merci au roi J.; *T* plot — 315 *M* A. qel soit mort; *m* A. que il m.; *L* Ancois quil m. = *C* (lor aura ch. v. = *d*); *T* = 320; *C* s. La grant dolor que por aus a sentu — 316 *C* que il lont asentu — 317 *MmLdT f.; C* Plus vallans hom sacies de lui ne fu — XII — 319 *M* li p. s.; *d* anmoignent; *T* f. — 320 *M* G. lintend — 321—322 *d* Gautier de Termes ont pris et huelin; 321 *LC f.;* 322 *T* ont il lie dun s. — 324 *M* li legnage chain; *m* paien e sarrasin; *C* li paien de p. l. — 325 *MT f.; m* (Guich . . . Ger.) *LdC* Gerart le prou e Guichart le meschin; *L* s. Et vos cousins qui ont les cuers frarins — 326 *M* (or p.) *CT* = 330; *d* or p. — 327 *M* q. ie ne vai a f.; *m* (que ne m. prent) *T (d.)* = 331; *L* q. mame ne p. f.; *C* que ne vieg a ma f.; *L* s. Quant ci en voi mener tous mes cousins Et ne leur. puis aidier en nule fin — 328 *Mm* (Tels . xx . plaies ai) J ay tiel vint p. — 329 *MmLdCT* = 333 — 330 *C f.; MmL* (a ami) *C* (d.) *T* s. den n. 334 A e.*) V. — 331 *Mm* (li c. li mastin) Nen menront mie; *Ld* (N[en] anmanrois ausi) Nen menront mie einsi le palasin = *C* (Nen mouvront m.); *T* = 335 — 332 *MLdC* (molt = mon) *T* = 336; *m* de m. b. a. — 333 *Mm* (Not pas) *dCT* (dolentin) = 337; *L* Not p. de. ne de lance fraisnin Fors son hauberc qui fu fais doublentin — 334 *Md* (au bon socle = *cercle*) au [bon?] cercle dor f.; *mL* (la c. ert) *CT* = 339; *die beste Correctur wäre* a la c. dor f. — 335 *M* (lo matin) *m* (descercle) *L* (porfendu) *d* Mas; *C* Molt tos; *T* (depercie) = 338 — 336 *M* Puis . . . Sandonin; *LC* fremin — 337 *M f.; mdT* = 341; *L* S. pere e S. Martin; *C* s. p. et s. meurin — 338 *M* S. N. S. Pol et S. Faustin; *m* S. Quentin; *LdCT f.; mC* s. S. Honore S. Jake S. Aurin (*C* jaheme = jakeme?) — 339 *MC f.; mLdT* = B 342; *L* (E S. Benoit le cors S. Flourentin) *dT* s. 343; *M* (E les autes a.) *m* (E les haus angeles) *Ld* (Et les s. a . . . cherubin) *C* (Et le s. a.) *T* s. 344; *d hat noch* Et S. Michiel gran biel [= *gabriel*] serafin — 340 *M* (mantegnent) *d* de pulin; *L* maintiegnent; *C* seceure — 341 *C f.;* Tant quait veu Guill. le palasin; *in m steht vor* 340 — 342 *M* (conte) *mLdT* = 347; *C f.* — XIII — 343 *mLC* dite; *d* faite — 344 *M* qe tigre ni l.; *CT* = 349 — 345 *M* vint; *d* vers (cf. *L; lies* fiert *oder besser* suit) p.; *CT f.; m* Tant quil pot poindre le bon destrier gascon Vait sor p. ferir tot abandon; *L* Vers pa. torne sans nule arrestison Lespee traite vet ferir de randon Cui il ataint na de mort garison — 346 *M* A. li baron; *L* le felon; *T* le gloton;

---

*) *e. = eingeschoben.*

d (a. de lion) *C* (a. d erlion) = 351; *L s.* Tel cop li done ne vous en mentiron — 347 *M* (Escuç ne broyne) *L* (Hiaumes nescus) *d* (Hiaume qui ot) *T* = 352; *C f.* — 348 *M* (qe a li m.) *m* (dusques ens el m.) *L* (entre ci quel m.) *d* (d. quau talon) *C* (de si que el m.) *T* = 353 — 349 *LC* labati ou s.; *dT f.*; *L s.* Outre dist il cuvert diex mal te doint — 350 *M* (E puis) *m* (d. le f.) *L* (occist) *d* (d.) *C* (s. oncle) *T* = 355 — 351 *M* E gala frere son fiere grorion; *m* E agolafre le frere glorion = *L* (e le fier g.) = *d* (et .I. autre glouton) = *C* (Et agoulant et le fier g.); *T f.* — 352 *Mm* (falsagre, morgant) *L* (fassabre murg.) *C* (margot) *T* = 356; *d f.*; *L s.* E tant des autres dire ne le savons; *M* (T. ne pai. nont; queloemerlion) *m* (Pa. les fuient plus qualoe f.) *L* (T. ne pa . . . tenssion; qualoe esmerillon) *d* (T. ne pa.) *C* (ne a viers [lui] fuison) *T s.* 357, 358, 359; *d nur* 357, 359 — 353 *M* De ci qui quat (= *calet*) daus i a grant f.; *L* Dehait qui ch. que trop sont de felon; *d* trop i a a f.; *C* des felons — 354 *M* aucebres (*et passim*); *m* carpharaon; *L* carfanaon; *d* .I. an i ot d'o. *C.* — 355 *ML* (plus) not; *m* En tot le siecle; *d* trestot lost not; *T* = 362; *C f.*; *MmLC* (N. iert T.) *T s. die in A n. V.* 362 e. Verse; *Mm* (doignon) *L* (Enz en) *C s. auserdem* Dedens palerne el plus mestre dognon — 356—7 *d f.*; 356 *MT f.*; *L* grant r. = *C* (iert); 357 *M* (lon) *L* En p.; *T* = 363 — 358 *d* quez estoit; *C* P. v. signor a oir s. f.; *steht in MmLdCT n.* 359 — 359 *LdCT* = 365 — 360 *M* apoon; *m* perapion; *L* a paon; *d* an roon; *C T* = 366 — 361 *L* ot de le e.; *d* ou fronc; *C* Et de le ot u. t. e.; *T* = 367; *m* ot de lonc apion — 362 *L* et grosses a fuison; *d* trestoz pleinz des chaion; *T* = 368; *C f.* — 363 *M* (E gros le b., le piz) *m* (Les puins ot g. et puis q. enson) *L* (ensonc) *CT* = 369; *d* . . . ot grans le pis . . . — 364 *LdC* e. luel et le front; *M* les cis de f. — 365 *Mm* (de) *C* (de ch. ot f.) *T* = 371; *L* et ch. a f.; *d* de ch. a f. — 366 *Mm* (come ce f. ch.) cum se f. un ch.; *L* com embrase charbon; *dC* L. i. avoit r. c. ch.; *T* = 372 — 367 *Mm* portast mlt b. = *L* (p. il b.); *T* Une clailee [*oder* clauee] portoit il b. — 368 *L* ne nasqui si forz hons; *d* F. R. ainz ne vit si f. hom; *C* nestoit nus si f. h. — 369 *C* ce truis en la licon — 370 *Mm* (cor . . . gascon) *L* (D. li pa.) *dC* (cest) *T* = 376 — 371 *LC* mes .I. b.; *dT* = 377 — 372 *M* macon *et passim*; *mL* reprovier; *dT* = 378 — 373 *M* la lav. atue dun b.; *d* Je lociroie maintenant dun b.; *T* = 379 — 374 *M* (dun t.) *mLdCT* = 380 — 375 *MLd* (vertu) *CT* = 381; *m* a jete le b. — 376 *Mm* (Quil) *LT* = 382; *d* Par mi les mailles de la. f.; *C* Quil li ronpi son a. f. — 377 *M* E t. de sor son a.; *mL* (parmi le g.) Et tresperca desoz le iambison = *C* (Et trespasa d.); *T* (par mi) = 383; *d f.*; *Mm* (Si 9nemi) *LC* (le v. confanon) *T s.* 384 — 378 *Mm* (si con p.) *L* (ou foie e ou p.) *dCT* = 385 — 379 *M* cheist; *m* valsist — 381 *MmLdCT* = 388 — 382 *M* (les pr. en m.) *C* (les p.) *T* (d. en m.) = 389 = *d* (A avec nos menerons n. p.); *m* Avoec *(sic)* son neveu W. lamenon; *L* Se il est pris en p. le menrons — 383 *ML* (Son a. T. le trametons) *dCT* = 390; *d s.* A dan Guill. au cort nez le felon — 384 *M* (A s. c. en *prendrai* v.) *T* (A s. c.) = 391; *d* la vainganse an pranrons; *d s.* Et il respondent vostre plaisir ferons; *MmL* (E de bertr.) *CT s. denin A n.* 391 *e. Vers* — 385 *m* Lues . . .

poignant; *L* Dont — 386 *m* gesir — 387 *M* (qui v.) *mLdC* (*d.*) *T* = 394 — 388 *M* vit ester un garçon; *m* D. l. vit son bon ceval g.; *LdCT* = 395; *MT s.* 396 — 389 *M* le m.; *mLdCT* = 397 — 390 *md* (sor li a. r.) *T* (alarchant) = 398; *L* Vet; *C* sor .I. estanc r. — 391 *M* Sor ... o a deve f. = *m* (ou daigue avoit f.); *LT* = 399 (Soz); *d* vit daue a f.; *C f.* — 392 *M* Ja d. puis d. une o.; *T* = 400; *L* La d. du destrier arragon Puis fet de cuer a dieu une o. — 393 *M* (a lame verai p.) *m* (Q. D. f. del arme vrai p.) *L* (Q'il li f.) *dCT* = 401 — XIV — 394 *Mm* (d. lerbe) *Ld* (fu) *CT* = 402 — 395 *M* par desoç un pendant (= collines de Saint-Gilles) = *m* (.I. estanc); *L f.;* *C* par ioste larcant (= p. dej. la. *oder* p. i. les arcans); *T* = 403 — 396 *M* d. il droiç s. c.; *d* d. la dois e. bruanz; *L* d. li ruis est c.; *T* = 404 — 397 *m* (la c.) *dT* = 405; *L* sa — 398 *MC* li raie; *m* (va corant) *L* li foite; *T* = 407; *d* Li sanz et (= ist) fors [*in MmCT n.* 399] — 399 *M* (son aub.) *d* a; *m* E tout le c. et laub. ot s.; *C* et les membres s.; *T* = 406; *d s.* Chief et espaules et le viz par davant — 400 *M* (Vers ... tendant) *m* (Vers) *d* son gaige donant; *LCT* = 408 — 401 *M* de ver [cuer?] r.; *L* Et de v. c. d. r.; *C* souspirant; *T* = 409; *d f.* — 402 *M* (bies p. raimant) *m* v. p. raiemant = *d* (D. d. il peres biaux si rois amant) = *C* (pere vrais sire dex amant); *L* vrais diex e tous-puissant; *T* = 410 — 403 *MT* = A 411 = *L* (P. t. si e. tout le monde v.); *d* vus; *C* P. c. trestoute c. est v. — *Die Verse* 404—411 *sind in MmLdCABT zu einer langen Tirade späteren Datums entwickelt, die sich Jonckbloet* II, SS 243—244 *wiederfindet; wir collationieren die Handschriften mit diesem AB-Texte:* 2 *M* E pues f. b. s. ton senblant; *L* sire tout ton c.; *d* A poez f. de tot a vos c.; *C* Et p. f. sire vostre c.; *T* b. pere — 3 *Mm* (biauliant) *d* vus; *C* que vous — 4 *m* virgene; *LC* (En) De la p. sire f. n.; *d* De la v. p. — 5 *M* feis; *L* E baptesme; *T* E bautistre; *L s.* E por nous sire souffris paine e torment Au vendredi si cum trouvons lisant Dont vous pendirent li juif mescreant E au tierz jor fustes resuscitant Infer alastes brisier par vo comant Si en jetastes les vostres bien amans — 6 *L* e jel s. bien c.; *d* et je; *C* et ges. ferm c.; *T* e jen s. c. — 7 *Mm* Saiez — 8 *MmLC* Biax sire — 9 *M* (aut tres toç d.) *m* (voist tot defenisant) *L* (viegne a definement) *d* (se voise definant *steht n.* 10) *C* (C'a ... a d.) Ainz que mes cors se voise definant; *T* ci d. — 10 *d* Que ancor voie G. solemant — 11 *M* (Se je m. puis ma arme vait c.) *m* (Se jou i m.) *L* (Se ie m. ci) *dC* (Se je m. pour [*lies* puis?]) Se ie puis muir; *C s.* En paradis qui est resplendisans — 12 *C* clamant; *d s.* De sa main clouse aloit son pis roilant — 13 *m* E. che (*ciel?*) sen vait illuec c.; *C* maintenant — 14 *M* els elç d. = *L* (E sa c. li chief [*cf. sitis-soif*] es i. d.); *m* en son d.; *L s.* A ice mot que je vois ci contant — 15 *M* E [= Es] un s. = *L* (Es .I. s. a. qui le vient confortant); *m* E li s. a. vient del ciel descendant Molt doucement le va reconfortant — 16 *M* Si ... vint; *m* E se li d.; *C* Et; *L* Qui li a dit si quil lest bien oiant Vivien frere ne te va esmaiant En paradis seras tu ostelant Avec les anges enz u ciel hautement E si te di soies ent bien membrant Guill. vient par aleschans poignant — 17 *m* verra sara; *L* saura; *d* si aura d. g. = *C* (auras) = *T* (sauras d. g.) — 18 *m* Quen clos .... XXX. M;

C . XII . M. — 19 *MmLd* (si san torne a.) *C* ains sen torna atant; *T* Nen d. p. a. sen t. f. — *L s. n.* 20 Diex li ait par son digne comant Ainz mes ditel noi home plorant — 21 *M* voit; *d* vit . . . cheminant; *L* Or vous dirons de la gent mescreant Qui vers la m. sen vont droit ch.; *C* Deviers la m. — 22 *L* Cil qui enmainent — 24 *L* Gautier le brun; *d s.* Gautier de termes o le prou ioserant — 25 *MT* de sus; *mC* desor; *d* devers; *L* Vont a la mer qui est desouz larchant — 26 *M* en calant; *MLdC* en . I. ch. — *MmLd haben die Reihenfolge* 28, 29, 27: 28 *L* Non pas; *d* pas, mas chascun d.; *T .* I. tant solemant; *C* pas; 29 *M* Ceschuns par soi enz el c. = *m* (ot au c.) = *d* (a ou c.); *C* C. ot col apendu . I. c.; 27 *L* les aloient b.; *d* formant; *Ld* (. XIIII.) *C* (d.) *s.* Chascun gardoient . L. nubiant [*In L folgt* Diex les maudie li rois qui est puissant, *und stehen beide vor* 27]; *Reihenfolge in C:* 28, 29, 30, *dann* Cescun gardoient, *dann* 27 — 30 *M* meinent vilmant; *L* (confonde) *d* destraignant; *d s.* De granz corgies molt formant ladaingant — 31 *M* (lasons) *m* (de si ore en a.) *dC* De cels l.; *L* Ici lairons de Bertran le vaillant De tous les autres que diex lor soit aidans — 32 *M* l. soit or bons g.; *C* pust; *T* aidant — 33 *L* Mais nen i. en trestout lor v.; *d* Nan i. mais nul lor [= nulle ore! nul jor?] de lor v. — 34 *C* souceurt; *L s.* Si com orrois ainz le soleil couchant Se vous tant fetes que je vous die avant — 35 *M f.* — 36 *M* (Qe o. e.) *C* Quar e. lont li felon souduiant; *m* li cuvert m.; *d* Que a. lont . . . cuvers; *L* Qui se combat as paiens mescreans E enclos lorent . XV . M . perssant Diex le garisse par son digne comant — — 37 *M* Desot un t. devers terre pendant; *m* Desoz . I. tertre les vont molt aproismant; *dLC f.* — 38 *L* Car de ses h. nen est . I. esch.; *d* De . XXM. home nan; *C* n i a nul e. — 39 *M* qe n'o. guarnimant; *m* **Nomais** . XIII. et cil vont glatissant; *LC* (Seul que . . . ia g.) Fors seul XIIII. cil nauront nul g.; *d* cil ne orent g.; *M* (lor c.) *m* (Qui r. estoient e el c. tot s.) *L* (mort e lor c.) *dC* (mort) *s.* Ne soient rot e li cors tuit sanglant. — *Der Vers* 40 [*M* non vaut mie un gant; *mLT* va], *der in MmLd n.* 43 *steht, ist hier ersetzt durch:* *M* (ne sont mie d un fant) *d* Li col G. ne sanblent par (= *pas*) denfant; *L* Diex en ait lame le rois omnipotent Bien se combat Guill. le vaillant Qui le veist aler et chevauchant E sus pa. mener tamburement Du branc dacier ferir espessement Ne deist len que fuissent cop denfant; *C hat statt* 40: Li queos (*sic*) G. nest mie cos desfent — 41 *m* Qui; *d* ainz; *C* Q. ains . . . gant — 42 *M* Qil no caist; *mLCd* Quil noceist; *T* Qui — 43 *MmLCT* = *B* 43; *d f.* — 412 *M* M. cum p. f. e p.; *m* M. quant p. f. e pl. = *L* (M. com p.); *d* M. p. f. cors [= *cops*] et p. li vont c.; *C* M. tant p. f. et p. se va penant; *T* = *A* 44 (et t. p. vont c.) — 413 *M f.*; *m* Tant i avoit de la gent mescreant; *L* Mes tant i et de la gent T. Nest nus qui vive qui en fust bien contant; *d f.*; *C* T. p. i vient de la g. t.; *T* = *A* 45 — 414 *M f.*; *m* (Ne) = 46; *L* Ce li est vis cum plus vet occiant Tant vont il plus a son avis croissant *und A* 46 (Ne) = *d* (que p. v. o. T. voit il p. de la gent Tervagant Ne t. . . va); *C* (Ne) *T* = 46; *m* (toudis) *d* (toutanz voisez) *CT* (sont) *s. A* 47 — 415 *M* n il pas m.; *m* (ont) *LCT* = 48; *d f.* — 416 *M T* (regretant) = 49; *L* D. et son nom = *C* (forment) —

417 *MmdCT f.*; *L* Quil li soit hui en ce jor aidant Que ne loccient pa. et mescreant — XV — 418 *C* orent franc g. d. — 419 *M* (son) *mL* (li ber G.) *d* (*d.*) *T* = 426; *C* G. tint le bon b. — 420 *mC* T. en feri — 421 *m* Le char; *d* Ses cors est — 422 *d* es armes poigneor; *C* . x . m .; *T* qui m.; *m* s. Qui trestot furent hardi combateor; *LC s.* Hardiz as armes et hardiz (*C* gentil) poigneorz — 423 *M* Noit mais .xiiii.; *m* Nont; *L* qui nont; *C* not (*lies* nont); *T* Na — 424 *ML* (et m.) *T* = 431; *d* N. a m. estoient li p.; *C* Que — 426 *MT* lo verai c.; *mLC* lumaine c. = *d* (le moigne c.); *L s.* Molt sui dolanz que voi atel dolor Morir mes homes et livrer atristor E vous meismes voi navrez sanz retor Por dieu seignor car reprendons vigor — 427 *m* (mainterrons) *d* vivrons; *C* T. que v. — 428 *C* ia nisterons dou i.; *T* = 435 — 429 *m* (Que) *L* mi ch.; *T* = 436; *d f.*; *M* Que; *C* Que . . . mi home li m.; *ML* (Je ni oi mes le g. ne le m.) *d* (les g. ne les m.) *C* (Nen p. v. le g. ne le m.) s. Ne puis veoir mais ni grant ni menor — 430 *C* mon e. — 431 *L d.* jai au c. irour; *M* d. ai molt grant d. — 432 *m* De m. seignor, *n.* 430; *L* ai ie p.; *CT* = 439 — 433 *MT* = 440; *m* que aurai; *L* q. ien ai le p.; *dC* jan arai — 434. *dT* p. le S. S.; *M* mais *f.* — 435 *d* com vivre; *C f.* — 436 *M* aura; *md* I. ni a.; *T* = 443 — 437—439 *d f.*; 437 *mLC* (li) *T* = 444; 438 *MmLC* (p. de t. un d.) Que en ma vie perde terre plain dor; *T* = 445; 439 *MmLCT f.*; *L s. notwendig* Ne le comperent li felon traitour Tant i ferrai de mon brant de colour Tous en iert tains de sanc et de suour — XVI — 440 *m* ot la ch. m. h. — 441 *M* li stoit en sa aie; *m* (quil ot en coupaignie; de g. chevalerie) *L* (sanz la bachelerie, Quen Aleschans amena en saie Qui t. erent de g. chev.) *C* (meña, erent) *T s.* 448, 449; *M hat nur den ersten dieser Verse* — 442 *M* (avec sa c.) *CT* = 450; *m* en terre desartie; *d* de soue compainnie; *L* en toute sa baillie — 443 *M* m. iret curt lor v.; *C* Tout — 444 *LdC* (tienent) *T* = 452 — 445 *M* e d.; *m* des t.; *C* Une; *T* defenie; *d f.* — 446 *d* Atant — 447 *MLd* Devers; *T f.* — 448 *M* li sort aie (*sic*); *m* Q. au s. l. saut g.; *L* lor court la g.; *d* Que; *C* Mais . . . fort g. h.; *T* Q. devers destre = AB 456; *M* (Or donc a p. isoit di l. n.) *m* (Q. donques primes sont issu del n.) *L* (Q. adont primes) *d* (Q. or primes) *CT* (a primes) *s. den in A n.* 456 *e.* Vers — 449 *MmL* (a b.) *d* (. xx . m .) de b. rengie; *C* en cele compagnie; *T* = 457 — 450 *M* le c.; *m* R. b. ichiels les maine e g.; *L* l. ch. et g.; *C* les conduist et les g.; *T* = 458; *MmLCT s.* 459 (*L* La veissiez tante lance drecie Tante baniere de soie daumarie) 460 (*M* i luist i r.; *L* E tant v. elme tante targe florie E tante broigne saffree et vermeillie; *C* mainte targe florie) 461 (*M f.*; *LC* li pais e.) 462 (*M* de graylle; *LC* de cors a la b.) 463 (*C* Grele b.; *L* Graille buisines i font tele estormie Et des tambors mainent tele estoutie) Tous li archans (*C* T. Aliscans) en tentist et fremie (*C* formie; *f. in M*) 464 (*m* ot on . iii . liewes e d.; *L* ot en; *C* ot on bien de l.); *L s.* Diex les maudie li filz sainte marie Li quens G. les choisist et avise Lors ot tel duel a poi nesrage dire Dieu reclama qui tout le mont iustice — 451 *L f.* — 452 *MLdCT* = 466; *m* O. v. molt b. que c. est ma v.; *MmLdCT s.* 467 (*M* d. s. d. a.; *mLC* b. s. d. a.; *d* dous cuer et d. a.) 468 (*m* La vostre a.; *d*

f.) 469 (*m* A toz tans m. iert la i. f.; *L* est ma i. f.; *d* Bien sai de voir vostre j. est f.; *C* Et a t. j. iert ma vie f.; *M f.*) 470 (*d* ferai) [*L d s.*: *L* Sus ces pa. la pute gent haie; *d* Sor ceste jant cui li cors dex maudie] 471 (*C* Q. iougleor; *L f.*) 472 *Mm* Q. iaie f. en estor couardie = *L*, Q. ia nul ior aie f. c., *steht in diesem Ms. nach den zwei folgenden V.*) [*Mm* (Na) *s.* A mon seignor traison ne boisdie; *C* Na m. s. aie ma foi mentie] 473 (*L* Que ia chansons) 474 (*M* un mot de v.; *L* de boidie) 475 (*LC* la) 476; 471—475 *f. in d* — 453 *L* Tint une ensaigne qui contremont b.) *d* (Tin) *C* (Trait) *T* = 477; *M f.*; *L* (lot des p. errachie) *C* (*d.*) *d* (des mainz saisie) *T* (lavoit des mains s.) *s.* 478 — 454 *M* ci na or c.; *L* (D. a sa gent ni a p. c.) *T* (ni a p. c.) = 479; *d* or ni ait c.; *C* cis na eu c. — 455 *MmLdT* (de p.) = 480; *C* toute t.; *M* (Nen paseront si ert l. brisie; e la b. sartie) *m* (*d.* Ni passerons) *L* (*d.* sen iert l. b.) *C* (*d.*) *T* s. 481 482; *Mm* (de ceval) *LC* (*d.*) *haben noch* Et des cevaus mainte sele vuidie — 456 *d* aviez; *M f.* — 457 *m* avons; *LT* = 484; *d* delez aies s.; *C* Et la marine par de dela s.; *M f.* — 458 *mL* nauroient il b.; *d* ne n'avr[i]ent b.; *CT* nen auroient = A 485; *M f.*; *M* (T. vos c.; Jen ferrai un . . . ni qen r.) *m* (Ja i f. q. q. plort) *L* (T. n. c. au f. S. M. Quil nous gart tous et nous soit en aie Que gi f. q. q. plourt ne c. r.) *C* (T. vos c . . . plort) *T s.* 486 487 — 459 *M* (lens.) *m* (*d.*) *L* (*d.*) *d* a sens. baissie; *C* la lance saisie; *T f.* — 460 *M* E son c. b. sa la regine blasie; *m* lasquie = *d* (lachie); *L* sachie; *C* fait lor une envaie; *T f.* — 461 *MT* = 489; *d* crie — 462 *MmLdCT f.* — 463 *L* Qui dont veist nostre gent esforcie Et des espees moult grant charpenterie Et sus pa. courre par envaie — 464 = 491 492 493 *in M* (ert . . . ionchie; *T.* ia demenede . . .) *m* (des c. e. la place [plate?] ionchie) *L* (la t. e. vermeillie, Et de p. fu la t. ionchie; *T.* en i ot) *C* (des . . . bagnie; Et de p. cui dameldex maudie; . . . honteuse soit lor vie) *T; in d* Chascons son col durement i anplie A mains pa. i tolirent la vie — 466 *MmT* = 495; *L* A . . . orcanie; *d* Orgennie; *M* (E. niaume) *C* (ne li fet garantie) *T s.* 496; *L* Si le consiut par molt grant seignorie Ne li vaut broigne la monte dune aillie Escus naubers ne li fist garantie — 467 *M* fist iluecbes p.; *L* (sevranche e p.) *C* (*d.*; fait) *T* = 497; *d f. der zweite Halbvers*; *M* (S. s. m.) *mLCT* = 498 [*so ist A zu corr.*] — 468 *M* qi fu dor e.; *LT* = 499; *d* antaslie (= entaillie); *C* P. trait i. u durement se fie — 469 *M* E fu; *mT* = 500 — 470 *L* T. en porfent — 471 *M* el pin de val Emie; *m* (h. de orcanie) *T* = 502; *L* pinel de valturnie; *d* capin de vauserie; *C* P. ra o. buriel de balturnie; *MmLCT s.*: *M* E arfulant e nubant de rosie; *m* E claradin corfaut de valquenie; *L* E claradus et turbant darovie; *C* Et claradut et turbant durconie; *T* = 503; *L s. noch* E bien .C. autres qui ne braient ne crient — 472 *M* lescrie; *m* que m. largie; *d* cui m. a. = *C* (c. m. l a.); *T* = 504 (le d. que m. legrie) — 473 *M* les; *m* malement les manie; *L* les manoie et ch.; *d* fieremant les; *C* Del b . . . les; *T* = 505 — [474 *MT* (ne v. q. en la. nu d.) = 506; *m* P. le voit a lun a lautre die; *d* lus lautre ne le die — 475 *ML* (qui issi nous mestrie) Cest un d.; *m* (Cil v. malfeis) *C* malement; *d* durement nos chastie — 476—477 *d f.* — 478 *Mm* voydie; *L* A ces paroles que je vous ai nonciez *(sic)* Pa. sen t. — 479 *MmdC f.* —

480 *Mm haben einen Alex.*: Li p. h. volsist estre en paienime; *LC* Tous li plus cointes v. e. en roussie (*C* a r.); *d f.* — 481 *M* outra . . . trayne; *m* entre . . . archie; *d* Li cuens passe . . . archie; *C* encontrent; *L* Li q. G. a la chiere hardie Tout parmi eus passa outre a delivre — 482 *MC* sont m. a grant h.; *m* sont occis a hascie; *M* (A. q. il fusent bien a .) *m* (A. eussiez a. u. a.) *L* (loing) *C s*. Ainz quil eussent lonc ale une archie — 483 *M* Tot a p. fu; *m* Tot pie a pie fu leur cors dehecie; *LC* (depecie) *T* Tot; *d* Car grant piesa la char ot d.; *L s*. Or sont tuit mort fors le conte nobile E fors les . VII. que li sarr. tindrent — 484 *M* ne ardie; *mL* (li quens) *C* ne s.; *MmLdCT s*. 517; *L* hat noch Mes cis li iert et secours et aie — XVII — 485 *M* (osteç) *d* Li cuens G.; *mL* (passez) *C* Si con — 486 *M* est; *m* les ot achemines; *d* a son chemi t.; *C* Deviers O. a son ceval t. — 487 *M* au saneteç; *m* B. cuida estre a s. tornes; *L* B. en c.; *L s*. Mes se nen pensse li rois de maiestez Ancui aura li marchis au cort nez Paine et torment ainz quil soit retornez — 488 *Mm* Q. devant lui li s.; *L* Car par devant li saillirent esclerz — 489 *M* Filç damalthiqe li f. matasuleç; *m* Cil de mastiche li fiex matusalez; *L* Cil de malistre li filz matussalez; *d* martiste li foiz; *C* maurise — 490 *M* A. lui fu corsueç e buureç; *m* Et avoec lui corsaus e buheres; *L* corsus et buerez; *d* corsus et huerez; *C* Avoeques f. corsus et buheres — 491 *C* Li f. Guiborc; *d f.* — 492 *d* furent; *C* . C . M . — 493 *M* As a. droites; *L* A. r. l.; *d* Chascons estoit mout rutemanz armez; *M* (as civalç) *mL* (sejornez) *d* (Et [bons] chevaux coranz i abrivez) *C* (A. . . . a . .) *T* (d.) *s*. 527 — 494 *L* des trez — 496 *M* (Q. . c. d.) *L* ameneç — 497 *Mm* (J. c. li m. e. des t. aff.) *L* (d.; de t. eff.) *dC* (de t.) *T (d.)* = 531 — 498 *M* Qar ni v. terre; *m* Que ne v. val ne mont ne s. rases; *LC* (Ne v. nul tertre ne v.) Je ne voi terre ne val nen soit r.; *d* Car ne v. terre ne mont ne s. r; *T* Car — 499 *M* P. ne marine nen soit tuit a.; *L* P. ne montaigne q. nen s. encombrez; *d* Ne p. ne marche que toz ne s. conblez; *C* P. ne cemin . . . aroutes — 500 *M* Mal; *m* (engenres) *LdC* Mal . . . qui les — 501 *M* de g.; *d* Mal des gainnons — 502 *M* de ma ame; *d* de moi aidies p. — 504 *M* fait il; *d* m. es ores l. — 505 *C* . I. petit reposes — 506 *d* Se; *M f.* — 507 *Mm* (Si me v. . . . livres) *C* a mort; *L* me v. . . . forment s.; *d f.* — 508 *MC* bien a.; *Ld* (ne vous p.) M. je v. b. a. ne me p. — 509 *M* Se dex may; *L* dois; *d* ja plaidies nan serez — 510 *C* Qui — 511 *M* P. f. hoi; *LC* heure; *d* P. fu roie (fuiroie?) — 512 *L* Ou . . . ou; *d* Et puiz coruz p. j aper . . .; *C* Courus u p. u bien e.; *M f.* — 513 *MmLdC* De vo s. vos r. — 514 *MmL* (poiez) poeç; *d* Se tan poisse en O. mener; *C* Se p. e . . . portes — 515 *M* Ni seroit (= serroit) s. d. dui moys p.; *m* Ni metroit s. si ert . I. mois p.; *L* (Nauriez s. deca) *dC* . III. mois p. — 516 *M* (Ni mangerois do. ne soit v.) *C* M. o. qui molt bien f. vanes; *L f.*; *d* Ne m. do. (se) n. f. colez; *T* = 550 — 517—519 *d f.*; 517 *Mm* (ou . . . dores) . . . et . . . o les bacins cureç; *L f.*; 518 *M* iert; *m* fait (fart?) de p.; *L* F. auriez de tres bon fainc (*sic*) de. p.; 519 *M* Trestot esliç e dex s. f. = *m* (de s.); *L* de s.; *C* par s. — 520 *M* (doleç) *C* s a vaissiaus; *m* (sa bachin n. d.) *L* (sa v.) Ne beveriez — 521 *M* seroix foiç catre c.; *m* serries (*immer mit doppeltem*

rr); *L* . v. f. le i. seriez vous c., *steht vor* 518 — 522—524 *d f.*;
522 *M* E dex ces p. molt bien e.; *m* bon p. sovent e.; *L*
Et de chiers pailes seriez acouvetez; *C* ciers p. fuscies e.; 523 *m*
S. de p. en e. es m.; *L* Et sen e. es de p. m.; *T* de p.; *C* =
B 557; 524 *Mm* serroie — 525 *Mm* (fronchi) *C* B. lentent si a
froncie del n.; *L* fronchie; *d* sa huni tant asez — 526 *M* Aysi;
m Ausi henist con sil fust novials nes; *C* Si lentendi comme f.; *d*
f. — 527 *M* (drice) *L* (escoust) *d* grate; *m* Hauce ... hues; 527—531
C Il henni cler et a des pies getes; 528 *mL* (si sest r.) *d* si e. r.;
in M bildet dieser Vers mit dem folgenden R. sa. si est bien recovreç;
529 *mL* (si sest esv.) *C*. li revient si e. revertuez; *d f.*; *T* si e. tost
retornez; 530 *M* En si h. cum sil f. lues g.; 531 *d* de n. conreez
— 532 *M* (voit) *Ld* resvertuez; *C* voit; *T* qui fu — *n*. 533 *s*. *L* Le roi
Jhesu en rent graces et grez; *d* Deu an oore le roi de maiste —
XVIII — 534 *L* fier; *d* franc; *C* fort — 535 *M* t. le v.; *m* en
torne; *L* le guenchist; *d* Devers ... tornez; *C f.*; *M* (.M. p. d.)
m (d.) *L* (cele gent) *dC s*. Au dos lenchaucent li pa. desleal —
536 *m* bridoual; *d* P. davant d.; *C* brodoval — 538 *d* nen ait l. p.;
in M verschmilzt dieser Vers mit dem folgenden zu Ni ait celui qi
nait molt bon çendal — 539 *Ld* ou de c.; *C* de p. de c. — 540
MmLdC f. — 541 *d* G. acueillent et par plain et p. v. — 542 *M*
na mie bon iostal; *m* estal; *L* de retornal — 543 *M* (qil) *C* Guill.
que il nen p.; *m* Q. li q. vit que il nen pot f. a.; *d* que n'a puet
f. al; *L f*. — 544 *M* leç un p. b.; *m* vers .1. p. b.; *L* lez .1.
p. r.; *d* le champ ... vers .1. p. boichaut; *C* par deviers .1. b.;
M (de soç un gran roschal) *d* (anpres E.) *s. den in B n*. 577 *e. Vers*;
d hat noch De son vert hiaume est brisiers li naisauz — 545 *L* P.
chevauchent — 546 *d* d. li cuens peres e. — 547 *bildet in L mit
dem folgenden Vers* Qui de la V. nasquistes sanz nul mal] — 548 *C*
nasquis — 549 *M* (p. n. p. mortal) *m* (Et puis s ... mort et t.)
L (Et si ... p. mortal) *d* (Apres) *T* = 583; *C* de li molt grant
traval — 550 *d* Des puiz danfer; *T* = 584 — 551 *M* ostastes qi
unc p.; *mL* (conques p.) *CT* = 585; *d* tracites q. ainz puiz — 552
Mmd en vie permanal; *C* en mi (medio?); *T* = 586; *L f.* — 553
Mm (saidies hui no v.) *L* (si a. vo v.) *dC* aidiez vostre v.; *T* = 587
— 554 *md* Que encor v.; *T* = 588; *C* cors; *L f.* — 555 *M* lemp.
natal; *m* loial (*korrigiert in* roial); *C* le boin roi natural; *T* = 589;
L f. — 556 *M* m. p. natural; *m* le mien p. c.; *d* p. reau — 557
M al franch cor honeral; *md* (au gent cors n.) *T* = 591; *L* la comtesse loial — 558 *Md* bons f.; *m* Et m. .vi. f.; *T* = 592 — 559
M (Une t.) *LCT* = 593; *m* (not onques en r.) *d* ne ot an ronsevaux; *C s*. Li XII. per qui mort furent el val — 560 *L* (je is du
j.) *dC* gis de c. j. — 561 *MmdC* Com je f.; *L* ferrai; *T* = 595 —
562 *M* (cui) *mLd* (d.) *C* (d.) *T* (d.) = 596 — *Da die obige genaue
Wiedergabe der ersten 562 Verse der Handschriften vollständig genügt, die Verhältnisse derselben zu einander, insbesondere aber die
nahen Beziehungen der b, A, B, T Manuskripte darzulegen, und zu
beweisen, dafs die letzteren vier Handschriften auf eine und dieselbe
Redaktion zurückgehen, so beschränken wir uns von nun an, die
wichtigeren Sinnesvarianten der der Venediger Redaktion sehr nahe
stehenden Boulogner Handschrift und des Manuskriptes der Trivul-*

ziana zu verzeichnen; geben aber so genau wie möglich die andern Handschriften, besonders die für die Kritik so wichtige Londoner Handschrift wieder — XIX — *Diese Laisse fehlt in M* — 564 *m* .X.M. p. e.; *L* .X.M. p. despaigne = d (Turs); *C* li sarr. d esp. — 566 *m* en letaigne; *L f.* — 567 *mLdC* = A 601 — 568 *mLC* = A 602 (bargaigne); *d f.* — 572 *m C* covrir; *d* Les voies covrent et les vaux — 573 *d* bargainne; *C* = 607*) — 575 *L f.; d* maiaigne; *C* confregne — 576 *C* montegne — 578 *m* (le v. s. *Ortsname!*) *dC* = 612; *L s.* A sauvete cui plaise ne cui daigne — 579 *mC* quil vient de B.; *d* Dex je vois la tant turs de bureiaign; *L f.; m* (D. je nen ai) *LdC* (ch. ne c.) *s.* 613 — 580 *d* Nai ou aler ne quel part je remaigne; *mC haben beide Verse:* Ne je ne s ... Ne u a. — 581 *L f.; d* na prist ch. mahainne = *C* (n a pries c. ne cegne) — 582 *LCf.; d* ianier que [ne?] me b.; *mdC* (en avalegne) *s.* 617 (Lazere ... bretaigne)*) — 583 *L* quentre p. remaigne — 584 *m* (a tel e.) *L* (E q. ie noie en celle mer autaigne) *d* (an tel atainche) *C* = 619 — XX — 585 *M* a terre; *C* remontes — 587 *M* de bayguere — 588 *M* (p. p. deriere) *m* (doit) nen ot; *L* doi — 589 *M* (est dormere) *d* Et son hauberc; *Cf.* — 590 *Mf.* — 592 *Mmd* cel; *L* qui portoient b. — 594 *L* Li bons G. *und so öfters* — 595 *M* A la f ... qiere (*Alex.*) — 597 *M* le tret dun balestere — 598 *m* V. cele amont; *d* V. li aumont; *C* danemont ... macep. — 599 *Md* lecherres — 602 *MLC* bruiere; *m* praiere; *d* perere — 603 *Mm* (les mire) = 638; *Ld* grieve — 605 *C* estriviere; *M* (lo raç) *mL* (flechiere) *C* (*d.*) *s.* 641 — 606 *m* con fust .1. fouiere — 607 *M* Mort le trebuce au paser dune somere; *mC* marchepiere — 608 *M* Li c. g. a pase lordiere Tot mantenant a s. m.; *C* le prist par lestriviere — 609 *M* (laprochent) *L* (*d.*) *C* (encaucent c. g. l a.) = 645; *m* encaucent; *d* la g. a l a. — 610 *mL* (Q. il li tolent) *dC* (Q. il lateignent) = 646; *M* (brugere) *m* (enpressent) *L* (chacent delez une riviere) *d* (.1. rochier) *C s.* 647; *Mm* (Et il sen va par u. s.) *LC haben noch* A esporon tote une sabloniere — 611 *Mm* (grant) *L* (fet) *C* = 648; *d* la; *L s.* Li fel paien qui vienent par derriere — 612 *M f.; m* nubiere — 613 *L* Li c. sen vet une estroite sentiere — 614 *M* puia une c.; *m* p. une r.; *d* aprochent — 615 *d* Bien ot a f. .1. leue pleniere — 616 *L* Q. li c. p. amont en la rochiere; *d* charriere — 617 *MmL* (tante) *dC* (mainte) = 654 — 618 *df.; M* (garisent ... aversiere) *LC* (g. av.) = 655 656 — XXI — 620 *M* car molt soit b. ferir; *L* et b. se sot garir — 621 *Md* (fuir) *C* e chacier e guenchir; *Lf.* — 622 *Lf.; d* savoir — 623 *L* M. atendre — 624 *MmL* on v.; *d* P. q. v. hons ... amandrir; *C* avenir — 625 *MLC* garantir; *df.; m* ne se p. resbaudir — 626 *Mf.* — 627 *d* avoit = en vait; *d s.* Cest grant proose ce dit de bien foir — 628 *L* et por voir assentir — 629 *M* C'a. ne p. nuls d'a. tel f. s.; *L* Q. ne pot hons t. f. d'a. s.; *d* Q'ainz ne pot d'a. nus tel poigne s.; *C* A. ne p. h. tel f. d'a. s. — 630 *Md* Dex le p. — 631 *C* de lui s. — 632 *M* amonter e t. — 633 *m* Q. a. .1. i. nen avoit .1. l. — 634 *M* Q. il ot pris nil. fet mie l.; *m* Che q. t. ne f.; *L* Sil en tint .1. ne le fist p. l. — 635 *steht in*

---

*) = *mdC schieben* A 617 *mit der betreffenden Modifikation ein; C weist en* Avalogne *auf. Von nun an lassen wir den Buchstaben A vor der Verszahl weg.*

MmLdCT n. 637 (partir); 636 *Cf.* — 638 *M* P. tant; *d* honques paien; *d s.* Ainz ne fu hons cui doient tant air — 639 *C* si li sot bien merir — 640 *C* les siens a.; *M* = 677 (t. a son m.) — *Alle Handschriften schliefsen diese Laisse mit den elf Schlufsversen der AB Mss. (cf. Jblt.* II, 246) — XXII — 643 *m* en sor le mont; *C* sor son ceval — 644 *M* tot ces tertres enconbreç; *L* arrontez; *C* les vaus enr.; *m* (Et l. g. vals et les plains toz rases) *L* (E tous l. v. et p. et arrasez) *d* (= *m*, arestez) *s.* 682 — 645 *M* est isi; *C* rases — 646 *C* a voie — 647 *MLdC* (ne vist) Sarrasins — 649 *M* yeshu — *n.* 650 *s. M* (Nil g. li or ...) *m* (nus hom de mere nes) *L* (Que il ne f. occis et decopez) *die n.* 688 *eingeschalteten Verse* — 651 *L* par vostre granz bontez — 652 *L* Qui ains mes vit tant deables maufez Que pour un home fussent tant assemblez — 653 *MmLC* = 691 *und* 692 — 656 *Md* baise; *L* Empres la coulle — 657 *Md* = 696 — 658 *M* sanglant e t.; *m* e vos costes sues; *C* ambes . II. sanglentes; *Ld* andeu — *n.* 660 *s. MmLdC* (greves) 700 — 661 *M* torneç; *C* Se me r. — 662—3 *MmLdC* = 702—3 (del n.); *Mm* (revertues) *L* (si sest esv.) *C* (d.) *s.* 704; *d s.* Crole son chief si est ravigorez — 665 *M* sus a. — 666 *M* estoit molt s. (*alex.*); *L* Li ber G ... et senez, *und so öfters* — 667 *m* T. v. lar. en un v. e. t.; *MmLC* (Trestout le pas) *s.* 708 (Tot belement) — 669 *C* Aval pendoit ses viers h. i. — 670 *d* renouelez — 672 *M* eischacelez — 673 *Mf.; dC* desafrez — 675 *M* beeç — *n.* 676 *s. LC* 717 — 677 *Cf.; M* (Totes l. b. e les p. tot enfleç) *m* (et les pies molt e.) *d* (Trestot le b. avoit ens.) *C s.* 719 — 678 *df.; C* qu en estor ait este — 679 *ML* . I. tens; *d* U. b. granz (*alex.*) — 680 *M* E de la poudre; *m* li chiels; *d* toz li t. (*alex.*) — 683 *m* obscures; *C* sanglentes; *L* voit larchant encombrez — 685 *d* sest delosez — 686 *L* = 728 (li ber) — 687 *MdC* desor; *m* desoz — 688 *MC* q. e. f. r. — *n.* 690 *s. MmLC* 733 — 691 *d* adolez — 692 *MmLC weisen* 735 (*Mf.*) 736 737 738 739 *auf*; *d* = 737 — XXIII — 693 *M* (son c.) *m* (d.) *LC* = 740 — *n.* 694 *s. MmLdC die in A n.* 741 *eingeschobenen drei Verse; der erste f. in d* — 695 *M* (V. v. sor . l. e. gisant) *m* (soz) *L* (lez) *C* (desor larcant, *Flufs!*) = 742; *MLd s.* 743 — 696 *M* (li rui) *m* (d.) *d* (la d. est c.) = 744; *L* (est) *C* li rui; *MmLC s.* 745 (poignant) 746 (*M* amor ... regarde ...; *C* regrete) 747 (La ou il g. desor lerbe) — 697 *lies* encroisa? *M* (S. m. c. desor s. p. d.) *m* Ses b. m. croisies par devant — 699 *M* (verdoiant) *mLC* = 750 (soz lelme flamb.); *d* Et l'armeure — 700 *M* (le gist) *mLd* (ot sor s. i. d.) *C* = 751 — *n.* 701 *s. mLd* 753 — 702 *Mm* (De fois a a. vait sovent soz g.) *L* (d.; Deures) *C* (d.; souef) = 754; *d* = B 754 — *n.* 703 *s. mLdC* (viers lui humeliant) *den zweiten in A n.* 754 *eingeschalteten Vers* (va s. c. batant) — 704 *Mf.; m* (ferant) *L* (E ... a dame dieu tendant) *d* (sa poitrine ronpant) *C* = 755; *MmLdC s.* 756 (*Mf.; L* li v. de cuer p.) 757 758 (par [*M* a] s. comant) 759 (*m* estraignant; *C* destagnant) 760 (*M* coment; *L* quant) — 705 *d* force ne t. ne q.; *Cf.* — 708 *C f.* — 710 *m* Ainc ne fu h. *und s.* Qui vous valsist de proeche aparant — 711—2 *C f.*; 712 *d* crieve; *Mm s.* 768 — 714 *d* nestera r.; *M* retornant — 715 *MmLC* tenrement — 716 *M* (detorgant) *m* (d.) *L* (vet si fort detordant) = 772; *d* Et de s. p. l. et l. ferant; *MmLdC s.* Que sor les iointes (*M* la char) en vait li cuirs rompant *(d f.)* E li clers sans des ongles degoutant Vivian vait doucement regretant — 717 *M f.; d* S. se c. l. chaitis l. d. — 718 *M* dotant — 719 *d* o. et p. — 720 *ML* (fet) *C (d.*; del b.) = 776; *d f.* — 721 *MmLdC* = 777 (se v.); *d s.* Quant se redrece si se va gainmantant — XXIV — 722 *L* Li q. G. se demaine forment *(dieser Vers verbindet in der Londoner-Handschrift diese zwei Laissen, die ursprünglich eine einzige Tirade bildeten)* — 723 *M* iesir trestot s.; *LC* (qu iluec gisoit s.) Por V. que il voit la gisant; *d* q. si estoit s. — 724 *M* qe mire ne e.; *m* ne pieument — 725 *C* avoit; *M* la p.; *M* (li saut de dos parç por les f.) *mLd* (cort) *C s.* 782 — 727 *dC* amirans — 729 *M f.; m* que si tost est failans — 730—731 *d* Et vos barnaiges qui tant iere avenanz; 731 *C* acointans; *M* E v. cors qi tant fui a.; *m* q. par si fu vallans — 732 *M* N. nunc li braç . . . conquerans; *L* Ainz nus l. — 733 *ML* ne sorq.; *MmL* (Ne vers franc home o. ne parlans) *dC s.* 791 (Ne sus) — 736 *MCd* combatanz — 739 *d* n. h. de mer tant — 740 *M* N. tant mai [= mar] fus unq. ne f. f.; *d* N. qui t'a m. o.; *C* N. por morir ains ne fustes f. — 741 *d* pas; *mC s.* 800 (*C* e. il d. g.) 801 (not . 1. h. miels v.); *ML s. nur den zweiten* Unqes enqor . . . plus v. (*L* si poissans) — 742 *L* (O. vous v. m. p.) *C* O. v. v. ci m. d. ces estans; *d* se estant; *L* (J. por h. ne serai si dolans) *C* (*d* plus d.) *s.* 803 — 743 *m* parlans; *Ld* tu fus — 744 *m* De . . . acomunisans; *L* fussiez c.; *C* De — 745 *M f.; Ld* fussiez recon.; *C* f. pere c. — 746 *m* A t. tans — 747 *L f.; M* larme por t. d. covans; *md* ton d. c.; *C* Biaus sires dieus or li soiies garans — 748 *L f.; dC* En — 749 *MmLdC f.* — XXV — 751 *M* mamelle — 752 *M* i. e b.; *m* ta *(lies* toe) i. b. *(Alexandriner)*; *LC* fus; *d* fust — 753 *ML* qi tot ior est n.; *m* q. tous tans ert n.; *d* Des granz proosez qui totanz te chadelle — 754 *ML* (ne m. a. en s.) Plus h. h. qui unc montast iselle — 755 *M* ma dulce amie belle; *d* cortoise d.; *C* que feres d. — 756 *Ld* dure — 757 *m* Molt seres chainte de novele cordele *(geschrieben auf einen radierten Vers); L* M. s. pointe de dolante e. — 758 *L* Se ne partez — 759 *M* soit c. sainte p.; *m* la virgene p. — 760 *ML* cui pecheours apele; *m s.* Confortes hui cest las qui vous apele — *n.* 761 s. *MmLd (nur* 824) *C* 822 (*L* ou f. droit a sa sele) 823 (*L* Desus le nez se fist une plaiele, *Ursprung der Isorezepisode?!; Mm* a tudele) 824 (nes) 825 826 (*m f.*) — 762 *M* (e la mamelle) *L* = 827; *m* les iels e la maissele; *C* la face e la mamele — 763 *M f.* — 764 *M* (tint) *mL* (A s.) *d (d.) C* = 829 (E s. d.) — 765 *C* Larme s'en va — 766 *MmLdC f.* — XXVI — *Bildet in m eine einzige Laisse mit der vorhergehenden* — 768 *d* Q. vos fiz chevalier *(Alex.)* — 769 *M* (a .c. en d. haumes) *m* (en d. ie .c. e.) *L* (i d. a .c. e.) *C* (en d. .c. les armes) P. toie a.; *d* an d. .c. ielermes — 770 *MmL* E .c. espees; *d* espies — 771 *M f.; L* (maint m.) *dC* E d'e. — 772 *M f.* — 773 *Mm f.* — 774 *M* rectrar [= *retraire*]; *d* ne tanrez a flavelle; *C* poes; *M* (soç) *m* (maissele) *L* (tante n.) *d* (fois . . . mais.) *C s.* Que mainte nuit dormi sor voz mameles — 777 *MmL* (la fourcele) *dC* (mameles) Totes sanglentes li baise les maisseles — XXVII — 778 *L* ne se puet saouler — 781 *M* Hai biau nes de v. grant bonte; *mLd* bonte; *Mm* (preste) *LdC s.* 835 — 782 *M f.; mL* (et ta ruiste fierte) *dC*

= 836 (vasselage); *MmLC* s. 837; *M* hat ausserdem Mar fu ces cors qant si tost a fine — 783 *M* (amiste) *m (d.) dL* (en si tres g. chierte) *C* = 838; *MmLdC* s. 839 840 841 (*m* iesis a mon ostel); *M* hat noch Grant bien vos fist en vo peitit ae. — 786 *d f.* — *n.* 787 *s.* *M* La puite genz qe dex nont pax ame — 788 *gelöst in MLC zu* 846 (*M* Or voi t. c. pale ensanglente) 847 (*C* plaie e entame; *L* d. perchie e e.) — 789 *Mm* en toc leus — 790 *C* et manaide e p. — 791 *LdC* vos — 792 *M* (m. e pasme) *m (d.) d* (m. sainglante) *C (d.)* = 851; *L f.*; *Mm* (B. tresdoz n.) *LC* s. 852 (B. s. nies . . . mon c.) — *n.* 795 *s. MmLdC* 856 857 (V. s. ne sont mie pase *in m*; *C* pariures; *d f.*) — 796 *d f.* — 797 *C* mal ostele — 798 *M* Na. m. mal . . . lor ae; *m* guerre *(auf einen radierten Vers)* = *d* (lor) *L (d.)*; *C* Ne lor faurai de g. en mon ae — 799 *L* Ne p. m. qui vaille flor de pre; *dC f.*; *MmLC* s. *die fünf in A nach* 860 *eingeschalteten Verse* (*m* e de v. descombre) — 800 *d* Car de m. e de v. saront tuit d. *(Alex.)* — 801 *M* (cusin) *mL* = 861; *mLC* s. 862 — 802 *M f.*; *mLd* = 863 — 803 *L* arragon — 804 *M* de re — 805 *M* retorne; *dC* trestorne; *L* conqueste; *MmLC* s. *die in A nach* 866 *eingeschalteten neun Verse* — 807 *M* si fui reveile *(Alex.)*; *C* l e. a regrete — *n.* 809 *s. Mm* (ses p. e ses d. enterve) *LC* (acierte) E sa parole e son d. arime — *n.* 810 *s. d* Son chief leva sa son oncle resgarde — 813 *M* en s. c.; *d* oez par amor De — 814 *M* Oil biaus o. — 816 *M* (or me di v.) *m* (en v.) *L* (di tu or v.) *dC* (par v.) = 877 — 817 *d* aiusez — *n.* 819 *s. MmLdC die in A n.* 880 *eingeschobenen 18 Verse* (2 *m* q. maint en m.; 15 *C* Ihus ma regarde) — 821 *MmLdC f.* — XXVIII — 823 *Md* (dou tres b.) Sen a t. f.; *L* Hors en atraist — 824 *M* de ce beneit gaimain — 825 *M* E; *mLd* (tant le f. je c.) *C* Nies d. — 826 *L* seras c. par main (*l.* p. moi; *also* certoin, *östl. Dial.*); *d* De ses pain soies bien c.; *C* te confese a. — 828 *M* nostre pere li sain; *d* le bon roi s. — 829 *M* or ten parain — 830 *M* me iaurais chepelain; *m* A c. besoig — 831 *M f.*; *m* Hui v. serra p. o. que g.; *L* H. v. serai p. que o. g.; *d* q. nus cosinz g. — 832 *M* oncles — 833 *M* metez en v. s. — 835 *M* men m.; *C* transirai — 838 *M* lo bon g. — 839 *Md* Pou i a m. fors — 840 *d f.*; *MmLC* s. *die in A nach* 900 *eingeschobenen Verse* (1 *ML* cum ore estes alain (en lain) — XXIX — 841 *M* atenir — 842 *M f.*; *m* en s. estant lever; *L* en s. seant ester; *d* en s. giron cliner — 843 *L f.*; *MmLdC* s. *die in A nach* 903 *eingeschalteten Verse* (*M* mist s. ch. rep., a regreter; *Ld* (a mis) cliner) — 844 *m* D. c. lenfant a c.; *d* porpanser — 845 *d f.* — 846 *Mm* dire ne r.; *dC* De quanquil p. — 847 *m* ne font; *d* m. suiz or t. — 848 *M* d. a. ap.; *mLC* (premiers = *zuerst!*) = *B* 908 — 851 *Md f.*; *mLC* = 912 *und steht nach* 852 — 852 *Mm* = A 911 *B* = *LC*; *d* t. le p. aamer (= aesm.) — 853—5 *Md f.*; 853 *LC f.*; *m* Q. m. illuec ne me puist on t.; 854 *L* (me firent) *C* (m ont) = 915 *und s.* 914 (et; *L* esfort); 855 *m* ne mi sai pas garder; *L* Ne s. combien fuir e moi aler — 856 *M* Je c. ne ma. f. m. covant paser; *L* = 917 (Je croi ce ma f. m. v. t.; *d* ne l'aie t. — *n.* 857 *s. L* Diex est tous prez de pechies pardoner — 858 *m* passer = *C* (le col p.) — 859 *Mm* e le col a.; *C* e le pain a.; *m s.* E son talon fist son oncle colper por ce que il ne valt son veu paser —

861 *Mm* Fors tant G. — 862 *M* comencent; *LC* = 923 — 863 *mL* (a apeler) *d* Li g. c. le prist; *C* Li q. G. commence a regreter — 864 *m* E il devoit le sien c. e.; *L* Quil le v. a Jhesu comander; *d* Si le sainna de Deu de maiste; *Cf.* — 865 *L* Mes li danziaus si ne pot plus parler — 867 *M* (m. et honorer) *m* (d., servir e h.) *L* (e m. e alever) *dC* = 928 — [869 *M* (rien r.) *mC* voit — 870 *MC* en .I. e.; *L* sus .I. e. — 871 *m* mener; *d* Formant l'an poise mas ne puet amander — 872 *Mm* (le prist ac.) Dautres escus lo v. escouter [*l.* esconcer]; *d* De .II. ascus lavoit acovete — 874 *M* si comence a plorer; *C* si se prent a p. — 875 *d* si commance a crier] — 877 *L* les t. . . clamer; *LdC* s. De ma proesce soloit on molt parler — 878 *m* M. on me puet; *L* a r. nommer; *dC* me tain p. r. prove; *M* (le me p. at.) *m* (prover) *L* (le p. len at.) *C* (d.) *s.* 940 — *n.* 880 *s. Mm* (fesise) *Ld* (d.) *C* 943 — 881 *Mmd* (ainz duremant g.) *C* = 944; *L f.* — 882 *LC f.*; *d* M. c. laisier en .XXX. leuz navrer; *d s.* Que ne portese an la vile anterrer Quant je le lais je doiz bien forsener Ne dois mais estre Fierebrace apelez Mas par l'apostre que Dex se fait clamer N'i remanrai se [je] lan puis porter — 883 *Cf.* — 884 *d* Ou . . . plus; 885 *d* g. fez en V. l.; *s.* den zweiten der von A nach. 948 hinzugefügten Verse (eust d. l. mis p.); 886 *d* An . . . a s.; 887 *df.*; 884-7 *MmLC* = 947 (*L* en B.) *und die sechs in A nach 948 eingeschobenen Verse* (6 *M* martir canter = *L* (martin) = *m* (mar ci); *C* le c. parler; *vielleicht* d'a. matiere li c. parler) — XXX — 888 *M* s. destorber; *md* s. demorer; *L* s. delaier — 890 *M* Si sen c. ariere r.; *m* Ne sen q. arr. rep. Dr. vers O. se prist a cheminer; *cf.* A 953 = *Ld* (vodra) *C* — 891 *d* li avint — 893 *dC* g. a. — 894 *M* (percoient) *mLC* (Q. ap.) = 957; *d* Tant par redotent — 895 *M* (asaiçer) *d* (achivier) = 958; *L* ou il ot lencombrier; *m* en d. r.; *Cf.* — 896 *M* vinrent; *C* . IIII . M . — 897 — 900 *Cf.*; 897 *ML* (c. or me p. irier) cum or puis enraigier; 898 *d f.*; 898—901 *L f.*; [899 — 902 *d f.*; *n.* 900 *s. m* Li vostre diex ne vos porre aidier; 901 *C* li quens tant me pus airier; 902 *MC* dormier; *L* que ne volt delaier — 903 *MC* revenus; *L s.* V. a reporte tost antier (*aus* arr. *corrigirt*) — 905 *Ld* dun e. (= *M*) aormier; *C* dun e. dor vregier; *MmL* (un a. sanz targier) *d* (de cartier) *C s.* A son col pent .I. autre a or vercier Quil vi gesir en larchant estraier (*L f.*) — 906 *MmLdC f.* — 907 *M* premier; *m* molt fier; *d* L. fait li c. d. molt fort et p.; *L f.* — 908 *L* N. V. com v. a. c. — 910 *L f.* — 911 *Mm* (h. neis) *dC* Car. ne. nus h. qi tosast (*m* lo.) manoier; *L* Il nest h. nes ce vos os temoignier Qui vos empuist porter sanz encombrier — 912 *M* huchier; *mL* si le prent a s.; *C* soi c. — 913 *M* (cui dex dont engombrer) *m* (d.) *LdC* E Tur; *d s.* Mien aciant plus de . XV . M . — 914 — 6 *L f.* — 917 *Mm* pautonier = *d* (lechieres p.); *L* E li esc. et prenent a huchier Par mah. nen i. l. — 918—9 *L f.*; *m* Ja v. d. que vos avez tant chier Ne . . .; *n.* 919 *s. d* Et dit G. vos mantez aversiers — 920 *MmL* (noisier) *C* Li c. se taist; *d* A tant se t. car nes taz de p. — 921 *m* et de lui avanchier; *C* de lui cacier; *d s.* De totes pas davant et darier Tant ot fui le trait a .I. archier Dont li covint retorner son destrier Et cil le firent tote jor tornoier — 922 *C* couche — 923 *M* A la . . . aproicer; *m* Et li vespres — 925

M L f.; *m* et les grans plains p.; *d* N'i ot passaige ne voie ne santier Ne soit covers de la gent avercier Tot ont porpris le grant tertre plenier — 926 *d* Ne pot passer — 927 *m* depichier; *L f.* — 928 *M* en e. venuç a. — 929 *M* lo marchis a chochier (= cochier); *d* tant que fu aclaries — XXXI — 930 *m* soz l'erbe le torna — 931 *d* s. cher n. gaita; *M s.* Jusqe au demain qe li iors esclara; *d s.* Ne dormi pas tote la nuit vela — 932 *Md f.* — 933 *Mmd* quant li a.; *C* si com il aiorna; *L* quant laubee veue a — 934 *C* Et s. n. a jhu c. — 935 *MdC* se pasma; *L f.* — 936 *ML f.*; *C* por v. … la l. — 937 *M f.* — 939—40 *d f.*; *C* s acoie; 940 *L f.*; *Mm* (A la i.) E la iornee; *C* A laiorner — 941 *M f.*; *C* qui son ceval d.; *L* Li q. G. molt s. chevaucha Por Sarr. que f. red., *steht nach* 942 — 942 *MmC* (Quant l a.) Li a. crieve; *d* A l'ajoner .1. petit aprocha — 943 *L* Cest por neent car perceus les a; *d* S. ont G. veu la — 944—5 *Ld f.*; *C* combiniert 944—6: Lors li e. et d. et d.; 945 *M* coment v. a.; 946—8 *M f.*; *Ld* (Li b. f … l'o.) *C* bers; 948—9 *d f.*; *L* tans; *C* terme — 950 *MC* Ens en .I. v.; *m* Enmi la voie; *d* En .I. grant v. — 951—2 *M f.*; 952 *L f.*; *d* De molt bon cuer — 953 *m* B. se raf.; *d* se fie — 954—6 *M f.*; 954—5 *L f.*; *C* bien o. p.; 955 *d* Ver lui revient; 956 *C f.* — 957 *C* se resogna; *d s.* Ainz an son cuer molt se reconforta Dont son cheval la selle resingla. Plus tost que pot es arsons remonta Cil le consot qui tot le mont forma Saichies de fi que grant mestier an a L'apee traite molt formant s'acria Randez vos tuit ou vos i morez ja Li .1. des .XV. grant mautalant an a L'apee traite ver Guillaume an ala Li cuens ver lui molt petit le dota Si li a dit vasauz traez vos la Qui sa t'anvoie molt petitet t'ama Quant cil l'antant molt formant l'an pesa Guillaumes fiert et tel col li dona Et cil fiert lui si que molt le navra Li uns des rois ver lui eperonna Et haute vois formant li escria Ici vos vien qui ainz ne vos ama Dex dit Guillaumes quel menacier ci a Mauda[a]zait qui huimain vos chausa Qui de sa main hui se jor vos sainna — 958 *m* voit et si nes d.; *L* nul p.; *d* molt petit r.; *C* nes .I. p. — 959—973 *Mm f.*; 960 *L f.*; *d* qu'an mi le champ t.; 961 *d f.*; *L* La h. ot r. dont li f. bien t.; *C* Lanste en iert r. et li f.; 962 *dC* Droit vers; 963 *dC* forma; 964 *L* forma; *dC* cria; 965 *d f.*; *L* crea; 966 *d* se nombra; *C* s aombla; 967 *L* (es d.) *C* .xxx .; 968 *d* por voir dire porra; 969—70 *L f.*; *d* Sil an achape (= *C*) li fiz Dex l'amera; 970 *d f.*; 971 *L* Or fetes pais qui *(sic)*; *d* bataille; 972 *L f.*; *d* et si [se] t. sa = *C* (en ca); 973 *d* Honques jogleres de melor ne chanta; *C* si b. n en o. — XXXII — 975 *Mmd f.* — 976 *Ld* ni a m. f.; *M* ferir — 978—80 *Mm f.* — 981 *M* cloifir; *L* ferir — 982 *md f.*; *M* e por nos toç morir; *L* Sus en la c … cloufrir; *C* et mettre et clavefir — 983 *M f.* — 984 *m* le v.; *L f.* — 985—6 *MmC f.*; 985 *L f.* — 987 *M* or c. i. de perir; *d* Hui an sa j.; *C* gardes — 988—9 *Mm f.*; 989 *d* q. e. an grant d. — 990 *M* sor poeç a. — 991—1007 *M* hat nur den Vers *1000* Molt vos cuit bien cest servise merir, *auf den* 993 *folgt*: M. a c … escremir; *ebenso m*: Mlt te porroie amer e chier tenir M … a. f.; 991 *LC* venir; *d* Et je de la puisse le m. s.; 992 *dC* irai; 993 *LC* a c.; 994 *Ld* (me covient a i.) *C* Car parmi eus men convendra i.; 995—1000 *d f.*; *L f.*; *C* a froidir; 996 *L* les p. tenir; *C* m en p. partir;

997 *C* Et les pooie mater et d.; 998 *L* (bauch. tot par l.) *C* iriens; 999 *C f.*; *L* Se ie v. puis; 1000 *L* (aaisier par loisir) *C* ferai; *n.* 1001 *s. d* Que d'une lieue fait la terre fremir; 1002 *L* voi ie; 1004 *d* par mervoillous air; 10c5 *L* (fist son chev.) *d* (Devers … a fait) *C D.* v. les rois; 1007 *L* (I. le vuelle s. et garantir) *C* sauver; *d f.* — *Da diese tausend Verse genügen, die Verhältnisse unserer Handschriften in Bezug auf die interpolierten Stellen, die sich in AB sammt und sonders wiederfinden und an denen MmLC mit den von Jonckbloet veröffentlichten Manuscripten meistens, d seltener übereinstimmen, darzuthun, begnügen wir uns in der Folge, des Raumes wegen nur diejenigen Verse zu verzeichnen, die entweder in AB nicht vorkommen oder die wegen ihrer Varianten irgend ein Interesse bieten können* — XXXIII — 1009 *M f.* — 1010 *M f.*; *d* ferme] — 1012 *L* demoure; *d* s'an vont et … s. remez — 1013 *LdC* C. que G. — 1014 *M* maustamars; *m* mathemars … Wasteble; *L* matarmaz; *d* Martamaus … Grostabre; *C* mothoas — 1015 *M* (E arios) *d* (Et Atrianz) et li rois T.; *m* Et aiaus et li fier t. = *C* (Et ageaus); *L* Et Ayaus li freres Giboe — 1016 *M* cil fu n. d.; *L* li freres tempeste; *C* et li rois — 1017 *M* Avoc els fu corsanç e [a]hure; *L* E Anerax e son fil aheure; *d* = 1081 (Aeranz); *C* Et anguerans et s. f. anguere; *m* Li sistes fu li fors rois cadoe — 1018 *M* Li oun fu li f. r. cadoie; *m* Li rois butors et li rois gasteble; *L* qualorez; *d* Et li h. fu li r. Cadoez; *C* Codroe — 1020 *M f.*; *L* frait e troe; *C* Et s. e. li o. fraint et quase — 1021 *M* (.c.) *m* (.xv.) *LdC* = 1086 — 1022 *MmL* (lui p.) *dC* (Et en .iii. lius) = 1087 — 1023 *Mm* (M. del hauberc ne lont m. a.) *L* (le b.) *C* (d., atrape) = 1088 — 1024 *M* = 1090 (Ne qe il f.); *m* N. p. sil fust en .i. t. fermes; *L* se fussent; *d* Ne p. que usent .i. esperon h.; *C* c euisent — 1026—8 *C f.*; *M* coldroe; *m* casdroe; *L* qualore; *d* Cadoe; 1028 *M* Li cor li a fendu e in colpe; *m* Son cors … tronchone; *L f.*; *d* creve — *d* 1030 l'apee; 1032 Cil f. le t. que il l'a anverse; 1036 covre; 1040 l'atandisent; 1041 s'anfuent ne l'ont pas a.; 1043 li on tui e.; 1046 Abrant; 1047 Et li sataimmes si ot nom A.; 1048—63 *f.*; 1064 Cil ont antrauz G. antrape; 1065 Tuit l'on feru s. s. e. bocle; 1072 Li c. l. f. le b. d'acier p.; 1074 molt t. la m.; 1076 .II.; 1078 grainnor bonte; 1081 anz an l'a.; 1083 *f.*; XXXIV 1085 B. an a.; 1086 li sailli d'un agait; 1087 Dinebort — — *Von* 1030—1087 *stimmen die Handschriften MmLC mit A* [Jonckbloet, I, *p.* 244 (V. 1097) — *p.* 246 (V. 1197), II, 250 (*dreiundzwanzig Verse*)] *überein:* 1097 *M* atere = atire; 1099 *C f.*; *ML* L'e. li perce (*ms.* pece) l'a. li a f.; 1100 *M* li a li fer p.; 1101 *M* soiorne (1097—1101 *C bis*); 1102 *C* ne li a pas d.; *M* q. m. a poi d.; 1104 *M* ha sovent reclamie; *L löst den Vers zu:* Dieu reclama le roi de maieste S. M…; 1105 *MC* moine moy; *L* menesme; *m* D. s. pere; 1107 *L f.*; 1108—9 *L f.*; 1111 *C* dou senestre coste; 1115—6 *L f.*; 1116 *Mm* De ci el p. li a son b. cole; 1117 *L* M. le trebusche du ch. afile (asile?); 1118 *L* Apres en a .i. autre reversse; 1119 *M* Li .v. li vienent a son b. entense; *L* Li. q. lor vient au b. dacier letre = *C* (a plain cop entese); 1120 *C* De fin e.; 1120—3 *L f.*; 1121 *C* Le. nue; 1122 *MC f.*; 1123—4 *M* Li c. li v. sa p. gite; *L* qui premiers a iete; 1125 *M f.*; *L* en a .i. assene; 1126 *M f.*; *mC* el col. la a.; *L*

Tel cop li a li vaillans quens done M. a. u col la a.; 1127 *MmLC* li a d. b. s.; 1128 *m* Si souef muert; *C* Si souef labati que na nul mot sone (*Alex.*); 1129 *Mm* Li c. G. a lautre cop leve Le siste roy a de ferir haste = *L* (E fiert le s. que il a assene); 1130 *M* (avise) *C* la molt bien asene; *L* par si tres grant fierte; 1132 *L* a son cop avale; *C* la fendu et cope; 1136 *mC* desnoe; *L* Que pour un p. quil na le cuer creve; 1138 *M* la. enverse; *L* la ius mort crav.; *C* Tout estendu l abati ens el pre; 1141 *MmLC* .M. m.; 1142 *M* encelle; 1144 *L* rouge et e.; *C* Le b. d acier ou p. en.; 1145 *M* (ha si e.) *m* (d.) *L* (d.) *C* fu si espoentez; 1146 *ML* p. .I. mui dor c.; 1147 *m* pres nela s. m. (*sic*); 1149 *M* li resont e.; 1150 *Mm* (cornubles) *LC* carb.; 1151 *L* alistez; *C* tenpestes; 1152 *MLC* embrous; *m* hebins ... iosnes; 1153 *m* E dod. li fors rois e.; 1154 *C* Guill.; 1155 *L* f.; *Mm* (ladure) G. lalosse; 1156 *M* vont; 1158 *M* yhu de m.; *C s.* Mestier en a sacies par verite; 1159 *ML* ouvre; 1163 *M* E tiens ma m.; *L* o. tout le mien g.; 1164 *m* mas mort e d.; 1165 *m* (volant) *C* mon b.; *L* quil furent mort iete; 1166 *M f.*; *mL* (Desouz .I. arbre) *C* (En son le m. ens el p.) en ton palais l.; 1167 *L* fu li prez arcone; *m* Q. de son (sanc *f.*); 1171 *L* se ia nest amende; 1172 *L* que vos ci me lairez; *M* (mot sone) *C s.* Ja d'autre ostage ni aura mes parle; 1173 *C* Ce d. G. molt estes mal sene; 1174–6 *L f.*; *C* het la c.; 1175 *m* guerpist; 1176 *m* en lui; 1177 *M* s'a d.; *m* E quil d. il o.; *L* Qui paien tue si o. .I. m. — 1178 *m* Diex len aime e si len s. b. g.; *L* lhcrist v.; *C* Dex et sa mere si len s.; 1179 *C* clame; 1180 *M* carite; 1181 *MC* a poi nest forsenes; 1182 *M* aveg; *m* (Le r... aves) *C* Li r... or ai t. endure; *L* Li roi ses.; 1183 *ML* (cuer done) *C* cui; 1184 *m* M. en irai si laurai d.; 1185 *M* mai somes encante; *m* Sil en e. m. aura poi dure; *L* ce sera grans viltez; *C* aurons m. ovre; 1186 *L* remp.; 1187 *MLC* A cest m. o. t. .VII. e.; *M s.* Des plains esles li vienent abrive; *C s.* Seure li ceurent li vasal malsene; 1188 *L* branlent; 1189 *ML* liste; *mC* en son e. liste; 1190 *M* Vit li .VII. roy ont e. i.; *MmL s.* Les lances brisent, li fust sont troncone; *C s.* Tuit .VII. le fierent en son escu liste; 1191 *MmLC* adente; 1192 *m* si l'a de mort t.; 1193 *MmC* Li dui d. o. baucent molt n.; *L* Cil de d.; 1195 *L* a p. s. h. ale; 1196 *MC* que mort ne lont iete; *MmLC s.* a 1071; 1197 *M* son b.; (*Jonckb*. II, 250): 1 *M* campe; 2 *L* moustre; *C* aboute; 3 *Mm* (aune) *LC* a le cuer avive; *n.* 4 *s. MmLC* Mar qerra mire qe tost la mecine; 5 *M* tros p.; *LC* den. monee; 6 *M* (XII.) *mLC* a si m. a.; 7 *M* Q. ne len s.; *m* Q. ne sen s. fors que .III. vif ale; *m* (Quil nes ait m. fierte) *L* (fierte) *C s.* .XII. en a mors par son ruiste barne; 8 *L f.*; *C* .M.; *vor diesem V. haben m* (tot .I. i.) *L a* 1080 (Puis se combat); *n.* 8 *s. m* Malement lont ens el estor greve; 9 *C* Mains hom; *n.* 10 *s. m* Ne plus vallant ne plus fait aloer; 11 *M* A icels colps; *L* En cel estour; 12 *M* as esperons sen vait; *mL* (garet) oriblez; 13 *M* Es. a fait tot .I. trait; *m* E ne sai qui; *C* sen vet tout a esplet; 14 *M* lor c. estait; *m* en rait (*sic!*); *L* entait; *C* estrait; 15 *M* ses plait; *L* nes a. james; 17 *L* bonement; *C* liement; 18 *M* Q. voit G. .XV. r. non f.; 20 *MC* sali; *L* li saillent; 21 *M* atrait = *L* (.II. roi paien); 22 *ML* ariofles et danabrus (*passim*); *m* danebur; 23 *M* not home; *mLC* el siecle — — 1088 *L* con a or ci mal p. = *M* — 1089—93 *C ersetzt durch B* 1219; 1089 *M* se honc me des h.; *L* se je sui en dehait; 1090 *L* b. men estait; 1091 *d* Deu pardoneme quan que je t ai m.; *ML* pardoneç moy, *welches auf die zwei folgenden V. folgt;* M (qe m. c. ne se hait) *mL* (quencor ne mi essai) s. 1219; 1092 *M* Se por ces dos f. ce serai m. l. = *m* (men f. ce serroit l.) *L* (d., sera); *d* Ce je f. p. c. .II. [ce] s. m. grant l. (*Alex.*); 1093 *Mm* (a mon cuer r.) *L* = 1217—1094 *MmC* = 1220—1095 *M* v. ai t. i. entrait; *m* (tous tans *passim*) *dC* = 1221; *L* vous v. bien en etait — 1096 *Mm* (en b. h.) *L* de bon hait; *d* de bien fait; *C* ce m est vis en boin plet — 1097 *MmL* (.II. r. nous vienent ci parmi .I. g.) Ci v. dos r. v. t. .I. garait — 1098 *M* (falir) *m Ld* (Ce ne p. estre) *C* = 1224 — XXXV — 1101 *m* lont a.; *LdC* si se s. arestu — 1102 *L* or estes conseu; *C* G. or sacies v. i. est v. — 1103 *d* serchie; *C* Bien v. a. et coisi et veu; *MLC* s. 1231; *d* s. *B* 1230 — 1104 *M* (secors) *d* = *B* 1232; *LC* = *A* 1232 — 1105 *M* Qe en perdreç la teste sor le bu; *C* Q. tu ne perges le c. a tout le bu — 1106 *MC* gentil home; *L* Tant — 1107 *d* sera — 1108 *d* Hez — 1109 *M* (P. priseront p. m. m. e.) *m* (vostre e.) *L* (li p. vo vertu) *C* P. priseroie[nt] m. p. mon e. — 1110 *M* (S encontre) *m* (d.) *C* (d.) *L* (estiez, d.) = 1240; *d* Se a moi e. anbedui c. — 1111 *M* = 1241 (ou c. perseu = *per se un*); *m* p. son bu; *L* An .II. ens... p. son mu; *C f.*; *d* Ansi ans., mas .I. ch. par lui — 1112 *Mm* (apres nous e. t.) *Ld* = 1242; *C f.* — 1115 *d* D. an cuit fere de [ma] m. — 1116 *C* u d ewe u de fu — 1118 *M* ne v. cut .I. f. — 1119 *L* macep.; *d* le fiere Arechepelu — 1120 *m* .C.M. p. as tu m. e vencus — 1121 *d* Icist d. — 1122 *dC* (M. si ait m a.) Se m'arme ai ja de Mahommet s. — 1123—4 *C* Ne m. si t averai vencu; 1123 *MmL* si taurai recreu; 1124 *M* (morç e c.) *L* = *A* 1255; *d setzt vor diesen Vers* Jusques je t'aie par mes armes voincu; *m f.* — 1125 *MmL* E; *d* Apres seras a .I. chasne p.; *C* E par mon cors recreant e p.; *M* (ainc t. n'eus b.) *mLC* (ia n aies t. vescu) s. 1257; *L weist ausserdem auf* Ja se dieu plest qui ou ciel fet vertu Ja por vos niere recreant ne vaincu Ainz vos desfi du vrai non absolu Li pa. lot ni a arresteu — 1126 *L* Ainz p. — 1130 *ML* li a mis lesplee nu (li m. le. tout n.) — 1132 *MdC* N'oi mes si grant — 1137 *M* ausi com un s.; *M* (un diner moneu) *m* (.I. vies warat de gluj) *L* (.I. pelicon velu) *C* (.I. piece de glu) s. 1271 — 1138 *Mm* = 1272 — 1139 *M* (or aves t v.) *m (d.) L d* (or es tu) *C* vous aviez t. vescu — 1140 *Mm* (Vo s. aves trop a.) = *B* 1275; *Ld* ai m. b. entendu; *C f.* — 1141 *M* Es mains dinfer — 1142 *M f.*; *LdC* tes Dex — 1143 *Mm* (.I. molt pesme s.) *L* (De ce quas fet averas ton s.) *d (der zweite Vers f.) C haben die zwei in A nach* 1279 *eingeschobenen Verse* — XXXVI — 1145 *MmL* le s. c. marir; *d f.* — 1146 *d* ne poure plus sofrir — 1147 *ML* porroit garir; *M* (Quil ne testuisse) *m* (Ne li coviegne) *Ld* (pute m.) *C* s. 1285—1148 *M* mon fort brant; *M* (D. ai gia f.) *m* (fenir) *LC* s. *B* 1287 — 1149 *d* venir — 1152 *ML* P. s. t. c.; *m* P. son c. s. — 1154 *M* Se del forfait (= *m*) ne v. poez garir; *L* Se du mesfet; *d* Se de ton fait — 1156 *L* deguerpir — 1157 *M* honorer; *Mm* (bien soudement g.) *Ld* (porez se vos volez g.) *C* (le tien cors garantir) *s.* 1297—1160 *m* A. de si grant ne p. . 1. seul v.; *L* Que de sa force . . . . 1. v.; *C* De son corage — 1161 *Mm* na g. de ferir *(beste Lesart)*; *L* perir; *d* fenir; *C* Bien e. a. ne vos en quer mentir — 1162—3 *L f.*; *M* aitant le. c.; 1163 *d* De m. ch. v. le s. fors i. — 1164 *MLd* morir; *L s.* Mes bons chevax par grans paines soffrir — 1165 De p. v. celle terre c. — 1166 *M* qi te laissas cloifir; *L* Aidiez moi sire; *d* Ai sire D. — 1167 *M* (sire se toi vient a p.) *m* (S. m. dieus que ore en ai mestir, *spricht für den Vers tronqué) L (der zweite Vers f.) d* (= *M*) *C* = 1307, 1308 — XXXVII — *Diese Strophe f. in M.* — 1169 *L f.* — 1170 *m* . IIII. p. m. *(so a zu corr.)* — 1171 *d* . . . co[n]ree *und s.* Onques nus hons ne vit miez adobe; *in ABCmL ist dieser Vers in eine Tirade von* 40—50 *Versen* (Jonckb., I, 249, 1314—1354) *paraphrasiert:* 1314 *L* h. rose; *C* double; *m* (liste) *LC s.* Et par deseure . 1. clavain d or safre; 1315 *m* le col ot o.; *L* ouvre; 1317—19 *C* En son cief ot . 1. v. e. safre; *L s. zu dem vorhergehenden V.:* Si tres cler luisent cest fine verite Quan nuit obscure a mie nuit passe Aler puet on molt loing de la' clarte Ainz tiex haubers ne fu fais ne ouvrez; 1317 *L* ferme; *m* enfeutre; 1318 *mL* De c. de gadres; 1321 *L* . 1. esch. cler; 1322 *m* alume; *C* que solel en este; 1325 *m* E de si noble; *LC f.*; 1326 *L* i ot entreietez; 1327 *m* soz le pene l.; *L* sus le palme l.; *C* en la penne l.; 1328—1332 *m f.*; 1328—9 *C f.*; 1328 *L* fu; 1330 *L* frese; 1335 *mL* (afile) D. trenchant agu et achere; *n.* 1337 *s. m* (si bargie et e.) *C* (si blecie) *L* Neuist le cors si gros e si emfle (*C* el c.!); 1338 *m* neust; 1339 *C* au senestre coste; 1340 *L* fort h. en la crestiente; 1341 *mC* au f. et au coste; *L* a son f. senestre; 1342 *mLC* (ne train ait p.) ne tr. plente; 1344 *m* putamors, *daraus L* plantamors, *dann C* platanors; 1345 *mLC* le roi; 1346—8 *C f.*; 1346 *m* lamustant a.; *L* La red.; 1347 *m* more; *L* atere; 1349 *L* de main en main; 1350 *C* greve; *mL* tue; 1353 *m L* hons; *C* Li p. fors hom qui de mere soit nes; 1354 *m L* fu de molt grant fierte; *C* s i ot molt bien pense — — 1172 *m* Desoz lui (= *LC*) ot . 1. t. d. couei (coué, coné?); *L* abrieve — 1174 *mLd* A p. e. — 1175 *m* Ne lenbatroit ia ne f. ne c.; *d* doroit; *C* dioroient *(sic)* — 1177 *L* le roi de maieste — 1180 *L* (la toie b.) *C (d.) d* (la t. pide) = 1366 — 1181 *L* Q. ie gaaingne — 1182 *d* poie m. — 1183 *L* p. une roiaute — 1186 *d* Q. tu me di dont — *n.* 1187 *s. d* An nule guise ne ver toi messare — 1190 *mLC* = 1376—7 — 1191 *m* s. crestiente — 1192 *m* ne vostre loiaute — 1194 *L* Sainsi le fes; *C* Se te ne c. — 1195 *m* n e. ainc abite; *dC* umilite; *L* Ne quen la v. se fust ia aombre Ne que en lui preist humanite, *vor* 1194—1197 *m* ma. m. c.; *L* celle bone c. — 1198 *L* = *B* 1385; *C* Si le donras [*l.* tenras?] del fort roi d. — *n.* 1199 s. *d* Que tu li es tolue par peoste Puis me vanras de ta main afier Qu'anci croires com je l'ai devise — 1200 *m* P. it. chose serriens ra.; *d* serommes a.; *C* P. cest marchie — 1201 *dC* = (ne sera) *B* 1388 *A* = *L* — 1204 *d* M. voil a. certes le ch. c.; *C* estre tot decope — 1205 *L f.* — *n.* 1206 *s. d* Maudaazait qui ci l'a devise; *mLC s.* 1394, 1395, 1396, 1397 (*L* . 1. viel chat effondre) — 1207 *mL* (ne d. ne d.) *C (d.,* ne aconte) *d* (Que que) = 1398 — 1208 *d f.* — 1210 *mC* A cest m. sont ambedoi d.; *Ld* = 1401 — XXXVIII — 1212 *m* ne sai c.;

L par tel couvent; *d* mas tu ne sez c. — 1213 *m* Crestiens ies — 1214 *C* Q. en s. c. le m. ne ne le prent — 1215 *L* desdis ie e.; *d* an covant; *in L steht der Vers vor* 1214—1216 *M* Nil . . . cum t.; *L* fors .1. tr.; *d* Q. ne v. p. ne .1. t. davant — 1218 *MmLdC* = 1409 (Vo m. ne vostre e.) — 1219 *MLC* ne vos nociement; *m* ne vo conoisement; *d* et vostre anchantemant — 1221 *m* foloiement — 1222 *d* Itel c. vont paien an chantant — 1223 *m* desoz; *L* dedenz; *C* en son le f. — 1224 *m* Chi jus; *C* Ne [a en] cest val — 1225 *ML* e s. c.; *m* Che est M. e quanc cali apent — 1226 *M* li d. — n. 1227 s. *d* Car tot est suenz an son commandemant — 1228 *M* de ce t.; *d f.* — 1229 *Mm* e v. t. s'e. — 1230 *m* desor c.; *L* Prent u. l. quil vit gesir ou champ — 1231 *M* sentredonent — 1232 *m* fu m. l. — 1233 *M* (foudres) *m* (destent) *L* (plus que) *C* (frondres) = 1424; *d* com c. que d. — *von* 1235—1240 *haben LC nur* Que a la terre li uns deulz lautre estent *und* 1239; 1235 *M* voirement; 1236 *M f.*; *m* no. nul tenement; *n.* 1237 s. *m* den vorletzten V. von A; 1238 *M f. und ist ersetzt durch* Dex garde le conte par son comandament, *auf welchen der drittletzte und vorletzte Schlufsvers von A und der Vers* Amdui cairent mult valoierement (?) *folgen*; *n.* 1238 *s. m den drittletzten Vers von A*; 1239 *Mm* = *letzter Vers von A*; 1240 *Mm f.*; *d hat folgende Ordnung nach* 1234: 1237 (aprisant = *aprochant, apressant?*) 1238 (P. le gardirent s. n. duremant) 1234 *wiederholt in der Form des drittletzten A-Verses, folgt der vorletzte von A, dann* 1236 1237 (*mit der Form* aprochant) 1238 (*mit der Lesart* sesgardirent) 1234 (*wie oben*) 1239 (N'i a c. qui n'ait l'aubert s.), *und schliefst mit* De redrecier ne furent mie lant — XXXIX — 1241 *M* au sarr. i.; *m* a cel p. iouste (*sic*); *C* o le p. — 1242 *M* Lescu li speça e la. li f.; *mLd* (*faussa von jüngerer Hand*) = *A* 1431; *C* Les e. p. c. l a. f. — 1243 *M* D. lo c. durement lo n.; *d* Li .1. des .II. l'autre [a terre, jus?] anversa — 1244 *M* c. t. r.; *m* (en coula) *LC* contreval; *d* vola — 1245 *M* = 1434 (lo pains le bouta) — 1246 *M* (laysca) *m* (Lor c. honpent, *sic*, e lor poitrals q.) *L* (li p. eschapa) *d* = 1435; *C* Que ronpent c. li p. desnoa — 1247 *m* sovina — 1248 *M* E li pai. da lautra part v.; *mC* (sen reva) arriere — 1249 *M* C. son aume en la terra f.; *m* en la terre; *L* Le coing de le.; *d f.* — 1251 *m* P. l. .II. b. li s. c. en coula; *L* le s. vermeil; *M* (lor cr.) *m* (lor *aus* li *corr.*) *LC* s. 1440 — 1252 *L* .1. seulz ne se mua; *d* Honques d. .1. sol n'an r. — 1253 *mL* brandoia; *C* braidoia; *d* Li uns vers l'autre; *d s.* Cil au pai. le Baucent ravisa Ansanble furent voiremant grant piee Ne fust por se atrangle l'aust ja De lui s'aproche grant ennor li mostra A danz le grate des piez davant urta; *mL* (regeta) *C* s. 1443 — 1254 *m* m. f. le sorchaingla; *M* e m. forment sorcengla; *d* sosilla [= cercel a?] — 1255 *M* (onqes ne deschocha) *m* (o. ne desloia) *d* (ainz ne se demanta) *C* Qui b. se tint; *L* Qui bien se tienent (= *cengles*) — 1256 *MmLd* se l. — 1257 *d* et joncs; *d s.* Par mautalant a G. s'an va — 1261 *M* c. escola — 1262 *M f.*; *L* escoulourga; *d* contre mont chanselé — 1263 *M* m. defors se t.; *m* quant le. t. — 1264 *M* qe son home t.; *d* Et li sainz angres — 1266 *M f.*; *C* el mont — 1267 *C* fel g. — 1269 *d* le pai. recovra — 1270 *L* sesploita — 1271 *L* que challes li d. — 1272 *d* ne li greva; *L* P. s. e. qui luist e flamboia

Tant par fu durs que point ne lempira — 1273 *M* par vertu li colpa; *d s.* Mas dou pai. mie ne remua; *M* (escria, *l.* asena) *L* (Le sarr. maisement) *C s.* 1470 — 1275 *m* avilla — 1279 *M* (Qil ne. el mond si b. f. d.) *m* (f. seule(ment)d.) *C* Quil n iert si bone ne mes f. d.; *d* Qui n'est ci b. — 1280 *MmL* loera; *C* aidera — 1282 *M* m. ovra — 1283 *M f.* — 1284 *MmLdC* flamboia — 1285 *d* li pai. la ausa — 1286 *L* tressauta; *d* m. il se trestorna; *d s.* Jooyse hauce molt formant l'antesa; *L s.* Du turc ferir durement se hasta — 1287 *M f.*; *m* li bons quens feru la — 1288 *MmLC f.*; *d* G. i dona — 1289 *m* Q. tot le hialme fraint e esquartela — 1290 *MC f.* — 1291 *M* E de la carn qi qatant en trencha; *L* T. la c. et le brac li copa — 1293—4 *MmLdC* = 1494 — 1295 *M* (forment en mercia) *m* (d.) *L* (de vrai cuer) *d* (Jhesu de clore) *C* (aora) = 1495; *M* (De tel h. cum iluech fait li a) *Ld* (Ha icel ore . . . l'an . . .) *s.* 1496; *M hat auſserdem*. Mais li paiens par vertu recovra; *d'* Molt par fu lies quant li pa. versa — XL — 1296 *m* veu — 1297—99 *d f.*; *Mm* (Il) *C* (s esp.) Qui tint le. e. son e.; 1298 *m* Que m. lavoit (!) e h. e c.; *L* e gros e percreu; 1299 *L* du c. — 1301 *md* roi J. — 1304 *M* (entrel) *L* (et es.) *C (d.) d* (a. le c.) = 1505; *m* e. le c. e le bu — 1305 *m* T. leschine — 1306 *C* boute; *M s.* Guill. *und bekommt einen Alexandriner* — 1307 *d f.*; *M* (ben coite) *mLC s.* 1512 1513 1514; *L s.* Mahomet sire dist il e que fes tu Quant tu ci as souffert e consentu Que .I. francois ma issi confondu Or ne pris ie vostre force .I. festu — 1309 *MmLC* Or est saillie — 1310 *ML* de chesne ou; *d* de sap; *m* F. estordre de fraisne vostre escu — *n.* 1314 *s. C zwischen diesen Vers und A* 1525 (. II. tors) Bien le sot faire n en fu mie esperdus — 1315 *M f.* — 1316 *M f.* — 1318 *M* irascu; *d* le cors; *L* ni a plus atendu Le paien lait dolant e irascu Nest pas merveille car a mort est feru — 1320 *MmLdC* = 1532 (se t. a. ia s.) — XLI — 1321 *M* a cornez — 1322 *Mmd* Parole — 1324 *Versfolge wie in A;* 1326 *m* en le terre.p.; *d f.* — 1327 *MmLdC f.* — 1328 *M* de v. a.; *m* a vos — 1329 *M* troys f.; *C f.* — 1330 *M* (E v. meesmes) *m* E vos neveus quitement en rares; *C* Que vos compains t. q. enmenres — 1331 *M* Cels que prisons tenomes a n. n.; *mC* (Que p.) tienent = *L* (s. e escler) — 1332 *C* verites — 1333 *d f.*; *M* sait (= s'a.?) — 1335 *M f.* — 1336 *Mmd* e v. ci matendrez — 1337 *M* (li turc) *L* (quil ne. dervez) *C* Ot le a. a p. n e. f.; *d* = 1547 — 1342 *M f.*; *mC* = 1552 (va souef); *d* Plus anble tost c'uns oisies apene Ne volerot tant par fust asemez — 1343 *M f.*; *M s. den nach A* 1554 *eingeschobenen V.* = *mL* (adurez) — 1344 *M* A mont na val ne pot estre lasez; *m* (nav. nest e.) *d* A p. nan t. ne an vaul anc.; *L f.* — 1345 *d* faucons; *M* (tresnoec . . . retornec) *m* (serroit, *lies* s'auroit . . . escoues) *L* (ne lauroit t.) *C s. den* 2. *u.* 3. *der in A nach* 1558 *eingeschobenen V.* — 1347 *Mmd f.*; *L* Li pires polz *(pilu)* desus lui t. — 1348 *M f.* — 1349 *M* cum .I. a. t.; *md* comme a. t.; *L* p. qua. nest t.; *C* p. c a. ret. — 1350 *M* Ha volatile; *m* He folatise t. par v. ai ame *(aus mesies corrigiert); L* folatise; *C* Ha Folatise com sui por v. ires; *d s.* Molt suiz de toi corosiers et irez Quant je te pert molt an suiz adolez *und* 1562 — 1351 *dC f.*; *m* Tu mas colpes se ion *(sic)* a. — 1352 *C f.*; *d* Et neporquant (= *m*) plus . . . *und s.* Que de

ma cuise ne de mon destre lez — 1355 *C* Je vos f.; *M s.* E tres
foiç iert de fin or pesez E del plus fin qi sera recovrez — 1356 *m*
onques ne; *d* v. i mantez — 1358 *m* nescarnires; *M* (Ne voudroit
nen [Ne vaudroiz rien?] q. de moy tonerez) *m* (mestorderes) *dC s.*
1571 — 1359 *M f.* — 1363 *m* Le b. molu li a del chaint rues;
d tolu — 1364 *M* De lui m.; *m* Le c. li a demaintenant c. — 1365
d a sauvete — 1366 *M* e. a pie a.; *m* De b. c. estoit bien atires;
d est toz aloesez (= *esleeciez*); *L* est li q. arrestez E descendi lez
le pa. u pre; 1366—9 *C* = 1580, 1581, 1586, 1587 (Li quens les
aime); 1367 *M* = 1580, 1581 (Astivement), 1582, 1584 (a son a.
deleç), 1585 (remonteç), 1586 (son f. e. letrez); *m* = 1580, 1581
(Hast.), 1586 (lescu quest dor listes); *L* Si li desvest le bon haub.
saffre Tout le despoulle ce est la veritez Hastiv . . .; *d* = 1580 *und*
1581 (Ast.); 1368 *m* Li turs ne muet plus come qui soit tues; *d*
Celui resamble quan il fu adobez Plus que nul home qui soit de
mere nez; *L* Quant si se fu li berz bien adoubez; 1369 *M f.*; *L*
En son c. e. maintenant m.; *Ld s. B* 1586; *L hat außerdem* Li q.
sen torne plus tost quil pot aler — 1370 *C* au b. — 1371 *Mm* e le
poitral delez — 1374 *MmC* (plus) Qe mielç . . . mielç ert abriveç —
1376 *L* b. fu emlatinez — 1378 *MLC. f.*; *m* e. bien enparles —
1379 *MmdC* li marchiz au cor nez; *L* ne si est arrestez; *d s.* Es
esperoms ne s'et mie obliez Dex le condue qui an crois fu penez
Que il an puise aler a sauvete — 1380 *C* tous abrieves — 1381 *d*
A. sire D. biau rois de maiste (*Alex.*); *M* de sainta maistez —
1382—4 *L* Conduisiez le par vos s. pitez Quil ne soit de pa. ravisez
= *C.* (*fehlt der erste Vers*; *Q.* ie ne s.); 1382 *M* (li cons) *m* (d.) *d*
encombrez; 1383 *Mm* perceuz e visez; 1384 *Mmd f.* — XLII —
n. 1385 s. *M* (goriant cui t. rien s.) *m* (goriagne qui t. h. s.) *d* (glo-
riainne ou) 1605; *L* s. E est trestoute e valee e montaigne Cest une
terre qui tote honor s. — 1386 *M f.*; *m* de campaigne — 1387
MmLdC f. — 1388 *MLC* = 1608; *m* ai fait male bargaigne —
1389 *M* (ai gr. d. estragne) *m* (ma g. d. e.) *L* (d.) *C* (dont mes d.)
= 1609 — 1390 *C* Qu enprisonerent; *M* (De sor l a. en tet en u.
bangne D. les s. qi est rois soveraine [*superaneus*]) *mL* (Mlt i ai fet
dolereuse bargaigne D. les s . . . d alemaigne) *C* (Desor l a. enmi
en u. h.) *s. die zwei in A nach* 1610 *eingeschalteten Verse* (*d weist
nur den* 1. *auf*) — 1391 *m* p. home qui estangne; *L* ne p. demaine;
d [ne] p. r. ne p. reine; 1391—3 *M f.*; 1392 *L* cui diex grant
honor doigne; 1393 *L* Ne l. en i. ainz quit quil i remnignent —
— 1394 *Mmd* lez; *L* par; *C* parmi la plegne — 1395 *M* se hagne;
md laime — 1396 *L f.* — 1397 *M* uns t. de b.; *C* la gent — 1398
M e ces de puliane; *L C.* de baleme . . . maliquaine; *C* gogacaigne
— 1399 *M* de golaine; *m* dorcalaigne; *L* daquilaigne; *C* durces de
grimohegne — 1400 *d* Butors; *C* li fiers — 1401 *M* al p. de ber-
taigne; *m* as pors despaigne; *C* fort home — 1402 *m* (ne l. ne l.)
L (ne lin ne) *d* (bebis ne) ne croist; *m s.* Ni croist de blei cun seul
dor (*durchgestrichenes d*) pregne Solaus ni luist ne nus hom ni
gaaigne Ewe ni sort a pui ne a montaigne Oissiaus ni cante ne riens
qui ioie maigne — 1403 *d* et an sa celle a.; *C* et l. et e. — 1404
L f.; *M* E d. ot en sa lance une faine — 1405 *MmL* (G. court
. . . ot) *d* (sofrainne) *C* = 1626 — 1407 *M* vait — 1408 *M* chere

o. — 1409 *M* (Ales) *mL* (a lui ... longue) *dC* = 1630 — XLIII — 1410 *M* desireç *(passim)* — 1412 *C* nos vient tot cel train; *m* sans t. — 1415 *Md* le cuvert; *L* Celui dorenge qui est fel con mastin — 1417 *M* (a tel fin) *m* (en t.) *L* (qui laisse le chemin) *d* (an sel b.) Qui suit arofle; 1415—7 *C* Li sors baucans le siut tout estrain Ves aeroufle eslaisie cel chemin — 1418 *d* Butorz — 1420 *m* A cel mot sont dont teu . li cousin *(sic)*; *d s.* Isnellement tuit asanble et . I. brin — 1421 *M* (G. vienent devant lez . I. s.) *m* (tot d.) *L* (G. voient) *C* (G. virent) *d* (G. movent an . II. lez isabrin [= . I. s.]) = 1640; *M* (qi not lo cor frain) *m* (ne samble pas farin) *LdC s.* 1642, 1643, 1644 — 1422 *LdC* son l. — 1423 *M* antipantin; *m* alapatin; *C* alampatin; *d* Je ai l. Guillaume o le roi Lanpatrin *(Alex.)*; 1423—5 *L* Moi e li preuz li rois Alipatin Delez larchant desouz . I. foillu pin Ai mort lessie G. tout s.; 1424 *M* (de deleç un sapin) *m* (d. . I. pui s.) *d* (Devers ... herbin) *C* (desous) = 1649—1427 *m* (La le d.) *d* *(Sou)* desarmai; *L* Desarmez est — 1428 *M* s i m. a chemin; *d f.* — 1429 *m* danebarc; *LC* danebrun — 1430 *d* Et Baufumez (= *MmLC*) et au r. F. — 1431 *M* Anim ... lo roy vac.; *m* e le fier gargarin; *L f.*; *d* Et Autimes de C. et au fraire Cain *(Alex.)*; *C* garcoin — 1432 *M* E ancuber ... oltremarin; *m* austromarin; *L* Ancibert ... estomarin; *C* estramarin; *d* Osterin — 1433 *m* Que au gregne *(korrigiert zu* greghe) volroie e. aucerin; *d* S'aura O., li menor acherin — 1434 *d hinzugefügt von späterer Hand* — *n.* 1436 *s. M* (volatin) *mLdC die zwei nach A 1660 eingeschalteten Verse* — 1437 *MmLdC* = 1661 — 1438 *L* Par ses . II. chasses — 1439 *M* P. c. conoirent qil nest pas son v.; *m* P. che vinrent; *dC* nestoit p. — 1442 *M* (de b. e a.) *mL* (e b. e e.) *d* (de voidie) *C (d.)* = 1667 — XLIV — 1444 *m* esgaitent; *d* Mas ci [= *Marcis*] G. — 1445 *C f.*; *M* sor lo destrere; *L* q. pert par ses. — 1447 *M* (C. dor) *m* ormiere; *C* ert dobliere — 1448 *L* fu reboursee a. — 1449 *M* La c. roge p. qi ni ert p. legere *(Alex.)*; *m* La c. rouge parut par de desriere; *C* La c. ert route — 1451 *MLC* (que cou est b.) = 1676; *m* que che ert b.; *d* ce estoit B. — 1452 *M f.*; *C* ni garires terciere — 1453 *M* (Ni gariroyç) *m LdC* (Ne l egares ... rociere) — 1456 *M* une vil carbonere; *mLdC* viel chamberiere — 1457 *M f.* — 1458 *Mm* e mon segnor s. p. — 1460 *M* volatille — 1462 *C f.*; *M.* ses e. une pere; *mL* une paniere — 1463 *M* la maile brune; *m* feuciere; *d* faviere; *C f.* — 1464 *M m* li m. l. p.; *d* cuer; *M* (M. labati trespart mi la p.) *m* (d.; droit enmi) *LdC* (qui qu en ait male ciere) *s.* 1690 — 1466 *M* la lance — 1467 *m* qualo ne miere *(sic!)* — 1468 *L* le chace par . I. viez sentiere; *M* Baudins — 1469 *mC* lav.; *L* A tout — 1470 *M* (B. lan. e devant e deriere) *m* (encloent) *L* = B 1696; *d f.*; *C* läfst, *trotz des Verses* 1512, *den treuen Baucent nicht sterben:* Hucent et braient au p. — 1471 *m* Tant le destraignent; *d* Toz les detrainche com[me] g. p. *(Subjekt Wilhelm!)*; *C f.* — 1472 *M* (en la chiere) *m (d.) L (d.) d (d.) C* (ot navree la c.) = 1698 — XLV — 1473 *mL* Vaitsent G. poignant; *M s.* Son bon destrier noit meilor iusqe en frise — 1474 *d* B. li fel; *M s.* Un saracin qet de mult grant acisse (= aatie) Not si felon iusqa la mar de frise Dex lo maldie e lo cor san donise Avec lui ot paiens de mainte gise — 1475 *M f.*;

mLd Malaquise; *C* val felice — 1476 *C f.*; *m* (malfenise) *MLd* = 1702 (Monfelise *in der Levante*) — 1477 *m* sure; *C* surtre — 1478 *M f.*; *L* delivre — 1479 *M* cui dempnideu maldie; *m* el destrier dorcatise (= *d'Orcanie*); *LC* (q. d. n aime ne p.) qui damedeu ne prise; *M* (li atisse) *L (d.) dC* (encire = *déchire*) *s. den zweiten in A nach* 1705 *eingeschalteten Vers;* M (Sor son destrier qi lo c. saint [= sanç] falisse) *C* (S. s. c. qui li c. de ravine) *haben auſserdem den ersten dieser Verse* — 1480 *Mm* qui va a g.; *L* mult tost a g. — 1481 *dC* totes riens j.; *L* Li r. *und s.* Sauver le vueille par sa sainte franchise; *C s.* Le gart de mort que en prison ne gise — 1483 *MmLdC* (ne li chiet F.) = 1710 (*zu korr.* F. ne chiet; *a:* Se ses chevaus ne chiee) — XLVI — 1484 *C* o le cors ounore (*im ursprünglichen Gedicht statt* au cort nes); *Mm* (abrieve) *L* (qui tant fet a amer) *d* (sascomme) *C s. den in A n.* 1711 *eingeschobenen V.* — 1485 *M* e demembre — *n.* 1486 *s. M* En un caland o il furent mene — 1487 *Mm* (en l.) *L* (en ior de) *d* (de meretie, *sic*) *C* = 1714 — 1488 *M* (Jus qil en e.) *m* (Dusque il erent) *d* = 1715; *M s.* Çil au tinel qi tant ot de bonte — 1490 *L* ou il seult converser — 1493 *L* (P. mons p. vaux sont paien g.) *d* (paien) *C* (ont p. molt ale) = 1720; *M s.* Plus de .xx. milia qi mult sunt desfee — 1494 *M* M. or a t. lo cont point e ale; *L* les a tous tresp. — 1495 *L* E .II. gr. l. les a il tous outrez; *M s.* Point volatille qi tant ot de bonte — 1496 *dC* est — *n.* 1498 *s. M* Ay baucent cum vos avoy ame Jamais meylor nen aurai recoure Molt sui por vos dolent e bosine (*l.* abosmes) — 1499 *C* s estut sour .I. — 1500 *L* recengle; *C* lait estale (= *mejere*) — 1501 *M* s. e. porfine; *L* cengle ne estale — 1502 *Mm C* t. terre — 1504 *L* le felon desree; *C* poignant tos abrieves — 1507 *MmLdC* nestoit — 1508 *C* Retorne a m. s. [*sans?*] plus qu . . .; *L* tant quaiomes i. — 1509 *M* (par la vostre bonte) *L* (p. ta sainte b.) *dC* (piete) = 1736 — 1511 *M* (cauce) *m* (cache) *L* (pene) *d* (force) = 1738; *C* force si ma f. — 1512 *Ld f.* — 1513 *M f.*; *L* Forment ma hui chacie e ramposne — 1514 *ML* chier s. c. — *n.* 1516 *s. M* (mie dote) *mLdC* (refuse) 1744 — 1517 *L* sont [*ursprünglich immer* s'ont, *älteste Form des passé ind. der Reflexiva*] li doi enc. — 1518 *C* Li estrier sont ronpu et depane — *n.* 1519 *s. m* Que mult estoient e fort e bien serre — 1520 *mC* li f. s. troncone; *L* li tronc en s. vole. — 1521 *MmLdC lösen den Vers auf zu:* Li q. G. fu de m. grant fierte Par tel air a le pai. hurte (*d* bote; *mL* son chev.; *L s.* E de lescu a le turc encontre Par tel vertu la li bers assene) Candoi si pie sont des estriers vole (*MmC* li p.; *m* del dest.; *L f.*); *L s.* a 1522 (le porte); *MmLC s.* 1750 (Larc. derrieres) — 1523 *d* hurte — 1524 *M* ia ne [= eni] leust — 1525 *M* Li s. p. de lui sont coste — 1526 *a* .XL.; *B* .L.; *M mL* .LX.; *d* .X.M.; *C* .XX.M. — *n.* 1527 *s. M* (esmere) *mdC* 1758 — 1528 *M* lo col c.; *L* Quant ne lempuet mener a sauvete D. D. iure le roi de maieste Que de pa. niert mes par lui grevez Traite a lespee le c. li a c. — 1529 *L f.* — 1530 *M* cor . . . enfronte; *m* trait . . . encontre; *L* Es vous pa. qui li ont escrie Mes li frans q. en a .II. craventez — 1531 *L* Quant ot ce fet ne si est arrestez Poignant sen torne plus ni est d.; *M s.* Sor volatille lo destrier abrive Des esperons la durement hurte — 1533 *L f.* — 1534

M baudin; *L* badu — 1535 *M* De totes parz sont sarr. passe — 1537 *ML* sor m. i.; *C* Et erraument au roi si l o. i. — 1538 *LC* Qu il ne l. — 1539 *M* seie; *L* (il l a.) *d* (D'isi qu'il l'a.) *C* (Tant que il l a.) = 1772 — 1542 *M* qi tant la desire — 1545 *M* n'i . . . moys p.; *m* Avant .I. m. soit venu ne pase; *d* Ja ne rant[a] [ain] soiz [s] . I. m. p., *Korrekturen einer jüngeren Hand* — 1547 —8 *M* (a mort livre) *mLd* (qui est g. et c. . . . desbarete) = *den drei Schlufsversen in B* — XLVII — 1549 *M* (not cure de t.) *mL* (na c. dat.) *dC* (d.) = 1785, 1786 — 1551 *M* si est s. b. d.; *dC* s. s. le b. d. — 1552 *m* Si ne li caut; *d* Si ne les dote le vaillant dun d. — 1553 *M* D. g. l. do trait au poonier = *m* (de terre apuier); *L* . v. . . . les prent a esloingnier; *d* de plein apoonier; *C* De . III . g. l. n i puet on aproismier — 1555 *M* p. en r. — 1556 *M* lo mur; *d* les t. et les cloichies *(!. so im Text)* — 1557 *L f.*; *m* le p. principier — 1558 *M* de marbre; *L* dedier; *mC* L. m. d orenge — 1560 *M* (ie men parti) *mLdC* (ie vinc ici l a.) = 1796 — 1562 *ML* Ov ya na. a n. i. r. — 1563 *MmL* f. gente m. — 1565 *MmLC* que t. aviez ch.; *d* qui t. estient fier — 1566 *m* li cuers; *L* de d. — 1568 *md* cheist — 1570 *M f.* — 1572 *L f.* — 1574 *L* Fai tost biau f. — 1575 *m* (soi) *L* loi si desraisnier; *d* si corocier; *C* acointier — 1576 *ML* e. a. a. — 1578 *d* La belle a. — 1579 *C* Ne le grant h. — 1580—2 *C f.*; 1581 *m* laidengier; *L* vergoignier — 1583 *MmC* dci p.; *L* Q. p. celui cui ie d. gracier — 1589 *d* nos soieries b. (berruier *statt* berger) — 1591 *M* ne tel qier anoier — 1595 *C* nen i a nul entier — 1596 *M* (Ne) *mLdC* (ie uc grant encombrier) = 1834, 1835, 1836 — XLVIII — 1599 *MC* en douteres — 1600 *M f.*; *m* me s.; *Ld* (me) *C* (matendes) = 1840; *M* (lo saureç) *mL* (mlt tost) *d* (maintenant) *C s.* 1841 — 1601 *L* De la t. ou il estoit montez En gloriete est il molt tost alez — 1602 *C* en h. li a cries — 1603 *ML* or v. h.; *d* por Deu c. v. h.; *C* por deu de maiestes — 1604 *dC* a; *M* (S. son c.) *mLd* (molt est bien asemez) *C* (ainc ne fu sa biautes) s. 1847 — 1605 *M* acesmeç; *C* a son c. adoube — 1607 *C* qu en e. ait este — 1608 *M* Qe toç li vi les b. e. = *m* (Q. t. ses b. li) = *d* (Car tot li voiz le b. a.) = *C* (Que t. li v. son branc); *L f.* — 1609 *LC* montes — 1610 *M* Si d.; *d* Ce d. — 1611 *C* por s. carite; *L f.* — 1613 *mC* principel; *L* Du p. a les degrez devalez; *d* par les maubrin degrez — 1614 *m* (quenaus) *L* creniaux; *C* as bat. del mur — 1617 *d* et ci vos an hastez — 1618—21 *d f.*; 1620 *M* Se cil m a. mort s. e desmembrez; 1621 *C* p. d. de maiestes *und s.* Hastes vous tos gardes n i demores Isnelement et cel *(icel)* pont avales — 1623 *d* Na o m. h. que soit de merenez — 1625 *MmLdC* = 1869 — 1626 *M* (qi c. avons i.) *mL* (Entre nous d.) *dC* = 1870 — 1627—8 *MmL* (leur sire) *dC* (P. l. signor) = 1871 — 1629 *C* En la batalle *und s.* En aliscans si con oi aves — 1631—2 *L* Jusque G. li m. au c. n. Soit d aleschans arr. ret.; 1631 *M* iere ia ret.; 1632 *M* ireç; *m* de nos — 1633 *M* li roy de maiesteç; *LdC f.* — 1634 *M* (sest torneç) *m* (v. t. e. acl.) *C* (d.) *L* (sest de pitie pasmez) *d* (c'e. v. t. a.) = 1877 — 1635 *ML f.* — 1636 *M* lonc lo n.; *m* li file tot contreval le n.; *d* [court, *spätere Hand*] contrev. vers le n.; *L f.* — 1637 *d f.* — 1638—40 *C* C. s. ge d. ia m. en douteres; 1639 *L f.*; *M* (q. ne ma rasoneç) *d* = 1882

— 1643 *m* (Aincois verrai ie la bouche souz le nes) *L* (*d*.) = 1886; *MLdC haben die fünf letzten Verse von B* (Jonckb. II, 256): 1 (*mL* soz; *C* la plaie) 2 (fist Guill. Y.; *m* f. corsaus li barbes) 3 (*m f*.) 4 (*d* qu'est sor loil son saichiez; *m* E dune plaie ca soz loel res ares; *M f*.; *C hat statt dieses und des letzten Verses* Ains le verai si me garise dex) — 1644 *MmLdC* = 1887 — XLIX — 1645 *L* de lerrer; *C* se pena de haster — 1646 *M* qe mult lo po d. — 1647 *MC* Que pres l. — 1648 *M* qe dex ne pot a.; *mC* que il ne puet a.; *d* qui ne puet [mais, *spät. H.*] a.; *L* De mil chevaus des paiens doutremer — 1649 *M* Gentils c. — 1651 *MmC* tote terre r.; *MmdC s. die in A nach* 1894 *eingeschalteten zwei Verse* (... bien vos di sans fauser; *M* ne me poroit garder) *und* Ne me voiez a vos eulz desmembrer; *L hat* Se il mat ... moi verrez decoper — 1652 *L* voi; *dC* entenc — 1654 *MmLdC* Car onc nel vi p. tur es. — 1655 *M* (voil) *mLdC* doi aorer — 1656 *MdC* Ni sera p. — 1657 *m* (vo c. au d.) *C* (cors desarme) Tant que — 1658 *mL* soz ... bouche; *C* ases m.; *d* Et que je voie la b. s. le nez — 1659 *M* (lo s. del p.; *simulare im ursprüng. Sinne*) *m* (res.) *Ld* (se res. assez) = 1902 — 1660 *C f*.; *in M von spät. H. hinzugefügt* — 1662—4 *C f*.; 1662 *und* 1664 *f. in MmLd* — 1666 *M* (.M.) *m* (*d*.) *L* (V. par ...M. sarr. errer) *dC* (des p. paser) = 1908; *M* (por p.) *m* (reviennent de forrer) *LdC s. den in A n.* 1908 *eingeschobenen V.* — 1667 *m* corsaus; *d* Cordus — 1668 *dC* dEspagne — 1669 *d* prisons — 1670 *L f*. — 1671 *M* (De g. soies) *m* (caines ... loier) *d* (sarer) *C* (loier) = 1912; *L f*. — 1672 *C f*.; *m* craventer; *Ld s*. De granz corgies quil orent fait noer Parmi la char lor font le sanc voler (*L* P. le cors lor saut le s. tout cler); *MmC haben nur den zweiten V.* — [1675 *MC* esprover; *L* esgarder; *mC s. a* 1653 — 1676 *M* Qe se fussez; *Ld* se tu fusses; *C* Se v. fuscies d. G. au c. nes — 1677 *m* (amer) *LdC* cui on seut t. l. — 1678 *mdC* laississiez — 1679 *M f*.; *mC* demener — 1680 *M f*.; *m* Ainc ne soffri si pres de tort (*sic, torc, turc!*) aler; *L* aler; *d* de vos passer; *C* laisases ... paser — 1681 *M* (voil) *mL* (*d*.) *dC* (viuc = voil) or m. — 1683 *M* Je me l. ainç; *mL* Je nel l.; *C* Ne le lairoit — 1684 *C f*.; *m* ochire e d. — 1685 *M* D. l. naile mon ioye escrier; *m* d. vous ... a els i.; *C* Que ien alasce ia d. li i. — 1686 *M* garder; *m* P. vostre a.; *d* me d. gou esprover — 1687 *MmL* (lever) *dC* (Et por la l.) Por la l. d. — 1688 *Mm* (cuer) *L* (Veil ie) *dC* Doi je mon c.; *L s*. A ces paroles ne se volt arrester — 1689—90 *C L* i. r. l. la ventalle a. Et puis a fait le ceval r. Tant con il puet de desous lui aler; *L* l. le c.; 1690 *L* e courre e r. — 1693 *M* E son auberg; *Ld* desserrer — 1694 *M* fust e f. — 1695 *M*(aler)*mL* (fist ... moustrer) *d* De l a.; *C* D a. p. — 1697 *m* au poing dor noeler — 1699 *M* canteler; *m* iambeler; *d* glandeler; *C* entre si quel sor ler (= *soller*); *L* jusquel neu du baudre — 1700 *M* de ci el glandeler; *d* averser; *L f*. — 1701 *M* si come no li volsist p.; *m* E le quint; *L* (si quil la enversse) *d* Le q. feri — 1703 *M* lo prist a rec.; *L* moustrer; *C* a pris a ac. — 1704 *M* codoer; *m* cosdroer; *L* codroe; *C* codroer — 1705 *M* (e preer) *m* (velt) *LdC* Q. v. O. — 1707 *d* somes — 1708 *C f*.; *L* n. sera compare — 1709 *M* (les vies) *m* (lor vies) *L* (*d*.) *C* En fuies — 1710 *MmLC* cois — 1711 *MmL* (revet) *C* revint a els capler; *d* revit [= revint] a aus parler — 1712 *M* ni o. d. = *m* (senf.); *L* Tous les ont fet G. delivrer E cil le suivent sanz point de larester *(korrigiert auf radierte Stelle)*; *d* le f. ne los. contrester; *C* aproismer — 1718 *M* comence a desliger = *m* (descoupler); *L* prist a d.; *C* a fait d. — 1719 *M* (aler) *m* (d.) *L* comande; *d* P. les a fait anvers O. aler; *M* (i vienent) *mdC* s. 1961 — *L* — *Diese Laisse bildet in L eine einzige mit der vorhergehenden* — 1720 *L* Et q. il ot — 1723 *MmLdC* Tost — 1724 *M* En son puing tint; *L* le b. dacier l. — 1725 *m* . VII.; *d* . IV. an a mort a terre crev. — 1728 *m* Que men voia mes — 1730 *M* v. els a.; *C f.* — 1731 *C* d. fali li aves — 1732 *L* Dient pa. p. mahom nostre de — 1733 *L* Aerofle sire faites vo v. *und s.* De nos chevax vez les vous delivrez — 1734 *C* et sont tout d. — 1736 *m* E . II. e . II. sont; *C* Li d. les . III.; *L* Li ber G. les a trestous noez Tous les pa. a si emprisonnez Li . I. a lautre est liiez e serrez Par le comant dant G. au c. n. Car il cuidoient par fine verite Ce fust Ae. li pa. desfaez En tel maniere les a emprisonez — 1737 *C f.*; *m* demores; *L* De tous ne furent — 1738 *d* aherdez; *M* (e conduit e) *mLdC* E les chevaus e chaciez e menez — 1739 *Ld* (le ch. ont t.) fu lor chemins tornez; *C* Et il le fisent ne l ont pas refuse — 1742 *M* G. piete f. qant ser. est e. = *m* (pechie . . . desc.) = *L* (d.) = *d* (d.); *C* G. paor ai cu il ni s. e. — 1743 *L* Glorieus sires qui de virge fus nez E en la crois fustes por nous penez Secourez hui dant G. au c. n. Que il ne soit occis ne afolez — 1744 *M* lasez; *m* tous les terres r.; *L* t. ces chans arr.; *C* et mons et vaus r. — 1746 *M* (ce e . . . foleg) *dC* (feautes) c ert; *L s.* Oez que dist la dame au cors molle Elle sescrie hautement par fierte — 1747 *Mm* E. li crie; *L* Gentiz quens sire e c. vos; *C* A vois e. s. c. retornes; *L s.* Tant voi p. sarr. e esclerz De vos mal faire sont tuit entalentez — 1748 *M* f. hom trop demorez; *Ld* honorez; *C* f. chr menbres — 1749 *C* sire car retornes; *MLd* Gentiz hons sire or tost si vos hastez — 1750 *MLd* menez; *C* guies — 1751 *M* trestot li c.; *d* soit chascuns c.; *C* Biaus amis sire et a moi retornes; *MmLd* (s. desfeez) s. Veez venir Sarr. e Esclers; *L s.* Qui tuit vos veulent occirre e afoler — 1752 *C* Volentiers dame d. G. au c. n. — 1753 *L* Atant sen torne ni est plus arrestez Ainz ne fina si vint droit as fossez — 1754 *M* est venuz tot armez; 1755 *L* que il avoit a.; *L s.* Quil ot conquis en Aleschans sus mer; 1756 *L* . XV. de v. ot t.; 1757 *M* canglez (cingulare?); *L* entassez; *d* madez; 1758 *L* Dedenz la p.; *M* entrel p.; 1760 *M* camembrez; *L* senez = *d* (q. prous et q.); 1761 *M* Qe il est en orence entrez; *L* Que en orenge nen est . I. seul remez; *d* Que il n'an est an n. antrez; 1754 — 1761 *C* Devant la porte avoit pase les gues Mais les turs a ocis et decopes — 1762 *ML* (Atant es vous les gardes aprestez Qui ont la p. et les h.) *dC* et li huis d. — 1763 *M* (isnellement) *L* (Et si fu tost) *d* (araumant) *C* (maintenant de.) a. — 1764 *Ld* esgarez — 1766 *Md* des — 1767 *C f.*; *MmL* (viande) *d* li v. et li clerez — 1768 *L* P. fist le p. en c. lever; *C* fremes — 1769 —70 *C* Et de grans bares molt bien les huis fremes; *m* huis molt fermement b.; 1770 *m* serres; *L s.* Dame Guib. li est encontre alez *(zu korr.* li a) Assez i fu baisiez e acolez Dunes e dautres aresniez e parlez — 1771 *M* (fust) *m* (se fu pie a.) *d* eust jambes aterrez;

C des atornes — 1772 *ML* (le pais t. p.) *d* Fu de pa. trestos li chans puplez = *C* (li cuens avirones); *MmLdC s.* Li murs dorenge entor avironez (*M* de torn) Si le tenissent il fust mal ostelez (*M* Sil a traysent) Mais deu ne plot le roi de maiestez (*L s.* Ainz leur fera les cuers trestoz irez Si con orrez se gestoie escoutez Con il fu querre en France le regne Le gent secours du grant riche barne) Es vos pa. venuz e atrevez Entor (*M* Devant; *d* Dehor) orenge environ de toz lez (*L* se sont il ostelez) Tendent lor loges e pavillons e tres Que . II. granz lieues ont tot le champ puple *(M f.)* — 1774 *d* Se il d. ne sont ainz a. — 1775—91 *C f.*; *L* Oez con furent li pa. assegez ... fu l. par les p.; 1776 *MmLd* Desramez; *M* (corsaus e huertez) *m* (d.; buereis) *L* (corsus e esmerez) *d* (d.; et Buherez) *s.* Et dautre part Corsus et Buherez; 1777 *M* (e buchurec) *mL* (en la t. fabiuz e buerez) *d* Et en la tierce Faburs et Esmerez; 1778 *MmLd* E de la quarte boriaus e maltriblez (*M* martebiez; *L* matriblez; *d* Fauburs et Matarbrez) E de la quinte aiquins e tempestez; 1779 *d* Amis de Cordres [= *M*] li vasauz J. (= *L*; e li viex j.); *m* E de la sisme walegrape li derves; 1780 *M* (siste) *md* (cete) E de la seme; *L* E enaprez; 1781 *M* mastice ... matasulez; *m* E la witisme li fiex matusales; *L* E damatiste li filz mat. ...; 1783 *m* . VII.; *d* . VI. a. ont le s. = *L* (. VII.); *n.* 1785 *s.* L E danz G. occis e trainez E la contesse iert arsse enz en . I. re; 1789 *MmLd* Anchois con soist [*von secare*] el mois daoust les bles (*Lesart von Mm*; *die anderen haben* A. con soit . I. mois davant l. b.); 1790 *Ld* arrestez; 1791 *M* (fu) *m* (q. est en . c. cites) *Ld* = 2034 ; *m s.* Or consent (*l.* conseut) diex G. au c. n. — LI — 1792 *C* la vile — 1793 *L* Le pais ars e la t. g. — 1795 *C* li a sa targe ostee — 1796 *M* e abosme; *C f.* — 1798 *Mm* trauee; *L* ot la c. entamee; *d* estoit ... navree — 1799 *m* En . XXX. l. p. e entamee; *d f.*; *C* . XIII. l. iert — 1800 *m* la b.; *d* T. sa b. avois cest escriee [*Macht der Gewohnheit!*]; *C f.* — 1802 *M* (aval alee) *m* (Parmi ... ius avalee) *C* (le vis; d.) *d* (just desvaulee) = 2045 — 1803 *Md* Guill.; *L s.* Oiez seignor con la dame ert senee E de touz sens tres bien endoctrinee — 1804 *MLC* espousee — 1805 *ML* mariee; *C* demenee — 1806 *d f.* — 1808 *C* en fons r. — 1809 *M* ma p.; *C* celee — 1810 *MmL* (sui ie mult) *C* (d.) *d* (du je estre a.) cuit ie estre asotee — 1811 *L* Quant ... desvee (*nach Radierung*) — 1812 *M* ma c. menee; *m* Seust G. sa maisnie; *L* Si eussiez vo c.; *C* Devant c euises ta c. — 1813 *C* Le quen B.; *L* B. le preu — 1814 *C f.*; *d* G. le conte — 1815 *m* Gautier de p. — 1816 *M* dont me sui desevree; *mL* dont sui molt desiree; *d* suiz afree — 1817 *mL* t. honoree — 1818 *d* a la menee; *L* Sil fuissent ci cest veritez prouvee En ceste sale fust la ioie menee Cil ... a launee — 1820 *M* Ancor ie f.; *C* Et entr aus — 1821 *M* Mais por g.; *m* Ne pas ... airee; *C* N iest pas guicars; *L* Nes p ... trespenssee — 1823 *m* Quanquele d. — 1826 *L* Sa c. — 1829 *M* As foiç s.; *L* Afouis — 1830 *M* Tant ... bien pres d u. i.; *d* bien demie j. — 1831 *M* = 2072—3 — 1832 *L* si sest haut escriee; *C* Li q. Guill. len a sus relevee — 1833 *L* Ahi dist elle roine couronee Con par sui ore dolante e airee; *C* sainte virge ounoree — 1834 *m* puis ... ies ... — 1835 *M* sera p. m. finee; *L* aservee (*asservie?*); *M* (A cum fort hore ie sui de m. n.) *m* (*d*.; fui iou) *L* (*d*.; De con faite heure) *d s.* 2078 — 1836 *L* virge bone euree — 1837 *LC* Car f. m. et en terre boutee — 1838 *C* Jamais sans duel n iert ma vie finee; *M* terminee — 1839 *d f.*; *M* (Jusqe ie) *C* (*d*.) *L* (I. serai e morte et afinee) = 2082; *MLd s.* 2083; *L hat noch* E de cheveus mlt grande deschiree Mes sus trestouz est Guib. dementee — LII — *n*. 1842 *s. m* E Gerrars sire li preus e li vallans — 1844 *M* Gaudin li brun e girard g.; *m* li povres guin.; *L* e Girars li ferrans E Guinemans qui tant par est sachans — 1845 *MLdC f.*; *m* li bons bers ioserans — 1846 *MLd* li hardis c.; *m* qui tant par est aidans; *C* li hardis et li frans — 1847 *M* (qi tant e. v.) *m* (*d.*; q. t. par e. doutans) = 2089; *M* (fui t.) *m* (Q. iou b. q. chi fustes t.) *L* (Q. vous chargai q. en fustes t. [*nach Radierung*]) *d* (te b . . . de ci fuiz t.) *C* (de moi) *s.* Que vos baillai quant de ci fus tornanz [*cf*. *A* 2090 *sqq*.] — 1848 *m f.*; *d* joiant — 1850 *M* (p. delez l. a.) *C* Deles; *m* Dedens; *d* delez l. A.; *L f*. — *n*. 1851 *s. MmC* 2094 (E medians e les sarragocans) — 1852 *M* gorgotanç; *L* qui tant sont mal faisant; *m* agoulans; *d* Golianz; *C f*. — 1853 *M* turte; *m* sure . . . morians; *L* sultre; *C f.*; *M* (miceraus) *L* (le turquois) *d* (montenois) *s.* 2096 — 1854 *Mm* (li fiels) mastice; *L* Cel de matistre le fil; *C* maurise li fius — 1855 *ML* (atout) a toç . XIIII. e.; *m* (li) *C* et si — 1856 *L* Ancibers; *d* Et doutre mer; *C f*. — 1857 *ML* (Bien furent) *d* que . . . que . . . ; *C f*. — 1858 *M* = 2101 (. . . . c. mille popilanç); *L* A tout . c . m . de la gent m. — 1859 *mC* (Se i) Nos i. f. a nos acerins brans — 1861—2 *d* Girarz li prous Gautierz et Elimanz; *C = a* 1844; 1861 *M* li granç; 1862 *Mm* g. e elimanz; *L* G. li p. gautiers li tolousanz E tuit li autre furent bien c. — 1863 *Md* si ayda V.; *mL* (bien) *C* (i f.) Mais s. t. a. — 1864 *L* reculanz — 1865 *M* sor p. r. = *d* (sol p. p.); *L* mesuranz; *C f*.; *L s.* Diex quel domage con estoit avenanz En tous estors hardiz e conbatanz — 1866 *MC* (priese) = *B* 2109; *d* force — 1867—70 *C f*.; *M* (en vit des) *m* (en vienent de n. e des c.) *L* (des n. et des c.) = 2110; 1868 *M* (e des choçes c.) *m* (Que des d. e des escois c.) = 2111; *d* Et es d. et es acorz c.; *L f*.; 1869 *d* tant fust; 1870 *L* et delmes — 1871 *m* C. nos . IIII.; *L* i avoit . c. p. — 1872 *L* nen e. . I. repairans; *C* nus n i e. e. — *n*. 1873 *s. Mm* (contans) *L* (*d*.; feri) *dC* 2117 — 1875—77 *C f*.; *ML* (not e. . II. espans) ni ot ent. . II. p.; *d* . I. espan; 1876 *L* T. fu mes e. fendus e empirans; 1877 *m* despendans — 1878 *Md* se je i sui f.; *m* se ie me sui fuians; *LC* se i en sui af. — 1879 *LC* vos — 1880 *MmLd f.*; *C* Qui sor tous est poestis et vallans — LIII — 1882 *L* amis; *M* (puceles) *m* (*d*.; pleurent p. l. a.) *d* (*d.*) *C* (puc.) *s.* 2125 — 1883 *M* (li hurtes e li c.) *d* (plorez e) *C* enf. — 1884 *M* D. dans g. e. dan b. o. — 1885 *M* g. e uigdolins; *m* e hunals li gentis; *C f*. — 1886 *M f*. — 1887 *M f.*; *mC* = 2130 (biaus) — 1888 *m* ains (*derselbe Fehler wie in a*); *C* ancois sont encor vis — 1889 *C f.*; *L* En Aleschans; *d* En unez [nef *spät. H.*] — 1890 *Ld* gentis — 1891 *M* qil f. finis = *m* (q. il estoit f.) = *C* (q. il par f. f.) — 1893 *L* de saint p.; *C* de p. tout b. — 1894 *M* (Sor) *m* (*d*.) *L* (Lez . . . defenis) *C* laissai; *d* remest toz asmaris — 1895 *ML* qi mult estoit f.; *m* q. biax iert e floris; *C f*. — 1896 *L* repris — 1898 *M* (Recoif se a. en ton s.

p.) *Ld* Recevez same en vo s. p.; *C* Mece son a. — 1899 *M* (qant) *mLdC* = 2142 — 1900 *M* (cort) *m* (del cuer li a mollie) *L* (court) *dC* (d.) vis — 1901 *d* lan aparle; *L s*. Oies seignor por dieu de paradis Con la dame est de grant bien entrepris *(sic)* Ainz tiex contesse ne fu ainz ce mest vis — 1902 *L* d. la dame gentis — 1903 *M* (v. ne esbaudis). *m* (entrepris) *LdC* = 2146 (mie) — 1904 *M* E. p. r. ne maris; *m* Ne vers p. dolens ne alentis = *L* (ne soiez a.); *C* esmaies ne falis — 1905 *m* Naies — 1906 *M* A. aveç orençe as a.; *m* laies; *L* A. lavez entre les sarrazins — 1907 *MC* .xx.; *m* nesteres — 1908 *d* Je cuit T. en resera s.; *C* Que dans T. en quide estre s. — 1909 *M* di del i.; *C* tant com il sera vis; *C s*. Ancois lauras par tes armes conquis — 1910 *M* e tu ce d.; *m* si come dist; *LdC* (mort) = *B* 2153 — 1913 *m* seignor — 1914 *M* Naymeris *(passim)* — 1915 *M* en menra; *m* (.VI. f.) *C* O lui ensemble; *L* avera; *m s*. Che sont vos freres qui tant par sont gentis — 1916 *m* E le l. quest issus daimeris *(zu korr., als die beste Lesart:* de geste Naymeri) — 1917 *L* Quant il seront venu en cest pais Si secourront c. q. pa. o. p. — 1918 *d* Q. ne les moignent — 1919 *M* q. en c. fustes m. — 1921 *M* (Or men c. yhu de paradis) *mL* (li rois de p.) *dC* (nous) = 2164; *L s*. Car ce ferai se ien puis estre ois — LIV — *n*. 1921 *s*. *L* Dame G. son parler ne detrie Dist a G. basset a vois serie — 1923 *MdC* Alez an F. — 1924 *d* Aymeris — 1926 *d* Dame Hermoigart la belle la chevie; *C s*. Ne vous fauront ne por mort ne por vie — 1927 *Mm* (Tost m... bacel.) *L* (la leur ch.) *d* (par lor c.) = 2171; *C* Ains m. la grant b. — 1928 *L* lor; *C* la grande b. — 1929 *C f*.; *m* Ta riche g. q. t. a s. — 1930 *MLdC* (contre la gent haie) vos; *m* Secorra toi — 1932 *C* mon — 1933 *M* t. e penie — 1934 *M* (auront mesage) *m* (aront. d.) *L* (message) *d* (d.) *C* (d.) = 2178 — 1935 *m* e departie; *L* si matee e p.; *d* honie — *n*. 1938 *s*. *M* (Ja n i movrai) *mL* (menront) *dC* (mouvront) 2183—1939 *L* ne vaudroit — 1940 *Md* fenie; *m* acomplie; *L f*. — 1941 *M* M. nen i. — 1942 *L* q. len requ. et prie; *C f*. — 1943 *M* vilanie — 1945 *MmLdC f*.; *L s*. James nauroie ioie esleecie Se sarr. vous avoient baillie — LV — 1947 *d* nostre; *C* A. ent dus; *L* E c. a. en france la vaillant Querre secours a Loeys le franc A Ay. qui le poil a ferrant Le vostre pere qui est si combatant E vostre frere e le linage grant Aideront vos iel sai a esciant — 1948—50 *C f*.; 1949 *M* A nos l. d. — 1950 *L* vestu le j.; *m s*. Ens en son dos bon e fort e tenant — 1951 *M* un fin a. l.; *C* Cescune a. el c.; 1952 *M* (aura seschuns s. b.) *mL* (aurai) *d* (le nu b.) = 2196; *C* Et si a. au c. c. le b.; 1955 *MLd* mescreant; 1956 *m* Si monterons sor c. m.; *C* en iront; 1951—6 *m liest*: Si mont.... Que nos serrons armees maintenant Chascune dame son bon espiel tranchant La lance el poing le gonphanon pendant Par grant air nos irons defendant Ni entreront li cuvert souduiant E nostre sires nous i serra garant En li masi *(nicht* afi) e en son saint comant Chascune aura son vert elme luisant Fort e legier e el cief bien tenant Lescu au col el poing lespiel tr. Si sont chaiens... Que del.... Si monter.... — 1957 *MmLdC* (desfendront) sont — *n*. 1958 *s*. *L* Avec ces dames nen soiez ia doutant — 1960 *M* Ni aura turch ni pain si vaylant — 1961 *M* du. p. r.; *L* perce; *d* getant — 1962 *m* li . . . widier son a. — 1963 *M* (si la vai) *m* acolant; *C* si sen va en broncant — 1964 *L* pitie — 1965 *ML* v. tendrem. p.; *C* de pitie; *d* pasmant; *L s*. Diex con grant duel vont entraus . 11 . [= de?] menant — *n*. 1967 *s*. *L* A Loeys le riche roi poissant — 1968 *Mm* (que mlt va) *LdC* (il est) = 2213; *L s*. Cis le conduise qui forma moysant — LVI — 1970 *M* (Or en vai) *md* = *B* 2215 *A* = *LC* — 1971 *MmL* (Si me lairez) *d* (*d*.) *C* (*d*.; Ci) = 2216 — 1973 *M* E tu iras en estragne contree Zo est en france une terre loee (*deutet auf den südfranzösischen Ursprung des Gedichtes??*); *L* honoree; *d* savee; *C* alosee — 1974 *mL* (. M.) *dC* verez — 1975 *M* noblement coroee; *m* de novel a.; *L* tante; *C* atornee — 1976 *mLdC* aurez — 1977 *M* Lors . . . ton [*l.* toie] a.; *m* Lors . . . vostre a. asenee; *d* Lues; *C f*. — 1978 *M* (Qe q. vos) *m* (*d*.) *L* (*d*.) *d* = 2226; *C* Que queres vous en estragne c. — 1979 *M* t. p. duree; *C* aures — *n*. 1980 *s*. *C* Je sai tres bien n i serai amenbree — *n*. 1981 *s*. *C* Pitie en ot quant lot bien avisee — 1982 *M* al vis; *m* Laigue del c. sans nule demoree Li est as iels tot maintenant m.; *Mm* (Parmi) *L* (*d*.; aval alee) *d* (arant colee) *s*. 2231 — 1983 *Mm* (son m. soz) *L* colee; *d* sor lermine angoulee; 1983—5 *C f*.; 1984 *Mm* (resne) *d* = 2232; *L* son hermine engoulee; 1985 *m* arraisonee — 1986 *L* M. souavet b. — 1987 *M* esgaree — 1989 *M* Q. non a.; *m* (naura) *C* ia na. — 1990 *L* coife l.; *d* ne chemise ostee; *C* Ne b. blances ne cemises l. — 1991 *C f*. — 1992 *C stellt das Getränk nach der Speise*, 1992—4 *n*. 1995—6; 1992 *m* Ne ne b. ne e. c.; *C* o e. c.; 1993 *L* maderin; 1994 *Md* leve; *m* Se laig. tieng ic. ert ma p.; 1995 *M* buratee; 1996 *C* Se le gros non; *L f*. — 1997 *M* de sor coste plumee; *C* desous; *L f*. — 1998 *MmLd* (N'a. la nuit s. m. c. o.) *C* (Naura) = 2246 — 1999 *ML* doree; *m* (fuerre) *d* (suaire) *C* (*d*.) = 2247 (enf.) — 2000 *M* (E celle r. qe ie) *m* (ien) *L* (con a. ap.) *C* (E tele r. q. g i a. p.) = 2248; *d* Ic. r. que lai a. p. — 2002 *MLd* acolee — 2003 *MC f*.; *md* li air e. p. (*d* laire e. bien p.); *L* sale e. — 2004 *MC f*.; *L* embrachiee e cobree — *n*. 2005 *s*. *L* Tout por G. la cortoise senee E por G. a la brache quarree A ice mot ni ot fet arrestee — 2008 *C f*. — 2009 *M* lo chief; *d* le cors; *C* et la coree — 2010 *L* F. fu cenglez d u. fort c. l. — 2011 *M* = *B* 2259; *L* Sus le p. sor une splace les Li tenoit len par la resne doree; *dC f*. — 2013 *L* vest u. b. doree; *C* Ses cauces lace sa la — 2014—6 *C f*.; *n*. 2014 *s*. *L* A cui li q. ot la teste copee; 2015 *m* de f. or ensaudee — 2017—2022 *C* Pus laca lelme au roi de val fondee Qu il ot ocis el fons dune valee Cest aeroufle qui [= *dat*.] la tieste a copee; 2017 *M* (doplee) *mLd* sor la c.; 2018 *M* (qaree *oder* garee) *m* (ietee, iecee) *Ld* . XXX.; 2019 *M* tant r. (*statt* si r., *wäre überall einzuführen*); 2020 *M* Ce est a. des p.; *m* C e. a. d. poins de grimolee; *L* Cil fu a. qui fu de v.; *d* C'est li a.; 2022 *M* Gent; *m* broigne — 2024 *L f*.; *d s*. Qui estoit d'or et d'azur coloree — 2025 *L f*. — 2028 *L* entor l. alee — 2029 *M* (tuylee) *mL* (triblee) tieulee; *d* estelee — 2030 *M* (esgaree) *mLd* Dont fu G. dolente e esploree; 2029—30 *C* = 2279 (D. f. G. gentiument a.) — 2031 *C* ie sui vostre iuree — 2032 *C* A la loi d. loiaument espousee; *L f*. — *n*. 2033 *s*. *Mm* (en lui reg.) *L* (*s. nur den ersten*) *dC die zwei in A n. 2282 eingeschalteten Verse* — 2034 *C f*. — 2036 *L* eschetivee; *MmL* (G. la mlt

tost sus rel.) *dC s*. 2286—7 — 2037 *L f.*; *m* par bone volentee —
2038—40 *C* M. d. la li q. commandee A sa m. qu ele s. b. g.;
2039 *M* a. d. recom. — 2041 *M* de s. gaitee — 2044 *Ld* = 2295
— 2045 *L f.*; *M* fermee; *d* A . II . ch. danbedous p. barree; *C* De
g. c. d a. . II . p. s. — 2046 *LC* coiement a c. — 2047 *m* respese;
Ld la nuee — 2048 *Mm* Si com li a. — 2050 *ML f.*; *m* la route
v. t. provee; *C* Que le pais et la tiere ont p. — 2051 *Md* roche —
2052 *C f.* — 2053 *M* a m. g. avalee; *C* Mais cil li cr. — 2054 *m*
(ait faite c.) *L* (ait) *C* = 2305 — 2055 *L* parole *(Verb)*; *C* sa raison
a t. — 2056 *M* En saracins sa r. a m.; *L* Si leur respont en grig.
sanz volee; *d f.* — 2057 *MdC* des p. de v. — 2058 *M* En contre
o. v. gardant *oder* vos gard ie la c.; *d* cerchant — 2059 *M* = 2310
(en e.); *LdC* a recelee — 2061 *ML* (torne ni a f.) *C* (*d.*; ni fist) =
2312; *d* ni f. plus d. — 2062 *M f.*; *L* entra en . I . p. — 2063 *M* e
u. g. v.; *m* vint en une v.; *L* entra en la v. (= *Rhônethal*); *d* antre
an . I . v.; *C* en une gr. v. — 2065 *Mm f.*; *Ld* (garisse) *C* = 2316
— 2066 *Mm* (forment regardee) *L* (s. reclamee) *d* = 2317; *C f.*
— LVII — 2067 *C* cui dex croise barnaie — 2068 *Md* chev. darage;
m dorage; *C* darage — 2069 *L* reclaime . . . corage; *d* fier — 2070
MLC f. — 2071 *M f.*; *m* si ciet en s. v. — 2072 *MC* Forment li
poise au c. la bone t.; *L f.* — *von den V.* 2073—8 *hat L nur*
2076, *den er nach dem dem V.* 2079 *hinzugefügten V. setzt*; 2074
MLd (la cuer g. s.) = 2325; *m* F. eskieve la pute gent grifaigne;
2075 *Mm* p. bos e p. herbaie; *L f.*; 2076 *M* (unc nen fist h.) *d* (Ainz
c'une n. ne fist cui [= *c'un?*] h.) *C* (Nonques ne fist c une n. h.)
= 2327; *mL f.*; 2077 *M* (de d.) *m* li demorers t. t.; 2078 *M* (le t. =
lait t.) *m* ne lait t.; *Ld f.*; 2079 *M* (narestot) *mLdC* A. narestut a
port ne a passaige; *C* s. Por nul let tans p. vent ne p. orage —
2080 *M* (vint) *mL* (liave p.) *d* (les rues) *C* (Vet a o. lors repasa a
n.) *entspricht dem in A n.* 2330 *eingeschalteten Vers* [*Assonanzen:*
brace, arage, reclaime, aigue, passe, targe, chevalche, menace, boscage, targe, passe] — LVIII — 2082 *Mm* A. u. n.; *C* s. Avoec
guib, et s espouse et s amie [*cf. Wolfram v. Esch.*] — 2083 *L*
naviee; *d* outre p.; *C* Qu a o. v. lues repase an. [*steht n.*2084] —
2084 *M* dungarie; *C* Mais tant ala el. d. de surie — 2085 *C* P. orliens — 2086; *in allen Handschriften steht dieser V. nach* 2087; *C*
U ira — 2087 *M* B. nel voient liuns a l a. ne d.; *m* B. le v. li . I .
alautre d.; *m s*. Trop bien resamble roubeor ou espie; *L* s. Je croi
mlt bien que ce soit une espie De sarr. la pute gent haie Por espier
ceste terre garnie Est ci venus d. d. le maudie — 2088 *dC* la parole; *L* Or vous veil dire dun mal fe de la vile Qui sen vet tost
courant par arramie La ou savoit le chastelain lor sire Vint a lui
droit si li comence a dire Sire fet il ci sen va a delivre . I . hons
armez mes ne savons quest sire Par mi la vile a sa voie acueillie Si
ne sot nus dont vient de quel partie Ne ou sen va sachies le bien
biau sire Quant cil lentent ne se delaie mie Maintenant a . I .
brongne vestie V cheval monte sa la lance empoignie — 2089 *m* p.
toute la c.; *L* sen vet . . . *und s*. Quant il le voit hautement li escrie; *d* A lui parole par mlt gr. estoutie — 2090 *d* p. m. tres g.
maistrie — 2091 *M* Qi e. [vos] v. ne mi c. vos m. [*Alex.*]; *MmL*
(A. alez par la terre garnie) *dC* (A nuit a. n. c. traie) s. 2342 —

2092 *C f.*; *L s.* Bien le semblez par dieu le fil marie — 2093 *L* que d. dieu le mien sire — 2095 *LC* garantie — 2096 *L* siert torne a f.; *C s. a* 2092 (Je cuic que iestes); *L s.* E il dist voir si que lorrez bien dire A lui meismes ne demorra il mie — 2097 *m* Pasa a. ... sa t.; *L* Dont p. a. le chev. de Surie Lescu G. ahert par estoutie — 2098 *M f.*; *L* tirie; *C* viertu — 2099 *C* Pries va que toute — 2100 *M* yhu te maledie; *d s.* Biaus sire Dex soies moi en aie Qu'an Bellian nasquistes de Marie Car or sui je antre mort et la vie — 2101 *M* (ores mult c.) *m* = 2352; *d* M. g. t. as quant vers moi c. — 2102 *L* L. le ester si ferez c. — 2103 *L* Traveillie ma ne la veil laissier mie; *d* li cors m'an afloibie — 2106 *ML* vilenie; *C* de grant vois die — 2107 *ML* = 2358; *mC* Tant; *d* Quant — 2108 *M* (T. li dit il p. o. e folie) *m* (dist) *Ld* (l'. fait il p.) *C* (T. p. li f.) = 2359 — 2109 *M f.*; *L* Tant le sacha e bouta par ramie Por pou du col na la targe enrachie; *d* M. li pesa de ... — 2110 *L* (dame s. Marie) *d* (li fiz s. M.) *C* = 2361 — 2111 *C* Contre .c. t. — 2112 *M* Cist mauvas h.; *md* conchie; *L* laidoie e mestrie; *C* enuie — 2113—5 *C f.*; 2113 *M* (me h. e moie) *m* (h. e contralie) = 2364; *L* mlt forment me laidie; *d* ladoinge et convie; 2114 *m* porsaiche; *d* desaiche; *L* me laidenge e detrie; *n.* 2115 *s. L* James prodome ne dira vilonnie — 2116 *M* verbindet den Vers mit 2117 *zu:* Puis [trait] les. ou d. se f.; *m* (qui luist) *d* ou li ors reflanbie; *L* A ice mot a lespee sachie — 2117 *C f.* — 2118 *M* (loreyle) *Ld* delez; *m* lez; *C* parmi — 2119 *Mmd* Deci el p. est; *C* Parmi le cief del boin branc qui vredie — 2121 *M* As a. clament e la b. c. crie; *mC* la grans c. — 2122 *L* delez .l.; *C* poignant viers l a.; *L s.* Diex le garisse li filz s. Marie Cil de la vile lenchaucent par aatie (*sic*) Apres le conte ot mlt grant estormie — 2123 *M* vers l.; *L* a lui; *m* esc. — 2124 *Ld* e en lelme f. — 2126 *m* li fist mlt bone aie; *C* La c. est de m. t. — 2127 *Md* Dex d.; *mL* (virge s. m.) *C* (d.; s. v. m.) = 2378 — 2128 *L* Faites moi hui en c. i. garantie — 2129 *C* ci commence f. — 2130 *Ld* (Se les e.) *C* espar — 2131 *M* de mlt g. astie; *m* enhartie (-cie, enhaitie?) — 2132 *M* (Ni a mestere) *m* en ruie; *d* Nespargnent home por nule signorie — 2134 *L* l. mestroie e chastie; *m s.* Fiert .I. boriois simon de la gaurie Mort le trebuche devant lui en la rue (*sic!*) Puis fiert .I. autre de lespee forbie De si quel ventre est lespee glacie Le tierch encontre dune glame (*glaive?*) saisie Li q. G. des mains la esrachie Fiert le borjois lame sen est partie La not mestier G. c. — *n.* 2135 *s. L* Qui le veist coment il les maistrie E en chachant coment il les manie — 2136 *M* ville; *d f.* — 2137 *M* envaie; *C* la porte — 2139 *M f.*; *m* Del roi de france — 2140 *M f.*; *m* (e cele c.) *C* compaignie — 2141 *M* mlt ot grant compaignie; *m* o mlt gr. b.; *L* seignorie; *C* C. de G. a la c. h. — 2142 *C* F. e. G. u mlt ot b. *und s.* Que Aimeris engenra en sa vie — 2143 *L* les p. — 2144 *C f.*; *MmLd* = 2395 — LIX — 2147 *MmL* (Ne des) *dC* (escapa) = 2398 — 2149 *M f.*; *C* cevauca — 2150—2 *C f.*; 2150 *Mmd* repaira; 2151 *MmLd* = 2402 (*M* Atant do. i. [*Alex.*]); 2152 *M* v. les estapes — 2153 *M* sen va; *C* Et voit — 2155 *M f.*; *L* Cis estoit freres au comte qui sen va Dame Ermengars ambe .II. les porta A la court fu de paris revient ja — 2156 *m* encontre li sen va; *L s.* A haute vois crient sire hernaut — 2157 *M* = 2408; *Li* mauvaisement n. v. — 2158 *M* U. c. armez qe p. ci va — 2162 *m* chemina; *L s.* Mes il se ment car autre chose y a Lors a parle li bons contes hernaus — 2163 *L* Si leur demande — 2164 *M* civalça; *m* savancha; *d* sadresa; *mLd* (Le grant ch. vers E. t.) *s.* 2416 — 2165 *MmL* unc si gr.; *C* nul si gr. ci nen a — 2166 *M f.*; *L* (C. estoit) *C* (me s.) = 2418 — *n.* 2167 *s. L* On li aporte point ne sasseura — 2168 *M* e larme [= *elme*] rel.; *C* .I. h. viest et .I. h. l. — 2169 *ML* son c.; *C f.* — 2171 *C* .xx. — *n.* 2172 *s. C* Demie liue ses conpagnons pasa — 2173 *m* chemina — 2174 *M* une branche; *L* qua .I. b. hapa; *C* osta [*steht nach* 2179] — 2175 *M* h. e.; *mLdC* li c. — 2176 *MC* malement vous ira — 2177 *C f.*; *m* (venir) *L* torner vous convenra — 2178 *C f.*; *d* La g. d'Orlies — 2179 *Mm* (deh. p. v. i.) *d* (daait qui p. v. i.) dait qi p. v. i.; *L* G. loit maintenant dit li a Madehez ait qui por vous en fuira Qui v. fuiroit quant v. venez deca Petit me prise se nen compares ia; *C* Quant li q. lot viers lui sen retorna — 2180 *m* abandona — 2181 —2 *C* E. s. f. enviers lui r.; 2181 *m* E. lentent; *L f.* — 2183 *C* V. soi f. — 2184 *M* Lor l. prisent e la p. fort c.; *L* pecoia = *d* (li p. fors p.); *C* fragment; *C s.* Mais des haubers ains malle n en fausa — 2186 *m* Q. d. c. a terre t.; *L* Que ... ou pre le t.; *C* Q. ses c. desous l. t.; *C s.* Traite a l espe en son lui s aresta Ja le ferist quant il se porpensa Quant est a piet ia ne le toucera — 2187 *L* Puis li escrie que pas ne li cela; *C* Li q. lapele — 2188 *C* gaires ne v. a. — 2190 *m* q. onques r. nen a — 2191 *C f.* — 2192 *steht in d n.* 2193—2194 *MmLd* = 2446 — 2195 *C* et au vis (= *M*) l esgarda — 2197 *C* le piet li e. — 2198 *C* bouce — 2199—2200 *d* De ce q. f. d. i. d. c. p.; *L* mlt gr. merveille en a; 2200 *M f.* li enuia; *m* durement sesmaia; *L* car pas ne lavisa; *C* F. li poise que onques le touca — 2201 *L* Car le sien f. m. coneu na; *C* m. ne ravisa — 2203 *MmC* = 2455; *d* le; *L* Mlt hautement monter li comanda Montez vassaux ne demourez vous ja — 2204 *MmLdC f.* — LX — 2206 *M* (Lors f. si l.) *m* (Or f. si l.) *L d (d.) C* (d.; Lors) = 2457 — 2210 *d* molt avez g. v. — 2211 *C f.* — 2212 *L* le r.; *C f.* — *n.* 2213 *s. C* Sa coupe bat de cou qu il l a feru — 2214 *MmLdC n.* 2215 — 2215 *M* (ceval) *mL* (d.) *dC* (d.) = 2465 — 2218 *M* ((son) e.) *mL* (la b.) *C* (a fait G. e.) = 2469; *d* mist — 2219 *MC* Onques Ernaus n i t.; *m* A. a sa bouche; *d* n atocha — *n.* 2220 *s. d* G. voient ne l'ont pas coneu — 2221 *M* li dit s.; *C* se li rendent s. — 2222 *C f.* — 2223 *M* (la vile) *m* (voie) *C* (Desous la vile) Defors la v. avoit .I. p. h.; *Ld* (Desus) en mi — 2224 *M* pendu; *C* desous .I. pin f. — 2225 *M* conteu; *m* li; *d* les a toz c.; *L* le ra tost c. Conte leur a dit et amenteu — 2226 *C* qu il avoit r. — 2227 *m* En la b. quen alissans fu — 2228 *M* mon avoir ai p. [*urspr. Lesart*]; *m* e mi n. p. — 2229 *Mm* li gloton m. — 2230 *Mm* (e richars) *L* G. le pro e g. le membru; *d* chenu; *C s.* Et guielin del commarcis son dru — 2231 *mC* Vivien mort d. — *n.* 2232 *s. C* Asise lont li pa. mesc. — 2233 *L* Na en la vile ne josne ne c. — 2234 *M* F. qe une g.; *m* F. s. les dames; *L* F. que la g. e .I. c. franc membru — 2235 *M* (.XXX.) *m* (d.; vasles) *L* (quas pa. ai tolu) *d* (.xxx.) *C* (Et .xx. c.) = 2486 — 2236 *Mm* (toli) *LdC* (Je les r.) = 2487 —

2237 *L f.*; *M* qil nont point de v.; *m* maigre que poi nont de v.
— 2238 *C* a lacie liaume agu — 2239 *Md* = 2490; *L* ou poing
lespiel molu; *C L* e. el puig et le hauberc vestu — 2240 *L* E sa
chascune a s. c. son e.; *mC* (El p. lespee) a s. c. son e. — 2241 *L*
viande ... grenu; *C* pain et f. m. — 2242 *M* (Si a cort) *C* =
2493 — 2243 *MC* = 2494; *m* e destruite en .1. f.; *Ld* (sera ...
et m. a f.) P. e. O. e toute mise en fu; *d* s. Guiborc onie et cil
dedanz perdu — 2244 *M* son s.; *m* bernart; *L* perdu — 2245 *M f.*;
m na il m. r. — 2246 *MmLdC f.* — LXI — 2248 *MmL* en p.;
C riant; *MLdC* (Mlt d. et p. a.) *s.* 2499 — 2249 *m* serres v. en
maie — 2250 *M* ne larai ne vos die — 2251 *d f.*; *m* ens en mon
cuer; *L s.* E sachiez bien ne vos mentirai mie Je lirai dire a nostre
baronie A Erm. la dame de pavie E Aym. a la barbe flourie —
2252—61 *C f.*; 2252 *ML* ne v. atargiez m.; 2253—55 *L* Mes dites
leur por dieu le fil Marie; 2254 *Mm* vostre; *n.* 2256 *s. L* Car mlt
par ai grant mestier or daie Dame G. la dame seignorie Quest en
Or. dolante e couroucie Dites leur frere por dieu ie vous en prie;
2257—9 *M* Qil mi envoient de sa civalerie De cels de france de
[mlt] grant baronie; 2257 *m* a saint Denise; *L* E ie men voit en
France la garnie A L. qui tant a seignourie; 2259 *m* baronie; *mL*
s. 2512 (baille) *und* 2513 (de la gent segnorie; *L f.*); 2261 *Mm f.*;
L De ce secours. [*Punkt!*] il feroit vilonie — 2263—65 *ersetzt in M*
durch die oben weggelassenen Verse 2257 (*Alex.*: A l. i. en france en
sandonise) 2258 2259 *und* Qil me baut de sa civalerie; 2263 *C* Qu
a m. dedens la tor antie; *L* Mes alez i e si nel laissiez mie Trou-
verez li o bele compaignie A mon laon ...; 2264 *C* Si d. avoir;
m une loie festie [!] — 2266 *MmLd* = 2518; *C* De caus de france
i aura grant p.; *L s.* A ses barons en donra la baillie — 2267 *Mm*
gente m.; *L f.* — 2268 *L* damediex vos conduie — 2269 *M* (o di-
ners de s.) *mLdC* (et pales derousie) = 2521 — 2270 *M* (e iente
comp.) *mC* ballerai; *L* e de ma baronie; *d* chargera o sa ch. —
2271 *M* li m. — 2272—4 *C f.*; 2272 *L* Frere dist il por dieu le
fil Marie Je nen prendrai vaillissant une aillie Ainz men irai car ici
trop detrie; 2273 *m* H. le b. mais la bouce a guerpie; *Ld* et la
face et loie; *M* (v. a seint saine em brie; *der* 3. *Vers f.*) *m* (A. que
Guill. v. a saint avignon en brie Enconterra ...) *L* (F. sen vont a
celle departie Ainz quern. fust a sa herbergerie En. de gent mlt grant
partie Qui sen aloient en France la garnie) *d* (a ses herb. Ancontre
a) *s. die in A n. 2525 eingeschalteten drei Verse* — 2275 *d* n'i ot
r. laichies; *C* J. a orenges — 2276 *m* vint; *L* iusqua laube esclarcie;
d i p. li q. h. — 2277 *C* quant fu laube esclaircie — 2278 *m* tem-
plerie; *L* dedenz une abaye — 2279 *M* e braisie — 2280 *L* Li f.
i p. qui tout la destruite; *C* q. ardi l a. — 2281 *MmLdC f.* —
LXII — 2282—2316 *C f.*, *d. h. diese ganze Laisse fehlt in C* —
2283 *d* daries — 2284 *Mm* T. ot coru son a.; *L* T. a coitie son a.
— 2285 *m* par devant le m. — 2286 *M* isoient — 2288 *M* P. la
ville — 2289 *Mm* sembloit ... venoit; *L* (revient) *d* (veigne) =
2540 — 2290 *M* M. l esgarderent paen e p. — 2291 *ML* (courssier)
d voient — 2292 *L* b. s. cis bergier — 2293 *M* si g. somer —
2294 *MmL* (D. lont issi h. encruchie) = B 2545 A = *d* (en croier)
— 2295 *Mm* cum s. beruier; *Ld* bien lanier — 2298 *L* Desous —

2299 *M* de son corant d.; *m* satacha son d. — 2301 *L* percie — 2303 *M* corocier — 2304 *m* a . . . laist; *M f.* — 2306 *Ld* Q. la f. a venu . I . chevalier — 2307 *m* isi gr. soudoier; *L* Il na si gr. deci a mondidier; *d* nus ausi gr. sor ses pies — 2308 *m* haut princhier — 2309 *L* viegne p. F. c.; *MmL* (contre lui soit dreciez) *d* Mais ni ot prince ja sost vers lui drecier — 2310 *ML f.* — 2313 *M* De damnide — 2314 *Md* merveillier; *L* esmaier — 2315 *Mmd* vont; *L* est alez — 2316 *MmLd* = 2567 — LXIII — 2318 *C* = 2569 (ne per ne conpagnon) — 2321 *L* s. tuit en soupecon; *C f.* — 2322 *ML* esmerillon; *C f.* — 2324—5 *M* Qil a la vis . I . vasal au p.; 2324 *m* (la ius) *L* (Que laval a) *d* (Q. la a. descandi) *C* (Q. laval est) = 2575; 2325 *C* proudom — 2326 *M f.*; *C* Mes ne savons s est chevaliers u non — 2329 *m* dun heron — 2330 *mC* au senestre geron; *M f.* — 2332 *M* Grant; *d* gras — 2333 *d* B. an androit; *L* B. avenroit — 2334 *M* mult mangon; *LC f.* — 2335 *m* a levre s.; *L* de mlt bone facon; *C f.* — 2337 *M* (Darieres a torse, Alex.) *mL* (E sa trousse . I .) *d* (D. trossa) *C* (Et a t.) = *B* 2588 — 2338—40 *C f.*; 2338 *d f.*; *MmL* (encor) = *B* 2589; 2340 *M* de plus noyr qe c.; *m* Si en i a r. come c. — 2341 *m* gros — 2342 *M* (de dis pome) *m* (paus) *dC* (de . III . pies) Plus a la boce de . X . ponz environ; *L f.* — 2343 *d* vermoil; *C* pelicon — 2344 *mC* = 2595 (. I . vermel siglaton) — 2345 *Mm* (e sore le m.) *C* le menton; *L* e clere la facon — 2346 *M* lo piç c. en s.; *m* e les p. gros en s.; *LC f.* — 2347 *M* = 2598 (narille); *md* Ample v.; *LC f.* — 2348 *M* prodon; *L* baron — 2349 *L* si en ont souspecon; *C f.* — 2350 *C f.* — 2351 *MLd* car i a. — 2352 *d* P. i v. — 2353 *MmC* et qui non — 2355 *M* (arons) *C (d.) mL* (mauvez v. a.) *d* = 2606 — LXIV — 2357 *d f.* — 2358 *M* Tant qe saqeç — 2359 *M* ie vos di por vertez; *m* en v.; *L* de v. — 2361 *C f.*; *M* A. amis; *L* A. sanson — 2362 *d f.* — 2363 *C* Isnelement a. les d. — 2365 *Mm LdC* (demandes) dites que vos querez — 2366 *C f.* — 2367 *M* ia por moi lo s. — 2368 *M f.* — 2369 *LC* Jai n. G. li marcis — 2373 *MLC* = 2623 — 2374—76 *M f.*; 2374—78 *L* Por Dieu vos proi ne vos en airez Ci menvoia nostre rois couronnez A lui rirai dire les veritez Quiestes G. maintenant me raurez; 2375 *C* A loeys iert vos besoins c.; 2376—77 *C f.*; 2376 *m* Biax sire chevaliers aparmain me rares; 2378 *Mm* (amaron d.) *d* (mescrerez) *C* = 2627 — n. 2379 s. *C* Ne me mouvrai devant que revenres — 2380 *M* en doterec; *L* le mescrerez — 2382—3 *C f.*; 2382 *m* me f. p.; *L* se ie sui ses p.; 2383 *d* o; *M* issent — 2384 *m* verrai; *d* de cui — 2385 *m* (Que) *L* (E . . . espirez) *dC* (Al grant b.) = 2635 — 2386 *d f.*; *M* (Sadonc li f.) *m* (mais s.) *L* (Se ci me f.) *C* (Se or me f. n i ai mes s.) = 2636 — 2388 *MC* feroit; *mL f.* — n. 2391 s. *C* Cil au cort nes ensi est il noumes — 2392 *m* P. nos v. m.; *C* Que doi ce sire qu e. l. n a. *und* s. Molt m esmervel quant descounu l aves — 2393 *Ld* sest v. t. c.; *C* aclines — 2394 *C* Sanses d. il; *L f.* — 2395 *M* (de m.) *C* visitez; *L* Dist que par lui ne sera revidez — 2396 — 2401 *C f.*; 2396 *M* As v. d. sest si c. c.; *L* Aus; *d* Au vif d.; 2399 *M* (enç el c. e au n.) *mL* (e au vis) *d* (lez) = 2650; 2400 *M* = *B* 2651 (qil e. ci a.); *d* qu'il e. ansi armez; 2401 *M* (e corociez) *m* = 2652; *L* abosmez; *d* anplorez — 2402 *L* Li bacheler

— 2403 *C* Et damoisiel — 2404 *C* Que li q. ot mains nobles dons d.; *L* A cui ... ot g. d. — 2405 *L* E p.... e h. e. — 2406 *C* f. — 2407 *dC* f. — 2410 *Mm* (desarmez) *d* (vit) Q. il le virent quil fu si desramez; *LC* atornes — 2411 *L* Ainz deulz ; *C* f. — 2412 *C* fu entr aus s. — 2413 *M* f.; *C* laidis et ranprones — 2415 *C* f. — 2417 *M* Ja nert s. chiers tenuç ni ameç — 2419 *M* Je v. ai bien; *m* ai mlt; *Ld* (serviz) = 2670; *C* noris et aleves — 2420 *M* (M. bon a.) *m* (Les mains a. p. maintes f.) *L* (Mains ... tantes f.) *d* (p. mainte f.) *C* (boins a.; d.) = 2671 — 2421 *MmdC* (Divierses r. et c.) = 2672; *L* f.; *L* s. Tous iorz nest pas . 1. hons bien aprestez De granz dons faire ne adez presentez — 2423 *MmC* sui; *L* En Aleschans — 2424 *M* nen est uns escampez; *mLdC* (petit m en) mlt men est p. r. — 2425 *M* f.; *mLdC* B. m. n. — 2426 *M* f.; *Ld* E Guielins — 2427 *L* f. — 2428 *Mmd* . VII.; *L* .xv.; *C* i sui el cors n. — 2429 *M* (Ne s. qe monte) *L* (Ne s. comment men s. f. t.) *d* (d.) = 2679; *C* = *B* 2679 (die) — 2430 *M* s. si adoloseç; *C* f. — 2431 *Mm* a .c. M. e.; *L* turs armez — 2432 *m* E si est la — 2433 *L* coronez; *C* f. — 2434 *L* f. — 2437 *LC* f. — 2438 *M* S. moy seignor g. bien f.; *m* moi; *LC* S. le; *C* s. U se cou non ia mais ne le veres — 2439 *L* nus deus na mot sone — 2441 *ML* (tous les a.) *d (d.)* = *B* 2691; *C* f.; *m* contremont l. d. — 2442 *C* trestous seus — 2443 *M* Encor s.; *L* G. li membrez — 2444 *L* e. a court honorez; *C* e. de rices ames — 2445 *M* Sil e. ar. [ou] devant debotez; *L* e ar. b.; *C* Sil vait a. arr. est b. — 2447 *C* mlt c. en gr. v. — 2448 *MmLdC* f. — LXV — 2450 *d* guerpirent et firent — 2451 *MC* ne escuiers — 2452 *M* G. au cor nier — 2453 *m* C. r. h. vielt povre herbergier — 2454 *M* iugier; *m* Aide diex; *L* biax peres droiturier — 2455 *m* Homs e. honis; *L* E c. e. v. vor 2454 — 2456 *C* ne n. ne o.; *L* s. Sel departisse e avant e arrier — 2457 *m* Recheu fuisse el palais tot premier; *C* et me t. c. — 2459 *M* Me noment v. — 2462 *MmL* (son genoull) *dC* = *B* 2711 (Sor ... son) — 2463 *m* repense a; *d* r. Olivier; *C* f. — 2466 *L* Seignor, d. il, por dieu le droiturier U est remez G. lavressier; *d* Veez G.; *C* E. cou G. — 2467 *m* vous f. — 2468 *md* sire toz s. soz lo.; *C* Oil voir sire la siet s. l o.; *L* Sire font il ne vous devons noier Demorez est tous s. s. l o.; *C* s. Grant duel demaine n a en lui c airier — 2469 *L* Rois L. vet en estant drecier; *d* d'aglantier — 2470 *Mm* e. a. a.; *L* sen vet por a. — 2471 *d* sol l'olivier — 2472 *L* Il len apele; *d* si c.; *C* si l a pris a h. — 2475 *M* a ma c. a m.; *m* P. si v. — 2476 *M* v. a c.; *m* festoier; *dC* por ostoier — 2477 *MmLdC* = *B* 2727 (garcon) — 2480 *M* f.; *L* contrarier; *C* Q. c. se poinent — 2481 *L* lever e essaucier; *C* duisent — 2484 *M* monter; *L* chastel f. — 2485 *Mm* Ja ne verrai a. d. l a.; *L* l a.; *dC* f. — 2486 *M* qi lo p. ot d o.; *L* f. — 2487 *m* Je c. mlt bien; *L* Que li ferai — 2488 *M* (manç) *dC* dedens le c. baignier; *L* E a m. a. en ferai ie irier — 2489 *M* e o. e d.; *L* Par celi dieu qui tot a a iugier Mar ...; *C* moustra ne o. ne ormier; *d* f. — 2490—92 *C* f.; 2490 *d* ma perde; 2492 *Md* i v. — 2494 *Ld* (a traindre) estraindre — 2495 *M* Au mal celent qil ot prist sor abaisler (sic!), *Alex.*; *C* La soie ciere fait bien aresognier; *Ld* f.; *L* s. Or fu G. tous seus sous lolivier Assez soi gaber e laidengier — LXVI —

2496 *Mm* (loliver!) *dC* (Li q. G. s asist) = *B* 2745 — 2497 *M* A. i fu laites e ramponier; *m* A. loi *(sic)* laider e r.; *C* et laidengier; *L* Conpaignon not avec lui amene Qui li ostast ses esperons dorez Ne son cheval li vousist osteler — 2498 — 2503 *C f.*; *MmLd* Molt li anuie — 2499 *Mm* (sen h.) E L. f. si bon h. g.; *Ld* Et L. f. si ses h. g. (*d* gaitier) — 2500 *L* Q. nus ni p. — 2502 *md* del s. — 2503 *L f.*; *d* commansa a suer — 2504 *C* .1. grans b. guimant; *L* .1. f. b. si li vet saluer Tant li a dit dilec le fet lever — 2505 *L* Si lenmena o l. por osteler — 2506 *L* fist il bien e.; *C* gentement — *n.* 2507 *s. C* Molt i ot car et boins piscons de mer Puiment clare bougeraste et vin cler — 2508 *C* n en v. de nul g. — 2509 *MC* Ne del p. b. nule m.; *L* ni volt onques taster — 2511 *M* qil b. e. a manger; *m* (De tel) *C* De cou; *L* de liaue b. assez; *d* Celui m. . . . au soper — 2513 *L* gentiz quens honorez; *C* nobile baceler — 2514 *M* non v. v. user; *L* e por quoi refusez — 2515 *M f.*; 2515—6 *C* S il vous desplest ferai le vous oster; 2516 *L* Se il vos plest — 2518 *dC* je en d. t. — 2519 *M* mandame; *m* mamie; *Ld* P. G. la belle; *C* P. G. o le viaire c. — 2520 *m* si le voel creanter — 2521 *MC* Jusque ie f. (*M* soie) a. au retorner; *mLd* (Tresque) Jusque seroie a. retornez — 2523 *M* penser; *L* Quant lostes loit ne li vint mie a gre — 2524 *d* laissa atant e. — 2525 *M* si f. n. o.; *C f.* — 2526 *M* (fait) *L* = *B* 2774; *m* fait; *dC* (.1. l.) si l. aprester — 2527 *mC f.*; *L* qui mlt font a loer — 2529 *m* J. e f. h.; *C* se f. lors a. — 2530 *MmLdC f.* — 2531 *m* coucha por reposer; *L* Sus la flechiere sest alez acouter; *d s.* N'i ot la nuit cortine ne sandel — 2533 *Md* ne; *C f.*; *dC s. B* 2782 *und* Tresqua demain qui vint a lajorner (*C* Jusqu an matin qu il prist a a.); *M* (= *d*; qe il dut a.) *m* (= *C*; d.) *L* (= *d*; que il fu aiorne) *s. nur den zweiten* — 2534 *mLC* de l. — 2535 *L* Son oste f.; *MmL* (sest a. adouber) *d* (d.; aprester) *C s.* 2785 (En une ch.); *cf.* a 2530 — 2537 *MmLdC f.* — 2539 *d* sai c.; *C* os c. — 2541 *d* que je voil d. — 2542 *L* qui se lessa pener — 2543 *d* nee *(negare)*; *L* T. me porra la parole v. — 2544 *L* E escondire e mes dis refuser; *Mm* (adesloer) *L* (laide a d.) *dC s. den ersten der in B n.* 2794 *e. Verse* (desloer) — 2545 *MmLC* Mlt chierement = *d* (richemant) — 2546 *M f.*; *mC* ne vos chaut dairer; *L* dont ferez vos que ber; *L s.* Mes ie vos di ne le vos quier celer Quant vos vendrez ou pales principel — 2547 *CL* (demener) ert — 2548 *C* Li r. d. hui la corone porter Et la roine b. c. — 2549 *C* V. suer est m. le deves a. — 2550 *MmLdC* a .1. conte d. — 2551 *M* (d. n. hom puet p.) *m* (d.; aler, *sic*) *d* dont nus puisse parler; *L* que len puisse trouver; *C f.* — 2552 *M* ne p. encor e.; *m* Onques s. paine ni poch le ior e.; *d* onques finer; *C f.*; *MmLd s.* Ainc ne fu terre tant peust endurer Cil qui laura se porra bien vanter Que est tant granz na sor le mont sa per (*m* Q. de toz quens na el monde son per) — 2553 *C* g i ere au deseverer — 2554 *M* paser — 2555 *MLC* d. ie par tot g. — 2556 *M* lorie flame — 2557 *C* riens . . . contre ester — 2558 *d* de riens me f.; *C f.* — 2559 *M* tot desmembrer; *m* volrai tot d.; *L* si atirer; *C* Le r. meisme c. i. desparsouner — 2560 *M* fors *f.*; *L* E h. du c.; *d* tost la c. o. — 2562 *C* dolour — 2565 *d f.*; *C* Viers le pales plus fiers que .1. sengler Ancui ie cuic fera le roi irer; *M* (Einç qil retorn) *Lm* (A. quil sen tort) *haben nur den zweiten dieser Verse* — LXVII — 2568 *M* E prent ... rompuz; *d* tot nu — 2570 *M* (retenuç) *md* fust detenus; *L* deffenduz; *C f.* — 2571 *dC f.*; *M* (li roys) *m* Ens en — 2572 *M* e drus — 2573 *MmLdC* e j. — 2574 *M* ientis; *L* E maintes dames a chiers bliaus vestus; *d* riches — 2575 *C f.* — 2576 *L f.* — 2577 *m* Malvaisement; *L* Mlt m. fu li q. r. — 2578—80 *d f.*; 2579 *MmL* (rendist) *C* = *B* 2828 (Ni ot . 1. seul ... desist s.); 2580 *L* qui la a. veu; *C* de cui il fu v. — 2581 *M mLC* Qui ert sa suer; *d* Por ce qu'il a sa suer a. ... *Alex.* — 2582 *L* desc. — 2584 *m* a. s. t. nus *(sic)* — 2585 *MLdC f.* — 2586 *M* (qil) ne l. est s. c.; *m.* Por . 1. p. seure l. e. c.; *d* qu'il nos e. c., *sic (steht n.* 2583); *L f.*; *C* P. s en f. — 2587 *MmdC* fust; *L* fust dilueques m. — 2589 *MmLdC* = *B* 2838 — 2590 *C f.* — 2591 *LC* (F. l e.) levez s.; *m* F. e. ... corus s. — 2592 *dC f.* — 2593 *m* Chi c. la f. G. e sa v. — 2594 *M* Se bernaut p. ... defenduz; *mdC* = *B* 2843 — 2595 *MmLdC f.* — LXVIII — 2596 *C* Quant au p. descendi a. — *n.* 2597 s. *C* La france dame qui maint mal a sentis *(cf. à* 2609) — 2598 *C* furent li . IIII. — 2599 — 2600 *C* Ce fu e. et ber. li f. Guibiers li rois b. del c.; *m* H. le conte; 2600 *L* gentis — 2603 *C* contre les arabis *und s. B* 2851 — 2604 *Ld* asis — 2607 *MmC* e b. e iois — 2608—9 *C f.*; 2608 *M* au cler vis; 2609 *M* ot sofris; *L* cui diex face mercis — 2611 *m* sa feme seignoris — 2612 *m* E enapres le roi de s. D. E la c. e li empereis; *C* Et ermeng. deles — 2613 *M f.*; *m* Cele — 2614 *L* Cil ... ces s.; *C* De ch. — 2617 *M f.*; *Ld* Li e. e. es e. espris — 2618 *ML* estrumens — 2619 *M* G. genz estoit; *LC* noise — 2621 *L* faillis; *d* q. i. s. afenis; *C* q. il s. aseris — 2622 *m* ie quich li p. h.; *C f.* — 2623 *M* ni v. e. asis; *mC* (Rois loeis v. e. a) senlis *(m* saint lis); *d* vosit — 2624 *M* Ne la r. por lonor de p.; *m* paris; *L* (o lui a) *d* (an ch. a) saint Denis; *C* a sieris — 2625 — 2628 *M* C. d. G. or sui ie t. t. *[hat den ersten und letzten Halbvers verbunden, ohne sich um den Sinn zu kümmern]*; *L* qui tant par est hardis; 2626 *m* Tant s.; *C* C. est et ires et m.; 2627 *L* com hons m.; *m* Tristres e f. corechous e m. — 2629 *M* m. p. aymeris — 2630 *L* qui soef me nourri — 2631 *MmL* (sont a.) *d* (. v.) *C* = 2879 — 2632—3 *L f.*; 2632 *m* ie cuit estre h.; *C* Et c ai s. m. s. grains et maris — 2635 *MC* li puns g.; *C s.* En son puig destre en fu lors li brans pris — — 2636 *M* En mi la s. v. d. a l., *Alex.*; *d* Enz en — 2637 *ML* (parla) *C* En h. parole — 2639 *M* sui iendreis; *m* sui; *d* noris; *C* Il saut c. dont ie sui ienuis — 2640 *M f.*; *m* engeneris; *d* engendreis; *C* Cou est mes peres li frans quens aimeris — 2641 *C* Et erm. ma mere la gentis — 2642 *M* c. m. r. Looïs; *L* le r. de s. Denis; *d* ce r. qui est f. — 2643 *L* E la p. ma s. que voi ci; *C* la pute la veautris — 2648 *L* m. auferrant de pris — 2649 *M f.* — 2650 *M* Mes por mon p.; *mLC* (que voi l. l. a.) = 2897 — 2651 *M* (porfendraie *(sic)* iusque en la c.) *m* (Je le fendroie del b. si quel c.) *d* (d.) *C* (d.; de si que e. c.) = 2898; *L* Je li metroie m. b. enz — 2652 *Mm* fremis — 2653 *mLd* = 2900 — 2654 *Mm* (de paris) *d* = 2901; *LC f.* — 2655 *M* esmaris; *m* espoeris; *C f.* — 2657 *MmLdC* = 2904 — LXIX — 2662 *MdC* = 2909 (Si) — 2663 *M* (sen v.) *m* (il lor v.) *d* (d.) = 2910; *L* veant; *C* B. le cuident mais ...

ostant — 2665 *C* sen va estormisant — 2666 *m* li a. cuer vallant —
n. 2667 *s. m* (si que loent a.) *LdC* (q. loirent a.) Piteusement si
loient li auquant — 2668 *Mm* quil recut en] ar. (*M* en al.); *Ld*
(fier d.) *C* quil ot en aliscans — 2671 *m* na remes . 1 . v.; *L* nen i
a nul v.; *C* n i a nul escapant — 2672 *M* lassa; *mC* = 2918; *L*
lez — 2673 *M* surt b.; *m* (rui) *L* (*d.*; est) *d* = 2919; *C* riu; *d s.*
Ilec ot mort maint chevalier vaillant — 2674 — 2682 *C f.*; 2674 *L*
lenchacierent poignant; *d* Tot ce vos firent Sarr. et Pers.; 2675 *d*
Qui avec lor an ont m. B.; 2678 *M* (Hunaud) *L* (le poissant) *d* Gaudin
l'A.; 2679 *L* = 2925; 2680 *M* li p. sesdouant; *L* . c . m. m.; 2682
Mmd = 2928 (vivres); *L* viande; *M* (Por le v.) *m* (souffraignant)
L (Mlt en o. pou mlt mi s. desirant) *d s.* 2929 — 2683 *L* men ve-
noie a g.; *d s.* Matre an ai onques n'an ot si grant — 2684 *MmL*
(maunes r.) *d* = 2931; *C* A l. aide requerrant — 2685—9 *L* Quant
il me vit venir si povrement Si fist ses huis serrer mlt fermement De
ses fenestres mala escharnissant; 2685 *M* le sai b.; 2686—7 *d f.*;
2686 *C f.*; *M* = 2933 (E a sa c.); 2687 *M* qe qiert li penant;
2688 *M* = 2935 (en f. maint d.); *d* Je cuit ma perde; *C* le f. iou
d.; 2689 *Mm* (putain) *d* (*d.*) = 2936; *C* le p. le puant; *C s.* Mar
m a hui fet . 1 . si diviers sanblant — 2691 *m hat eher* hin *als* hui;
cf. A 2938 = *MmLdC* — 2692 *d* tuit c. et mutaisant; *C* Et f. loent
si s. coi et t. — 2693 *C f.* — 2694 *ML* (sen vont) = 2941; *C* va
belement d. — 2696 *M* (A. la n a.) *mL* (Puis ni a.) *dC* (Con la n a.)
t. ch. v. — 2697 *M* Unqes; *L* ne furent r.; *C* Qui puis ne furent
en f. r. — 2698 *M* e s. scemblant; *mL* (acointastes) *dC* (*d.*) = 2945
— 2699 *M* Da hait o. a m. — 2700 *M* (ci qau p. de guiscant) *L*
(wissant) *d* (Saint Vicant = St-Vincent-l'Abbaye) = 2947; *m* dus-
ques p. devisant; *C* Si voist mendis jusqu as p. de dinant — 2701
m coi et t.; *L* sont li baron veillant; *C* vont entr aus murmellant
— 2702—4 *C* = a 2693; 2702 *m* t. soit preus ne v.; *L* ioiant; 2703
M en fust alez a.; *L* De lui a. osast — 2706 *m* p. bernart s. e. —
2707 *C* = 2954 (Dam) — 2708 *MmL* (sescria hautement) *dC* (haut)
= 2955 — 2709 *M* mescreant — 2710 *C* A. pere; *C s.* Li quens
respont maitenant en oiant *und legt Naymeri die folgenden Worte in
den Mund* — 2711 *C* G. fius — 2712 *M* . . . li penant; *C f.* — 2713
Ld avons — 2714 *M* Nel traynerent . xx . boves en traynant; *m* . xx .
b. en c.; *L* . xx . b. tot c.; *d* . xv . b. — 2715 *L* se diex me soit aidant
— 2717 *M* irai c.; *m* (E moi m. i verres) *C* bien ferant — *von* 2718—9
nimmt M nur den ersten und den letzten Halbvers; 2719 *C f.* —
2720 *L* front d. — 2721 *M* (Por qoy) *m* (kernu) *C* (cief) le poil
chenu ferrant — 2722 *m* (e h. e i.) *C* (*d.*) *d* hardi et tot i.; *M* (e
h. e i.) *L* haitie e tout i. — 2723 *M* (E si ayd.) *mdC* = *B* 2970;
in L ersetzt durch Se ie sui feme par dieu le tout poissant Nirai ie
pas pour ice reculant — 2724—8 *C f.*; 2724 *M f.*; *m* E foi que
doi Jhesu de biallant; 2725 *M* (en a.) *d* (*d.*) = 2971 = *m* (serrai
[*immer* RR *in m*] en); *L f.*; 2727 *M* (Se ie lataing) *L* (*d.*) *d* de
mon espie t.; 2728 *L* Que ne le face voler — 2729 *C* si sen va sou-
riant — 2730 *m* molt sovent s.; *L* vet li q. larmoiant; *d* De p.
plore, *n.* 2731; *C* = 2976 (Et en son cuer) — 2731 *MC* (si en v.
l.) = 2977; *mL* (vont tendr. plor.) *d* sui f. — 2732—35 *C f.*; *Mm*
(engrossant) *Ld* engroissant; 2733 *MmLd f.*; 2734 *M* A poi de

terme; *L* Jusqua pou deure; 2735 *M* (parlera ennuiant, *sic*) *mLd* A cels de France par molt fier mautalant — LXX — 2737 *M* t. por lo pom l e.; *L* tenoit traite; *d* tote nue s'a.; *C* estraite — 2738 *M* (e decree) *mC* = 2983; *L* deschiree; *d* est — 2739 *M* roges; *L* Ch. e b. avoit il d.; *Mmd s*. De chenes ot la barbe entremeslee — 2741 *m* = 2986 (narrines... e ch. lee); *L* Amont en h. a la; *d* haute ch.; *C* A. le front — 2742 *Mm* (grant) *d* gros le pis; *L* Les p. ot graisles sot la b.; *C* Gros ot le p. et la b. aduree — 2743 *LC f*.; *d* col — 2744 *M* e i. ben molee; *m* mellee; *d* fermee — (*urspr.* ferme) 2745 *m* avoit m. l. e.; *d* E. les i. — 2746 *Mm* (figuree) *Ld* Plus dune p.; *C* Plus de plain pie — 2747 *m* salee; *C f*. — 2748 *M* Sor sa s. a fere r. — 2749 *L* avoit... acouvetee — 2750 *M* a la chiere membree — 2752 *M* lumenee; *m* alumee; *C f*.; *M* (acolee) *m* (Des g. guigne) *Ld s*. 2997; *C* En h. parla sa la t. crollee — 2753 *MdC f*.; *L* en la sale doree — 2755 *M* (la grant a.) *m* aunee; *L* la grant a. — 2756 *d* Q. Challes ot la v. — 2757 *MLd* (la gent de ta c.) *C* = 3002; *m* De lui... de vo c. — 2758 *M* tost d.; *m* De coi fu; *d* fu F. de tot d. = (fust, dou t.) — *n*. 2759 *s. L* Se ie ne fusse. cest veritez prouvee E mes linages qui bien fiert de lespee — 2760 *L* Por v. s. mainte dure m.; *L s*. Vos anemis menai si sanz doutee Que la couronne lor fu a force ostee — 2761 *L* Tout m. eus vous fu ou c. p.; *d* m. lor — 2762 *d* bien ovree; *C* enhendee — 2764 *MmdC* = *B* 3009; *L* ci m. — 2765 *d* Voir d. li rois [= *MCL* (E d.)] v. est p. — *n*. 2766 *s. Mm* (donee) *L* (E siert mlt tost) *C* Aparmain iert lamendise doblee; *mC haben außerdem B* 3012 (*m* Or v. soit F. del tot a.); *C fügt noch* Et vermendois vous sera ia dounee *hinzu* — 2767 *L* si e. h. e.; *C* en h. e. e. — 2768 *L* V. biax sire — 2769 *Mm* maufe — 2770 *M f*.; *C* porpersee — *n*. 2771 *s. L* Tantost li dist que ni fist arrestee — 2772 *M* T. te putein d. il l. p.; *mLC* pute; *d* pute lasse — 2773—4 *m f*. (!); 2773 *M* soiornee; *C* t a bien ensognetee; 2774 *M* = 3020; *d* Et m. garson qui tant t'ont def. — 2775 *Md* ta; *m* pas e.; *L* (mie) *C* = 3021— 2776 *M* vostre caude p.; *m* (vo ch. e vo p.) *C* = 3022; *L* a la p.; *d* Q. mangues; *m s*. E venison e char fresse e salee — 2777 *M* E beveç lo v. a vostre c. d.; *m* (B. vo v.) *L* E buvez v.; *d* Et b. le v.; *C* = 3023 — 2778 *M* (e e. c.) *d* C. p.; *mL* (C. poisons e especes coulees) *C* (a e. c.) = 3024 — 2779 *d* Maingue f.; *C* Mengus f. — 2780 *m* E v. t. vo[stre] c. cerclee *(sic)*; *L* c. dor comblee; *C* Et q. tu tiens ta c. couloree — 2781 *m* devant vo ch.; *C* dedens ta c.; *L* E v. bevez la vostre saoulee — 2782 *M* Qant bien v. e.; *mLd* T. que; *C* T. que tu ies rousie et e.; *L s*. Selonc le feu delez la cheminee — 2783 *Md f*.; *mLC* = 3029 — 2784 *m* Quant gloutenie v. a bien saoulee; *L* La gloutrenie v. a toute embrasee; *C* Et gloutenie t a del tout a. — 2785 *M* (la calors) *L* (enflambee) *d* Q. lecherie v. a; *mC f*. — 2786 *M* (atornee) *mL* si r.; *C* t a sovent r. — 2787 *M f*.; *mLd* . II. f. o : III. — 2788 *M* vos a ben s.; *L* si s.; *C* ies ensi asotee — 2789—90 *C f*.; 2789 *Mm* (assadee) e. bien a.; 2790 *Mm* = 3036; *Ld* Ne v. sovient — 2791 *Mm* ne de la c.; *L f*.; *C* et des piemes iornees, *dem* 2794 *vorangeht* — 2792 *m* Q. n. soffrimes en la terre dervee — 2793 *m* malsenee; *L* de la g.; *C* Viers sarr. la pute g. dervee D. o. et soir et matinee — 2794 *ML* combien vaille; *m* qui soit a la mellee; *dC* (P. t en c. que on venge) que lan vande — 2795 *m* Fole m.; *L* Dame m. putain; *d* M. fame p. lase p.; *C* orde l. p. — 2797 *Mm* (Devers) *d* = 3043 (desloee); *L* E vers le r. mlt vilment desloee; *C* Enviers le r. laidie et d.; *L s*. E du trestout lavez arrier boutee — 2798 *M* vos o. encoronee; *m* malfe vos o. fait c. *(sic)*; *C . c . m*. d. — 2799 *C* Il saut a.; *L* Adont ni fist li q. plus arrestee Ainz passe avant si la as poins cobree Prent la couronne d. c. li a o. — 2800 *Mm* (a la t.) *LdC* = 3046 (la a t. i.) — 2801 *M* m. m.; *d s*. Qui estoit dor richemant enhaudee — 2802 *L* P. le chief — 2803 *L* ius c. — 2804 *d f*. — 2805 *C* Q. h. sa mere lounouree Sali avant des p. li a o. — 2806 *m* le p. o tot le. = *L* (La main G.); *C* et le bras et l e. — 2807 *M* descavelee; *L* en vet e.; *d* achoflee [= *eschevetee*] — 2808 *C* T. marie (= *L*) comme feme d. — *n*. 2809 *s*. *C* Nest pas mervelle s ele est espoentee — 2810 *C* dolor — 2812 *m* Che ert a. le sage — 2813 *M* (qune f.) *C* p. b. dune fee; *L* (blanche) *d* (est) quert p. b.; *d s*. Nuns hons ne vit honques si belle nee — 2814 *L* la f. enc. — 2815 *M* (na) *C* = 3061; *m* (Ja na si) *L* (si) *d* (na . . . selee) gente — 2818 *m* P. Dieu ma f. or d. e. tuee — 2819 *L* nostre c. — 2820—24 *L f*.; 2822 *m* que ie ai mlt amee; 2824 *M* (atornee) *m* (encontree) *d* (conree) *C* (d.; Li q. m e. malement c.; *dem geht der Vers* U toute ocise u morte u afolee *voran*) = 3070 — 2825 *M* sayde d. — 2826 *L* q. li oi devee — 2827 *L* Je duc a. ia; *C* ma t. — 2829 *Mm* = 3075; *C* enpointe et bien serree — 2830 *M* a hunte sui delivree; *Ld* a la m. sui l.; *C s*. Ne me garoit tous l ors de la contree — 2831 *ML* = *B* 3077 — 2832 *Mmd* (fait) *C* vers — 2833 *Mm* (d e.) *LdC* c. e. — 2834 *m* Par son cors e. — 2835 *M* e d. a.; *L f*.; *d* anpereris clamee; *C* et d. et ounoree — 2836 *MmC* = 3082; *L* entree — 2837 *C* que au quen d. — 2838 *ML* = 3084; *d f*. [*dann heißt Savez dit, du hast also wirklich Etwas gesagt, was ihm mißfällt; man könnte auch den Nachsatz wie bei* Qui donc veist, oist etc., *als selbstverständlich betrachten*]; *C* Molt malement en fustes porpensee Grant maleur vous i avoit p. — 2840 *MLC* (q. tu fus onques nee) Bien s. de l eure . . . tai p.; *m* Beneoite s. l e. q. tu f. nee; *d* Bien de celle que *(sic)* [*l*. B. soit dicelle, *nämlich* ore, *cf*. Tobler, *Li dis dou vrai aniel, Seite* 21—22]; *d s*. Molt par es saige et bien andotrinee — 2843 *M* = 3089 (t. loee); *d f*. — 2844 *MmL* (itelle demoustree) *dC* (itele) = 3090 — 2845 *M* acordee; *m* a m. f.; *LC* (a m. f.) peusse e. a.; *C s*. De cest mes fait dont viers lui sui mellee — 2846 *Md f*.; *m* v. l. si atiree; *L* E que ie fuisse sa drue e sa privee; *C* Qu a son voloir soit trestoute a. — 2847 *MC f*.; *m* Q. c. acorde p. e. racinee; *L* Q. c. fois si me fust p. — 2848 *Ld* sassiet — 2851 *L* Ist de la ch.; *d* trestote desf.; *C* En sa c. — 2852 *L* a la rousee; *d* par la ramee; *C f*. — 2853 *m* Cele . . . q. n. s. la g.; *Ld* ne g. — 2854 *Mm* (fu si e.) *L* si b. enlum. = *C* (fu b. e.); *d f*. — 2855 *MmdC* tant con; *L* En douce F. tout si come ele e. l. — 2856 *M* (unqes trovee) *m* (feme) *L* (niert james recouvree) *d* (d.) *C* = 3102; *M* (e segle retornee) *m* (non) *LC s*. 3103 — 2857 *M* doree — 2858 *L f*.; *M* (a fin or g.) *m* (dun f. dor g.) *d* (Sui crin sont crape; d.) *C* (d.) = 3105; *Mm* (levee) *L* (Le pas sen v.) *dC s*. den in A n. 3105 *e*. *V*. (la chiere) — 2859 *C* mainent — 2860 *M* lun a lautre a c.; *C* Dist f. luns a lautre a c. *(sic)* — 2861 *C* G. a la r. torblee —

2862 *M* (ia iarai m.) *d* (S'on li l'eust ja l eust marie) mariee; *mC* (mal menee) ia leust; *L* Ne fust sa mere elle f. ia finee — 2863 *C f*. — 2864 *M* Ce d. — 2866 *M* = 3113; *L* Toute j. fust p. l. def.; *d* T. j. (belle) . . . afolee; *C f*. — 2867 *M* (Veez lo d.) *m* (malfe c. la t. a levee) *LdC* (maufe) = 3114 — 2868 *MmLC* = 3115; *d f*. — 2869 *M* V. c. est . . . esb.; *m* Vois com il a . . . alumee; *dC f*. — 2870 *Mm* (anuit d.) *dC* = 3117; *L* Mes a. le vespre ne (*sic*) la nuis s. alee — 2871 *M* = 3118 (Ert de l e. que il tint e.); *L* (que il tient c.) *C* (*d*.; qu il t.) *d* (je cui) chier comparee — 2872 *md* nos chars; *LC* nos sans — 2873 *MdC* (Quar p. d.) = 3120 — 2874 *L* salee; *C* ens en la m. b. — 2875 *C f*. — 2876—7 *Ld f*.; 2876 *C f*.; *M* O el palatre entre la; *m* en mi la m. betee; 2877 *M* eust al c. liee; *m* en mi son c. — 2878 *M* Si en s. la terre d.; *m* (descombree) *L* (Dont) *d* (Lors) *C* = 3125 — 2880 *M* (retornee) *d* = 3127; *L f*.; *C* est viers lui ravisee — 2882 *C* l a par [la] main c. — 2884 *M* (aqoee) *m* (apasee) *d* (aornee) *C* (acovee) la sale; *L f*. — 2886 *Md* sest; *m* As p. G. d. lui e. alee; *L* e. emprez p.; *C* e. a tiere aclinee; *C s*. Et la pucele a la ciere ounoree — 2887 *C* ont; *C s*. Qu il li pardoinst s ire et mautalentee — 2888 *MLC* (la sus r.) si len a relevee; *L s*. E sa niece a baisie e acolee Puis li a dit coiement a celee — 2889 *M* (bien) *L* (Ma bele niece) fustes; *m* buen; *d* Belle d. il bone f. vos n.; *C* Mere d. il bien f. vous portee *und s*. C est vos ciers fius dont estes saluee — 2890 *M* qe ai a giborg p.; *m* P. la grant f.; *L* q. iai adieu p.; *C* Mes p. la f. qu en fons me fui dounee; *L s*. Mlt parfist ore vo mere grant [= *qued, quant?*] osee Qui ma parole a a noient tornee Mes molt li iert tres bien guerredonee — 2891 *Mm* (ains la nuit) Ja ne verrai; *L* Car ainz que viegne demain ala. . . . — 2892 *M* Si a. d. fol r. [abatu] la p., *Alex*.; *mdC* S a.; *L* A. — 2893 *MmLd f*.; *C* Et de ma suer la mauvaise provee — LXXI — 2894 *C* G. fu en — 2895 *L* noircie; *d* la f. li r. [*von einem V*. rougoier]; *C* tint la ciere baisie — 2896 *m* Il t. jciouse tote dor enheudie — 2897 *M* (lavoit fort e.) *m* (P. le tenant) *d* (P. mautalant) *C* (la molt ferm e.) = 3142; *L* P. grant vertu la li quens e. — 2898 *M* (ni a cel) *L* (ne trueve quel d.) = 3143; *md* quil; *LC* que l d. — 2899 - 2903 *M f*. [*wegen des Schlußswortes* desdie]; 2899 *L* nen contredient mie; 2900 *C* poroit; 2901 *Ld* = 3146 (Cui); *C* Que il f. le cief; *n*. 2903 *s*. *m* Nus de ses freres parler nen ose mie; *C s*. Ne tuit si f. ni ont nul mot tentie; *d s*. Comme sui frere ont sa parole oie Ni a .I. sol G. contralie — 2904 *m* la teste = *C* (baisie) — *n*. 2906 *s*. *MmLdC* (hustie) *den n*. 3151 *e*. *Vers* — 2907 *C* Venue i fu — 2908 *M* = 3153; *m* dorkenie; *Ld* de pavie; *C* rousie — *n*. 2909 *s*. *M* (tam b. . . . pavie) *m* (d. es pors de candie) *L* (tant b. . . . roumenie) *d* (que aumarie) *C* (*d*.) 3155 — 2910 *M* De biaute saie de parole enforcie; *m* (De p. e. de l.) *C* (Del l. ert de p.) = 3156 — 2911 *Mm* (De p.) *LdC* (D. p. vallant) = 3157 — 2912 *Md* mult bien afaitie; *L* e bele e deugie — 2913 *M* nen q.; *C* V. a son oncle . . . prist; *C s*. Fors la contese h. de pavie — 2914 *LdC* sest — 2915 *M* [e] la brace e.; *L* Tout gentement la bele merci crie — 2917 *M* Veeç ici m. c.; *Alex*. — 2918 *m* le cief aie rognie — 2919 *M* ([e] a un fai) *mL* (e en) *d* ou en .I. feu; *C* u en aiwe noie; *d s*. Ou li miens cors soit mis a lecherie Ou an chaudiere plogne d'oule boulie Se m'ait Dex n'en quier refuser mie — 2921 *m* (demiee) *C* denree ne demie — 2922 *Ld* et p. et m.; *C f.* — 2923 *M* s. la pas o.; *C M.* qu a ma mere — 2924 *L* irie; *C* Et a m. pere q. vers toi s umelie — 2925 *m* Ja a n. i. certes; *C* bien sai ne serai l.; *C s.* Ains iert vers vos acordee et paie — 2926 *ML* (folie) *dC* = 3172 (desverie); *m* De ce quel dist mlt fu g. deablie — 2927 *L* (folie) *d* = 3173 — 2928 *m* Se tant e. chose (sic); *C* S est tant hardie — 2929 *C* A. le f. — 2931 *Mm* (faintise) belement; *C f.* — 2932 *M f.*; *d* Belle pucelle; *C* = 3177 (niece ma d. a.) — 2933 *M L.* amont — n. 2934 s. *M* (Ensi que larme) *m* (li arme) *L* (E si q. lame ... voidie) *d* (Aincois q. larme) 3181 — 2935 *M* (tant q. niert) *m* (d.; t. q. soit) *L* (ancois m i.) *C* (d.) = 3182 — 2936 *M* (otriee et iuree) *L* = 3183; *mC* Ceste a.; *d* Sa concordance — 2939 *L* Ne faire; *d* Ne faites plus, *Alex.* — 2940—1 *C f.*; *L* P. s. itant que ta n. ten prie; *d* ansoignie; 2941 *L* sa l. — 2942 *M* (le) *m* (d.) *L* (li escrie) *dC* (le) = 3189 — 2943 *Mm* lai ester ta f.; *L* Por dieu b. f. cor lesse testoutie; *d* rutie; *C* hustie — 2944 *M* complie — 2945 *M* Voit lo li r. [en]vers lui s u.; *m* Que loeys e. toi s u.; *LdC* qui v. v. — 2946 *M f.* — 2947 *M f.*; *dC* chiere — 2948 *Md* tot a ta c.; *mC* t. a vo c. — 2949 *M* que li bons roys lafie [*cf.* den Charakter Ludwigs bei Wolfram v. Esch.]; *mC* = a 2930 — 2950 *MLd* drecie — 2952 *M* bellement; *L* gentement; *C* d. en m. — 2953 *C f.* — 2954 *M* = 3202 (durement); *m* humelie; *L* radrecie; *d* dur. adrecie; *C f.* — 2955 *Mm* = 3203; *C* ostoie — 2956 *m* e cil; *C* E. s abaise et si l a r. — 2957 *L M.* liee en fu — 2958 *M* m. a prist e. (sic); *C* a li rois e. — 2959 *M* Des c. ... port aylie; *m* pont herlie; *LC* = *B* 3207 — 2960 *M* li d. dongrie (sic); *L* Normendie; *d* li bons d. de Hongrie; *C* . i. d. de h. — 2961 *M* (giell. de l.) *L* (Gar. chiere hardie) E. o eus; *d* Garner; *C* li quens de l. — n. 2962 s. *M* (mes m. fu esbaudie) *mL* (mes m. f. esbahie) *dC* (m. m. par fu marie Nest pas merveile s ele est espaverie) 3211 — 2965 *Ld* quant ie v. ai laidie — 2966 *Mm* (aguie) *Ld* (gremie) *C* Mais si v. d o. — 2967 *L f.* — 2968 *m* vo c.; *L* V. a tous ten f.; *d* vor 2966; *C f.* — 2969 *d* ne m'an s. p. m. — 2970 *C* Qu en doie avoir; *L* aurez — 2972 *M* maveç; *L* d. ie soie h. — 2973 *L f.*; *Md* vosice; *C M.* ain de f. tous iors e. exillie — 2974 *M* (Je vos ferai ... astie) *LdC* = 3223 — 2975 *L* De c. sale quest grant e replenie; *MmL* (en ch.) *d* (Teste nue) s. den n. 3224 e. Vers — 2977 *C* enviers lui s u. — 2978 *Md* embracie — 2979 *M* li a mult tost bracie; *mLdC* sus red.; *Mm* (la doucement b.) *Ld* (an e. la b. aleesie) *C* (Pus l acola . IIII. f. la b. En mi la face n a la bouce atoucie E dex ...) s. 3229 3230; *d* s. vor diese zwei Verse Puis li a dit belle suer douce amie Molt [par] me poise quant ie vos ai laidie — 2980 *M* e li. reparie; *m* Li a. e. e lire rap.; *L* e du tout a.; *C* Por son cier oncle qu a son i. a. — 2981 *C f.* — 2982 *ML* (G. i. en font) la gent e la m.; *m* tot la chevalerie; *d* la cort et la m.; *C* maine li rois et la m. — 2983 *M* (enforcie) *mL* (essauchie) *d* = 3234 (feste ... esbaudie); *C f.* — 2985 *C* de f. o. e. — 2986 *mLdC* p. e. — 2987 *M* E. vaint [= *vient!*] d o. — 2988—2991 *L f.*; 2988 *MmdC* = 3239; 2989 *M* Or fu la ioie en la cort e.; *md* durement esioie; *C f.*; *Mm* (bacelerie) *C s.* 3241; 2990 *M f.*; *d* (fire) *C* (U ieleor) = 3240; 2991 *MmdC f.* — LXXII — 2992 *MmL* noise — *n.* 2994 *s. C* Trestoute ert pointe tresgetee a ormier — 2995 *MmLd* ont cornee — 2997 *M* (sont assis a m.) *mL* (ces) *d (d.) C (d.)* = 3247 — 2999 *Mma* = 3249; *L* estage — 3000 *MmLdC* = 3250 — 3001 *M* (Sunt a. l. m. lo d. essaucier) *mL (d.) d (d.*; vout e.) *C* (esforcier) = 3251; *M* (cui mlt aime e tient chier) *m (d.) L (d.) d* (qui lavoient [tant] chier) *C* (G. bracefier; *d.*) *s.* 3252—54 — 3002 *Mm* (que mlt aime e tient chier [*sic*]) *L* (tant fet) *d (d.*; faist) *C* = 3255 — 3003 *LdC* la belle au cors legier — 3004 *M f.*; *LdC* de ci a — 3005—6 *M vertreten aurch die zwei ersten von den vier Versen, die A anstelle der V.* 3257—60 *setzt* (rova p. a m.; ne v. pas o.); 3006 *m* gaifier; *d* Corfier; *C* trofier — 3007 *L* Anchibier — 3009 *M f.*; *m* au vis fier; *L* d. Bevon le g.; *d* Benart — 3010 *M* (E . M . . . . de la g. lav.) *m* (as mains al av.) *L* (des vaillans chevaliers) = 3262; *C* Et . VII . d. a. qui mlt font a prisier — 3012 *Mm* desirier; *L* desiier; *d* t. d eseie; *C* de siier — 3013 *C f.* — 3014 *d* Aucebier — 3015 *L* q. onques fust sous ciel — 3016 *M* (mace) *mLd* (haiche) *C* dacier — 3018 *L* Mil s. — 3019 *L* fist la tour trebuchier — *n.* 3020 *s. MmLdC* E prist les turs (*MC* tors, *L* autres) dont i ot un millier An (*MLC* Et) la grant sale [anz] ou (*MLC* et le) palais plenier Bien soit de l'arme qui l'osa commancier (*MmLC f.*) — 3021 *L* . I . si noble m.; *C* glorious; *L s.* Qua ice tans nen iot nul si chier; *M* (en gayre) *m* (De si quen acre) *L* (egypte . . . quessilier) *d* (fina de) *C* (d.; coitier) *s.* Jusquen Espagne ne laissa que brisier (*d* bricier) — 3022 *Md* monter; *m* acroistre e e. — 3023 *M* en saint font b. — 3025 *M* en fait sa arme porter — 3026 *M* men valdroy r.; *L* A nostre conte — 3027 *d* icsa; *Md s.* 3242 — 3028 *C* ivent (*sic*; ibant) — 3029 *m* damoiseles — 3030 *M* = 3267 (ne c. a p.); *m* mest. il a p.; *L* Des mes quil orent — 3031—35 *C f.*; 3034 *d f.*; *L* Dencoste l.; 3035 *M* (li marchis e tient chier) *m* (M. par loneure G. au vis fier) *L* (= *M*) *d* (et t. ch.) = 3272 — LXXIII — 3036 *d* joie; *m* G. f. la s. e la cort a l.; *MLC* = 3273 — 3038 *M* (Qe qen) *m* (Qui quen m. de cerf ne de paon) *L* (Qui qui [= *C*] m. ch. ne rost de paon) *d* (Que qui) = *B* 3275; *mL* (ne cler vin ne p.) *s.* Ne qui beust clare ne de puison — 3039 *C* touca — 3040 *L* Pain m. dorge; *d* M. pain noir — 3041 *C f.* — 3042 *M* (e valez e baron) *m* (v. a genellon) *d* (et v. et g.) traient; *C f.* — 3044 *M* (Qas en penser) *m* (loeys fiels ch.) *LC* (f. de c.) dist il li f. c.; *d* Car an p. dist il f. a c. — 3046 *LC f.*; *M* a carlion; *m* charlion — 3048 *d* sauron — 3049 *C f.* — 3050 *ML dC* si tainst com uns ch. — 3051 *L* menton; *C f.* — 3052 *M* C. d. il d. en p.; *m* si en parlera on — 3053 *M* nuiton; *m* Chou e. . . . . cor; *L* coc [cot?] . . . luiton; *d* coc; *C* E. c. or f. — 3054 *MmL dC* a b. — 3056 *M* nostre foy — 3057 *m* Natendrai m.; *C* tenra — 3058 *m* Ne v. a. nesterai ne v. h.; *C* ne vo bon — 3059 *L* v. le v. ou n.; *d* voudrois — 3060 *ML* = 3298 — 3064 *ML* o vos; *d* tui f. avec t. an i.; *C* en aliscant i. — 3065—6 *M f.*; *m* . XXX . M. h. ensemble o toi; *dL* . X . M .; *C* ensemble o nous; *m s.* Tot de la geste aimeri de nerbon — 3067 *m* A. d. certes ce ferons non [*l.* nos]; *L* esploitons — 3068 *m* te d.; *LC* A nos pooirs — 3069 *M* (en s. ab.) *L* (a s. ab.) *dC* (f. siue ab.) = *A* 3306—8; *m* Tu deus fr. avoir a ta b. — 3070 *Mm f.*; *L* sen a eu le don — 3071 *MC* p. grande e.; *m* A. vos deussent par droit e p. raison, *Alex.*; *L* par droit tuit li baron — 3072 *M* (gagneson) *m* (sen pregne on v.) *Ld* (nee) *C* = 3310; *Mm* (Ja p. maide ni aiderai br.) *dC* (la p. manaie n a. lon b. felon) *s.* Ja par menaide naura hon bon bricon; *L s.* Car bien le doit fere par st Symon — 3073 *L* escharnis con h. h.; *d* acharnis des h. h. — *n.* 3074 *s. Mm* (mi homme . 1. esperon) *Ld* 3313 — 3075 *M* (Qon ne t.) *d (d.) m* (Con le t.) = *B* 3314; *L f.*; *C* Se ie navoie millor entention — 8076 *mLd* Des plus haus p. — 3078 *ML* (fiers) bricon; *L s.* Mes se faisoie ainsi con nos penssons Len le tenroit a mortel traison — 3080—88 *C f.*; 3080 *M* = 3319; *m* a son taion; *L* si r. au baron; *d* san tancon; 3081 *L* ci a bone raison; *d* ta r.; 3082 *Mm* onques nait il pardon; *L* Qui a mon oncle f. a cest besoing Ja D. D. ne li face pardon; 3083 *Mm* (Que nel pendes) *L* (Que ne) *d* en h. come l.; 3085 *m* A. pere; *d f.*; 3086 *m* Nara; *d* vaillensant . 1. boton; 3087 *M* (trestot en s. b.) *mL* (en ab.) = 3326; 3088 *M* (Mallor b. p.) *d* grenon; *m* lenpoise; *L* au n. e au m. *und s.* Si iront il ou il vueillent ou non — 3090 — 91 *d f.*; 3090 *M* si qe ben lentende hon; *m* qui quen poist ne qui non; *L* que lorront li baron; *C* graieson; 3091 *MmLC f.* — LXXIV — 3093 *M* Bien que il v.; *m* Quanc que; *L* R. que desist; *d* neer; *M s.* 3332 (sore son bien grever) — 3094 *Mm* (penser) *L* (qui mlt fist a doter) *d (d.) C (d.)* G. esgarde si comence a plorer — 3095 *d* ambracer; *C* les ious li vit — 3096 *M* nil convint d.; *C* n en fait mie a blasmer — 3097 *MmLdC* entor lui — 3098 *M f.*; *m* ni avoit cairer; *L* comenca a p. — 3100 *M* ia se c. d.; *m* si se prist a.; *L* le sen c. d. — 3101 *L* lemprist a regarder; *C* P. molt grant ire len p. a a.; *L s.* Ou quil le voit sel prent a apeler — 3103 *M* trestot d.; *m* en fin d.; *C s.* Et de ton cief fors la corone oster — 3104 *M* Fores de f.; *m* e bouter — 3105 *d* resus si; *C* et fesis c.; *L s.* Tout maugre ceux qui en voldrent parler — 3106 *C f.* — 3108 *m* puet; *LdC* te poi (d poz) — 3109—10 *C f.*; *ML* en nul lieu; *m* en nule fin trover; 3110 *M f.*; *L* Ou la peusse a nul miex assener; *d* Ou la povisse nul leu miez marier — 3111 *d* mander — 3112 *C* Par toute france — 3113—4 *C f.*; 3113 *MmLd* = *B* 3352; 3114 *M* = *B* 3353 — 3115 *MmLdC* = *B* 3354; *M* (o. en o.) *m* (O la corone; *d.*) *Ld* (o. en o.) *C* (tout en o.) *s. B* 3355 — 3116 *m* Mais iou ne voel en nul sens esgarder Ne envers toi nule riens m. — 3117 *L f.* — 3119 *M* m en aloy mesler; *C* m seoient — 3120 *M* Ne me faudreies si pooies d.; *m* Ne me faudroient tant com peusses d.; *L* (la teste) *C* (tant que puises d.) = *B* 3360; *d* faudras . . . poras — 3122 *m* color prist a muer — 3123 *M* (commença) *C* le prist a apeler — 3124—5 *C* S. G. ie f. m o. m.; 3125—6 *L* Je le vos di ne le vos quier celer Je ferai ia tous mes bries seeler Par mi ma terre les ferai comporter (*sic*) A mes barons que ie doi miex amer P. v. a. les ferai toz mander; 3126 *Mm* (e auner) = *B* 3366 — 3127 *M* (.c. м. h.) *m* (.c. milliers h. p. en ost m.) *C* = *B* 3367; *L* Bien :c. м. h.; *d* .c. м. h. p. oil m. — 3129 *C* Que ... a g. — 3130 *C f.* — 3132 *M* nen v. ruis r.; *C f.* — 3133 *C* et guier — 3134 *MmLdC* ni vot — 3135 *dC* et ajoster — 3136—7 *M f.*; 3136 *m* De par sa terre; *dC* atrever — 3138 *L* e fermer; *C* en contremont l. — 3139 *L* cuisines alumer — 3140 *M* a c. p.; *L f.* — 3141 *m* esrives (*sic*); *C* Et ces vieles et ces harpes s. — 3142 *M* est bon a e.; *L* fu bel — 3143—5 *C f.*; *Mmd* . C . M . h. i peust hon e. = *L* (Bien . . . conter); 3144 *MmLd* = *B* 3384; 3145 *M* m. i fist a d.; *L f.* — — — 3148 *m* En . . . entrer; *LC* (En . . . v.) R. v. en la c. ester — 3149 *M* (enz ou) *m* (d.; torner) *d* (d.) *C* (Et en apries en ou) = 3389; *MmC* s. den in *B* n. 3389 e. Vers — 3150—7 *C f.*; 3150 *M* e r. baçeler; 3151 *M f.*; 3152 *md* Ne si forcible; *L* Si fort si grant; 3154 *M* Si g. fust; *m* Si issi g. (*Alex.*); 3156 *md* ou regne; *L* ou monde; 3157 *M f.*; *d* ce v. au mesler — 3158 *m* si le prist acoser; *C* toster — 3159 *M* (A la paletre venir (*sic*) e m.) *Ld* (pilete) = *B* 3399; *m* E de la chaindre lavoit fait toeller; *C* A la paiole n. e encendrer — 3160 *m* trabler (*sic*); *C f.*; *L* li orent mal mene — 3161 *d* a taper — 3162 *M* De g. troncons li cuilent a r. — 3163 *C f.*; *m* E lun e l a. e enpendre — 3166 *MC f.* — n. 3167 s. *C* Et de la tieste ans . II . les ious voler (*ein Vers, der in den andern Mss. zu einer Episode entwickelt ward*) — 3168 *m* S. ie or sot . . . asoter; 3168 — 3190 *C f.* und sind ersetzt durch Quant francois loent si prendent a douter; 3170 *Mm* (de vo parler) *Ld* Maldehez ait cure a da vous iouer; 3171 *L* veil a.; 3175 *M* Fiert R. de sor lo [=l os] maseler; 3176 *M* restenter; *d* retonter; *m* Si que le sanc en fait estanceler; *L* s. Quant cist me font ici por fol clamer E si me batent si en font a blasmer Mes ien veil . I . maintenant adouber; 3178 *Mmd* P. mi les b. le vait as [breinz *M*, = reins. *cf. bruit*] poins cobrer; *L* P. mi les b. courut celui c.; 3179 *M* Dos foys lo t. e puis; 3181 *M* (larme li f.) *mL* (la teste) *d* = *B* 3420 (les costes); 3182 *L f.*; *MLd* = *B* 3422; 3183 *Mm* = *B* 3423; *L* D. oissies ces e. crier; *d* escrier; 3184 *Mm* (P. de . LX. corre) *Ld* (core) = *B* 3424; *M* s. *B* 3425; 3185 *L* acourer [*cf. a* 4611]; 3186 *M* Loois; 3187 *d f.*; *L* Bien ot veu le vassal demener Si lor a dit ne se volt arrester Foi que doi Dieu qui tot a a sauver; 3189 *m* toz les membres colper; 3190 *Md* (to c.) tuit coi l. e.; *m* P. it. ce ont tout l. e.; *L* P. seul it. lont tuit l. e. — 3193 *M* irer; 3193—6 *C* Que ie voi la deiouste cel piler . I . grant mairien li vi ore aporter; 3194 *MmL* (en a fet) *d* (peron) = *B* 3435; 3195 *M* trayner — 3198 *M* (A m. = m) *dC* i f. d. — 3200 *m* Mais si condistrent [con, ço?] d. . . . .; *C* Itant me disent — 3201 *C f.* — 3202 *C f.*; *m* m. ne le vielt n. — 3203 *m* nel vauch onques a.; *Ld* ne le porroie a. — 3204 *Md* converser; *L* tous iorz ester — 3206 *L* Si ne los f.; *C f.* [*mit allem Recht*] — 3207 *C* . I . grant mui — 3208 *m* tonel; *d* e a s. c. porter — 3209 *MmLd* Ainc de sa f. ne vit nus hons son per; *C* = *B* 3450 (noi nus h. p.) — LXXV — *Bildet in L mit der vorhergehenden eine einzige Tirade* — 3211 *m* parcreu e leve — 3212 *m* not cauche ne soller; *L* deschire; *dC* (descaus) depanne — 3213 *M* (s. t. e cisone) *m* (fu t. e paeles) *L* (d.; e mascurez) *d* (e charbonnez) *C* (et mascure) = *B* 3454 — 3214 *m* blasme; *d* tonse; *C* toste — 3215 *Mm* (O la paiele) *L* (d.; chamoisse) *d* (pilete) *C* (A la paiele) = *B* 3456 — 3216 *M* = *B* 3457; *m* (e forment obscure) *L* (e tout encharbone) *dC* ot taint e trestout camoise [*in C* n. 3212] — 3217 — 3227 *C f.*;

3217 *M f.*; 3222 *Ld* chose; 3223 *M* Ja ne avoit; *m* adese; *L* en membre; 3224 *m* demie liewe a. — 3229 *M* (De g. troncons f. e gite) *mL* (e frape) *d (d.)* = *B* 3470; *C* Et g. t. li ont la nuit rue — 3230—35 *C f.*; 3230 *MLd* Chascuns tenoit .1. g.; 3231 *M* Se il osaent; *d* Se il l'asaillent; 3232 *MmLd f.*; 3233 *M* (Looys) *mLd* = *B* 3471—6 [*der dritte Vers f.*]; 3234 *M* point e deb.; *Ld* coiement b.; 3235 *M f.*; *L* est — n. 3236 s. *M* (Se ie p. s. d. (ie) ai[e] maudahe) *m* (d. aie maldehe) *L* (le s. d. a. ie dehe) *d* (vos s. or a.; *d.*) *C* (vos . . . dehe) *B* 3478 — 3238 *C* Mlt cierement sera — 3239 *M* (flans) *mLdC* P. mi les b. — 3240 *L* a rue — 3241 *C* A poi es cors n en s. li c. c.; *MmLdC* (ia les euist tues) s. *den in B* n. 3483 e. Vers — 3244 *C* (le cuer) = *B* 3486 — 3245—6 *C* En la q. sen est f. torne — 3247 *Mm* = *B* 3489; *dC* et resere; *L f.* — 3248 *m* A la maisie . . . cobre; *L* (A la main destre . . . cobre) *d* (Isnellement . . .; *d.*) = *B* 3490; *C* pose — 3249 *M f.*; *C* maint seel — 3251 *L* se muevent — 3252—55 *C f.*; 3253 *L* tant fust ose; 3254 *L* adese; *M* aille — 3256 *C* Li q. G. a au roi d. — 3257 *mLd* (quel part fuil t.) Q. h. ce est; *C* et de quel parente — 3259 *M* A m.; *L* De m. . . . en a done; *C* i ot doune; *d* an fist peser — 3260 *d* fumes; *C f.* — 3261 *m* M. si con dient — 3262 *d* l'an fiz ca a. — 3263—70 *C f.*; 3263 *L* e si quarre; 3264 *L* tant la *(sic)* c.; *M* = *B* 3506 (Ne s. comente); 3265 *L f.*; 3267 *m* i a il ia este — 3271 *m* S. fois ma proie e r.; *C* iure *und* s. Que se vosise et me venist a gre — 3272 *MmL* (receust) *dC* = *B* 3514 — 3273 *d f.* — 3274 *m* De parage est; *C f.* — 3276 *Mm* = *B* 3518; *C* .v. — 3277 *m* soz se (= *ciel*); *C f.* — 3278—9 *dC f.* — n. 3280 s. *C* A son tinel ocis et desmenbre — 3282 *C f.* — 3285 *MmL* (a dieu p.) *d (d.)* = *B* 3528; *C f.* — 3288 *L* par bone loiaute; *C f.* — 3291 *LC f.*; *M* apelle — 3292 *L* E R. ne si est demourez Son t. a a ses .II. mains cobre — 3293 *L* q. il est enfumez; *C s.* Solliet le voit tout a le sens derve — 3294 *md* flate — 3295 *L f.* — 3296 *m* En .II. m. la parmi t. — 3297 *C* = *B* 3540; *L* E si a mout forment dit e iure — 3298 *m* Que il v. p. gros...; *L* Cun en fera — 3299 *M* (toç iors) *mL (d.) d* (de) *C* (a s. a.) = *B* 3542 — 3300 *m* q. mlt la d.; *Ld* que il la d.; *C* qu il l avoit enpense — 3301 *MmdC f.*; *L* De faire le tel con li vient en gre — LXXVI — n. 3302 s. *C* Bries a fait faire lettres et saieler — 3303 *M* fet ses h. ascembler — 3304 *C* atraver — 3305 *M* (.C.M. h.) *m (d.) d L* (Bien .C.M.) = *B* 3547; 3305—7 *C f.*; 3306 *M* a l. a. p.; 3307 *L f.* — n. 3309 s. *C* Et voit ces hiaumes et ces haubers roler — 3310 *m* riber; *d* loer; *C* chrs adouber — 3311 *C f.*; *m* de lor ostes parer *(sic)* — 3314 *L f.* — 3317—8 *L* Quant *(sic)* autrui regne me font chetif clamer E en ma terre deusse estre honorez Rois . . . E.C.M. h. d. en ost guier E en tous lieus mes anemis grever; *C* Quant ie sui fius a desrame lescler Qui poroit bien .C.M. h. mander Et .XXX. rois semonre et aiouster S ai .XV. freres ie m en pus bien vanter Qui tuit sont roi n a el monde lor per; 3317 *Mmd* .C.M. h. — 3320 *d* acramer; *C s.* Et a mon col toute leve porter — 3321—6 *C* Maudehait ait tel vie a demener Mius voel morir que icou endurer; 3321 *L* atorner; 3323 *Mm* (mar osas ainc parler) *Ld* (mar le s'o. p.) = *B* 3565; 3325 *d* fors *f.*; *m* ton c.; *L* ius la c. —

3328—30 *C* D. G. s e. a. a. *[erster und letzter Halbvers]*; 3329 *L* not chaucie nul s. — 3331 *M f.* — 3332—3333 *C* S. dist il l. me o v. a.; 3332 *M* cortes n.; 3333 *L* P. l a. d. l. a v. parler Se il vous plest e le volez greer O vos irai en Ales. s. mer — 3335 *M* atorner — 3336—8 *C f.*; 3336 *M* E f. une pevree, *Alex.*; *L* E f. un pain e .I. o. plumer; 3338 *m* (escumer) *d* (acramer) dot — 3339 *M* E se convint; *L* E avec ce vos di ie sanz douter Que . . . Mlt saurai bien pa. acraventer — 3340 *ML* qe ie d. deo p.; *dC f.* — 3341 *d* i poez vos m. — 3343 *M* Vos nen poreç; *L* poez; *dC* Ne p. la — 3344 *m* e les lons i. ieuner — 3345 *Md* le ch. — 3346 *M* e tes membres torner; *d* et les oicieax larder; *C* les trumiaus — 3347 *M* (les broeç) *m* (boues) *L* (= *M*) *dC* chaudieres — 3348—50 *C f.*; 3348 *m* dismer *(sic!)*; *L* e au m. desjuner; 3349 *d* et a granz tres coler — 3351 *M* (Se . . . testovoit c.) *m* (*d.*; consevrer) *L* (te convenoit fausser) *d* (Sa la torte t estovoit) *C* (= *M*) = *B* 3593 — 3352 *MmLdC* Ja ne verroies .I. tot seul m. passer — 3353—4 *C f.*; *M* li apris lo t.; *d* reposer — 3355 *MdC* ester — 3358—61 *C f.*; 3359 *ML* voil; *m* ruis m. c.; 3360 *M* Si[a] d. pleist o me voyl emender; 3361 *MmLd* puet; *m* s. Honis soit hons qui ne velt amender — 3362 *m* Se le c. me volies d. — 3363 *C f.* — 3365 *M* En a. qi seit *[= siet]* de sor la m. — *n.* 3366 s. *L* Ne armeure ie vous di sanz fausser — 3369 *Md* = *B* 3611; *L* Ja ne perrois v. ne endurer — 3370 *L* si p. a acoler; *dC* p. lan a esgarder — 3374 *L* Le grant tinel; *C* ne mist en o. — 3376 *m* .CCC.M. e. — 3378 *M f.*; *d* Qui il estoit — 3379 *M* M. estoit grant n ot en france s. p.; *m* not el pais s. p.; *L* G. fu e granz ce vous veill afermer; *C* s. Et si ert drois n i ot que amener — *Die Verse* 3380 — 3419 *sind in Mnd auf die Jonckb.* II, 266 *verzeichneten sechs B-Verse reduziert* [2 *M* esclaper; 4 *M* Troys; *d* .II. mlt g. t.]; *C hat statt der V.* 3380—3430 *folgende acht V.*: Menuement le sot bien costeler Et par devant deriere reonder, *den* 4. *B-Vers, den* 5. (. v .), *den* 6., *dann* 3420, 3421 (Et . IIII. b.), Que il ne puist ne brisier ne quaser; *in L entsprechen den V.* 3380—3430 *folgende*: De . VII. cost. le fist il eschapler E puis le fist si bien de fer bender, 5. *B-Vers* (. VII.), E par devant le fist il bien ferrer, *a* 3421 (t. environ ouvrer), 3422 (E ou t. le f. si atourner Que bien le puet tenir e remuer), 3423 (es poins c.), 3424, Quant il venra as ruistes cox doner, 3425 (E q. lot f.), 3426 (. c. s.; iceus li va), 3428, 3429 (T. c. se saignent) — 3421 *M* environ ben orler; *d* Et . II. [= *A does*] b.; 3422 *m* lavoit f. r.; *d* Et au t.; 3423 *d* . I. tor chaver; *M* arer [*a schlecht gelesen, ergab* cirer]; 3424 *d* hors de ces mainz coler; 3426 *Md* = *B* 3668; *m* . X. s. avoit R. li bons ber Not plus dargent si li ala doner; 3427 *M* A la farueche; 3430 *Md f.* — *Zwischen die* LXXVI. *und* LXXVII. *Tirade schiebt C folgende drei Strophen, die die Beziehungen dieses Manuskriptes zur e-Handschrift bestimmen, ein*: Ens en la forge R. s esbanoie Li fevres tient(!) son tinel si li loie Quant l ot loie a . I. piler l apoie De la grant ioie R. se desroie Trait sa cotiele sor l englume le ploie Et dist au fevre ie n ai point de monoie Se i en euise volentiers t en donroie Prist son tinel a . II. mains le paumoie Amont le lieve et le tinel branloie Entor son cief le cenbele et tornoie Le muele au fevre encontre en mi sa voie En . IIII. pieces lesquartele

et pecoie Dist R. ceste muele est de croie Boins est cis faus qu il
ne ront ne ne ploie Par s. denis miudre est que ne cuidoie Voi le
li fevres durement s en gramoie Prent son martel apries lui li envoie
Si le feri que l eskine li ploie Vai sent li fevres si wida la fanarque
Et R. le siut forment et cace Fevres dist il ci n a poit de manace
Feru m aves encor i pert li trace Desus l eskine ia dameldeu ne
place Que m escapes iusque novaus vous face Vai s ent li fevres qui
paor a de soi Et R. le siut par grant desroi Fevres dist il car re-
torne vers moi Cil te desfie qui n a soig de deloi C est mon tinel que
ie tieng et paumoi O le li fevres si fu en grant esfroi R. frere aies
mercit de moi Vostre tinel loiai en boine foi Ie n en prendrai de
vous ne cou ne doi En aliscans m en irai avoec toi En la batalle ie
le t afi par foi Dist R. et iou bien le t otroi — *m schiebt nur fol-
gende oie-Laisse ein:* En la fornaise R. sesbanoie Avoec le feurre qui
son tinel li loie A maistres claus les viroles enbroie Quant il lot fait
puis si li dit e proie Pren ton tinel iou nel remueroie Ren. lot sen
demaine grant ioie Par grant vertu le saisi e manoie De lune main
en lautre le palmoie Entor son cief mlt menu le tornoie Endemen-
tiers quil issi se cointoie La moele ataint qui estoit tote coie En . II .
moities le desront e pechoie Voit le li feurres durement li anoie Ses
cevels rout (*sic*) des iels del cief lermoie De sa parole mlt Re. lai-
doie Dist R. sire ne ten gramoie Vees chi . x . s. ie nai plus de
monoie E ma gonele que iou vestir soloie Se iou iamais en cest pais
venoie Iceste perte mlt bien te restoroie E cest service mlt bien te
meriroie Trait sa gonele sus lenglume le ploie Donel au feurre qui
pas ne sen apoie Onques por ce le cuer nen aclaroie E Ren. en nul
point nen anoie Prent son tinel si se met a la voie — LXXVII —
3431—2 *C Schluſs der Schmiedeepisode:* Dist R. fevres mlt ies senes
Que si tos ies enviers moi acordes Que mlt tos fusces ocis et cra-
ventes En aliscans avoec moi en venres En la batalle si com promis
maves Cevaus et armes vous donrai iou ases Et dist li fevres si com
vous comandes Puis dist en bas qu il ne fu ascoutes Qu as vis diable
soit ses cors comandes Et R. d ilueques s est tornes Son tinel porte
qui fu grans et quares A grant mervelle fu grande sa fiertes — 3432
L Mist a la voie — 3433 *C* s esmaient — 3435 *C f.* — 3436 *ML*
monteç — 3437 *C* tint qui fu de fer bendes; *es ist der erste und
der letzte Halbvers von* 3437—3439; *die zwei andern Halbverse f.;
an diesen Vers knüpft sich am natürlichsten der V.* 3443 (S est R.
au t. apieles); *die dazwischen liegenden Verse f.;* 3438 *M* Gros ...
e longement q.; *mL* (e sestoit tous q.) *d* (et g. quarez) = 3679 —
3445—6 *C* Dient francois R. est derves; 3445 *M* e. e en lez —
3447 *C steht n.* 3449; *m* A. mais ne f. fais si d.; *L* ainz mes de
mere nez — 3448 *L* ou pot estre trouvez; *ML* s. 3691; *L hat vor
diesem V.* Tant par est granz e corsus e membrez — 3449 *L* Qui
latendra en bataille champe Sil est atains de cest baston quarre Molt
sera durs sil na le cors froe; *C s.* Qui l atendra mal sera osteles —
3450 *L* por Dieu de maieste; *C* Dist or venes et si me ranprones —
3451 *L* Vous requier ie — 3452 *d* = *A* 3695 *B* = *ML*; *C f.* —
3453 *MLd* Car par mon chief (= *C*) tost seroit c. — 3454 *d* ancoi;
C s. De mon tinel gaber vous deportes — 3455 *M* naurez; *C* Par
le mien cief; *L* E si vos di par fine verite — 3456 *L* Je nel vou-

droie por lor dune c.; *C* Je lain mlt mius que; *M f.*; *d* ne lairoie
und s. Que ne vos face corosous et irez — 3458 *L f.*; *d* dant *f.*;
C Puis apiela — 3459 *md* atornez; 3459—60 *C* Sire dist il or s. t. a.;
M f.; 3460 *M* (a moy) *d* v. m. an a. — 3461 *MmLdC* = 3704; *C s.*
Il a en moi plus que vous ne cuides — 3462 *C* que plus n i d. —
3463 *M f.*; *L* Ja deussiens estre a orenge es prez — 3464—7 *C f.*;
3464 *L* Par celui Dieu qui en crois fu penez; 3465 *d* serez sirez
clamez; *MmL* (Plus) *d (d.) s.* Il a en moi qe vos ne esperez; 3466
ML N i garira; 3467 *m* G. hom s. por d. qui en crois fus penes, *Alex.*
[*cf. L* 3464, *mit dem dieser Vers verwechselt ward*] — 3468 *M* G.
hom s. e qar vos en venez; *C s.* Quant mestier ont que vous les
soucoures — 3471 *Mm* (e aprestes = *C*) *Ld* lerrer — 3473 *C* li
bans ales — 3474 *mdC* = *B* 3717; *L* endossez; *M* roeleç — 3475
L Ces hiaumeures o ces e. posez; *m f.* — 3476 *dC* (acesment) les
b.; *L* E lor afaire fu mlt bien atornez — 3477 *M* cischuns est e.;
C f.; *M* (De ces v. . . . refermez) *m* (lor l. enfermes) *L* (ratirez) *d*
(afermer) *s.* 3721 — 3479 *ML* (Fain) *C (d.)* lor donerent aseç; *m*
Fain — 3480—85 *C f.*; *ML* li barnez; 3481 *m* E de grans chierges
plus de .xx. e.; *L f.*; 3482 *md* (E de t. autretant) E grans tortis
i avoit a.; *M* (.xx.) = 3726; *L f.*; *Mm* (Li lum. fu gr. ainc ne fu
tels) *Ld s. den in B n.* 3726 *e. Vers;* 3483 *M* mlt grant atornez;
L (biaus) *d* = 3727; 3484 *M f.*; 3485 *d* Au m. doiz — 3486 *ML*
(li frans q. h.) *d* (li jantis h.) La sist; *C* que preus et que senes —
3487 *M* e ses filz; *d* Quant d. Garnier et ces f. fist m.; *L* E Ay.
e si fil sont mandez E sa moullier au gent cors honore Aval la sale
sont assis lez a lez Molt orent vins e viandes assez Guinemers fu lez
G. le ber — 3488 *M* A sa m.; *mL* (où tant ot de b.) *C (d.;* u m.
ot de biautes) qui mlt avoit bontes; *L s.* Ce furent cil qui lorent
ostele Quant li bers vint le secours demander — 3489 *LC f.*; *Md*
(est) sont assis — 3491 *MmLdC* = *B* 3735 — 3492 *m* affeutres;
C Et a ses fius boins destriers s. — 3493 *L* b. e hermins e.; *d* b.
gironfle — 3494 *MdC* sire m. et g. — 3495 *M* (vite t.) *C* (a gres)
tant que; *L* quil soit guerredone — 3497 *L* principe — *n.* 3498 *s.*
C N i a celui ne soit bien abuvres — 3500 *LC* (iut) gist; *d* fu R.
li ber — 3501 *Md* (Dec.) = *A* 3745 *B* = *C* (Deiouste); *L* Par
delez lui se gisoit ses tinez — 3502 *L* lui ont la nuit emble; *d* dou
m.; *C* .v.; *L s.* Miex lor venist onc nen fussent mellez — 3504.
C l ont m. et t. — 3506 *MLd* firent; *C s.* Il le peuisent mius
bargegnier ases — 3507 *MLdC* (si sen vont a lor tres) La c. de-
part; *C s.* Et li auquant s en vont a lor ostes — 3508—10 *C* Si vont
coucier quant dormi ont ases Au matinet quant paru la clartes S est
l os levee environ et en les, *A.* 3754 (lor harnois) Sonent buisines
si ont lor cors sounes Et menuiaus et olifans sounes *und A* 3755;
3508 *m* a. quil fust aiornes; *L* meust c.; 3510 *M* Li e. vunt en
mante a.; *m* en ont mlt agreignies; *L* se sont bien atire; *d* sont
plus sor adobez — 3512 *C f.* — *n.* 3513 *s. C* A claus dargent et
a fresiaus ouvres — 3514 *d f.*; *C* Tantes banieres tans confanons
leves — 3515 *C* Et tans bons g. — 3516 *d* ferans — 3517—9 *C*
f.; *m* e g. a plentes; 3518 *Md* ensemble; *m* Des c.; *L* Cil c...
ont; 3519 *M* (sor) *L* (par les) souz L. en .I. p. — 3521—6 *C*
weist folgende Ordnung auf: 3522+3525 (Erm. monte et trestous

li barnes) 3524 3526 (o le cors ounores) 3523 (Et l. G.) 3521 (Et a. li kenus li b.) Et tuit si fil li vasal ounoure; 3521 *Md* li viez chenus b.; *L* li v. e li b.; 3523 *L* R. L. e G. li ber; 3524 *M* qe mlt ot [en] amez — 3527—28 *C f.* — 3530 *C f.*; *m* Il . . . qui — 3532 *M* trespasez; *C* ioie — 3535 *C* T. nus pies est s est salis en .I. g.; *MmLd* s. Molt les a bien et cerchiez et tentez — 3536 *M* e. en l eygue e.; *C s.* Mlt les a bien et bases et laves — 3538 *d* dejouglez — 3540 *MLd* Lors f. tel d. onques mais ne fist tel — 3541—3722 (LXXVIII+LXXIX+LXXX) *sind in MmLdC durch die entsprechende B-Stelle* (Jblt, II, 267) *ersetzt* [1 *C* Detort ses puins ses d. a depanes A ses . II. mains a ses ceviaus tires Sovent se claime dolans mal eures *[dieser Vers steht auch in MmLd]* Ahi dist il dolans que devenres Iamais nul ior ne seres ounores En nule tiere cremus ne redoutes; 6 *Mm* Que tost sereç; 8 *C* bastons; 9 *M* (cest b.) *m* (nos b.) Se ie le lais; *L* (mes) *C* (vos) Se ie ne l ai; *n.* 10 *s. C* Se vous nen iestes par mon ceval tenses Par s. denis ia vis nen estordres; 11 *C* (ia p. c.) *M* n i; 12 *M* (Ie en voyrai) *m* (I. pruec si le r.) *C* si le raures; *L* e si le raverez; *d* I a. panre; 13 *M* (atorneç) *m* (que vous ichi vees) *C* (d.) *d* Mon e. que ci est a.; *L* Mes e. qui ci sont a.; 15 *C* Ia p. . IIII. homes; *M* (arr. remeneç) *md* (aportez) *C* (boutes) *s.* Mien escient ne arriere tornes; 17 *md* dusque; *M* revenez; *C* devant que; 18 *mLdC* Dex vous en sache gre] — *m enthält die ältere Überlieferung der Klosterepisode:* R. ot G. au vis fier Quil latendra desi cau repairier De dieu de glore le prist a merchier Envers loon se prist a repairier Defors la vile ens el chemin plenier Enlabeie st iermain au mostier Defors la porte a trouve le portier .I. petit nain .I. manc *(ms.* mant) .I. escachier La se seoit por le porte gaitier Sor .I. cousin par dales .I. planchier Quant R. vit vers lui aprochier Le pestic volt fermer e verollier E R. li comenche a proier Amis biax frere por dieu ne tairer Homs sui G. le marcis au vis fier Malfei mont fait mon tinel oublijer Laissies maler en cel palais plenier Mais mlt ai faim si volroie mangier Quant li portiers loi si desraisnier Si le regarde e devant e derrier Ay fait il fel cuvert pautonier Mal sambles hom a si fait chevalier Com a G. le marcis au vis fier Par cel seignor qui le mont doit iugier Sor devies de faim vif esragier Du menor pain naueries .I. quartier Adont volt luis fermer e veroller E Ren. se prist a airier Si bouta luis quil fist desverollier Lune des ais en a fait destachier Parmi le pis consui le portier Gambes levees labat sor .I. fumier E en la bouche li fist .V. dens brisier Cil brait e crie a guise daversier Fors sont salli e keu e quisinier Si est li abes e tot si encloistrier Ni a celui nait saisi .I. levier Quant R. les vit si aprochier Dun car corut .I. limon enrachier Qui li veist ces dans moines cachier Labei e les moines *(sic; l.* A. e m.) enbati el mostier E les serians come le cenelier Puis lor vait luis fermer e verollier En la cuisine sest ales acointier Gambes croisies se siet leis le fouier Quant fu assis si regarda arrier Voit de rosoles trestot plain .I. panier Il les manga sans noise e sans tenchier Onques labe nen volt nule laisier E but de vin ases plus dun sestrier *(sic)* Quant ot disne si entre en .I. celier Des mices trueve trestot plain .I. grenier E de formages asses plus dun millier Dus cala porte ne se volt atargier

La povre gent comencha a huchier Aval la cort les a fait arengier Ni a celui neust un pain entier E de formage e de vin . 1. sestier En la gent povre nen ot quesleechier Dist lun a lautre chi a bon aumosnier Car pleust dieu le verai justichier Que dant abeis en fesist despensier Si nos donroit desor mais amangier E Ren. lor est ales proier Kil prient dieu le verai justichier Que il garise G. au vis fier Que del archant sen puist repairier (sic) E son neveu W. puist vengier De la porte ist ni volt plus detrier En noion entre a guise de trotier — LXXXI — 3725 *Ordnung in M*: 3727—26—25; *L R*. sarresta; 3726 *L* Por s. t. — 3728 *ML* e decire s. d. — 3729 *C* . 1. e. en demaine ses g. — 3730 *C* leres tu le m e. — 3733 *C* Qu il n en a mie — 3734 *MLd* . III. — 3736 *C f*. — 3737 *M* vilen l.; *d f*. — 3739 *m* M. f. q. d. s. andrieu de patras; *L* nicolas; *d* M. p. celui con cleme s. vaat — 3741 *M* qi est de c.; *m* qui siet devant c.; *d* delez — 3742 *m* corsaut de belyas; *d* Baluas; *C* = 3985 (tarsu et b.) — 3743 *m* dras; *C s*. Si les degiete que les menbres ont quas — 3744 *m* a . 1. fais; *L* Si les ieta . . . quas — 3745 *C* Si roidement que tuit sont debrisas — 3746 *C* por s. lienart — 3748 *Mm* Je i. poruec e tu matenderas; *C* Gir. poruec — 3749 *d* tu ne machaperas — 3751 *d* . IIII. — 3752 *M f*. — 3754 *C* de male mort m. — 3756 *Ld* Que; *C* Qui estranla calafes de b.; *M* baudras — 3757 *C* sas; *MLd* le g. — 3758 *L* E si li done; *dC* E si lor done [*d* de mlt g. h.] — 3759 *d* an . 1. vas; *C* Grant paor ont nel mescrees vous pas — 3760 *d* mugas; *C* Qu il nes ocie iluec en eslepas — 3761 *d* grant et poigas — 3762 *M* (qi lor donast aras) *m* (d.; damas) *L d* (d.) *C* (d.) = 4005 — LXXXII — 3763 *m* le fiens areverser; 3763—4 *C* R. va son tinel demander — 3764 *M f*. — 3768 *MdC* Si toç nel f. ial poreç c. — 3769 *Md* puet; *C f*. — 3770 *Mm* (Sor m. = Sun m.) *d* (Su sor p. = Sun sol p.) Si molt petit me f. a. — 3771 *Mm* (porres) *Ld* li . 1. l a. — 3772 *M* (voyse) *m* (tuer) *d* (face) *C* (v. ferai) = 4015 — 3773 *C* Q. francois oent — 3774 *M* suer — 3776 *Ld* M. entre . IIII.; *C* M. nel menisent por tout lor d outre mer — 3777—78 *C* R. hucent ca venes rice ber (*n*. 3780); *d* Et R. an pridrent a parler; 3778 *M* torner — 3779 *M* runeter; *d* mumeter; *C* commencent a runer — 3780 *C* fist fonder — 3781 *d* (est an grant daser) = 4024; *C* Et cil i ceurt qu en ot gr. d. — *n*. 3782 *s. C* Ne li pesoit le brance d un pruner — 3783 *C f*. — 3784 *MC f*.; *L* li fait p.; *d* deust — 3785 *L* pense de r. — 3786 *L* li v. a lencontrer — *n*. 3788 *s. m* Si mait diex on vos devroit fuster — 3789 *d* vausit; *L* M. v. v. ci o moi demourer En la cuisine e les h. t. — 3790 *L* Delez le feu e vos trumiaus c.; *MdC* et au bon f. ch. — 3791—2 *C f*.; *L* E du b.; 3792 *M* (bien [vos] p.) *d* Q. v. volez vos vos poez d. — 3793 *M* la malesse e.; *C* autrui t. — 3794 —8 *C f*.; 3795 *a* de mon a. *lies* de moi a. *oder* de m en a.; *d* demander; 3796 *d* je voile maiz vos ch.; 3797 *d* me — 3800 *M* voyses toç d. — 3802—3 *C* Et nos crokes de cel fier amender; 3802 *M* resoster [*l*. restorer?]; *m* racesmer; 3803 *M* E nos greners en feray refermer; *m* E por greis a nos faire treper [*ms*. t'reper; *im Sinne des ital*. treppiare]; *C s*. U se cou non ia te ferai fuster — 3804 *d* deust; *C te und s*. Toi et ton fust puist dex acraventer Tu n as que faire en aliscans sor mer — 3805 *C s* ot si viument c. — 3806 *C* par mautelent laidir et r. — 3807 *m* l. e aviller; *C* et deviler; *C s*. Et lui meismes laidir et laidengier — 3808—9 *C f.* — 3810 *C* devant lui va ester — 3811 *C f.* — 3812 *C* Del cief d. . . . bouter — 3813 *d* Qu'andous les iaux li f. dou fronc v.; *C* Si q. les dens li f. del cief v. — 3814 *L* e decouler — 3815 *L* la m. ius cravente; *C f.* — 3816 *C* deviser — 3817 *C* en aliscans sor mer — 3822 *LdC* taisir — 3824—28 *M* Li e. en s. a. ioste clamer *(Alex.)*; 3826—7 *C f.*; *L* Vers R.; *n.* 3828 *s. L* Que R. les a si atornez — 3829 *C* Que si les v. a m. torner — 3830—31 *L f.* — [3833—35 *m f.*; *M* si vilment demener; *C* Ne d. pas gaber le baceler; 3834 *L* se fet il bon g.; 3835 *C f.* — 3836 *m* Bien p. a lui tost m.; *d* de vos cors mesarer; *C f.* — 3840 *d* veez moi b.; *C* vien a m. — 3841 *mLdC* Vien si asaie — 3843 *C f.* — 3845 *M* bien le p. endurer; *d* ne vos an ruiz panser — 3846 *C f.* — 3848 *C* Et son t. et ruire et venteler. Gieter amont et recoivre et lever; *L* Courre e huer e s. t. branler — 3849 *L* maniere; *C* deduit — 3850 *C f.*; *L* not en lui quairer — 3851 *C* Ceurt a . l . e. si l est ales l. — 3852 *M* T. sa gonelle; *d* A sa cotelle = *C* (T. sa c.) — 3853 *MLdC* P. ne la v. — 3854 *d* de le g. la cort g. [= *de laigue la geté*]; *C* d. wes — 3856 *C* s en p. a airer — 3857 *m* Nicolai — 3859 *M* soper — 3860 *Md f.*; *C* Ne ne buvra iouste lui de vin cler; *m* i. le feu a s. — 3862 *Ld* le prist a en amer — 3863 *C* vesci b. b. — 3864 *M* qe e. un host — 3865 *C* cis t. — 3867 *MdC* t. m en doit — *n.* 3869 *s. L* Foux est e nices por la gent vergonder E outrageus. mlt fet a redouter Nus ne se puet aveuques lui iuer Que maintenant ne le veille afronter Li vif diable men puissent delivrer — 3870 *M* Je ne cuit; *md* Je ne quier m.; *dC s*. Voit ou il voille n'an quier oi parler — 3871 *MdC* (M. p. l i virent) = 4113; *L* Mes R. que diex puisse sauver I. rev. p. si . . . — 3873 *M* not a file e a p. — 3874 *M* li volt fere e. — 3875 *L f.*; *C* Ne le savoit u mius li m.; *M* Il la cuida bien a lui marier Mais looys ne le puet endurer Mais hermançard li fist puis ennorer Sa belle nece ermentrut a vis cler — 3876—78 *C f.*; 3877 *m* En son [= *Wilhelms*] p.; *L f.*; *d* An ou p. de c. la site — 3880 *d* Se t. me. f.; *L f.* — 3881 *m* J. ioug. ne cantera son per — LXXXIII — 3882 *md* la calor — 3883 *M* d. lui — 3884 *C* apries lui s arouta; *L* esta — *n.* 3885 *s. L* Forment lacole . IIII . fois le baisa — 3887 *MC f.* — 3888 *M* Corut a l a. bellement lo l. — 3889 *M* (gonelle) *mLC* Traist sa cotele; *d* Et de sa c. cointemant — 3890 *M* en l aygue — 3891—2 *C f.* — 3899 *d* sil maul vasal si a; *L* m. seignor ci a — *n.* 3900 *s. M* (afollera) *Ld* 4143 — 3901 *L* q. li d.; *d* li cors que vos d.; *C* Ne fist pas bien li r. quant li d. — 3902 *M* (qil a. lui) *m* (que il o nos i.) *d* (san va) = 4145; *L* verra; *C f.* —] 3904 *d* bise — 3905 *d* u. g. t. i a; *C* pries d u. — 3906—7 *m* E p. li dist que r. te forfera . . . nel a. — 3908 *C* qu il les adoubera — 3909 *LdC* maistroiera — 3912 *L* lacena; *dC* lapela — 3913 *M* mantenant i a. *u. s.* Qe voluntiers en son service va — 3914 *M* a dos b. — 3919 *M* Perdon ten qier a itant la. — *n.* 3921 *s. M* Mes tot son cor por amor li leysa — 3924 *M* E en d.; *C f.* — *n.* 3925 *s. L* Ou il sa targe alaler i laissa — 3926 *Mm* (noient) *L* (M. sachiez bien) *d* m. ne retrova; *C* point ne retrovera — 3927 *C f.*; *M* Qen l a. fu a.

e breça — 3928 *d f.* — 3929 *m* .XL.; *d* .c. l. i l.; *C*.c. en i
redouna — 3930 *Md* (. LX .) . XL. an i dona; *C* cuinquante; *M* (re-
stora) *mLdC* (Par dant G.) *s. den in B n.* 4173 *t. V.* (estora) —
3931 *M* qe o. trova [*cf. A* 4174] — 3932 *d* saberja — 3933 *M* i
manda; *d* mande a; *C* demanda — 3934 *M* Li c. — 3935 *L* si c.
drois l e.; *d* Et es b.; *C* si c. lesgardera; *C*. *s.* A lor voloir tout
lor amendera — 3936 *M* (E le d. qant . . . se leva) *d* laube; *m*
A l e. que li a.; *L* quant li a.; *C f.* — 3937 *M* de la ville torna;
C f. — 3938 *C* que p. nes c. — 3939 *M* De l. partir ades les c.;
C De l ost p. a. d. les c. — 3940—41 *C f.*; *M* durement; 3941 *L*
souspira — 3942 *M* Cons a. — 3946 *L* Deseur la f. m. chascun
e.; *C* Enmi — 3947 *d* a sa boiche . . . natoicha; *LC f.* — 3948 *m*
b. li a. = *d* (acreanta); *L* Et ch. f. — 3949 *m* Com t.; *ML* (Ven-
ront a l. q. ia nus ni f.) *C* (*d.*; n. ne l 1 en mentira) *s.* Venra a lui
si che ia ni faudra; *m s.* Apres en lost demanoir les siura — 3950
L Ernaus li preus . . . s a.; *d* Ou val; *C f.* — 3951 *M* (V. ont
dit) *d* ne li f. — 3952 *L* C. novele; *d* Voire c. — 3953 *L* si se t.
enesca *und s.* Sil i entent des bons mos i orra — 3957 *d* delivrera
— 3959 *d* paien; *C* A .I. fort home — 3960 *d* son iaume; *C* P.
.II. hiaumes — 3961 *M f.* — 3962 *M* M. ne por tant t. le decer-
vela — 3965 *d f.* — 3967 *MmL* (A. s. por riens ne t.) *dC* (A. s.
de lui ne t.) Qu ain sarr. puis ne li trestorna — LXXXIV — 3969
MLC a sa voie tornee — 3970 *M* la iornee; *m* T. o. haste . . .
lor i.; *L* toute i. ai.; *d* a chascune ionee; *CT.* o. ale toute i. ai. —
3971 *M* = 4213 (Tant por orençe); *dC* Jusqu a Oreinge . . . arestee
— 3973 *ML* (Ou val d o.) = 4215; *d* Des tors . . . choisent;
C f. — 3975 *L* E lont partout e a. — 3981 *C* S. as batalles — 3983
M (e gr. la m.) *dC* (et fiere) = 4225 — 3985 *M* A m. paien; *m*
ot la sale q.; *d* les testes; *L* Dont m. pa. ot la t. effondree — 3986
M galbe gaee — 3988 *m* poire p. — 3989 *M* meslee — 3990 *d*
Des tres — 3991 *M* A lor nes vont [*font?*] en l a. retornee; *m* A
lor maisons en l ar. retornee (*sic*); *L* Arriere sont en l a. retor.; *d*
En Eslachanz san est lost retor.; *C* En l ar. sont a lor n. ret.; *L s.*
Molt grant charroi maine la gent dervee — 3992 *L* Por ce quil veu-
lent que la t. soit q. Pour engins faire diex lor otroit soldee Dont
a Guib. soit ioie racontee; *d s.* A grant chacoie ci ert auques feree
u. 4236 (la piere), *welcher letzte Vers C* 3993 (Et dont la piere puist
iestre e.) *ersetzt*; *M s.* E grant cordages e fer tape feree; *m* E gr.
carcans e fercaupes quarree — 3993 *MmL* (sale) *d* craventee — *n.*
3995 *s. d* Se il la puet tenir molt sera mal menee [*Alex.*] — 3996
—4001 *C f.*; *M* afondee; *L* afondree; *n.* 3997 *s. L* Car se diex
done e la virge honoree Que dans G. a la chiere membree E R.
as granz espaules lees E lor compaigne qui nest pas oubliee Dont
il i a mlt tres grant aunee Con vous orrois se .I. pou vous agree
[*Hauptsatz fehlt!*]; 3999 *M* asaiee; *n.* 4000 *s. L* Prise ont la vile
e ma dame praee — 4003 *Mmd* (sonent) arotee; *L* esfraee — 4004
C a oi la criee — 4006 *d* A son coste; *C f.* — 4007 *C* la ventalle
fremee — 4010 *M* A pies; *m* sievent; *L s.* Qui le veist com il
court par la pree De ioie neust sachiez son cuer solee Sa perche
porte come se fust sofflee Par grant air vet saillant par la pree Au
courir nus a lui neust duree Or le gart diex qui fist ciel e rousee

Car par lui iert mainte ame a fin alee E maint paien geta geule enverssee Qui puis ne vit ne cousine ne mere — 4013 *L* ot la teste boutee — 4015 *Ld* bendee; *C* e t. t. lee — 4016 *LC f.*; *M* endosee — 4017 *M* engironee; *d* de sandaul g.; *LC f.* — 4018—20 *L f.*; *d* Li grant ost a gete si grant frientee; *C* Tant boin d. a la crupe truilee; 4020 *C f.* — 4021 *MmdC* ordenee; *L* nommee — 4023 *Mm* (que f . . . mal senee) *L* (desfaee) *dC* ce fust — 4024 *M f.*; *C* de l ost si r. — 4025 *m* demenee — 4026 *L* Ste Marie royne couronee Aies merci de ceste lasse nee Qui tant vos a servie e honoree Diex se sui prise a grant honte livree *(sic)* Arsse ou noie serai en mer betee Miex veil morir que deuls soie privee — 4028—29 *C f.* — 4030 *M* sui atornee; *C* sui [*ms.* est] remuee — 4031 *C* Ia n iere mes vostre femme e. — 4032 *d* nostre — 4035 *M f.* — 4036—7 *L f.*; 4036 *Mm* (quic e. e.) *d* (proignent) *C* (C. que p.) = 4280; 4037 *Mm* tormentee; *C* demenee — 4039 *L* estieunes; *d* Ethenes — 4040 *MmLd* (Lores) *C* = 4284; *m s.* Maint poing detors mainte barbe tiree E desrompue mainte porpre roee Dedens orenge ot grant dolor menee — LXXXV — 4042 *m* essielant [*cf. mfz.* dessiller] — 4044 *LC* s. t. trainant — 4045 *M* deruant; *C f.*; *L* deietant *u. s.* Diex ne fist home se il fust la vivant Vist R. con se va demenant Courre e saillir e son fust paumoiant Tant fust hardiz li sanz nalast fuiant — 4046 *M f.*; *md* en estant — 4048 *C* ensi g. — 4049 *C f.* — 4050 *M* (huimes n a. g.) *d* dit ele je n'an arons g.; *C s.* Tuit soumes mort par le mien entient — 4052 *C f.* — 4053 *Ld* entor — 4054 *M* e vait mlt larmoiant — 4056 *C* vestir; *L* Avecques li mainte dame sachant Qui toutes orent vestu le i. Con chlr saloient demenant — 4059 *d* qu'ez dasiere tant — 4060 *C f.* — 4061 *C* vostre aidant — 4062 *L* La dame lot tout ot le cuer ioiant Mes non pourquant ainz se va apenssant E en son cuer mlt parfont souspirant Diex sire peres qui moi faites vivant Est ce G. que iaime e desir tant Or oez dont con la dame est sachant Quant ce oi ne vet pas annuiant En haut parole que bien fu entendant — — 4064 *C* douc; *M* seduant; *L s.* Souvent me font le cuer triste e dolant — 4065 *dC* vos v. et vos s. — 4066—9 *C f.*; *M* (Voir dist G.) *d* se v. molt ravisant; 4067 *M* (s. maint home scemblant) *d* (se vont molt resanblant) = 4311; *L* Adont verrai e serai conoissant Se vous ce estes dant G. le franc; 4068 *Ld* talent — 4070 *C* Li q. G. l iaume et leva o. *(sic)* — 4071 *C* par devant — 4072 *M* V. soç . . . boche a.; *L* V. s. le n. ce que li fu estant — 4073 *M* (a s. b.) *m* (*d.*; dant corsaut) *L* (de s. b.) = 4317; *C* codroes lamirant — 4074 *L* setzt nach Rome *einen Punkt*; *C f.* — 4075 *M* (ce v. li a.) *mL* (sorent) *d* = 4319; *C f.* — 4078 *d* avaulant; *C* T. le desferme la bare va ostant Pus vient au p. si le va avalant — 4079 *d* Li q. G. i antra liemant — 4081—3 *C f.*; 4083 *M* D. or t. lo vostre c.; *d* t. moi c. — 4084 *M* (en un estant) *md* .xx.; *C* G. baise la dame maintenant — *n.* 4085 *s.* *C* Dame dist il tenu vous ai covent Pus ne baisai ne cousin ne parent Pere ne mere ne nul apartenant Sire dist ele ihus vous soit aidant — 4087 *C* trestout communaument — 4088 *L* En la c. sen vont assez metant Tant en i entre que plaine fu errant E par dehors vont li autre atravant — 4089 *L* gentement . . . ostelant; *M* (e maint b.) *m* (herbant *sic*) *Ld* (brechant) *C s.*

4334 (brehant) — 4090 *L f.*; *MmC* escarimant; *d* et pale acariant — 4091 *L* viande; *C* a lor talent — 4093 *MmLd* = 4338; *C f.* — LXXXVI — 4095 *m* sentramerent asses; *d* sasturent; *MC* se sieent — 4098 *d* remez — 4099 *M* a son t. p.; *d* fist . . . poser — 4101 *ML* si e. i. asez; *m* iones fier come sanglers — 4102 *MC f.*; *m* Gernons li point; *L* selonc les sienz aez; *L s*. Ou voit G. si la arraisonne — 4104—15 *C f.*; 4106 *L*. membrez; 4107 *Mmd* au tenant r.; *L* E ou tenant afaitiez e dolez E tout entour par maistire bendez; 4110 *m* fort ases; 4111 *M f.*; 4112 *d* Q. h. ce est; 4113 *M* (qe avec v. lavez) *m* (quant chi o vos lavez) *d* = B 4357; 4116 *d* Je c. q. e. de mlt h. parante; *M* De fiere geste il est enparentez; 4117 *MC f.*; 4119 *M* N. madame; 4121 *Md* a plus de . VII. a. mez; 4122 *mC* (Petit sen faut que il n e. a.) = 4366; 4112—4124 *L* Quiex hons est ce e ou fu il trouvez De quel terre est quiex est ses parentez Ou le trouvastes qui le vos a done Est il pa. sarr. ne esclers A il baptesme ne la crestiente Croit il en dieu le roi de maieste E d. G. par dieu vous le saurez En douce France me fu du roi donez Je quit quil soit de mlt haut parentez De fiere g. est il par verite Ne sai sil est b. ne l. E si vous di par dieu de maieste Que du roi fu aus pa. achetez Petit enfant por dieu de maieste Por dieu vous proi que v. le me g. Sire dist ele a vostre volente — 4127 *C* s e. ales aceuster; *M* asetez — 4129 *Mm* P. devers t.; *dC* = 4373 — 4130 *L*. IIII. XX.; *C*. XX. M. — 4131 *MC* (A lances droites) = 4375; *d* roides — 4132 *M* A bones t. a penons de cendez — 4133—4 *C f.*; 4133 *M* qe p. f. e.; *m* li e. fu pl.; *L* e li solax fu clers; *d* p. fu li e.; 4134 *M* isoit; *m* E de lor [armes] ist mlt g. la c. — 4135 *M* qe mlt fu honorez; *m* qui mlt ert aloses; *L* e li senez; *C* ses freres li senes — 4136 *M f.*; *C* qui mlt estoit senes — 4137—8 *C f.* — 4139 *MC* (Gentius contese) d. li q. ou ores; *C s*. Soies ioians si ne vous dementes — 4141 *M* Ne garira; *L* Ni garra; *C f.* — 4143 *m* ce verres vous ases — 4144 *M* (mon a.) *d* vostre amiz; *L* mon n.; *mC* vo n. — 4145 *M* = 4389; *L* devisez = *d* (moz); *C* A. q. li quens a. ses dis afines — 4147 *ML f.* — 4148 *MmL* (croist) Or vient la f. dan G. au c. n.; *d* Or c. G. sa f. o le c. n.; *C f.*; *L s*. Ciz li ait qui en crois fu penez Mestier en a ce sachiez par vertez — LXXXVII — 4149 *M* Entendementres qi sont — 4150 *M f.*; *C* establisent — 4151 *M* (G. garda [pres. it.] p. un pois antis) *m* (floris) *C* (d.) *L* (puy a.) *d* (d.; le p.) = 4375 — 4152 *C* del c. — 4153 *M*. IIII. M.; *m*. II. M.; *LdC*. X. M. — 4154 *L* qui ont les fers brunis — 4155 *L f.*; *C* et a. d. braidis — 4156 *d f.*; *M* E apres eus; *L* De la. p. — 4157 *C* A. X. M. homes — 4158 *M* as corages ardis — 4159 *M* conoysis — 4161 *M* la amont ces l.; *L* amont en c. l. = *d* (laissus) *C* (la val) — 4162 *Mm* (as escus) *d* mlt grant a p. b.; *L* qui ont granz p. b.; *C* a tout ces p. b. — 4163 *C* li frans q. a. — 4164 *Ld* De l a. p.; *m s*. Dolant fera le roi des arrabis — 4165 *L* Ambe. II. sont emprisonne lor f. — 4166 *C f.* — 4168 *C* le roi de paradis — 4169 *M* N. ne lairons ançoys qe soit t. d.; *m* a. q. passent. III. d.; *d* aincois q. part lu dis — 4170—71 *C f.*; *M* (ni ses amiç) *m* Ni garira — 4172 *dC* cri; *L* remercis — 4173 *L* le comte seignouri — 4174 *m* Le neis — 4175 *L* par delez. I. l.; *C* des. o. es pris — 4179—80 *C f.*; 4180 *M* (a lui roys) *m* (reis) *d* Onques pa. norent ver lui loisi; *L* Ainc as pa. ne fu nul ior amis; *L s.* Car par lui furent darmes tous iorz requis — LXXXVIII — 4181 *M* En tendementres; *m* chevalchant — 4182 *L* Et q. il v. lor ch.; *C* c. et destriers — 4183 *d f.*; *m* (vers destre en .I. p.) *LC* (aval en .I.) *G.* garde — 4184 *mC* Venir i v. — 4185 *C* vienent chr tant — 4186 *M* Troy cent f.; *L* .II.M.; *d* .X.M.; *C* .XIIII.M. — *n.* 4187 *s.* *MmLdC* E desoz lui bon destrier auferrant *(M f.)* *u.* A 4433 (*C* Espeé u lance o ensegne pendant *(mf.)* — 4188 *C* Gentius contese d. li q. en oiant — 4189 *C* V. la venir dant b. de brubant — 4191 *C* De t . . . a le soucors p. g. — *n.* 4192 *s.* *C* Qu en prison tienent paien en lor calant — 4193 *C f.* — 4194 *md* quier — 4195 *ML* de suz l e. [also im Grab?] oder = desoz larbre *(m)*; *d* sor laubre an Eslarchans — 4196 *MC f.*; *mL* li rui; *d* la d. est [*l.* ist] b. — 4197 *MmLdC* le gerpi — 4198—9 *L f.*; 4199 *M* Sire fait e. J. v. en soiet garant *Alex.* — 4202—4 *L f.*; 4203 *m* e corsier e s. [*cf. M* e corer]; *d* et s. ausimant — 4205 *M* la f.; *m* sa f.; *L* sa f. mlt doublant; *d* joie; *C* guib. — 4206 *C* ne sen fuient atant — 4207 *M f.* — 4209 *M f.*; *dC* qui la mace a pesant; *C s.* Hui mais commence cancons de fier samblant Fier et orible et de mlt fier samblant (sic) Ja de millor ne cuic que nus vous cant — LXXXIX — 4210 *ML* Des qe; *Mm* (E loient cordes f. pels e poignas) *dC s.* 4456 (pescons punas) — 4212 *M* primerans — 4213 *MmL* (Vers . . . coustentinal) *C* (*d.*) *d* Lez la m. devers c. — 4214—6 *C f.*; 4214 *M* dinas; *m* dardanas; *d* Donmas; 4216 *M* Cet .M.; *d* .X.M.; *L* .VII.M . . . as chevax e a d. — 4217 *M* = 4462; *m* As bones armes; *L* a mules bons e gras — *n.* 4219 *s.* *C* Sire dist ele or verons que feras Con W. ton neveu vengeras Dame dist il ne m en vanterai pas — 4221 *MmC* paien; *d* li leres; *L* li malfelon iudas — 4222 *m* mathamas; *C* a gete ambes as — 4223 *C f.* — 4224 *M* Budos; *m* e cosdroas; *L* li sathanas; *C* et tumas; *d* maulatras — 4225 *M* Buroys; *m* Buthors danverse (!); *L* qui maine tel harnas; *d f.*; *C* goulias — *n.* 4226 *s.* *C* De l encombrier ne del cruel trespas Qu il souferont ains que viegne li mars — 4227 *M* (vint de la g. i.) *L* Q. t. i viegne de la gent malferas; *d* La grant mervoille — 4229 *M* (a f.) *mC* (a . . . mat) = 4474; *d* a . . . taigne; *L* a . . . a l. — 4230 *M* (el t.) *m* (Reinouars) *L* (*d.*) *dC* = 4475 — 4231 *MmLdC f.* — XC — 4233 *M* naymer *(passim)* — 4234 *M* (Not mes .III.C. a t. l. poyt e.) *m* (Bien ot) *L* (t. l. puet on e.) *d* (puet) *C* (le p.) .VII.XX . . . esmer — 4236 *M* (orent) *L* (*d.*) *C* (*d.*) *d* = 4479 — 4237 *m* q. v. doutremer; *LC* vienent — 4238 *C f.* — 4239 *m* (eschef) *LC* faisoient; *d* achart — 4240 *M* en fasoit adester; *C* e reubes — 4241 *MC* .CCC. s. torser; *d* .IIII.C. — 4243—44 *C f.* — 4245 *M* or poez esgarder — 4246 *m* V. la ou vient — 4247 *L* iurer.; *d* nommer; *C* bien le vos os c. — *n.* 4251 *s.* *C* Sire dist ele ihus le puist sauver Et tous les autres de mort et d afoler Que d aliscans puisent vif retorner; *L s.* A ice mot ne volt plus arrester — 4253 *C f.* — 4256 *LC f.*; *M* s. p. soiorner — 4257 *M vermengt hier und anderswo* Naymeris *mit* Naymer; *C* nel vot acreanter — 4258 *L* D. les murs — 4259 *L* Quant a. voit ses filz auner = *C* (son fil arester) — 4260 *L* en ot (= *C*) q. les vit a. — 4261 *L* E d.

G. qui tant fist a loer Seign., dist il or vous veil ie r. Se il vous plest e le veillies greer — 4262 $M = A$ 4505 $B = m$ (mangies) d; C Q. vous o m. vignies a mon s. — 4263 Mm osent; d neer; C Il ne li autre — 4264 d i men on; m manjue — 4265 d corn on l e. au diner — 4266 d . M. ch. — 4268 C A a. va t. ap. — 4269 M p. les meuz honorer — 4270 Mm (haut . . . s a.) De mlt grant ore as . . .; C Aval les tables u. s. Bien sont servi ia n en estuet parler — 4273 M f.; m sest asis a.; d se prit a a.; C l est; m (sest ales couveter) LdC s. 4517 (acoter) — n. 4274 s. L Diex que ne set la dame o le vis cler Quil fust son frere. mar losassent gaber En pou de tans seroit chier conpare Mes nonpourquant tant se set bien celer Ne veut quil sachent si ert crestiennez — 4275 M dC Aymeris — 4276 d Biaus fiz — n. 4277 s. L Ce grant ce gros ce forni ce quarre — 4279 mdC vi — 4280 dC f.; m . VII.; L . VI.; L s. Dont est il nez e ou a conversse Est il pa. sarr. ou escler Qui lamena ici en ce regne Vous fuil donez ou vint par acheter — 4281 L Bien semble d . . . enchanter — 4282 L f. — 4283 L Oit G. sen a .I. ris gete Dist a son frere a. e. .I. b. — 4285 C f.; L noi nus hons parler u. s. .IIII. muis dyave a son col puet porter E plus mengue sachiez par verite Que ne feroient .IIII. vilain barbe — 4286 C quisines a anter; M M. mult me chier [= quiert; cf. m m a chier] — 4287 L f. — 4288—9 LC F. me p. q. le v. asoter; L s. A ces barons laidir e degaber; 4289 LC f.; M (C. qi lo gardent si lo f. a.) d Cels qui san g. li voi toz a. — 4290 MdC (sel prent a acoler) Aymeris; L s. Frere dist il venez si vous sees — 4291 d f.; L s. Volentiers sire puisquil vous vient en gre — 4292 L Par delez lui sest assis au s. u. s. Sil ot assez ne lestuet demander — 4293 Ld fist; C va — 4294 mC p. e.; MLd p. l e. — 4295 C l. le coi e.; L Li bers les voit ses prist a apeler Seignor dist il or oez mon pensser A tous vous pri laissiez men f. e. — 4296 m q. d. Guibort p.; C s. Se vous me faites enviers vous airer — 4297 C f.; L Ni a si c. ne de haut parente Se ie li v. tenir ne a. — 4298 M malement; C Auquel que soit le ferai c. — 4299 d crever; L s. Dont veissiez e venir e aler — 4300 m s a. por g.; C Quant francois l oent sel prisent a douter Quens aimeris l en prist [a] acoler — 4302 $MmLdC$ (T. len douna) = 4547 (Tant len donerent); L s. Ancui orrez de R. parler Com il set bien des francois delivrer — XCI — 4303 Md Aymeris — 4304 m D. lui = C (Deiouste) — 4305—6 C M. et boire le f. v. e.; 4306 d trangletir — 4307 C douna . . . fist — 4308 Md tolir; C f. touailes q. — 4309 M. R. mistrent e. por e.; L s. Dont fu folie si quorrez par loisir — 4310 L le vont tuit aqueillir Entor li vont ie vous di sanz mentir; C f. — 4311 L le vet chascuns ferir; MC et ruer — 4312 d f. — 4313 C f.; L s. Par celui dieu qui tot a a baillir Se plus me faites gaber ne escharnir Lequel que soit en ferai repentir — 4314 M Son t. l. a son col p. a.; 4316 M consentir; C f.; 4314—16 L Quant cil loirent si forment aatir De toutes pars se prenent a f. Ensi se pristrent de lui a esjardir (sic) Que R. nen p. .I. c. Bien en cuida li bers .I. asentir De son tinel le voloit il ferir Mes cil tressaut paor ot de morir E R. laisse ester par air — 4317 C .I. fust ataint — 4318 m f. les valles s.; L esclas; C f. les pieres g.; d la moitie gailir —

4319 *M f.*; *L* sortir; *dC* aymeris ... saillir; *M* (ces cops) *d (d.) C* (p. a lui garir) *allein s.* 4565 — 4320 *M* Amis g.; *L* (cestui d.) *dC* (me d.) Biax filz — 4321 *mC* (Feres) le vos (*in m zu lod v. korrigiert*); *L f.* — 4322 *M* voloit; *L* estourmir; *C f.* — 4323 *C* fera — 4324 *C* certes — 4325 *M* E mult ioious me tegn d ou vos venir; *mL* (au c.) *C* (Moit et paiens) = 4571; *d* an l. c.; *L s.* Car par celui qui por nous dut morir Se ie les truis bien les verrez flatir Encontre terre e verser e mourir Car onc nen poi . 1. tout seul enchierir Si con orrez par tans tout a loisir — 4326 *MmLdC f.* — XCII — 4327 *Mm* (seignoris) *L* (principel) *dC (d.)* = 4572 — 4328 *m* a loisires — 4329 *MmCd* sen est levez; *L* L. n. t. seriant e bacheler E chascuns est hors des tables passez — 4330 *L* Oez merveilles de Re. le ber Con molt il lont enyvre au souper — 4331 —3 *M f.*; 4332 *Ld* e frapez; *C f.*; *d s.* Et bien sovant achanis et gabez; 4333 *L* nest mie asseurez *u. s.* Ainz saut en haut con hons quest forssenez En haut parole de touz fu escoutez Oez seignor que ie vous veil moustrer Ie vous pri tous que me laissiez ester Ou par celui qui en crois fu penez Auquel que soit sera chier conpare — 4334 *L* (A ice mot) *dC* a son t. l.; *L s.* Par maltalent que bien semble maufe — 4335 *L* N. ne le voit — 4336 *L* Tel tempest maine sachiez par verite Tous li p. cointes ... Nen consuit nul. dont il fu mlt irez; *d s.* Ne l'ose atandre nus qui tant soit osez — 4337 *C* devales; *L* E R. lait le c. avaler — 4338 *L* la f.; *m* troues; *C. 1.* ambre [*cf. B* 4583] — 4339 *M f.*; *L s.* Que li esclat sont par la sale ale — 4340 *m* que demores; *C* D. ay. amis car retornes; *L s.* Ie vous ferai nouviaus motes chanter — 4342 *M* atorneç; *m* putement estrines — 4343 *MdC f.*; *L* li viex chenus barbez — 4344 *M* p. d. dit naymeç; *LC* (B. f. G. amis [car]) Biaus filz G. cestui home g.; *d* molt l'ennorez — 4345—7 *C f.*; 4345 *M f.*; *m* doz f.; *L* b. sire; *d* Ie vos pri molt que por moi le gardez; 4346 *d* Dist Aymeris f. vos v.; 4347 *M* (alusguez) *md* de si quen balesgues; *L* en la crestiente *u. s.* Se il fust ore baptizies e levez Mieudres en fust e plus fermes assez — 4348 *Md* (l an manrez) avec nos l amenez; *L* Biax filz G. avec vous lamenez Se il vous plest en A. sus mer Car ie croi bien quil se veille esprouver — 4349 *MC* acostes; *m* melles — 4350 *L* len v. .M. tuer; *d* an auroit — 4351 *M* arestez; *d* acostez; *C* ateles; *L* D. R. vous dites verite Se diex me done que gi soie a. Tant men verrez abatre e craventer Tous li plus cointes en sera esgarez — 4353 *d* Aymeris; *L* sen a .1. ris gete — 4354 *d* Et Aimer s'an est formant joez; *L f.*; *MLd s. B* 4599 — 4355 — 8 *C f.*; *M* moys p.; *L* M. a. que soit li tiers iorz tresp.; 4357 *Mm* e cremuz e dotez; 4358 *M* acoylent lor d.; 4358—60 *L* Diex com G. en a grant ioie assez E Aymers ses freres li membrez A ice mot sont as ostex alez Cil chlr qui sont dautres regnez Plus tost quil porent avalent les degrez Li auquant sont enz ou bourc ostele Car tuit ni porent sachiez de verite Que tant i a de la gent nature Con vous orrez sel volez escouter Con Viv. fu vengies des malfez — 4361 *M* Dan aymer fu; *m* Dans Ay. ot son lit atornes; *C s.* Et dans G. li marcis au c. n. — 4363 *M* tastez; *L* visitez; *m f.* — 4364—69 *L* Or vous dirai de Ren. le ber Con se demaine li gentiz bachelers Tous li barnages est alez reposer Car mlt estoient travaillie e penez

E Re. ne sest mie oubliez. En la cuisine est li ber ostelez La sendormi sachiez par verite Delez le feu se gist tous enverssez Pance souvine bien resemble maufez E par dalez fu ses tinelz posez S. c. m. s. q. lot b. a. Or oez tuit dun chetif dun malfe Qui fu rostis ainsi con vous orrez; 4365—6 *C* Et avoec lui fu ses tineus portes; 4369 *M. f.* — 4370 *m* le fit que f. p.; *L* . . . ne sest mie oubliez Au feu sen vint si f. que f. p. — 4371 *C* li a la nuit u. — 4375 *MC f.*; *m* quil en fu abosmes; *L s.* Nest pas merveille sil sen est vergondez — 4376 *ML* p. an . II. l. c.; *m* droit p. — 4377 *L* errant n.; *C f.* — 4378 *m* El f. le keure sachies de verites (sic); *C* q. mlt fu g. et les — 4380 *C f.*; *M* En poi de termen[e]; *L s.* Or oez dont com il la rampozne Com fust en vie a li bers si parle Au mestre keux. qui si fu atornez — 4381 *C* v. geses; *m s.* Biaus sire keus vo folie humes — 4382—3 *C f.*; *M* m. biaus g.; *n.* 4383 *s.* *M* Vos sereç ia ie cuit mal atereç — 4385 *Md* Que v. t.; *L s.* Ne pour les autres qui sont de france nez — 4386 *L* V. si f. ne vous iert ia cele Se vous f. dux ou contes clamez Ou rois ou princes. ou autres amirez — 4388 *ML* a .XX. roys c.; *C* a bien .C. amirez; *L s.* E autretant que dux que amirez — 4389 *M* .CC.M.; *L* .VII. C. mil; *d* Et .C.M. homes; *C* Et bien .C.M. — 4390 *MLd* = 4635; *m* E sest m. oncles; *C* serorges — 4391 *M* Li m. hom; *C* qui de mere soit nes — 4392 — 4403 *C f.*; 4392 *M* saburs e p.; *m* Gaubrus e p.; *L* passeguez; 4393 *M* e aurias e o.; *m* E clarions e clarials e o.; *m* (E morion e bruians e malgres) *L* (E amouriause bourriaus e malrez) *d* (Emoriaus et Bresbaus et Maugrez) *s.* 4639; 4394 *M* E malatras e m. e mauneç; *m* E malatras morgans e tenebres; *L* E malator e m. e marbrez; *d* Et M. et M. et Marmez; 4395 *M* E mirabeus; *m* E meradus mallart e malferes; *L* e mordans li f.; *d* Et Mirabaus et Maugauz; 4396 *L* quarr. destrempez; *m f. u. s.* E Walegrape ie cuit est li ains nes (= *B*); 4397 *M* (trestuit r. c.) *Ld* = *B* 4642; 4398 *L* qui nait . V. rois outrez; 4399 *Md* li ainnez; *m* que ie s. li puis n.; *L* q. ci s.; *n.* 4401 *s. m* (B. amis k. or reschignies ases) *L* (vo folie buurez [sic]) *d* (folie) 4647; *M s.* Que vos feistes vostre folie comparez; 4402 *ML* trop par fustes osez; 4403 *L* osastes adeser; *d* baiche; *L s.* Quidies vous ore quil me venist a grez Se nel laissoie por ma suer au vis cler Cest dame orable qui diex croisse bontez Femme G. le mar. au c. nez Ainz quil fust iorz feroi telz cruautez Dont a tous iorz parroit [= *nicht von* paroir, *sondern von* parler!] on ou regne — 4404 *L* A tant se taist si rest couchier alez Delez le feu. sa ses trumiaux chaufez — 4405 *m* e freteis; *C* trumiaus; *ML f.*; *Mmd s.* den in *B n.* 4651 e. Vers (est del feu tapies); *L s.* Qui le veist e rostir e toster A grant merveille le peust esgarder — 4406—8 *L f.* — *n.* 4409 *s. Ld* (ni vosit estre antrez) vousist estre as fossez — 4410—14 *L* Des autres q. d. il i ot a. En fuie tornent nen i a nul remes Quierent e cerchent environ de tous lez Tant que il truevent le marchis au c. nez Quant il les voit si sest haut escriez Or tost seignor o vos mestres alez E faites tost le mengier aprester Dient li keux il est mal assene Nous soumes tuit malement atrape Si vous dirons sel volez escouter; 4411 *m* quert el f. adentes; *n.* 4412 *s. M* Li plus ardis vosist estre a guiseç (-*ant*, *assonierend mit -atz, prov.?*); 4413 *Mmd* = 4661; 4414 *M* (atorneç) *m (d.) d* = 4662 — 4415 *M* (R. a nostre m.) *mL* Que R. a no mestre e. — 4416 *Mm* Qe dex essoir [= des iersoir] fu en cel [= ens el] fu geteç; *L* Dedenz le feu e rosti e boute; *M* (tres mienuit) *m (d.) d (d.) L* (Que des herssoir la tout a. e b.) *s.* 4666 — 4417 *M f.*; *L* ensemble est tout ale *u. s.* Dient li keu sire or nous escoutez — *n.* 4418 *s. M* (Qar o nos ça est enz li vif. m.) *m* (T. con chaiens s. o nos. c. m.) *Ld* 4669 — 4419 *M s.* il tuiz c.; *m s.* il hui c. — 4421 *ML* = 4672; *L s.* Tous est pesans e fournis e quarrez — 4422 *Mm f.* — *n.* 4423 *s. L* E enz ou feu touz arz e embrasez — 4425 *M* f. dou m. a.; *L . . .* cest fine veritez Maint mal fera e mainte aversite — 4426 *d f.* — 4427 *L f.* — 4428 *M* (si en a r. assez) *mL* (sen a r. e g.) *d* (= *M*) = 4679 — 4429 *Md* or[e] m. vos (an) g. — 4431 *ML* = 4682; *d* Car par mon chief — 4432 *d* Car je meime ne s. pas si o. — 4434 *L* Adont apele li quens par amistez Dame Guib. amie ca venez Je vous pri dame quen la cuisine alez E sil vous plest R. amenez — 4435 *L* E en vo ch. mlt bien le conraez *u. s.* A son voloir li fetes tout son gre Car ie croi bien quest de haut parente — 4439 *M* (marescot) *m* (Margot) *d* = 4690; *L* Le mestre keux a tout ars e brule.; *Md* (dan *f.*) *s.* 4691 — 4441 *M* (riche) *Ld* Ni a si cointe nen soit espoentez; *statt der Verse* 4410—4441 *weist C folgende A-Verse auf.:* 4661 4662 (D. francois . . . adoubes) 4663 (Q. R. a le k. e.) 4664 (la tres i. s. r.) 4666 (Ne sai por coi tous est a. et brules) 4669 4671 4679 (si l en pesa ases) 4685 4686 — *L schliefst mit* Atant sen torne Guib. au cors molle A la cuisine fu ses chemins tornez R. trueve qui gist tous enverssez Ou il se dort. mes tost est sus levez E sa sereur le prent a apeler Re. frere ie veil a vous parler Se il vos plest avec moi en venez Enz en ma chambre. ie veil que le *(sic)* veez — XCIII — 4443 *C* geule s. — 4444—5 *L f.*; 4445 *M* qe infermi medicine — *n.* 4446 *s. L* Sa suer estoit nel mescreez vos mie Mes nel conut dont fu plus esbahie — 4448 *M* V. amis; *C* biaus f. — 4449 *ML.* (.1. pelichon h.) *d* (une p. h.) = 4700; *C* bon p. d e. — 4450 *M* E un m. dorle saborine — 4451 *LC f.*; *M* = 4702 (de vostre bone c.); *L s.* Ren. lot envers G. sacline Si li respont par mlt bone cuerine — 4453 *Ld* de si p. — 4456 *dC* i t. — 4457—62 *C f.*; 4457 *Mm* par la s.; 4458 *Md* = 4709; *m* froisine; *L* p. s. katerine; 4459 *d f.*; *Mm* puite r.; 4460 *m* . II. cisne; *M* (car se il se r.) *m* (te rechine . . . metroit) *L* (metroit) *d* (= *M*) *s.* 4712 4713; 4462 *L* o la dame nobile — 4464 *LC f.*; *M* e pavee m.; *m* bele pointe m. — 4465 *M* (leanç) *d (d.) C* = 4718; *m* p. desoz — *n.* 4466 *s. L* la parlera a loy de palazine; *C s.* Et R. a dit a vois sierine — 4467—8 *C* R. f. aves s. ne c.; 4468 *M* suer *f.*; [o] f. o c. — 4469 *M* Oil d. il la invers la m. = *L* (par la vertu devine); *C* en la m. — 4470 *M* (Un f. ai r.) *m* (Jai .1. frere a roi e . . . Alex.) *L* (= *M*) *d* = 4723; *C* Sont roi mi frere et ma seror boine *(sic)* — 4471—2 *C* A. n'ot plus b . . . de lutise; *M* de mesine; *m* de cabrie (*ms.* tabrie); *L* venice; *d* sabine; 4472 *M . . .* blançe qe ne est flors en espine; *L . . .* iel di par aatine Que femme nule duchoise ne royne — 4473 *M* la teste; *mL* Guib. lentent si tint la teste e. (*m* vers terre le cief e.) — 4474 *C* lieve; *L* Mantel li done fourre de sebeline — 4475 *L* con li c. li devine; *m* cor s. c. ladevine — 4476 *M* (Que cest . . . fait n. ensigne) *m* (d.; autre fine)

L (*d.*; si nen a fait nul sine) *d (d.) C* (Q. c iert . . . n en viut faire s.) = 4729; *L s.* E R. coile bien son couvine Car il set bien ce est veritez fine Mes nen veut dire tant quait a decepline Mise. *(Punkt)* la gent mauvaise barbarine Atant se teurent e leur resons define — XCIV — 4478 *MmC f.* — 4480 *M* D. s unt leve *u. s.* E un e autre seriant e escuer; *L f.* — 4481 *d* ainz. maingier — 4482—7 *C f.* [*cf.* 4647]; *L s.* Li q. G. nel mist en oublier Ainz a huchie ses amis les plus chiers Seignor dist il ne le vous quier noier Faites trousser serians e escuiers Car orendroit men voudrai chevauchier Sur ces pa. que diex doint encombrier; 4483 *L* Dont fist li q. par l o. haut anoncier; *mLd* (. IIII .) s. 4737 (crier e h.); 4485 *d* Qe vers larchant; 4486 *mL* Qui dont veist fr. a.; 4487 *M* t. maint escuer; *L* M. ces s. e c. chevax torchier E sus sommiers t. e avancier A trop grant ioie se peust ellesclier Mes iusqua poi seront fraint e irie Car se ne fust R. le legier Mal fussent tuit arrive. ce sachiez — 4488—9 *C* Ens en la c. fu G. au v. f.; *M* au v. cler — 4490 *L* laidengier — 4491 *M* c. si v.; *L* fet que le vueille b.; *d* que se v. b.; *C f.*; *L s.* Mes non fet voir ce vous os tesmoignier Mes vous orroiz con le vost arraisnier — 4492 *M* rasoner; *L* acointier; *C* M. doucement . . . manoier — 4493 *M* non mel d. — 4494 *L* ne le v. quier noncier — 4495 *d* q. sera repaires — 4497 *L* le vrai roi droiturier; *M s.* Qi toç nos puet garder e conseyler — 4498 *m* le voldroie mlt a G. a.; *C* Par tout v. le boin G. a. — 4499 *C* nel mist en oublier; *L s.* Errant se drece sanz point de latargier — — 4500 *d* . I . acrimet vint t. de torrfiller [*sic; cf.* A 4754]; *C .* I . sien e. ala d. — 4502 *M f.*; *m* cornoier; 4503 *m* li quarrier; 4504 *M* ot lom fet anfogner; *m* fist ferrer e f.; *L* fu cloez e f.; 4506 *M* non doit pas resogner; *m* Kil vestira na soig de m.; *L s.* Ainz diex [= *Hon d iex*] ne vit hauberc qui fust si chier; 4508 *L f.*; 4510 *M* T. e dimie; *Ld* (. II . bones t.) brachoier; 4511 *m* a . I . boijer; *L* a la main dun b.; 4514 *M* Si fu corsule; *m* cornubles; *L* Cors. fu qui tant fist a proisier; 4515 *m* tibaut le guerroier = *M* (a tibourg lo g.); *d f.*; 4516 *M* nen a a. l.; *m* pame; *d* = 4770; *M* (la d.; plus leser)*m* (se d. n.) *d* (vosoier? *stehen n.* 4514) s. A 4771 4772; 4515—6 *L f.*; 4517 *L* La bone espee qui tant fet a proisier Done a celui qui sen saura aidier; 4518 *M* au verai cor e.; *md* au voir coraigier fier; *L* qui ot c. fier; 4519—20 *L f.*; 4520 *M f.*; *m* Ren. est venus au tierier (*sic*); 4521 *M* a rasoner; 4502—21 *C f. und sind nur durch den V.* Et une espee qui le p. ot d ormier [*cf.* A 4763] *vertreten* — 4522 *C* dex te gart d encombrier — 4524 *L f.* — 4526 *M* defore puis voient restoier — 4527 *M* Dit qe nest pruz trop li scembla legier; *C* si commanse a tancier — 4529 *L* . III . C .; *d .* XIIII .; *C . L .* — *n.* 4530 s. *L* Ne men porroie a nul besoing aidier Que trop est flebe a celer ne vous quier — 4531 *M* tiner; *L* Mes quant t.; *d* poins — 4532 *M* tant orgoyos e fer; *L* qui t. face a p. — 4533 *Ld* hanepier; *M* nol face trebucier — 4534 *M f.*; *L* Mlt avera bon elme fort dacier Sa . I . s. c. ne le fas t.; *d* (Q. dou chevaul) *C* (Qu a cel tinel) = 4790 — 4535 *M* E ne l o. — 4538 *MmLd* (se) *C* = 4794 (le c.); *d s.* Biax sire Dex gardez li son lever — XCVI — 4540 *M* R. prist forment a regarder; *L* tres d. li — 4541 *M* (gent e g. e b.) *m* (g. e gent le b.) *L* (e tres b. b.)

d (g. june) = 4797; *C* et mlt bel b. — 4542 *M* En tote france; *m* Na grant a grant en tot le m . . .; *C f.* — 4543 *C* sans autre demorer — 4547 *M* (Por cele f.) *mLdC* q. ie d. deu p. — 4549 *C f.*; *M* T. c. entreus puisse mon fust porter *u. s.* Ni a pain qe tant face a loer Se ie l atang nol face esceveler — 4550 *d* Dex te pusse s. — 4551 *M* N. h . . . ne p. gayres d. = *m* (longues); *C* H. desarmes; *L* Ie te di bien e ne ten quier celer H. sans ses a. — 4552 *m* as ruistes cols doner; *L* P. quil lestuet en grant estour aler — 4553 *Mm* De m. povre a . . . afoler; *C* De petite arme — 4554 *MmC* = *B* 4810 *A* = *Ld* — 4555 *M* Qe vos lasez vostre c. a.; *m* . Q. me soffres vo c. a a.; *L* ton gent c. a. — 4556 *M* vos v.; *m* A t. tans m. vos v. mlt a.; *C* mius a. — 4557 *Mm* (nel v. voel deveer) *Ld* (neer) *C* (Dame dist il) = 4813; *C s.* Vostre plaisir doi ge bien creanter — 4560 *L f.*; *M* (En la laor) *C* pueent doi h. e.; *m* En largor pueent mlt bien . II . h. ester — 4561 *C f.* — 4562 *Md* andoser; *L* enformer — 4563 *m* Q. on en puet desoz m. m.; *C* Q. on nen puist dedens m. trover — 4564—70 *C f.*; 4565 *m* . XXX .; 4567 *Mm* (E dun c.) Dun bon c.; *L f.*; 4568 *M* li laxa a lacier; 4569—75 *L* Bien fu armez ne le vous quier celer Que f. n a. ne le puet empirer Puis li a ceint le bon branc dacier cler Plus dune toise en puet len mesurer; 4569 *M* p. lui m. resonoier; *m* por lui miels resoffler; *d* alener; 4571 *d* a son senestre ler; *M* proisier; 4572 *MC f.*; 4573 *m* De las; *C* l ala estroit noer; 4574 *M* (lo braz) *m* (miels aler) *C* = *B* 4830 — 4578 *C f.*; *m* mie nel oublier — 4579 *M f.*; *m p und d schalten hier* 43 *oder* 44 *Verse ein, die Guessard Seite* 299 *und* XCV *abgedruckt hat und die mit B* (Jonckb. II, 271) *übereinstimmen* (18 *m* A voir diluequesa); *M weist nur* 7 *dieser Verse auf* (1. 2, 3, 5, 6, 8, 9); *C enthält die drei ersten und den fünften*; *L hat die zehn ersten* (6 Li bers G. nen peust retorner; 8 M. par son cors f. il le c. mater) *und die sieben letzten dieser Verse* (35—42; 36 *f.*; *stimmt mit mB überein*) — 4581 *M* felz; *C* lupart — 4582 *LdC f.* — 4583 *C* lor me l. ester — 4584 *M f.*; *L* (b. fet ac.) *C* la dame — 4585 *M* la porta d.; *d* Lors li corut — 4586 *M f.*; *dC* demorer; *C s.* Son tinel prist les lui a . I . piler — 4588 *M f.* — 4589 *ML* (De la) = 4845; *d* commanse a herrer; *C f.* — 4591 *C f.* — 4592 *C* E. le va a G. moustrer; *L s.* Frere fet il or poez esgarder — 4593 *C f.* — 4594 *M f.* — 4595 *M* Mau scembla h.; *C f.* — 4596 *C f.* — 4597 *L* hier c.; *M* (au c.) *d* (Guibert) *C* (Guill. on le v.) = 4853 — 4598 *M* Qe il fist erdeir mon q. — 4599—4601 *M f.*; *LC* d. ay. li ber; 4600 *m* G. si m. li a. a lui g.; *L* G. trestuit; 4601 *m* On i porroit bien tost mes eschaver; *d* Qui li poroient molt tres bien messarer; *C* Que li plus cointes i poroit escouter; *MLd* (et li s. lever) *s.* 4858 — 4603 *C* Chr v. communaument l.; *mL* (sassieent) *d s.* 4861 — 4604 *L* quil voloient disner; *Md* au soper — 4605 *C f.* — 4608—11 *C f.*; 4608 *M f.*; *L* Ha. v.; *d* lacie le ch.; 4609 *M* mist lez lui; 4610—11 *M f.*; *m* p. berser; *L* al aler; 4611 *mL* beste — 4612—3 *C* Li k. s enfuient n i o. d.; *L* Li k. le v. not en eulz quairer; *n.* 4613 *s.* *L* Quant li i virent venir le bacheler — 4614 *LC f.* — 4615 *M* (M. de celui qi p. i ot e.) *m* (d.; q. o. ainc e.) *Ld* (que il soit demorer) *C* (= *M*; qui i o. ariester) = 4873; *C s.* El plus hardi n avoit il qu esfreer Del ont paor que de lor dras embler; *L s.* Or oez dont que a fet le danzel Tous seuz remest li gentis bacheler — XCVI — 4616 *C* fu li ber R. — 4618 *MC f.* — 4620—2 *C f.*; *M* dos enas [= *hanaps*]; *m* de saveurs plain . II . bas; 4621 *d* Le cors; 4622 *L f.*; *M* (e de dras!) *md* de poissons e de c. — 4623 *C* tint sor son senestre b. — 4624—6 *M f.*; 4625 *LC f.*; *m* seslehe; *d* Por le savoir se de l arer sont quas; 4626 *C f.* — 4627 *L* V. en la sale; *C* ne fist pas que c. — 4628 *M* (de terre) *a* (sasient) = 4887; *m* le neis enbas; *C* . 1. m. en b.; *L f.* — 4630 *d* lor bras — 4631 *M f.*; *d* a ras — 4633 *d* car; *C* qui — 4634 *Md* Aymeris et B.; *L* issent — 4635 *M* d andinars; *m* dandrenars; *d* de Donmas; *m s.* Garins li bers e bueves li isniaus — 4637 *M* (levasent .... c. mars) *mL* (baudas) *C* (d.) *d* = 4896 — 4638 *M f.*; *md* (Mais ... ras) = *B* 4897; *L* A une main le saisi R. E il le l. aussi com . 1. favas; *C* q. ia n en sera las — 4639 *MC* (li autre) cil est . 1 . s.; *M s.* Bien ait il ore qi si a fort li bras — 4640—5 *C f.*; 4642 *m* dont e. de p.; *MLd* (Par icel Saint c on requiert a Pautras Et que je doi Saint Pou et Saint T.) *s.* 4902; 4643 *M* et mon b.; 4644 *m* las; *d* Des S. vos c. f. tel m.; 4645 *mLd f.*; *M* Je li onciray a foson e a tas — XCVII — 4646 *m* se hasta — 4647 *C* commenca ... a deslogier; *C s.* En aliscans s en vora repairier Dont veiscies ces gens aparellier Lor sieles mettre et torser lor soumier — 4648 *C* cil bacelier legier — 4649 *C* meuisent; *ML* por l or de men pusler (monpellier) — 4651 *M* Iusqa son piz ne lo p. plus a.; *m* que . II . pies; *L* souh.; *d* cun petit sor ...; *C* plaine paume h. — 4652 *C f.* — 4655 *M* (menoier) *L* (d.) *d* (d.) *C* (paumoier) = 4914 — 4656 *MC f.*; *m* puignoier; *d* paumoier — 4657 *d* tornoier — 4658 *C f.* — 4659 *LC f.* — 4660 *Md f.*; *L* Il ne li grieve plus quun r.; *C* Ausi le lieve com . 1 . r. — 4661 *C f.* — 4662 *L* b. d. pain m. — 4664—71 *C f.*; *md* t. poez detrier [*cf.* *B* 4921]; *M* ci p. t. ester; 4665 *M* del esployer; *L* enchaucier; 4666—8 *L* F. me poise ne mi puis essaier E a loccirre ma g. f. acointier; 4666 *M f.*; 4667 *d* Se gi peusse molt fu cel [*mon fuisel*] a.; 4668 *M* E la g. f. des mes braç e.; *d* Et a lor cors ... apoier; 4669 *L f.*; *d* de . c. mire . 1. d. — 4673—4 *d f.*; 4673 *LC f.*; *Mm* (sen torre) delaier; 4674 *C* Destendent tres et cargent maint s. — 4675 *C f.* — 4676—84 *L f.*; 4676 *M* en d. *passim*; 4677 *M* li vet tenir l e.; *n.* 4679 *s. M* (s. e s. e entier) *m* (d.) *d* (d.) *C* 4937 4938; 4680 *C f.*; 4681 *C f.*; *m* E R. le vallant e le fier; 4682 *C* Et la contese; 4683 *m* ens el p. plenier; *C* son p. principier; 4684 *d* les contes r.; *C* tant corant destrier — 4685 *M* venter e b.; *C* V. t. ensegne contremont b. — 4686 *Mm* luisir; *C* Et t. pignon; *Ld f.* — 4687—9 *C f.*; 4687 *d* de cartier; 4688—9 *mL* (Sous les b. li bon courant destrier) T. a. hennir e brandoier Sor ces barons errer e corsoier — 4690 *M* De demenedeo — 4691 *MmdC* (font maufe encombrier) = 4950 — 4692 *L* hante; *C* ioie — 4695 *M* = 4954 (raysoner); *m* si prent a ravisier — 4696 *M* (ou est vostre l.) *L* (d.) *C* (d.) *d* (R. sire o e. v. l.) = 4955 — 4698 *M* (nen a) *C* n i ot que courocier — 4699 *M* (ar.) *m* (detirier) *L* (d.) *d* (dapecier) *C* (ses drapiaus; d.) = 4958 — 4701 *M* f. e mayler; *d* f. et mailloier; *C f.*; *L* De la dolour se prist a courocier — 4703 *LC* Qui; *d* baston — 4704—9 *C f.*; 4705 *M* ne v. q. engregier; *L* Se ie ne lai bien vous puis afichier; 4707—9 *L f.* — 4710 *M* haster; *m* ne vos tant gramoier; *d* cremoier; *C* ne vous estuet irier; *L* desmaier — 4711 *M* Ie m.; *L* Ie le mandrai; *C* Genvoierai — 4712—3 *C f.* — 4714 *M* foqer; *m* Guichart le f. — 4715 *M* cler; *L* rouva [*l.* rouvast?] . . . Quel le feist aprez eus envoier E cil sen torne que ni volt delaier Dusquel palais qui fu grant e plenier G. trouva qui mlt fist a proisier Ou quil la voit prent li a escrier — 4716 *m* mlt fier; *L f.* — 4717 *L* envoier — 4718 *C* que la voi estraier; *L* P. le t. Re. au vis fier De quoi il fet .I. duel amerveillier P. son t. quor leust feus graillie — 4719—24 *C f.*; 4720 *M* Por lo retorn a. .I. b. destrier; 4721 *M f.*; *dL* El li dona .I. a. destrier; 4722 *M f.*; *L s.* A ces paroles ne si volt delaier; 4723 *md* viennent . . . lez le f.; 4724 *M f.*; *L* Selonc le f. delez — 4726 *M* prent lo a embracer = *m* (prendent a e.) = *L* (Au t. vienent pristrent); *d* prent soi a menoier; *C* El saut avant soi p. — 4727 *M* M. unqes cil no lo p. bayler; *C* ne le p. drecier; *m* (Mien escient non retorner arrier) *d s.* 4987—8; *MLC s. nur* 4988 — 4728—30 *C f.*; *M* Mes anz .VII. home ne porent mestrier; *L* font; *m s.* Mais ainc li .VII. ni volrent (*sic*) .I. denier; 4729 *MmLd* = *B* 4990; 4730 *Mm* (Dont) *L* (Guibors) *d* (fut) = *A* 4991 — 4732 *d* charoier; *C f.* — 4733 *L* la on f. — 4734 *MmLdC* Qui — 4736 *M* vit ramener a.; *C* De s. t. quant le vit repairier — 4739 *L* Si fort le tire — 4740 *LC f.*; *d* fut; *L s.* Quant il le tint si sen fist baut e fier Ne le rendist por lor de Monpellier — 4741 *L* tous ellaissiez — 4742 *C f.* — 4743 *C f.* — 4744 *L* onc ne se volt chaucier — 4745 *ML* Tuit qui le v.; *C f.*; *L s.* Mlt se merveillent de ce quil est si fier Li q. G. qui tant fist a proisier — 4746 *M* (enloier = *enlogier*) *d* grant h.; *L* f. son h. — 4747 *Mm* (marcois) *L* (Lez .I. mares) *dC* (rocier) = 5008 — 4748 *MdC* = 5009; *m* fist on lost aaisier; *L* drecier — *n.* 4749 *s.* *C* Li q. G. a bien fait l ost gaitier A .X.M. homes desi a l esclairier — 4753 *MmLdC f.* — XCVIII — 4754 *M* L. lo v.; *L* Enz ou v.; *C* une roce — 4755 *MmdC* = 5015; *L* Selonc .I. bois; *d s.* Belemant cest regie et conree Par granz tropax et par granz asanblee Lez fu li quens quant il lot esgardee Deu an [a]hore qui fist cil et rosee Sovant menace la pute gent desvee Puis vont cochier la nuit est acosee — 4757 *M* A sa c.; *L f.*; *dC* (A .X.M. h.) = 5017 — 4758 *MC f.* — 4759 *Mm* honoree; *L* se partent; *d* s'adobent; *C* Adont s est l os fiervestue et armee — 4760 *C* mainte — 4761 *m* e chainte — 4762 *L f.*; *d* estillee; *C* truilee *u. s.* Et tante ensenge contremont ventelee — 4763 *M* Anceis c. qe l a. soit c.; *m* Sire ch.; *L* au point de laiornee; *C* Li os c. — 4764 *C f.* — *n.* 4765 *s. C* Li solaus luist qui abat la rosee En haut s escrie l aloete en la pree — 4766 *LC f.* — 4768 *M* A. ot; *m* fust; *dC* Aincois f. l o. — 4769 *Ld* Q. se meust — 4770 *C* Ains fu — 4772 *LC f.* — 4773 *C* Lors s apercut que l os s en fu alee Il c. apries comme beste faee — 4774 *MmLdC f.* — 4775 *M* (plus dune grant l.) *LC* (*d.*; ert) fust; *m* Ia estoit loing p. d u. grant l.; *d* (ja plus d'u. l.) = 5034 — 4777 *M* (retorne) *m* (Pruec recorut) *C* (alenee) Poruec rec.; *L* Puis retorna par mlt g. airee — 4778 *C* la c. avoit uslee — 4779 *M* F. qun p.; *L f.*; *d* F. que ch. fu .I. p. aslee; *C* escaufee — 4780 *M* aceree; *m* glavie ret.; *C f.* — *n.* 4781 *s. Mm* 5041 *und M* (Car il avoit pres . . .) *m* (Que il i a plus dune grant lieuve) *L* (Car e. fu bien . II. l. a.) *d* (Qu'a aloignie plus d'une grant l.) *C* (Mais il ert ia demie l. a.) 5042 — 4782 *M* (e. entree) *L* (sest) *d* et . I. t. est m.; *C f.* — 4784 *m f.* — 4785 *M* (sis l.) *C* (Plus de . III. l.) = 5046; *m* De; *d* ont — 4786 *d* Don n. g. est formant redotee — 4787 *C* la v. e. — 4789 *m* canchon — 4791—3 *L f.*; 4792 *C f.*; 4793 *C* Il vous convient combatre a boine espee Et les grans fes soufrir a la iornee — 4795 *L f.* — 4796 *ML* si v.; *d* d'aler en; *C* v. s ent — 4798 *M* la batayle s.; *L f.* — 4800—1 *L f.*; 4800 *C f.*; *d* furent n. — 4802 *C* iornee — 4803 *L* Car R. a la perche pelee A c. g. veue e esgardee — 4804 *m* route (n. 4805); *L f.*; *d* de la r.; *C* Au trestorner d u. r. quarree — 4805 *C f.*; *m* delee; *L* D. un p. dont liaue estoit lee — 4806 *MC* ce fust [= *L*] . . . meseree; *m* malsenee — 4807 *L f.*; *M* si fust por mal sevree; *C* Qui de paor s en fust fuiant tornee *u. s.* Dont a grant ioie R. demenee — 4808 *M* D. cuide a. plene b. t. — 4809 *MmLdC f.* — XCIX — *In L bildet diese Laisse mit der vorhergehenden eine einzige* (-erent) — *MmLdC weisen denselben Eingang auf wie B* (Jonckb., II, 273) 2 *ML* aler; 4—6 *LC f.*; 4 *M* maufe (*spricht für die Etym. von* mauvais); 5 *m* quasser; *M* former; *d* garber; 7 *M* ossa v.; 8—10 *C f.*; *m* P. . I. c. que m o. deviser; 9 *L f.*; *Mmd* T. l vies; 11 *L f.*; *m* . X. M. furent atant l. puis e.; *C* Plus de . X. M. veisies retorner; 12 *M* En droite f. sen cuydoyent a.; *C* Ariere en f. s en voloient a. *und s.* Maint grant mauvais i veisies aler Qui mlt estoient grant [et] bel baceler A grant mervelle pensent d esporoner; 13 *M* lo vespre tresp.; *m* la vespree p.; *CM*. a. qu il voient tierce del ior p.; 14 *M* martir; *mLd* (matin) *C* chanter; 15 *M* Qe encontrerent; *L* (l. couvient e.) *dC* Que R. lor vient a l encontrer — 4810 *MmLd f.*; *C* Dun vauciel ist u devoient entrer — 4811 *m* A . I. grant v.; *C* Devant une ewe; *L f.* — 4812—20 *C f.*; 4812 *L f.*; 4814 *M* (esmer) *mL* = 5074; *d* dune cite; 4815 *M* Il sapensa des a. aviser; 4816 *M* [I]donc . . . fauser; 4817 *M f.*; 4818 *L f.*; *M* = 5078 (Cuida . . .); *d* Qui de Guill.; 4819 *M* vint e.; 4820 *L f.*; *M* le maufe — *n.* 4821 *s. C* Ie cuidoie or que vous fuscies escler U sarr. que ainc ne peuc amer U ires vous mlt vous voi esfreer — 4822 *C* Et c. li d. ne volons arester [*korr.* seiorner] De si en F. ne volons ariester [*sic*] — 4824—7 *L f.*; 4824—9 *C f.*; 4824 *M* (Si a b. nos poons r.) *m* (Sen doce france; *d.*) *d* = 5084; 4825 *Md* (feriens) = 5085; 4827 *M f.*; *m* (asader) *d* = 5087; 4828 *L* O. G. qui ca nous fist aler Ne fist ainz ior fors que gent tormenter — 4830 *m* m. le f. q. b. — 4832 *C* D. R. mar l osastes penser Par s. denis d el . . . — 4833—40 *C* Iel vous ferai cierement comparer; 4835 *Mmd* = 5095; *L* arriere retorner; 4836 *L f.*; *M* = 5096 (c. leir e.); 4838 *d f.*; *M* . XIII. e . XX.; 4839 *M* aler; *m* f. ramper — 4842 *C f.*; *L* (Ainz nes d. trestouz a r.) *d* = *B* 5102 — 4843 *m* les v.; *C* O ses . II. mains — *von den V.* 4844—50 *hat C nur* 4847 (craventer), *auf den* Et fors des tiestes les cerveles voler *folgt*; 4844 *M* Au primers colps . . . c. c.; *L* . VI.; 4845 *M* A. l. autre a fet . CC. e.; 4846 *ML f.*; *md* arme a son c.; 4847 *m* . LX.; 4848—9 *L f.*; 4849 *d* lupart — 4851 *C* A hautes v. — 4854 *Mm* (puisson) tant con porons d. — 4855 *M* A t. comant; *C f.* — 4856 *C* or v. oi p.

— 4857 *Mm* F. a r. — 4858—60 *C f.*; *M* E mon o. e ma f. mener; *m* e faire e demander; 4860 *L f.* — 4861 *M* A d. — 4862 *C* ni vorent a. *u. s.* Et R. ne se vot oublier — 4863 *ML* Vint — 4864 *M* li [l]est en lost m.; *L* (li lessast on m.) *d* (o lui m.) *C (d.)*; = 5124; *C s.* En la bataille et conduire et guier — 4865 *M* Seschuns ferra; *L* Il les fera; *dC* sera — 4866 *M* v. o n.; *LC f.*; *d* Et v. ou n. la p. m. [*mag er Beweise seiner Tapferkeit geben wollen oder nicht, so wird er doch auf den Feind tapfer einhauen*; mostrer hängt trotz des Et *nicht von* ferai *ab*] — 4867 *d* b. fait a c.; *C* b. le doi c. — 4868 *m* ie nel te voel v.; *LC f.*; *C s.* Les couars fist R. aiouster Defors les autres rengier et ordener; *M* ie ne tos r. veer — 4869 *MmC* Par lost; *m* c. R. a g. Et ses c. escarnir e sifler — *n.* 4870 s. *d* Puisque les doi et condure et mener — 4871 *M* qe ie do deo p. — 4872 *M* E qe ie doy gibor au vis cler [*hier natürlich* Orable *zu setzen*] — 4873 *M* me mena por armer; *m* hui; *L f.*; *d* le b. letre — 4874 *L* Se v. en voi le piour ramposner — 4875—9 *L* A ce t. vous quit ie si bouter T. le p. cointe ferai humelier; 4875—84 *C* Auquel que soit le ferai comparer La moie gent n aies soig de gaber; 4876 *M* (irai si avancer) *m* (Tous les p. c. ferai si aventer) *d* (q. j'oi si haut p.) = 5136; 4877 *Mmd* (a petit = au partir *n. dieser Handschrift*) = 5137; 4878 *M* F. au r. [= *m*] s. bien d. ienz amener; *d* bien commander; 4879 *Md* (mon pooir dem.) Huimais v. mes proeces m.; *m* mes cornes hors bouter; 4881 *d* puet; 4882 *MmLd* (na soing) Et homs si ait . . . veut . . .; 4883 *Md* (F. de r. s.) F. s. deu r.; *m* Toz sui desrois; *L f.*; 4884 *M* (Li b. proece . . .) *m* (los e c.) *L* (Li biens) *d* = 5144 (et c.) — 4886 —8 *C* De la paor commencent a trambler; *m* puis o.; *M f.*; 4887 —8 *L f.*; *m* a pris [= *M*] ariminer; *d* c. a memurer; 4888 *m* Eis cel d.; *d* ranponer — 4890 *LdC* et r. et serrer — 4891 *LC f.*; *Mm* ses c. — 4892 *Mm* Ensement; *L* Autretel; *C* li s. e. *u. s.* Qu il ne se voelent de noient devorer — 4893 *L f.*; *MmC* dambes . II . p. m.; *d* danbe pas remuer — 4894—4902 *C f.*; 4895 *L f.*; *m* brandoer; 4896 *M* E mult e.; 4897 *L f.*; *d* = 5157 (hur[ter]); 4898 *ML f.*; *m* demener; *d* contrevanz; 4899 *M* bendoner; *m* braidoier; 4900 *M* Paiens glatir cumme chals [*chaus?*] e h. = *m* (e caneleus uller) = *L* (e beduins huer); 4901 *L f.*; *MLd s. die drei Schlufsverse von B* — C — 4905 *Mm* les malvais les f. — 4906 *C* si fors — 4907—8 *C f.*; 4907 *M* t. i ot des eslis; *L* ot ellis; 4908 *L f.*; *M* = 5167 (ne s. amenevis); *d* N'i ait celui — 4910 *C* En lor esciele — 4911 *C* maine b. del c. — 4912—4 *C f.*; *Mm* (. V . M .) vestis; *L* treillis; *d* bons a.; 4913 *Mm* (As grandes targes) As bones armes as bons cevals de pris; 4914 *M f.* — 4915 *M f.*; *m* (. V . M . furent tant en i ot deslis) *C* . VII . XX . estoient de chevaliers hardis; *Ld* (Tuit ierent f. c. ierent de p.) Li . IIII . frere f. conte de pris — 4916 *L* qui ne lor s. c. — 4917—20 *L f.*; *M* (e ruyle é sorpris) *m* (de roil toz espris) *d* = *B* 5176; *C* tout ronpu et despris — *n.* 4918 s. *M* (est . . . nercis) *m* (tous en norcis) *d* (= *M*) *C (d.) B* 5178; 4919 *C* . . . asalis — 4921 *m* La q. guie dans b.; *L* gentis — 4923 est *oder* ert *f. in M* (qi mlt fu de grant pris = *m*) *dC*; *L* qui tant par fu hardis — 4924 *M* = 5183 (Qe p. tint en un c. espris); *m* . I . c.; *C* en une barbe p. — 4925 *L f.*; *M* dis — 4926

Mmd R. au fier vis; *L* le gentis; *C setzt diesen V. und den folgenden n.* 4928 *und ersetzt ihn hier durch* Mais se deu plest le roi de paradis — 4927 *L f.*; *C* de sap m. — 4928 *M* Il les garra e trara de peris; *m* faillis; *LC* ravons a. que past li tiers dis — 4929—31 *C* Mar i entrerent pa. en cest pais Vengies sera W. li hardis; 4930 *L f.*; 4931 *M f.*; *mLd* (li, noitunes) = 5190 — CI — 4932 *m* L e. s.; *C* sieme — 4933 *M* qi mult b. les guia; *C* conduira — 4934 *m* Cil de g. senescal mlt lama — 4935 *m* quernals li rous m.; *C* cil qui les commanda — 4936—7 *C f.*; 4937 *M* afie; *L f.* — 4938 *Md* rebailla; *L* danz G. livra; *C* = 5197 (L uitisme) — 4940 *M* Qi e. — 4941 *LC f.*; *M* nom[br]a; *m* . v . m . — 4943—5 *L f.*; *m* e sovent escaufa; *C* et li calors leva; *M* (nevele) *d* (nulule) s. 5203 ;4944 *M* C. lo iorn; *C* C. le tans m. arme [= *d*] f.; 4945 *C* baidoia — 4946 *C f.* — 4947 *MC f.*; *L* . v . l. la o. en a.; *M* (nen merveylez vos ia) *Ld s.* 5208 — 4948 *C* par les rens c. — 4949 *L* (tua) *d* le pa. — 4951 *C* = 5212 (Q. en c. camp) — *n.* 4953 *s. C* A tous jors mais loier en avera — 4954 *L* Qui qui i fiere ne quen lestour ferra — 4955 *M* (Sor) *md* (li miedres en sera) *C* (d.) = 5216; *L* Danz Re. mlt tres bien si prova — CII — 4956 *L* luist clerz — 4958 *L f.* — 4959 *ML* Devers; *m* (e. li rois retornes) *d* (d.; s e.) = 5220; *C f.* — 4960 *M* e ascemblez; *Ld* (aroingies et s.) *C* (Es vos f. tous r.) e r. e serrez — 4961—4 *L f.*; *M* a cels c. d.; 4962 *C f.*; *m* de p. de c.; 4963 *d* V. ces destriers; *C* Ces grans b . . . listes — 4965 *M* esclaire; *m* rescl. des Rames [*cf. i Nerbonesi*]; *C f.* — 4966 *M* esmaieç; *C* esfrees — 4967 *ML f.*; *d* Q. pue[en]t e. nes a pas ra.; *C* = 5228 — 4968 *M* (qui vint toç abrivez) *m* (E ses m. en v.) *L* (courant . . . abrieve) *dC* (esfraier) = 5229 — 4969 *L* ferus e n. — 4970—2 *LC f.*; *M* d. sois começ; *d* rascommez; *m* a c. son; 4971 *Mm* Li s. raioit danbes dos les. c. — 4975 *C f.* — 4976 *M* Veuz ai G.; *d* V. lost G.; *C* Vesci — 4977 *ML* (ses freres e) *C* (d.) e s. amis; *d* ces fr. et[ces]parans; *L s.* Aideront lui si que bien le verrez — 4978 *C f.*; *m* A. soi est li siens fiers p. — 4979 *m* est si grans li barnes; *L f.*; *M* t. d'a. — 4980—2 *C f.*; *M* la moyte a.; 4981 *L* a poi quil nest dervez; 4982—6 *L f.*; 4984 *MC f.*; *md* les grenons c.; 4985 *C* Ne v. pus d.; 4986 *M* = *B* 5247 (C. ne lo voyt nen s. mlt e.); *d* Qui bien l'a. mlt est a.; *C f.* — 4987 *C* A vois escrie paiens car vos armes; *M f.* — *von den Versen* 4988—96 *weist C nur* 4990 (sauroit) *auf*; 4988 *M f.*; 4989 *L* maint a.; 4990 *L f.*; *M* (poust) *m* nus sages c. l.; 4991 *M* B. v. ous d.; 4992 *M* = 5253 (Si grant paiens); *d* Tant genz paienne; 4993 *M* C. ot la ienç [= laens] i cel iorn a.; *L* adont a.; 4994—6 *L f.*; *d* Et auz [= A a.] se trait; 4996 *M* (si c. vos oireç) *d* (si c. oir porez) = 5257 — CIII — 4998 *d* antraigne — 4999 *Ld f.*; *C* del millor or — 5000—1 *C f.*; *L* li ferme .1. amoraigne; *d* puce chainne; 5001 *Mm* D, le s.; *L f.* — 5002 *M* (q. f. lo r.) *m* (d.; aufraigne) *L* (doraigne) *dC* (daufegne) = 5263; *M* (Qi lauberg [a]) *m* (Q. la vestu) *dC s.* 5264 5265; *L s.* .1. elme lache qui fu fais en espaigne; *C weist aufserdem auf* A saventalle ot' .VII. rois de polegne — 5003 *d* estaigne — 5004 *M* (maufoes de) *m* (malaquin de quintane) *L* (malquidas) *C* (d aq.) = 5267; *d* Moradas — 5005 *M* qi mille h. non dagne; *m* que; *L* q. maint home en mehaigne; *d* n'an doigne

— 5006 *m* grifaigne — 5007—8 *L f.*; *C* de si en oriene; 5008 *Mm* (a mont ne) *d* Naresteroit; *C* Plus court par terre par p. et .p. m. Ne s en tenroit a lui calans ne hegne [*diesen V. s. m*: Plus tost aloit quen mer c.] Tant si glast tos vallant une caistene — 5009 *M* (tint . . . gorgotagne) *m* (gorcataigne) *C* (tint . . . grogategne) = 5273; *dL* (goriaigne) Lestrier li tint . . . cocataigne; *Mmd s*. 5274; *C s*. Par les [en]armes d un pale d oriane — 5010 *M* E. oit royde e f. e longe e.; *m* e si ot longue e. — 5011 *L* en la champaigne — 5012 *M* Av. escrie; *C f*. — 5013 *M f.*; *m* cha fors en la c.; *L* cui Mahomet mal doigne; *d* an plain ne an ch. — 5014 *MC* soie — 5015 *M* A. [ne] bouta si m. breagne; *m* nacointai; *L f.*; *d* m'a.; *C* bragagne — 5016—7 *L* A Mah. son dieu de pute ovraigne Sest comandez puis monta par engaigne; *m* de par mahom; 5017 *M* P. c. sa ienz de mayne vaygne [= viegne?]; *cf. m* sa gent demaine; *d* Sa gent c. de mater ne se faigne; *C* P. si rouva m. sa grant c. — 5018 *MmLdC f*. — CIV — 5020—1 *C* Isnelement et tos se sont arme; *m* Tot maintenant sont trestot apreste; 5021 *Mm Ld* = *B* 5285; *MmLd s*. 5286; *L hat noch* A vis deables soient il comande A ice mot que ie ai devise — 5022 - 50 *C f.*; *m* qui fu tous e.; *d* abrive; 5023 *Mm* (hautement a crie) A sa v. clere a le roi apele; *L* A v. paiene a le roy salue; 5024 *M* encante; *L* Amiraus s.; *d* agrave; 5025 *M* abrive; *L* rengie e conree; *d* antese; 5027 *L* en trestout vo regne; 5029 *M* Ne le menroient; *m* .III.; *d* atele; 5030—2 *L f.*; 5030 *Mm* (est) *d* (d.; vironez) = 5295; 5031 *M* [E] a . . . qare; *m* E des g. b. . . . bende; *d* Et tot antor; 5032 *M* Lo bot f. tost; *d* asote; 5034 *Mm* e enterve; *L f.*; 5035 *Mmd* lont; 5036 *L f.*; 5037 *M* (tel f.) *m* Mes unc ne vi h. de sa fierte; *L* de si ruiste f.; 5038 *L f.*; *d* maufe; 5039 *Md* .XXIIII.; *m* .XIIII. mois p.; 5040—1 *L* Li c. me d. p. l. s. greve; *Mmd* bien me vient en p.; 5041 *d* ancui d.; 5042 *M* por poi ne fist [*l*. sest?] d.; *m* pres na le sanc mue; *Ld* pres na le s. d.; 5043 *M* as ademore; *L* t. as ici este; 5044 *L* .X. M.; 5045 *M* (o ie me sui done) *m* (ou) *d* (done) = 5310; *L f.*; 5049 *m* d o. a p.; 5050 *L f*. — 5052 *L* son ost — 5053 *M* aucebers amene — 5054 *M* (q. i s. aune) *L* (.X.M.) *dC* (q. furent adoube) = 5320; *m* De .XX. M. pa. q. furent aune (*Alex.*) — 5055 *C* En a. par ot si g. f. — 5056 *C f*. — 5057—65 *L f. und ersetzt durch* Navoit si fort de ci en dureste; 5058 *m* au premier c. t.; *C* a .I. c. afronte; 5060 *M* En s. cors furent; 5062 *d* li p. au c.; *C s*. Et a son col doi fort escu boucle; 5063 *C* .I. e. noele; 5064 *M f.*; *m* .XI. paus de le; *C* demi p.; 5065 *M* afole; *m* asome; *d* morz gite; *C* maint francois; *C s*. Se dex ne fust li rois de maieste — 5066—7 *L* M. R. quant il lot encontre Tel li dona de son grant fust quarre Que darmeure ne fu onques tensse Quil ne leust trestout escervele; 5066 *C* Et R. au corage adure; 5067 *M f.*; *C* Qu a son t. la moult tos cravente Et son ceval a .I. cop asoume — 5068 *MmLdC* (Et p. lui) = 5333 — CV — 5069 *m* Quant l a. eschiele ot DesR. r.; *C* s en va a des r. — 5070 *Mm* (.XX. M. furent) De . . . des pa. de sorie; *C* A .XXX. M. de la gent de piersie — 5071 *Mm* (hestor desus lorie) *d* (Etrols) *C* (ostor) = *B* 5336; *L* Etor — 5072 *L f.*; *d* fier home; *C* fort turc — 5075 *M* (lo vis) *m* (del vis) *L* (emprez) *dC* (lo cors) = 5340. — 5076 *MmL* baillie; *d* drecie; *C* a a mangon c. — 5077—9 *L f*; 5078 *Mm*. en sa grant fermerie; *d* anfermerie; *C* en sa cartre votie; *Mmd s*. En sa grant tor qui est vielle e antie; 5079 *m* en lor c. *(Alex.)*; *C* Sot . XXX . M . de caus de viers surie; *M* (reneylers d o.) *m s*. La quarte e. fist mallart dorquenie; *C* hat den *V*. vor 5079 (La q. e. ot baudus d aumarie); *m weist aufserdem den V.* . XX. milliers sont de paiens daumarie *auf* — 5080 *m* Tib. lescler; *Ld* (Mas) Et Desrames la quarte; *C* Aquin son frere . . . ballie — 5081 *C* . X . M . de la gent d aumarie; *L* (quinte ra fournie) *d* (quinte) *s.* 5347 *und d aufserdem* 5348 — 5082—6 *C* La siste esciele ot mallars de candie; 5082—6 *M f*.; 5083—4 *L f*.; 5083 *m* l. con . I . archie; *m s*. 5351 (a lanste ata.); 5084 *md* (mainte anveie) = 5352; 5085—6 *L* M. R. nel prisa . I . aillie De son tinel li fist tel estourmie Quainz ses flaiaus ne li fist garantie; 5086 *m* Le p. del c.; *L s*. En ce.le eschiele que cil sarr. guie En ot . XX . M . de ceus de pincernie (*cf*. 5356) — 5087—8 *L f*.; *M* (bairous) *d* (Boraus) sete; *m* E la sisime; *C* Maudus de rains la sieme e. guie — 5088—91 *d f*.; 5088 *C f*.; *m* pikernie; *M* de vers rosie; 5089 *M f*.; *m* a le seme d.; *L* la septime a d.; *C* Et aanre a l u. ballie; 5090 *m* . XX . M . furent . . . rousie; *MLC f*.; 5091 *M* La sime; *m* (b. e sa m.) *L L* uitisme f. danz b. daumarie; *C* de formasie — 5092 *L* Filz ot . XIII . e de; *C* . XXIII . — 5093—4 *L f*.; *m* e p. de felonie; *C* = 5361 (T. iovenes hommes biele b.); 5094 *C f*. — 5095 *M* . XIIII . M .; *m* comandie; *Ld* (lor) ot en sa compaignie; *C* Des morians et de caux de nubie Orent vint mille se mout riche maisnie — 5096 *MmLdC f*. — CVI — 5100—5 *L f*.; 5100 *M* (E.. XX . M . furent) *mC* (Si ot . XX . M .) = 5367; *d* d'une autre g. b.; 5101 *M* maufondee; 5102 *C* Icil ne p. ne l.; 5103 *d* = 5370 (Qui de fer poise); *C* Mais . I . flaiel dor fin estoit la gree; *d* (La n. g. eust molt mal menee) *C* (De naire [*sic*] g. faisoit) *s.* 5371; 5104 *M f*.; *d* brace; 5105 *LC* esmouti — 5106 —11 *C f*.; *M* vausegree; *m* serree; *L* betee; 5107 *d f*.; *L s*. 5371 (fist mlt g.) *und* M. R. li brisa leschinee; 5108 *M* Baudins; 5109 *MmLd* (de sa suer) = 5377; 5110 *d* Oriant; *L* Que Desr. ot primes engendree; *MmLd s. die vier nach B* 5378 *e. Verse* [*Mmd* nevous [= *L*] . . . ordenee; neveu *also im Sinne von* cousin; *d* Ensi gr. faite [*fehde?*] . . .; *M* (baudor) *mLd* conquestee]; 5111—3 *L f*.; 5112 *d* T. il s. grailles; 5113 *M* (nosce = noise) *m* = 5381; *C* Plus de; *d* Que g. — 5114 *C s*. longe d. — 5115 *M* (fraite) *d* (podrere) *C* (d.) = 5383; *L f*.; *MmLdC s*. 5384 (fu l e. d.) — 5116 *M* li n. . . . trovee; *m* p. g. grevee; *L* li n.; *d* L. ou li n. g. p. ont a. [*Alex.*]; *C* La o. nos gens p. e. — 5117—22 *C f*.; 5117—9 *L f*.; 5118 *Md* = 5387 (T. com chevaux); 5120 *MLd* cornee; 5121 *M* De croisez; *m* folleis; *L* rebondist la valee; 5122 *d* quarree; *M* = 5391 — 5123 *L f*.; *C* Et t. b. et route et depanee — 5124 *M* pecee e [?]; *L* p. e entamee; *C f*. — 5125 *M* T. piz; *in L n*. 5126 — 5127 *M* Dont p. lo c. li cheit la b.; *m* Qui ont p. le c. sali la b.; *L f*.; *d* saloit; *C* Dont p. les c. lor s. — 5128 *C f*.; *M s*. De mort paiens est la terre arestee Seschuns i a proece conqistee E. li sis frere de la terre honoree Si cum il sont vienent a la meslee Seschuns i a sa ensengne escriee — 5129 *M f*. — 5130 *M f*.; *mL*(lalosee)*dC* = 5399; *C s*. 5401 (Et Aymeris vinete la g.); *Mm* (la bouee) *d s. ihn n.* 5132 — 5131 *M* (bon e. d.) *m (d.) dC* = 5402; *in d steht dieser V. n.* 5133, *in L n.* 5132; *in Mm dieselbe Versfolge wie in A* — 5132 *C f.* — 5133 *mC* (es.) rescriee; *Ld f.* — 5134 *d* betee; *C* Et commarcis b. de randonee; *L f.* — 5135 *C* La ot le ior m. a. d.; *d s.* Et pies et poinz maintes teste copee — 5137 *L f.*; *C s.* Des abatus fu la tierre encombree; *cf.* 5303 — 5139 *C* Ne f. B. ses f. de valpenee — 5140 *C f.* — 5141 *C* la mellee — 5142 *M* vinent a la m.; *C f.* — 5143 *ML f.*; *d* arosee; *C* fu tierre ensanglentee; *C s.* Mais de paiens fu trop grans l aunee [*cf.* 275] Plus de . III. liues en est terre puplee [*cf.* 4785] Se cil n en pense qui fist ciel et rosee [*cf.* 6510] Ancui sera no gens desbaretee [*cf.* 6511] Ains n acointerent si mauvaise iornee [*cf.* 263] — 5144—7 *C f.*; *MmL* (gr. b. aduree) *d* (achaitivee) = 5414; 5146 *d* niert ja; *Mm Ld f.* — CVII — *n.* 5149 *s. M* (saracin) *d* (nus p. f. vesin) *C* (Ainc ne veistes; = *M*) 5419 — 5150 *Mm* beduin; *C* barbarin — 5151 *M* sor son pantin; *d f.*; *C* borgarine; *L* desus . I. morentin . I. destrier fort du regne azaquarin — 5152—4 *C* Plus tos l emporte tot le sablon cemin *C* ostoirs ne vole ne faucons montardin; *L f.*; 5153 *d* Anlipatin; 5154 *Mm* (poudrin) = *B* 5423; *d* plenier c.; *L f.* — 5155 *C* Emon d Averse — 5156 *m* doublentin; *C* en son e. votin — 5157—61 *M f.*; *m* qui estoit a or f.; *L* Si li p. souz la bouche; *C* D. l espaule li a percie li ermin; 5158 *m* desfent; 5159 *m* frasin; *L* fist passer lacier fin; 5160—4 *L f.*; 5160 *C* Traite a lespee qui fu au roi sanguin; *m* e le poignon s.; 5161 *C d* oute le riu; 5162 *C f.*; *M* mont mor.; *m* q. et roi m.; *d* M. a mort q. t. Saint Aostin; 5163—4 *d f.*; *Mm* (lespee) *C* (d.; ciese ne f.) presist; 5164 *m* . VII. — 5165 *M* naymeris (*so in der ganzen Episode*) — 5167 *MmL* (P. m. grant ire . . . Li turs le voit venir vers lui aclin Vers lui se torne qui ne volt prendre fin) *dC* = 5437—9 — CVIII — 5168 *Mm* naymeris . . . senti — 5169 *ML* de; *mdC* encombrier — 5170 *d* dacier — 5171 *LdC* P. i. faite — 5172 *Mm* B. latent; *C* B. li fel li vint a l encontrer — 5173 *C* Andui s encontrent cescuns ot boin d. — 5174 *L f.* — 5175 *M* se v. por desmayler; *C* Grans cos se donent li nobile guerrier — 5176 *C* ont frains et debrisies; *M f.*; *Ld* fendre e pecoier; *C s.* Et des verts hiaumes esmient li quartier — 5178 *M* se seit bien ayder — 5183 *M* sor son e. vergier — 5184 *Mm* (du or fes ch.) *d* un or freis cler — 5185 *MmLd* = *B* 5455; *C* Qu escu et brac fist voler ou sentier — 5187 *L f.* — 5188 *MLC f.* — 5189 *M* qe irer [*et passim*] — 5190 *L f.*; *C* A hautes vois commenca a hucier Mahomet sire car me venes aidier Soucoures moi car i en ai grant mestier; *M* s en vait entreconter — 5191 *C* Et A. qui ne se vot taigier (*sic*) Com hom hardis porsuvi lavresier — 5192 *LC* l ant qu il l a. — 5193 *Mm* (avoec l e.) *d* (an prist) = 5463 — 5194 *M* del espargner; *Ld* domagier — 5195 *M* = 5465 (un m.); *m* . III. milliers; *Ld* angoissier. — 5196 *MLC f.* — 5197 *M* garder; *L* puet iusticier; *d.* jugier; *C* de lui — 5198 *M* (comment il puisse r.) *mL* (que il p.) *d* (commant puet r.) *C* (d.; pust) = 5467 — CIX — 5201 *m* . X . M. fer vestis — 5204 *MmLdC* = *B* 5473 — 5205 *C* Cui il ataint bien est de la mort fis; *M* ardis — 5206—7 *L f.*; *M* les pis; 5207 *M* les ventres e les vis; *m* e les bus adevis; *C f.* — 5208 *L* du branc qui fu forbis — 5209 *L f.*; *d s.* Car li paien l ont formant antrepris — 5210 *d* D. le garisse; *L s*. Iames li q. nen ralast arrier vis — 5211 *M steht n.* 5212 — 5212 *L* entre ses anemis — 5213 *C* Bien la oi li siens p. a.; *L f.* — 5214 *M* (e s. f. gentilz) *m* o ses f. segnoris — 5215 *M* Ovec les .IIII. p. tot a ces mis; *L* Es ent vous .IIII. p. t. a.; *d* t. arabis — 5216—7 *L f.*; *C* Es vos er.; *m* b. e h.; 5217 *C* Ernaus li rous — 5219 *Mm* a toç lor b. f. — 5220 *LC* li capleis; *m* Por — 5221 *Mm* (E des paiens) = 5490 (rustes [= *L*; fereis]); *C f.* — 5222—4 *L f.*; *Mm* li pere aveqes; *C* ses amis; 5223 *M* fu f. si g. li bris; *C* Les Sarr. o. ausi aquellis; 5224 *M f.*; *C* les b. — 5226 *M* en i avoit bien sis = *m* (dis); *L* .c. e .x.; *C* sont bien .L. et .VI. — 5227 *C* mesaise i estut — 5228—31 *C f.*; 5229 *Mmd* (Landecris) *L* (d.) a lantecris; 5230 *M* Antre la ienz; *d* En la bataille; *L* ois; 5231 *d* estoit lor aidis — 5232 *M* ardis — 5233 *M* (Rustes) *m* Vistes e f. e bien amanevis; *Ld* Jones e f.; *C f.* — 5235—7 *C f.*; 5236—8 *L f.*; *m entwickelt diese Stelle zu einer zehn Verse umfassenden Episode; vgl. den Text*; 5237 *Md f.*; 5238 *M* gorher; *m* Au t. rogier les maine desconfis; *dC* (dant G. l au.) Desi au t. G. et Lanpatris — 5239 *M* Guacrant i t. lo d.; *m* adevis; *L* Orguaquain t.; *d* Gorhau trova .I. d. arabis [*es handelt sich hier um das schon bekannte Schlachtroſs des getöteten Baudus; cf. die Varianten zu V.* 5151 *und* 5239; *der Vers lautete etwa*: En l arcant trueve le bon Orguaquain (*viersilbig*)] — 5241 *m* escondis; *LC f.* — 5242 *L* a cui estoit a. — 5243 *C* Quant Aymers fu el destrier asis N en descendist pour .C. mars d or masis — 5244 *M* rendis; *d* = 5514 (Felon paien) — 5245 *Mmd* (chies et g.) en est chaials e guis; *L* et li sien autressi; *C* i est venus bradis — 5246 *Mm* (des cuvers maleis) *Ld* (gemis) = 5516; *C f.* — 5247 *Mm* ont les nos a.; *LC f.* — 5248 *C* .I. si g. capleis — 5249 *L* mal mis; *C* partis — 5250 *Md* rompus et d.; *L f.*; 5250—68 *C* Moult par i ot des nostres mal ballis Mais sarr. orent iluec le pis; 5251 *L* or me s. trop tapis; 5253 *d* li chanz; *m* nert; 5255 *Mm* qe il ne soit faylis; 5256 *M* (conqis) *md* = 5526; 5258 *d* .xxx. [vint e dis? trois fois dis?]; 5259 *m* B. d. ie e. moi e m. f. h.; *d* B. devroit e. moi . . .; 5261 *d* Sore ne vaint G. [*kündigt den Schluſs der Schlacht an; von nun an tritt Rainouard in den Vordergrund, und, streicht man die Reichsgrafenepisode weg, entscheidet auch sogleich die Schlacht zu Gunsten der Christen*]; 5252—62 *L* Quant cil pa. ont les nos envais Se ie ni vois ia seront mal baillis; 5263 *M* si lo tint a.; *m* adevis; 5264 *entwickelt in Mmd zu B* 5534 (*M* dire est [es]pris; *md* li m.) 5535 (*Mm* avancis) *und a* 5263 (*Mm* (gros e [*f.*]) *d* (d.; et fornis) qi fu grant e masis [*ms.* mais]); 5263 —4 *L* A ces paroles ne si est alentis Monioie escrie si est avant saillis Devers pa. est maintenant guenchis Le t. l . . . Sa gent quil ot li bers au retor mis Tuit li couart devindrent si hardi Que pou i ot meilleurs ou fereis R. a ses homes avancis Le t. lieve qui est granz e fourniz; 5265 *L* pa. e arrabiz; 5266 *L* bastis; 5267 *Mm* les a bien consuis; 5268 *M* (Si les c.) *L* (d.) *m* (Ses convendra) *d* = 5539 — CX — 5270 *L* nostre g. mlt t.; *dC* nos g. f. — 5271 *MmLdC* (et mius t.) = 5542 — 5272 *m* arme — 5273 *L f.*; *m* Tot le p. — 5274 *M* sa c.; *m* la c. a.; *L* celui qui fiert e maille — 5275 *M* (les) *mdC* Or ne se p. v. .I. meaille; *L f.* — 5276 *M*

(Prent s. t. e la) *m* (ne paraille) *dC* nesparpaille; *L f*. — 5277 *Mm L* (Gr. paor a) *dC* = 5548 — CXI — 5278 *dC* pleniers et a. — 5279 *M* (cors soner) *m* (. VII . c . l. a on l. c. sonnes) *L* (oissiez; d.) *d* (*d.*) = *B* 5550; *C f*. — 5280 *MmdC* = *B* 5551 — 5281 *C* or soies aciertes — 5282 *d* Ni a celui; *C f*. — 5283 *M*. (e si vos esgardez) *L* (e se v. i gardez) *d* (*d.*; an g.) = 5554; *C f*. — 5284 *L f*. — 5285 *L* Tous li premiers — 5286—7 *L* sera estrumelez; *C* baston; *M* (froserai) *m* (*d.*) *C* les flans — 5288 *MmLd* = *B* 5559 — 5290 *M* de ces espleç douleç; *L* acerez; *C* Tant i. f. iamais n ert oublies; *Md s.* 5562 — 5291 *M* quant [*quantum*] b. home f.; *L f*. — 5293 *C* Et li c. sont en l estor melles; *L* sest li bers arroutez — 5294 *C* Et R. ne s i est oublies — 5295 *M* (. xx . creventez) *m* (*d.*; . x .) *L* (= *M*) *d* (. x . asomez) *C* (. xxx . af.) = *B* 5567 — 5296 *M* A l a. apres . xxx . e.; *m* (a tous e.) *dC* (. XIIII .) = *B* 5568; *L* E sa des autres bien . IIII . e.; *C s*. Et autre tant de cevaus a tues — 5297 *M* Si l. a fet c. f. f. l. p.; *m* lerbe es pres; *C* com fauceors f. p.; *L* Si les a. li vassaus adurez Con li fauchierres le fainc aval les p. — 5298 *M* mlt esgardeç; *C s*. Ausi le fuient com li vens al ores — *n.* 5299 *s. C* N ot chevaliers en l ost si adures — 5300 *M* mult craventez; *d* . c .; *C* rues u. s. Et pus ont trais les bons brans aceres Paiens detrencent les flans et les costes [*cf. C* 5287] Si com il vont ont pa. craventes [*cf.* 5302] — 5301—3 *L f*.; 5302—5338 *C f*.; 5303 *M* etanchez; *m* enconbres; *d* Il les a bien trestoz desbaretez; 5305 *L f*.; 5308 *L f*.; *Mm* = 5580 (Se ie lataing a m. tost [est] l.); *d* toz est morz et finez; 5309 *Mmd* = *B* 5581; *Mmd s.* 5582 (*Mm* . x . cites) 5583; *L* Q. pa. voient quil les ont si menez Quil les occient environ de tous lez E R. les confont au tinel Au mendre cop en a il . . III . tuez Quant il le voient si sont espoentez Ne latendissent por lor de . III . c . Pa. senfuient sont les ch. hastez; 5310 *MmLd* Au roi de Cordes; 5312 *M* (encanteç) *m* (enganes) *d* = 5586; *L* mlt es mal atirez; 5313 *M* G. au cort neç; 5314 *M* Hanc de sa force ne fu hom qe soit neç; *L f*.; 5315 *d f*.; 5317 *M* De qoy; *L*. II. ch.; 5318 *M* en a d.; *mL* (mors ietez) . X . M .; 5319—20 *L f*.; *n.* 5320 *s. d* Et bien . II . tanz i sont desarivez; 5322 *L f*.; *M* ne soiez e.; 5323 *Mm* fous enbricones; *MB haben in dieser Episode überall die Lesart* Baudins; *L* B. lentent si li a escrie Va fui de ci tu aies mal dehe Qui tiex nouveles nous as ci aporte; 5324 *Ld* donez; 5325 *M* (Si ie a. G.) *d* = 5599; *L* Se. ie encontre dant G. au c. n. E R. qui tant par est osez Ia ne li iert garans ses granz tinels; 5327 *m* li rois s. v.; *L f*.; 5329 *L f*.; *d* et par ma leautez; 5331—2 *L f*.; 5331 *d* = 5604 (tenroie . . . . hantez [*l.* bandez?]); *dieser Vers* (Se ie avoye . 1 . m. qi fust f.) *ersetzt in M die V.* 5328—31, *die f.*; 5332 *d* an serient tuez; 5334 *L* seront il esprove; *Mmd* que solaus soit clines; 5335 *L f*.; *m* Ert luns vers lautre e conbatus asses; 5336 *L f*. — 5339—5354 *L cf. unsern Text*; 5340 *C* pleniers et a.; 5341 *m* . . . . les a devant guies (*cf.* 5301) Sachies de voir ne sest mie oublies; 5342 *m* lor bas [= *bacs*]; *d* Anz an la mer a pecoie lor nez; 5343 *M* desromp e defrondez; *m f*.; *C* N i a calant qui soit en fus remes Fors . 1 . tous seus qui loig fu aancres Grant piece est loig des autres escapes Et Rainouars n i est mie oublies Isnelement est sor le bort montes Et prist son saut moult si est ben molles; 5344 *Mmd* Ens en; *C f.*; *Mm* (m. i a bien boutes) *d s.* 5518 (mlt sest bien abotez); 5345 *d* adurez; *C f.*; 5346 *C* .xxx.; 5347 *M* (dorez) *m* (*d.*) *C* (*d.*) *d* En . 1 . ch ... quarrez; 5348 *C* Ert dans B. li ber e.; 5349—52 *M* E G. G. li biaus armeç; 5350 *m f.*; *d* Hernauz; *C* Hunaus de Saintes li vallans bacelers *n.* 5351; 5352 *d* Bueves; 5354 *C* Des Sarr. — 5356 *Mm* Li miels vallans; *L* (atirez) *dC* (Le ... a ...) = 5628 — 5358 *C* S. . 1 . col vier — 5359 *MmL* = 5631 — 5360 *L* (enferrez) *d* = 5632; *C* parmi les piés coubres; *n.* 5361 — 5361 *L* piez; *d* Et par les mainz e. n. — *n.* 5362 *s. C* Mais li bendiaus ert .1. pui avales — 5363—5 *C f.*; 5364 *L* apenssez — 5366 *C* est li b. acostes — *n.* 5367 *s. C* Estes francois sarr. u esclers — 5368 *C f.* — 5369 *C* Par foi biau sire ia n ores verites Ie sui de F. n. G. au c. n. — 5371 *M f.*; *m* est. e quasses; *CLd* estrains — 5372 *L* T. a j. tous en s. gros e. — 5373—8 *C* = *A* 5651 (G. quens s. prenge vous en pites); 5373 *M* a ietre (*l.* aiete) = *L* (egypte); *m* buriaigne; *d* Espainne; *MmL* (La est la c. ou s. avalez) *d* (*d.*; posez) *s.* Iluec serai en la chartre gitez [*cf.* B 5646]; 5374 *M* Dex qe serai mis e e.; *m* la en prison menes; *L* mis e e.; *d* mis nen e.; 5375 *M* Nen i. nul iorn qe stoit nez; *m* Ja n. i.; *L* en ior; 5376 *M* por mille poesteç; *L* S. n. de nul h. charne; *d* S. a.; *n.* 5378 *s. M* (G. h. sui a. de moy p.) *m* (*d.*; sire) *L* (*d.*) *d* (de nos) 5651 — 5379 *MmLdC* = 5652 — 5380 *M* (d. estes r.) *C* (*d.*) *m* (vos vos r.) *d* (*d.*) *L* (q. v. ci r.) = 5653 — CXII — 5381 *C* l enfant — 5382 *C* Qui — 5384 *M* li a fet; *M* (E les botons des b. v. hostant) *m* (*d.*; les broions d. b. v. rompant) *L* (E les granz b. a ses .11. mains brisant) *d* (*d.*; de ces p.) *C* (Et ses .11. iambes v. mlt tos desloiant) *s.* 5659 — 5385 *Mmd* (danoans) Et les .11. mains tres son dos desliant; *L* les chaaines rompant; 5385—6 *C f.*; 5386 *L f.*; *Mm* (i. del cief v. d.) = 5661 — 5388 *m* a s. comant — 5390 *Mm f.*; *C* .1. boin e.; *n.* 5391; 5391—2 *M* Ceint une espee qe lez lui vit pendant; 5391 *m f.*; *L* E erraument; 5392 *dC* (Que d. l. vit ilueques p.) *n.* 5389 — 5394 *MmLd* de la geste v. — 5395—7 *C* B. respont f. m a. amor g.; 5395 *M* (auroye) *Ld* avoie; 5396 *M* De veoir — 5398 *d* S'ancor estiont — 5399 *MmdC* = B 5674 — 5400 *C f.* — 5401 *C* si i ceurt — 5402 *L f.* — 5403 *M* desolant; *L* saloient desraisnant; *L s.* En la santine aval parfondement — 5404 *d* . XIII. — 5405—7 *C f.*; *ML* (angoissant) *d* mlt les vont laidoiant; 5406 *Mm* coroies; 5407 *M* (corant) *d* = 5683; *m* raiant = *L* (leurs [*sic*] ch. va le s. ius r.); *L s.* E Re. sen vet aval courant Voit les enfanz qui se vont gramoiant E les pa. quelz aloient batant Voit le li bers sen ot le cuer dolant — 5408 *ML* (Onques de rienz) *d* araisnant; *C* marecant *u. s.* Le tinel lieve contre mont en haucant Au premier cop (a) ocist les .v. devant Et au retraire .v. ausi en boutant Que vous iroie toute ior a contant — 5409 *C* confundant *u. s.* Que des .L. n en a la .1. vantant — 5410 *M* estruant; *m* balloant; *d* antreflotant; *C* afrondrant; *L* Quant les ot mors ses saisi maintenant Dedenz la mer les ala tous ietant — 5412 *L f.*; *M* si fuisseç voir; *m* Issi baignassent; *L s.* A ces paroles ne si vet delaiant — 5414 *M* dun c. — *von den V.* 5415—26 *hat C nur den V.* 5424 (En de mentirs vous armes belement), *den er n.* 5431 *setzt;* 5415 *M* Desor la mer;

Aliscans. Varianten. 6

5416 *Md* = *A* 5692 *B* = *L*; *m* li rui e li p.; 5417 *d* acharz; 5420 *L* qui li vint a talent; 5421 *M* Hom ne p. d. ne i. qi c.; *L f.*; 5425 *m* a vo comant; *L* les a. — 5427—8 *C D. B.* sire fait m aves amor grant Or nous covient des cevaus maintenant; 5427 *M* E di b. s'or fusons civauchant; 5428 *M f.* — 5429—30 *C* D. R. ia n a. .1. c.; *ML* Or vos sofreç atant; 5430—1 *L* Vous en aurez se puis esploitier tant Ci en vient .1. mlt tost esperonant Jel vous donrai nen soiez ia doutant E tuit li autre en auront autretant Se diex me sauve mon grant tinel pesant; 5430 *m* Prennes ces armes ia ares auferrant; 5431 *M* a son talant; *m* s. ou b.; *d* ou liart ou b.; *C* s. u bai u b. — 5432 *L* (le p. apoignant) *C* Atant es vous .1. p. randounant — 5433—40 *C f.*; 5436 *d* An son pois; 5437 *d* Olivant; *m* Il l. c. le destrier auferant Sor son escu v. f. e.; 5439 *L M.* le trebusche devant lui maintenant — 5441 *L* F. le glouton par si fier maltalent; *d* F. le pa. desor laume lusant; *C* Et R. le f. en t. Amont sor l iaume qui a or fu luisant — 5442 *C f.* — 5443—4 *L f.*; 5443 *C* pourfendant; 5444 *C f.* — 5445 *L* Tout abat mort e lui e lauferrant; *C* T. abati devant lui el pendant — 5446—8 *C f.*; 5447 *M* saumul e samuant; *m* samur e boidant; *L* tanoc (canoc?) e malpriant; *d* Fanuel Fabur et Salbuant; *L* s. Tant deroit fiert de la perche pesant — 5450 *M* N a. c. en tot nostre v.; *C* Ne monterons par vous en vo v. — 5451 *L* par dieu sire bert.; *C* c or le laisies a tant — 5452 *M* por deu s. b.; *C f.*; *L* se li cors dieu mament — 5453 *M* si e. lo fust mlt g.; *C f.* — 5454 *MmdC* (mervillous et corant) Ja en a. .1.; *L* Mes ne vous poist si en vient .1. errant — 5455—6 *d f.*; *C ersetzt sie durch* Quar ie m irai moult bien a dominant; 5455 *M* Ci en vis uns d. un sor b.; *L* Ja en aurez le bon destrier courant — 5457—5468 *C ersetzt durch eine der vorhergehenden ähnliche Episode:* Re fiert .1. autre sor son iaume luisant 5443 5444 Tout abati ens el pre verdoiant Voir dist B. bien sai [je] en tient 5450 *C* (pour); 5459 *L* t. vous alez hastant; *d* t. puez a. a.; 5460 *M* M. has mes homes; 5461 *L* p. gr. airement; *M* Le baston; 5462 *d* not ci le cors t.; 5463 *M* (no lo f. d.) = 5740; 5465 *m* braiant; 5468 *M* deluirant *oder* demirant; *M* (delaiant; Qe a tes c. n'a nul aume g.) *m* (por nient v. a.; *d.*; arme) *L* (par le mien esciant Car tuit cil cop sont tant orrible e grant Que ni durroit ne saines ne jaiant) *d* (Car a tex cos ne dureroit noiant) s. 5746—7 — 5469 *L* vas; *d* vos v.; *C* mlt ales gramiant — 5470 *M* (amenuissant) *m* (d.) *L* (adominant) *d* (Q. trop me v. m. c. a demorant) = 5749; *C f.* — 5471 *LC* esmaiant — 5473 *L* Q. ie mes cox entoise en h.; *C* fust — 5474 *C* Par tel ravine — 5475 *L f.*; *C* Nel detenroie por l or de Belleem — 5477 *M* (Ensi irez v. c. plus a.) *d* (Ansi ne irez = Ainsinc i.) = *B* 5756; *m* Si ires vous dont vos cols adomiant = *C* (Et si ales v. c. adominant); *L* Ou entravers par dehors lauferrant Si quelz ailliez hors des seles portant — 5478 *C* or m irai a pendant — 5479 *M* (D. o. vay m. c. mieus adotant) *m* (mais m. c. a.; *d.*) *L* (Or iront mes mi c. tuit ad.; *d.*) *d* (apetisant) = 5758; *C* Or ferai iou tout a vostre comant — CXIII — 5480 *C* Rainouars s. — 5481 *MmdC* (t. q. nous s. m.) = 5760; *L* De la prison as sarr. ietez Tant avez fet que nous soumes armez Or fetes tant que soioumes montez — 5482 *L* Li q. G. quant saura la verte Que nous avez issi desprisonez Sachiez de voir vous en saura bon gre — 5483 *mL* volentiers e de grez; *C* a vostre volentet — 5484 *M* (Ja en a.) *d* = 5763; *C f.*; *L* Je vous pramet en bone loiaute Vous en aurez ... — 5485 *C f.* — 5486—8 *L* Dont passe avant devant lui a garde .I. roi paien a tantost encontre Amont en lelme li a grant cop done; 5486 *C* Son t. prent s il a ammont l.; 5487 *C f.*; *d* poins; 5488 *M* avise; *d* an a .I. a.; *C* Par en son liaume a .I. turc a. — 5489—93 *C f.*; 5489 *M f.*; *m* orindes [richtige Form]; *L* mortran; *d* Maupide — 5494 *L* a trestout esmie; *d* a tot acrevante; *C* la fendu et troe — 5495 *L* a avec tout quasse; *d* an dous moitier cope; *C* Et son ceval a si mal atorne Qu en .II. moities la fendu et cope — 5496—5501 *C f.*; 5496—5524 *M f.*; 5496 *L* come foudrez outrez; 5498 *d* an a .II. morz getez; 5499 *m* De .c. flaiaus; *d* De .IIII. mauz ne f. pas t.; *L f.*; 5500 *m* refurent mort iete; *d* afrontez; *L* Si les refiert de son tinel quarre; 5501 *L* Tous les a morz contre terre verssez; *d* an .I. p.; 5502 *m* cest c. de m.; *C* = *B* 5781; hier fängt *m* eine neue Laisse an; 5503 *d* R. frere javoie commande; 5504 *m* Q. par toi f. p. del bout b.; *mL* (amesure) *d s*. Si que ti cop fussent adomine; *n*. 5505 *s*. *C* Qui cou ne fait qu il a acoustume Par droit esgart doit il iestre amende *u*. 5530 *u*. Mius sai ferir si con ie l ai use; 5507 *mLd* baufume; *C* .I. pa. barufle; 5508 *C f.*; 5509 *d* est; *C* Sor .I. destrier mlt ricement arme; 5510 *mL* (ot son cors) *d* conree; *C f.*; 5511 *C* En sa main tint .I. e. noele; 5512—6 *C* R. fiert en traviers le coste Ne s en garda si la si fort hurte Que R. s agenoulla ou pre; 5517 *C* Li bers saut sus son t. a l.; 5518 *mLd* tire; *C f.*; 5519—20 *C* Si roidement la sor liaume f.; 5521 *L* Ses doubles armes; 5522 *L* esboiele; *d* a tot amiele; *C* Tout le defroise iusqu au neu del baudre; 5523 *C* Et le c. a si mal atorne Qu en .II. troncons li avoit esmie; 5524 *d* mort c.; *C f.* — 5525—27 *C* V. d. b. mlt vous desire (sic) Ne monterons por vous en vostre ae. Tost aves ore le bouter oublie; 5526 *ML* (mavez) *d* (d.) = 5807; 5527 *d* P. vos ne iere ne gari ne t. — 5528—33 *C* D. R. il m avoit si boute Quels vis diables s en fuscent avise S il m escapast tenist moi a viute Retrait me fust a trestout mon ae Mais or ferai con l aves devise; 5528 *M* nen faz mie d. g.; *L* ne le f. p.; 5529 *M* car leust rem.; *m* que leus amende; 5531 *M* qil na pas ause; 5532 *m* P. d. usage — 5534 *M* (T. s. t. un petit l'a b.) *LC* (et serre) tint; *m* enpaint la — 5535 *M* (a lo g. bote) *m* (a graillie e serre [sic]) Desoz la selle; *L* D. son braz la maintenant pose; *C* D. sa siele a le bout virole — 5536 *Mm* (grant) *L* a le p. g. t.; *C f.* — 5537 *Mm* = 5817; *C* Et va ferir .I. pa. esturfle — 5538 *MC f.*; *L* en nule roiaute; *d* deci an dure este — 5539 *m* pumele; *L* voir ostele; *d* vair e.; *MC f.* — 5540 *ML* = *B* 5820 (n. a m. crevente); *d* a m. navre; *C* .I. crestien . . . ietet — 5541—3 *C f.*; 5541 *L f.*; 5542 *M f.*; *m* (c. par non n.) *L* (a d. c. clame) qui fu; 5543 *M* son vayr cival t.; *m* tire — 5544 *C* Et R. si la si fort b. — 5545 *L* e percie e troe; *d* pecie et antame; *C f.* — 5546 *m* e deschire; *L* desrout e desclave; *d* afrondre; *C f.* — 5547 *M* la coste; *L f.* — 5547 *M* la coste; *d* Sor le coste li a l. c. c.; *L f.* — 5548 *L* labat m. enverse; *C* Plus d une lance l abati ens el pre — 5549 *L* Lauferrant prist; *C* Prent le ceval —

6*

5550 *C* Venroit vous ore cestui mie a vo g. — 5551 *C* m. l ain d u. c. — 5553 *M* au s. desve; *L* tue — 5556 *M* peça; *L* perce; *d* piece; *C* = 5835 (le clavain a f.) — 5558 *C* c. germain — 5559 —63 *C f.*; 5561 *d* hurte; 5562 *L* (. III. b . . . craventez) *d* Que a . . . en a . III. c.; *L* s. Les chevax prent ne si est arrestez As . III. enfanz les a il presentez; 5563 *ML f.* — 5564 *M* (Enc. en s. li dui) *C* (li . v .) = 5843; *L* li . IIII. a p.; *d* li . II . toz descele — 5566 *MC* afronte; *C* s. L autre fiert si qu il l a mort cravente — 5567 *L* . III . craventez; *C* . II. conqueste — 5568 *C* et si lor a livre — 5569—71 *C f.*; *M verbindet den ersten Halbvers dieser Verse mit dem letzten;* 5570 *d* qui sont d. — 5572 *C* Or resont t. li . VII. c. monte — 5573—4 *C f.* — 5575 *M* Or lo s. s. desfae = *L* (O. s. bien li paien d.) — 5576 *M* (ne valor ne) *m* (d.) *C* (proece) = 5855; *d* entraus — 5577 *L* encontrez; *C* Atant s en torne p. o. e. — 5578 *LdC f.*; *M* (les ont arecule) *m* = 5856 — CXIV — 5580 *C f.* — 5582 *C f.* — 5583 *MmC f.*; *d* (P. amor Dex) *L* Por damedieu qui souffri passion — 5584 *M* Q. G. e girard li bovon; *mC* Querons — 5585 *m* Se les aviens chi pres a c.; *C* S il nous a. — 5586 *Mm* (M. douterons) ne turc ne e. — 5587 *C f.* — 5588 *C* Atant se fierent en l estor a. — 5589—94 *C f.*; 5590 *M* Ou s. d. c. fierent [*l.* sierent?] i. a t.; *m* Le s. d. c. siert [*l.* surt, sort?] outre le t.; *L f.*; *d* Que s. d. c. est [= ist] deci au t.; 5591 *Mmd* Tant en a. et o. ou sablon; 5592 *Md* (menu beoison) = 5870; *L* Con font des arbres ou bois li bosquillon; 5593 *L* v. a.; 5594 *m* . V . VI . VII . VIII .; *L* Ou . VI . ou . VII . en abat en . I . mont — 5595 *C* T. en abatent — 5596—7 *C f.*; *L* P. le sievent; 5597 *ML* A. e. — 5598 *m* me s. b. — 5599 *M* non a. foeson; *d* ni a. tel f.; *m* nen i aura f. — 5600 *mdC* (S en o. au c. . I. t. f.) = 5878; *L* Se joccioie a . I . c. . I . glouton; *M* Si ne tuce a un turc qe un colp felon *(sic)* — n. 5601 s. *M* De [= Ne] ma[grant]force lo qarter dun espron Ne mon grang [fust?] ne qe un por [poi?] de braon; *L* s. *den ersten Vers* (vaillant . I . e.) — 5602 *M* E . XVII. e . X. qant nos effoceron; *m* crimest [crunest] fuison (co mest?); *L* ce e. r.; *d* M. . V. ou sat ou . VIII. t. e. felon; *C* M. . III. u . IV. u . V. cou e. r.; *M* s. Si autement est rien ne pris mon baston — 5605 *C f.*; *M* A. si fet m. ne dit un sols hon; *m* ne dist mais ne . I . h.; *L* Par foi fet il bien a cuer de lion . . . fierz dis (= *d*) . . . — 5606 *ML f.*; cf. 5605 — 5607 *Mm* qui vint a pasion — 5608 *M* (e si li noncieron) *d* Querez G. — 5609 *M* (gr. daumage en auront) *m* Se il . . . damage i aurons; *d* m. perdu i avons; *C f.*; 5608—10 *L* Que mlt i a nobile conpaignon Or fesons bien des or mes li aidon E mon chier oncle parmi lestor queron Sil a besoing aidier nos li devon Se il i muet *(sic)* gr. damage i aron Que par lui somes trestuit hors de prison Quil ala querre en france cest baron E cil ont dit voirs est par saint Symon A ces paroles ni font arrestison Li . VII. cousin brochent a esperon As sarr. donerent maint froion — 5611—21 *C* Paiens les fuient com aloe faucon; *M* ne qirent r.; *d* pranent; *L* na de mort garison; n. 5612 s. *Mm* (Sonent e c. m. i. le nerbon) *L* (a mlt haut ton) *d* 5891; *L hat noch* Or i ferez nobile conpaignon E il si firent sanz nule arrestison; 5613 *MmL* a tas e a fuison; 5614 *m* bras nen a mis *(sic)* g.; *L* na pa.;

5615 *M f.*; *L* li c. e li e. f.; 5616 *m* (est g.) *d* son; *M* la gresle; 5618 *Mm* (e font tel) ullison; *d* areisson; 5619 *M* grateson; *m* glatison; *L* hennison; 5620 *m* entombist e.; 5621 *d f.*; *Mm* (le p.) *L* (Que . III . gr. l.) = 5899 — CXV — 5622 *C* si prist a esclairer — 5623—38 *C f.*; 5624 *L* En . VII . c. l.; 5625 *MLd f.*; 5627 *Md* uler; *L* hurler; 5628 *M f.*; 5629 *Mmd* (refuser) nes daignent eskiever [*cf.* B 5908 *et sqq.*]; *L f.*; 5630 *M* iustes c.; 5631 *M* Des b.; 5632 *M* [i] veiseç couper; *L* Tant pie t. p. t. t. coper; *m* (e ces t. v.) *d* s. den in B n. 5910 e. Vers; 5633 *M* e b. t.; *L f.*; 5634 —5 *d f.*; 5635 *m* ces r.; *L* C. hennir; 5638 *M f.* — 5639 *L* Li q. Guill.; *dC* laisse c. — 5640—5 *C* . I . sarr. fet devant lui verser; 5640 *M f.*; 5641 *M* B. la lance; *L* la hanste o le f. acere; 5642 *M* (leyqin) *m* = 5920; *Ld* . I . tur; 5643 *M* pece; *d* piece; 5645 *M* M. labati a. ne li let p.; *L* du destrier abrieve — 5646 *MmLdC* = 5924 — 5647 *M* (. VII . noirs p.) *mLd* (ont fait m. c.) *C* (. VII . des p.) = 5925 — 5648 *M* (civaler) *m* come bon baceler; *L* trestuit come s.; 5648—51 *C f.*; 5649 *M* f. les turs delivrer; 5650 *d* puent paien d. [*cf.* 5656] — 5652 *MmL* (T. v. q. dant G. le ber) *dC* = 5930 — 5653 *M* de sor; *m* lamont; *d* trovent a. desor — 5655 *M* rescembler; *L* E as g. iex e au grant r.; *C f.* — 5656 *M f.*; *m* (son cop) *d* paien; *C* nus hom; *m* s. Tant en abat on nel porroit nombrer Les rens dans fait e partir e sevrer — 5657 *C* Li q. B. le prist a escrier; *M* li cons B. (*Alex.*) — 5658 *M* visiter; *C* aiuer — 5659 *m* ne poi; *Ld* de v. veoir; *C* finer — 5660—1 *C* C. e. B. que moult deves amer; *M* Ie sui b. qi mult me v. p.; *d* Cest B.; 5661 *m* as s.; *d* et S.; *L* as s. meller — 5662 *C* T. vos neveus a f. d. — 5663 *m* Uns — 5664 *MC* oncles — 5665—7 *C f.*; *d* ne vit n. h. son per; 5666 *Md* atandre; 5667 *M* (nose vers lui torner) *m* (*d.*; tirer) = 5943; *L* Tant le redoutent sarr. e escler La ou le voient e venir e aler E envers euls le voient cheminer Dune ruee (*sic*) ne losent adeser — 5669 *C* ie n ai soig de p.; *L* B. n. B. car peusez (de) [*penssez?*] chapler Il nest pas tans orendroit de p. — 5670—1 *MC f.*; *L* Ne v. p. certes conioir n a.; 5671 *L* Nous n a. m. loisir; *d* Car nos [n] a. or l. — 5672 *L* trestouz les chans; *C* Ves A. de sarr. p. — 5673 *C f.* — 5674 *M* maufe; *L* les en puissent porter *u. s.* Qui tant en ont fet ici assembler — 5675—90 *C f.*; 5676 *L* iouster; *d* Et isces moz ont a. chapler; 5677 *M* (demorer) *md* (sarmoner) nont soig de reposer; *L* quil sachent bien chapler; *n.* 5679 s. *M* (soner) *mL* (e autant c. c.) *d* (c. bucler) . XXX . buisines e . XXX . cors corner; 5680 *m* E . M . retrobes [*cf.* 5620 *Variante*]; *d* E bien . M. t.; *L* E autant t. e t. t.; 5681 *M f.*; *m* larchant en aleschans trobler; *L* Tous en tentist li archanz e la mer; *d* = 5957 (T. f. l'A. et la terre t.); 5682 *M* doler; *m* (A la . . . .) *d* (groler) croller; *L* E la m. l. b. e les nes; 5683 *M* fonder; 5684 *L* qui t. f. d.; 5687 *Mm* (icel i. a.) *L* (hui ce i.) *d* (M. v. onques Franz) = 5963; 5688 *M* n. p. piez aler; *d* n'an pout . I . torner [*cf.* B 5964]; *d s.* 5965; 5690 *Mmd f.*; 5688—90 *L* Que tant i a sarr. e esclerz E amiraus e paiens assemblez B 5965 (les c.) a 5689 Si con orroiz sel volez escouter — CXVI — 5691 *C* Fiers fu li cris — 5692—7 *C f.*; 5695 *M* metent; 5696 *ML f.*; 5697 *d* apertemant — 5698 *M f.* — 5699 *LC f.* — 5700 *M* (morgot de occident) *m* (m. e b.) *L* (M. . I . r.

de b.) *d* = 5976; *C* Atant es v. margot *(oberhalb des gestrichenen bouriel geschrieben)* de b. — 5701—11 *C* Lais fu li turs si ot moult lait carpent; 5701 *L f.*; 5702 *M* (orqase) *L* (*d.*; darquaise ... tenement) *m* (D. t. de case) *d* (Archaige) = 5978; 5703 *M* demorent; *d* don d.; *m* la ou li vens descent; *L f.*; 5704 *m f.*; 5706 *M* F. saeters e nuitons e.; *m* saitairie e lutin e.; 5706—10 *L f.*; *d* saletaires et noitune ausimant; 5707 *m* O. ni crut; 5708 *M* [e] d or [d'oil?] e de p.; *m* De pechies; 5710 *Mm* p. renovelement; *d* por randre oignemant — 5712 *d* serpant — 5713—4 *LC f.*; 5714 *d* e. plus n. d'a. — 5715 *M* (q. c. qe d. [= *m*]) *L* (P. t. sen queure) *d* (datant = dest.) *C* (Qui p. t. ceurt) = 5991 — 5716—9 *L f.*; *C* Couvreture ot d un p.; 5717 *m* Blance ert con n. t. m.; 5718—9 *C* Mil escalettes i sounent doucement Cou est avis ce fust encantement; *d* P. le n. p. li b. gentemant; 5719 *Mm* (escus) resplent; *d* apres lui an e. — 5720 *m* dor luisant; *L* dont la m. e. pesant; *d* verge; *C* Margos portoit . I . f. d or p. — 5721—4 *L f.*; 5721—7 *C ersetzt durch* Dont l abatoire poise . I . muid de forment [*cf.* 5743] *und A* 6000 *und a* 5724; 5722 *M* = 5998 (La c. la a la h. p.); *d* qui a la mase p.; 5723 *M* P. pie . . . fermement; *m* colonee menuement; *d* grase et lee duremant; *M* (Si fu c.) *m* (*d.*) *Ld* (Si ert armez) *C* (*d.*) s. 6000; 5724 *Mm* (Envolepes fu) *d* (Car anclous) *C* = 6001; 5725 *MmL f.*; 5726 *MLd f.*; 5727 *ML f.* — 5728 *M* se mot i.; *L* derveement; *C f.*; *MLdC* s. 6006 — 5729—32 *L* Diex le maudie le pere omnipotent, *ein Vers, den d n.* 5729 *e.*; 5730 *m* pater o.; *d* par ton commandemant; *C* biaus p. o.; 5731 *M* C. cest maufeç me m. m.; 5732 *C* çou ert encombremens — 5733—4 *C* Il saut avant va ferir le persant; 5733 *M* sil vint ireemant; *L* des esperons dargent — 5735 *C* Amont el cief m. ne li fent n. — 5736 *M* un diner valisant; *m* valissant . I . forment; *L* Ne lempira la monte dun besant; *d* davant; 5736—45 *C* Margos le voit si saira forment Guencist ariere tos et isnelement; *L s.* Voit le li turs si cria hautement; 5737 *L* va aprochant; 5738 *Mm* (Ja de nos . II . n aures) aidement; *L f.*; 5741—3 *L f.*; 5742 *Mm* Que li f. p. . I . mui de forment; *m s.* E cil estoit plains de grant maltalent; 5743 *m* le viel Roi arestant; *d* Asez i ot de l'or et de l'argent; 5744—5 *m f.*; *L ersetzt beide durch* M. lenchauce qui ne laime neent; 5744 *M* (qi ne cor mie l.) *d* M. le lieve qui not pas le cuer lant; *M s.* Ainç vait plus tost qe cariaus qe descent Qe la iument coroit [mult] duremant; 5745 *M* E il estoit plein de grand ardiment; *d* t. anbrase et e. — 5746 *L* requerir m. — 5747 *M* primierement; *C* souduiement — 5748—52 *L f.*; *C* Et v. G. mener moult laidement; 5749 *M* cil maufeç; *d* Qui li d.; *C* la saut si cruelment; 5751—2 *C* Apres Margot Rainouars se destent Si li escrie a sa vois hautement Esta Margot li cors deu te cravent Ie te ferai por G. dolent; 5752 *M* Mal lencaucastes p. le c. s. clement; *C s.* Li turs guencist quant R. entent Si li douna . I . si fier frapement Que par devant . c . malles li pourfent — 5753 *M* S. baston l.; *C* Et Rainouars son t. li destent — 5754 *LC f.*; *m* sullent — 5755 *M* si angoisosament — 5756 *M* qi est dor (?) d o.; *m* Le h. f. que desoz los li fent; *L* Amont en lelme ou li fins ors resplent Arme quil ait ne li fist tenssement; *d f.*; *C* Que li rompi le fort cuir dou serpent; *Mm* (le monte dun forment T. lesmie e lesgrune forment) *s*. Ne li valut la mite dun busent Trestoit lo fraint esmie e porfent — 5757 *C f.*; *M s*. Anc ne li puet nul arme avir *[sic!]* garent — 5758 *m* rois e contreval d.; *L f.* — 5759 *d* le serpant — 5760—1 *C f.*; *L* or as ton paiement; 5761 *M* M. [par] est f. qi en ver m. — 5762 *m* me s. g. — 5763 *md* (te) . v . c . m. vous r.; *C* R. frere; *L s*. De cel pa. qui menchacoit forment — 5764 *LC* Qui — 5765 *C f.* — 5767 *dC f.*; *L* a duel e a t. — 5768—9 *L f.*; *dC* ne cosin ne p.; 5769 *d f.*; *M* doccident; *m* oncles; *C* Cis sarr. fu moult pres mes parens — 5770—6 *C f.*; 5771 *M* Ne li fist pis; *L* Desus pa. le vet il esprouvant; *d* Quant il le tint se geta . I. a.; 5772 *M f.*; *L* . VII. en a mors; 5774 *L* si sen fuient errant; 5776 *MmLd f*. — *Zwischen die* CXVI. *u*. CXVII. *Laisse schiebt C eine kleine* oit-*Tirade:* Quant R. voit M. qui moroit Prent son flaiel qui durement pesoit Legierement R. le portoit A une main contremont le hauçoit Quant en voloit ferir se li faloit Que li flaiaus a terre resaloit Dist R. de deu soit maleoit Qui fist ceste arme quant il ne le fist droit En mi l estor l avoit gete tou droit . I. sarr. en a mort qui venoit [*cf. a* 6042] — CXVII — *Fehlt in M; C enthält nur fünf dieser Verse:* Quant R. ot desconfi Margot . VII. C. pa. li vienent a esclot; 5782 5784 (Ne le devroient) 5786 (aie) — 5777 *m* venir — 5778 *m* (i v. le grant t.) *L* (en v. le galot) P. de . XX . M. — 5779 *L* ou glaive — 5780 *mL f.*; *d* por tot — 5781 *md* = 6057; *L* assaut — 5783 —7 *L f.*; *m* des gens Margot; *d* paien de botren tot [*cf. B* 6059] — 5785 *m* a son pooir lor ot — 5786 *d* B. l. a dit — 5787 *m* (lor m.) *d* mallot — 5788 *mLd* c. i. en i a m. — 5789 *L* semble h.; *d* qui ainz ascumet p. [= escumast] — 5790 *mLd f*. — CXVIII — CXX *fehlen in C* — CXVIII — 5791 *Mm* (mervellous ad.) *Ld* = 6066 — 5792 *d* M. sont f. par p. a.; *M s*. Mes li franc ont tant de pa. tue — 5793 *L f.*; *M s*. Mes ne por qant tant i ot ascemble — 5794 *M* (s. enqor . XX. m.) *m* (. LX.) *L* (= *M*) = 6069 — 5795 *M* t. de ça d.; *m* crestien decolpe — 5797 *L f.* — 5798 *M* . . . atant . . . asome — 5799 *M* en a tant tue — 5800 *M f.*; *d* quatre . . . XXX. — 5801 *L f.* — *n*. 5802 *s*. *MLd* Ainc ni ot cel guenchi ait ne torne — 5803 *L* R. ot mlt le cors esgeve — 5804 *ML* e pene; *d f.* — 5805 *m* . XX . M.; *L* . X . M.; *d* . VII . M. — 5806 *M* corant tot aire — 5807 *m* flate; *d* abote — 5808 *m* D. sapine (*sic*) s. c. a encline; *Mm* (cors ait . I. poi ralene) *s*. 6085 — 5809 *Mm* . I. petit a dormi e repose — 5811 *m* Ne quierent m. ne force ne bonte = *M* (Ne cuident) — 5812 *M* relasent . . . agirone; *L f.* — 5813 *M* . II . M. — 5814 *L* maint dart tot empene; *d* Lors dars li l. si lont trait et burse (*sic*) — 5816 *L* que il ot e. — 5817 *m* quil ot el c. feutre — 5818 *M* Cel. l a; *L f.* — 5819 *M* adese; *m* B. s. des armes; *L f.* — 5820 *L f.* — 5821 *M* estele (*ist schon tot, cf.* 5537); *L* ahare; *m* auere — 5822 *M* en la crestiente — 5823 *ML f.* — 5824 *L* murtri e e. — [5825 *L* . I. maill de fer p. g. e quarre — 5826 *m* a grantment l. — 5827 *m* . LX.; *L f.* — 5829 *m* d. a. mal d.; *L* Se p. te sueffre — 5831 *L* ahaure — 5832 *L f.* — 5833—4 *L* Ou h. li a g. c. d.; *M* A la restal; *MLd s*. A son tinel la tot escervele — 5835 *L f.*; *M* E son cival a por mi troncone — 5836 *M* hurupe; *m* eurei — 5837 *M* Vos me veisest

— 5838 *L* assene — *n.* 5840 *s. L* A cestui roi est il mal encontre Car du tinel la tout escervele — 5841 *Mm* asome — 5842 *m* e de ma mere ne — 5843—8 *L f.*; 5844 *M* E gabriel gambu e persaie; *m* E clarion gaimbor e persangue; *d* Esclariel; 5845 *Md f.*; 5846 *md* E . VII . des autres; 5847 *d* qa g. [ai] done *u. s.* La franche dame au gent cors honnore Qui an ces chambres ma novel adobe Se je latain de ce tinel quarre; *M s. nur den letzten dieser Verse* (a cest fust); 5848 *m* Ja ni arai vers aus f.; *Mmd* (Ne amistaige ne parante) *s.* Ne amiste ne parage conte — *n.* 5849 *s. Mmd* Bien voil qu on loie ne voil que soit cele — 5850 *L* Se ie lencontre en ce champ en non de — 5853 *Mm* G. sire — 5857 *Mmd* D. *s.* trop avez demore Tel perte as faite iames niert recovre [*d* ratore] — 5859 *M* E . XX . M.; *m* E . C . M. — 5860 *ML* M. acointas; *md* acointasmes — 5861 *dL* que il a a. — 5862 *d f.* — 5863 *m* vallant . 1 . raspe — 5864 *L* e m. e vergonde — 5865 *M* Qi se g . . . ovre; *d* Q. la g.; *L f.* — 5866 *M f.* — CXIX — 5870 *d* abatuz; *Mm Ld s.* En mi le champ sest li be rarestuz — 5871 *d* Sor son tinel sapoia par vertu — 5873—4 *L* P. de . X . M . li sont seure courus — 5875 *L* dars e g. moluz — 5876 *L* D. la gari — 5878 *M* or men s. t. creisuz; *L* or ai t. atendu; *m* or me s. t. teus — 5880 *L f.* — 5883—4 *L f.* — 5886 *M* (e . XIIII . d.) *md* . X . r . e . IIII . d.; *L* . XX . r . touz elleuz — 5887 *Mm* (E . C . M .) *d* (cuvers) d. pa. mescreuz — 5888 *L f.*; *M* nomast [= nombrast]; *d* nombre les auz [= eust] — 5889 *d* cheval c. — 5890 *ML f.* — 5891 *M* . . . detosuz; *md* de p. e de b.; *L* de p. de b. — 5892 *L f.* — 5894 *M* l. o. b. par f. — 5895—6 *L f.* — 5897 *M f.*; *d* lor armes; *L* e perchent — 5898 *L f.* — 5899—5900 *d* D. v. p. les sauz m.; 5900 *L f.* — 5901 *M* moluz — 5902 *L* E f. hubert souz le haubert menu; *d* dou roit espie moluz; *L s.* Tot . li tresperche li ferz nest arrestuz ; *d* Escu n'aubert ne valut . II . fetuz — 5904 *d f.*; *L* a t. e. abatuz — 5905 *L* franc hom t. *u. s.* Quant vous ont mort cil pa. mescreu — 5907—9 *L f.*; 5907 *M f.*; *md* (toz est viez) Lons ot les crins; 5908 *M* non est hom si m.; 5909 *Mm* nen sai qen f. p.; *d* G. releve qui ne vot targier plus — 5910 *Ld* sache le b. molu — 5911 *L f.*; *d* le roi sa g. v. — 5912 *m* A . VIII . — 5913 *M* o e. G. r.; *m* G. ies tu r.; *Ld* ou es tu — 5914 *d* Cil au tinel le c. mescreuz — 5915 *L* Q. as m. h. — 5916—7 *L f.*; 5917 *Mmd* son r. — 5918 *m* H. en cest i. ten r. le s.; *L* H. en seras par force recreuz — 5919 *M* viviens ni c.; *m* (Ne te) *L* (Ni g. mes) garra ne i. — 5920—1 *L f.*; 5921 *giebt den vers orphelin* Il ert penduz as forches — CXX — 5922 *M* D. ist — 5923 *L* q. li vet randonant — 5925—6 *L f.* — *n.* 5927 *s. Ld* De sa parole laloit mlt laidoiant; *L s. noch* A haute vois vet li turs escriant — 5928 *ML* por ni ent vays f. — 5929 *ML f.* — 5932—3 *L f.*; 5932 *d* lai an se pandant; 5933 *M f.*; *d* la doiz est — 5934 *Ld* ja lamoies tu t. — 5936—7 *L f.*; 5936 *Md* = *der erste in B n.* 6207 *e. Vers*; 5937 *M* (Froiz) *d* Fauz s. li cors qui vait a coardant — 5938—9 *L* Li q. loi si se vet escriant; 5939 *d* Ja parlera — 5941—57 *M f.*; 5942 *L f.*; 5944 *L* ci en present; *d* aparisant; 5946 *L* tressuant; 5949 *Ld* craventant; 5951 *d* M. an la char; 5952 *d* tenoit; 5953—4 *L f.*; 5955 *L* le tot puissant; 5956 *Ld* ne lui ne l a. — 5958 *M* consentant; *d s.* Tost i pedrai se vos voiz consantant — 5959 *L* reluisant — 5960 *L* le refiert aitant — 5961 *M* creventant; *Ld* trebuchant; *M s.* Tot le porfent e a la dacerclant — 5962 *M* dou blanch auberc t. = *d* (de l a. jazarant); *L* Le hiaume fent e la c. ensement — 5964—5 *d* Tot le fandit mais garit est par tant; 5965 *M* escoliant; *T* eschancelant; *L* eschantelant *u. s.* Tout li porfent la joe par devant; *M s.* Tot lo fendist mes gariz est portant — 5966 *M* estorma; *Ld* nonporquant — 5967 *M* dou ceval aytant — 5968 *L f.*; *d* P. le n. — 5970 *M* M. al rescodre virent . M . p.; *L* (ot . XV . M. p.) *d* = *V* 6239 — 5971 *L* i restoient li franc — 5972 *M* e si fil li vaylant; *L* . v. — 5973 *L f.* — 5975 *L f.*; *M* v. partut e.; *d* par le pre e. — 5977 *L f.*; *M* Qe hom ne p. d. ne i. qi c. — 5978 *M* en a. — 5979 *M* L. rec. une c. m. grant; *L* Dont rec. li estors m. p.; *d* Adonc commance li c. maintenant — 5980 *Ld* = *V* 6249 — 5981 *L* = *V* 6250; *d* vait tote resonant — 5982—3 *L f.*; *M* E n. e baches; 5983 *d* qui tost ne vait cheant — 5984—6 *M f.* — *Zwischen die* CXX. *u.* CXXI. *Laisse schiebt M folgende zwei Tiraden:* Por la bataile vait G. li ber Le spee traite qe ben trenche d'acier Cui il consist n'a cure de canter Fiert un paien lo chief lo fist voler E l'autre fendi iusqa li denz masaler Lo terç a fet a terra craventer E li qart fist vis del cival verser Lo qint fendi iusqa len [*l.* 'l nou] dou braier Monioie escrie si doit capler [*sic*] A tant hec vos lo caytif naymer A un pain vait mantenant (a)ioster Tant cum civas piut desoç lui aler Fert chaenon de sor l escuz bogler Desoç la bogle li fist faindre e tider (= troer) Lo bon auberg desrompe e desafrer Pormi lo cors fist fer e fust paser Pleine sa lance l'abat mort senc parler E de ce poindre si leç rest inter (= si rest alez ioster) A un Roy turch auchin l'oy nomer De sor la bogle li fist l'escuz qasser Lo blang auberg derompre e descocher Lo cuer dou ventre li fist pormi crever Davant G. lo fist mort creventer Sa lance prise qi ne puet plus durer E naymeris trayt lo brant d'acier cler Pain detrença a grant coup com[e] ber Ec vos venu R. senz fauser — Pormi le stors est coruç R. Qi ben l'esgarda trop scembla liepart Troys cops feri e puis refiert el qart A qatre cops . XX . en met d'une part La plus granç gienz a son baston abat A voiç escrie derame lo gagnart Ie lo pendray au coy a une arat [*l.* hart?] S'il ne s'en fuie en la mer o el fart Ni gariron paien en nulle part Trop [par] me poise qant [sui] venuz si tart Plus voluntiers i fert se dex ait en moy part [*Alex.*] Qe bons mangiers ne manu:t puis au lart — CXXI — *Laisseeingang in C:* Fiers fu li cris miravillous et bel A l estandart sonent pa. l apel Sovent i sonent gresles et menuiel Grant sont li caple par mont et par vaucel; 5987 *C* Parmi l estor *u. s.* . I. sarr. nes fu de Mirabel, *auf welchen die Verse* 5996—7, 6000 *folgen* — 5988 *L* En sa conpaigne; *MC* Avoec lui sont — 5989 *C* T. sont si fil — 5990 *LC f.* — 5991 *C* ne port mace u f. — 5992 *C f.* — 5993 *C f.*; *d* vorent — 5994 *L* iert mlt fel damoisel — 5995 *LC f.* — 5996 *C* Il n ot v. hauberc ni aume novel — 5997 *M* luytime fu envois en la p.; *L* . I . cuir avoit deci iusquau trumel; *d* Dun grant noitu ot aflube l. p.; *C* En cousus fu el cuir d un lioncel; *L s.* Aussi durs ert con dun serpent la pel (*cf. V*) — 5998 *C f.* — 5999 *LC f.*; *M* dun coer dun lioncel; *d* Noitumel —

6000 *MC* vallisant . 1. coutel = *L* (fuisel) = *d* (chandel) — 6001 *C* Par Aliscans fait dolerous m. — 6002—4 *C f.*; 6003 *M* montamel; *L* Morindel; *d* Monrabel; 6004—7 *M f.*; 6004 *L f.*; *d* Et R. d'Aiz et Berar de B.; 6005 *C* Courant en vont devant lui li ruisel Del sanc des mors qu il ocit par revel; *L* E par les chans; 6006 *d* sauva; *C f.*; 6007 *C f.* — 6008 *C* R. trueve par dessus . 1. tertriel — 6009 *L* O s. t . . . rosel; *C* Tel a doune R. dou martel Qu il li ronpi le fort cuir del capel Pus l apiela fil a putain bediel R. l ot ne l en fu mie bel — 6010 *M* dariere osterel; *C* A son tinel li douna tel marcel — 6011 *C* Ront lui le test et espant le c. — 6012 *LC f.*; *M* con voysure e c.; *d* et costure — 6013 *C f.*; *ML* (Delez) *d* Devant . 1. sapinel — 6014 *C* tient toi tout coit b. — 6015 *ML f.*; *C* le te vic ia moult petit garconclel — *n.* 6016 *s. C* Quant il le trueve pessant en el praiel — 6017 *L* . 1. cembel; *dC f.*; *LdC s.* Sor ne se gardent vo fil (*d* garde voz fiz) de mon cembel (*L* joel) De mon tinel lor (*d* li) mostrerai lanel; *M s. nur den zweiten dieser Verse* (E de m. fust vos m.) — 6018—22 *C ersetzt durch* Or ses tu bien que çou n est pas fusel; *M* (fere) *L* (d.; daniel) *d* (motre) Que ie fis; 6019 *L* Mongibel; *d* Monrabel; 6021 *M* qi tient i. (sic); *L* dont il ne mest pas bel — *Von der Borrel- zur Baudus-Episode zerfallen die Handschriften, deren Varianten wir verzeichnen, in zwei Hauptgruppen: ML, welche mittelst vier Strophen, zur Baudus-Episode* (Laisse CLXVIII) *übergehen und darin mit V übereinstimmen* [Gruppe MLV] — *und mdCT, welche zwischen die angeführten zwei Episoden, die Kämpfe Rennewarts mit Agrapart u. Walegrape einschieben und dadurch zu Bb in ein näheres Verhältnis treten* [Gruppe mBdCbT]; *aus dieser Gruppe lösen sich zu engerer Verwandtschaft die Handschriften BCbT, die der Walegrape-Episode die Kämpfe Rennewarts gegen Grishart u. Flohart hinzufügen* [Untergruppe BCbT gegen md]; *d tritt schließlich dadurch in ein näheres Verhältnis zu MLV, daß es zwei von den diesen Handschriften eigenen vier Übergangsstrophen aufzuweisen hat; — von b* 6023—6778 *stimmen ML mit V* 6291—6500 [*Jblt* I, 380 —6] *überein; in d sind die Verse b* 6023—49 *durch V* 6291—6360 [*Jblt* I, 380—2] *ersetzt; sonst stimmen, abgesehen von Abkürzungen, die Handschriften mdCT mit b überein* — CXXII — 6027 *C* Li f. b. i sont poignant venu Avois s escrient mahomet et cahu — *n.* 6028 *s. C* Seule [= Seure] li sont de toutes pars couru — CXXIII — *n.* 6032 *s. C* Voient lor pere morir et devier — 6035 *C* le feutre; *T* fretes v. — 6037—9 *C* Les . v. des freres fait ariere voler Et . IX. des autres avoit fait craventer — *n.* 6041 *s. C* Quant s aresta si prist a regarder — 6042—3 *C* . 1. f. prist sel prist a mont branler *u. s.* Entor son cief l avoit fet venteler Menuement et venir et aler; *T* branler — 6045 *C* tuer *u. s.* Pour autre cose nel fist on manovrer — *n.* 6046 *s. C L* un apries l autre a fait si log voler — *n.* 6047 *s. C* Dont commença R. a huer — — {*ML(d) mit V verglichen:* 6293 *M* masere; *d* chariere — 6294 *Md* a r.; *L* par r. — 6297 *M* Qe . 1. arpent — 6298 *M* Simagons — 6300—3 *M f.*; 6303 *d* Que faus ne vole n a.; *L* Faucons ne c. — 6304 *ML* cef e c. e c. — 6306 *M* la teste p. — 6307 *Md* (li dessire) li desere — 6309 *M* Qil ne [fu] seins — *n.* 6310 *s. Md* (et ber cors S. P.) Diex le gari el verais c. saint Pere — 6311 *Md* Qu o. Bertran — 6312 *M* (f.

lui) *d* Li quens le f. devant parmi la chiere — 6313 *Md* a guiere — 6314 *M* De la ventrayle... se coree [cuiriee?, coliere?]; *d* li deront la coliere — 6316 *Md* (Qui) Si lor leust — 6317 *d* Mais trop i ot trobloison et podrere Et de sablon si espasse nublere L'un ne voit l'autre tant i a grant podrere; *M hat nur den ersten* ([e] soleuz e p.) *und den letzten* (t. fu g. la fumere) *dieser Verse* — 6318 *M* s. m. mere — 6319 *M* (q. laseç i f.) *d* T. lestor — — 6320 *Md f.* — 6321 *Md* salient — 6323 *Md* Que a cest poindre — 6324 *Md* laseç; *Md* s. E de bataylle travaillez et penez [*d hat noch* Et de noz genz est molt grant la plantez] Contre .1. de lor en aurons .xx. armeç — 6325 *M* (foyr lor en vereç) *d* Se bien le faites vez la deb. — 6326 *M* desconforteç; *d* desarotez — 6327—33 *Md* Que par Mahom li chans est afinez Molt me merveil ou est li vasauz alez Qui tant a hui de nos genz afolez Por macomet o ie sui avoez Je locierai sil puet estre trovez [Lui et Guillaume le marchis au cort nez *nur in d*] Et Naymeri cel viel chenu barbez Ja des Francois nert mie eschapez; 6331 *L* ne seront r. — 6335 *Md* M. estes f. ce est la veriteç — 6336 *L* e. outre fors a.; *Md* Mais li vasaus est si desmesureç Ne redote home qe de mere soit neç Car .xv. rois nos a mort et tuez [*diesen Vers* (Q... a a .1. cop t.) *setzt M n.* 6335] — 6337 *M* Ja senç un male — 6338—9 *Md* Car ses tinel est plus lonz se saichiez (*M* Qe... aseç) Mar s'avienz .1. grant mal de ces nez (*M f.*) Et a mesure fust .1. poi recopeç Mien escient meuç en varoyt aseç; *L* M. sen aviez .1. quest en c. gr. n.; 6339 *L* vainterez — 6340 *d* apretez; *M* s. Un mast de sap qe grant soit e qareç — 6342—6 *Md* Uns tineus de sap [*korr.* fuz *oder* maz] li fu grant ameneç Devant baudins e mis e traineç Devers lo grayle fu auqes recoupeç (*d* D. le gros) E au tenant bellement reordeç Por meç tenir fu en tenant cireç (*d* P. m. ferir fu aviron sevez) Tant estoit granç li tines cest maufeç Qe por .x. homes ne fu hanc remueç (*d* Q. je ne fust par .1111. h. tornez) E cil lo prent qe mult fu desfaeç Ne li pesa .1. arbresel rameç Bien le menoie et fait ces volontez (*M f.; cf. V* 6346) Oieç cum fu li pa. figureç Trente (*d* .xv.) pieç ot mlt fu grant e membreç (*d* carez) Hanc si fort home ne fu de mere neç Noire a la carn plus qe aremenz tribleç Les chevos ot cort (*d* gros) e recerceleç E les euz roies cum carbons alumeç Son tinel leve en aut sest escrieç — 6348 *L* o. si vous s.; *Md* Derameç sire aleç se v. s. Al e. beus o. matendeç — 6349—54 *Md* De ceus de france vos meneray aseç; *d hat noch* De davant vos les me anprisonnez Baudus dist il si com vos commandez — 6355 *Md* Li roys remaint B. sen est torneç — 6356 *Md* Pormi lestor quist R. aseç *u. s.* Qant ne lo trove mlt en fu esfrez (*d* airez) De nostre ienz a tant mort e tueç Qe de lor sanc i fu si grant li gueç (*d* estoient) Ec vos pa. de tot revigoreç (*d* asegurez) Mult ont nos ienz laydiç e avileç (*d* devorez) — 6357 *Md* R. est de la p. s. (*d* place tornez) De fors les autres .11. (*M* un a.) arpenz mesureç — 6358 *M* reposeç; *L* bordon — 6359 *M* Un petit s est li ber acoeteç — 6360 *Md* ot ses euz retornez; *d setzt von nun an mit b* 6050 (*G.* CXXIV) *fort* — 6361 *M* V. .1. coroy v. de turs armeç [= *d* 6050] *u. s. b* 6051 *u.* Des sarr. fu mult grant la planteç; 6363 *L* estoit ses cors; *M* A grant merveylle estoit ses cors armeç Qar en son dos ot

. II. verd eumes gemeç E a son col . II. fort escuz bendez [cf. b 6673—4]; 6364—6 M f.; 6365 L vausist . . . dune c.; 6368 M Mult estoit fel e de gran crueltec; 6369—70 M f.; 6372 M Eseç iluec dites qe vos voleç; 6373—4 M f.; 6376 M Si veus batayle ia mar avant ireç Encontre toi ensui toç aresteç Viente combatre a moy en[mi] ces preç [cf. b 6687]; 6377 M tel fols asturmeleç [cf. bdC 6689]; 6378—9 M = b 6690—1 u. Ribalç scembleç qi en ces foiç entreç Tant i as sis qe toç ies enfumeç u. b 6692; 6379 L le four; 6380—1 M f.; 6382 M = b 6693; 6383 M A vois u. s. E si mes ches est noyres e hurupeç; 6384 M en dras envelupeç u. s. Nen vayr nen gris ne en crin ingoleç [cf. b 6695]; 6385 M = b 6696 u. s. 6697; 6386 ML T. e. prodom; 6387 L e davoir assasez; 6387 —8 M = b 6700—1 (Petit los pris de moy est fous clameç); 6390 —1 M f.; 6392 M Por lui cuit estre encore coroneç [b 6703] De tote espagne e roys [e] avoeç Macon feray desbriser le costeç Si ferai [fere] eglises e autreç Dou grant avoyr qu[i i]est (cf. 6926 7330) amaseç La iert yhus escauciez e leveç E li suens cors benoic e sacreç Esaucie ert sainte crestientez b 6704—5 (Ie tociroye mes ce seroyt vilteç) 6706 Dit R. orenç fu mort gieteç En aliscans la occis agentez [= ahenrez] Forment men poyse qe mult iert mis priveç Dit aucebers mult e grant vostre deç b 6707 (P. son a. s. tu ia t.) De cest esplie por mi lo cor botreç b 6708 (vos mentez) 6709 (isi c. devisez) 6710 (el f.); 6395—6 M A ycest m. est li t. l.; 6397 M s. ses e. g. u. s. Seschuns ert forç de bon acer trempreç; 6398 ML dos d. m. u. s. Encontremont est li tineus volez; 6399 ML asoteç u. s. Na mes en moy ni valor ni bonteç; 6401 M De m. fu tint e tresueç Por grant vertuz fu li tineus leveç; 6403 M Tant fort safiche qe toç sest tresueç; 6405 M (qe a escartelez) L Froisse les elmes (cf. die n. dC 6753 e. Verse); 6408 L les flans e les costez; M Lo c. li brise les fl. e les c. Tot a les cors et les membres froeç; 6409 M (corps) L fu li cols desnoez; M s. En dos moytez rompuz e tronconez; 6410 M c. f. e oreç u. s. E R. sest [mult] bien afermeç; 6411 M fu li cops avaleç; 6412 M . VII. p.; 6413 M sest prisieç; 6414 M C e. grant d. n[en] ert mais restoreç (cf. b 6756); 6416 M Plus de . XX . M . des cuvert desfaez Len curent sus as [bons] espleiç molez E as fauços [= fausarz] e as dras [= darz] enpeneç; 6418 M f. und ist ersetzt durch Paien li vienent environ de toç leç auf den der V. 6421 folgt (E cil i fiert qui [ne] s est point ameç [nes a p. a.; armeç?]) A ses dos [poing li a grant coup donez; 6419 M Cui il ataint mult e mal asu[r]eç Plus de . L . . . . E autretant maumis e avoleç [af.]; 6422 M f.; 6423 M La f. idonc; 6425 M f.; 6426 M mult fu grant la clar[i]teç; 6427—8 M f.; 6429—30 M F. G. qi tenoit balesgueç; 6431—2 M f.; 6433 M est lo cops avaleç u. s. Qe la miteç est qeuz en mi el preç A l autre cops a occis gliboeç Pormi les flans sunt ambdos tronconeç; 6435 L B. soit de c.; M de larme u. s. Dex me don vivre qenqor le voye asez Trop longement mestor obliez; 6436 L a R. crie; 6437 ML e car; 6438 M f.; 6439 M ot li mot qoit crieç; 6442 M b. toç e casez u. s. Mau su bayliz si [il] est afoleç; 6443 M aleç u. s. Toç ses lignagies est apres lui torneç; 6445 M qi tant fu aloseç; 6446—51 M A icest pondre les ont desbarateç A esperons sen fui derameç; 6452 M f.;

n. 6454 *s. M* Ec sinagon pongant toç airez E malators e malars e otreç; 6455 *M* qe persant qe e.; 6456 *M* Lors fu lestor mult fort [e] adurez; 6458 *M* detrecha lor neç E les poitrines les flans e les costez; 6460 *M* la b. m.; *n.* 6461 *s. M* Paien reclament macomet e chau [E] A poli cor mostr(er)ent lor vertu; 6463 *M f.*; 6466 *M* qe long tems as p. *u. s.* C est R. qi maint mal a heu Je ne te doy amiste ni salu Se tu ne croi en deo e en yhu E ne gerpis macomet e chau E tu ne lasses ton feu deo malestru Por cel signor qe in cel fet vertu [*cf. V* 6475] Tel ten donrai de mon [bon] brant molu Qe te ferai lo chief partir dau bu; 6467 *M* D. a t. le s. esmeu; 6468 *M* qe fais tu *u. s.* Mau m auras oui o mort o confondu; 6469 *M* Qe p. t. o. *u. s.* Je suis tes peres mult m auras irascu Ton fillaloie m as hui [mult] cer vendu; 6470 *ML* qant te v.; *M s.* Qere t ay fet iusqas bors artu [antu?] (*sic*); 6472—6 *M* Entra en ta nef qe trops as atendu Por fols te teing qant tant has arestu; 6477 *L* aprochie retenu; 6478 *M* Je tosteroie lo c. de sor lo bu; *L* toudroie; 6479 *M f.*; 6481 *M* tel p. a. mou; 6482—3 *M* Si matendez por mon chief lo canu; 6485 *M* P. la braagne qi randona menu; 6487 *M* Ne f. la c. dont lo chief ot vestu De ci as denç les hust (*sic*) tot p.; 6488 *M* vescu; 6489 *M* Se devie ester en enfer o en fu Nen en laroye s aureç mon brant sentu Soie li cors a plein coup estendu; 6490—1 *M* Derameç not [= en ot] tel paor eu Ne latendust por un moy dor molu En fuie torne nen a mie atendu; 6492 *M* Un suen f. ha R. conesu [= conseu]; 6493—5 *M f.*; 6496 *M* La t. e l i. li fist voler dau bu; 6497 *M* dont es tu; *M lä/st* 6500 *weg u. s.* Paien lo voyent si ont leve lo u Plus de .XX.M. i sont corant venu Por derameç qe il ont secoru.} — — CXXIV — 6050 *d* venir de Tors armez — 6051 *C f.*; *d s.* Devers larchanz a ces iaux ra- gardez Que Sarr. iert (*l.* ierent) a g. p.; *cf. V* 6360—1 — 6052 *C* agrapas; *d s.* . I. des foz homs qui soit de mere nez (*C s. nur diesen V.*) Noir ot les criz et tot resecelez Dariens li batent es flanz et es costez Et par davant est ci acovetez De sa grant barbe dus au nun dou baudre Le col ot roige les danz ot forcelez — 6053 *d* lonc — 6054 *d* par le cors et quarrez; *dC* (Sot grande b . . . estiefles) *s.* Sot une boiche molt estoit asoflez — 6055 *dC* Hidosemant — CXXV — 6057 *dCT* L. c. ot noirz et lonc jusquau talon — 6058 *d* vermoz; *C* com brese et com c.; *d s.* Le nez bosu et danz cumme gainnon La babe ot grosse aussi comme grifon; *C s.* Le cors velu en tor et environ — 6059 *dC* (a guise de) lion; *d s.* Ausi retient com ongles de peson — *n.* 6060 *s. C* Ausi le tient come glus le mouscon; *dC s. nachher* Par la bataille vait corant (*C* vint poignant) da randon — 6062 *dC* moras — CXXVI — 6063 *md* corant — 6064 *d* De nos Francois a molt de domoigiez; *dC s.* Comme cheels a nos genz recheinnes (*C* a les dens escignes) Cil qui le voit le sanz li est changies; *zwischen diese zwei Verse s. C* As dens agus samble il esragies — 6065 *dR.* est sor sun fust apoiez; *C s.* E grant estor avoit moult caploie — 6066—7 *d f.*; *n.* 6066 *s. C* Sor son tinel ot son cief apoie; *n.* 6067 *s. C* R. voit son tinel [a] couchie — 6068 *C* si forment l a toucie — *n.* 6069 *s. dC* (cuir) As ongles dures a le cuer aragiez — 6071 *dC f.* — 6072 *d* charpelez; *C* pe- licie — 6074 *C* furent ballie — 6075 *dC f.* — CXXVII — 6076

C que faire — 6077 *dC* (Garde a s. cief si a t. sa plaie) *T.* a sa teste si a trove la place Dist R.; *dC s.* S or ne me vainge ja Dex bien ne me face — 6078 *d* danbedous pas l a. — 6081 *d* resaichier — 6082 *C* ie voel bien que on sace — 6083 *dC* trace; *C s.* Ce ne fu mie la corde de li mace *u. b* 6082—6084 *d* le cors; *C* par les costes — 6086 *C* len erraie [= errage] — 6087 *d* Au trest.... vage; *T'* nache — *n.* 6088 *s. dC* (de rien nes a souage) Ren. guinche que la cuise sorlace — 6089 *dC* (si l enbrace) Par tel air prant celui; *dC* (Q. de son c. un d. b. li esrage) *s.* Qui lui [= l un] des bras ors dou cors li araige — 6090 *d f.* — 6091 *C f.*; *d* li cors Deu maul te f. — 6092 *d* duel la vache; *C* face — CXXVIII — 6095 *dC* cuer — 6096 *d* rat; *dC s.* Or me demoin an guise de coat (*C* Me dement si a g. de touart; *l.* couart) Mas par la foi que doi Saint Lienat Ainz que m'an parte i ferai tel aisar (*C* grant es.) A mon t. qui les granz cos depat Ne maingerai jemais de pois au lat (*C* Ains que mangue ne grue ne mallart) — *n.* 6098 *s. dC* (damart) Les mailles rot de l'aubert de domat — 6099 *d* piece a. comme fausant; *C* ront a. c. un f. — 6100 *d* a c. . II . p. le bat — *Hier schieben dCm zwei kleine Laisses ein:* R. fu dolanz et formant jure Li tors le tient par androit la ceinture (*C* l estrainst) Vers R. a levee la ure Vers lui l'atroint si grondille (*m* grandille) et memure (*C f.*) Dist R. mauvaise criature Com par es (= as) ore idose a gardeure (*C f.*) Et dex confonde si faite angendreure (*m* isi f. figure; *C* si laide e.) Deaubles es bien le voir an droiture (*C f.*) Homs ne fust pas de si laide figure (*m* H. nes tu mie de si faite f.; *C f.*) Dex sire peres aidiez que je n'i mure — Li sarr. fu duremant iriez (*m* forment airies; *C s.* R. tint si s est sor lui piericies [= percies] = *m* plongies) Les sorcis lieve s'a les danz recheniez (*C* requignies; *m* des d.) Dist R. cist homs est anraigiez Ainz ne fu mais de riens ci amaiez (*mC* fui) Fil a putain dist il ca me laiciez (*m* com ies outrecuidies) Lor c'est formant R. airez (*m f.*) Le Tor saisit a . II . poig par les pies Ja li aust trocene et briciez Mais cil s'atort c'est ariere glacies (*m* plongies) An suiz se trait tant qui fu rafroides — CXXIX — 6101 *T* Le paiens; *dC s.* Renoart voit si l'agarde et rechinne (*C* reskigne) Les levres ne serce ne ne fine (*C* L. l. muet et des dens li rabine) — 6102 *d* m. as p. r. — 6103 *d* de la lenie asine; *T* de singe; *C s.* Ne sui pas mones pour counoistre ton signe — 6106 *d* par de desor la chine; *C* par desus la poitrine — 6108 *T* estrainne — 6109 *T* latainne; *dC s.* Dor en avant te pardoin ma haine — CXXX — 6112 *dC n.* 6113; *dC* (pesans) *s.* Li jors fu biaux et li estor fu granz; 6113 *dC* Il prist son iaume an ou pre verdoiant Si le relace m. bien a a. (*C* be! et a.) — 6114 *d* Par la bataille — 6118 *C* le vallant — 6119 *dC* q. fu de lait s. — 6120 *d* auferant; *C f.*; *d s.* Es daserz d'Inde le troverent Persant Puis l'acheterent avers . I . marcheant Lonc a les criz par terre trainant; *C s. nur den letzten* (le poil) — 6122 *C f.*; *d s.* Cil qui fu sus le va esperonnant — 6123 *d* m. pesant; *C* de m. et g.; *T* lence — 6124 *d* De nos Francois a. molt d.; *C f.* — 6127 *C* Ca me donres c. hace p. — 6128 *d* de ce qui gart l'A.; *C* de cest camp — 6130—2 *dC* O(r) ce ce non par mon Deu Tervagant Je vos ferai ou v. d. — 6135 *dC* se le vait paumoiant — 6136 *C* en son l iaume devant — 6137 *dC* porfandant — 6138—9 *dC f.*; *T* destrier a. escorlignant — 6140 *C f.* — 6145 *C* soie des ici en a.; *T*' Je sere chr des . . . — CXXXI — 6146 *d* si an j.; *C* qui s aigroie; *m* s a g. i. — *n*. 6148 *s*. *dC* Por le tinel que voit (*C* qui luit = quil vit?) que cil paunioie Mais R. de riens ne s an avoie (anoie?; *C* esfroie) Tint le chevaul et au monter colloie Quant se porpanse se rantre en autre voie (*C* et e. et a. v.) — 6150 *d* li cors me floiboie — *n*. 6151 *s*. *dC* Moi est avis je cui que je foloie — 6152 *C f.* — CXXXII — 6153 *dCmT* R . . . en mi la s. — 6155 *C* ne sot pas la maniere — 6156 *T* la maniere; *dC* s. Quant elle an ist plus grant et plus pleniere — 6157 *d f.* — 6158 *d* ce fu d. d.; *C* cel d. fu d.; *T* t. de d. d. — *n*. 6159 *s*. *dC* De ses talons li huete [*C* hurta] par dariere — 6161 *C t*. — 6162 *C* c. beste e. mlt f. — 6163 *d* Se je seusse que f. = *C* (com ele est coustumiere) — 6165 *C* et li baron St Piere — 6166 *d* parmi ceste poudrere; *C* ciece en mi c. r. — 6169 *d f.* — 6174 *T* ortriere — CXXXIII — 6176 *d* saillus sus; *C* Al ains qu il pot — 6177 *dC* Va tu dist il tu soies confondus — 6178 *d* li a . II . c. randus — 6179 *dC* Que le cervel li a tot espandus (*C* Si que li cies li est sevres del bu) Et li chevaux cheit mors atandus — 6182 *dC* Se ie ne l ai — CXXXIV — 6183 *mdC* Biaux fu li i. — 6184 *dC* et la mellee — 6185 *d* la huee; *C* i fu g. la unee — 6186 *d* Maulegrape *et passim;* *C* des puis de val fondee — 6189 *C* hef; *d* s. Ne le portessent .VI. vilainz ajornee — 6190 *d* a fait maue menee; *C* a no g. m.; *T* Par les chans a;; *d* s. De ces qu'a mort a l'erbe ansainglantee — 6191 *d* arme d.; *C f.* — 6192 *C* dant R. trovee — 6194 *d* Desa .I. pont sor une aubre samee; *C* sor .I. arbre r. — *Zwischen diese Laisse und die folgende schieben dm folgende o-Laisse ein*: Cil W. fu mlt hisdeus et fors .XIIII. pies ot de longor par cors (*d* .XII. p. ot de lon parmi le c.) Rouse ot la barbe si ot les cevals [*sic*] sors (*d* grenons) Le neis agu ausi com .I. butors Les dens ot lons plus que sanglers ne porc E de sa bouce li pent (*d* saut) la langue fors En .I. grant pie mlt est fel e encois (*d* Granz demigie [demipie?] molt est fiers et ators) Le tinel lieve (*m* tint) R. par le gros Ains que il lait (*d* A. q. li baut) serra li estors fors Se Diex nenpense R. serra mors Ainc par .I. home ne fu mais si detors — CXXXV — 6196 *d* Maul. ot le c. mlt f. — 6197 *dC* (plenier) Et le c. grant p. et antier — 6198 *dC* Il n avoit hiaume ne nul hubert doublier (*C* ne blanc o. d.) Espee ceinte ne escu de cartier; *dC* (soumier) s. Ainz ne monta sor mul ne sor destrier — 6199 *dC* lacier — 6200 *dC* De s. iert; *d* s. .I. chaperon qu il ot fait antaillier Peut on [i] motre de frommant .I. setier — 6201 *dC* domoigier; *dC* s. O le grant crop de traire et porsaichier (*C* . . . hef ocire et detrincier) — 6202 *d f.*; *C* Moult le deuist en l estor resogner — 6203 *dC* aubre — 6204 *d* R. g. s'a v. l aversier Bien reconuit sor l'aubre son levier S'il le ravoit si feroit asaier Se il pooit ancontrer ce forier; *C* s. Bien recounut sor larbre l aversier — CXXXVI — 6206 *dC* (corageus) Da lui parler est formant angoisos — 6207 *C* tous ireus; *dC* s. Qui c'est asiz desor l'aubre toz sos — 6208 *dC* paresos — 6209 *d* sailli sus comme los; *C* Mais W. s. sus c. hom i. — 6210 *C f.* — 6212 *d* Don es tu va i es tu h. m.; *C f.*; *dC* (maint dolereus) s. De nos Francois as molt faiz angoisos — 6214 *dC* tai toi; *T* f. ennuieus — 6215 *d* et cinsos; *T* ennoieus; 6215—20 *C f.*; *d s.* Toz tes drapes voi je tenir penos Antor li iaux te vois je toz crachos; 6216 *d* se c. gos; 6217 *d* q. tu sa veniz s.; 6218 *d* an venist; 6219 *d* Les o. a. q. chous li s.; *T* cout (*l.* culzt) — 6221 *d* ferai toi *u. s.* Tel te dorai par desor se velos — 6222 *C f.* — CXXXVII — 6223 *d* (arami) *m* (esmari) vasaul — 6224 *C f.*; *dm* De bien c. f. tot aati — 6226 *d* A son grant crop l'a par l'a. s.; *C* Parmi les flans li a son hef s. — 6227 *d* porbondi; *C f.*; *dC s.* Que . c. des mailles de l'aubert li ronpi — 6228 *dC* (dou hef l a c.) An ou c. — 6229 *d* de la char li fandi; *C* Que p. p. del cuir la li fendi — 6230—6232 *d f.*; 6232 *C* tous li s. li noirci — 6233—4 *d* Et R. dou tinel le feri; 6233 *C* hauce si la al nont (*sic*) brandi; 6234 *C* Grant cop li doune quant il la bien coisi — 6235 *d* Amont ou ch. si que; *C* Amont sor liaume que t. le porfendi — 6236 *dC* q. le chief li covri — 6237—8 *C f.*; 6238 *d* An contremont le tinel resorti — 6239—40 *dC* (hef) Et M. l a si dou c. s. — CXXXVIII — *Diese Laisse fehlt in C* — *n.* 6242 *s. md* De son coste iusquau talon li roie — *n.* 6244 *s. d* (desraie) *m* Tint le tinel a ferir se radaie — 6245 *d* Sor la curie — CXXXIX — 6248 *m* enfans — 6250 *dC* (par deviers les a.) De l'a. p. c. an l'A. — 6252 *d* avec s. . v. e.; *C* a t. s. . VII. e. — *n.* 6254 *s. dC* Car tant i ot et rois et amiranz — 6256 *C f.*; *d s.* Froissent ces iaumes a fin or relusant A mail de fer et a armes pesant — 6257 *dC* Et F. c. Dex pere roi amant (*C* Ihesu cris) Soies nos hui haider et secoranz (*C* aide et s.) — 6258 *dC* Qu'est devenuz — *n.* 6259 *s. dC* (qui ne soit esmaiaus) Ni a celui ne li soit por gardant — *n.* 6260 *s. dC* Car R. ne lor puet estre aidanz — 6261 *d f.*; *C* souduians — 6262 *d* li maus tirans; *C* li amirans — 6263 *d* li ree clers li s.; *C* li fait salir li s.; *d s.* Dex hait hui R. le vaillant — CXL — 6264 *d* Desa — 6265 *d* Se sont andui li v. a.; *C* asamble — 6266 *d* ferir; *C f.* — 6267—8 *dC* R. auce le grant tinel quare Fier M. quant l'ot bien avise — 6269 *C* li cris (cuirs?) — 6272 *dC* (est li turs c.) . II. tors a chancele — 6273 *dC* Donc braist li Tors si a — 6274 *d* a. par delez; *C* tramble e. et en le — 6276—7 *dC* Molt autemant a son col antese (*C* ruistemant . . . hef) Ou haterel a Renoart cobre Puis la saisi a son aubert safre (*C f.*) Si l'a li Tors et anpoig et bote (*C* et estraint) — *n.* 6279 *s. C* Par foit dist il or ai mestre trouve Sor ne me venge plains sui de mauveste — CXLI — 6282 *C* li s. li est m.; *dC* (ruste v.) *s.* R. prant son fust par grant vertu — 6283 *C* en son le c. v. — 6284 *dC* M. M. fist de son c. escu; *dC* (retenu) *s.* Li cox fu granz au crop l'a reseu — 6286 *C* son hef fendu — CXLII — 6287 *dC* (mesestance) voit la grande m. — 6289 *dC* Car te renoie — 6290 *C* or oi ie plait d e. — 6291 *d* de m. c. le meange — 6294 *d* a g. macheanse; *C* a m. g. mesestance — CXLIII — 6297 *dC* Dist R. commant te contien tu Tu voiz molt bien tu es ton crop perdu Ne te valt mais ta grant force . I. fut (*C* festu) — 6298 *dC* (Di creras tu) Quaras tu mais ou; *T* roi I. — 6299 *d* Se tost ne croi; *C* Se tu nel f. ia — 6300 *dC* tai toi r. t. — 6301 *dC* as ci davant eu — 6302 *d f.*; *C* te laist aler d. et nu — 6303 *dC* (par viertu) A ces paroles le saisi — 6304 *dC* R. saut — 6306 *dC* au l. — 6307 *dC* f. — 6308 *dC*

(Qu encontre t. s. a un flat ceu) Qui contre t. s. andui abatu — 6309 *dC* Mais M. est de molt grant vertu Tot premerainz est ... — 6311 *dC* Lever le cuide mas il i a falu Ne puet lever en avant de son bu An botant a Ren. si feru — *n*. 6312 *s. dC* Mas Re. ne l'a pas atancu — 6313 *d* menu; *C* F. s en torne en mi le pre hierbu — CXLIV — 6314 *dm* toz droiz — 6315 *dC* N'a mais son fust perdu an a le vel (*C* laniel) Or aust il grant mastier dou fleel (*C* martel) Que il conquist quant il ocist Borel (*cf. a* 6326) — 6316 *C f.; T* entor le T. — 6317 *C* derage ... flaiel — 6318 *C f*. — 6319 *d* commant t'est hurepel; *C* test ore icest gubel — 6320 *d C*. tu nies le r.; *C* Di c. tu — 6321 *dC* Ce tost ne croiz je auras tel sanbel (*C* Se tu nel fais ia a. ton caudel) Que de ce chief t'abatra le cervel — 6322 *d* or as dist t. r.; *C* moult as or ton avel *u. s.* De mon tinel fes ore ton cembel — 6323 *dC* par mi le h. — 6324 *d* cui [an] iert bel; *C* cui il est b. — 6325—36 *dC* Il saute avant a loi de prevancel Tel cop li done de son poin ou chapel Qu'il labati a genous ou preel Que li tinel li chie(n)t anz ou rusel (*C* Li grans t. li est caus isnel) Et R. le saisi par le vel (*C* laniel) Si li dona . I . si grant asteplel Que li rompi le grant cur de clavel (*C* fort c. del capel) Desor l'apaule li a tranche la pel Mais M. resaut vers le tosel Si li redone dou poin ou arterel (*C* douna de son p. tel hoiel) Tot li anbare an son chief la chapel — { *In d folgt auf diese Laisse die* CXLVII. (6400—13): 6402 *T* Tu seras c. (*Alex.*); 6403 *d* flauboie; *n.* 6404 *s. dCm* Nien plus cun cien mastin que il ne poie (*C* P. que . I . c. que iou ne le voroie); *n.* 6407 *s. mdC* Que tu ies chains dune pute coroie Ainc voir ta mere ne resambla la moie (*C* napartient a la m.) Engendres fui (*d* Tu fuz portez; *C* Que tu nasquis) d une feme de ioie Que volentiers prenoit autrui monoie (*C* p. d. a. m.; *d* prant de totes m.); 6408 *m* ce que ie ne f.; *T* que nus hom ne f.; *d* Or f. ce qu'a h.; 6410 *d* grant vitance f.; 6411 *C* prent sel gete enmi la v.; 6412 *m* (se g.) *dC* (desroie) Et R. durement s agremoie; *C s*. Il saut avant durement li aigroie; 6413 *md* (paumoie) *C* (qui drument le guerroie) P. W. a . II . mains lenbrachoie; *d s*. Vosist ou non . IIII . tors le tornoie Et M. si bien le remenoie Qu'antre ces bras sa chine li reploie Lors recommance fieremant le harnoie; *m s*. *den dritten* (Contre s. b.) *und vierten* (la desroie); *C s. nur den dritten* } — *Hier wird in mdC eine kleine u-Laisse eingeschoben*: Fier sont li caple (*d* cop) et mervoillous li us Francois i ferent a force i a vertu Mas tant i a de la geste Gahu Contre . I . des nos sont . XXX . mescreu Dex dist G. Ren. ai perdu (*C* u ies tu) Mene l'an ont li cuvert mal ostru (*cf. den Schluſs unsrer Ausgabe und den von Wolfram's Willehalm*) (*C* M. t en o. li c. mescreu) Or sai ge bien mi home sont vaincu S il le seust toz fuzes secorus [*diese zwei letzten V. in C*: Ensi le cuide mais il i a falu] Mais M. le tint ci par le bu Petit s'an faut tost ne l'a deronpu Et Renoars le r'a si bien tenu Que des nonblis li saut li sans a nu [*diese 3 V. f. in C*] Tant ont antraus au lutie antandu Car terre sont andui antrabatu Et par . III . fois sont an pies resalu (*C f.*) Tant ont le jor portrait et portandu Et l'un et l'autre de ces poinz debatu (*C f.*) Car terre sont andui antrabatu (*C* tuit ensemble ceu) — CXLV — *Fehlt in C* — 6338 *m* or avant W. — 6339 *d* J'erai mon fust

ne croi cui mais m'a. — 6341 *d* Nel porteroies por tot l'or de A.
— 6344 *d* Soraple; *d s.* Et toz tes dex que ne pris . I . nape — *n*.
6345 *s. d* Ne te vadra vaillesant une hape — 6346 *d f.*; *T* vain et
nape — 6347 *d* A ces paroles — CXLVI — 6352—4 *dC* Mais d'une
chose est formant anginnez Ne puet lever que . III . pies mesurez
Par l'un de bot le tien bien asemez De bien bote c'est bien amu-
surez Vers R. s'an vient toz antesez Mas li paies s'est . I. poi arestez
— 6355 *dC* Diva vasaux ne s. afraez — 6356 *C* me s. ore enpenses
— 6357 *dC* (de quel païs fu n.) Com as tu n. et de quel terre [es]
nez — 6358 *dC f.* — 6359 *dC* j'an orez veritez; *dC s*. Je por toi
sol ne iert mes noms celez — 6360 *C* e d e. apieles — 6362—3 *d
f.*; 6362 *C f.*; 6363 *C* butors et tenpestes — 6364 *d* Et c'est mas
frere Asgolafre et Triblez — 6365 *d* Esclariaux et Quariaux et
Otrez; *C* Escladubiaus et quavaus et o.; *T* e enrez — 6366 *d* Et
Malatras et Mollas et Malvez; *C* Et malatant et malant et m. —
6367 *d* Et Boriax et Botranz et Barez; *T* E mirabel mornan e b.; *C
f.* — 6369—70 *dC f.*; 6370 *T* q. sui le mains nez — 6372 *d* M.
ne le p. vaill(es)ant . I . of palez; *dC s*. Desor Palerne fu pris et
achetez Quant je fu jone et de petit ae (*C* Q. giere jovenes en mon
p. aes) — 6373 *d* f. avec lui menez — 6374 *dC* (est cases) qui de
France fu nez — 6376 *dC* ai plus de . VII . a. mez — 6377 *dC*
abrivez — 6378 *C* De mangiers — 6379 *dCT* Ca — 6380 *d* me
sui molt b. — 6381 *dC* ancombrez — *n.* 6384 *s. d* Quant [ie] me
fus fers vestis et armez — 6386 *d* D. mon p. euse (bon) bien g.;
C f.; *T* de sus m. p. liez — 6387 *C f.*; *d s.* Ne me fust mie si
sovant achapez — 6389 *d* Saint Hennorez; *C* S. Julijen — 6390 *d*
ier t v. toi = *C* (v. vous) — 6391 *C f.*; *d s.* Si ferai faire et mous-
tier et autez Si ferai motre . c. moignes coronez — *n.* 6394 *s. d* Je sui
voz frere je mar le mescrerez; *C s.* Je s. tes f. ne voel qu il soit
celes — 6395 *C* V. avant — 6396 *C* amis — 6397 *C* ia niere vous
p. — 6399 *d* Adonc v. iert; *C f.*; *dC* (soient) *s*. Dist M. or i soit
li maufez — CXLVII *cf.* V. 6337 — *In d ist die* CXLVIII. *Laisse
durch fünf Tiraden (-is, -ant, -as, -aige (-ace), -ez) ersetzt, eine
Amplifikation, die die Walegrape-Episode der Desrames-Episode näher
rückt; dasselbe gilt für mC, wo zwischen den vierzehnten und fünf-
zehnten Vers der ersten is-Laisse die* CXLVII. *oie- und die in d
nach derselben eingeschalteten -Laisse eingeschoben werden:* Dist Maule-
grape Renoars biax amis Tes frere sui par foi le te plovi (*C* Je s. t. f.)
Molt est por toi rois Daramez maris Par tot le mont t'a on cerchie et
quis Mas je sai or [ou] es este noris (*mC* M. ie ne s. u as) Formant es
ores et muez et nercis (*C f.*) Ne te conois fors solemant as dis Car
t'an revien an ce nostre pais (*C* Et c. t en vien en cest) Et croi
Mahom qui tant est poteis Coronez iere ainz que par li tiers dis
(*C f.*) Dist Renoars tai toi Dex ennamis Je ne sui mie si fox ne
abois (*C* estordis) Que Dex guerpise por les tuens deus chaitis (*C* p.
mahon le c.) Et li paien ce fu toz amaris (*C* Li p. l ot si fu moult
es.) Li vasaul gisent sor les aubres foilli (*C* de sor le pre f.) Les
cerves ont et les chief atordis (*C* L. tiestes o. et les cors e.) De la
grant poinne c'est chascuns andormis (*C* luite est c. enpasmis) Se
Dex n'an panse li rois de paradis Ancui sera Renoars (*C* Guill.)
maubaillis Molt le regrate Aimer li chaitis (*C f.*) Sor toz les autres

Guillaumes li marchis *(C f.)* Mais li coart n'an ont ne jus ne ris *(C M. es c. n avoit)* Ainz le regratent et crient *(C pleurent)* et hau criz Renoart sire franc *(C R. frere boins)* chevalier alis Ce te perdon certes biau dous amis *(C Se toi p. R. b. a.)* N'i a celui ne soit de la mort fis Li quens Guillaumes fu formant abois *(= C esbahis)* Une orison commanse li marchis Gloriou Dex *(C Dex dist il peres)* qui le mont astaublis Et home et feme destinas et feis Oisiax et bestes et les grans gaus foillis *(C Et ciel et tiere infier et paradis)* Les egues douces et le peson petis *(C les poisons p.)* Le seioil sire feis Dex Jhesu Christ *(C f.)* Et char et sanc an la vergie pris *(= C presis)* Virge est davant et serai mais todis *(C V. ert d. et est et fu t. d.)* Et san travail sire de li naquis *(Cm s.* Ne fu au nestre fors josef ses amis, *dessen Abwesenheit in d fühlbar ist)* Et une dame qui avoit *(C moult ot)* cler le vis Sainte Honestaise ot nom je vos plovis *(C ot a n. ce m est vis)* N'ot nule mainz ainz ot les bras onis *(C bras ot amanevis)* Et ces moignons fut ens Dex reculis *(C f.)* Si tost com t'ot antre ces dos bras pris *(C Si t. biaus sire com ele vous ot p.)* Ot plenes mainz et lonc droiz [= doiz] et traitis *(C Ot ele m. .... et petis)* Et des *(C de)* trois rois sire futes requis Si com c'est voiz sire Dex Jhesu Chris *(C et iel croi et devis)* De Renoart soies garde et saisis *(C gardes et fis)* Garisez sire que il ne soit ocis *(C Gardes son cors ... honis)* Et quant li quens ot toz ces dis fenis *(C ot tout fine son dis)* Monjoie acrie s'a Francois abaudis Don refu granz et fors li poinneis *(C f.)* Mais de Francois fu granz li ploreis *(C f.)* Por *(C De)* Renoart est chascuns amaris Li arquant dotent que ne soit convertis *(C qu il ne soit relenquis)* Et vers paien alez et relanquis [*O läfst diesen Vers weg und schiebt ein* Mais non est pas tout en soient il fis] Ainz gist pasmez soviz com .I. rosinz *(C iouste ses anemis)* Et M. ces molt ez enamis [= s'est m. ses a. *oder s.* mortes a.; *C* Moult a forment li .I. l autre requis] Il ce redrece c'est premies sus saillis *(C Li turs se drece premiers est esperis)* Coiemant est li paien aperis *(C f.)* Quant il ne fu de Renoars ois *(C De R. ne fu nul point ois)* Prant le tinel qui git sor le reis *(C Le t. p. qui iut sor le lairis)* Vers Renoart s'an vient *(C vint)* toz aramis Ferir le vot an botant or *(C el)* crevis Mais ne *(C nel)* levast por tot l'or de Paris Porpansa soi que *(C qu il)* seroit mau baillis Se Renoars c'est [*nach C:* n'est; *C* n'iert] a .I. cop ocis Ansus le trait s'a le tinel gus mis *(C A. se traist si a le fust i. m.)* Une autre chose li est venue an mis *(C al vis)* Rois Maulegrape voit *(C vit)* le tinel tot *(C trop)* grant Lever ne puet n'es point a son talant *(C Ne le pot mie l.)* Celui maudit que ci le fist pesant *(C C. maudist qui le f. isi grant)* De grant voidie se vait a porpansant *(C f.)* De sa corole se dessant et itant *(C De sa coroie se descainst maintenant)* Que lee estoit .II. pies en .I. tenant .I. las a faist mervoillous et pesant *(C et corant)* Vers Renoart vient Maulegrape atant *(C vint W. errant)* Ja l'atranglast par li miez aciant Mais li cuiers vait antor le las ronpant *(C M. li las va en sa main desfaisant)* Il le reprant si le vas renoant *(C tantos de maintenant)* Las atrias fera d'or en avant *(C .I. autre lac refait moult bien corant)* Cil Maulegrape fu molt de pute *(C de mal)* atras Tint la corole se gite son compas *(C T. sa coroie si geta .I. c.)* Isnellemant fait le las estrias *(C fist les l. es-*

tranglas) Vers Renoart s'an vient (*C* vint) plus que le pas El col li
met li cuvers satanas Quant dut sachier si deronpi li las Dist Maule-
grape Apolin Satanas Or voiz ge bien que je ne m'aideras Cil qui
te croit est pires que Judas (*C* Voir qui te c. p. est que i.) Se il
(*C* cis) s'avoille recreant sui et mas Car formant suiz et travailles et
las Et ci deaubles est fors s'a durs la bras (*C* Et cis d. et f. et a
durs b.) Se je l'atan jete ai an besas (*C* ietai *(sic)* ai ambes as *u. s.*
A ces paroles s entorne isnele pas) Cil Maulegrape ort molt le cors
tuisaige (*Cm* ot forment le c. sage) Renoart voit gesir anmi la place
(*C* R. vit g. desus l ierbage) Et set qui a an lui grant vasalaige (*C*
Bien s. qu en l. a moult g. v.) Si il l'atant tost (*C* il) i aura do-
maige Son tinel prit qui git desor l'ierbaige (*C* Le t. p. qui gist) Si
le (*C* l en) traine parmi . l. vaul ombrage Si (*C* S il) puet venir
sor (*C* a) la mer au rivaige Anz le metra se dit an son coraige Et
Renoars qui ce git an (*C* qui gut desus l i.) l'ierbaige Resaut an pies
que de neant ne targe (*C* Sus est salis comme beste sauvaie) Quant
il ne vit le Sarrazin maraige (*C* Q. il ne trueve le s. aufage) De son
tinel a tel duel que n'anraige (*C* Ne s. t. a poi que il n esrage)
Tant a ale qui a trove la trace (*C f.*) Il cort apres ne fist nul ara-
taige (*C* comme beste sauvage) Ausi le suit (*C* Autresi va) comme
chien de boichage (*C s.* Tant a corut qu il l ataint au rivage) Re-
noars est desor l'aubre remez (*Cm* leves) Si agarda (et) an coste et ou
lez (*C* Il se regarde environ de tous les) De Maulegrape ne set ou
est alez De son tinel est li bers remambrez Quant ne le trove set
qu'il an est portez (*C verbindet diese zwei Verse zu:* Et s. t. set qu
il en e. p.) Lors fist tel duel jemais tel ne orez (*C* fait . . . veres)
Puis (*C* Dont) s'an torna tot contrevaul les prez La trace trove ci
com il est alez (*C* Trova la t. si c. il ert a.) Tant a coru Renoars
l'adure (*C* li dierves) Voit (*C* Vit) Maulegrape qui s'an fust (*C* fuit)
abrivez Dou tinel traire estoit ja toz (*C* moult) lasez Renoars cort
apres c'est arotez A voiz s'acrie cuvers ne l'agarez (*C* A v. escrie c.
vous ni gares) Mauvaisement vos an estes anblez (*C* v. e. apenses)
Laisiez mon fust avant ne (*C* si ne le) trainez Malvaise henor or mes
vins (*C* Mauvaisement ce m est vis) li portez Lieve le fust fel cuvers
parjurez (*C f.*) Je t'an sera li gueredon donnez (*C* Ja vous en ert
l ounors guerredounes) Li paien l'ot c'est arieres tornez (*C* viers lui
est trestornes) — CXLIX — 6429—30 *dCm* Cil M. ariere retorna
Ne fura plus mais ainz se combatra Le tinel prant de terre le ausa
(*C* Le t. prist a . II. mains l enbraca) Vers R. duremant (*Cm* rus-
tement) le lansa Ja l aust mort mas il ce destorna (*m* li trest.) Au
cheir jus anz el pre l'estrua (*m* lestecha, lescecha; *C f.*) Que li tinel
quatre pies i antra (*C f.*) Et R. le prant se le leva — 6431 *C* del
bouter — 6432 *dm* ansaigna; *C f.* — 6433—4 *dCm* Le tinel prant
contremont le branla (*mC* hauca) Le bot dariere sor la saille bota
(*C* sous sa sele acosta) — 6435 *m* lasena — 6436 *mC* Sour le coste
que tous en t.; *C s.* Iluec en droit si forment le bouta — 6437 *dC*
et dasevra; *m* deschira; *steht n.* 6438 — 6438 *C f.* — 6439 *dC* (le
c.) *m* li cuers — 6440 *m* . I. si fait b. i. — 6441 *d* Que tote t.
jusqu'an l'A. tranbla = *mC* (Iusqu en l a . . .); *md s.* Iusquen (*d* Et
an) la mer la vois en resona — 6442 *m* sestoit si l e.; *d* sa tust
(= s'estut) — 6443 *dC* de ce que o. la — CL—CLVI: 6444—6583:

diese die abgeschmackten Grishart- und Flohart-Episoden enthaltenden Verse sind in dm durch drei Strophen ersetzt; C weist auch diese drei Laisses auf, ohne aber die auf jene Episoden bezüglichen Verse wegzulassen, und zwar die erste als Epilog zur Walegrape-Episode, die zwei letzten als Einleitung zur Desrames-Episode: Ren. voit morir son frere et braire (*m* Quant R. le v. m. e b.; *in m bildet diese Tirade mit der vorhergehenden auf -a eine einzige Laisse*) Lors a tel duel ne sait que puise fere (*m* q. il puet f.) Lors le regrate a voiz molt bel antere (*Cm* mlt bien a v. aucaire [*m* acaire]) Alas dit il com sui mortel poichere Que j'ai ocist mon frere de ma mere (*C* paire) Or sai ge bien pieres sont que mordraire (*C* p. sui q. iudaire) Mais car se dist je cuit je sui conaire (*Cm* M. cai ie dit or sui ie trop couaire [*m* contraire]) Je n'est mes fus ma cosinz ne mes frere (*m* ne ne parens ne f.) Ne je ne sui ces fis (*mC* nies) ne ses compaires Toz li pechiez soit sor lui de mon frere (*Cm* Sil fait folie drois est qu il le conpaire) — CL — *n.* 6446 *s.* C Qu a son tinel nes a tous confundus — 6447 *C* c. or s. durfeus — 6449 *C* Par . XXX. lius m en e. li s. corus *u. s.* Ne puis mes corre par ces callaus agus Se or m escapent cist pa. mescreus Par toute france sera mes los perdus .I. grant barat porpensa li tondus — 6450 *C* s est ariere estendus *u. s.* L un oel tint clos et l autres fu souclus Hors de la bouce li ciet la langhe ius Sor le sablon plus rouge que n est fus — 6451 *C* c. sil f. mors ceus — 6452 *m* tote vois; *C* ses fus *u. s.* Sa destre cuise couca par de desus Que ne li fust par force retolus — 6454 *C f.* — 6455 *C* Qui tout s e. — 6456 *C* Car cius e. mors — CLI — 6457 *C* S. voient q. R. est m. — 6458 *C* P. de .C. turs — 6459 *C* de pieres et de c. *u. s.* P. s escrient signor feres grans cos Sel depecons [et] par pieus et par blos Quant R. a entendus ces mos — 6462 *C* tous les galos; *T* grant corz — 6463 *C f.* — 6464 *C* Si lor e. en haut et d. .III. mos — 6466 *C* une eure *u. s.* Mar m esvillastes si m ait S. iacos A cest tinel que iou aime .C. sos Vous briserai les costes et les os — *Hier schiebt C eine Laisse ein, eine Art Paraphrase des Verses 6463, der in C fehlt:* Rai. ot les sarr. parler Bien set que dient sarr. et escler Il se porpense que trop puet demorer Encontre tiere fet mauves converser Se plus i gist tos le puet conperer Il sali sus son tinel fait branler Qui li veist ces p. craventer Parmi ces tiestes ces cerveles voler Jamais nul ior nel deuist oublier Sarr. prendent mahomet a crier Biaus tres dous sire venes nous aiuer Nous savons bien li siecles doit finer Cil est venus qui tiere fait trambler C est antecris dont on siut tant parler — CLII — 6468 *C* Cui il a. — 6469 *C* toute .I. nueve rue — 6470 *C* Grihars (*passim*) ... la mer p. — 6471 *C* Plus ceurt par lande et par montegne ague Que ciers par parc quant li mastins l argue Et si fu fius cinehart la barbue Une grant viele qui toute estoit mosue Et avoit cornes com autre bieste mue — 6473 *T* A l orde vielle (= *b¹*); *C* Li orde vielle ne rouveroit aiue; *C* s. Cil est ses fius qui nos gent bat et tue — 6474 *C* esmolue — 6477 *C* Plus de .II. pos est la tieste fendue — 6478 *C* Sanglente en fu la brogne c ot vestue — 6480 *C* Ases par tans v. sera ia vendue — CLIII — 6481—2 *C* Moult malement fu navres R. — 6483 *C* vasaus — 6484 *C* C. me sambles bien pert a tes d. — 6485 *C* as humes les brouiaus;

T morsiax — 6486—7 *C* Vien tent o moi si pasons ces ruisiaus — 6489 *T* flohax; *C* floriaus *u. s.* N a si grant dame de si en guines vaus — *n.* 6490 *s. C* Nus hom ne puet garir contre ses caus Ele est roine des landes de bordiaus — 6491 *C* R. te ferai a. qu esconst li s. — 6492 *C* . III . *u. s.* Quar il maintienent et gardent les mesiaus — 6493 *C* bediaus — 6494 *C* M. le desistes si m aist S. sicaus *u. s.* A cest tinel u il a . II. aniaus Vous briserai trestous les menbresiaus — 6495 *C f.* — 6497 *C f.* — 6498 *C* en cai li c. — 6500 *T* a tresche ne a biax; *C* a treskes ne a b. *u. s.* De vostre suer ferai or mes aviaus A cest tinel li fraindrai le cierviaus — 6501 *TC* tiebax [= *B*] — 6502 *C* ses oncles lamiraus; *T* Et . X . rois et . . . — 6503 *C* de la gent creminaus *u. s.* L amiraus crie sarr. or a aus Tues francois a haces et a maus Vengies ma honte et mes amis carnaus Paien i fierent ausi comme girfaus — 6504 *O* li rois e. — 6505 *C* A grant mescief i mora R. *u. s.* Et aimeris et guillaume et ernaus — CLIV — 6507—19 *C schiebt die Episode vom König von Corduba ein, den Wilhelm tötet:* Li amiraus avoit sa gent mandee N ot remes turc iusqu en la mer betee . CCC. buisines sonent a la levee Tous en tentist li mons et la valee Li quens G. a sa vois haut levee S ensegne escrie a moult grant alenee Le destrier broce la regne abandonee Tint .I. espiel qui la lemele ot lee Le roi de cordes qui l esiele ot mandee Feri li quens sor la brogne doree Tant con tint l anste l abat mort en la pree Fiert soi ou caple si a trete l espee Et aimeris le suit de randonee Et tout si fil a grant esporonee Se dex n en pense et la vertus nomee Cele conpagne est trop abandonee Quant li gaiande a oi la huee [*läfst eine Lücke fühlen*] De gent tuer estoit toute lasee Qui ele ataint toute a sa vie usee Contre sa faue n a nule arme duree Autre si bruit con foudres destelee A cescun cop l orde viele dervee Ocit de gent une grant caretee; 6512 *T* flohaut; 6516 *T* eschevelee; 6517 *T* . XV. lonz p. l o. t. f. e.; 6518 *T* estroit e. — 6522 *C* est ore que *u. s.* De nostre gent fet moult grant lapidee — *n.* 6523 *s. C* U est li priestres qui la mese a cantee Si aport l eve beneite et sacree Sor cel diable soit erraument ietee Ia autrement n iert sa vie finee — *n.* 6524 *s. C* C. est une guivre qui ia n iert confiesee Ia l eve deu n iert desor li gietee Par cele virge qu el ciel est coronee Ni a baron de si grant renomee Se la toucoit de mace ne d espee Mamor n euist de son cors desevree — 6526 *C* Es la flohoude c. toute abrievee *u. s.* Plus d un grant pie ot la lange getee Hors de sa bouce rouge con carbounee — *n.* 6527 *s. C* Qui plus puoit que carogne entasee — 6528 *C* Toute li os en est espoentee — 6532 *C f.* — 6533 *TC* Pus que — *n.* 6535 *s. C* Tant iuisies a la pate levee Que de sa car fuscies bien soelee — 6538 *C* Quant flohos [*passim*] l ot a poi n est forsenee — 6542 *T* poelle e. — 6543 *C f.* — 6544 *C* A. pasa — 6546 *C* Il tint sa perce viers la f. l a g. *u. s.* Et la iaiande la parmi asenee — 6547 *C* T. le f. — 6549 *C* R. trait . . . tiree — 6550 *C* Que li f. est en . c. pieces volee — CLV — 6552 *C* pecoier — 6553 *C* en est marie *u. s.* Ausi glatist comme viele esragie Hauce le paume qu ele ot grose et fornie. — *n.* 6555 *s. C* Sanglente en fu la brogne c ot vestie Li sans en ciet sor l erbe qui verdie — *n.* 6556 *s. C* Ains mes par femme ne recut tel flacie Par tans vous iert ma teste

calengie — 6561 C Et R. a la tieste bascie u. s. Quar le puors de
son cors le cuvie — n. 6566 s. C Virge pucele qui a deu fus amie
Tu le portas ains n en fus travallie — 6568 C cis maufes ne m o.
— CLVI — 6569 C R. v. flohot q. se d. u. s. Qui son hauberc li
manjue et desploie Et si l estraint que l eskine li ploie Et de son
puig le debat et coloie — 6570 C ne sai qu en m. — 6571 C Deu
reclama et moult doucement proie — 6573 C rendroie — 6575 C
Vos campions a tous iors mes seroie Et au besoig por vous me
combatroie Se de cest peule qui ci aval branloie A cest tinel la
priese departoie Et damledex S. fremin i envoie Et autres S. que
nomer ne sauroie La vielle tinrent enmi la sablonoie Ne se meuist
por plain val de monoie Et R. le voit s en a grant ioie Prent le
tinel qu il quelli en l arbroie De l une main en l autre le paumoie
Amont le lieve et le tinel branloie — 6576 C F. si le vielle que le
col li p. — 6577 C Les os li ront et depece la toie Et la cervele
a ses pies li envoie — 6579 C V. pulle (sic) g. mes ne v. voie u. s. N
est pas droiture que viele voist en proie — dCm s. Quant R. ot son
frere voincu (m veu; C Q. R. ot grihart abatu Et sa seror qui moult
ot de vertu) Ariere torne a plain col (C cop) atandu An la bataille se
refiert de vertu (C f.) Tant an abat covert sont li palu (C li camp
en s. p.) La graignor presse a molt tost derompu Francois le voient
chascuns li rant salu (C si li rendent salus) A ces paroles e Darame
venu An sa compaigne .XL. M. escu L'ooil torne sont Francois
irascu (= C, La u il tornent s. no gens i.) Les chies lor tranche
au branc d acier molu (C trencent o les b. esmolus) Mas R. an a
grant duel au Bien a son pere li bers requonneu (C Ren. conneu)
Au grant corsaige et au vermoil escu Cele part cort quant l'ot
aparceu (C s. Dist a son pere sire mal viegnes tu Se tu ne crois el
digne non Ihesu A cest tinel que i ai moult cier eu Ne laiserai
ciertes que ne te tu Tuit seres mort ocis et confundu Mar i aves no
grans os esmeu Et mar veistes aimeri le kenu) Quant R. voit Da-
rame son pere Bien le conuit au cors et a la here (Cm (au cors) au
vis et a la ciere) Et l'escu d'or et a la grant benere (C f.) Parmi
l'ator vait poinnant l'amperere (C vint p. par l empere) Guillaume
va menasant de chief rere (m del c. r.; C f.) Et R. ne set que
puisse fere (m q. il puist f.) Se il l'ocist pires iert que mordrere (Cm
Que s il l o. p. est) Il jure Deu que dou mont est savere (C et le
baron S. pere) Encors soit il ces fis et il ces pere Ne l'ameroie por
tot l'or de l'anpere (mC Nel laiseroit... dun empire) Qu'a son
tinel son ierguiel ne compaire — CLVII — 6584 C vet grans saus p.
le t.; dCm s. Paien anchause et moigne a grant baloi Roi daramez
a son riche conroi Par la bataille moigne molt grant befoi (C mer-
villous bufoi) — 6587 dmC Mauvaisement (n. 6588); dC s. De son
tinel son cembelle et fet desroi Davant son pere se restuit ou chaploi
(C S. p. encontre en mi liu le caumoi) — 6588 dC T. e. dachas
[= deschaus] povres est ses c. — 6589 dCm D. D. vasaus parole
a moi Quex hons es tu de le moi par ta foi (C loi) — 6590 mC
(iel diroi) par mon chief ie lotroi; d' volantier par ma loi — 6591 m
le noi; d Mes peres estes je sai tres bien et croi; C por toi le loi
— 6592 m sui de toi; d' a. fiz de r.; C e. sui de r. — 6594 m et
ie le f. toi — 6595 d' de dognoi; C nul s. de toi; m Chi te desfi

que nai s. de dornoi — *n.* 6596 *s. dCm* Tel te donrai ce ne fuiz davant moi *(C f.)* Ne te gara cil iaumes que je voi (*C* a conroi; *m* aperroi) Lors l'a saisi par la regne d'ofroi Rois Daramez an est an grant afroi — *Hier schieben dCm folgende kurze Laisse ein:* Rois Daramez sist armez sor liart An sa compaigne . XXX . M . a copas (*mC* acoupart) Molt ot (*C* ont) ocist de la gent Renoart Li bers le tint par le frainc d'une part Dist Daramez lai moi aler bricars (*m* musart; *C* tousart) Je t'ocierai tienz me tu por musart (*C* tu me t. p. mesart; *m* abriart) Dist R. pale avez a tart Ainz soiz farai [= ferrai] desor sel coenart (*m* Reinouart; *C* tel lienart) Je vos ferai santir ce masuart (*C* macepart; *m* machuart) — CLVIII — 6599— 6600 *d* Se je t'oci pires sui qu' ennamis Je me combat a toi molt a anvis Des mes enfanz es ne sa (*C* ai ne sai) quanz ocis = *C* (*läßt den ersten dieser Verse weg und schiebt den V.* 6603 *zwischen die zwei andern ein*) — 6601 *d* tant comme tu es vis; *C f.*; *m* entrels que tu ies vis; *T* Tu seras coronnez ainz q. pat... (*sic; Alex.*) — 6602 *d* je serai enamis; *C f.* — *n.* 6604 *s. dC* (nos) Toz li pechies an soit vos ennamis — 6605 *dC* (esm.) trop pues estre maris — 6606 *d* dusqu'au mont de Laetis; *C* as mons; *m* as pors — 6607 *aCm* Ch. ne ville ne b. — *n.* 6608 *s. dC* (en seras) Rois abatus a teras [= esteras] a toz dis — 6609 *dC* toz an est amaris — 6610 *C* et si s est a. m. — 6611 *dC* (en son l escu) masis — 6612 *d* Le fautre abat qui par desus fu mis Fors fu li fautres qui antor fu asis Ne l'anpirai vaillesant . I . espis; *C weist nur den letzten dieser Verse* (vallant . II . paresis) *auf* — 6614 *dC* Cil v. desfie *u. s.* Que ne donroie por tost l'or de Paris — 6616 *mdC* Se d. e. en ynfer atoutdis — 6617 *dC* (Ne te lairai ancois t arai conquis) Ne vos lairoie ainz serez maul baillis — CLIX — 6619 *dCm* que forcenez — 6620 *dmC* (que t euise) atranglez — 6622 *dmC* Le l. hauce si est avant pases — 6623 *dCm* Mais molt li fu li talanz remeez (*m* remues; *C* En son t. li est m. rapines) An vis le fiert ci c'est aut acriez *(C f.)* Gainchi toi rois la seras afrontez (*mC* ia s. a.) Cil te fara qui est granz et quarez *(mCf.)* — 6625 *dm* (p. .XIIII. c.) *C* (p. . LX . c.) Ne le donroie por l'or de . X . citez — 6626 *m* m'en mescrees; *C f.* — 6627 *d* Et li cox est Renoart avaulez; *Cm haben den Vers von d* (*C* devales; *m* E R. a son cop a.) *und von b* (*m* Rois DesR. en fu pas asenes; *C* ne fu mie asenes) — 6628 *dm* En[con]tre terre est li tinez colez Dedanz antra . IIII . pies mesurez; *C f.* — 6629 *dCm* Et D. est a son fiz tornez — 6630 *dCm* Se li redone — 6631 *dm* mais ci par fu sarez; *C f.* — 6633 *C f.* — 6634 *m f.*; *dC* (et senes) Et Des. fu molt f. et mambrez — *n.* 6635 *s. m* Hauce le fust sest avant lors ales — 6636 *C f.* — 6637 *mCd* (Dedanz les c.) De . II . des costes li a les os f.; *md s.* Ne puet garir escuz n'aubert safrez — 6638 *mC* de d. enclines; *d* Sor son arson davant cheit passmez; *m s.* Sor son archon s'est . I . poi aclines — 6639—40 *dCm* Paien i corent li criz est tost levez (*mC* acoerent) — 6641 *C f.*; *d* L. apies — 6642 *dC* La fu si fort; *m* La fu li ber R. e.; *dCm s.* N'alast avant por . M . mar d'or conblez (*mC* peses) A ces paroles (*C* A cest estor) e venu Tenebre An sa compaigne . XM. pa. armez Cil estoit fiz Daramez li ainnez Mais Renoars est plus jones asez (*in C f. diese zwei letzten V.*) Quant voit son pere vers lui est acotez (*m* aiostes; *C* sor l.) Cil le regrate com ces amis privez (*C* Lors le regretent com si a. p. *n. dem folgenden Vers*; *m* Si les regarde) Antor lui fu li granz duel demenez (*m* g. li d. d.; *C s. nach diesen zwei V.*: Peres dist il mar fust vostre fius nes) Tenebre trait le branc d'acier letrez Vers R. est gainchis et tornez Si li escrie comme homs airez (*C* forsenes; *m* esfrees) Ren. frere maul soies vos trovez (*mC s.* Mal soit de l eure que tu fus engenres) Deauble i soit se vos nos achapez (*C* D. iestes; *m* sont) Dist. R. vasaus (*C* amis) ansus atez Mes frerez est mes maul m'aprocherez (*C f.*; *m* estes m. paripar cheures [sic]) N'ai fait dou roi de cui (*C* de tel dont ie) fu angendrez De vos ne face ce point avant alez (*mC* se vous avant venes) — *Die CLX. Laisse ist in dmC durch vier Tiraden (-uz, -ant, -ez, -ier) ersetzt, die den Schluſs der Tenebre-Desrames-Episode bilden; die vierte ier-Laisse fehlt in C:* [D]e pasmoison est Desrames venus De lui vaingier ne fu pas (*C* mie) aperduz Traite a (*C* Il traist) l'apee sore li est corus (*m* Ren. corut sus) N'es mie sous ainz sont . XM. a plus (*C* . XXM. s. u p.) Des Sarrazins des cuvers mescreus (*C* De s. de paiens m.) Por lui ociere (*C* soucorre) est chascuns ameus A tant lor est rois Tenebrez venuz Qui de son pere es dolanz et confus Son frere voit tost (*Cm* Renouart v. si) l'a requonneu Frere fait il maul soies vos venus (*C* F. dist il tu s. mauvenus) Mas freres estes mas estes (*C* M. f. ies tu mes tu n ies) pas mes drus Dist Desramez ja iert ci (*Cm* li) glous vaincus Ne li vaudront (*Cm* vaura) neant sa grant vertus Dist Renoars estes vos ci venus (*C* revescus; *m* revenus) Traiez vos la je serez confondus Vos estes viels (*C* mes; *m* Viels e. mais) et babez et chenus De poi de chose serez tost abatus (*C* de cop series a.) Ne vos voil mais toichier n'adeser plus (*C* Ne t. v. m. ferir nel desert plus) Je n'an serait (sic) por ce mes los creuz (*C* perdus) Laissies veoir (*Cm* venir) sa pres de moi vos drus (*C* turs) Et si seront commant poisse ces fus (*C* Si sentiront comme p. mes f.) . XXX. M. estes ce m'est avis a plus (*C* . XX. M. . . u p.) Et je sui soul n'est o moi que cest fus (*C* n a o m. home nul) Ne vos prist[oz] vaill[es]ant d'un [= dous] festus (cf. *Cm*: Ne v. pris tous vallisant . II . f.) Fier sont li cri et mervoillous (*C* li caple miravillous) et grant Desramez tint an son (*C* Rois d. t. ou) poien le bon branc Et Tenebrez trait l'epee traichant Et paien vienent Sarrazin et Pasant Et Renoart assaillent en huant Ce Tenebrez c'est traiz . I. poi ava[nt] (*m* sali . I. poi avant; *die letzten vier V. f. in C*) Fier Renoart sor son chapel (*Cm* hiaume) davant Tot contrevaul l'a pare a [*l.* l'ape rea = l'espee raia? *Cm* va l espee) colant Sor le tinel Renoart va glasant (*C* vint raiant) Des vers senestre va li fus achardrant (*C* Une des costes en vet l acier trencant) Et Renoars an a le cuer dolant Ja vaingera si (*C* s il) puet son mautalant Lieve le fust se leva [= si le va] paumoiant Fiert Tenebre sor son iaume lusant (*C* devant) Li Turs gaichit si va tot chancelant (*C* guencist si fiert en escoant = *m*, escochant) Desor l'acu vient (*C* va) li cox dessandant La destre coisse li brisa maintenant Desor la trief (= l est.) li va aval pandant (*die zwei letzten Verse f. in C*) Je l'aust mort par le mien aciant Mais bien . V. M. li saillent (*Cm* M. . xv . M . l asalent; cf. 6643) par davant Fierent de mases et de dar bien traichanz (*C f.*; *m* F. de guivres e de d. enlanchant) Tant la tenerent (= ateignirent) an son haubert lusant (C Tout li percierent s. h. iaserant) Qu'an quatre luiz li font le cors saignant (C En . XXX. l. le fisent tout sanglent; *m* . XIII.) Ja l'an versesent . III. foiz en . I. tenant (C f.) Ocist l'aussent par le miez asiant [= 6645] Quant au secort vint (C au secorre vient) Guillaumes poignant (*m* Mais li bers va G. escriant Li quens l oi si est venus brochant) [= 6646] Et Aymeris et tuit sui . V. anfant (*m* E si . VI. frere i sont venu errant) [= 6647] Et se nevou li prou et li vaillant (C Et si n. qui sont p. et v.) [= *m* = 6648] Et d'autre part Francois li combatant (*m* s. E tot li homme Re. le vallant) A l'atandart les ammoignent batant [= 6649; *m* vienent pa. ferant; C La veisies . I. estour si pesant [*m* hat auch diesen V., und zwar vor dem vorhergehenden] Francois escrient monioie le vallant Et sarr. mahon et tiervagant] Ilec gainchisent li cuvers soduant (Cm La sont g. li c. mescreant) Si se refierent et aus par mautalant (*m* es nos; C en eus tout maintenant) Voillent ou non les revont reculant (C si les v. r.; *m* s. Dusques as loges ne furent arestant) Et Renoars les va. ci demenant (C reculant) Quatre traities les moigne an . I. tenant (C C une grant liue les ala encaucant) Moillor bataille ne set nus que (C n est nus hon qui) vos chant Biaux fu li jors meedis fu passez (C et est midis p.) Fier sont (C fu) li chaple anviron de toz lez Et Renoars fu duremant grevez (Cm est d. lases) N'est pas mervoille car il est molt (Cm s il est las et) penez Car . M. (C . X . M.; *m* . XX . M.) paien a le jor morz gitez Et plus des autres que dire ne poez (C f.; *m* E . IIII . M. des menbres afoles) Dejoste . I. pui (*m* pre) c'est li bers aratez (C Desour . I. pre s est coucies tos armes) Sor son tinel c'est . I. poi acotez (C f.). Tant que li bers fu . I. po reposez (Cm T. que il soit . I. petit r.) Mais petis fu an pais et sejornez (C ilueques demores) Par la bataille vit poignant et arez (C vint p. aancres; *m* eures; cf. CXVIII) . I. Sarrazin fiers et damusurez (C sour . I. ceval armes; *m* f.) Granz fu et fors et cornus (C kenus) et barbez (*m* f.) . I. pel d'acier portoit qui fu quarez (C porte q. f. fieres) An botant fiert Renoart es costez Ne s'an prist garde c'est a terre versez (C Ne s en garda s est ariere v.) Dist li paien Renoart que veez (Cm baes) Alez avant ne soies asfreez Renoars l'ot c'est an pies relevez (C si est en p. leves) Il se (*m* les) regarde ce r'est outre passez (C environ de tous les) Dist Renoars maulemant sui botez S'or ne (C Se ne) me vainge donc aie je dahez Son tinel prant apres est retornez (in f.; C P. s. t. apries s est aroutes; *in* C, wo die folgende Laisse f., bleibt Aencres unbestraft) Biax fu li jor et li chaples sont fier Et Renoars cuide le (*m* del) sanc changier De mautalant quant se vit trabuchier Il saili sus por sa honte veingier Mais Acurez (?; *m* aeuereis) ne le prise . I. denier Poignant s'an va sor le corant destrier (*m* larrabi corsier) Et Renoars se prant a redrecier (*m* courechier) Apres lui cor antese le lever Tant le chasa parmi l'estor plenier Qu'il l'a[a]taint davant le tref Govrier (*m* gohier) Tel col li done sor son iaume vergier Tot li anbare d'ici au cervellier (*m* enbat parmi le hanepier) Li cox fu granz quant vit au deschargier (*m* encauchier) Parmi le dos (*m* leschines) conseit le destrier Le col li brise si cheit an l'erbier Dist Renoars or avant acurier (*m* aeurier) Vaigies me suiz de vos mauvez dongier (*m* loier) Va au deable ne te quier (*m* ruis) mais chacier A ces paroles ce mist au repairier. — CLXI — 6650 *C* pleniers et a. — *n.* 6651 *s. dC* Dehors l'ator. a une par alez — 6652 *C f.*; *d s.* La se repose tant que fu asofiez — 6655 *dC* Des Sarr. — 6656 *dCm* . 1 . petitet c'est li bers trapansez De son parages c'est . 1 . po remembrez (*C* lignage) Qui a le jor ocist et afole — 6658 *d* Or ai je mort toz mes frere ch.; *C* mes freres mes prives — 6659 *C* frere; *d s.* Deconfort or a este anganrez — *n.* 6662 *s. dC* Lors prant le fust car molt est airez — 6663 *dC* (en loing en mi les p.) Si le g. an sus de lui ou pre — 6664 *d* Que l'uns des bous an est an t. antrez; *C f.*; *d s.* Miez aciant quatre pies mesurez — 6665 *C* Va tu d. il mal f. tu ouvres; *dC s.* Desormais ies de moi toz desfiez — 6666 *d* par m.; *C f.*; *dCm s.* Ne trovast home tant fust anparantez Que t'osast fere maul ne desleaute Tu m'as mafait et mon pere tue (*C* Et tu. m as f. traison et lastes) — 6667 *d* m'atandrez — 6668 *d* ne serez remuez — 6669 *dC* A ces paroles c'est li bers r. — 6670 *dC* V. . 1 . conroi venis de Tors (*C* de sarrasins) armez Qui donc a primes estoit issus des nez (*C* A. dont a p. ierent) — *von* 6671—8 *hat C nur den ersten und den letzten V.* R. h. li musars 1 asoses (asotes, aloses?) Por s. g. ost est m. desmesures; 6672 *d* et lons *u. s.* Noirs est li rois com arremant triblez; 6673 *d* ost [= ot] t. blanz; 6674 *d* dor litez *u. s.* Et an son chief troiz vers iaumes gemez; 6675 *d* ot ceintes a son lez; 6677 *T* Du venin dun serpant fu toz envenimez (*Alex.*); *d s.* Li fers fu lons quatre pies mesurez Et ces chevaus feranz et pommelez Iergoillous fu et molt desmesurez; 6678 *d* est crenuz et d.; *dC s.* Viviens fu par lui mors et tuez (*C* m. getes) — 6679 *d* Voit le li bers s'est arere tornez — 6680 *dC* (receurt) Vers s. t. revient t. a. — 6681 *dC* ie voil estre a. *u. s.* Mes mautalant vos soit toz pardonez — *n.* 6682 *s. dC* (De cieres a. est ses cors conrees) De teles armes ne fu mais hons armez — 6683 *dC* si iere a lui mellez — 6684 *d* comme vos le ferez; *T* con vos mi a. — 6685 *dC* L. li g. contre lui e. alez — 6686 *dCT* dont v. — 6688 *C* combatre ne v. r. — 6689 *dC* tais fox atrumelez — 6690 *dC f.* — 6691 *dCm* Molt par ies lez nus et atatinez (*Cm* M. ies hisdeus l. et atapines) Sor se l'aubert voiz tes dras depenez Toz ies crapis de visaige et de nez (*C f.*) Les chevox ies araigies et brulez (*C f.*) — 6692 *d* Bien sanble soz se tu fusez tosez — 6694—6715 *dCm* De mes drapas se je ai de pannez Car a bons dras ne gist pas la bontez (*C* Q. es drapiaus n est mie) [I]tel est bien vestus et afubles (*C* T. e. v. et bien enfoureles) De richies dras lacies et co[nre]ez (*C f.*) Et ergoillor et formant anpalez [= *C*: enparles] Qui en estor ne vaut dous oel palez [= *C*: aus peles] Je vos desfi deormais vos gardez Hauce le fust ci c'est amesurez Fiert Aucebier sor les iaumes (*C* son elme) gemez Fors sont et dur jemais tex ne varez (*C f.*) Nes (*C* Nel) anpira . II . deniers moneez An contremont est li tinez volez; 6697 *T* Rois qui por ses d. t. h. en v.; 6705 *T* Sa toi me conbat; 6709 *T* Ne fere p.; 6713 *T* des hui mes v. g. — 6716 *dC* Li chies davant est fandus et c. — 6717 *d* an ch. jus es p.; *C f.* — 6719 *d* dit il m. fust tenez = *C* (S. iuliens . . . tenres) — CLXII — *fehlt in C* — 6721 *dT* (sens) perdu; *d s.* Formant jura Mahomet et Cahu Ne maingera si l'ara confondu — *n.* 6723 *s. d* Le forst haubert li a frait et rompu — 6724 *d* l'apie molu — *n.* 6725 *s. d* An trois moities a li espies rompu — *n.* 6726 *s. d* Sor ne me vainge je n'aie je salu — 6728 *d* Desor les iaumes; *d s.* Que . I . des iaumes li a frait et fandu Bien sont li autre molt furent bien fondu — 6729 *d* Nes a. *u. s.* Et Aucebier fu molt de grant vertu — 6730 *d* Mais Renoars i est molt meschau — 6731 *d* C'une d. b. dou tinel a perdu *u. s.* La a domaige Re. reseu Dolanz an est tot a le sanc perdu — 6732 *dT* (le d. n.) Formant r. les dinnes noms J. — CLXIII — 6734 *T* druz est de grimoree — 6735 *C* Prent le destrier — 6736 —9 *C f.*; 6737 *d* a la sacle [= cercle] copee; 6738 *T* doree; *d* la c. de la b. safree; 6739 *d* Ja.R. n'aust vers lui duree — *n.* 6740 *s. d* Desor les iaumes de la pieche quarree Que d'un des iaumes est la secle volee Les . III . quarties abatit an la pre; *C s. nur den ersten dieser V.* — 6741 *d* La tiece b.; *C* Del t. rest une piece v.; *dC s.* Et une aglise qui quatre pies est lee (*C* esclice q. bien fu . I . p. l.) — 6742 *dC* N'i a mais c'une se cele estoi froee (*C* N i a m. c u. (coste) s ele estoit descloee, *Alex.*) Ja li tinez n'i auroit plus (*C* mes) duree; *T* faussee — 6743 *d* dure j.; *C* male i. — 6744 *dC* Sainte Marie reine coronee — 6745 *d* De f. o. commansa la m. = *C* (Com de f. e. commencai la m.) — CLXIV — 6747 *d* Derot; *C* Et rout . . . et.f. et quase; *d s.* Les bandes fraites et li fus est casez — 6748 *dC* N'ot mais tel d. — 6750 *dC* (Tant roidement) Si ruistemant l'a R. branle — 6751 *C* come f. et o. — 6752 *C* dore — 6753 *C* la li ber tresrue; *dC s.* Desor son chief l'a fet (*C* li a) aquartele Et Aucebier a tot (*C* est tous) acervele — 6754 *T* fondu et f.; *d* et froe; *C* et cope — 6755 *d* Ses t. brise andous est t.; *C* Et li t. est tous estroncones — 6756 *d* ne sera r.; *C* La a d. R. recoure; *m* Ja cest d. naurai mais restore Que en cest siecle. ne Iaurai recovre.— 6757—9 *dCm* Paien acorent le fust voient case (*C* environ et en le) De totes pas acorent li maufe (*m s. vor diesen V.* Or quident bien tot avoir conqueste *u. n. demselben* Diex le maldie li rois de maieste) Renoart ont anmi aux antrape; *m setzt fort* E as fausars e as dars empenes E as grans haces e as brans aceres — CLXV — 6760 *m* De maintes pars fu li bers encombres — 6761 *dC* (aceurent env.) P. i corent aviront de to lez; *m* i vienent — 6762 —5 *m* E cil i fierent que pas nes a ames A ses . II . poins quil a gros e quarres; *n.* 6762 *s. d* Don fu formant R. afraez An plusors leu est formant ancombrez Ne set que fere que tot iest dessarmez; *C zieht die zwei ersten Verse zu* Dont fu iluec R. encombres *zusammen u. s. vor den dritten* N'alast avant por mil mars d or pese *und n. dem dritten* Ains mes ne fu R. agreves; 6763 *C* del bon branc acere; 6764 *dC* a son coste; 6765 *dC* Au (*C* Del) p. qu'il ot mervoillous et quarre A Sarrazin molt duremant frapez (*C* moult ruistes cos dounes) — 6766 *dC f.*; *m* Qui il ataint mlt e. mal o. — 6767 *dC* . XIIII . an a ocist et afolez; *m* en a des poins tues E autres tant ocis e affrontes — 6768 *dC f.* — 6769 *d* (Mais tost i f. R.) *C* (d.; tous) *m* desmambrez; *m s.* E pieche a pieche tot son cors decolpes — 6770 *m* de s. b. ramembres; *d* Q. a s'apee li e. cest poinz h.; *C* Q. a l espee est li b. a.; *dC s.* Dist R. trop dus estre obliez — 6772 *d* Bellegue; *m* balengues — 6773 *dC* Tot le parfant dusqu'au nou dou baudre; *m s.* Que le moitie cairent jus es pres — 6774 *dC* Puis an a . II . parmi les bus copez; *m* A lautre cop ra ocis guiboes Parmi les flans en a . II . tronchones — 6775 *dm* est molt soez; *C* va s.; *m s*. En la cuisine na tel coutel remes — 6776 *dC f.*; *m* B. soit de cele q. le chainst a mon l. Diex me doinst vivre quencor le voie ases — 6777 *dC* Se je seuse q. c. fusent t.; *T* fussent; *dC s*. A Monloon n'an aust nus remez; 6777—8 *m f.*; *m schließt mit der folgenden Schilderung der Niederlage der Sarazenen*: Trop longement mi estoie oublies A cest cop est R. escries Sire G. e cor me secoures Se ie i muir grant damage i ares Jamais nul ior si fait cors ne rechevres (sic) [*statt dessen l.* nen aures] Li q. G. a les mos escoutes Monioie escrie chr cha venes Mestier nos est que vous nous secoures Re. est de pa. atrapes Ses tineus est brisies iel sai ases Mal sui baillis sil i est affoles Je nel volroie po (sic) . XIIII . chites A ces paroles en est avant ales Tot son lignage a apres lui rotes Cest aimeris e ses grans parentes E les . VI . freres G. au cort nes A leur espees ont pa. decolpes Plus de . X . M . en ont acraventes A cest enpointe les ont desbaretes As esperons senfui DesR. En sa conpaigne bruians e ysores E signagors e li rois arcestes E meradus e li rois cosdroes E bien . C . M . que persans que escles &c &c; *cf. den Schluß des Textes, der der Boulogner-Handschrift entnommen ist. Von da geht die Handschrift unmittelbar zu V.* 8157 *über*: Li q. G. se drecha en estant Ernalt apiele e ger. de brubant *und enthält noch die* CXCI. (Li conte vont dormir e reposer) *und* CXCII. *Laisse* (Biax sire rois ce dient li mesage . . . E Aimeris a la chanue barbe . . . Seignor aura qui est de fier corage Rois DesR. e rois tib. laufage Destruira il nen voldra autre gage Fors que les testes; *der Schluß dieses Verses u. des Gedichtes fehlt)* — CLXVI — 6779—90 *dC* Don refust fors li estors adurez Guill. c'est hautemant acriez Et Aymeris li chenus li barbez Hernaus li ros et Gaudins li membre Bertrans et Beve li chaitis Aimers (*in C f. diese zwei V.*) Francois i ferent as bons branc acere (*C* Tout nos f. sont avoec aus melles) A icel poindre les ont (*C* o. turs) desbaretez La veissez tant Sarr. navrez (*C* armes) Mors et ocis et tant abeelez (= *C:* tous esboueles). Ancontre terre a chevax afolez (*C* defoules) La estandarz fu traichies et copez (*C* Li e. fu par mi lui c.) — 6780 *M* R. t. son bon b. — 6781 *ML f.* — 6782 *M* gibbe; *L* Parmi son elme a feru triboue — 6783 *ML f.* — 6784 *M* iusqa leir d. b. *u. s*. Si qe le spie feri plein pie en pre Un autre roy avec [*l.* avoit?] le chief coupe Puis a oncis cadoc e tenebre E malachin a por mi tronchone; *dann folgen in M* 6787 (merveylos moy p. d.) *u.* 6788 *u.* Ja nus frans hom qi p[oint] a [de] bonte Nen devroit estre senz . V . a son coste Se l'une faut qe l'altre ait recovre; *L s. nur den dritten* (cador e tempeste) *dieser V. u.* . VI . de ses freres a il mors e tuez — *n.* 6786 *s. M* A un deable d'infern deschaene Arc ne saites ne l'ont point entane Li vif diable d'enfer l'ont aleve — 6787—90 *L f.*; 6789 *M* P. lui serons morç e d.; 6790 *M* Carisons ore a. t. demore — 6791 *dC* Paiens s'an fuent les froinz abandonez; *M s*. Anc puis ne ont genchi ne trestorne — — 6792 *d* corent; *M* tornent; 6792—8 *C* Desrames voit ses homes malmenes Mors et vencus et tous desbaretes; *Md* (Or c. e. trestui a sauvetez) *s*. Or cuident bien tuit estre aseure; 6794—7 *L* Q. l. a. nez e chalanz froe; 6794 *Md* aprestez; 6795 *M* (atorne) *d* N. et chalanz lor a ci afondrez; 6796 *d f.*; *M* e les chasais chase; 6797 *d* N'i a vaisaus que ne soit astroez; *M* Ni a nis une qi n'ert lo cors creve; 6798—9 *L* Nen i ot cune la entra D.; *d* F. une sole dont li maus est dorez; *M* F. un drumon qi il ot oblie Qi lonc des autres est arieres bote; 6799 *Md* En cele sole est antrez D.; *C* En . I. calant est maintenant entres — 6800 *L* E Synagons e . v. roi courone; *Md* Et Sinagons o lui fu persage (*d* et li rois Tenebrez) Li fiz Borel bargis e tempeste (*d* Borgis et Triboez) Et . v. (*d* . c.) paien et . v. roy coronez; *C* En sa compagne tiebaus et triboes Et sinagons et li nies maroes [*cf. in a* Madores] Et dodierne li fors rois esmeres Fius iert guiborc o le cors ounores] — 6801—2 *L* Traient lor ancre en mer sont esquipe Parmi la mer ont lor oirre atorne Au vent siglerent or sont a sauvete; *dM* Traient lor aincre s'ont lor voille leve An mer s'apoignent e les vos aquipez Li vif deauble lor done bone ore Parmi la mer ont le chemin torne Desi qu'a Cordre ne se sont areste (*M* De ci as gories ne seront a.) [*cf.* A 6521—4]; 6801 *C* es les acemines — 6803—12 *ML f.*; 6807 *C L.* n. ent; 6809 *C* p. vous est remes; 6810 *d f.*; 6811 *C* est as turs asanbles; 6812 *dC f.* — CLXVII — *bildet in ML mit der vorhergehenden eine einzige Laisse* — 6813—6 *MdL f.*; 6816 *C* Desi ca u. s. Le vent ont boin si vont a savetes — 6818 *L* Tuit sen fouirent con las desbarete; *dC* f. desbaretez; *M f.* — 6819—21 *L f.*; 6819 *Md* Frans l. u. s. Deci qu'au (*M* De or au) vespre a li estorz durez; 6820 *dM* (abrive) Et Sarrazin [*diesem l'. gehen* Francois reperent que (*M* Franc se r. qi) le champ ont fine Deci qu as nes ne se sont areste (*M* De ci as n. ne s. mie a.) *voraus und bilden in d den Eingang zur* CLXVII. *Laisse*]; 6821 *M* . xx. m. qi estoient n. — 6823 *L f.*; *M* (fere) *d* le mail; *C* porte . I. grant mast fieres — 6826 *M* baudin (*passim*) — 6827 *MdL* decope — 6830—2 *L f.*; 6830 *C* Premiers fui; 6832 *C* ains solel esconses — 6835 *L f.*; *C* ert ma force esproves — 6836 *ML* (m. home) *dC* = B 6543 — 6838 *M* ha davant lui t. — 6839 *L f.*; *Md* F. i a foison e grant p. — 6841 *Md* s. paien o.; *C* Cele n. s. ilueques o.; *L f.* — 6842 *C* de p. ont povretes — 6844 *L f.*; *M* (aguise) *d* M. en poussent bargignier a fosez — 6846—7 *L f.* — 6848 *M* la haval en cest pre; *L* devers les g.; *C* iusqu a ces nes — 6849 *M* Guill. au c. n.; *L* Por la trouver — 6851—3 *L f.* — 6855 *L f.*; *M* . xv. (= x+v) — 6856 *M LdC* A Mahomet l ont paien commande — CLXVIII — 6858 *Md* et hardie; *L f.* — 6859 *Ld* mail — 6860—1 *L f.*; 6860 *M* (bayguere) *d* (. x.) *C* . v. vilain; 6861 *M* valant une soere; *d* fuchere — 6862 *Md* (lez la bruere) grant saut — 6863 *CL f.*; *d* tot selonc la costiere — 6865 *MLd* venoit une c. — 6866 *ML* pautoniere; *d* aversere; *C* la g. a l aversiere — 6867 *C f.*; *MdL* praiere — 6868 *LC f.* — 6872 *C f.* — 6873 *M* (fust ne men trairay a.) *L* (mail) *d* (fust) *C* = 6580 — CLXIX — 6874 *C* desbaretes — 6876 *MdC* mos e. — 6878—9 *L f.* — 6880 *L* Crois tu m. garde ne me celez Ou ihesus crist le roi de maieste — 6881—7 *L f.*; 6882 *C f.*; 6884 *M* cume lerre p.; 6885 *MC f.* — 6888 *C* tenes — 6890 *LC f.* — 6891 *M* (Einz batiste) *d* San baptestue s. R. nommez; *L* En balesguez — 6893 *C f.* — 6894 *Ld* Molt a grant tans a cordes fui emblez — 6895—6900 *Ld f.*; 6898—6900 *M f.* — 6901 *L* Ies ce tu d.

Ren. li maufez — 6902 *Md* E nos paiens as h. morç e tueç; *L* Qui tant nous as en Aleschanz grevez — 6903 *Md* ies hui vasaus d.; *L f*. — 6905 *M* O est li t. — 6906 *L* Ne te trovai; *M s*. Aleç por ce si vos en combateç — 6907—10 *M f*.; 6907 *L* me v.; 6908 *L f*.; *MLd s*. Alez le pranre se vos an combatrez (*ML f*.) Dist R. brisiez est et quassez Je n ai autre arme fors cest brant acere Et dist B. ce est granz povretez Ren. sire biaus cosin entendez — 6912 *L f*. — 6914—19 *C f*.; 6914—17 *M f*.; 6915 *L f*.; *d* serez rois coronez; *n*. 6916 *s*. *d* Et Aym. qui est chenus barbez; 6918—9 *L f*.; 6919 *Md* Et li lor D.; *MLd s*. France prendrons a vostre oes latandrez — *n*. 6921 *s*. *MLd* Se ie ne suis batisieç ne leveç — 6926 *MC* F. tant q. l or; *L f*. — 6927 *C f*.; *M L* autre p. hom r. por ses f. — 6928 *d* ors ch. — 6929 *L* d. foletez — 6931 *LC f*.; *M* desprisieç — 6935 *L* baudur — 6936 *d* ma tantein; *C* de mante — 6937 *L f*. — 6938 *LC f*. — 6939 *M* (aveç = avoeç) *L* (metez) *dC* se p. v. r. — 6940 *ML* (Si croi) *d* Et crois M. et ses saintes bonteç — 6943—4 *L f*.; 6943 *Md* De t. les biens; 6944 *Md* (Te ran) *C* Auras les t. n en voil estre blasmeç; *MLdC s*. 6641 — CLXX — *bildet in L mit CLXIX eine einzige Laisse* — 6945 *L f*. — 6946 *M* se ront d. — 6947 *d* antrepasse — 6948 *L* (afile) *d* trait — 6951 *LC* qui le cop a doute — 6952 *Md* Nest pas merveille molt a le cors greve (*M* besse) Conbatu fu tot lo ior aiorne Baudus failli ne l a pas adese (*M* mie a.; *L hat nur diesen V*.) A 6649 Si com i furent a ganchir ventile (*d* au ferir antese) A 6650; *C* est li m. venteles — 6953—4 *L f*. — 6956 *M* p. l aume fere — 6957 *M f*. — 6960 *MC* m. ovre; *L* tu mas bien assene Molt mas or ci grant horion done Mes par Mahon chier sera conpare — 6961 *M* qil tint gros e c. — 6963 *M* Or ait dex R. l adure — 6966 *MC f*. — 6967 *Ld* sa tressailli ou p.; *C* si tressaut . I . fose; *MLd s*. B. failli s. a . I . arbre (*M* marbre) encontre Tres parmi l a. et (*M* Tot droit pormi l a) brisie et froe Li cos fu granz que li fel et done — 6969 *MdC* Autreci d.; *L f*. — 6971—2 *L f*. — 6974—82 *L* S. c. or retieng ie le de Voir ie taing molt ce saches par verte; 6974 *M* ayde; 6975 *MdC* Tant cum fu i. et de petit ae; 6977 *Md* Li p. fors estes de tot m. p.; 6979 *M* au r.; 6980 *C f*.; *Md* (Mais por ce pers) Mes por ce qe nen as c. — 6983 *M* si soies a.; *L* si feras que senez Si croi en Deu le roi de maieste Ou par celui qui tout a estore Je taurai ia et mort et afole; *MdC s*. 6679 6680 (*MC* desevre) 6681; *L s*. 6679 *und* Par Mahomet or oi grant cruaute [*a* 6987 *missverstanden*] Quant tu me rueves guerpir Mah. mon de Mes ainz que soit li midis trespassez Taurai ie tout et mort et afronte — 5984— 93 *L f*.; 6986 *M f*.; *C L* autre rauras se tu m en ses boin gre; 6987 *M* a cui ie sui done; 6989 *d* . III.; 6990 *C* Ie v. a. ocis ains solel esconse [*Alex*.]; 6991 *Md* sont andui aceme — 6994—7003 *L* . I . chrs a ces . II . avisez Coment se sont longuement demene Arriere torne le destrier abrieve Jusqu a G. n i a resne tire; 6994 *M* (venu) *C* Es v. venir; 6995 *C* De l encaus — 7005 *d* puil [= pui] — 7006 *L f*.; *M* De la cel mont encontreval cel g. — 7008 *d* demi p. m. — 7010 *L f*.; *M* m. nen i o. g. — 7011 *L* Il et francois — 7012—15 *L f*.; 7015 *MdC* = 6713—14 — CLXXI — 7015 *L* Li bers G. — 7017 *L f*.; *d* Il es Francois ces f. abandon — *n*. 7018 *s. ML* Seschuns tenoit en sa main un baston (*L* troncon); *L* hat vor diesem *V*.: Or vous dirai dambe . II. les barons — 7019—22 *L f*.; 7019 *M f*.; 7020 *dC* Tresqu an Espaigne; 7021 *M* (lo ragnon) *d* B. laragon; *n*. 7022 *s*. *Md* Seschuns tenoit en sa main . I. baston (*d* troson) Qi fu brisieç dou mast a un perron (*d s*. Atrangemant ierent grant li baton) Et orgoillous et fier li compagnon (*d* champion) Meuz se reqerent qe lupart ne lion — 7023 *L* estracion; *d* norison — 7025—6 *LC f*. — 7027 *M f*. — 7028—31 *L f*.; 7028 *M* T. lescarta endeci qau menton; 7029 *M* de son s. a bandon; 7030 *Md* Sanglant en ot lo piç e lo menton (*d* la barbe et le grenon) Tote la façe la b. e lo gragnon (*d* la boiche et le manton); *C f*.; 7031 *C f*. — 7034 *L f*. — 7035—37 *L* S. c. dist R. li bons Car c. en D. et r. M.; 7036 *d* Margot et B.; *M* Tot vostre deo ne vaut mie . I. boton; 7037 *M f*.; *C* par boine entention — 7038—43 *C f*.; 7039—41 *L f*.; 7041 *Md* Si i pandrai la niece au roi Charlon *C* est Aelis a la gente (*d* clere) fason; 7042 *Md* C. e lo roion; 7043 *Md* (que a Valon) de ci en avalon — 7044 *MLd* molt f. qe prodon; *M s*. O sce ci non foy qe doy a yeson Por amor a ayliç a la gente façon [*Alex.*] Averas tu ia de ce ton baston — 7046 *C f*. — 7047 *MLd* or me tiens — 7048—51 *L* Molt par sez bien ramposner . I. baron; 7051 *M* Ja a moy e toy; *d* Jemais par toi n aurai amandison; *C* O moi n ō toi — 7053 *L* Lors passe avant ni fist arrestison Pas avant autre a guise de dragon — 7056—7 *L* Tot li desront son h. vermeillon — 7059 *LC f*.; *Md* (davant lui ou) Si s apuia des costes au s. — 7060 *M* a gentilon; *d* a chatenon — 7061—2 *L f*.; 7061 *M* li a. dau milon — 7064—71 *L f*.; 7065 *M* layron; *C f*.; 7066 *M* dolorose c.; 7067 *d* D. doloirous; 7068 *d* De vostre c. n an aurez r.; *C f*.; *Md s*. Je n an pandroie tot l or de pre Noiron; 7070 *M* de b.; *C* lacon; 7071 *Md* De la b. — 7072 *MLd* Autant i ai come tu s. p. n. — 7073 *L f*. — 7076 *M Ld* (d. [il]) *C* (d. [il]) = 6772 — 7077 *C* Q. formas ciel tiere par d. — 7078 *C* Et sainte mer par ton e.; *L f*. — 7079 *C d* escume et de l. — *n*. 7080 *s*. *MLd* Et feis bestes oisiaus por devison (*L f*.) Et en la virge preis anuncion (*Ld* nacion) De son saint cors eus aonbrison De li naquistes a guise de françon (*d* an quisse de faucon) En Bellien qe de voir le sait on — 7081—96 *L f*.; 7081 *M* verais dex fustes hon; 7082 *M* en la mayson s.; 7083 *Md* Quant Marien; 7084 *C* Q. e. estoit p. d. le dison; 7085 *C* son cief; 7086 *M f*.; 7087 *M f*.; 7088 *Md* i mist e.; 7089 *Md* sans mauvaise ocheyson; *n*. 7091 *s*. *Md* (ierent an la maison) Li tien apostle alirent por lo mon; *n*. 7092 *s*. *Md* Por qas sofert dist il tel gastison; 7095 *M f*. — 7097 *Md* Dex . . . sofris tu p. — 7099 *MLd* qi en avoit le don — 7101 *Md* iusqa poiç [= poing] del p.; *L* Liave e li sans descendi a bandon — *n*. 7102 *s*. *Ld* Merci cria si ot remission — 7103 *M* (a layron) *d* fustes mis au peron — 7104 *ML f*. — 7105 *d* sorasion — 7106 *M* (arestison) *Ld* ni ot deffension; *C* de la crois abandon — 7107—14 *C f*.; *n*. 7107 *s*. *L* Et vos amis qui erent en prison; 7109—11 *L f*.; 7109 *M* E S. g. dou fase testimon (*Alex.*); 7111 *M f*.; *d* dou p.; 7113—4 *L f*. — 7115 *Md* c. nos ice c. — 7116 *L* Si me gardez de mort a ce besoing — 7117 *MLdC f*. — 7118 *M* Layme conqere — 7119 *M* (Si qe lavoye) *d* (Si q. laiusse)

$C = 6813$ — CLXXII — 7121 *L* frapee; *M f.*; *C s.* Es vous baudus par moult grant airee — 7122 *C* de la lance plenee [*in C ist Baudus Subjekt*] — 7123 *MLdC* (Se li asiet) grant colee — 7124 —7 *L f.*; 7125 *M* escantelee; *d* estelee; *C* esclatee; 7127 *M* estormee — 7129—34 *L f.*; 7132 *M* (f. de f.) *dC* = 6826 — 7135 *MLd* renommee — 7137 *ML* (prent) *dC* R. tint a m. grant airee — 7138—43 *L f.*; 7139 *d* levre; *C* D. lahe a; 7140 *MC f.*; *d* boiche; 7141 *M f.*; *d* goule; 7142 *M* T. la levre; 7143 *MC f.* — 7145 *Md* desloiee; *L f.* — 7149 *L f.*; *d* force — 7151—2 *L f.*; 7151 *d* de Franse la loee — 7153 *L* Vers baudu vient si a traite lespee — 7155 *C* haut levee — 7156 *d* ni a. pansee; *L* Sire G. por moi voeil la m. — 7157—8 *M f.*; 7157 *L f.*; 7158 *L* Ni c . . . Encontre lui ne hons de vo contree — 7159 *L* Ne que s. c. — 7160 *M* (penee) *Ld* (jornee) aureç; *C* Ia i aura d. mellee — 7161—2 *C f.*; 7162 *L f.* — 7163 *MLdC* = 6854 — CLXXIII — 7164 *MLdC* (li baron pie a p.) ansanble li . II. v. — 7165 *L f.*; *C* rains — 7166 *L* sont t. a luitier — 7167 *LC f.*; *M* resofachie; *d* resorfaschie — 7170—2 *L f.*; 7170 *Md* consive; *C* poi ne li a brisie; 7171 *C f.*; 7172 *M f.*; *dC* (el c.) li sont torne dou chief — 7173 *C f.*; *L* tant durement qu il la a. — 7175 *MLdC* voi m. — 7177—80 *L f.*; 7178 *M* v. i aurez pechie; 7179 *C* ne s. v. iries; *M* mal i s. a.; 7180 *M* (Se me conquier) *d* Se ne puis vaincre naurai mais mon cuer lie; *C* Se ne l abac moult serai vergognie — CLXXIV — 7182 *ML* (vassaus) M. est p. b. li a. — 7187—9 *L f.*; 7187 *M* . IIII. foyç; 7188 *Md* (iaume) Parmi l a. mais li brans r.; 7189 *d* si li g. — 7192 *M* por foy ce p. mi — 7193 *C* en moi auras a. — 7194—5 *L* Mes par celui qui passion souffri Je te ferai de male mort morir — 7198 *L* Ren. c. maintenant le s. — 7199—7201 *L f.*; 7199 *d* abaudit; *C* fu esiois; 7200 *M f.*; *d* de Pontis; 7201 *MdC f.* — CLXXV — 7203 *MLd* Ne fust si lieç — 7204—5 *L f.*; 7204 *MC f.*; *Md s.* Vers le paien vint son col [= cop] antese; 7205 *Md* Et cil v. — 7207 *C* plane; *L f.* — 7208—9 *L* M. R. sest primerains haste De lui ferir molt bien la avise; 7209—10 *d f.*; 7210 *L* Selonc l o. la tout droit assene; *M f.* — 7211 *LC f.*; *MLd s.* Et en sa bouche li sont li dent vole (*L* . II. d.; *d* . v. d.) Por pou dou cop nen a los desfloe (*d* de col ne li a l os froe; *L f.*) — 7212—3 *L f.*; 7212 *M* des nes; *C* A rais li s.; 7213 *C f.* — 7214—5 *L* R. fu legiers si la haste Si la ou front et es temples hurge (*sic*) Que par . I. pou quil ne la afronte — 7216—24 *L f.*; 7216 *M* En son poiç prist; 7218 *M* M. dou t.; 7219 *Md* envers la s.; 7220 *M* Dou bot davant; *d* Puis le debat de gros t. q.; *C* Et dou t. de son baston plane; 7221 *M* et batu et h.; *C* es t. et feru et frape; 7222 *M* asome; 7223 *dC* tense; 7224 *M* = *B* 6916; *dC* (soit) ainz c iert crestiene — *n.* 7226 *s. L* Tant me respite se il te vient a gre Que tu ne maies occis ne afole — 7227—9 *L f.*; 7228 *Md* Mien esciant e toç escervele; *C f.*; 7229 *M* p. d. dumilite; *C* Bers ne me tue por sainte carite — 7233 *C f.* — 7234 *L f.*; *hier s. MdC die in B n.* 6925 *c. Verse* (2 *M* P. en ierent ha ma l. atorne; 3 *Md* Servirai) — 7237 *M* sante crestiente — 7238 *LC f.*; *Md s.* Car en sa enfance lavoit formant ame Deu en aore si l en a mercie — 7239 *MLd* Ne puet muer de pitie nait plore — 7240—1 *L f.* — 7242

M Trop l. aveç biaus neç s.; *L* Dist baudus sire l. ai s. — 7243 *C f.*; *Md s.* Esploities sire ia me verez pasme — 7244—6 *L f.*; 7246 *M* Se tu mas morç; *Md s.* Esploities sire ia me verez pasme — 7244—6 *L f.*; 7246 *M* Se tu mas morç; *Md s.* Las se je muir cest par ma folete — *n.* 7249 *s. L* Du dos li traient le blanc hauberc saffre — 7250—1 *L f.*; 7250 *M f.*; *d* Tresqu anz ou test li a. a.; 7251 *MC f.*; *d* Et le cervel ot ou chief molt troble; *Md s.* E [de] la testa ot la coife hoste (*d* Quant R. li ot la c. o. *und s.* De dos li trait le blanc haubert saffre — 7252 *M f.*; *L* En pou de terme ont; *Md s.* De joste lui fu droiz de son este Grant ot le cors et le piç encharne De lui fu graindres .III. grant pie mesure (*M* .I. plein p. m.) — 7253 *L* suz la vert erbe ou pre; *d* desor laubre en .I. p. — 7254 *MLd* (P. s antresg.) Puis se regardent par molt grant amiste; *C* Dist luns a lautre forment soumes greve — CLXXVI — *Bildet in L mit der vorhergehenden eine einzige Laisse* — 7255 *L* et li estors finez; *C* La grans b. et l estors est sevres — 7256 —66 *L* Li .II. cousin se sont entresgarde; 7259 *Md* Et gros le piç; 7259—66 *C f.*; 7260 *M* f. .I. vilain t.; 7261 *M* c. lions enflamez; 7262 *d f.*; *M* plus qe carbon t.; 7263 *d* q. i. parez; *M* L. d. ot b. plus q a veyres planes; 7264 *d* Desor la b.; *M* G. ot lo cors; 7265 *M* le s. escarplez; 7266 *M* ha des p.; *d* a .C. p. b. m. — 7267 *M* li r. desfamez — 7268 *ML* par ta grant poeste; *dC* ruiste barnez — 7269 *M* laseç; *Md s.* Tant mas batu les flanz et les costez Mien aciant qe le cuer ai creve (*d s.* Trestot te soit li pechiez pardonez) Ber tien moi bien je serai jus versez (*L hat nur diesen letzten V.*) — 7270 *L f.* — 7272 *in M f.* dant — 7273 *L f.*; *M* O l. ses genz e ses f. armeç — 7275 *MdC* R. sire — 7276 —7 *d f.*; 7276 *L f.*; *M* Saureç mestier mult bon ayde aureç; 7277 *L* En non dieu sire molt bien la merci de — 7278 *M* aloez — 7279 —82 *L f.*; 7279 *C* et de mon parentes; 7282 *d f.* — 7284—5 *L f.* — 7287 *L f.* — 7289—90 *L f.* — 7291 *Ld* Et li Francois — 7292 *L* a chascuns pris assez — 7293—5 *L f.*; *C s.* Del grant escec qui i fu conquestes — 7296 *L* Francois sestendent en aleschanz sus mer; *C* ont lor os atraves — 7297—7301 *L f.*; 7298 *M* hec les vos herbergeç; *C* et se sont d.; *MdC s.* Et li mangiers fu molt bien aprestes Bien sont servi de vin et de clere Et de vitaille tot a lor volonte (*d s.* Que il troverent an grant plante es nez) Francois se couchent quant ont mangie asseç; *C s.* Moult volentiers sest cescuns reposes; 7301 *M* gaytes — 7302 *MdC* = 6989 (A lajorne) 6990 (laseç); *L* B. li rois qui molt estoit lasez — 7303 *dC* p. g. humelite — 7305 *L* de mes plaies sanez — 7306—9 *L f.*; 7306 *M* reposeç; 7307 *d* ou grant p. lite; 7308 *dC* Vanroie — 7311—18 *L* Il et G. li marchis au c. nez (*isolierter V.*); 7312 *Md* cel Deu; 7313 *MC* seroies; *d* Ne s.; 7314 *C* Que tu ne f.; *MdC s.* Et dist B. ia mais en dotereç Renoart sire jamar en parlereç Je ne feroie (*C* Nen fauseroie) por estre desmembreç; 7316 *Md* Bien vos t. B. ses volonteç — 7320—1 *L f.* — 7323 *L* q. vint as nez; *d* qui fu cloez — 7324—6 *L f.*; 7324 *C* pase gues; 7325 *M* (mariniers) *d* (d.) *C* (maroniers) = 7013 *u. s.* Un sarr. mult fu des ans pareç De la bataille estoit vif escapeç; 7326 *Md* traient — 7327 *L* (A Ihesucrist) *d* a; *C* les ont franc c. — 7328 *L* et G. les berz; *MdC s.* Vait s en B. R. (*C* G.) est remes

(*C hat noch* Et R. li preus et li senes) — 7329—33 *L f.*; 7329—32 *C f.*; 7329—30 *M* En a. fu mult bien a.; 7331 *Md* Et por mener; 7332 *M* Q. m. orent si ont beu aseç — 7334 *L* Et Ay. et tout lautre b. — 7335 *MdC* = 7023; *L* Et Francois sont a leur tentes ale — CLXXVII — *Bildet in L mit der vorhergehenden eine einzige Laisse* — 7336 *L* Puis sont couchie quant il orent soupe; *d* Franz se cocherent; *C* a l avesprer — 7337 *M* gaiter; *L* se f. — 7339—41 *L f.*; 7339 *M* Estormiz; *d* Travailles; 7340 *Md* ferir; *C f.* — 7343 *MLd* p. les tres c. — 7344 *L* Or sus or sus — 7345 *M* peneç de latorner; *L* Hastez vous tost ne me faites irer — 7347—50 *L* La moie suer que ie doi tant amer Jen ferai ia . XL . malmener Filz de roi sui si doi bien comander; 7347 *M* Si vos endroit; 7348 *M* Je v. f. lardement comander; 7350 *C f.*; *Md* sevrer — 7352 *L* ni o. contrester — 7353—6 *L f.*; 7356 *M* A iceste ore — 7357 *MC* peneç v. — 7358—9 *Ld f.*; 7359 *C f.*; *M* s. Qant cil oirent nosent . I . moy soner — *n*. 7360 s. *d* Isnellemant vont lor hernois trosser — 7361—3 *L f.*; 7361 *Md* cargier e troser; 7362 *Md* E ces civaus belement aresner; *MLd* s. Endroit le ior qant laube dut crever A fait G. ses chrs armer (*und d s. noch* Lor chevax font richemant anseler — 7366—7 *L* Ensemble o lui len f. li quens porter; *C* Iluec le mist quant vint au desevrer Quil l en cuida a orenge porter Par droite force l en fisent retorner Li sarr. cui dex puist craventer Vit le G. ni ot que airer Biaus nies dist il moult vos soloit amer De vous me poise plus que ne pus conter A . I . evesques fist la mese canter Desus le cors fist . I . mostier fonder S. ounore en fu li mestre auter Et pus si font lor oire aprester [S. ounore, *wo heute* Saint Honorat des Alyscamps *liegt*] — 7369 *C* M. sarr. — 7370 *MLd* Li ost arote si pense de l errer A grant esploit nont ore de targer — 7371—2 *ML f.*; *C* s. Que rois margos avoit fet manovrer Mais R. li fist des puins voler A son tinel le fist mort craventer Icel flaiel faisoit moult a loer D argent estoit et d or fin bon et cler — 7373 *d* Et R. fist son tinel mener — 7374 *Ld f.* — 7375 *MLdC* Uns p. h. li vient devant ester Si li commence merci a demander — 7376 *MLd* laissiez m a vos p. — 7378 *M* ersoir; *L* des hui main; *d* des l'autrier — 7379—80 *L f.*; *Md* s. Plus de . II . muis en ont fait escosser — 7382—5 *L f.*; 7384 *M* biaus sirre qe d.; *d* certes el que d.; 7385 *d* Or les estuet de disestes a.; *C* de male f. — 7387 *L f.*; *Md* s. Sire vilainz ne vos chaut dementer — 7389 *ML f.* — 7390 *MdC* = B 7078 — 7391 *d* G. au cort nez — 7392—3 *L f.*; 7392 *M* E R. li vint d. e.; 7393 *C f.* — 7395—7401 *L* Plus de . X . M . sarr. et escler Ont ce prodome fet ses feves gaster; 7397 *MdC* C. biax sire ne mel deveç celer; 7399 *C* .cc.; 7400 *C* A c. v. s. f. font g.; 7401 *M* tres ersoir o.; *d* tier jor a o. — 7403 *L f.* — 7405—11 *L f.*; 7409 *MdC* toz souz d.; 7411 *M* M. me donroyç pont de p. au d.; *d* doras paig ne vin a d. *u. s.* Ne ne serai les Franz home au soper — 7412 *M* Lay [l'i] a. f. ce dit namer; *L* L. les a. — 7413 *M* p. a lui ester; *L f.*; *Md* s. Don a il fait [= Donne . . .] tot sol lator finer — *n*. 7414 s. *Md* Or i voist donc dex lo puist remener (*d* d. pant dou retorner) — 7415—6 *L f.*; 7415 *d f.*; 7416 *d* Justicies (= -iers) soit de tot faiz a.; *C* J. soit [= *M*] por le tort a. — 7417 *L* foi que doi dieu porter *u. s.* J.

les irai . 1 . petit estriner; *Md s.* Or doi je bien ma jostice esprover — *n.* 7418 *s. L* Et bone targe por a euls assembler; *MdC s.* Ne qier plus darmes avec moi aporter *(C f.)* Et dist li quens vos larez bon, boclier (*C* boin l a. et b.); *L hat sie unter dieser Form:* Et dist G. por qui (= *qu'i*) volez aler Vous laurez bone qui quen doie peser — 7419 *L f.*; *MdC* (de mon cler) Je le t. principle de B. — 7422—4 *C f.*; 7422 *Md* par l e. cobrer; *n.* 7423 *s. Md* Et gentement et drecier et lever Devant son chief estandre et serer Por bien covrir ioindre e scandeler (*d* chanteler); 7424 *L f.* — 7425 *MdC* Nus chevaliers ne set miex traverser *(C f.)* Atant s en torne ni veut plus demorer Mas le vilain ne vot mie oblier *(L hat nur diesen V.)* O lui l en meine por le tort amender Tresqu au cortil ne vodrent arester Que tant sont grant qu il i a que garder *(MC f.)* — CLXXVIII — 7427 *M f.*; *C* Lors fu si lies onques mais si ne fu — 7428 *C* ne se vot arestu *(sic)*; *L f.* — 7430 *M* a. a f. v. — 7432 *L f.* — 7433 *M* lo fosse a.; *LdC* les feves; *MLdC s.* Trop en aveç et mangie et ronpu Comme jument estes gros et pansu Mais par la foi qe doi le roi Ihesu Miex vos venist estre a Montagu *(beide f. in L)* — 7434—6 *L f.*; *n.* 7434 *s. M* Ia sereç tost malement)irascu; 7435 *M* O me d. .M. m. d or bien fondu; 7436 *M* Au departir s. tuit apendu; *d s.* Ou vos pedrez les chies desor le bu Au departir serez vos irascu — 7437 *M* t. estes enbeu — 7438 *M* Qe; *L* Qui — 7439—40 *L f.* — 7441 *MLd* esperdu — 7442—3 *L f.*; 7443 *M* e membru — *n.* 7445 *s. MdC* Qi le tinel portoit grant et corsu (*d* si g. com fu) Ne pesoit mie moins dun arbre ramu (*d* chare branchu) .M. Sarr. en sont mort estendu — 7446—7 *M f.* — 7448 *M* esmou; *L* or rendu; *C* l ont or ci enbatu — 7449 *M f.* — 7450 *d* La ont g. les b.; *C* guencist son b.; *M f.*; *MLdC* Dont il estoient es feves descendu — 7453—6 *L f.*; 7453 *M* (la f. fu grosse de vertu) *Cd* M. la faviere est close de seu; 7454 *C* haies — 7457—8 *C f.*; *d s.* Si les a pris com loisel a la glu — 7461 *MC* merci au roi Jesu — 7462 *L f.*; *MdC s.* Je vos donrai .1. doloros salu Essaier voil sor vos mon brant molu — 7464 *dC = B* 7143 (mu) *M* Qe p. ses f. laserai vos tuit nu; *L* vint lautre soir tous nuz — 7465 *MLdC f.* — CLXXIX — 7466 *d* sont grande l. h. — *n.* 7467 *s. Md* (desbaretees) *C (d.)* Hanc mes nen vi gens si mal atornees — 7470 *C* mar les aves gastees — 7471—73 *L f.*; 7471 *M* Vos nen a. guagnes ne s.; *M* (fusent les nees) *d s.* Molt li greva ainz ques aut planteees (*sic*); 7472 *C* labourees; *Md s.* Et a grant poigne foies et arees (*M* les avoit il semees) Or en aveç les panses saoulees *(C hat nur diesen V.)*; 7473 *M* a p. oncees — 7474 *M* Por le mon chief; *d* cors; *C* Par la mort D.; *L* mar les veistes nees Mar les veistes semees ne plantees Li povres hom qui les ot ahanees Les devoit vendre par petites denrees — 7475—6 *L f.* — 7477 *M* molt meneç g. estees — 7479 *Md* par Mahomet v. — 7481 *C* Qu il [*l.* Qu el, *illae?*] ne v. furent noient a. — 7482 *M* les faveres — 7483 *L* Bien les iustice li bers chiere membree; *M* (. cc.) *LaC s.* Plus en a mort de .xv. caretees — 7484—6 *L f.*; 7486 *M* s. larietes — 7489 *M* (doplers) *L* (doublees) *dC = B* 7167 (destriers); *L s.* Et li vert elme et mainte bone espee; *Md s.* Les selles vaillent de deniers .c. livrees Plus en i ot ce cuit de .II. navees — 7490 *L hat immer*

prodom *für* vilains; *Md s.* Dex le te mire qi fist ciel et rosees —
7492—4 *L f.*; 7493—4 *MdC f.* — *Hier s. MLdC folgende i-Laisse:*
Quant R. ot paiens desconfis Et par les feves detranches et ocis *(L
f.)* Au vilain rent les bon civaus despris *(LdC* arabis*)* Totes les armes
as cuvers maleis *(L f.)* Dist li vilains de deu n'[= en]aures merci̧s
Riches mas fait et manant a toc dis *(L f.)* Dex le te rande qui en
la crois fu mis *(ML f.)* Je ne qier mes manoir en cest pais Ainz
te sevrai volontiers non anvis *(L f.)* Servirai toi ie e mi filz toz sis
(L et tuit mi f. aussi*)* Fait *(M* Dist*)* R. vilains buer lavȩc dis *(M
v.* bone li dis; *C läfst die letzten sechs vorhergehenden V. weg)* A
dan G. lo mena le marchis Sire G. i ai pa. desconfis *(M* ie ai p.
occis*)* To̧c les ai mors nan est nus remes vis *(LC f.)* A cest vilain
qi povre est et mendis Por sa favere dont il ert apovris Si ai done
les destriers arabis Totes les armes as cuvert maleis *(C f.)* Se pou
an a par le cors saint denis Tant lan donrai avant les .XV. dis Qe
miex vaudra sa rente qe Paris *(M* Lo m. aura de r. de p.; *die letzten
sechs V. f. in L)* Fe le mener *(L* F. amener*)* et chevax et roncis
Haubers et hiaumes et bons escus votis Jusqu a Orenge la cite sei-
gnori Qe il ne perde vaylant .I. romesis Qe par les saiņc qe dex
a beneis Se il estoit en nul endroit laidis Puis qe ie lai dedans mon
conduit mis *(C f.)* Ni gariroie to̧c li ors de paris Que ne pendisse
tant par fust segnoris *(statt dieser acht V. hat L: Et* se savoie que
bien ne fust meris Molt en seroie dolans par s. Denis*)* Renoart sire
dist li quens Aymeris Nos lotroions ia nen seroi̧c desci̧s Or soit gar-
dȩc de Naymer li caitis *(LdC* Or en s. garde N. li c.*)* Hernaus ses
fiļc Bueves del Commarcis *(d* Et mes f. B. celui d. C.; *L f.)* Dist
R. sire les vos *(MLC .v. C.)* mercis Arriere vient ou poing le brant
forbi *(steht in ML n. dem vierten folgenden V.)* Apres cest mot se
sont en voie mis Sonent li graille si ont les cors bondis *(ML f.)* Li
ost saroute par plains *(L* puiz*)* et par larriz A fort *(A*fores?*)* cevau-
cent sur li civaus de pris *(d* sont les destriers braidis; *L f.)* Renoars
fu lassȩc et alentis Mes de ce fu G. asotis Qe R. a tot en oubli
mis Ne len menbra por le grant fouleis *(L f.)* Arriere vint ou poing
le branc forbi *(MLC f.; L s.* Li q. G. sest el repaire mis; Droit
vers l Archant est li bers revertiz*)* Dolanz en iert eiņc qel iorn soit
fenis Ne vosist mie por lor de Biauvesis *(M* p. tot l or de paris;
C p. l ounor de p.; *L f.)* Se dex n en pense malement e baylis
(LdC (asentis*)* atart iert repentis; *M* s. Qe puis dolenz [en iert] ce
vos plevis Por un petit qe il ne fu onis*)* — CLXXX — 7495 *C* F.
s acointent et pensent de l aler — 7496—8 *C f.*; 7496 *L f.*; *d* si
f. trompes s.; 7497 *L* Liee est la route; 7498 *L f.*; *Md* nont soig
de d. — 7499 *Ld* sejorner — 7500 *d* al antrer; *MdC* s. 7178 7179
(C f.; Ronpent ens. e selles font quasser*)* Cil hauberc sonent et cil
hiaume geme L acier au fer i oissiez hurter *(C f.)* Et ces civaux
henir et braidoner *(C f.)* Et cors bondir et graailles soner *(MC f.)*
Granz fu la fole a le porte passer *(MC f.)* — 7502 *MdC* Ainz q
ou p. fust G.; *L f.*; *MLdC s.* Ot fait Guib. le mangier aprester *(L*
Li q. Guill. fet le m. haster; *C s. vor diesen V.* Guib. ala G. aco-
ler*)* — *n.* 7504 *s. MLdC* A lor ostes se corent desarmer — 7505—
6 *L f.*; 7505 *M* t. .v. c. au disner; *C* .xxx. — 7509 *L f.*; *C*
devant a. s. — *n.* 7512 *s. MdC* A las dist il cum devroye desver

(*C s. noch* la sui ie fius à desrame l escler) — 7515 *Ld f.* — 7516 *Md* toç sols le camp *f.* — 7517—9 *M f.*; 7517 *L* Et ses neveus ai touz desprisonez; 7519 *d f.*; *C* Et mes lignages que tant deuise amer; 7521 *MdC f.*; 7519—21 *L f.*; *MLdC schliefsen mit folgender Tirade, die die in B n.* 7197 *e. Verse* [*Jonckb.* II, 305] *enthält*; *L weist nur elf, M nur sieben* (*den* 1. 3. 4. 5. 6. 17. 18.) *von diesen Versen auf*: Desor toç homes me deust honorer A son pooir et servir et amer. Mais par Celui qe toç nos puet sauver Se . l . sol an puis ancore durer De tote Orange le ferai desposer (*L* preer) Et Gloriete abatre et crevanter A s. Denis me ferai coroner Roi Loey ferai le chief coper Por la cuisine qe il me fist garder Tresqu a Saint Seigne ni vodra arester (= *d*; *C* Iusqu a saisogne me vorai aprester) Ni lairai tor que ne face verser (*L* E si ferai paris acraventer) La gent ociere et le pais gaster Si ne se volent a ma loi atorner Tel lui (*C* En loig) ferai dam G. mener Que ces linaiges n'an osera parler Molt le cuit bien comme fox demener (*C* com fol abriconer) Lors sen torna sacuelli son errer En Aleschans sen prist a retorner Du duel quil ot commenca a plorer — CLXXXI — *n.* 7523 *s. L* Dahan tressue et fu touz fourssenez — 7524 *M f.* — 7525 *ML* En a.; *dC f.* — 7528 *ML f.* — 7529 *M* Barons — 7531—2 *L f.*; 7531 *MdC* Sol ma lasie con fusse encaitiveç — 7533 *MC f.* — 7534 *MLC f.* — 7535 *MLdC* Qe si fu filç au *f.* — 7536—8 *ML f.*; 7537 *C* lignaie; *LdC s.* Or me tient vil G. au c. *n.*; *d s. noch* Ocist li a plus de . X . M . esclez — 7539 *dC* ai l a. afine — 7540 *M* plus de doa . M . escleç; *Ld f.* — 7541—4 *M f.*; 7542 *Ld* tous . VII . desprisonez; 7543 *L f.* — 7545—6 *L f.*; 7546—53 *M f.*; 7546 *C* en mes petis aes; 7547 *LC* P. q. l. e. de f. rachetez; 7550 *L* molt m.; *dC* mauvais grez; 7551—3 *LdC f.*; *d s.* Se je ne fusse nan fust pies achapez; *C s. B* 7215—30 — 7555 *M f.* — 7556—60 *L f.*; 7558 *M f.*; *dC s.* Quant jes aurai toz ansanble ajostez; 7559 *M f.*; 7560 *M* tot droit en cest r. — 7563 *M* palais — 7565 *M* estropez; *d* astopez — 7566 *M* (D. la qatre) *d =* 7243; *d s.* Et en ma chartre trabuchies et versez; *C s.* Iluec sera come acaitis menes; *d hat aufserdem die drei, C die zwei letzten, L den letzten der in B n.* 7243 *e. Verse* (*L* encroez) — 7567 *M f.*; *LdC = B* 7244 — 7569 *MLd* L. e. de F. desposeç; *MdC s.* 7247 (*MC* o ie ay tant iorn mes) — 7570—3 *M f.*; 7570 *LdC f.*; 7572 *LdC* Ele iert ma femme amee lai assez Par amors laim il a . X . (*d* . XV .; *C* . V .) ans passez Ele iert roine et ie rois coronnez *u. s.* 7251; 7573 *L* Et ie serai du regne touz chasez; *d* iert li suienz c. d.; *C* De t. arabe fera ses volentes; *LdC s.* 7253 (*C* et s. gille d.) *u.* 7254 — 7576 *C* gardes me desfies — 7577—80 *L f.*; 7579 *M f.*; 7580 *MdC f.* — 7582 *L f.* — 7583 *MLdC* et car vous en veneç — 7584 *ML f.* — 7586 —8 *L f.*; 7588—90 *M f.*; 7590 *L f.* — 7592 *M* Qe par ma loy = *C* (foi); *C s.* Fuies de ci et si vous en ales — 7593 *ML f.* — 7594 *M f.*; *L* (qui tout a estore) *C* seignor — 7595 *ML* Niert p. ice — 7596 *M* (q. s. m a.) *Ld* (m a.) *C* Et p. itant — 7598 *M f.*; *C* voies — 7599 *C* ains n i ot mot sones — 7600 *L f.* — 7601 *LC f.* — 7602 *M* ireç; *L* troublez — 7603—5 *L f.*; 7604—7 *M f.*; 7607 *L* Atant sen tornent si sont achemine; *C* Lors laisent corre les f. a. L uns apries l autre s enfuient arotes — 7608 *M* (torneç) *d* n i ont

r. t. — 7609 *MdC* (pin) sor le pont as d.; *L f.* — 7610 *M* (L un avant 1 a.) *L* (*d.*; vile) *d* (*d.*) *C* = 7292 — 7611 *MLd f.* — 7612 *ML* (ce que il ont trouve) Guill. content — 7613—5 *L f.*; 7614 *M f.*; 7615 *M f.*; *C* Por . 1. petit ne nos a afoles — 7616 *C* Conte li ont con il est r. Viers aliscans courecies et ires — 7617 *d* Car ne fu pas au maingier apelez; *M s*. Forment li poise qant il est retorneç — 7618 *C* et tient en grant viltes; *d* Formant m. G. et son barne; *C s*. Iamais nul ior ne sera vos prives — 7619 *L f.* — 7621 *LdC* en son r. — *n.* 7622 *s*. *M* Puis mandera sarr. et esclez — 762; *M* d adobeç — 7625 *M* e vos deseritez E li palais deserteç e gasteç *u. s. M* 7565 (E vos m. deseritez e estorbez) 7566 (Dedenz aierte) En noyre qartre trebuchiez e gestez Iluec moreç a dol e au viltez 7568 7569 (E l. sera deseriteç De tote france caciez e chativeç Por sa cuisine o il a tant iorn mes — 7626 *M* forment sest porpenseç — 7627 *M* fous provez — *n.* 7629 *s*. *M* A R. vos pri qe vos m elez Isnellement gardez n i demorez — 7631—3 *L f.*; 7631 *M f.*; 7633 *MdC* = 7317 — CLXXXII — 7635 *L f.* — 7637 *L* A R. lez a fet e.; *C* les rouva envoisier — 7638—41 *L f.*; 7641 *M f.* — 7643—4 *L f.*; 7643 *M f.* — 7646 *M* a un mult aut tertier — 7647 *L f.* — 7648—50 *L* Puis li escrient nos vos venons noncier; 7649 *C f.*; *M* noserent davant aler; *Md s*. Molt dolcement le pridrent a prier; 7650 *C* aidier — 7652—3 *L f.* — 7655—63 *L f. und sind ersetzt durch* Car ie ferai G. couroucier; *n.* 7657 *s*. *M* Je nen deroye de plein va un diner; 7658 *d* rafatier; 7659 *d* ergoillors l.; 7660 *M* (la mite) *C* (le monte) dun d.; *d* la foille de peschier; 7661 *M* replayter; *d* les musars rapacier — 7666—7 *L f.*; 7666 *C* a. et avillier = *M*; 7667 *M f.* — 7668 *M f.* — 7669—70 *L* Q. il loirent G. menacier (*L zieht öfters zwei Verse zusammen); d f.* — 7671—2 *L f.*; 7671 *M* (e vergogner) *dC* (et avillier) honir et l.; 7672 *M f.* — 7673 *M* devons p. — 7675—6 *L f.*; 7675 *M* (loyer) *d* (lacier) *C* (ballier) = 7360 (s eslaisent); *M* (porsacier) *d* (a presimier) *C s.* 7361; 7676 *M f.* — 7677 *Md* se voit si ladaingier; *L* les oi plaidoier — *n.* 7678 *s*. *M* Auçe lo poinç q il od gros e planier O asterel fiert si un civaler Tot li frassa lo mestre cos meener *(l os maseler?)* L autre feri pormi lo glandoner Mort lo trabuce davant lui en graver Li . XVIII . [autre? *l.* . X . e . VIII .] se gancirent arier E R. les aqet a cacier — 7679 *L f.*; *C s*. Que li ot cainte Guib. au senestier — 7680 *M* (rocier) *LdC (d.)* Encoste lui g. lez (*L* en) . I . s. — 7681 —3 *L* Vit . I . bourdon con i ot fet drecier Le merrien prent qui tenoit le festrier; 7681 *Md* (bote) *C* = 7367; 7682 *C* . I . s. h. qui deu avoit moult cier Que cacie l orent les gens a l avresier Li sarr. cui dex doinst enconbrier; 7683 *M* (Lo f. en veut R. entrachier) *dC* (Le fieste en c. R. enbracier) = 7369; *d* (a f. a dalacier) *C* (M. i eust a traire . I . fors s.) *s.* 7370; *d hat noch* . XV . vilain cil n ose cient (= *osassent*) baillier — 7684 *M f.* — 7686 *ML f.*; *d* et avant et arier — 7683—93 *L f.*; 7688 *M* e a terre pasmer; *n.* 7689 *s*. *M* E en . VII . leus toç les membres frosser Li plus alegres naura huimes mester *u. mit d* (vostre anchaucier) *C den V*. 7377 (nai soig de m.); 7691 *M* berguer; *C* berquer; *n.* 7692 *s*. *M* Soç cel ne home cui ie dote un diner Fors dampnede lo veras iustisier; 7693 *M* Donc se comença li ber a aficher Qi lo veist a la perce apuier Bien lo deust aprosier e loer — 7694 *M* Les autres aqeut tot un anti sentier — 7695 *MLdC* le f. com aloe esprivier; *Md s.* Mal soit de cest qi losast aprochier — 7696 *L f.*; *d* le freste; *M* (tot .I. anti sentier; voloyt estre primer) *d* (gravier; or estre arierer) *C* (a poitiers) *s. die in B n.* 7386 *e. V.* — *n.* 7698 *s. MdC* Qi li veist cele freste drecier Encontremont lever et rebaisier De lune mein en lautre paumoier Qi lo veist ben poist aficher Qanç nen fu hom tant feist a prisier Ne li pesoit le rain dun olivier (*d* aglantier) — 7700 *d f.*; *MC* desploitier — 7701—2 *L f.*; 7701 *M* toç ior o lui [*lor?*] ester; *d* avoir au dos d.; *C* encor a lor estrier; 7702 *MdC f.* — CLXXXIII — 7705—6 *L f.*; 7706 *MdC* Dune luee nont .I. sol mot sone; *M s.* Li plus ardiz a toç lo sanç mue — 7708 *L f.*; *MC* ouvre — *n.* 7710 *s. Md* 7401 (lavommes c.) — 7711 *L f.*; *Md* Molt an f. pou che ne nos a t. — 7712 *in MC f.* nous; *in d* li; *L* Q. n. leumes de par vous salue Et nous eumes no message conte — 7714—17 *M* Mes de son poinz qil a gros e care Ot du [= dos] de nos mult tost escervele; 7715—9 *L f.*; 7717 *d* B. le voimes [*sic; cf. a*] par f. ramener; 7718 *MC* = 7409 (vit .I. feste leve); *d* Q. dun bodel vit le freste oste; 7719 *M* Si labrancha; *C* plane *n.* 7720 *s. L* Onques grant home ne vi si abrieve Petit en faut ne nous a crevante — 7721—4 *L f.*; 7721 *d* De freste f.; 7722 *MdC* Si qe lor membre furent del tot frue Tant par est fiers qil ne crient home ne [*cf. B* 7412—4] (*d* Mien aciantre qui sont acervele Et an lor cors lor sont li cors creve) Laisie lavons el non dou vif maufe (*M s. a* 7724) Onques grant home ne vi (*d* fu) si abrivez [*cf. L* 7720] Molt est isneus (*d* vasal) ce sachieç par verte; *M s.* Gibor salue por mult grant amiste Por droit saceç nos disons verite; 7723 *d* M. p. a. avont le gui jue; *C* M. p. bien corre a. les cors sauve; *M* Grant ioie eumes qant fumes escampe; 7724 *d* Tot voirema vos a p. n. m. Qu alez a lui combatre an champ mesle — *n.* 7725 *s. C* Voir dist li quens n en doi estre blasmes Or est il sages et ie sui asotes [*cf.* 7627] — 7726 *LC* S. destrier a maintenant demande; *M s.* Por R. sunt ensemble monte Entre ses denz dit cortement sere Dame gibor la forment desire [*cf. A* 7421 *u. a* 7730] — 7727 *M* qant il fu e.; *M s.* Li cons monta por lestrer noele, *worauf* 7729, *folgt* Dame G. sur un mul afoutre — 7728 *M* ale — 7729—30 *L dC* = 7420 7421 7422 7423 7424; 7730 *M f. u. s.* R. sire dex te croise barne Tu ies mes freres dex te croyse bonte Dex me don vivre qe te voie adobe E come roy autement corone — CLXXXIV — 7731 *MC stimmen mit der entsprechenden Stelle in B überein* [*Jonck.* II, 307] — 7732 *C* n ot en lui. c airier; *L* Molt par estoit li quens en grant penser Coment il puist R. ramener — 7734—6 *L f.*; 7734 *M f.*; *d* Bevon ces frere; 7735 *M* ia fet aregner; *d* la fait aresoner; *C* va sor .I. mul monter; 7736 *d* Garin a fait li q. o li mener; *C* sor li ester — 7737 *C* dentraus d. e. — 7738 *MLdC* R. avaler — 7739 *MLdC* A un vaisels ou il devoit entrer; *d s.* O sa grant pieche et poindre et galoper — 7740—57 *LdC f.*; *M ersetzt sie durch* Dun novel son si deportoit li ber Por son enui qe voloit oblier Qi li veist ses riches sans (*saus?*) doner E sa granz perce e poindre e galoper Li cons G. leit lo cival aler Tant cum il puet de soç lui randoner Fist un osteis si cum oirent si per — *n.* 7758 *s. M* (senz point de ramponer) *dC* Molt dolcement ilec a sarmoner — 7760 *MLdC* Se de mesfait me savez nus reter (*M* me sauroyes blasmer) — n. 7761 *s. M* Enç en ma cort si cum orront mi per — 7762 *L f.; MdC* deviser — 7763 *MLdC* sire l. mester — 7764 *M f.; Ld* Ie nen donroie . 1. oef de vo parler — 7765 *dC* Ne remanrai — 7766 *L* parage — 7767 *L* Et les iaianz ferai touz auner; *M s.* Qant aurai fet mon grant ost amener *u., mit d* (. c . m . arme) *L den V.* 7462 — 7768 —76 *L f.;* 7768—9 *MC f.;* 7770—5 *MdC f.;* 7776 *MdC* P. m an vorai de ca o. p.; *M s.* En cest pais men voudray osteler — 7777 *L* Toute ferai o. craventer — 7778 *L f.; dC s. die sechs ersten den A* 7468—73 *entsprechenden B-Verse; M hat nur die drei ersten, L den ersten und den V.:* Et toi meismes as fourches trainer: 1 (*M* E L.) 3 (*MC* Les h. cuire et la char escumer; *d s.* Et les oisiax rostir et cuisiner Et les grant sinnes et les peons torner; *M s.* E lo fey feyre e de l aygue porter) 6. (*d* quier) — 7779—82 *L f.;* 7779 *M* en ariete m.; *C* dedens aite m.; 7781 *MdC* a grant delor finer; 7782—3 *M* Tant maveç fet qe ne vos puis amer Or sachies bien nel vos qer ia celer De R. vos convint mes garder; 7783 *LdC* nai soing d a vous p. — 7784 *LC f.; Md* Lors prist sa p. sacoilli son errer — 7785 *M* aprochier; *d* apresser; *L* nosa avant aler — 7786 —7 *L f.;* 7786 *M f.; dC* (Les ious) Le vis le v. aprandre et anbraser; 7787 *C f.; M* Plus lo r. qe lion ne sengler — 7788 *L* r. a lui parler — 7789 *d* Desus la terre — 7791 *M* R. sire dit la dame au vis cler Por amiste vos voil un don rover; *dC s.* Por amor (*C* Par icel) Deu qui se laisse pener An sainte crois (*C* As faus iuis) por son puple sauver Iloec laisa por vos son cors pener (*C f.*) Por ce seignor qui m'oies remambrer (*C f.*) Te pris amis ce ne te doit peser — 7792 *MLd* (me face) Q. c. m. me feites p. — 7794 *L f.; M* D. ma c. e lauberg endoser La coyfle el chef ceindre lo branz dacier Por vostre cors garentir e tanser Por bien lo fis a ben me doit torner; *dC s.* 7482. 7483 *u.* A grant martire me convanra finer — 7795 *C f.; L* R. lot si p. a soupirer — 7797—7800 *L f.;* 7797—99 *MdC f.* — 7803 *L f.; M s.* Mes por celui qe trestuit puet sauver Ne fust por vos ia nel vos qier celer Toç lor del mund nol poist rechater Qeu nel feisse a grant dolor finer Sire dist elle dex te poust honorer Je vos eim plus qe ne vos puis monstrer La gentils dame prist G. a rever Sire dit elle or aleç mercier Car lo mesfet vos ai fet pardoner E dit G. deu en puis a orer — 7804 *MC* Li c. descent si se vet encliner *u. M s.* Davant les pieç ha R. li ber — [*Von* 7805 *bis* 7946 (*Schluſs der* CLXXXIV. *u. die* CLXXXV., CLXXXVI. *u.* CLXXXVII. *Laisse) stimmen die Handschriften MLd mit AB* (*von* 7491 *bis* 7611) *überein; C, welches in diesen Episoden mit a eine gröſsere Verwandtschaft zeigt, verläſst die Arsenalhandschrift um AB zu folgen nur von* 7805 *bis* 7873 (*AB* 7491—7575) — n. 7490 *s. dC* Et Aymeris et li q. Aimer; *C hat noch* Bernars l aimes gerars o le vis cler Guibers li rois qui moult fist a loer Et dans Buevon del comarcis li ber — 7491 *L f.; M* E tuit li L. civaler bacheler; *MdC s.* Les pies li baisent ou il not nul solez (*M f.*) Et R. lan fist sus relever — 7492 *M f.; L* Dist R. b. or mentendez; *LdC s.* Moi ne G. ne puet mes nus meller A icel mot vont es chevaus monter — 7493 *C f.; ML* (ne finerent desrer) *dC* (*d.*) *s.* Iusqa Orenge ne vodrent arester — n. 7494 *s. C*

Parmi orenge et les rues paser De dras de soie moult rices d outre mer — 7495—98 *L f*.; 7497 *d* qui fu desprisonnez; *MdC s*. Et si cousin li jone bacheler Li q. G. a fait leve corner Cil civaler vont ensenble laver En Gloriete sasient a soper (*C* son palais principel; *L hat nur diese letzten drei V.*) Joste G. (*M* Gibor) sist R. li ber Molt se penerent antraus de l ennorer Les premiers mes li ont fait presenter Cest seignorie qil li voloit mostrer (*dC* cor li volent); 7498 *C f*.; *LC s*. Bien sont servi ne len estuet douter (*C* parler *u. s.* Tant i ot mis [= mes] que ie ne sai nomer) — 7500 *MLd* le marcis fiere brace — 7501 *MLd* qi sarr. menace; *C* qui est de grant barnage; *d s.* Son branc dacier pandi a une ataiche; *C S* espee cainte ne la pas mis en gage — 7502 *MLd* Delez lui sist; *C* Apries l. s. — 7503 *M f*.; *Ld* V. Francois; *C* Oiant aus tous a dit parole sage; *MLdC s.* Par Deu fet ele (*M* Voiant francois) bien voil qe on le sache Qe ie vos aim et noient por putage (*L* folage) Ainz vos qerrai se ie puis mariage Feme qert bele et de molt haut parage (*beide f. in L*) — 7504 *ML* (D. R. par le baron s. Iaque Por vostre amor g. ceste m.) *d* je garderai la marche; *C f. u. legt die folgenden Worte Gyburgen in den Mund;* L s. De sarr. la pute gent sauvage Ni a pa. tant ait hardi corage Se il i vient ne li face hontage James arrieres nen rira en sa marche; *Md. s.* Qe hom ne cregne de nul home menace Mar dotereç paien en mon aage Roi n aumacor qi (a) G. mal face (*L* qui james mal vous face, *u. C* ne nul paien aufage *haben nur die zwei letzten Verse*) — 7505—9 *L f*.; 7505 *M f*.; *d* que Noel mist an larche; *C* Que par la foi que doi deu et sa grase; 7506 *M* (Sil a o. revienent en mi la p.) *dC* (venoient mes a naie) Cil a orenge vienent a siege an plase; 7507 *C f*.; *dM* Je referai fere tinel et mase; 7508 *M* oncirons; *d* ocierai; *C* ociries; 7509 *Md* Qun an apres en durera la trace; *MLd s.* Et dist Guib. ia damledeu ne place Qe vers nos aient ne force ne barnage; *M hat noch* Dist R. nai cure de menace Mes sil i vinent il auront de ma maçe — 7510 *C* p. l. rens; *MdC s.* Li q. G. li fist molt bien servir Apres maingier font les napes tolir (*C* touailes quellir) — *n.* 7511 *s. MdC* Molt belement len prist a asentir — 7512—3 *MLdC* Sire dist ele molt en sui en desir Por demander qels hom vos fist norir Q. e. v. p. mult le v. o. — 7516 *Md* F. s. .I. r.; 7516—19 *L* A D. sui f. par s. Espir Cis est mes peres bien le vous puis jehir Bien le sevent vo baron sanz faillir Et vous G. que voi lez moi seir; 7517 *Md* (Ample e) *C* (corde) gambe e montir; *MdC s.* Pine Gorence cordes et montespir . L. rois a soç lui a baillir; 7518 *C* M. ier lui dui la t. avoir t.; 7519 *MdC* le fis en mer fuir; *LdC s.* Par mon cors seul ai fet le champ fenir Por dant G. qui molt me doit chierir; *C s.* Ses neveus fis de la prison iscir — 7520 *ML* (si ieta) si a fet .I. sospir — 7521 *ML* si començe a fremir; *d s.* Li sanz li mue color prist a roigir — 7522 *L f.*; *M* au vis v.; *dC s.* Sot c e ses frere mas ne vot davancir (*C* nel viut anoncir) Car parler viet ancor plus a loisir — 7524 *ML* (parcreu et membre) *d* (d.; et corsu et m.) *C* Molt le voit bel e membru e qarre — 7525 *Md* .XXIIII.; *L* .XXXII.; *C* .xx.; *d s.* De belle forme est et de belle ae Les iax ot vers comme faucons muez Et le poi bel mas on lavoit tonse Si com il croisent sont crep et resosele (*Alex.*) Molt par est gens son l eust atorne Si forai home nost an cretiante (*L hat nur diesen V*. Not si fort h. ou monde desouz de; *die zwei ersten f. in C* (Le poil del cief ot blont recercele); *M hat nur den ersten* (De b. f. e de ioune ae) *und den letzten:* Lo cors ot granz e mult bien figure Anc ne fu princes de la soe fierte) — 7530 *L f.*; *MC* Q. t. gambie; *d* Cambie Pine e V. t. — 7531 *MLdC* . L .; *M* s. . V. C. M. qe persant qe escle — 7532—43 *MdC*: *Rennewart tötet seinen Lehrer, nicht seinen Bruder* (*L* stimmt mit *AB* überein; 7543 que le cuer li creve): Or vos dirai commant je ai herre (*C* ovre; *M f.*) Mas peres mot . I. maitre commande Quant il ala en ost sor Salatre (*M f.*) Je iere iones et de petit ae Sor la marine iere alez en . I. pre (*C* estoie ales iuer) Et dun estoie avoie ilec joe (*M* Dune polete; *C* pelote) O les anfanz que de regne ire ne (*M f.*) Molt an pesa mon maitre Giboe Tant me bati quil me fist sainglante Je fu dolanz si oi le cuer ire Pri mon estoc qui ert de botene (*C* M. estuet p. q. e. de cuir tane; *M f.*) Desor maicelle ou l avoie bote Quant j oi mon maitre molt [tres] bien avise Ansus me trai soz l astoc antese (*M* De ma polete si l ey tost avise) Si le feri le cuer an ot creve — 7546 *Md* aancre — 7547 *M f.* — *n.* 7548 *s*. *Md* Et gi antrai volantiers et de gre — 7550 *M* De vers galitie — 7551—2 *MdC* Rois L. iere a saint gile (*MC* a . I. saint) alez Par ilec vit o son riche barne Quant il me vist si m ost tost achete — *n.* 7553 *s*. *dC* Ne sai que duit molt me coilli en he — *n.* 7554 *s*. *dM* Et fait le feu et sovant atise (*M* e la carn eschume) Et la char cuire et les haste (*M* Les osiaus cuiz) torne Et tar et tampre le maingier cusine (*M f.*) Et les chauderes sor le fu escume (*M f.*) Tuit ma gaberent et orent en vilte A grant traval i ai lontans este Plus de . VII. anz e si sunt tuit ale (*d f.*; *C* hat den ersten u. vorletzten *V.*) — *n.* 7555 *s*. *M* Soe merci me tint [mult] en certe E io l ein plus qe hom de mere ne — 7556—8 *M f.*; 7558 *dC* Et son nevou Bertran desprisonne Et . VI. des autres que je ne sai nommer — 7559 *M* gambri mon frere enz ne; *d* Jambus et Asere; *MdC s*. Et mon lignaige ocis et demembre Bien l ai servi or m en doit avoir gre — *n.* 7563 *s*. *dC* I n a si belle de ci qu an Dureste Aiz ne la viz mas an le m a conte — 7562—9 *M f.*; 7564—5 *L* Rois t. lot a moullier et a per; 7566 *LdC* Cest pais tint jadiz li rois membrez Et gloriete et le palais liste (*L f.*) Mes . I. francois len ot deserite Ma seror prist par son ruiste barne Lever la fist et ot crestiente; 7568 *LdC* mais nen ai mot sone; 7569 *LdC* Que ne tornast lui et vous a vilte; *L dC s*. Mes or ai ie si mon cors esprove Et mon barnage essauchie et prove Qu a grant honor vous sera mes torne — 7571 *M* duremant a. — 7573 *M f*. — 7574 *MLdC* s en a deu aore u. schließen De tel serorge com il a recovre Il l acola molt par grant amiste (*M f.*) Grant ioie en ont por lo palais mene (*Ld* quens Aymeris m.; *das übrige f. in L*) Et tuit si fil et li autre barne (*M f.*) La nuit le laissent de si qu a l ajorne A la chapele a on les sainz sone Cil chevalier i ont messe escote Dou mostier issent quan preste ot chante An Gloriete sont a grant ioie antre Por R. an sont li sainz sone (*C*: Aval la sale ont grant ioie mene Menestereus ont lor mestier mostre Li . I. viele et li autre a harpe) Le jor i ot maint riche don done (*M* Meinte busine ont e meint corn corne) — 7578 *M f.*; *Md s.* Molt dolcemant lo prist a apeler — *n.* 7580 *s. M* E in senz fonz baticer e laver — *n.* 7581 *s. Md* Ainz au mostier ne m i laisa aler N an sa chapele ne venir ne intrer Vespres ne messe oir ne escoter Pain beneoit ne oblees doner — 7582 *M* G. l entend lo sen cuide desver De se beaus eulz comenze a plorer (*ms.* desver) — *n.* 7583 *s. Md* Gentils reine por deo laisies ester Vos deveç ore grant ioie demener De si bon frere com dex vos fist trover Li q. G. li prist a apeler R. frere pleroit vos a laver (*M s.* Et R. respond come bon bier) Molt voluntiers se ne vos doit peser Hui en cest iorn sanz plus de demorer An l onor Deu qi tot a a sauver Qe il me puisse sans et valor doner Li quens G. n i vot plus demorer — 7585—90 *L* Lors fu li ber baptizies et levez; 7586 *d* o. sor m.; *M f. u. s.* A un moster font R. mener E puis le font del seint seig segner E de ses dras lo fisent desnuer; 7587 *d* le plugent; 7588 *Md* larcevesque Guimer; 7589 *Md* Si lo lava bertranz e naymer E Naymeris e G. li ber; 7590 *d* si l ont anvoloper; *M f.; d s.* En .I. chier drap qui fu faiz outre mer Mais ainz son nom ne vorent remuer Molt grant barnaige i ot au desauber — 7591 *Md* acesmer *u. s.* .I. siglaton li ont fait andosser Desor l ermine qui fu fres descoer (*M* q il fist fres engoler) — 7592—7 *L f.*; 7592 *Md* afluber *u. s.* Une dease le fist fere e ovrer A lionciax de fin or tresgeter; 7593 *M* La pene; *d* panne; *M* (E de mult bons servelins) *d s.* Dun riche sable anviron angoler; 7594—5 *M f.; d* Li tesel sont s. m. c. Si richemant antaille et ovrer De riches pieres sont anviron orler Nes poroit mie .I. viquens acheter; *n.* 7596 *s. d* Destoilles furent menumant ateler; 7597 *M f.* — 7598 *L* legier b. — *n.* 7599 *s. d* Tant ne sauries a vos .II. pies aler Ne troveries son vaillan ne son per — 7600—2 *L f.*; 7600 *Md* si vieut lez lui ester; 7601 *d f.*; *M* a s espale a.; 7602 *Md* petit a. sanbler — *n.* 7605 *s. Ld* (que le poil ot liar) Et Aymers qui est fiers et gaillars — 7606—10 *L f.*; 7606 *A d* ses filz Girars; 7607 *M* et ses filz d andelard; *d* et G. de Dommas; 7608 *Md* .II. M.; *Md s.* Et cil an fit le jor molt riche parz (*M f.*) Tot sormonta le linnaige au Lombarz (*M* barbard) Molt l en ama la contesse Amainjarz; 7609 *Md* (la belle) P. li dona sa D. au cors gaillart; *d s.* C est Aelis qu il aime grant arz; *Md haben noch* As noces fu la contesse Amoinjarz — 7611 *M* port peylarç; *L* ponp.; *d s.* Molt i arive sovant nez et carnarz; *L s.* Et moullier gente qui fu de bone part —] CLXXXVI — 7874 *C* Grans fu la noise ou palais environ — 7877 *C* Vories iestre — 7881—3 *C* Et por nos armes soufri la pasion — 7889 *C* et le noir c. — 7890 *C* Et unes b. — 7891 *C* et la corone — 7892 *C* en .I. dison — 7893 *C* desisies — 7895 *C* Lait et f. et autre garison — 7896 *C* Et a la f. p. de saison — 7899 *C f.* — 7900 *C* a laron — 7903 *C* sages hom *u. s.* L autres respont il n ert ia se fos non Toustans se tient a la caitivison — 7907 *C f.* — CLXXXVII — *vor* 7908 *s. C* R. fu des francois moult ames — 7911 *C* pons — 7914 *C* Plus d une l. et .IIII. p. — 7919 *C* Tant que il fu pris [?] s. — 7921 *C* le f. d un m. — 7922 *C* Au retenir — 7923 *C* li vius quenus b. — 7924 *C* li caitis a. — 7925 *C* li pus nes — 7926 *C* et guires — 7931 *C* au fons — 7932 *C* mais que ce fu ases — 7933 *C* Q. il vint sus moult fu tos aiues — 7936 *C* estes — 7941 *C* La male goute vous puist ferir el nes Ferise vous ne fuscies ordenes — 7943—4 *C f.* — 7945 *C* a or bares — 7946—8 *C f.* — CLXXXVIII — *n.* 7947 *s.* *M* Mult honora seinta crestientez — 7948 *L f.* — 7950—3 *L f.*; 7950 *M f.*; 7950—81 *C ersetzt durch:* Pus l enmenerent a l olivier rames Al grant palais as marberins degres; 7954 *M f.*; 7955—6 *L f.*; 7956 *M f.*; 7957 *L* Grant fu lavoirs quil orent amasse; 7960 *L f.*; 7961 *L* R. s. dist G. li bers; 7962 *L f.*; 7966 *ML f.*; *d* la mine; 7967 *M f.*; 7970—81 *L* Li. q. G. s est molt haut escriez R. frere donez lor ent assez Et il si fist tout a lor volentez; 7970—4 *M f.*; 7972 *d f.*; 7974 *d f.*; 7976 *M f.*; 7978 *d* loes; 7979 *M f.* — *die Verse* 7982—8060 *hat L in folgender Fassung:* Li q. G. a dit a son barne Orendroit vueil R. adouber Or ca dist il mes armes maportez R. arment environ de touz lez En son dos vest .I. blanc hauberc safre Et en son chief .I. vert elme ont ferme Uns esperons li chauca Aymerz Sus .I. destrier font R. monter Li q. G. s est molt haut escriez R. sire dist il esperonez En la quintaine .I. tout seul cop ferez Voiant nous tous vostre cors esprovez Sire G. dist R. li bers Sun de mes cox ci endroit vous perdez Si mait diex grant domage i aurez Mes atendons sarr. et esclerz La iousterai si que vous le verrez; 7985 *MC* fust; *M* (qi tant amee avec) *dC* (Et a maniere [= ma niece?] dont s. m.) *s.* Et a ma niece an serez marier; 7987 *M* tres g.; 7988 *MdC* avalent; 7989 *M f.*; 7994 *M* La furent p.; 7995 *C* li menbres; 7996 *C* Et dans G. et b. li ains nes; *M* Li cons g. n aym. li senes; 7997 *M f.*; *dC* (li puis nes) Et Aymeris; 7998 *dC = B* 7663; 8000 *M* n erent mie fausez; *C* n en ert anel ostes; 8002 *d* qui fu de fin or cler; *M* qi les painz [= pans] ot s.; *MdC s.* 7667 (fu en l a. rivec); 8003 *d* et clavez; 8004 *d* .I. fevres antinez; 8005 *d* de viel antequitez; 8006 *C* mestre en la crestiente; 8008—9 *M f.*; 8011 *M f.*; *d* Cil fu Cesaire; *C* crotoise; 8012 *C* .X.C. a. a pases; 8013 *d* artimire; *C* autimaire; 8014 *C* fu el haut cief poses; 8015 *C f.*; 8017—8 *M f.*; 8019 *C f.*; *M* fu en son c. f.; *MdC s.* 7681 Li ponz est d or et li branz est letrez 7682 Li cons G. li ceinst par le baudrec; 8023 *M f.*; 8025 *MC f.*; *d* mas a moi r.; 8026 *M f.*; 8027 *d* Et on li a .I. d.; *C s.* Mais dites moi coment vous me feres Se vous le faites par males volentes Si m ait dex moult tos le conperes Traire voloit le bon branc aceres Et dist G. ne vous en aires Ce doit on faire a novel adoubes Dist R. dont vous soit pardounes Adont i fu .I. cevaus amenes; 8029 *M* (les p. d. fu etolec) *dC* (vairones) Et p. le piz d. fu tacolez; 8030 *MCd* A. narines; 8031 *M f.*; 8032 *Md* encroez; *C f.*; *M* (Jusque au ierer e. menu goleez) *dC* (Iusqu a brucet estoit menu goutes) Jusque an l angle estoit ses cors goltez; 8033 *M f.*; *MdC s.* Ne ainz ne fu ne seignez ne ferrez (*C f.*) Onques ne fu n estaichiez (*C* estancies) ne lassez Ainz tel cheval ne vit hom qui fust nez; 8034 *M f.*; *C* Lun argarins; 8035 *M f.*; *C d* aufrike; 8037 *C* afames; 8038 *MdC* (roes) dun chier paile f.; *n.* 8041 *s. C* 7702 (.III. lionciaus) *u.* Et si li sist con s il i fust plantes; 8042 *M f.*; 8043 *M* Laste en fu royde; *MC s.* Quant R. fu el ceval montes; 8045 *MdC* es est. noelec; 8046 *M* avalez; *d* nes e fait dessevrez; *MdC s.* Desor lui est li civaus arcoec (*d* arcomez) 7706 7707 (*d* en .I. p.) De quatre ataiches de .v. (*C* .II.) hauberz safrez Puis i fist metre dou fors

escus boclez (*C* . 1. f. e. listes) La veissez maint chevalier armez A
li quinteinne venir et asanbler Mult gentement s arangent por l. p.
Aymeris fu et Guibers (*M* Gibor) les a les; 8051 *Md* contanrez;
8052 *M* ce ert mult g. v.; 8054 *MC f.*; *d* se sera grant vitez;
8058 *C f.*; *M* (en perde a.) *dC s.* Si nen iert mie mes cox an dart
alez; 8060 *MdC f.* — CLXXXIX — 8063—4 *MLdC f.* — 8065 *L*
Dame G. li comence a proier — 8066—9 *L* Joustez biax frere molt
sui en desirier Que ie vous voie . 1. bel cop emploier; 8066 *M* Qe
vos iestez; *C* Que tu i fieres; 8068 *M* recure e e.; *MdC s.* Mult
serai lies si vos ben voi aidier Dame G. lo commence a proier Josteç
biaus frere mult sui en desirier; 8069 *M* manier; *C* aballier — 8070
L ma suer molt volentiers — 8071—7 *L f.*; 8071 *MC* (caploier) M.
ie c. mon cop mielç emploier; 8072—3 *M f.*; 8075 *MdC* = *B*
7730—4; 8076 *MdC f.* — 8079 *d* a l. de ber ver [= *berruier?*] —
8082 *MLdC* L. II. e. f. troer et p. — 8083 *C* . III. — 8084 *d*
Le . III. e. (= *MC*; *L* . IIII.) a terre trabuchier — 8085 *d* dapecier — 8086 *d* li a. destrier; *L f.* — 8087 *M* Au cor *u. s.* E R.
abroce lo destrier — 8090 *C* Miudres ne fu; *ML* fu — 8091 *C* E.
cest; 8091—3 *L f.* — 8094 *M* e. a. trover — 8095 *L f.* — 8097
—8106 *MLdC f.* — 8107 *MLdC* venu . 1. m. — 8110—3 *d f.*; 8116
d Ne li velt pas; 8125 *d* V. li a.; 8108—27 *MLC* A R. est venuz
a l estrier Bien le conut au corsage plenier (*M f.*) Sire dist il ie te
vieng ci noncier Que tes cousins baudus le franc guerrier (*CM* Tes
nies b. se reviet ostagier) Revient ici por sa foi aquitier (*MC f.*) R.
l ot n i ot qu esleecier (*L* prist soi a rehetier) *u. die sieben ersten
Verse der Stelle, die B anstatt V.* 7752—7806 *setzt:* 1 (*C* Es lor b.)
2 (*ML* . XX . M .) 4 (*LC* francois et berruier; *M* fr. e bayguer; *MLC
s.* En la cite se volent repairier) 5 (*L f.*; *C* Et R. descaint le branc
d acier) 6 (*ML f.*); *M setzt fort u. schliefst die Laisse mit:* R. sire
mult puec vos prosier Qant vos avoir sen e pooir enter [= avoiz
sens e p. entier] E il pleira au verais iustisier Qi en la croyz se lassa
travayler Qe il me voit conseil debatoier Dit R. ia nen auroy [=
orrois] playder Car nos trestuit vos en voudrons ayder; 8129—31 *L
f.*; 8130 *d* Que j e la foi; 8132 *Ld* otroier; 8134 *L* benei; *C* Fouhier; 8136 *LdC* ioie; 8137 *Ld* du p.; 8138 *L* chalengier; 8139 *d* l
ierg. avercier; 8141 *d* Si revanronz a R. aries; 8142 *L* lama et tint
c.; 8142 *L* lama et tint c.; 8145 *L* F. est le roy qui France a a
baillier; *d* Franz d.; 8150—2 *L f.*; 8150 *d f.*; 8152 *d* Se Dex le
garde de mort et danconbrier; 8137—52 *C* Dist R. sire cousin li
fier Ie vous ain plus ne vous en quier noier Por ta mesnie que as
fait batisier Lors vint G. sus ou pales plenier R. voit sus ou pales
plenier [*sic*] — *M schliefst das Epos mit folgender ee-Tirade:* Granc
fu la ioie soç orençe en la pree R. a la chiere en aut levee Baudin
esgarde qi fu de sa contree Cosin dit il ci a belle ascenblee Cist
sont de France de la terre loee Dame Guiborc a li ber reclamee A
l onor deu e la virge honoree Coment sera ceste ovre achevee Qe
mes cosins baudus de val fondee Fust cristienç por la vertuz nomee
E sa compagne qil a ci amenee Dit la contesse isi cum vos agree
Si ille veoit (veolt?) cest veriteç provee El granç moster est la contesse entree E larcevesches a sa (contesse) rayson contee Sire conseil
senz nulle demoree Vos convint eve beneoite e sacree Por . XX . M .

homes bateçer a ondee Dame dit larcevesches fait iert vostre penser
Croyc e processions ont mult tost ordinee E sont venu enscemble
soç orençe en la pree A une eve corant si la regenere L eve lança
son cors cest miracle mostree En leve beneoite en sont la ienç entree
Iluec fu baticeç e de cresme arosee; *ursprüngliche Alex.* — CXC —
8154—6 *L* Por R. que il par aime[nt] tant Et d Aym. le preu
conte v. Et por B. — 8160 *L* Seignor mi frere — 8167 *Ld* le
poisant — 8169 *L* de ceste t. (!) — 8171 *L f.* — 8174 *L* le v. suivre
t. — 8176 *L* rois; *dL s*. Ainz par lor dex ne orent nus garant —
8177—8 *L f*. — 8180 *L* tot a vostre talent — 8181 *L f*.; *d* = *B*
7834 — CXCI — 8183 *L* le ior cler — 8186 *Ld* Les beles a. vou-
dront o eus porter — 8190 *L f*. — 8192 *L* en Aleschanz suz m.;
d au joster — 8193 *Ld* vendi — 8194 *L f.* — 8196 *L* les comence
a h. — 8197 *L* De la b. bien f. a son gre — 8198 *Ld* parler —
8202 *L* d. ne deviser — 8206 *Ld* Et la roine qui tant fet a loer
u. s. Et Aalis sa fille o le vis cler — 8209 *Ld stimmt, hier wie
anderswo, mit der entsprechenden B-Stelle* [*Jonck.* II, 315] (R. L.
sert alez acouter) — 8212 *L* lemprist — 8213 *d* en l archant s. la
m. — 8215—29 *sind in Ld durch die entsprechende u-Laisse von B
ersetzt* [*Jonck.* II, 315]: 4 (*L* au chief ch.; *d* le viel); *L s*. Et du
barnage qui diex croisse vertu; 5—6 (*L* Trestout lafaire li ont
amenteu De D. le fort roi m.); 6 (*d* an l Archant maintenu); 8 (*L* Li
ont conte coment il fu v. Par R. a la fiere vertu Cel au tinel qui
tant par est cremu; *d s*. Cil au t. a la f. v., *u*., *mit L*: Roi Desr.
chaca par grant vertu); 9 (*Ld* eust . . . li); *n*. 10 *s*. *Ld* Li sarr. i
ont assez perdu; 11 *L f*.; 12 (*d* li pa. maul ostru); 14 (*L f*.; *d* M.
an ran au riche roi J.) — CXCII — 8232 *L* qui a c. le v. — 8233
d a la chenue barbe — 8234 *L f. u. s*. Et si te mande par nous
qui sons (!) message — 8238 *d f*.; *L s*. Ne si hardi ne de si fier
corage — 8239 *L* q. a si bel corsage — 8240—2 *L* R. e. d E.
et de tote cartage Rois Desr. qui a tant fier visage Destr. il ni
metra autre gage Totes lor testes i lairont en ostage; *d* R. i. d E.
si puet an son aaige R. D. et T. li aufaiges Fors que les testes li
lairont an ostaiges — CXCIII — 8245 *Ld* q. f. a resoignier — 8247
—8 *L* C. de N. q. le corage a fier; 8248 *d* ne m. ne trichier — *n*.
8254 *s*. *L* A ces paroles ne volrent detrier Liaue comerent sassieent
a mengier — *n*. 8260 *s*. *d* 7913 (L. s avoillerent ne v. plus t.); 8261
d L. c. font conreer et torchier; 8262 *d* Les selles motre et les poi-
trauz lacier Quant sont monte pres sont de chevauchier; 8260—2 *L
f. u. s.* Puis se leverent li baron chevalier Le roi ont pris tantost a
arresnier Sire font il de ce que desins (!) hier Le volez vous greer
et otrier Oil fet il de gre et volentier Aitant fist por sa fille envoier
Molt gentement lot fet apareillier De dras de soie qui molt fist a
prisier Li rois le voit sel prent a arresnier Fille fet il a celer ne
vous quier Li q. G. vostre oncles le guerrier Vous a mandee mentir
ne vous en quier Done vous a a .I. franc chevalier Cest R. ce dient
cil princier Filz desrame . cui il en ont chacie Si con il dient sel
volez otroier Trestoute Esp. aurez a iusticier La bele lot si respont
sanz dangier Vostre voloir vuel biax pere otroier — CXCIV — *n*.
8264 *s*. *Ld* 7917 (le viel chenu barbe) — 8266 *d* des d. — 8268 *L*
As messagiers la tantost delivre; *d s*. 7922 (par bone humelite) —

8274 *Ld* le grant c. f. — *n.* 8275 *s. Ld* 7930 (ont il tant chemine)
— 8279 *d* es d.; *Ld s.* 7935 (d. le pin r.) — 8281—2 *d f.*; *L s.*
Li quens la bese ele la acole — 8285 *L* freze — 8292 *L* Dusquau
demain — 8293 *L* quant virent le ior cler — 8298—9 *Ld* = *B*
7955—6 — 8301 *L* I s. v. et trestuit aune Par tout le dient et es-
trange et prive — 8304 *L* Quant sont venuz grant ioie i font assez
— 8306 *L f.* — 8307 *d* Grant n. firent — 8308 *L f.* — 8312 *Ld*
et denier monae — 8314 *Ld* = 7971 (torne) — *anstelle von* CXC
— CXCIV *setzt C andre Tiraden:* Grans fu la ioie el pales signores
R. frere dist Guill. au cort nes Dou tout en tout as fet mes volentes
Desor voroie que fusces maries Ie vous donrai mollier se vous voles
Ma bele niece que vous veue aves C est aelis qui molt a de biautes
S iert vos lignages viers le vostre [*l.* nostre] asanble Sire Guill. ie
cuic vous me gabes Or m est avis ciertes vous me haes Quant de
mollier a prendre m apeles Oi l ai dire en mes petis aes Puis icele
eure que on est maries N est pas si preus con devant est dases An-
cois devient plus mol [*ms.* ml9] et plus coes Et si est plus escars
bien le saves Sire Guill. ains ne fui acoles Ne de pucele ne iois ne
prives Iamais a feme ne seroie asenes Et d autre cose me resui
apenses Trop a en feme engiens et falsetes . c. m. diaule feroient
a lor gres En la quisine fait millor estre ases Por deu vous pri mais
ne m en aparles D estre avoec femme ne sui pas doctrines Et dist
Guill. si vous plest si feres C est . I. mestiers dont on set tos ases De
port pallart la marce garderes Si en seres sires et avoes Tel porte (*sic*)
i a ia millor ne veres De paienime i arivent les nes Grant treuvage
de sarr. prendres De paienime la marce garderes Que ne se mete ca
outre desrames Dist R. biaus sire or entendes Puis que ie voi que
vous le me loes Et iel ferai volentiers et de gres — En gloriete sont
francois revenu Grant ioie mainent et grant cri et grant hu R. ont
des armes desvestu Li quens Guill. a la fiere vertu Manda sa niece
en france u ele fu Par boin mesage qui bien l ont entendu De son
lignaie si ami et si dru Il s en tornerent plus n i sont arestu Tant
ont erre li mesage crenu [*eher* cenu; *ms.* c'nu] Qu a la cite de paris
sont venu Ens en la sale qui fu pointe a l anbru Truevent le roi a
la fiere vertu Et la roine qui bele et gente fu O aus lor fille a la
fiere vertu Cil les saluent del verai roi Ihu Cil dameldex qui est
tous iors et fu Sauve le roi a la digne vertu Et sa mollier u mult
a de salu De par Guill. son ami et son dru Qui en l arcant a l
estor maintenu Par R. sont li p. vencu C est li millor qui onques
fu veu En aliscans a mort maint mescreu Et son lignaie et tue con-
fundu Et a son pere a . II. costes ronpu Se il ne fust et la soie
vertu Iamais Guill. n euist tiere tenu Frere est Guib. u moult a de
salu Fius desrame le viellart le kenu Qui a Guill. a maint duel es-
meu Dame roine por deu le roi Ihu Guill. mande ne metes en delu
Que vostre fille que bien est avenu Li envoies ni ait aresteu Que R.
qui l estour a vencu L ara a feme et si sera son dru Nueces (!) en
erent se dex l a porveu Li dame l ot s en aeure Ihu Et loeys qui
estoit si boin dru — Quant la roine entendi la novele De R. sacies
moult li fu biele Isnelement aelis en apele Aves oi ma rice damoi-
siele Li quens Guill. qui maint home ca(n)dele Vous a mande par
mes parole bele Que R. qui sarr. masiele Il vous prendra a moullier

fille bele N a millor home iusqu as pors de tudele Aalis 1 ot de leece en sautele Dame dist ele bien ait ceste novele — L empereis nel mist en oublier Ains fist la fille noblement atorner De dras de soie moult rices d outre mer Et son harnas fist moult bien conreer Al nueme ior font lor oire aprester Li rois monta et fist sa gent monter Et la roine monta sans demorer Et aelis o le viaire cler Et li mesage qui le doivent guier Et . x . puceles o le viaire cler Une iornee si con i oi conter Les convoia nostre emperere ber Et la roine puis vorent retorner Lor fille baisent puis 1 en laisent aler A damel- dex l ont prise a comander Et li mesage prengent a ceminer Par lor iornees prendent tant a aler Que a orenge vinrent apries souper Grant ioie i ot quant vint a l asanbler Mais R. ne se vot oublier En la quisine s ala au feu cauffer Guill. fait sa niece demander Que R. le devoit espouser Querre le fait li rois et demander Mais on nel puet ens ou pales trover Voir dist Guill. or me puis trop derver Dist ay. de coi vous oi parler Il n iert ia autres tant vous sacies pener Viers la quisine le fist orains aler Cou est iou quic por les hastes torner Li quens Guill. i est corus aler R. vit seir iouste . 1 . piler . 1 . mairien tint [ms. nt] qu il devoit escapler Dont on devoit la sale retorner En tor son cief l avoit fet cenbeler Menuement et venir et aler De son tinel se prist a ramenbrer Des ious dou cief comenca a plorer A lui meisme se prist a dementer Elas dist il tant devroie derver N ai mais mon fust que tant soloie amer Li sarr. le m ont fait tronconer Ie lor ferai encor cier conparer Es vous Guill. quil prist a apeler Amis dist il qui vous a fait irer Venes vous ent ie vous vel marier Dist R. sire laisieme ester Ie n ai que faire de feme ne de per Ie ne saroie le tiere gouverner Ie ne sarcie la tiere governer [sic!] Que ie n ai arme dont le puise tenser Se ne me faites . 1 . grant tinel ferer Ie ne vous voel autre avoir demander Vair ne gordine por moi engordiner Ne mantel gris por mon cors afoler Fors . 1 . tinel que ie ferai fierer Voir dist Guill. bien le voel creanter A ces paroles l en fist o lui aler Li quens Guill. l a fait bien acesmer De rices dras viestir et conreer Lors fist . 1 . prestre maintenant atorner La damoisiele li ont faite esposer Grans fu li sires bien le vos os conter Dedens la sale n ot si grant baceler Con il estoit bien le puis afier A R. s ala amesurer Plain pie fu grain- dres R. li frans ber Dist R. cesti voel iou a per La veiscies grant ioie demener De toutes pars iougleors asambler Li . 1 . viele l autres prent a harper Grans sont les noces c on fist a l asambler En gloriete fist on l eve corner Li chevalier vont ensamble laver Au mestre dois sist R. li ber Et sa mollier aelis au vis cler Devant aus siervent tel . XXX . baceler Tous li plus povres a castel a garder Apries mangier font touailes oster Qui dont oist menestereus canter Harpent et iou- glent et prendent a iuer A l escremie ceurent cil baceler Grant ioie mainent quant vint a l avesprer — *Was die folgende Laisse betrifft, vgl. a 7956—81 und die Schlußstrade von dLB:* Guill. fu el palais signores A dant Guill. est R. ales Sire fait il se vous le coumandes Dounes del vostre largement mes ioglers Vos soudoiers s il vous plest n oublies Et dist Guill. amis or le loues Mais (sic) senescaus a ceste eure seres Rices sodees voel que vous lor dounes Dist R. si con vous coumandes Dont fu li ors et l argent aportes Ens en la sale fu tous amonceles R. est sor le tresor montes Prent une mine en haut est escries Or viegne avant qui viut estre loes Dont veisies soudoiers aroutes R. tint le sestier qui fu les Tous les enpli ains n en i ot .I. res Mais tout a conble est cescuns mesures Moult par a bien nos francois sodees Del grant tresor c ot estet conquestes En la bataille en aliscans so mer Dist l uns a l autre a bien fust cis hom nes Bien soit de l eure que il fu engenres Moult nos a bien li vasaus sodees Quant R. ot le tresor dounes Solaus couca pries fu de l avesprer Li chevalier sont as osteus ale R. fu ens ou palais entres Avoec sa femme qui moult avoit biautes C est aelis o le cors ounore Fille est au roi qui de france est cases Ensamble iurent nostre doi espose Cele nuit a R. engenre .I. tel enfant qui puis le fist ire Puis guerroia dant Guill. au cor nes Tant l a la dame en son ventre porte Qu il vint au terme que dex a destine Mais a sa mere en fu mal encontre De lui fu morte cou est la verite L enfant l en traisent tres parmi les costes Mais tel enfant ne vit nus qui fust nes Et quant ce vint qu il fu as fons portes Mallefier l ont par son non apele Ensamble iurent nostre doi espouse Iusqu au demain que solaus fu leves Dont est ensamble li barnages leves R. ont noblement atorne De rices dras viestus et conrees [Lücke, wo es sich um Aelis handelte] A la capele l ont maintenant mene Et les puceles ont le baig aprestes La bagnent dames par moult grans amistes Quant l ont bagnie tout a sa volentes Li mangiers fu moult rices aprestes Et le barnaie le mese a ascoute Et puis repairent el palais signores L eve demandent on lor a aportes Au mestre dois fu R. menes Bien sont siervi tout a lor volentes Apries mangier quant il sont abuvres Sor un perron est R. montes D un rice pale ot mantel afubles Vers ot les ious coume faucons mues Et le cief blont menu recercele Le cors ot grant et le pis encarne Se il euist en lui sens a plente N euist miudre home en la crestiente Mais puis fu sages et plains de grant bonte Oiant aus tous a R. parle Signor dist il or oies mon pense Se ca ariere ai folement ouvre N est pas mervelle petis est mes aes Et d autre part n ai pas en liu estes U nus hom mait apris ne doctrines Ains m ont tous iors escarnis et gabes — CXCV — 8316 *L* La fille au roy A. la senee; *d* la contesse m.; *C* la cortoise m. — 8317 *L* tortoule avec d.; *dC* tortelose — 8318 *L* pomp . . . betee; *C* deles la m. s. — 8320 *C f*.; *L* Que sarr. m. — 8322 *LdC* (li tierce a.) M. a. que soit de lan grant pars alee — 8323 *L* la terre si gastee — 8324 *L* et pompaillart robee — *n*. 8326 *s*. *C* Se desrames puet faire sa pensee — 8327 *C* Que il a ia la haute m. — 8328 *d f*.; *C* . x. — 8331 *C* Ne finera — 8333 *L* Et G. arsse et a ch. t. — 8334 *dC f*. — 8335 *C f*. — 8336 *dC* la b. — *n*. 8339 *s*. *LdC* Couverte en fu la terre une lieuee; *C hat noch* Et la marine tainte et ensanglentee — *n*. 8340 *s*. *d* Fiere et orrible et de rute mellee — 8343 *dC* Fiere bataille an sofri a. — *n*. 8347 *s*. *d* Se dex ne fust et sa vertu nommee Ja R. n aust vers lui duree Par ce fu l ost tote desbaretee Et Desramez ot la testes copee Li quens G. li trancha a l apee Soz paiennime en une large pre An Gloriote ot grant joie menee Por R. est li ost sejornee .III. jors anties ainz qu ele an soit tornee Quant vit a quart s ont lor voie aprestee Adonc i ot mainte larme ploree — CXCVI — 8349 *L* Quens A. a ses filz

a. — 8350 *C* a m. en e. — 8353 *C f.* — 8354 *C* Rois d. — 8356 *LC f.* — 8358 *Ld* = *V* 7990 — 8360 *L* enz en nostres regnez — *n.* 8364 *s. C* Moult a salus dame hermengart mandes — 8365 *L* La ot buisines et olifans sonez — 8366 *L f.*; *d* Li oz s ap.; *C* Francois s a. u. s. Qui ot ceval es arcons est montes Li os s aroute si sont acemines Li q. G. qui fu preus et senes Les convoia et par bos et par pres — 8367 *C* Au departir i ot moult grans pites — 8368 *C f.*; *L* De pitie ont meinte lerme plore; *d* Maint chr i gisent le pasme — CXCVII — *Fehlt in C* — 8369 *Ld* f. g. li p. — 8371 *L* S. i ot i. lermes et cris Et acolees de braz et des amis — 8373 *L* Le chemin tornent tot droit devers P. — 8378 *Ld* Gascoigne, *steht n.* 8375 — 8381 *L* li preuz et li hardiz — 8382 *L* sen vet ... esbahiz — 8383 *Ld* li quens B. et G. — 8384 *Ld* et Guichars li marchis — *n.* 8387 *s. Ld* Plore G. et par nuis et par dis Tot por ces frere est dolanz et pansis Et por son pere et por ces autre amis — 8388 *L f.*; *d* dolanz et maris — 8389 *d* c. des iaux p. — 8391 *Ld* f. u. s. *V* 8024 *n.* Li quens Bertrant Girarz et Anseis (*L* B. le preu) — CXCVIII — *Fehlt in C* — *n.* 8393 *s. L* Ja en duel fere recouvrier navera — 8395 *L* r. q. p. — 8396 *L* qui au v. plorra — 8397 *d* prodon — 8402 *L* Car nostre sires du mont ne restora Fors seul noe . itant en eschapa Et sa mesnie que en larche bouta — 8403 *L* Tant les crut d. le siecle en e.; *d* Si le v. D. li siegles r. — 8404 *L* et encore durra; *Ld s.* Molt a gent morte et encor en morra — 8406 *L* ou s. demorra — 8407 *Ld* au plus bel quil p. — 8408 *L* a honor finera — 8409 *d* prode f.; *L f.* — 8410 *Ld* Et si vaut auques de bon c. — 8411 *L* son li d. — 8413 *Ld* Fermons o. a p. nos t. — 8414 *L* qui de l a. vint ia — 8415 *La* macons — 8421 *L* plente macons — 8422 *L* quanquil pot assembla — 8423—4 *L* Li q. G. tant fist et esploita Les murs d o. refist et redreca Et les fossez tout entor repara Molt la ferme de murs et ca et la Desor orroiz coment il esploita — 8426 *L* en esca; *d* an sa — 8429 *d* a cui se c. — 8430 *d* nez de char n a. — 8433 *d f.* — 8434 *d* palais c. — 8435 *d* a son pere — 8436 *d* Puis fu il rois et corone porta — *In dLC schliefst Aliscans mit einer sich teilweise in B [Jonck. II, 317] wiederfindenden Laisse [als Übergang zu derselben dienen in C die V.*: Ses freres baise par moult grans amistes Et puis son pere qui a forment ames Del cuer souspire et puis est retornes Et cil s en vont a lor grans iretes]: Anz en Orenge fu G. au c. n. (*LC* Et dans G. a o. est remes) Li q. Bertrans Ren. l alosez (*C* Il et B. qui moult fu ounores) Guicharz et Guiz et des autres asez (*C* . M . chr sont avoec aus remes Li q. G. ne s est mie oublies Tant a d ouvriers et quis et amases Qu il a refait ses murs et ses foses Entor orenges redrecent les fiertes) De G. est R. (*C* Dans R. s est de lui) dasavrez . c. chrs li a li quens livrez Se fame an a et ses barons menez Ele estoit niece (*C* Cousinne e.) dam G. au c. n. Guibors les a a Jhesu commandez Ren. a prie par amite Frere dist ele por Deu de maiste Vostre moiller vous proi que l onorez De tot an tot (*C* A vo pooir) faites ses volontez Et le marine et le port (*C* par dela) bien gardez Car molt redot mon (*C* vous het vos) pere Desrame Desor toz autres le roi Tiebaut d Esclez (*C* Ensorquetout t. li forsenes) Dist R. je mar an perlerez Car par l apostre c on quiert an Noron prez Tant com je vive mar vos an doterez (*L* T. c. ie v. et aie ie sante Navez vous garde doume de mere ne) Et se mes peres estoit tant asotez Que il par force venit an cel regne (*statt dieser drei V. hat C:* Ni a si cointe de chiaus que vous noumes Tant fust hardis ne tant desmesures Se ca venoit a barges ne a nes Que bien ne fust a loisir encontres) Je ne seroit si grant chanes trovez Don mes tinelz ne fust leos ratorez (*C* lues escaples) Plus seroit granz que le primez asez (*L* d a.; *C* Del premerain s. grignors a.) Je ne seroit par moi escus portez (*C f.*) Moi est avis que n est nul armez tez (*C* nul carme) Com de (*LC* li) tinel quant il est bien quarrez Quant je le teinz plus suis aseurez Que se je iere an chastel anfermez Je ne dot home qui de mere soit nez (*C f.*) Ne roi ne prise ne duc ne amirez (*C f.*; *L* Ne r. ne prince duc conte n a.) A icest most est R. montez En . I. destrier Chandele est apelez (*L* quest rodoul a.; *C* Sour cadol monte qui bien fu ensielles) Estrangemant est grande sa fietez (*C f.*) Quant Renoars fu ou chevaux montez (*C f.*) Molt par estoit fierz et damesurez Ces chrs an a o lui menez Et sa moiller qui belle fu assez; *der Schluſs stimmt mit B, Jonck.* II, 317 *überein*: 1 *Ld* o R.; *C* Li bers G. est avoec lui a.; 3 *L* porp. et les guez; *C* et pors pallars deles; 4 *L* fu b. asseurez = *d* (li ch. fu b. a.); *C* Q. de la gent ont pris les feautes; 7 *L* vitaille; 8 *L* Et li t. des barges et des nez Si vaut par an . M. mars dor esmerez; 9 *L* . c. . . . . c.; *d* . XX. murs d Espaigne et . XX.; *C* de fin argent et de p. r. u. s. Li iors define si fali la clartes; 10 *d* just . . . litez; *C* Et R. qui si bien s iert proves Ens el palais qui fu biaus et posnes; 11 *C* dont il iert maries; 12—3 *d f.*; *C* E. i. p. cou ert la verites En R. ert fine caestes Quar ains a femme n ot encor habites; 14 *d* furent; 15 *C f.*; *Ld* iurent; 16 *C f.*; *L* s. Diex qui la fust les eust escoutez Con il se sont ambe . II. esfraez; 20 *LdC* tres parmi l. c.; 21 *C f.*; 22 *d* bataille; *C f.*; 23 *C* G. li menbres; 25 *C* Ne v. ior qu il n en fust aires; *L* Ne v. gaires apres cest veritez; 26 *d* que il fu a.; *C f.*; 27 *C* M. puis tua . M. turs et . M. esclers; *L* s. E . M. perssans et . IIII. M. esclerz; *LdC* s. Puis en fu mors ses peres desrames (*C* Et d. en fu p. m. getes); 28 *LdC* de granz barnez; 29 *C f.*; *L* nule meillor norrez; *d* mais p. fiere n o.; 30—31 *C* Si con fu mors lokifiers li menbres De qui ocire R. fu lases; 31 *L f.*; *C* s. . II. iors tous plains fu li caples dures; 32 *C f.*; *L* ysabraf en la nef; *d* Isabras; 34 *L* odierne; *d* ordierne; *C* En odierne alaities et portes La fu grant piece noris et aleves; 35 *C f.*; 36 *C f.*; *d* Mont Nuble; *d* s. Molt fu vaillans Dex de lui (et de nous) [ait] pide. —

Verlag von O. R. REISLAND in Leipzig.

Die
Altfranzösische Bibliothek

I—XV. M. 87,90, enthält:

I. Band: **Chardry's Josaphaz, Set Dormanz und Petit Plet**, Dichtungen in der anglo-normannischen Mundart des XIII. Jahrhunderts. Zum ersten Mal vollständig mit Einleitung, Anmerkungen und Glossar-Index herausgeg. von John Koch. Geh. M. 6,40.

II. Band: **Karls des Grossen Reise nach Jerusalem und Constantinopel.** Ein altfranzösisches Heldengedicht, mit Einleitung, dem diplomatischen Abdruck der einzigen verlorenen Handschrift, Anmerkungen und vollständigem Wörterbuch herausgegeben von Eduard Koschwitz. Zweite, vollständig umgearbeitete und vermehrte Auflage. Geh. M. 4,40.

III. Band: **Octavian**, altfranzösischer Roman, nach der Oxforder Handschrift Bodl. Hatton 100. Zum ersten Mal herausgegeben von Karl Vollmöller. Geh. M. 4,40.

IV. Band: **Lothringischer Psalter des XIV. Jahrhunderts.** (Bibl. Mazarine Nr. 798.) Altfranzösische Uebersetzung des XIV. Jahrhunderts mit einer grammatischen Einleitung, enthaltend die Grundzüge der Grammatik des altlothringischen Dialektes, und einem Glossar zum ersten Mal herausgegeben von Friedrich Apfelstedt. Geh. M. 6,—.

V. Band: **Lyoner Yzopet**, altfranzösische Uebersetzung des XIII. Jahrhunderts in der Mundart der Franche-Comté, mit dem kritischen Text des lateinischen Originals (sog. Anonymus Neveleti), Einleitung, erklärenden Anmerkungen und Glossar zum ersten Mal herausgegeben von Wendelin Foerster. Geh. M. 5,20.

VI. Band **Das altfranzösische Rolandslied.** Text von Châteauroux und Venedig VII, herausgegeben von Wendelin Foerster. Geh. M. 10,—.

VII. Band: **Das altfranzösische Rolandslied.** Text von Paris, Cambridge, Lyon und den sogenannten lothringischen Fragmenten mit R. Heiligbrodt's Concordanztabelle zum altfranzösischen Rolandslied, herausgegeben von Wendelin Foerster. Geh. M. 10,—.

VIII. Band: **Orthographia gallica.** Aeltester Tractat über französische Aussprache und Orthographie, nach vier Handschriften vollständig zum ersten Mal herausgegeben von J. Stürzinger. Geh. M. 2,40.

IX. Band: **Adgars Marien-Legenden.** Nach der Londoner Handschrift Egerton 612 zum ersten Mal vollständig herausgegeben von Carl Neuhaus. Geh. M. 8,—.

X. Band: **Commentar zu den ältesten französischen Sprachdenkmälern**, herausgegeben von Dr. Eduard Koschwitz, Professor der romanischen Philologie an der Universität Greifswald. 1. Eide, Eulalia, Jonas, Hohes Lied, Stephan. Geh. M. 5,80.

XI. Band: **Die Werke des Trobadors N'At de Mons**, zum ersten Mal herausgegeben von Wilhelm Bernhard. Geh. M. 5,40.

XII. Band: **Floris et Liriope**, altfranzösischer Roman des Robert de Blois. Zum ersten Mal herausgegeben von Dr. Wolfram von Zingerle. Geh. M. 2,50.

XIII. Band: **Provenzalische Inedita.** Aus Pariser Handschriften herausgegeben von Carl Appel. Geh. M. 5,—.

XIV. Band **Le Bestiaire.** Das Thierbuch des normannischen Dichters Guillaume le Clerc. Zum ersten Mal vollständig nach den Handschriften von London, Paris und Berlin mit Einleitung und Glossar herausgegeben von Dr. Robert Reinsch (†). Geh. M. 6,—.

XV. Band: **Aliscans.** Mit Berücksichtigung von Wolframs von Eschenbach Willehalm kritisch herausgegeben von Gustav Rolin. Geh. M. 6,—.

☞ Die Bände XIII/XV der Altfranzösischen Bibliothek sind bereits in den Jahren 1890 und 1894 als Separatwerke erschienen und jetzt der Altfranzösischen Bibliothek zu billigeren Preisen eingereiht. Nur den Abnehmern der Altfranzösischen Bibliothek werden diese billigeren Preise gewährt, sonst bleiben die Einzelpreise M. 8,—, M. 10,— und M. 10,— bestehen. ☜

Pierer'sche Hofbuchdruckerei Stephan Geibel & Co. in Altenburg.

www.ingramcontent.com/pod-product-compliance
Lightning Source LLC
Chambersburg PA
CBHW050314170426
43202CB00011B/1892